KB150216

21세기 최고의 세계사 수업

21세기 최고의 세계사 수업

초판 1쇄 인쇄 2020년 7월 17일
초판 1쇄 발행 2020년 7월 24일

지은이 에드워드 로스 디킨슨   **옮긴이** 정영은

펴낸이 이상순   **주간** 서인찬   **편집장** 박윤주   **제작이사** 이상광
기획편집 이세원, 박월, 최은정, 이주미   **디자인** 유영준, 이민정
마케팅홍보 신희용, 김경민   **경영지원** 고은정

펴낸곳 (주)도서출판 아름다운사람들
주소 (10881) 경기도 파주시 회동길 103
대표전화 (031) 8074-0082   **팩스** (031) 955-1083
이메일 books777@naver.com   **홈페이지** www.books114.net

ISBN 978-89-6513-609-5 03900

The World in the Long Twentieth Century:
An Interpretive History
By Edward Ross Dickinson
2018 © The Regents of the University of California
Published by arrangement with University of California Press
All rights reserved.
Korean translation copyright © 2020 by BeautifulPeople Publishing

이 책의 한국어판 저작권은 PubHub 에이전시를 통한 저작권자와의
독점 계약으로 도서출판 아름다운사람들에 있습니다.

이 도서의 국립중앙도서관 출판예정도서목록(CIP)은
서지정보유통지원시스템 홈페이지(http://seoji.nl.go.kr)와
국가자료종합목록구축시스템(http://kolis-net.nl.go.kr)에서
이용하실 수 있습니다. (CIP제어번호 : CIP2020026054)

파본은 구입하신 서점에서 교환해 드립니다.
이 책은 신 저작권법에 의하여 보호를 받는 저작물이므로 무단 전재와 복제를 금합니다.

에드워드 로스 디킨슨 지음

21세기 최고의 세계사 수업

인간은 어떻게 욕망하고 연결하고 부를 축적했는가?

정영은 옮김

아름다운사람들

일러두기

1. 원서에서 이탤릭으로 강조한 부분은 고딕체로 표기했다.
2. 본문의 주는 원서의 주석이다.
3. 단행본, 정기간행물은 《 》, 논문, 시, 영화 등은 〈 〉로 표기했다.
4. 외국 인명과 지명 등은 국립국어원 외래어표기법을 따르는 것을 원칙으로 했다.
   몇몇 경우는 관용적 표기를 따랐다.

이 책에서 이해하고자 하는 근현대는
인류 역사에서 가장 특별한 시기다.

- 에드워드 로스 디킨슨 -

한국어판 서문

　　이 책의 한국어판 출간을 각별히 기쁜 마음으로 환영한다. 이 책에서 다루는 지금까지의 어느 시대와도 다른 근현대사 150년 속에서 한국은 그 경향과 흐름을 포괄적이고도 극명하게 보여주는 희소한 나라이기 때문이다.

　　19세기 말 한국은 급작스레 세계경제에 편입되었다. 여러 국가들의 군사적 압력 앞에 강제로 외교의 문을 열었고 상업적으로 침탈당하기 시작했던 것이다. 개방 이후 활발했던 기독교의 선교 활동이 중요한 종교적 혁신을 일으킴과 동시에 갈등에 기여했다. 20세기 초 한국은 제국주의적 침략과 수탈에 시달렸고, 민족 문화를 말살하려는 조직적인 시도에 직면했다. 이러한 시도의 기저에는 당시 세계적으로 유행한 인종적 우월성에 대한 이론이 있었다.

　　20세기가 포문을 열고 약 30년간 한국은 치열한 독립운동의 현장이자 광범위한 부역의 현장이었다. 한국은 한국전쟁 이후에 팔레스타인, 인도, 베트남처럼 분단의 현장이 되고 말았다.

한국전쟁은 내전 요소와 초강대국의 '대리전' 요소가 혼합된 전쟁으로, 국토의 상당 부분을 치명적으로 파괴했다. 전쟁 이후 남한과 북한에는 각기 다른 개발독재 정권이 들어섰다. 시간이 흐른 지금, 한편은 20세기 공산주의의 정치적·경제적 실패를 보여주는 대표적인 사례로, 다른 한편은 자본주의 경제와 민주주의 측면에서 궁극적인 성공을 보여주는 전형적인 사례로 회자되고 있다.

한국은 녹색 혁명, 정부와 기업의 긴밀한 협조, 국가 경제의 지배적인 요소인 다국적 거대 기업의 부상, 막대한 교육 투자 등에 힘입어 세계경제에서 차지하는 비중을 빠르게 확장했고, 현재의 부유하고 역동적이며 혁신적인 국가로 탄생했다. 그 모든 발전을 바탕으로 최근 한국은 전 세계적인 문화적 영향력을 강화하고 있다. 이는 문화적 세계화의 가장 최근 단계를 보여주는 중요한 사례다.

앞서 언급한 모든 측면을 고려할 때, 한국의 근현대 역사는 장기 20세기 세계사의 핵심적인 특징을 가장 상징적으로 보여준다. 한국의 독자들에게 부디 이 책이 고개를 끄덕이며 사색에 잠기는 계기를 마련해주기 바란다.

캘리포니아 데이비스에서

2020년 7월

에드워드 로스 디킨슨

차례

1장 세계의 체질이 변하다 : 근대의 생물학적 변혁

2장 지금까지 본 적 없는 부의 토대 : 현대 세계경제의 기반

9장 먹고사는 문제 그다음에 : 전환적 현대

10장 민주주의와 자본주의의 '승리'

인간은 어떻게 욕망하고
연결하고 부를 축적했는가?

이 책의 목적은 지난 한 세기 반 동안의 세계 역사를 이해하기 위한 일종의 틀을 제공하는 것이다. 그 시기 전 세계의 국가와 경제, 문화, 개인의 운명을 결정한 거대한 흐름과 변수, 패턴은 무엇이었을까? 이 책을 통해 각 지역, 국가, 개인의 삶이 전 지구적인 틀 안에서 어떠한 방식으로 전개되었는지를 이해하고자 한다. 이 책은 19세기 중반부터 현재까지의 세계 역사를 다룬 일종의 해석적 논문이다. 이제 지구 차원에서 진행된 결정적인 장기적 변화의 인과관계를 설명하는 일관성 있는 모델을 제시하고, 국가나 사회와 같은 집단 관계를 중심으로 19세기 중반 이후 세계사를 만들어낸 근본적인 동인과 흐름을 알아보고자 한다. 또한 그 동인과 흐름이 서로 어떤 방식으로 상호작용을 일으키며 세계사적 사건들로 이어졌는지 보여주고자 한다. 한마디로 '서로 복잡하게 연결된, 폭넓지만 일관성 있는 일련의 결정적 동인과 흐름의 틀 안에서 20세기의 주요한 세계사적 사건들이 왜 발생했고, 어떤 방식으로 전개되었는가?'라는 질문에 답하고자 하는 것이다.

여기서 제시하는 세계사의 틀은 기본 개요에 있어 비교적 단순하지만, 거기에는 분명 극적인 면도 존재한다. 최근 한 세기 반 동안 인간 사회는 지난 5,000~6,000년 동안 한 번도 본 적 없는 거대한 변화를 경험했다. 믿을 수 없을 정도로 빠르게 전개된 이 변화는 전 세계 거의 모든 지역에 영향을 미쳤다. 물론 변화의 구체적인 양상과 추이는 국가와 지역에 따라 달랐다. 인류는 (유럽, 남미, 남아시아 등) 지역권에 따라, 각자가 생활하는 직접적인 생활권에 따라 다른 역사를 경험했다. 이러한 각자의 역사 또한 여러 집단 간의 상호작용, 인간과 자연의 상호작용이 만들어내는 더 큰 변화의 틀 안에서 그 영향을 받으며 전개된 것이라는 점을 기억해야 한다. '장기 20세기(the long twentieth century)'에 이루어진 인간의 활동은 자연계에 그 어느 시기보다도 큰 영향을 주었다. 또한 이 시기의 역사는 그 어느 때보다 서로 밀접하게 얽히고 연결되어 있다.

장기 20세기에 국가나 사회를 서로 연결한 요인은 다양하다. 정복, 점령, 패권 등 정치적인 요인으로 얽힌 국가가 있는가 하면, 무역의 급속한 성장이라는 경제적인 요인으로 연결된 국가들도 있다. 당시 국가들은 무역 확대가 가져온 기회와 위기에 대응하며 다른 나라와 관계를 형성했다. 마르크스주의나 비폭력주의 등 사상적 요인 또한 국가 간 연결 고리가 되었다. 사실

각 요인이 차지하는 비중이 조금씩 다를 뿐, 대부분은 세 가지가 함께 작용했다고 보는 편이 옳다.

지난 150년간의 급속한 변화는 이 밀접한 상호연결성이 불러온 것이다. 변화와 상호연결성은 서로를 움직이게 하는 동인이었다. 변화가 세상을 더 밀접하게 연결시키고, 연결은 다시 변화를 불러오는 식이었다. 두 요인은 서로 영향을 주고받으며 더 강화되고 가속화되었다.

인류와 자연환경의 관계는 전 지구 차원으로 확대되었는데, 장기 20세기의 자연환경은 그 지역에 사는 거주민의 직접적인 활동뿐 아니라 지구 반대편이라고 해도 좋을 만큼 멀리 떨어진 곳에서 벌어지는 활동에 의해서도 큰 영향을 받았다. 환경에 미치는 인간의 영향은 지구 곳곳으로 빠르게 퍼져나갔다. 맹수나 위험한 동물의 개체 수 급감은 인간이 환경에 얼마나 큰 영향을 주었는지를 보여준다. 100년 전만 해도 우리는 세계 곳곳에서 사자, 호랑이, 곰, 늑대, 코끼리 등의 동물을 비교적 어렵지 않게 찾아볼 수 있었다. 이 동물들은 1900년을 시작으로 지구 전역에서 전멸에 가까울 정도로 사라졌다. 서식지 주변의 주민들뿐 아니라 지구 반대편에서 온 사람들까지 동물들을 사냥했다. 또 다른 사례는 지구 대기 환경의 변화다. 장기 20세기를 거치며 한 지역에서 벌어지는 인간의 활동이 그 지역을 넘어 지구 대기권 전체에 심각한 영향을 줄 수 있다는 사실이 점점 명확해졌다. 지난 사반세기 동안 인간의 행위가 촉발한 생물권의 대표적인 위기를 두 가지 꼽자면 오존층 파괴와 지구 온난화다.

인간계와 자연계의 거대한 변화는 인간 역사의 거의 모든 측면에 영향을 주었다. 그 변화의 성격이 워낙 거대하고 포괄적이었던 터라, 우리는 이를 '근대화'라는 넓은 개념으로 표현한다. 근대화는 인구, 출산율, 사망률, 기대수명, 건강 등 인간의 모든 생물학적 측면에 영향을 주었고, 생물 다양성, 생물군계, 종 분포 등 자연환경에도 영향을 주었다. 근대화는 세계경제에도 혁명적인 변화를 몰고왔으며, 인간의 문화를 바꿔놓았다. 이제부터 그 포괄적인 변화가 진행된 복잡한 과정을 하나하나 풀어보고, 각각의 과정이 어떻게 연결되는지 살펴보고자 한다.

19세기 중반에 시작된 기술의 급속한 발전은 인간과 환경, 자원 사이의 관계를 끊임없이 변화시켰다. 이 시기의 세계 역사는 근본적으로 기술의 발전이 주도했다. 그렇다고 그 외의 요인들이 무의미했다는 얘기는 아니다. 사상, 정치구조, 국력, 군사적 계산과 전략적 배치, 법적·종교적·문화적 전통과 기준, 전쟁과 (가끔은 예상을 벗어나는) 그 결과, 경제 호황과 불황으로 인한 각국의 정책 결정, 역사적 인물들의 개인적 결정 등 수많은 요소가 이 근본적인 변화의 구체적인 전개 방식에 영향을 미쳤다. 기술혁명이 지난 한 세기 반 동안 전 세계를 동일한 방식으로 변화시킨 것은 아니다. 변화는 각 지역과 시기, 역사적 상황에 따라 다르게 나타났다. 기술과 변화의 연관 관계를 살펴볼 때 한 가지 염두에 두어야 할 것이 있다. 바로 기술 변화의 단순한 사실 나열만으로는 특정 집단이 특정한 역사적 상황에서 그 기술을 어떻게 사용했는지 알 수 없다는 점이다. 기술의 사용

방식에 관한 결정은 그 집단의 상황, 필요, 역량, 정치구조, 신념 등에 따라 달라졌다. 이러한 복합적인 동인과 요소들 모두 전례 없이 폭발적이고 심대했던 하나의 틀 안에서 움직였다. 근대라는 시기에 나타난 인간과 지구의 관계 변화, 그리고 과학기술 혁명이 가져온 여러 사회 간의 관계 변화라는 큰 틀 안에서 말이다. [1]

그 변화의 범위와 속도는 유례없을 정도로 크고 빨랐다. 이 시기에는 어느 때보다 거대한 과학적 발전이 이루어졌고, 과학 발전은 즉시 기술혁신으로 이어졌으며, 기술혁신은 곧바로 경제적·사회적·문화적 변화로 이어졌다. 바츨라프 스밀(Vaclav Smil)은 1867~1914년까지의 과학기술사에 대해 쓴 책에서 이를 "유례없는 도약"이라고 표현했다. 이 시기에는 "수많은 근본적인 과학기술이 꼬리에 꼬리를 물고 개발"되었다. 개발된 과학기술은 "거의 즉각적"인 영향으로 이어졌다. 새로운 발견은 기술적·과학적·공학적 개량을 거쳐 "광적인 속도"로 생활에 반영되었다. 스밀은 이 시기를 일컬어 과거의 기술들과는 "강력하고 근본적인 단절을 보이면서도 미래에 장기적인 영향력을 지닌 기술들이 나타난 역사상 유례없는 시기"라고 결론을 내렸다. [2]

이론의 여지가 있지만, 우리가 이 책에서 다루는 근현대는 역사상 존재하는 여러 시대 중 그저 한 시대가 아니다. 이 책에서 이해하고자 하는 근현대는 인류 역사에서 가장 특별한 시기라고 할 수 있다.

나는 근현대의 변화들이 과거와 아무 상관없이 갑자기 출현했다고 주장하려는 것은 아니다. 모든 변화는 앞선 시기에 뿌리를 두고 있다. 예를 들어 장기 20세기 전반기를 지배한 제국주의 국가들은 16~18세기 말까지 초기 근대에 건설된 제국의 연장선에 있는 국가들이다. 현재의 러시아 남부와 중앙아시아를 정복했던 러시아 공국, 남미와 중미를 점령했던 포르투갈과 스페인 제국, 인도 북부의 무굴 제국, 북미에 진출했던 프랑스 제국, 아나톨리아와 중동, 북아프리카를 점령했던 오스만 제국, 동아시아와 중앙아시아를 통치했던 청나라, 남아시아와 동남아시아, 동아시아에 식민지를 건설했던 영국 제국과 네덜란드 제국이 이러한 초기 근대 제국에 해당한다.

19세기 후반에 등장한 세계경제 체제는 초기 근대 제국이 구축해놓은 교류 패턴의 연장선에 있었다. 근대에 나타난 폭발적인 인구 증가의 시작도 18세기 중반으로 거슬러 올라간다(물론 인구의 성장세는 19세기에 급격한 가속을 보였다). (3장에서 살펴볼) 원자재와 식량의 국제적 개발과 동원의 유형도 장기 20세기 이전인 1830년대부터 구축되기 시작한 것이며, 더 멀리는 카리브해 연안의 상업적 설탕 생산과 북미의 담배 생산이 시작된 17세기까지 거슬러 올라갈 수 있다. 20세기 초 다양한 교류를 통하여 진행된 문화의 세계화는 17~18세기 기독교 선교사들의 일본 및 중국 진출이나 18세기 중국 문물의 유럽 유입 등에서 시작된 것으로 생각할 수 있다.[3]

이 모든 변화는 19세기를 거치며 양적 임계점에 도달하며 질적 변화를 야기했다. 19세기에 이루어진 대규모 이주, 세계무역의 급속한 확대, 1870년 이후 진행된 제국주의의 심화, 빠르고 촘촘한 교통과 통신망의 구축, 식량과 공산품 생산의 급증, 인구 증가의 가속화, 경제, 종교, 정치, 관광 산업을 통한 사람과 사상의 국제적 이동 등 모든 변화의 양적 축적이 새롭고 근본적인 도약을 불러온 것이다. 이 도약은 인류와 지구의 관계를 근본적으로 바꿔놓았다. 인류는 기술의 발전에 힘입어 지구의 자원을 점점 더 빨리 개발했고, 그 결과 한 번도 경험해보지 못한 미답의 영역에 들어섰다.

이 책에서는 세 가지 틀로 장기 20세기를 바라볼 것이다. 세 가지 틀은 기술의 발전, 전 지구적 차원의 상호작용 강화, 자연환경 개발과 착취의 가속화다. 이 책의 연대기적 틀 또한 그 내용과 일치한다. 19세기 중반부터 21세기 초까지는 인간 사회가 이러한 거대 동인에 의하여 재편된 시기다. 이러한 재편은 일견 혼란스러워 보이지만 나름의 일관성을 가지고 이루어졌다.

우리가 논하고자 하는 시기는 시간을 임의로 100년 단위로 끊은 20세기가 아니다. 우리가 논하는 '장기 20세기'는 다른 시기와 뚜렷이 구분되는 시기로, 근본적인 변화와 인간 세상의 재편이라는 본질적 내용으로 구분한 20세기다. '장기'라는 표현에서 알 수 있듯, 장기 20세기는 약 150년의 긴 세기다. 이 책에서는 1860년대부터 2010년대까지를 장기 20세기로 규정하지만, 그 변화의 뿌리 자체는 100년가량 더 거슬러 올라갈 수도 있고, 장기 20세기에 나타난 변화 중 일부는 2010년 이후에도 오랫동안 지속될 수도 있다. 그러나 우리가 장기 20세기로 규정하는 1860~2010년대는 기술의 복합적인 발전으로 세계가 재편되고 새롭게 연결되었다는 측면에서 그 이전의 시대와도 이후의 시대와도 확연히 구분된다.

장기 20세기를 규정하는 동인들은 어떠한 역학관계를 낳았을까? 이러한 동인들이 만들어낸 지난 150년의 '이야기'는 무엇일까? 이 책은 그 이야기를 서로 겹치는 세 개의 연대기적 단계로 제시한다.

첫 번째 단계는 18세기에 시작되어 19세기에 본격화된 '확장'이다. 이 시기 인류는 추후 20세기의 세계를 만든 다양한 기초 과학기술 혁신을 이루어냈다. 이 혁신은 15~16세기 아시아와 17세기 유럽의 과학기술 발전에 뿌리를 두고 있고, 기술의 발전은 1900년 이후에도 계속되었다. 그러나 근본적인 유용성을 가진 혁신적 기술은 1850~1890년대 사이에 집중적으로 등장했고, 이후 과학기술 발전은 대부분 원래의 기술을 개량한 것에 속했다. 역사학자들은 (18세기 후반에서 19세기 후반까지의) 이 시기를 산업혁명기라고 부른다. 이 시기의 기술 변혁은 산업 외의 부분에도 영향을 주었지만, 산업혁명이라는 용어는 이 시기를 설명하는 데 유용하다. 기술의 발전이 점차 본격화되며 기본적인 과학기술은 세계 전역으로 확산되었다. 인구와 경제, (강대국의 경우) 식민지 확장이 나타나며 지구상 대부분의 국가와 지역이 밀접하게 연결되었고 그렇게 국제사회가 탄생했다. 인구와 경제력 면에서 일정 수준에 이른 국가에서는 변화의 폭이 제한적이었으나 그렇지 않은 지역에서는 전에 없던 성장세가 나타났다. 새로운 지역의 인구와 경제력이 성장하며 기존의 균형이 깨지자 인간 사회와 국가, 개인에 대하여 자리 잡고 있던 기존의 인식 또한 변화했다. 새로운 형태의 통신 발달, 서로 다른 문화 간의 접촉이 만들어낸 긴장감, 지역별·국가별 군사력의 급격한 변화는 사람들이 그때까지 당연하게 받아들였던 정치적·사회적·종교적 구분과 체제에 의문을 품게 했다.

두 번째 단계는 '폭발'이었다. 이 시기에 인류는 막 시작된 근대 사회의 주도권을 놓고 점점 격렬하게 대립했다. 1890~1950년대까지 전 세계가 거대하고 파괴적인 혁명과 전쟁에 휩쓸렸다. 다가올 세상의 성격을 규정하고 그 지배자를 가리기 위한 싸움이었다. 폭발기로 들어오기 전, 약 반세기 동안 다양한 집단이 연결되고 접촉하며 생겨난 인종, 계급, 국적, 제국, 종교 등의 인식은 이러한 전쟁과 혁명을 촉발한 중요한 요인이었다. 구체적으로는 두 가지 문제가 폭발의 직접적인 원인이었다. 식량과 에너지, 즉 농민 문제와 석유 문제였다. 많은 국가가 사회적 활력과 국민의 안녕, 근대 사회를 주도하기 위한 힘을 얻기 위해서는 이 두 가지 문제를 반드시 해결해야 한다고 생각했다.

세 번째 단계인 '가속화'는 전쟁과 혁명이 던져놓은 질문들이 어느 정도 해결된 1950년대 이후 찾아왔다. 제1차 세계대전과 제2차 세계대전 종전 이후 국제정치는 비교적 안정적인 모습을 보였다. 첫 번째 '확장' 단계에서 세계를 재편하고 두 번째 '폭발' 단계에서도 발전을 멈추지 않았던 기술적·경제적·생물학적·문화적 변화는 세 번째 '가속화' 단계에서 그 범위와 속도를 한 단계 올렸다. 일각에서는 이 시기의 변화를 일종의 '성숙화'로 본다. 이는 새롭게 탄생한 근대 사회가 여러 갈등을 겪으며 1950년까지 자체적인 질서를 확립하고, 그 질서를 바탕으로 보편적 발전과 성숙을 도모한 것으로 보는 시각이다. 그런가 하면 이 시기의 변화를 '급진화'로 보는 시각도 있다. 근대의 변혁적 잠재력이 점차 위력을 발휘하며 더욱 본격화되었다는 이러한 시각도 설득력이 있다. 1950년 이전부터 존재해온 변화의 움직임이 점점 더 많은 사회에 깊게 파고든 시기라는 의미에서 '심화'의 시기로 보는 시각도 있다. 모두 설득력 있는 설명이다. 1950년대 이후의 시기를 부르는 명칭은 학자에 따라 다르다. 일부 사회학자와 사회이론가들은 탈근대(post modernity)라는 용어를 쓰기도 하고, 후기 근대(late modernity), 혹은 고도 근대(high modernity)라는 용어를 선호하는 이들도 있다. 나는 이 후기 근대 중에서도 비교적 최근에 속하는 시기를 '변화적 근대(trans formative modernity)'라고 명명했다. 1980~1990년대에 접어들면 근대의 발전이 (일시적으로나마) 식량과 에너지의 문제를 해결하고, 장기 20세기와는 근본적으로 다른 새로운 질서의 구축을 시작하기 때문이다. 이 모든 용어는 이 책의 마지막 3분의 1에서 분석한 과정을 이해하는 데 유용한 길잡이가 될 것이다.

나는 이 책에서 장기 20세기에 벌어진 두 번의 세계대전, 대규모 혁명(멕시코 혁명, 러시아 혁명, 중국 혁명), 식민지 확장 등 주요 '사건'의 상세한 내용을 소개하기보다는 사건의 큰 흐름에 중점을 두고 서술했다. 이 책에서 찾고자 하는 것은 포괄적이고 공통적인 원인이다. 그런 의미에서 이 책은 세계대전에 관련한 사실을 나열하기보다는 장기 20세기의 한복판에 두 차례의 세계대전이 발생한 원인에 초점을 맞춘다. 여기서 찾고자 하는 것은 각 지역에서 나타난 역사적 흐름 사이의 연관성이다. 우리는 19세기 영국 산업 경제의 폭발적인 성장과 아르헨티나의 농업 경제성장이 어떻게 연결되어 있는지, 식량과 광물의 세계시장 형성이 식민지 학살과 무슨 관계가 있는지, 1960년대 냉전의 정치학이 어떻게 '아시아의 호랑이들'의 등장으로 이어졌는지, 1980~1990년대 경제의 '금융화'가 세계 곳곳의 독재 정권을 어떻게 몰락시켰는지 살펴볼 것이다.

역사의 큰 패턴을 잡아내기 위하여 지역 변화와 (세계무역 등) 세계의 흐름을 조감할 수 있는 통계 자료를 자주 활용했다. 통계의 정확성을 늘 담보할 수는 없으므로 이러한 접근법에는 어느 정도 위험이 존재한다. 먼 과거의 자료가 아닌 비교적 최근의 통계에도 논란은 있다. 일례로 미국인과 중국인의 구매력에 관한 통계를 살펴보면, 일부 통계에서는 미국인의 구매력이 중국인의 네 배지만 또 다른 통계에서는 무려 열한 배에 달한다. 구매력 평가 수치는 여러 요소에 따라 달라질 수 있다. 생활비의 계산법에 따라 달라지고, 정부가 국민의 경제활동을 얼마나 정확하게 평가하는지에 따라 달라질 수 있다(짐작건대 정확도가 아주 높지 않을 것이다). 정확한 수치를 구할 수 없는 항목에 대하여 어떤 추정치를 넣는지, (다양한 운송 수단 등) 상품의 가치를 어떻게 평가하는지, (심지어 닭고기와 소고기의 경제적 가치를 동일하게 볼 것인가와 같이) 생활 수준을 어떤 방식으로 비교하는지에 따라서도 달라질 수 있다. 게다가 먼 과거의 수치일수록 추측에 의존하는 추계(推計)일 수밖에 없다. 이 책에서는 매디슨 프로젝트(Maddison Project, 서기 1년부터 최근까지의 세계 인구와 경제 규모를 국가별로 정리한 통계 자료로, 세계경제에 대한 방대한 추계치를 구축한 프로젝트—옮긴이)가 추계한 1인 소득 관련 자료와 인구 변동 관련 자료, 그리고 팰그레이브 맥밀런(Palgrave Macmillan)의 《국제 역사 통계(International Historical Statistics)》 시리즈에 소개된 통계를 폭넓게 활용했다. 매디슨과 팰그레이브 모두 자신들이 소개하는 데이터가 '실제'가 아닌 추정치라는 점을 명확히 하고 있다.[4]

다음의 두 가지 조건을 만족한다면, 추정치를 통해서도 중요한 국제적인 패턴을 충분히 들여다볼 수 있다. 첫 번째 조건은 다양한 지역에 동일한 방법론을 적용해야 한다는 것이고, 두 번째 조건은 수치 자체가 아닌 수치의 동향에 초점을 맞춰야 한다는 점이다. 다시 구매력의 예로 되돌아가보자. 입력하는 데이터에 따라서 추정치가 달라지기 때문에 미국인의 구매력이 실제 중국인의 네 배인지 열한 배인지는 정확히 알 수 없다. 그러나 데이터를 폭넓게 살펴보면 미국보다 중국의 구매력이 지난 20~30년간 빠르게 증가했다는 것이 모든 자료에서 공통적으로 드러난다. 이 책에서 알아보고자 하는 내용을 파악하기에는 그러한 일반적인 추세 정도면 충분하다. 어떤 시점에 정확히 누가 얼마나 많은 돈을 가지고 있었는지는 이 책에서 그다지 중요하지 않다. 중요한 것은 세계 곳곳으로 빠르게 퍼지고 있는 경제적·기술적 변화의 과정을 살펴보는 것이다. 그 과정에서 누가 정확히 얼마나 더 많은 돈을 벌었는지도 크게 중요하지 않다. 이 책이 강조하고자 하는 바는 지난 20~30년간 그 변화의 속도와 영향력이 새로운 차원에 도달했다는 점이다. 그 명칭이 탈근대, 후기 근대, 고도 근대, 변화적 근대 중 무엇이든 우리가 가진 모든 자료는 인류가 새로운 단계에 들어섰다는 것을 보여주고 있다.

어떤 이름을 붙이든, 또 어떤 통계를 기준으로 평가하든 근대화로 시작된 변화는 이제 점점 길이와 무게를 더한 화물열차처럼 돌진의 속도를 높이고 있다. 이 질주의 종착역이 어디일지는 불확실하고, 인류는 낯설고 불안한 위치에 서 있다. 우리는 인류의 근대화를 지탱해온 지구의 환경이 거의 한계에 다다랐다는 것을 이미 알고 있으며, 세계 곳곳의 생물계가 과도한 인간 활동의 영향으로 무너지기 시작했다는 것 또한 알고 있다.

인류는 이 모든 것을 알면서도 환경에 해가 되는 행동을 멈추기는커녕 오히려 빠르게 진행하고 있다. 지금의 모습을 보면 인간에게는 스스로 멈출 능력이 없어 보인다. 인간은 지금 이 순간에도 살충제와 비료를 쓰고, 지하수를 퍼내고, 댐과 도로를 건설하고, 나무를 벌목하고, 땅을 경작하고, 유해물질을 물과 대기 중에 배출하고, 화석연료를 태우며, 지구 생물계에 부정적인 개입을 더욱 확대하고 있다. 이러한 개입을 부르는 것은 인간의 끝 모르는 욕망이다. 욕망의 대상에는 구체적인 (자동차, 오븐, 텔레비전, 옷 등) '소비재'뿐 아니라 식량, 번듯한 집, 건강, 지식 등도 포함된다. 인간의 욕망은 앞으로도 끝이 없을 것이고, 욕망의 대상이 줄어드는 일도 결코 없을 것이다. 그렇다면 인류가 살아남기 위해서는 어떻게 해야 할까? 욕망 자체를 줄일 수 없다면, 그 욕망이 지구에 주는 영향을 지금보다 더 잘 관리하고 완화할 방법을 찾아야 한다.

다행히 인류는 영리한 종이고, 한 세기가 넘는 기간 동안 다양한 난제들을 해결해왔다. 그중에는 인류 문명의 절멸 가능성까지 언급되던 심각한 문제도 있었다. 20세기 중반 제기되었던 식량 문제가 그랬다. 당시 일부 학자들은 식량 생산이 인구 증가를 따라잡지 못해 2000년경에는 인류가 심각한 식량 부족 문제에 부딪힐 거라 주장했다. 그러나 이 문제는 농업 기술과 농법의 혁명으로 해결되었다. 좀 더 가까운 사례로 화석연료 문제가 있다. 21세기에 들어서며 일각에서는 몇십 년 내에 석유가 동날 것이라는 예측이 나왔다. 그러나 21세기 초반 약 10년 동안 지질학자와 석유화학 공학자들은 (심해, 오일 샌드, 오일 셰일 등) '비(非)전통'적인 매장지에서 석유를 추출하는 방법을 개발했고, 인류는 앞으로 짧게는 한 세기, 길게는 수 세기 동안 쓸 수 있는 화석연료를 확보했다.

하지만 이 해결책은 더 심각한 문제를 초래했다. 지구의 인구는 집단 기근으로 인구 급감 경고가 있었던 때로부터 반세기

만에 약 두 배 증가했다. 그와 함께 지구의 생태에 끼치는 인류의 영향력은 두 배 이상 증가했다. 기술의 발달로 무제한에 가까운 탄화수소 기반 연료(석유, 천연가스 등)를 확보하고 있지만, 이는 지구 온난화를 부추기고 있다. 온난화는 지구 생물계에 소행성 충돌에 버금가는 충격을 줄 수도 있다.

역사적으로 수많은 난관을 극복하고 문제를 해결해온 것을 고려하면, 인류는 지구 생태계의 위기를 지식과 창의력, 혁신으로 해결할 수 있을지도 모른다. 물론 확실한 것은 없다. 단 한 가지 확실한 것은 인류가 내놓을 해결책에 수많은 이들의 생사가 달려 있다는 점이다. 나아가 인류 문명의 존립이, 심지어 인간이라는 종의 생사가 달려 있다.

이 정도면 꽤 극적이지 않은가? 이제 인류가 어떻게 여기까지 왔는지를 살펴보자.

1장

세계의 체질이 변하다 :
근대의 생물학적 변혁

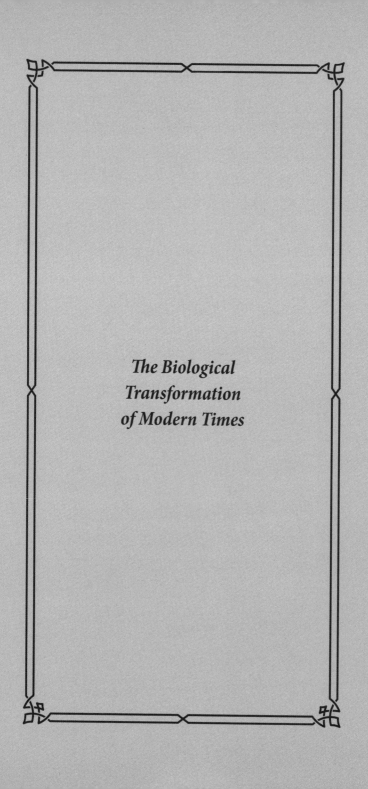

The Biological
Transformation
of Modern Times

사람이 많아졌다, 너무 많아졌다: 인구 폭발, 1800~2000년

학교에 다녀본 사람이라면, 기원전 1년부터 현재까지의 인구 변화를 보여주는 세계 인구 그래프를 한 번쯤은 본 적이 있을 것이다(표 1.1). 19세기 중반 이후 세계의 특징을 이보다 잘 보여주는 자료는 없을 것이다. 인간이라는 생물 종의 증감을 하나의 생물학적 현상으로 본다면, 지난 150년간 나타난 현상은 그야말로 전례 없고 혁명적이었다. 세계 인구는 서기 1000~1500년 사이 500년 동안 두 배, 그리고 1500~1800년 사이 300년 동안 다시 두 배 증가했다. 그러다 1800~1900년 사이 100년 만에 다시 두 배로 늘어나 이후 70년 만에 두 배, 또 21세기 초입까지 30년 만에 두 배 증가했다. 2000년 기준 세계 인구는 1900년 인구의 네 배였고, 이는 1800년 기준 세계 인구의 여섯 배에 해당한다.[1]

역사인구학자들이 자료를 바탕으로 추정해낸 기원전 1년 이전의 인구 변화 사례 몇 가지를 함께 살펴보면 이야기는 더욱

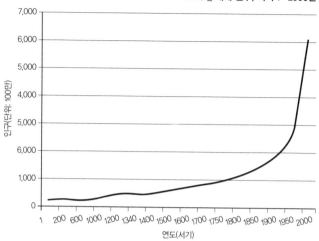

표 1.1_ 세계 인구, 서기 1~2000년

흥미로워진다. 이집트의 인구는 서기 1600년까지 약 6,000년 간 전염병, 전쟁과 기근, 지역 교역망의 혼란과 경제적 위기 등으로 심한 오르내림을 반복했다. 서기 1600년 기준 이집트 인구는 그로부터 약 3,400년 전의 인구와 비슷했을 것으로 추정한다. 서기 1600년 이후 이집트의 인구는 빠른 속도로 증가했고, 현재의 인구는 1600년 당시의 서른다섯 배가량이다.[2] 멕시코 밸리 지역의 인구 변화도 유사한 패턴을 보였다. 17세기 중반 멕시코 밸리의 인구는 기원전 300년의 인구와 비슷했으나 1980년대에 이르러 그 수의 200배로 증가했다.[3]

인구 증가는 지역과 시기에 따라 불균등하게 이루어졌다(표 1.2, 1.3). 지구 전체 차원에서 보자면, 세계 인구 변화의 과정은 크게 두 단계로 나누어 살펴볼 수 있다. 우선 1700~1915년까지는 유럽 인구가 빠르게 증가하며 수백만의 이민자들을 북미와 남미로 쏟아냈다. 1900년 이후에는 아프리카와 아시아의 인구 증가가 유럽과 아메리카 대륙의 인구 증가를 앞질렀다. 1850~1900년까지 유럽과 아메리카의 인구 증가율은 아프리카와 아시아의 네 배였다. 그러나 1950~2000년까지는 아프리카와 아시아의 인구가 유럽과 아메리카보다 두 배 빠르게 증가했다. 그 결과 유럽과 아메리카의 인구가 전 세계 인구에서 차지하는 비율은 1700년 20퍼센트에서 1900년 36.5퍼센트로 크게 늘었다가 이후 27퍼센트로 다시 크게 감소했다.

이러한 인구 변화는 1750년경 시작된 세 가지 흐름에서 그 원인을 찾을 수 있다. 처음에는 비교적 미약하게 시작된 이 세 가지 흐름은 점점 그 변화의 속도와 강도를 높이며 역사학자들이 말하는 '근대 인구 전환', 즉 고출산·고사망 인구구조에서 저출산·저사망 인구구조로의 이행을 만들었다.

변화를 만들어낸 첫 번째 흐름은 농업 발전이다. 17세기부터 이루어진 농업 기술과 농작법의 중대한 발전은 세계 곳곳에 있는 핵심 인구 밀집 지역 거주민들의 영양 상태를 개선했다. 이 시기에는 새로운 윤작법을 도입해 토양 속 영양분의 급격한 고갈을 피하고, 비료 생산과 농사에 가축을 더욱 적극적으로 활용할 수 있었다. 그 외에도 감자, 옥수수 등의 신세계 작물의 도입, 생산성을 높인 신품종의 등장, 가축의 사육 방식 개선과 가축 활용 지역 확산, 배수 및 치수 기술 발달로 인한 농경지 확대, 새로

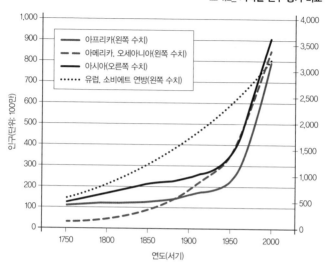

표 1.2_ **지역별 인구 증가 비교**

범례:
- 아프리카(왼쪽 수치)
- 아메리카, 오세아니아(왼쪽 수치)
- 아시아(오른쪽 수치)
- 유럽, 소비에트 연방(왼쪽 수치)

세로축(왼쪽): 인구(단위: 100만)
세로축(오른쪽): 4,000 / 3,500 / 3,000 / 2,500 / 2,000 / 1,500 / 1,000 / 500
가로축: 연도(서기)

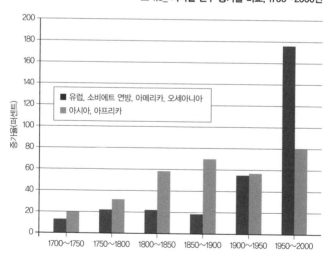

표 1.3_ **지역별 인구 증가율 비교, 1700~2000년**

범례:
- 유럽, 소비에트 연방, 아메리카, 오세아니아
- 아시아, 아프리카

세로축: 증가율(퍼센트)
가로축: 1700~1750 / 1750~1800 / 1800~1850 / 1850~1900 / 1900~1950 / 1950~2000

운 농기구를 활용한 경작 효율 개선 등이 이루어졌다. 18세기를 지나며 서유럽 일부 지역에서는 전체 농업 생산량 중 생산자의 직접적 필요치를 초과하는 잉여 생산물의 비율이 4분의 1에서 2분의 1로 두 배 증가했다. 유럽만큼 급격한 변화는 아니었지만, 중국에서도 농업 발전이 나타나며 급격하게 증가하는 인구를 지탱했다. 유럽 농업 발달에 중요한 역할을 했던 농기구 중 일부는 17세기경 중국에서 들어온 것일 가능성도 있다. 유럽에서도 중국에서도 국가가 기근을 어느 정도 통제하면서 인구의 급격한 변화, 특히 급격한 감소를 피할 수 있었다.[4]

인구 증가에 있어 농업의 발전만큼이나 중요한 역할을 했던 두 번째 흐름은 질병 예방 기술의 눈부신 발전이다. 전염병의 정확한 유발 요인이 밝혀지기 전인 19세기 중반까지 질병 예방 분야의 발전은 더뎠다. 그러나 세균 이론(특정한 세균이 특정한 질병을 일으킨다는 이론―옮긴이)이 등장하면서 다양한 연구가 이루어졌고, 19세기 말과 20세기 초에 이르러서는 특정 질병을 유발하는 미생물의 정체가 더 많이 밝혀졌다. 질병을 세균이 유발한다는 연구 결과는 질병 예방 조치의 일대 도약으로 이어졌다. 1850년대 초부터 세계 주요 도시들은 하수도를 건설했고, 그 결과 배설물을 통하여 전파되는 콜레라, 이질, 발진티푸스 등으로 인한 사망이 대폭 감소했다. 또한 여러 주요 도시에 물을 정화하는 정수 시설이 들어서기 시작했다. 수도에 대한 염소 처리법이 등장한 1910년대 이후에는 도시에 공급되는 물에 함유된 박테리아가 더 감소했다. 1930년대부터는 감염을 원천적으로 차단하기 위한 하수 처리 시설을 도시에 건설했다.

이 모든 발전은 콜레라 등 전염병의 유행을 막는 데 도움을 주었다. 콜레라를 비롯한 장 관련 전염병의 유행은 인구밀도가 높은 도심에서는 특히 치명적이었다. 장형 전염병의 예방 조치는 질병에 특히 취약한 영아들의 사망률을 낮추며 인구의 전체적인 성장에 크게 기여했다. 표 1.4는 1980년대 기준 55개국의 하수도 보급률과 영아 사망률의 상관관계를 보여준다. 이 표가 의미하는 바는 명확하다. 제대로 시행하면 하수도 보급만으로도 영아 사망을 90~99퍼센트까지 줄일 수 있다는 점이다. 프랑스의 루이 파스퇴르(Louis Pasteur)는 1862년 저온살균법을 개발했다. 상한 우유나 음료가 유발하는 위나 장의 질병을 막기 위한 것이었다. 이후 저온살균법은 전 세계로 급속히 보급되며 영아 사망을 줄이는 데 중요한 역할을 했다. 마지막으로 소독약의 개발 또한 인구 증가에 기여했다. 소독 자체는 민간 치료법에서도 수 세기, 길게는 수천 년 동안 전 세계에서 시행했지만, 1840~1850년대에 등장한 화학적 소독제와 1867년 조지프 리스터(Joseph Lister)가 도입한 소독법은 인류의 건강 증진에 크게 기여했다. 소독은 수술 시 가장 많이 활용하고 있고, 출산 시 산모와 영아의 사망률을 획기적으로 낮추는 데 많은 공을 세웠다.[5]

앞서 소개한 다양한 예방 조치의 보급은 지역에 따라 불균등하게 진행되었고, 아직 완벽하게 보급되지 않은 지역도 존재한다. 실제로 1980년까지도 세계 인구의 절반가량은 하수 처리

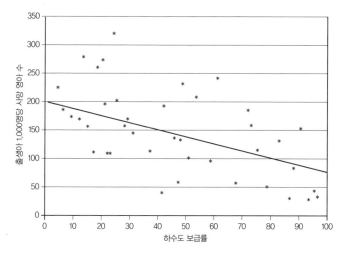

표 1.4_ 55개국의 영아 사망률과 하수도 보급률(1980년대 추세선)

출생아 1,000명당 사망 영아 수

하수도 보급률

시설 없이 생활했다.

깨끗한 물을 공급하는 정수 시설 대부분은 유럽과 북미에서 먼저 건설된 후 점차 다른 지역으로 확산되었다.[6] 그런 이유로 질병으로 인한 사망 감소와 그로 인한 인구 증가 현상은 지역에 따라 불균등하게 나타났다. 그러나 시간이 흐르며 세계 각 지역의 영아 사망률은 비슷한 지점으로 수렴되었다(표 1.5).

19세기 중반 인구 증가에 가장 결정적인 영향을 준 것은 위생 기술의 발달이지만, 질병 예방법의 개발도 큰 역할을 했다. 그중 가장 중요한 것은 열대지방의 최대 사망 요인이었던 말라리아 예방에 키니네(quinine)를 활용하기 시작한 것이었다. 키니네는 남미산 기나나무 껍질에 함유된 물질로, 페루의 케추아족

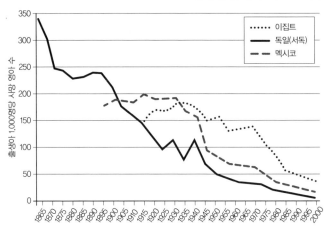

표 1.5_ 아프리카(이집트), 서유럽(독일), 아시아(스리랑카)의
영아 사망률 비교, 1865~2000년

이 17세기부터 활용해온 것을 유럽인들이 '발견'했다. 정제법과 활용법이 점점 발전하면서 19세기 중후반부터 키니네를 체계적으로 재배하고 폭넓게 활용했다. 1890년대 말에는 이보다 더 중요한 발견이 있었다. 바로 말라리아의 매개체가 모기라는 발견이었다. 이후 일부 지역에서는 습지 배수 통제로 모기를 퇴치하여 말라리아를 비롯한 모기 매개 질병을 예방했다. 열대 및 아열대 지방의 주요 사망 원인인 황열병과 기타 질병에도 성공적인 대처가 이어졌다.[7] 또 다른 중요한 요소는 예방접종이었다. 인도와 중국에서 기본적인 형식으로만 존재하던 예방접종은 18세기 초 오스만 제국을 거쳐 유럽으로 전파되었고, 1880년대 프랑스와 독일에서 근대적인 형식으로 다듬어졌다.

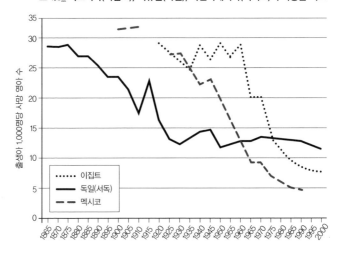

표 1.6_ 아프리카(이집트), 서유럽(독일), 라틴아메리카(멕시코)의 사망률 비교

질병의 세균 이론은 1870년대 후반 유럽 의학계에 널리 전파되었고, 1880년대부터는 각각의 질병을 일으키는 특정 미생물의 정체가 속속 밝혀지기 시작했다. 예방접종을 통한 면역 형성은 주요 질병 예방에 큰 도움을 주었다.

이러한 기본적인 질병 예방 조치들은 인구 폭발이 이루어진 첫 세기에 결정적인 기여를 했다. 20세기 중반부터는 현대 의학이 발달하며 인류의 또 다른 주요 사망 요인이었던 미생물 감염 질병의 효과적인 치료가 개발되기 시작했다. 대표적인 것으로 항생제의 개발이 있다. 1930년대에는 독일이 설파제를 최초로 개발했고, 1940년대 초 영국은 페니실린을 개발했는데, 두 항생제 모두 1945년 이후 널리 사용되었다. 항생제는 20세기 중반까지도 주요 사망 요인으로 남아있던 폐렴, 결핵 등의 질병으로 인한 유아 사망과 성인 사망을 줄이는 데 결정적인 역할을 했다.[8]

　이러한 예방법과 의약품은 정수 기술과 마찬가지로 유럽과 북미에 먼저 도입된 후 세계 전역으로 전파되었다. 사망률 전반의 세계적인 감소 또한 영아 사망률 감소와 유사한 패턴을 보였다(표 1.6). 사망률은 유럽에서는 1870년대부터, 아시아와 남미, 아프리카에서는 1910~1930년 사이에 감소하기 시작했으며, 현재는 전 세계에서 낮은 수준으로 수렴하는 모습을 보이고 있다. 예컨대 1910년 기준 멕시코의 사망률은 인구 1,000명당 33.5명, 영국의 사망률은 13.5명으로, 무려 20명의 차이를 보였다. 그러나 1990년에 이르자 멕시코의 사망률은 4.9명, 영국의 사망률은 11.1명이었다. 오늘날 선진국의 사망률이 더 높은 것은 인구의 높은 평균 연령 때문이다.

　짐작할 수 있겠지만, 기대수명도 비슷한 양상으로 변화했다(표 1.7). 선진국의 기대수명은 대부분 70대 후반에 근접하고 있다. 서유럽과 미국, 캐나다 등 일부 지역의 사람들은 여타 지역의 사람들보다 훨씬 더 오래 산다. 이들 지역과 아프리카 지역의 기대수명 차이는 예전보다 더 벌어졌지만, 그 외 대부분 지역과의 격차는 빠르게 줄어들고 있다. 서유럽과 인도의 기대수명 격차는 1820년에는 18년이었다가 1950년에는 35년으로 늘었지만, 현재는 다시 18년으로 감소했다. 중국과 서유럽은 1900년에는 24년의 격차를 보였으나 현재는 7년으로 줄었다.

　지금까지는 인구 전환의 첫 번째 현상인 사망률의 감소 원인

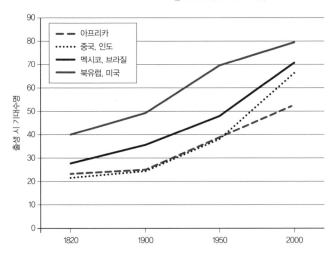

표 1.7_ **지역별 평균 기대수명, 1820~2000년**

을 살펴보았다. 나머지 절반, 즉 출산율의 감소는 사망률 감소보다 설명이 까다롭다. 역사적으로 보았을 때 출산율 감소는 경제성장, 특히 산업의 성장과 대략적인 연관성을 보였다. 일부 역사학자들은 산업 일자리가 늘어나고 숙련된 노동자 수요가 증가하면서 인적 자원에 더 투자한 것을 이유로 꼽았다. 사람들이 자녀의 수를 늘리기보다는 기존 자녀의 건강과 교육에 더 투자했다는 의미다. 의무적인 공교육의 확대와 출산율 감소의 연관성은 이것이 순전히 개인 차원의 결정이라기보다는 국가 차원의 정치적·사회적 결정이기도 했다는 점을 보여준다.

학교 교육의 확대, 교육 기간 연장, 아동 노동 관련법의 확산은 자녀 양육에 들어가는 순 비용을 상승시켰다. 자녀들이 학업과 노동을 동시에 할 수 없었기 때문이다. 여성의 임금 노동 참여 기회 확대도 출산율 감소의 또 다른 원인이었다(중요한 초기 산업 중 하나였던 방직 공장 노동자 중에는 여성 인력이 압도적으로 많았다). 기대수명 연장, 건강 상태의 전반적인 개선, 저축 기회의 확대, (의료, 장애, 퇴직 보험 등) 초기 사회보험의 확대는 '소득안정'을 위한 가족 전략에 자녀가 참여해야 할 필요성을 축소시켰다. 도시화의 진행과 화폐경제 확대로 가족의 활동에서 (가축 돌보기, 잡초 제거 등) 아동이 제공하던 무상 노동의 가치가 하락한 것도 한 요인으로 볼 수 있다.[9] 출산율 저하가 막 시작되던 단계에는 기초적인 수준의 피임법만이 존재했다. 그러나 시간이 흐르며 개발된 콘돔과 질 격막 피임법, 특히 피임약은 출산율 저하에 중대한 역할을 했다.

지금까지는 출산율 저하를 경제적 요인이나 기술적 요인의 측면에서 살펴보았지만, 역사학자 중에는 정치적·문화적·심리적 요인을 주요 원인으로 꼽는 이들도 있다. 한 학자는 '죽음 통제가 이성적 태도의 등장을 장려'하고 전통적인 운명론의 영향을 감소시키는 한편, 진보라는 개념의 탄생을 촉진했다는 주장을 폈다. 쉽게 죽지 않고 삶을 지속해나갈 수 있다는 자신감은 사람들이 장기적인 투자를 시도할 수 있게 했다. 시대의 변화와 함께 새롭게 주어진 경제적 기회를 최대한 활용하기 위하여 스스로 출산율을 제한했을 가능성도 있다.[10] 공교육의 확대는 교육에 투자하여 인력의 가치를 높이려는 경제적 전략의 측면도 있었지만, '국가' 개념의 도입과 강화를 위한 정치적 도구

이기도 했다(국가는 공교육을 통하여 지역 방언을 쓰는 아이들에게 국가 공용어를 교육하거나 자국의 위대함을 주제로 한 이야기들을 통하여 애국심을 고취하기도 했다). 문해율 상승은 피임법의 전파로 이어졌다. 그런 의미에서 일부 역사학자는 '출산율은 말을 통하여 낮아졌다'라고 주장하기도 했다(정확히는 '글'을 통하여 낮아진 것이기는 하지만 말이다).[11] 초기 유럽학에서는 18세기 후반 '대서양 혁명(Atlantic Revolutions, 미국의 독립혁명을 비롯하여 아메리카 지역과 유럽에서 잇달아 일어난 일련의 혁명들—옮긴이)'을 일으킨, 혹은 그러한 혁명으로 발생한 문화적·사회적 변화를 출산율 저하의 요인으로 꼽았다. 학자들은 정치적 진보주의와 문화적 개인주의에 주목했다. 정치적 동요와 경제적 변화가 가져온 기존 사회구조의 파괴가 신분 상승의 가능성을 높이자, 이 기회에 최대한 집중하기 위하여 스스로 자녀 출산을 제한하는 이들이 생겨났다는 주장이었다. 한 초기 이론가는 이를 두고 '민주적 문명은 출산율을 감소시킨다'라고 주장했다.[12]

원인이 무엇이었든 대부분의 사회에서 인구 전환은, 사망률이 감소한 이후 시차를 두고 출산율이 줄어드는 형태로 나타났다. 그 시차는 길면 한 세기 정도인 경우도 있었다. 사실 사망률 감소가 시작된 초기에는 오히려 출산율이 증가했다. 그 이유는 복합적이다. 우선 영아 사망률과 아동 사망률의 감소에 맞춰 이상적인 가족 구성원 숫자에 대한 일반인의 인식이 변화하기까지는 최소 한 세대 정도의 시간이 소요된다. 피임 지식이 전파되는 데에도 시간이 걸린다. 게다가 피임의 도덕적·종교적·문화적 금기가 약화하기까지도 최소 한 세대 정도의 시간이 소요된다. 앞서 언급한 바와 같이 사망률의 감소는 경제성장과 산업 성장, 그로 인한 소득 증대와 맞물려 나타났다. 소득이 늘어 부양 능력을 갖춘 가족들은 자녀를 더 낳아도 좋다고 생각했고, 영양 상태의 개선이 생물학적인 생식 능력을 개선했다. 또한 각종 피임 도구는 발명 이후 수십 년 동안은 상대적으로 높은 가격을 유지했고, 일반 대중이 활용하기까지 시간이 걸렸다. 출산율을 낮추는 기술은 사망률을 낮추는 기술과는 모든 면에서 대조적이었다. 사망률을 낮추는 기술은 상대적으로 저렴했고, 큰 논란거리가 없었으며, 대부분 (시 당국 등) 집단에 의하여 도입되었으므로 출산율을 낮추는 기술에 비하여 더 빠르게 전 세계적으로 전파되고 적용될 수 있었다.

사망률 감소와 출산율 감소 사이의 시차로 유럽의 인구는 폭발적으로 증가했고, 그 결과 1800~1914년까지는 많은 유럽 이민자들이 세계로 쏟아져 나왔다. 사망률은 급격하게 감소했지만 출산율은 아직 떨어지지 않아 인구 증가를 감당하기 어려웠기 때문이다. 그러다 1880~1920년대 사이에 유럽의 출산율이 감소하기 시작했다. 출산율 감소 현상은 프랑스, 영국, 독일에서 먼저 나타났으며, 그로부터 10~20년 후 남부 유럽과 동남부 유럽에서도 나타났다. 일본, 미국, 호주에서도 유사한 현상이 나타났고, 1930~1940년대 들어서는 선진국 대부분에서 급격한 감소가 나타났다. 오늘날 선진국의 인구 자연증가율(출산율에서 사망률을 뺀 수)은 0에 가깝거나 0 이하이다.

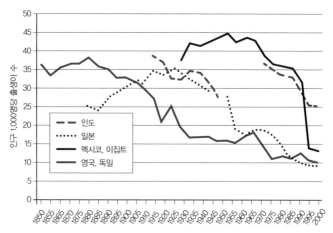

표 1.8_ 선진국(독일, 영국 평균)과 개발도상국(이집트, 인도, 멕시코, 일본 평균)의
출산율 비교, 1850~2000년

인구 1,000명당 출생아 수

- - - 인도
.... 일본
─── 멕시코, 이집트
─── 영국, 독일

　　개발도상국들은 20세기 초반부터 현대 공공 보건과 의료 기술을 도입하기 시작했고, 그 보급 속도는 1950년부터 점점 빨라졌다. 이들 국가에서도 선진국과 마찬가지로 사망률이 떨어진 후 시차를 두고 출산율이 감소했다(표 1.8). 그 결과 이들 국가에서도 수십 년 전 선진국에서 나타났던 것과 유사한 대규모 인구 증가가 나타났는데, 그 규모는 오히려 선진국을 뛰어넘었다. 시간이 흐르며 기본 예방 기술이 더 발달하고 대규모 적용이 용이해져 사망률을 낮추는 데 들어가는 비용이 50년 전, 혹은 100년 전보다 낮아졌기 때문이다.

　　다양한 나라의 인구 변화를 살펴보면 그 극적인 차이를 알 수 있다. 1960~1980년대까지 멕시코와 이집트의 인구 증가율,

즉 출산율에서 사망률을 뺀 수치는 그로부터 한 세기 전 영국이 보였던 인구 증가율의 약 두 배였다(표 1.9). 1890년대 독일의 인구 증가 속도는 멕시코의 열 배가량이었다. 양국의 출산율은 비슷했으나 독일의 사망률이 현저히 낮았다. 1990년에 이르자 독일의 연간 인구 증가율은 0퍼센트였지만 멕시코의 인구 증가율은 3퍼센트였다. 1870년에 독일의 인구는 멕시코의 네 배였으나 1985년이 되자 두 나라의 인구는 엇비슷했다. 부유한 국가와 빈곤한 국가를 하나씩 뽑아 비교해보면 모두 비슷한 양상을 보이는 것을 알 수 있다. 1875년 일본의 인구는 브라질의 3.5배가량이었으나, 1980년에는 브라질의 인구가 일본의 인구를 조금 앞질렀다.

유럽과 북미 지역의 대부분 국가와 일본은 19세기 말~20세기 말 사이에 인구 전환을 경험했으며, 21세기 초에 이르러서는 (이민으로 인한 증가를 제외한) 자연증가율은 0퍼센트에 가까워지거나 그 밑으로 떨어졌다. 그 외 지역에서도 20세기 초중반을 시작으로 인구 전환 현상이 발생했고, 1990년대에 이르러 저개발국과 개발도상국의 출산율도 가파르게 감소하기 시작했다. 이 내용은 9장에서 다시 살펴보도록 하겠다.

이러한 인구 변화의 큰 패턴, 즉 지구의 두 '반쪽'에서 두 차례에 걸쳐 시차를 두고 나타난 급속한 인구 증가는 지난 150년간 세계사의 보편적 변화 형성에 있어 기술이 얼마나 중요한 역할을 했는지를 잘 보여준다. 질병과 관련한 과학적 지식, 효과적인 예방법, 치료법의 발달과 보급은 인구 증가를 가능하게 한

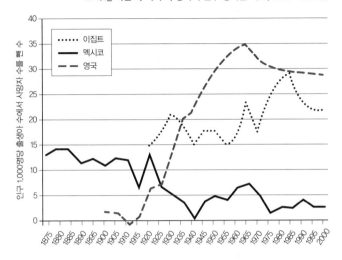

표 1.9_ **이집트, 멕시코, 영국의 인구 증가율 비교, 1875~2000년**

핵심 요인이었다. 물론 그것이 유일한 요인이었던 것은 아
니다. 농업의 발달과 1인당 소득 증대 또한 인구 증가에 영향을
미쳤다(두 요인 또한 기술의 발전 덕에 가능했다). 소득 분배 방식
과 상속 관련 법률의 변화, 공중 보건 정책의 발전, 피임법의
확산 등도 영향을 준 것은 물론이다. 같은 지역권 내에서도 각
국의 역사적 상황은 달랐기 때문에 인구 전환의 정확한 시점은
국가에 따라 차이를 보였다. 예를 들어 영국과 독일의 인구는
19세기 내내 폭발적인 증가세를 보였으나, 프랑스의 경우 거의
멈추다시피 했다. 어쨌든 세계 인구 증가가 상당 부분 하수도와
같은 단순한 기술의 발전으로 가능했다는 사실은 변함이 없다.
실로 단순한 기술이 가져온 극적인 결과였다.

우리가 모르는 땅은 없어야 한다:
오지 개척과 진출, 1800~2000년

위대한 영혼께서 우리 부족에게 이 땅을 내리셨다. 영혼께서는 우리가 고기를 먹고 가죽을 입을 물소와 영양, 사슴을 내리셨다. 우리는 미네소타에서 플래트강까지, 미시시피강에서 거대한 산맥까지 자유롭게 누비며 사냥을 해왔다. 누구도 우리를 경계에 가두지 않았고, 우리는 바람처럼 자유로웠다. … 그러나 백인들이 나타나 우리의 땅을 빼앗았다. … 백인들은 물소 떼가 뛰놀던 땅에 철조망을 치고는 땀을 뻘뻘 흘려가며 농사를 짓고 있다. 물소 떼는 간데없고 백인들이 사육하는 가축만이 가득하다. 영혼께서 내린 땅 위를 일출에서 일몰까지 며칠이고 자유롭게 말 달리던 우리 부족은 이제 백인들이 만들어놓은 도로 위로만 다닐 수 있다. [13]

_라코타 수족의 지도자 '붉은 구름', 1903년

1800년 이후 세계 인구 증가를 이끈 또 다른 흐름은 이민, 혹은 이주였다. 인류는 지난 두 세기 동안 몇 차례에 걸쳐 거대한 이민의 물결을 이루며 세계 곳곳으로 진출했다. 이주자들은 좋은 환경을 찾아 1800년까지 인구밀도가 극히 낮은 새로운 지역으로 진출하여 정착했다. 새로운 환경은 기후나 식물 군집의 유사성을 중심으로 정의하는 생물군계(biome)로 구분하여 설명할 수도 있다.

첫 번째 이민의 물결이 집중된 생물군계는 세계 곳곳의 건조 초원이었다. 서로 유사한 자연환경을 지닌 이들 건조 초원지대는 지역에 따라 다른 이름으로 불리는데, 러시아 남부와 중앙아시아의 스텝, 미국 중서부의 대평원이라는 의미의 그레이트플레인스(Great Plains), 캐나다의 프레리, 아르헨티나의 팜파스, 호주 동남부의 건조 평원, 알제리의 평원과 초지, 남아프리카의 고원 초지, 내몽골과 만주 지역의 한랭건조 평원, 캘리포니아의 센트럴 밸리(Central Valley), 인도 북부의 펀자브, 일본 북부 북해도의 한랭 고원이 모두 이 생물군계에 속한다.

1800년 이전까지 이 지역에는 상대적으로 적은 인구가 매우 희박한 분포로 존재했고, 주민 대부분은 기본적인 기술에 의지하여 생계를 유지했다. 앞서 등장한 미국 원주민 '붉은 구름'의 라코타 수족 또한 마찬가지였다. 초원지대 거주민들을 살펴보면, 일부는 대평원의 부족들같이 수렵과 채집으로 살아가는 유목민이거나 반유목민이었고, 일부는 계절과 강수량에 따라 가축들을 이동시키고 방목하며 살아가는 목축민이었다. 목축민들은 작물 재배가 아닌 가축 사육으로 생계를 유지했다. 그러다

18세기 말~19세기 초 다양한 기술이 개발되며 건조 초지에서도 정착 유목과 농업이 가능해졌다. 더 많은 인구의 정착이 가능해지자 기존 인구 밀집 지역의 인구가 몇 차례에 걸쳐 건조 초지로 대량 유입되었고, 이는 기존 거주민에게 큰 압박이 되었다.

이러한 이주의 영향을 처음 받은 지역은 러시아 남부이다. 러시아 중부와 독일, 폴란드, 유럽 동남부의 숲 지대에 살던 농부들은 18세기 말부터 러시아 남부 스텝 지대로 쏟아져 들어오기 시작했다. 건조한 동쪽과 남쪽 초원지대로 점점 퍼져나가던 이주의 물결은 1950년대 소련 정부의 제지로 멈출 때까지 100여 년간 이어졌다. 1810년대에는 아르헨티나 팜파스 지대로의 유사한 대규모 이주와 정착이 이루어졌다. 처음에는 가축을 먹일 초원을 찾아 이주했던 이주민들은 점차 팜파스를 경작지화해나갔다.[14] 1830~1840년대에는 (17세기경 남아프리카의 케이프 주로 이주해간 네덜란드계와 프랑스계 정착민인) 보어인들이 현재 남아프리카공화국의 일부인 나탈(Natal), 트란스발(Transvaal), 오렌지 자유주(Orange River County)의 고원 초지로 이주해갔다. 이러한 움직임은 미국에서도 나타났다. 이주 초기 오하이오 밸리와 미시시피 밸리, 카리브해 북부와 서부 해안의 앨라배마, 루이지애나, 동부 텍사스 지역의 평지를 가득 메웠던 유럽 이민자들의 물결은 현재의 오클라호마, 네브래스카, 서부 텍사스에 해당하는 건조 대평원 지대로 다시 한번 밀어닥쳤다. 정착민들에게 저렴한 가격에 토지를 매각하는 1862년 자영농지법 (Homestead Act)은 이 지역으로의 이주를 더욱 부추겼다. 10년 후인 1872년 캐나다는 미국과 유사한 토지법(Dominion Lands Act)을 도입했고, 이 역시 캐나다 중부 프레리 지역으로의 이주와 정착을 장려했다.[15] 일본 정부는 1870년대부터 국토 최북단에 있는 북해도로의 이주를 제도적으로 장려하기 시작했으며, 그 결과 1860년에 6만 명이었던 북해도 인구는 1920년 무려 240만 명으로 증가했다.[16] 1890년대 이후 시베리아, 카자흐스탄 스텝 초원, 만주 지역, 내몽골 지역에는 수백만에 이르는 러시아인과 중국인이 정착했다. 인도 북동부의 건조 지대에 속한 펀자브는 1880년대 후반부터 관개 기술 발달에 힘입어 농사를 지을 수 있는 경작지가 되었다.[17]

대규모 이주의 물결은 주로 정부의 정책적 장려로 형성되었다. 앞서 소개한 자영농지법과 캐나다 토지법 외에, 일본 정부도 북해도 이주민을 위한 유사한 법안을 도입했으며 러시아의 경우에 남부로 이주하는 독일과 러시아 정착민에게 특혜를 제공했다. 아르헨티나와 브라질은 정부가 여비를 제공하거나 지원금을 지급하는 형태로 이민자들을 모집하거나 이주를 지원했다. 국가 차원의 정책들은 당시 세계 곳곳에서 진행된 이주에서 중요한 역할을 했다.[18] 남아프리카의 보어인들이 케이프 지역에서 트란스발과 오렌지강 유역으로 대규모 이동한 '보어인 대이주'는 케이프 지역의 패권을 장악한 영국에게서 벗어나기 위한 움직임이었으며, 영국의 1833년 노예제 폐지와도 관련이 있었다.[19]

주목해야 할 것은 새로운 이주민을 정착시킨 국가들이 정착지의 소유권을 주장하며 대규모 군사 작전으로 원주민들을 학살하거나 강제 이주시켰다는 점이다. 신규 정착민들이 자체적으로 조직한 일종의 민병대가 원주민을 공격하는 사례도 있었다. 새로운 생물군계로의 확장과 대규모 이주는 물 흐르듯 자연스럽게 이루어진 과정이 아니었다. 새로운 정착민의 대규모 유입은 원주민에 대한 폭력과 집단 학살을 야기했고, 원주민 대부분은 자신이 살던 땅을 억지로 포기해야 했다.

러시아는 18세기 초부터 약 150년에 걸쳐 남부 스텝 초원지대의 코사크(Cossack) 민족을 빈번히 공격했다. 결국 러시아에 패한 코사크인들은 특수 군사 신분으로 러시아군에 편입되어 자신들의 정치적 독립을 말살한 러시아 정부를 위해 싸워야 했다. 남아프리카의 보어인들은 케이프 지역 동쪽 나탈 지역으로 이주하며 원주민인 줄루족을 쫓아내고 1840년대에 나탈의 고원 초원지대에 정착했다. 호주 원주민들은 1820년대부터 학살의 대상이었고, 캘리포니아 지역의 원주민 학살도 1850년대부터 이루어졌다(더 이전에는 스페인인들이 정착한 선교 거점에서의 학살도 있었다). 미국 대평원 지역에서는 원주민과 미국 간에 1862년 다코타 전쟁, 1866~1868년 붉은 구름 전쟁, 1876~1877년 수 전쟁 등이 벌어졌다. 원주민들은 리틀 빅혼 전투에서 조지 암스트롱 커스터(George Armstrong Custer)를 물리치는 등 나름의 활약을 보였지만, 결국 새로운 정착민들에게 패하고 영토를 몰수당했다. 아르헨티나 정부는 1879년 남부 팜파스 지대 원주민을 대상으로 대규모 강화, 몰수, 학살 작전에 나섰으며, 1882년까지 이렇게 몰수한 파타고니아 지역의 땅 2,000만 헥타르(약 4,700만 에이커)를 팔아넘겼다. 같은 시기 러시아는 중앙아시아 건조 스텝 지역에 거주하던 유목민과 목축민들의 땅을 빼앗아 새로 정착한 농민들에게 넘겨주었다. 북해도의 원주민인 아이누족은 조상 대대로 수렵과 낚시를 해오던 땅을 강제로 몰수당했고, 원주민 인구는 1871년 6만 7,000명에서 1901년 1만 8,000명으로 급감했다. [20]

건조 초지에 농민들이 새롭게 정착해가는 과정은 한 마디로 무척 폭력적이었다. 원주민과 신규 정착민 사이에는 잦은 충돌이 발생할 수밖에 없었다. 충돌의 큰 원인 중 하나는 원주민의 가축 약탈이었다. 이주민들의 정착으로 원주민들의 생존에 필수적이었던 사냥감이 사라지자 원주민들은 정착민들이 키우던 가축을 약탈할 수밖에 없었다. 이에 정부와 정착민들의 반응은 종종 필요 이상으로 무자비했다. 예를 들어 1851년 캘리포니아 주지사는 '인디언들을 멸종시키겠다'라며 캘리포니아주 내 원주민 '말살 전쟁'을 선포했다. 1840년대 말부터 1870년대까지 캘리포니아주에서는 정착민 민병대가 가축을 약탈해간 '인디언' 마을을 습격하여 남녀노소 가릴 것 없이 무자비하게 학살하고 살아남은 원주민은 노예로 삼았다. 1859년에는 북부 캘리포니아에서 원주민이 말 한 마리를 죽였다며 유키족 부족원 240명을 학살해 보복했다. 같은 해, 캘리포니아 주지사는 군대가 유키족 말살 전 참여를 거부하자 민간 병사들을 고용하기도 했다. 살아남은 유키족 부족원들은 인디언 보호구역에 강제 수용됐는

데, 수용 인원의 5분의 4가 1873~1910년 사이에 사망했다. 이런 비극은 처음 일어난 것도, 북미 지역에서만 발생한 것도 아니었다. 1850~1860년대에 집중적으로 발생하기는 했지만 원주민 탄압은 1630년대부터 지속적으로 자행되어온 일이었고, 이와 유사한 말살 작전은 호주, 남아프리카, 파타고니아 지역에서도 일어났다.[21]

세계 곳곳의 초원지대에 서식하던 대형 육식동물도 말살 정책의 대상이었다. 대형 동물들은 원주민 마을만큼이나 이주민들의 정착에 걸림돌이 되었기 때문이다. 이주민들의 정착으로 대형 동물들의 먹잇감이었던 다른 동물들이 줄고 그 자리를 가축이 채우자, 육식동물들은 정착민들의 가축을 공격했다. 정부와 정착민들은 총과 덫, 독 등을 사용하여 포식 동물 말살 작전에 나섰다. 남아프리카의 케이프 카운티에서는 1889년에 포식 동물 포획에 대한 포상금제를 도입했다. 도입 첫해에 1,512마리였던 자칼 포획 건수는 10년 만에 6만 863마리로 늘어났다. 개코원숭이 포획 건수는 1,394마리에서 2만 1,321마리로, 표범 포획 건수는 22마리에서 569마리로 늘어났다. 1870년대 일본에서는 안정적인 목축을 위해 북해도 늑대를 퇴치할 미국 전문가를 초청했다.[22] 20세기 초부터 1930년대까지 미국에서는 주정부 연방정부 할 것 없이 서부의 포식 동물을 말살하기 위한 전면전을 벌였다. 정부는 포상금과 독, 정부 소속의 전문 사냥꾼까지 모든 수단을 동원하여 곰, 늑대, 퓨마, 짧은꼬리살쾡이, 코요테를 비롯한 포식 동물들을 살생했다.[23]

이주민들의 정착 초기, 쓰임새 많은 동물이 겪은 학살은 더욱 심각했다. 사냥꾼과 정착민들은 동물의 털과 가죽, 기름과 고기를 얻기 위하여 마구잡이로 총을 쏘고 덫을 설치하고 독약을 놓았다. 북미의 평원과 프레리 지역에 철로가 놓이고 총소리가 울리기 전까지 3,000만 마리는 족히 서식했을 것으로 추정되는 아메리카들소는 1900년에 수천 마리만 남았다. 당시 대부분의 정착민은 동물의 개체 수 급감을 우려하기는커녕 기뻐했다. 야생동물의 개체 수가 빠르게 줄며 상업적으로 가치가 있는 가축을 더 마음 편하게 키울 수 있었고, 원주민들의 생계를 효과적으로 끊을 수 있었기 때문이다. 1893년 한 정부 대변인은 "야생동물을 없애 육류의 공급을 끊으니 드디어 야만인들을 통제할 수 있었다. 1883년 이후로는 그렇다 할 말썽이 발생하지 않고 있다"라고 말했다.[24] 1860년대에는 50억 마리에 육박했을 것으로 추정되는 아메리카 나그네 비둘기는 1914년 멸종했다.[25] 초원과 프레리 지대를 중심으로 이와 유사한 개체 수 급감이 전 세계적으로 나타났다.[26]

이러한 동물 학살에는 경제적인 이유도 있었지만, 초기에는 재미로 하는 사냥이 많은 부분을 차지했다. 인도양의 영국령 식민지 모리셔스에서 설탕 농장으로 부를 일군 집안의 자제였던 새뮤얼 화이트 베이커(Samuel White Baker)가 그 좋은 예다. 1821년 태어난 베이커는 가족 소유의 플랜테이션을 운영하기 위하여 1845년 모리셔스로 건너갔다. 사냥감이 별로 없는 모리셔스에 금세 싫증을 느낀 그는 코끼리를 사냥하겠다며 1846년 실론(지금의 스리랑카)으로 건너갔다. 스리랑카에 도착한 베이커는 열정적으로 사냥에 나섰다. 닷새 연속 진행한 사냥에서 코끼리 서른한 마리를 죽이고, 하루에 열네 마리를 죽이기도 했다. 베이커는 약 50년 동안 전 세계를 여행하며 사냥을 즐겼다. 터키와 헝가리에서는 곰, 사슴, 멧돼지, 늑대, 자고새, 오리를, 인도에서는 호랑이와 영양을, 수단에서는 하마, 야생 나귀, 비둘기, 토끼, 코뿔소, 영양을, 로키산맥에서는 엘크, 회색곰, 물소를, 스코틀랜드에서는 엘크와 멧돼지를, 잉글랜드에서는 여우와 사슴을, 사이프러스에서는 도요새, 오리, 자고새, 토끼, 종달새 등을 사냥했다. 베이커는 세계 곳곳에서 사냥을 즐기는 한편 실론에서 목장을 운영하고, 당시 오스만 제국의 일부였던 루마니아에서 대금을 치르고 해방한 헝가리 노예와 결혼하기도 했다. 이집트의 남수단 정복을 돕는 한편 자신이 사냥한 동물에 관한 책을 출간했으며, 1849년 영국의 펀자브 점령 후에는 스코틀랜드에 유배된 둘레프 싱(Duleep Singh)과 사냥 친구가 되었다. 둘레프 싱은 하루에 자고새 769마리를 잡은 적이 있을 만큼 사냥광이었다. 한평생 사냥을 즐기고 산 베이커는 놀랍게도 말년에 야생동물 보호주의자가 되었는데, 베이커의 전기를 쓴 작가의 표현에 따르면 "지구상에 사냥감이 남아있는 동안 학살을 멈춰야 한다는 것을 깨달았다".[27]

20세기 초에 접어들며 일부에서는 과연 인간이 부와 권력의 축적만을 유일한 목표로 삼아야 하는지 근본적인 의문을 제기했다. 이러한 의문을 제기한 학자는 독일의 과학자 루트비히 클라게스(Ludwig Klages)다. 클라게스는 1913년 자신의 저서에서 "'진보'란 결국 권력에 대한 탐욕일 뿐"이라며, 진보라는 "역겹고 파괴적인 헛소리가 참혹한 결과를 불러왔다"라고 주장했다. 클라게스에 따르면 "인간의 힘이 강해질수록 인간의 가치가 높아진다"라는 잘못된 믿음은 자연계와 다른 인간을 실리를 위한 수단으로만 보는 폭력적인 태도를 조장했다. 클라게스는 "'진보'를 추구하는 인간은 진출하는 곳마다 죽음을 퍼뜨리며 자신의 거만한 존재를 널리 알린다"라며 "유례없는 파괴의 잔치"와 광기 어린 "살육의 욕망"이 인류를 사로잡았다고 개탄했다. 그는 "'진보'의 최종 목표는 그저 생명의 파괴일 뿐"이라고 주장했다. 숲도, 동물도, 심지어 인류 자신의 문화적 다양성과 영적 풍요로움까지도 파괴하려 한다고 말이다. 클라게스는 인류의 마지막 희망은 자연에 대한 사랑을 깨닫는 것, '모든 것을 아우르는 사랑이 지닌 이 세상을 연결하는 능력'을 다시 깨닫는 것이라고 주장했다.[28]

사람들은 클라게스의 주장이 나오고 50년 정도가 흐른 뒤 시대를 앞서간 그의 비판을 놀라워했다. 클라게스가 활동하던 1900년 무렵에는 그러한 적극적인 비판보다는 '문명화한' 인간을 위하여 존재하는 이 세상의 자원을 잘 관리하자는 온건한 의견이 더 큰 지지를 받았다. 천연자원의 완전한 고갈을 막기 위하여 주의 깊게 관리해야 한다는 과학자들과 정부의 주장은 1860~70년대부터 세계 곳곳에서 제기되었다. 이러한 주장은 자원의 보존과 과학적 관리가 필요하다는 생각으로 이어졌다.

한 역사학자는 이를 자원 활용에 있어 능률을 최고의 가치로 생각하는 '능률의 복음(Gospel of Efficiency)'이라고 표현했다. 식민지 인도와 호주로 건너간 독일의 삼림 전문가는 숲을 더 잘 관리해야 한다고 외쳤다. 1870년 캘리포니아주 정부는 캘리포니아의 풍부한 어족자원을 지키기 위하여 어업 위원회를 설치했다. 1870년대를 시작으로 미국과 호주, 유럽을 비롯한 세계 곳곳에 자연 보호구역과 국립공원이 생겼다. 야생동물 보호를 위한 단체도 속속 결성되었다. 제국 동물군 보존협회(Society for the Preservation of Fauna of the Empire)는 1903년에, 왕립 조류 보호협회(Royal Society for the Protection of Birds in Britain)는 1904년에 설립되었다.[29] 이러한 규제 활동은 대부분 경제적인 목적 때문에 이루어졌다. 다시 말해 각각의 자원이 인간의 복지와 국가의 풍요에 장기적으로 기여할 수 있도록 '지속 가능한 최대 산출량'을 계산하여 생산하는 것을 목적으로 한 것이다. 일부 보호 활동가들은 자원 낭비 근절과 효율적인 사용의 강조 외에 자연의 여가적 가치와 미적·영적 가치를 강조했다. 특정 개인이나 기업의 단기적 이익보다는 모두를 위한 장기적 활용에 초점을 두어야 한다는 주장도 있었다. 어쨌든 초점은 대부분 인간, 특히 '문명화된' 인간을 위한 자연의 효용이었다.[30]

당시 환경 보호주의자들의 비판은 폭력 그 자체가 아닌 낭비를 향하고 있었다. 대부분은 정착 농업이 전 세계의 초원지대로 확장되는 모습을 인류의 진보와 성공의 증거로 보았다. 많은 이들이 소위 '원시적인' 인간이나 '해로운' 동물의 말살은 불가피

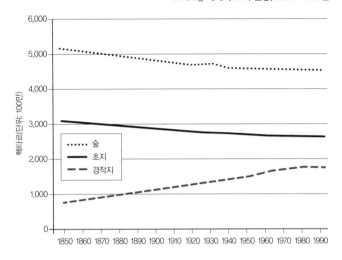

표 1.10_ 세계의 토지 활용, 1850~1990년

하면서도 바람직하다고 여겼다. 사라져가는 원주민과 동물의 운명을 안타깝게 여기는 이들도 있었으나, 대부분은 위험하고 척박한, 텅 빈 야생의 땅을 풍요로운 논밭과 문명의 거주지로 만들기 위하여 마땅히 치러야 할 대가로 생각했다.[31]

실제로 원주민을 몰아낸 땅에 이주민들이 정착하며 토지 활용 방식에 급격한 변화가 나타났다. 대규모로 진행된 변화의 과정은 제곱마일(혹은 헥타르) 단위의 통계를 가능하게 했다. 우선 초원지대에서 노지의 비율은 급격히 감소하고 이에 상응하여 경작지와 목축지는 비율은 급격히 상승했다(표 1.10).[32] 숲이 차지하는 표면적 또한 세계 곳곳에서 지속적으로 감소했으며, 전 세계 경작지의 면적은 1850~1950년 사이에 거의 두 배 증가

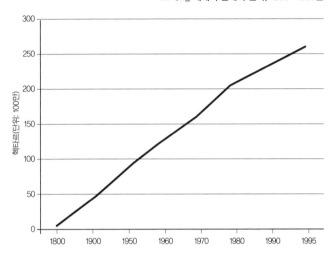

표 1.11_ 세계의 관개지 변화, 1800~1995년

했다.[33]

세계 곳곳의 건조 초원지대가 매력적인 새로운 정착지로 떠
오른 것은 이들 지역을 생산성 높은 농지와 목축지로 변화시킨
새로운 농업 기술 덕분이었다. 관개 기술의 획기적인 발전은 강
수량이 적거나 계절 편차가 큰 지역에서도 경작과 목축을 가능
하게 했다(캘리포니아의 센트럴 밸리 지역이 좋은 예다). 우선 근대
식 풍차의 등장으로 30피트(약 9미터) 지하의 대수층에서 지하
수를 끌어올릴 수 있게 되면서 일차적인 관개지 확대가 일어
났다. 1930년대에는 휘발유와 천연가스를 사용하는 펌프의 등
장으로 훨씬 더 깊은 곳의 지하수를 활용할 수 있었고, 이로 인
하여 이차적인 관개지 확대가 나타났다.[34] 수로 건설 효율을 높

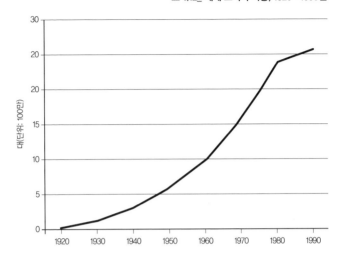

표 1.12_ 세계 트랙터 사용, 1920~1990년

이고 비용을 낮춘 철 파이프, 플라스틱 파이프, 콘크리트의 등장 또한 관개지 확대에 있어 핵심적인 역할을 했다. 지난 150년 간 점점 더 많은 건조 평원이 경작지로 편입되면서 관개지의 면적은 급증했다(표 1.11).

풀뿌리가 빽빽한 건조 초지의 땅을 갈기 위해서는 기존의 가벼운 쟁기가 아닌 튼튼하고 무거운 철제 쟁기가 필요했다. 20세기 중반부터는 트랙터가 농사에 널리 사용되며 초지 경작을 다시 한번 크게 확장했고, 이는 초지 경작지화의 이차 급증을 야기했다(표 1.12).[35] 광활하고 건조한 목초지에서 방목하는 가축의 이탈을 방지하기 위한 철조망의 발명도 중요한 역할을 했다. 철조망의 핵심적인 특허는 1867년 오하이오와 1874년 일

표 1.13_ 세계의 철로 건설(서유럽은 프랑스, 독일, 이탈리아, 스페인, 영국을 포함),
1825〜1935년

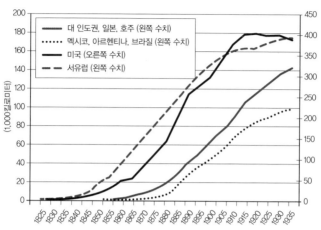

리노이에서 각각 출원되었다. 아르헨티나는 1876년에 550만 킬로그램, 1880년에 1,350만 킬로그램, 1889년에는 4,000만 킬로그램에 달하는 철조망을 수입했다. 이러한 움직임은 1879년 이후 정부가 원주민에게 몰수한 토지에서 생산 활동을 확대하며 나타났다.[36]

이 모든 변화를 가능하게 했던 핵심 기술은 농업 기술이 아닌 교통 기술이었다. 특히 철도 기술이 가장 중요한 역할을 했고, 증기선 또한 일정 부분 역할을 했다. 1840년대부터 본격적으로 깔리기 시작한 철도는 그 후 100년간 급속히 확장되었다(표 1.13). 사실 건조 초지로의 진출은 기존의 '핵심' 인구 중심지, 즉 유럽, 북미 동부 해안, 중국, 인도 등의 급속한 인구 증가와 그에 따른 식량 수요 급증으로 인하여 나타난 측면이 크다. 초지에서 생산된 식량이 '핵심' 인구 중심지에 공급되기 위해서는 내륙 깊숙이 위치한 농장에서 생산된 식량을 멀리 있는 시장으로, 때로는 바다 건너의 도시로 운반할 수 있어야 했다. 운송 문제를 해결한 것이 바로 철도였다. 자동차 내연기관을 개발하기 전까지는 대량의 물품을 수송할 때 도로를 이용하는 것보다는 철도를 이용하는 편이 훨씬 저렴했다. 해상 운송의 경우 증기선이 운송 비용을 낮추고 효율성을 높이는 역할을 했다. 특히 1860~1870년대 기술 개선으로 연료 효율이 다섯배가량 많아지면서 증기선은 더 큰 활약을 했다. 거기에 1869년과 1914년 각각 개통된 수에즈 운하와 파나마 운하는 세계 화물의 이동 경로와 시간을 획기적으로 단축했다. 일례로 북미와 영국 간의 화물 비용은 1840~1910년 사이에 약 70퍼센트 감소했다. 수에즈 운하는 영국에서 인도로 가는 해상 이동 거리를 절반으로 줄였다. 세계 해상화물 톤수는 1800년 400만 톤에서 1913년 4,700만 톤으로 늘었다. 범선보다 속도가 빨라 연간으로 볼 때 용적 당 더 많은 화물을 운송할 수 있었던 증기선이나 디젤 엔진 선박 덕에 전체 해상 운송량은 큰 폭으로 증가했다.[37] 거기에 1870~1880년대에 효과적인 냉장 기술이 도입되면서 곡물류뿐만이 아닌 육류와 낙농 제품의 장거리 운송 가능해졌다. 그 결과를 단적으로 보여주는 예를 하나만 들자면, 1920년대 런던에서 소비되는 육류의 80퍼센트는 수입산이었고, 대부분은 아르헨티나에서 온 것이었다.[38]

인간이 대거 진출하여 정착한 '험지'는 평원 초지뿐만이 아니었다. 평원 초지로의 진출과 정착 이후에는 티베트, 페루, 에티오피아, 터키 아나톨리아 고원, 콜로라도 고원 등 산악 지대와 고원 지대에도 점차 많은 정착이 이루어졌다. 19세기 말 20여 년과 20세기 초에는 몽골 일부 지역과 북아프리카의 사헬 지역, 건조한 중앙아시아 지역, 미국 서부의 건조 사막 지역(유타, 콜로라도, 웨스트 텍사스, 뉴멕시코, 캘리포니아 임페리얼 밸리) 등 건조한 반사막 지역으로의 진출도 이루어졌다.

험지 정착의 역사에서 가장 중요한 것은 열대지방 정착이었다. 처음 진출이 이루어진 곳은 주요 강 유역의 삼각주 범람원 지대였고, 그 후에는 저지대 열대우림에서도 정착이 시작되었다. 범람원 정착은 초원지대 정착이 처음 시작된 시점으로부터 약 40~60년 후인 1870~1880년대에 시작되었다. 이 시기에는 버마(현재의 미얀마)의 이라와디강, 태국의 차오프라야강, 인도의 갠지스강과 브라마푸트라강, 베트남의 메콩강 등 남아시아와 동남아시아의 주요 강 유역에 있는 삼각주들의 개발과 정착이 이루어졌다. 1874년경부터는 캘리포니아의 샌 호아킨강 유역 등 온화한 비열대성 기후의 삼각주에 정착했다. 이렇게 개발된 삼각주 지역들은 1890~1900년대에 이르러 주요 쌀 수출 지역으로 자리 잡으며 세계경제에서 중요한 역할을 했다.[39] 20세기 초부터 브라질, 인도네시아, 나이지리아 등의 열대우림 지역을 유사한 방식으로 빠르게 개발했다.

기술은 초원, 건조 지역, 산악지역에서와 마찬가지로 열대지방과 온대 삼각주 지역 개발과 정착에서도 중요한 역할을 했다. 여기서도 생산물을 시장으로 운송하는 철도 기술이 중요한 역할을 했고, 주요 강 삼각주의 늪지대와 범람지대를 비옥한 쌀 생산지로 바꿔준 치수 기술도 그에 못지않은 핵심적인 역할을 했다. 언뜻 생각하기에는 큰 상관이 없을 것 같은 요소 중에도 중요한 역할을 한 것이 있다. 그중 하나가 바로 키니네다. 비옥한 논이 되어준 삼각주 지역의 범람원은 말라리아의 매개체인 모기들의 서식지이기도 했다. 때문에 삼각주 개발은 아시아 식민지에 대규모 기나나무 플랜테이션을 건설하고 정제 키니네 대량 생산 기술을 개발한 후에야 본격적으로 이루어질 수 있었다. 1880년대까지는 키니네를 야생 기나나무에서만 채취할 수 있었기 때문에 95퍼센트 이상이 자생지인 남미에서 생산되었다. 그러나 네덜란드와 영국이 스리랑카와 인도, 인도네시아에 기나나무 플랜테이션을 조성하면서 생산량이 급증했고, 1920년대에 이르러서는 인도네시아가 전체 생산의 90퍼센트를 담당했다. 열대우림 지역 개발에 기여한 또 다른 요소는 전기톱의 개발이 있다.[40] 소형 내연기관 개발에 힘입어 1917년 처음 생산된 전기톱은 기존의 수동 톱이나 도끼보다 최대 100배까지 벌목 속도를 높여주었고, 이는 산림 지역의 신속한 개간을 가능하게 했다. 고로 전기톱은 열대우림 지역의 땅을 경작이나 목축에 활용할 수 있도록 정리하는 데 없어서는 안 될 존재였다. 또한 열대우림을 개간한 지역은 대부분 토양의 영양 상태가 좋지 않았기 때문에 비료 또한 정착 농업에 중요한 역할을 했다.[41]

표 1.14_ **생물군계별 인구 비교, 1800∼2000년(단일 생물군계로만 분류하기 어려운 경우가 다수 존재하는 관계로 수치의 총합이 인구 총합과 일치하지 않음)**

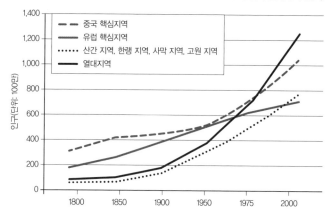

세계의 인구 분포 변화는 다양한 지역을 차례로 정복해나간 인류의 역사를 반영한다(표 1.14). 대개 초지와 삼림이 혼합된 중국과 유럽 등 기존 인구 밀집 지역의 인구 총합은 여전히 다른 지역의 인구를 모두 합한 것보다 크다. 그러나 다른 지역의 인구도 1900년부터 빠르게 증가했다. 이러한 경향은 세계 차원이 아닌 지역 차원의 사례에서도 찾아볼 수 있다. 예를 들어 같은 남미에서도 아르헨티나(대부분 목초지로 구성) 인구는 약 1940년까지 브라질(대부분 열대지역으로 구성)보다 훨씬 빠른 속도로 증가했다. 그러나 20세기 후반에는 브라질의 인구가 아르헨티나의 인구보다 더 빠른 증가세를 보였다. 인도의 경우에도 20세기 초까지는 상대적으로 건조한 우타르프라데시 지역의 인구가 벵갈과 방글라데시의 저지대 삼각주 지역 인구보다 더 빠르게 증

가했지만, 1930년 이후 열대 저지대 삼각주 인구가 더 빠르게
늘어났다.

1850년부터 인구의 중심은 기존의 인구 밀집 지역에서 이러
한 밀집 지역의 생활을 지원하기 위하여 새롭게 개발된 지역으
로 서서히 옮겨가기 시작했다. 새로운 생물군계에 정착한 이들
은 농사를 짓기 위하여 습한 곳은 건조하게, 건조한 곳은 습하
게 만들었다. 정착민들은 정착을 방해하는 동물을 제거하고 다
른 동물로 대체했으며, 개간하며 기존 식물을 정리하고 새로운
작물을 심었다. 마지막으로 정착민들은 그 지역에서 생물군계
와 조화를 이루며 수 세기, 길게는 수천 년을 살아온 원주민들
을 몰아내고 학살하며 공동체를 파괴했다.

더 이상 고향에 살지 않는 사람들: 대규모 이주의 세기, 1840~1940년

러시아의 초기 역사는 자체적인 식민 정복의 역사다. 러시아사 초기에는 많은 이들이 엄청난 거리를 이동해가며 끊임없이 움직였다. … 이주민들은 한곳에 오래 머물지 않았고, 노동력을 조금이라도 투입해야 하는 상황이면 바로 다른 지역으로 떠나버렸다. 이들에게 중요한 요소는 인구였고, 재산으로서의 토지는 가치가 없었다. 러시아는 식민지를 정복하듯 새로운 영토를 늘려가기 위하여 땅을 사람으로 채우고, 이주를 원하는 이들을 모아 새로운 지역으로 보내고, 이주민을 움직이게 할 특혜와 유인을 제공하고, 이들을 더 평화롭고 생활여건이 좋은 곳으로 진출시키는 데 집중했다.[42]

_세르게이 솔로비요프(Sergei Solov'ev), 《러시아사Istoriia Rossii》

새로운 생물군계에 일단 성공적으로 정착했다고 하더라도 지역 전체를 식량 생산이 가능한 환경으로 개조하기 위해서는 많은 인력이 필요하다. 정착민들은 그 인력을 어디에서 찾았을까? 우선 신규 정착지에서는 인구의 자연적인 증가가 비교적 빠르게 나타났다. 저렴한 토지와 풍부한 자연 자원은 높은 출산율과 양호한 영양 상태, 낮은 사망률을 의미했기 때문이다. 그러나 더 큰 증가 요소는 기존의 인구 밀집 지역에서 대이주해온 인구의 유입이었다. 대규모 집단 이주는 지난 두 세기 동안의 인류 역사를 가장 잘 보여주는 중요한 특징이다. 이 시기, 수천만 명에 달하는 사람들이 자신의 나라와 대륙을 떠나 새로운 지역으로 이동했고, 멀게는 지구 반대편으로의 이동을 감행하는 이들도 있었다.

1840~1940년대까지 한 세기 동안 대략 1억 5,000만 명에 이르는 사람들이 영구적으로, 혹은 일시적으로 본인이 거주하던 인구 밀집 지역을 떠났다. 이들이 향한 곳은 멀리 떨어진, 인구가 상대적으로 덜 밀집된 지역이었다. 1800년경 세계 인구가 10억에 조금 못 미쳤던 것을 고려하면, 한 세기 동안 전체 인구 중 상당한 비율이 원래 살던 곳을 떠나 이주한 것이다. 이는 절대치로 보아도 확실히 인류 역사에서 가장 큰 규모의 이주였다.

이주 이야기는 제2차 세계대전 이후 나타난 두 번째 이주의 물결을 설명하며 9장에서 다시 등장할 예정이다. 두 번째 물결은 첫 번째 물결과는 반대 방향, 즉 아시아, 아프리카, 라틴아메리카에서 북미와 유럽, 중동으로 움직였다. 이는 세계 인구 패턴의 변화로 인한 측면이 컸고, 한 세기 전에 있었던 첫 번째 이

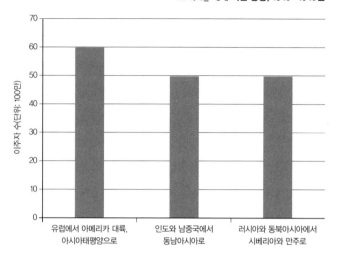

표 1.15_ **세계 이민 동향, 1846~1940년**

주 물결과는 구조와 원인 측면에서 확실히 달랐다.

　19세기 중반에서 20세기 중반까지 이어진 첫 번째 대이주의 시기에 유럽에서는 7,500만 명, 중국에서는 5,000만~5,500만 명, 인도에서는 3,000만~3,500만 명이 빠져나갔다(표 1.15). 유럽을 떠난 이들 중 약 6,000만 명이 아메리카 대륙으로 향했다. 중국, 한국, 일본, 러시아에서는 약 5,000만 명이 시베리아와 만주 지역, 몽골로 이주했다. 인도와 중국 남부에서는 5,000만 명이 동남아시아로 향했다. 노예무역으로 인하여 18세기에 이미 대규모 이주를 경험한 아프리카의 경우, 19세기 들어서는 상대적으로 적은 300만 명이 다른 지역으로 이주했다. 지역 내에서의 이주 또한 유사한 규모로 일어났으며, 유럽에서는

7,500만 명, 중국에서는 4,000만 명, 아메리카 대륙에서는 3,500만 명이 지역 내에서 상당한 거리를 이동하여 이주했다.[43]

1차 대이주는 시기별로 명확하게 구분된다. 우선 아프리카인들의 강제 이주는 19세기 전반에 나타나는데, 19세기 중반에 아메리카 대륙에서 노예제를 폐지했기 때문이다. 19세기 후반으로 접어들며 약 300만 명가량이 프랑스와 이탈리아에서 북아프리카로 이주하고 100만 명가량이 다른 유럽 국가와 중국, 인도, 중동에서 남아프리카와 동아프리카로 이주하면서 인구 이동 방향이 역전을 보이기도 했다.

유럽인들은 노예제 폐지 즈음하여 아메리카 대륙으로 대이주하기 시작했다. 첫 대이주는 1845~1855년 감자 대기근으로 인하여 고향을 떠난 아일랜드인 180만 명에 의하여 이루어졌다. 그 후 1870년대부터 유럽을 떠나는 이민자의 수는 매해 증가했다. 절정이었던 1913년에는 무려 210만 명의 유럽 이민자가 대서양을 건넜다. 이는 당시 유럽 전체 인구의 0.5퍼센트에 해당하는 숫자였다.[44] 이민이 활발하게 이루어진 국가별로 달랐다. 영국과 스칸디나비아 지역 국가들, 중부 유럽 국가들의 경우 19세기 중반부터 1910년까지 많은 이들이 이민에 나섰지만 이후 감소하는 모습을 보였다. 남유럽과 동유럽의 경우 1890년대까지는 보통의 이민율을 유지했지만, 제1차 세계대전에 이르기까지는 점점 가속화되는 모습을 보였다. 1906~1915년까지는 매년 50만 명에 달하는 이탈리아인들이 이민 길에 나섰다.[45] 총 7,500만 명의 유럽 출신 이민자 중 70퍼센트가 미국과 캐나다로 향했다. 10퍼센트를 조금 웃도는 이민자가 남미로, 10퍼센트 미만이 호주와 뉴질랜드, 남아프리카로 향했다. 15퍼센트(약 1,300만 명)는 시베리아와 중앙아시아로 간 러시아 이민자들이었다.[46]

유럽인들의 이주는 제1차 세계대전 이후 급격히 감소했다. 반면 러시아와 중국, 인도의 이주는 1914년 이후 지속적으로 증가했다. 이민의 세기 전반에 걸쳐 약 1,500만 명의 중국인이 동남아시아와 인도네시아로, 400만 명이 필리핀과 호주, 뉴질랜드, 캘리포니아, 하와이, 라틴아메리카로 이주했다. 3,000만 명은 몽골과 만주, 시베리아로 향했다. 인도의 경우에도 한 세기 반 동안 3,000만 명이 이주했지만 1,500만 명은 버마로, 800만 명은 실론으로 향하는 등 대부분이 가까운 지역으로 향했다. 그러나 400만~500만가량은 말레이시아로 향했고, 100만~200만가량은 아프리카, 호주와 뉴질랜드를 비롯한 태평양 지역의 섬, 라틴아메리카 등 더 먼 곳으로 이주했다.[47] 일본의 경우 1885~1925년까지 약 100만 명이 이민 길에 나섰다. 그 중 3분의 1은 하와이와 미국으로 향했고, 또 다른 3분의 1은 한국과 시베리아로, 그보다 적은 숫자는 중국, 브라질, 페루 등으로 이주했다.[48]

유럽과 아시아의 이주 패턴에는 근본적인 차이가 있었다. 유럽 출신의 이주민들의 경우 이주가 활발하게 이루어지던 150년 동안 약 30~40퍼센트만 다시 본국으로 돌아갔다. 돌아가는 이민자의 수는 초기보다는 1900년 이후에 더 많았고, 귀환 비율은 정착지가 어디였는지에 따라서 달랐다. 예를 들어 호주로 향한 유럽 이민자의 경우 10퍼센트만이 본국으로 돌아갔지만, 북미의 경우 3분의 1, 남미의 경우 절반가량이 다시 발길을 돌렸다. 반면 중국 출신 이민자의 경우 약 70퍼센트가, 인도의 경우 이보다 더 높은 비율의 이민자가 결국에는 본국으로 돌아갔다. 일부 역사학자들은 이렇게 나타난 인구 이동의 패턴을 각각 이주와 체류로 분류했는데, 이주는 주로 유럽 이민자들에게서, 체류는 주로 아시아 이민자들에게서 나타났다.[49]

이런 차이가 나타난 데에는 두 가지 이유가 있었다. 북미와 호주의 경우 이주민들의 등장 이후 학살 수준의 폭력과 각종 질병으로 원주민들이 거의 사라진 상태였기 때문에 많은 유럽 정착민들이 토지를 취득하고 같은 국가, 심지어 같은 마을 출신의 다른 이민자들과 공동체를 이루어 생활할 수 있었다. 많은 유럽 이민자들은 애초에 정착을 고려하며 이주했고, 전체 이민자의 30~40퍼센트는 여성이었다. 시베리아에 정착한 이주민들 또한 유사한 경우였다. 반면 중국과 인도의 이민자들이 향한 곳은 이미 거주 중인 인구가 높은 밀도로 존재하는 국가였다. 이러한 국가에서는 토지를 취득하기 어려웠을뿐더러 이주민 자신을 포함하여 누구도 이들의 정착을 기대하지 않았다. 여성 이주민의 비율은 10~15퍼센트에 그쳤고, 정착을 생각하며 가족 단위도 이주하는 경우도 드물었다. 대부분은 특정한 일자리에서 정해진 노동을 하고 돈을 벌어 가족의 생계에 보탬이 되기 위하여 이주한 젊은 남성이었다. 인도와 중국의 이민자 중 약 10퍼센트가량은 계약 노동자였다. 이들은 특정한 기간 고용되어 플랜테이션, 광산, 건설 현장 등 고립된 지역에서 일했다. 노동 환경은 거의 노예와 비등했다. 이주 노동자들은 막사에서 생활했고, 음식과 의료 서비스를 제대로 제공받지 못했으며, 규칙이나 계약을 위반하면 가혹한 체벌을 받았다.[50]

아시아 이민자들의 사례도 유럽과 마찬가지로 기회와 상황에 따라 다른 패턴을 보였다. 1852~1887년 버마로 이주한 인도인 260만 명 중 4분의 3이 본국으로 돌아갔지만, 1911년 이전 남아프리카로 간 15만 명 중에는 절반만이 돌아갔다.[51]

라틴아메리카의 경우 다른 메커니즘이 작용했다. 정치적·사회적·경제적으로 특수한 상황에 있었던 (아르헨티나와 브라질 등) 남미 국가의 경우, 1880년대 대이주가 시작되기 전 정착한 부유한 엘리트 계층이 막대한 토지를 소유하고 있었다. 나중에 도착한 이주민들은 대부분 농장이나 플랜테이션에서 일하며 모은 돈으로 유럽으로 돌아가 잘살아보겠다는 목표를 가지고 있었다. 이민자들은 본국에 있을 때보다 경제적 여건 나은 국가에 정착하려는 경향이 있다. 호주와 미국으로 향한 이민자들의 정착률이 높았던 것도 그 때문이다. 적어도 서민 기준에서 보았을 때 남미에서 기대할 수 있는 삶의 질은 스페인이나 이탈리아 남부처럼 비교적 빈곤한 지역과 비교해도 크게 나을 것이 없었다. 소득이 엇비슷할 때, 본국에는 가족이나 익숙한 자원 같은 다른 유인이 있었기 때문에 돌아오는 비율이 더 높았다. 아시아 이민자들의 본국 귀환율이 높았던 것 또한 비슷한 이유다. 즉 동남아시아로 간 이민자들이 일정 기간 후 귀환을 결정한 것은 그곳에서 느끼는 삶의 질이 중국이나 인도에서의 수준과 별반 차이가 없었기 때문이다.

이민자의 본국 귀환율을 높인 세 번째 요인은 인종차별로, 특히 중국 이민자들에게 강하게 작용했다. 19세기 말부터 20세기 초까지 일부 국가는 중국계 이민자들의 체류와 시민권 획득을 극히 어렵게 만드는 배척 법안을 통과시켰다. 미국은 수십년간 중국인들의 이민을 제한하기 위하여 중국 이민자의 입국료를 점차 높이던 끝에 1882년에는 중국인 배척법(Chinese Exclusion Act)을 통과시키며 아예 중국인의 이주를 차단했다(일본인을 비롯한 다른 아시아 국가의 경우 1924년부터 이주를 금지했다). 호주와 캐나다는 각각 1901년과 1923년에 유사한 배척법을 도입했다.[52] 이들은 아시아계 이주민을 배척하면서도, 한편으로는 유럽계 이민자들을 모집하기 위한 정책적 노력을 계속했다. 아르헨티나, 브라질, 캘리포니아, 호주, 캐나다는 이민기회를 홍보하고자 유럽에 사절단을 보냈고, 자국에 유용한 기술을 지닌 이민자들에게는 뱃삯 일부를 지원했다. 이주민에게일자리를 소개하기 위한 인력 사무소도 설치했다.

아시아계 이민자와 유럽계 이민자에 대한 태도가 이렇게 달랐던 데에는 구체적인 이유가 있었다. 바로 19세기 전반에 더강하게 자리 잡고 공공 정책에 영향력을 키워가던 인종주의였다. 이에 대해서는 4장에서 다시 살펴보도록 하겠다.

이러한 경향이 지속된 결과로 1950년경에 아메리카 대륙에 거주하는 유럽계 이민자 후손은 2억 5,000만~3억 명에 달한 반면 동남아시아와 태평양 지역에 거주하는 중국이나 인도계 이민자 후손은 1,500만~1,600만 명에 그쳤다.[53] 이러한 패턴은 국제적 권력의 균형을 근본적으로 바꿔놓음으로써 20세기 정치사 형성에 결정적인 영향을 끼쳤다. 유럽이 전쟁에 휘말렸던 1914~1945년까지, 비교적 많은 인구와 높은 경제력을 지닌 유럽 파생 지역과의 밀접한 관계는 막대한 전략적 이점이 될 수 있었다. 식민지로 시작된 이들 지역은 세계대전 무렵 이미 정치적 독립을 이루었으나 본국과의 문화적·경제적·정치적·군사적 관계는 여전히 가까웠고, 사람들끼리의 유대 또한 무시할 수 없었다.

영국계 이주민의 후손들이 지배하던 미국, 캐나다, 호주, 뉴질랜드, 남아프리카 등이 바로 그러한 파생 지역의 전형이다. 영국이라는 유산을 기반에 두고 세계 곳곳에 공동체로 형성된 이들 국가는 20세기 중반에 이르자 막대한 경제적 영향력을 동원할 수 있는 네트워크로 자리 잡았다. 이 네트워크는 두 대륙(북미와 호주)의 자원을 좌지우지했고, 또 다른 대륙인 아프리카의 가장 부유한 지역(남아프리카)을 지배했다. 1947년까지 인도 아대륙도 그 영향력 아래에 있었다.[54] 다른 국가들도 이러한 영향력 있는 공동체의 잠재적인 이점을 알고 있었다. 실제로 막 20세기로 접어들던 시기 독일의 전략가나 인종주의적 국수주의자들은 영향력을 잘 보존한 영국과는 달리 독일이 수백만 명의 이민자들을 (미국에) '잃었다'라고 한탄하기도 했다.

북미, 호주, 뉴질랜드, 남아프리카에서 영국계 이민자의 후손들이 강력한 정치적·사회적·경제적 권력을 휘둘렀으나 이들 국가는 기본적으로 다양한 국가에서 온 인구가 모인 이민자 사회였다. 애초에 다양한 인종과 국적의 이민자가 모인 것은 국가가 대부분 기술적 필요에 맞춰 이민자를 모집했기 때문이다. 이주의 목적지는 인종이 아닌 기술에 의하여 결정되었다.

이러한 이민 패턴의 대표적 사례가 러시아 제국의 남부 초원지대에 거주하던 독일계 러시아인들이다. '볼가 독일인'이라고도 불리던 이들은 1760년대 독일 중부와 남부에서 러시아 남부 볼가 강변의 스텝 초원지대로 이주한 약 7,000가구의 독일인들의 후손이었다. 독일에서 경작지 부족에 시달리던 이들은 볼가 강 유역 정착민에게 주어지는 특혜를 받기 위하여 러시아로 이주했다. 러시아는 원주민에게서 빼앗은 땅을 이주민 정착자에게 무상으로 제공했고, 군 징집을 면제해주었다.[55] 1870~1880년대에 이르자 러시아 중앙정부는 볼가 독일인에게 주어지던 특혜를 박탈하고 문화적·언어적·종교적으로 단일한 인구를 만들고자 '러시아화' 정책을 펴기 시작한다. 볼가 독일인 중 15만 명이 러시아 제국을 떠나기로 했다. 이들은 러시아를 떠나 어디로 향했을까? 볼가 독일인 공동체는 신대륙의 다양한 지역에 일종의 정찰대를 보내 새로운 보금자리를 물색했다. 당연한 얘기지만, 이들은 자신들의 원래 거주 지역인 러시아 남부 스텝 초원지대와 유사한 곳을 선호했다. 스텝 초원지대와 비슷한 곳이라면 남미의 팜파스 지대, 그보다 북쪽에 있는 캔자스와 네브래스카의 대평원 지대, 더 북쪽에 있는 캐나다의 프레리 지대였다. 이들 지역은 모두 볼가 독일인들이 지닌 기술과 지식에 잘 맞는 지역이었다.

아메리카 대륙으로 이주한 볼가 독일인들은 앞서 언급한 세 지역에 정착했다. 이들은 거주지를 옮기며 러시아에서 습득한 초원 농업 기술 외에 또 다른 한 가지를 가져갔다. 러시아에서 재배하던 경질 적색 겨울밀, 혹은 '터키' 밀이었다. 1860년대는 아메리카 대륙의 세 지역에서 대규모 밀 재배가 본격적으로 시작되던 시기였다. 볼가 독일인이 들여온 밀은 이 지역을 개발하는 데 있어 중요한 자원으로서 장기적인 영향을 주었다. 1920년대에 이르자 적색겨울밀 품종은 캔자스와 네브래스카에서 재배되는 밀의 80퍼센트를 차지했다. 이 품종은 다른 두 지역보다 미국에서 널리 생산되었으며, 미국 전역에서 생산되는 밀의 30퍼센트를 차지할 정도였다.[56] 볼가 독일인들은 아르헨티나에도 다수 존재했다. 이들은 미국에 정착한 다른 볼가 출신 독일인들과 연락을 주고받았는데, 처음에 아르헨티나로 이주했던 한 볼가 독일인은 대낮에 해가 북쪽에 떠 있고 추운 바람이 남쪽에서 불어오는 등 '모든 것이 거꾸로 된' 세상을 견딜 수 없다며 더 익숙한 환경을 찾아 캐나다의 서스캐처원(Saskatchewan)으로 재이주하기도 했다.[57]

볼가 독일인의 사례에서 알 수 있듯 19세기의 대규모 이주 과정은 초원지대로의 진출과 정착은 전 지구적 흐름의 일부였다는 것을 보여준다. 이 흐름을 살펴보면, 같은 지식과 기술, 작물과 가축, 때로는 같은 사람들이 관련되어 있다는 것을 알 수 있다. 또 다른 사례는 볼가 독일인들보다 더 남쪽이나 서쪽에 거주했던 메노파 독일인, 혹은 흑해 독일인들이다. 이들 또한 신대륙으로 이주했는데, 볼가 독일인들과 유사한 초원지대 중에서도 조금 더 온화한 지역에 정착했다. 러시아 제국에서 신대륙으로 건너간 또 다른 이민자 집단인 우크라이나인들은 1880~1890년대에 서스캐처원 남부에 대거 정착했다.

양과 소를 키우는 목축 기술을 지닌 인구의 전 지구적인 이동 또한 유사한 패턴을 보였다. 아르헨티나인 중에는 아일랜드나 바스크식 성을 지닌 이들이 많은데, 이들은 19세기 중반 아르헨티나에 양모 붐이 일던 당시 이민자로 모집되어 이주한 아일랜드와 바스크 목동들의 후손이다. 캘리포니아 동부와 네바다에서 바스크식 지명이나 바스크식 성을 자주 찾아볼 수 있는 것도 같은 이유 때문이다. 아르헨티나에서 막대한 부를 자랑하는 대지주 가문 중에는 영국식 성을 지닌 이들이 있는데, 이 사람들은 과학적 축산학 지식과 가축들을 이끌고 19세기 후반 이주해온 육종 전문가의 후손일 가능성이 크다.

어업은 또 다른 사례가 될 수 있다. 포르투갈에서는 제1차 세계대전 전까지 이어지는 긴 기간 동안 이민이 가속화되어 전쟁 발발 직전의 해에는 이민율이 1퍼센트에 달했다. 포르투갈을 떠난 이민자의 약 85퍼센트는 브라질로 향했으나 어업 기술을 지닌 이들은 그 외에도 북부 캘리포니아, 호주, 뉴질랜드,

하와이, 뉴잉글랜드의 해안 지역을 비롯한 세계 곳곳의 바닷가에 자리를 잡았다.[58]

캘리포니아는 지역과 기술에 따라 이민자들을 구분할 수 있는 일종의 대규모 이주 축소판이었다. 하와이 출신의 선원과 인부들은 멕시코령에서 벗어난 캘리포니아의 초기 역사에서 중요한 역할을 했다. 1850년대에는 웨일스와 중국에서 온 석탄 광부들과 잉글랜드 콘월 지방에서 온 주석 광부들이 캘리포니아의 금광 지대에서 일했으며, 해안 지역에는 이탈리아와 포르투갈 출신의 이주자들이 정착했다. 이탈리아 북부에서 온 낙농업자들은 마린과 소노마에서 여전히 큰 영향력을 발휘하고 있다. 스위스와 이탈리아의 접경 지역에서 온 와인 제조업자들은 센트럴 밸리 지역에 강력한 와인 제국을 건설했고, 그중 몬다비(Mondavi)와 갈로(Gallo)는 전 세계적으로 유명한 와이너리가 되었다. 땅이 부족하여 집약 농업을 하는 일본에서 온 원예 기술자들은 19세기 후반 산타클라라 밸리와 센트럴 밸리 지역의 정착지에서 중요한 역할을 했다. 협동이 필요한 중노동에 익숙한 중국 출신의 건설 노동자들은 미국 최초 대륙 횡단 철도의 서쪽 끝부분 건설에 참여했다. 1869년 선로가 완공된 후 이들은 새크라멘토강 삼각주를 농업의 중심지로 변신시킨 일등 공신인 수량 조절 시설 건설에 참여했다. 당시 건설에 참여했던 노동자 중 대부분이 이러한 노동에 익숙했는데, 그들의 출신지인 광둥성의 주강 삼각주 지역에도 유사한 시설을 건설한 적이 있기 때문이다.[59]

캘리포니아는 그런 면에서 전형적이었다. 캘리포니아에서 볼 수 있는 이탈리아계, 그리스계, 포르투갈계 어부와 와인 제조업자들은 하와이, 호주, 뉴질랜드, 페루, 칠레, 아르헨티나, 뉴잉글랜드 등 태평양과 대서양 지역 어디에서든 찾아볼 수 있었다. 웨일스와 중국 출신의 광부들은 19세기 중반 호주와 뉴질랜드의 광산에서도 찾아볼 수 있었다. 일본의 원예업자들은 하와이와 라틴아메리카에서도 큰 역할을 했다. 일례로 1933년에 이르러 일본 출신의 농부들은 브라질산 차의 4분의 3, 비단의 절반 이상, 목화의 절반 가까이 생산했다. 독일과 폴란드, 체코 출신의 석탄 광부들은 웨일스, 콘월, 잉글랜드 북부 출신 광부들과 함께 펜실베이니아와 웨스트버지니아를 비롯한 미국의 석탄 산업 지역 발전에 중요한 역할을 했다. 인도 출신의 계약 노동자들은 기존의 경험을 바탕으로 1870~1880년대에 피지, 수리남, 동아프리카, 남아프리카, 호주 등지의 설탕 산업을 발전시켰다. 결론적으로 이들은 본국과 유사한 지역으로 이주하여 자신이 종사하던 분야와 유사한 분야에서 일하며 정착했다.[60]

이렇듯 특정 기술을 지닌 사람들이 그 기술을 필요로 하는 자원과 환경이 있는 곳으로 이주한 것은 우연이 아니었다. 전 지구적으로 나타난 이 흐름은 의도적으로 만들어진 패턴이었다. 물론 특정한 기회가 대규모 이주를 이끈 경우도 있었다. 그러나 대규모 이주는 특정한 자원을 지닌 이들이 그 자원을 가장 효과적으로 개발하기 위한 인력을 의도적으로 모집한 결과

이기도 했다. 대규모 이주는 결코 무작위적이고 무계획적으로, 개별적으로 나타난 흐름이 아니었다. 사람들은 자신이 가진 기술을 쓸 수 있는 곳으로 이주하고자 했고, 정부와 기업, 비정부 조직, 기업가들은 전 지구를 연결하는 '세계경제'를 구축함으로써 자신들이 원하는 인력과 기술을 동원하여 세계 곳곳의 자원을 효과적으로 개발하고자 했다.

이제 2장에서 전 지구적인 경제의 구축 과정에 대하여 살펴보자.

2장

지금까지 본 적 없는 부의 토대 :
현대 세계경제의 기반

*Foundations
of the Modern
Global Economy*

세계를 일구자 대박이 났다:
국제 개발 사업 1850~1930년

19세기에 나타난 세계적 자원 개발 움직임을 '국제 개발 사업'이라고 명명했으나, 당시에 전 지구적인 차원에서 각지의 자원과 경제적 잠재력을 조직적으로 개발하는 중앙 계획 기구가 존재했던 것은 아니다. 그러나 각국의 정부와 기업, 조직과 사업가들은 개별적인 지역, 국가, 산업 차원에서 의도적이고 의식적인 개발을 수행했고, 그 흐름은 가히 국제적인 차원의 개발 사업이었다. 개발에 필요한 특정 기술을 지닌 잠재적인 인력을 찾아내고, 그 기술을 필요로 하는 국가로의 이주를 주선한 이주자 모집 및 지원 정책은 국제 개발 사업의 중요한 부분을 차지했다. 1장에서 언급한 1862년 미국의 자영농지법, 1872년 캐나다의 토지법, 뉴질랜드와 남아프리카, 시베리아, 호주, 일본에서 시행된 유사한 토지 매각 관련 정책이 여기에 포함된다.

이주민의 수가 많고 기술력, 경제력, 군사력 면에서 압도적 우위를 가진 지역에서는 이주민에게 토지를 분배하기 위하여 원주민 학살과 토지 몰수, 강제 이주를 자행했다. 국제 개발 사업이 심화하던 19세기 중후반부터는 폭력적인 토지 몰수가 집중적으로 이어졌다. 미국의 대평원과 아르헨티나의 팜파스, 캘리포니아의 센트럴 밸리와 호주 동남부 평원 지역에 살던 원주민들은 1850~1880년대에 벌어진 일련의 전쟁 끝에 다른 곳으로 밀려나거나 학살되었다.

국제적인 지식 교류와 연구 협력은 새로운 생물군계 정착과 자원 개발을 가능하게 한 핵심 요인이었다. 세계 곳곳의 온대 및 한대 초원평원에서 생산된 소고기, 양모, 밀을 두고 수행한 협력이 이러한 연구 협력의 초기 사례를 잘 보여준다. 아르헨티나의 경우 1860년대부터 민간 농장주 조직인 아르헨티나 농업협회(Sociedad Rural de Argentina, 1866년 설립)와 정부가 협력하여 평원 지역을 개발하기 위해 해외 전문가와 전문 지식을 적극적으로 영입했다. 농업협회의 회장은 프랑스에서 농업을 공부했으며, 아르헨티나 양모의 품질을 개선하기 위하여 독일에서 양을 들여오기도 했다. 1881년에 부에노스아이레스 지방정부는 두 명의 지주를 선발하고 2년 일정으로 호주, 미국, 잉글랜드에 파견하여 각 지역의 농업 사례를 연구했다. 1883년에는 정부가 아르헨티나 최초의 농업학교를 설립했다. 이 모든 정책적 노력은 아르헨티나의 수출 확대와 연간 7퍼센트라는 높은 경제성장으로 이어졌다.[1]

미국 정부와 농업협회들도 비슷한 노력을 기울였다. 1862년에 설립된 미국 농무부는 1880~1890년대에 러시아 제국에 사절단을 보내 대평원 지역의 기후에 적합한 밀 품종을 선별했다 (농무부가 이주민 정착이 한창이던 1862년에 설립된 것은 우연이 아니다). 한편 당시 미국 농업 기술의 우월성을 인식했던 러시아는 대평원 지역에 대표단을 보내 러시아 내의 유사한 지역에서 적용할 수 있는 경작법을 연구했다. 일본은 북단의 추운 지역에 있는 북해도를 개발하기 위하여 1870년 식민부 차관을 미국에 보내 전반적인 농업 정책과 대평원 지역 정책을 연구했다.[2] 1871~1873년까지 파견된 두 번째 사절단은 미국의 법적·재정적·군사적·경제적·행정적 정책을 전반적으로 살펴보았다. 1870년에는 미국 농무부 장관 출신의 호레이스 캐프론(Horace Capron)을 북해도 식민행정 특별자문관으로 초빙했다. 캐프론은 북해도에 4년간 머물며 미국의 경작법과 장비, 작물, 가축 등을 일본에 도입했고, 실험 농장 건설과 삿포로 도시 계획에 참여했다. 캐프론이 떠난 후 일본 정부는 매사추세츠 농업대학 (현재의 매사추세츠 앰허스트 대학교, 1863년 설립)의 학장이었던 윌리엄 스미스 클라크(William Smith Clark)를 초빙하여 삿포로 농업대학교(현재 홋카이도 대학교) 설립을 위한 자문을 얻기도 했다.[3]

농업 관련 전문 지식의 교류는 전 세계적으로 새로운 정착지의 개발을 위한 길잡이가 되었다. 정부와 기관, 개별 전문가들은 일종의 네트워크를 형성하며 세계의 초원 지역을 개발했다. 자세히 살펴보겠지만, 이러한 움직임은 1870~1970년대까지

한 세기 이상 지속되었고, 어떤 면에서는 21세기까지도 이어지고 있다.

일부 분야에서는 전문 지식의 교류와 협력을 장려하기 위해 국제적인 기구를 설립했다. 1878년에는 파리에서 최초의 국제 농업총회(International Congress of Agriculture)가 개최되었다. 두 번째 총회는 1885년 부다페스트에서 개최되었으며, 1905년에는 정부 간 농업 관련 정보 교류를 위한 상설 기구인 국제농업기구(International Institute of Agriculture)가 로마에 설치되었다. 대부분의 유럽 국가와 남미 국가, 호주, 러시아, 일본, 이집트, 페르시아가 회원국으로 참여했다.[4] 그로부터 얼마 지나지 않아 설립된 록펠러재단(Rockefeller Foundation, 1913년 설립) 등 자선 단체 또한 세계 농업 개발에 중요한 역할을 했다.

새로운 정착지의 경제적 개발을 위해서 인력과 전문 지식 외에 한 가지 더 필요한 것이 있었다. 바로 돈이었다. 이 시기 나타난 활발한 해외투자는 국제 개발 사업이 전 지구적 차원에서 진행되었음을 보여주는 또 다른 단면이다. 특히 유럽은 19세기 내내 신규 개발 지역에 그야말로 돈을 쏟아부었다. 해외투자 자본의 총액은 19세기 초부터 제1차 세계대전 때까지 기하급수적으로 증가했다(표 2.1). 1914년경의 투자 비율을 살펴보면, 아메리카 지역 투자가 40퍼센트로 가장 많았고, 아프리카, 중동, 아시아의 식민지 지역 투자가 그 뒤를 이었으며, 1900년경 세계 경제의 산업 중심지였던 유럽 투자는 3위에 그쳤다(표 2.2). 이렇듯 19세기의 투자 흐름을 살펴보면 막대한 자금이 유럽에서

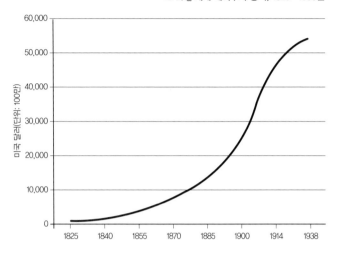

표 2.1_ 세계 해외투자 총액, 1825~1938년

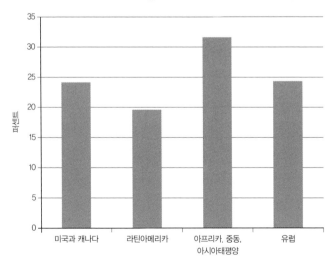

표 2.2_ 대상 지역별 세계 해외직접투자 비율, 1914년

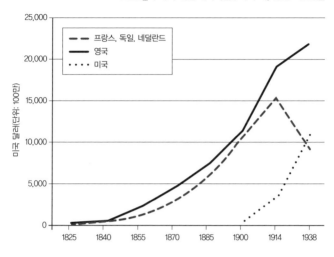

표 2.3_ **투자 주체별 해외직접투자 추이, 1825~1938년**

빠져나가 새로운 지역과 국가의 개발에 동원되었다는 것을 알
수 있다. 이러한 투자는 주로 새로운 생물군계에 꾸려진 정착지
들을 개발하고 수천만에 달하는 이주민과 정착민을 모집하는
데 사용되었다.

당시 세계경제의 금융 중심지이자 은행 중심지였던 영국은
국제 개발 사업을 추진하는 강력한 엔진이었다(표 2.3). 1913년
당시 예치금을 기준으로 본 세계 최대 은행 열 곳 중 여섯 곳이
영국에 있었다.[5] 1830년에는 영국의 해외투자 중 67퍼센트가
유럽 지역 내에서 이루어졌다. 그러나 1914년에 이르자 해외투
자 중 유럽 내 투자가 차지하는 비율이 5퍼센트까지 떨어졌다.
반면 1914년 기준 유럽 2위의 투자자였던 프랑스의 경우, 유럽 내 투자가 여전히 58퍼센트를 차지했다(물론 75년 전의 71퍼센트에 비해서는 감소한 비율이다).[6] 이 시기 영국이 해외로 쏟아낸 투자액의 규모는 상상을 초월했다. 영국은 1910년에 이르러 매년 국내 총생산(GDP)의 7.4퍼센트를 해외에 투자하기 시작했고, 해외투자 금액의 누적액은 GDP의 53퍼센트에 달했다. 대(對)미국 누적 해외투자는 1914년 GDP의 6.8퍼센트에서 1994년 GDP의 9퍼센트로 높아졌다.[7] 당시 영국은 압도적인 우위를 자랑하는 막강한 제국이었다. 영국은 대영제국의 식민지가 아닌 다른 지역을 개발하는 데에도 자본을 투자했다. 1914년 이전 영국은 해외투자금 중 4분의 1가량을 미국에 투자했고, 그 중 3분의 2를 철도 건설에 사용했다. 미국 제조업에 투자된 돈의 3분의 1은 영국 자본이었다.[8] 1892년 기준으로 세계 전신망의 3분의 2는 영국 소유였으며 약 4분의 1가량은 미국과 프랑스 기업의 소유였다. 1908년에 이르러서도 영국은 전신망의 절반가량을 소유했고, 미국과 프랑스가 3분의 1을 조금 웃돌게 소유했다.[9] 19세기 말의 세계경제 상황을 전 지구적인 관점에서 보자면, 영국의 은행들이 투자한 자본으로 인류가 세계 곳곳의 초원과 열대 삼각주 쌀 생산 지역에 진출하여 정착해가는 과정으로 볼 수 있다. 영국은 제2차 세계대전 직전까지 이 역할을 수행했고, 1920년대부터는 미국 자본이 영국의 경쟁자로 주목받기 시작했다. 그러나 1938년에 이르러서도 세계 해외투자 총액 중 미국 자본이 차지하는 비중은 21퍼센트에 그쳤지만 영국은 여전히 42퍼센트를 차지했다.[10]

국제 개발 사업의 가장 핵심적인 특징은 그것이 전 지구적이었다는 것이다. 그러므로 개발의 움직임을 의도적으로 이끈 특정한 주도 세력이나 국가, 자본, 개인을 지목하기는 어렵다. 의도를 가지고 국제 개발을 주도하지 않았지만 결과적으로 그러한 역할을 한 대표적인 인물은 광산 기술자이자 금융업자, 자선 사업가로 후에 미국의 대통령이 된 허버트 후버(Herbert Hoover)가 있다. 후버는 1874년 아이오와에서 태어나 스탠퍼드 대학교에서 지질학을 공부하고 네바다와 캘리포니아에서 지질학자로 일했다. 그는 졸업 후 얼마 지나지 않아 영국의 대형 광산 기업에서 일했는데, 이 기업은 당시 영국 런던뿐 아니라 남아프리카 요하네스버스, 중국 톈진, 호주 칼굴리(Kalgoorlie), 뉴질랜드 오클랜드, 골드 코스트 지역의 타르콰(Tarkwa)에도 지점을 두고 있는 굴지의 기업이었다. 1897년 서호주 지역으로 파견된 후버는 금광의 가치를 책정하고 매입하여 관리하는 업무를 담당했다. 후버가 관리한 광산 중 가장 성공적이었던 곳은 '괄리아의 아들들(Sons of Gwalia)'이라는 이름의 광산이었다. 이곳은 웨일스 광부들이 최초로 이주하여 일했던 곳이기도 한데 '괄리아'는 웨일스어로 '웨일스(Wales)'를 뜻하는 단어다. 이곳에서 후버는 행정적인 절차를 간소화하고 비효율적인 노동 규칙(일요일 휴무 등)을 폐지하는 한편, 오랜 노동조합 경험으로 다루기 힘든 영국, 아일랜드, 웨일스 광부 대신 이탈리아 광부들을 데려오기도 했다. 호주에서 뛰어난 업무 처리 능력을 인정받은 후버는 1899년 중국으로 파견되었다. 후버는 즈리(현재의 허베이)와 러허 지역에서 일했는데, 당시 이 지역의 총독은 러시아와 일본에 맞서기 위하여 중국의 산업 역량과 경제력을 키우고자 하는 인물이었다. 의화단 운동(중국 허베이 일대에서 '부청멸양'의 구호를 걸고 중국 내 서양 문물과 서양인을 공격했던 외세 배척 운동—옮긴이)으로 인한 위기를 무사히 넘긴 후버는 그동안 축적한 상당한 재산과 함께 중국을 떠났다.

1908년에 이르러 후버는 사업을 시작했다. 이번에는 광산의 관리자나 지질학자로서가 아니었다. 후버는 당시 세계 금융 시장의 중심지였던 런던에서 투자자로 사업에 뛰어들었다. 여전히 잠재력이 있는 광산에 투자하고자 여전히 세계 곳곳을 돌아다니기는 했다. 그 후 약 6년간 후버는 니카라과, 한국, 뉴펀들랜드, 시베리아, 캘리포니아, 알래스카, 페루, 일본, 마다가스카르, 루마니아, 러시아, 아르헨티나, 콘월, 브라질, 멕시코를 다니며 현지 자원의 사업성을 평가하고 기업들의 투자를 도왔다. 잠재력이 뛰어난 것으로 평가되는 사업에는 본인이 직접 투자했다. 후버는 금, 아연, 구리, 주석, 철, 은, 납, 석유 등의 생산에 두루 관여했다. 가장 큰 성공을 거둔 것은 버마에서의 사업이었다. 후버는 이곳에서 광산 부지 평가, 자금 조달, 기업 관리뿐 아니라 광산과 제련소, 철광석과 금속을 운반하기 위한 선로와 1.5마일(약 2.5킬로미터) 길이의 배수 갱 건설까지 주관했다. 또한 후버는 중국과 인도, 인도차이나(현재의 베트남, 캄보디아, 라오스)의 광부들과 미국과 영국의 관리자들을 모집하여 사업에 투입했다. 이 모든 사업은 후버에게 막대한 부를 안겨주었다. 독단적인 성격이었던 후버는 학창시절에 '사람이 마흔이 되도록 100만 달러도 모으지 못하면 별 쓸모가 없다'라고 말했던 것으로 알려져 있다. 마흔이 된 1914년에 이미 수백만 달러 규모의 자산가가 된 후버는 점차 자선사업과 정치로 관심을 돌렸고, 후에 백악관에 입성했다.

후버는 원하는 바를 어떻게든 관철하고 반대를 용납하지 않는 성격이었다. 의화단 운동 시절의 경험을 바탕으로 후버는 "아시아인과 협상하는 유일한 방법은 손에 총을 들고 여차하면 쏘겠다는 태도를 보이는 것뿐"이라고 말했다(의화단 운동 당시 후버와 다른 외국인들의 집을 의화단원들이 파괴했다). 후버는 회고록에서 "생산적인 사업을 개발"하고 "고집스럽고 무능한 사람들(즉, 직원들)을 바로잡는" 것만큼 "순수한 즐거움"을 안겨주는 일은 없다고도 말했다. 후버의 지인 중에는 그의 성격이 "투박하다"라거나 "무뚝뚝하다"라고 하는 사람도 있었다. "요령이 없다 싶을 정도로 직설적"이라고 표현한 사람도 있었고, "적극적인 분위기"를 조성하는 인물이라고 한 사람도 있었다. 후버는 근면하고 끈기 있으며 "리더십을 자연스럽게 내뿜는" 관대한 인물이기도 했다. 그는 제1차 세계대전의 폐허 속에서 고통받는 이들을 위한 국제적인 구호 활동을 조직하며 엄청난 효율성을 발휘했다. 후버는 탁월한 사업 수완과 적극적인 자선 활동을 동원하여 1928년 대선에서 승리했다. 여러 평가가 있지만, 후버는 일 처리 하나는 확실한 사람이었다. 이러한 후버의 성격은 지구의 광물자원을 효과적으로 개발하는 데에 그야말로 이

상적이었다.[11)]

후버의 관점에서 '일 처리'란 국제사회의 개발 노력에 참여하고 이러한 노력을 전진시키는 것을 뜻했다. 그 노력에는 과학, 기술, 공학의 발전도 포함되었다. 당시는 전 지구적인 차원의 사업을 구상하고 노동 사회적 규범을 재편하며 (후버의 사례와 같이) 막대한 부가 창출되는 시기였다. 그러나 후버의 사례가 보여주듯, 이 시기의 변화에는 강압적인 측면이 있었고 종종 폭력을 수반했다. 1900년경에는 19세기 초중반 자행되었던 학살과 폭력은 거의 사라졌지만, 새로운 산업과 사회적 역할, 생산 과정 속에서 각자의 이익을 추구하는 여러 집단의 충돌로 인한 폭력, 저항, 혼란은 여전했다.

자세히 들여다보면, 후버에게 권위와 권력, 부를 안겨준 광산 사업은 이러한 폭력에서 벗어나지 않았다. 광부이자 급진적 노동운동가였던 윌리엄 '빅 빌' 헤이우드(William "Big Bill" Haywood)의 삶은 당시의 폭력을 잘 보여준다. 후버보다 5년 앞서 솔트레이크시티에서 태어난 헤이우드는 아직 어린 나이였던 10대 시절부터 네바다와 아이다호의 탄광에서 일하며 아일랜드계 이민자들의 비밀 결사 조직인 몰리 맥과이어스(Molly Maguires) 단원들과 친분을 쌓았다. 헤이우드는 스무 명의 동료들이 증거를 입증할 수 없는 살인죄로 교수형을 당하는 모습을 지켜보아야 했다. 이들은 펜실베이니아 지역 탄광에서 노동 문제로 폭력적인 충돌이 이어지던 1870년대 후반에 발생한 살인 사건의 범인으로 지목되어 처형당했다. 광산 파업 신압에 연방군이 투입되어 파업 중이던 광부 1,000여 명이 수개월 간 수용소에 갇히는 모습도 두 번 지켜보아야 했다. 광부들의 파업에 맞서 지역 정부가 계엄령을 선포하거나 지역 민병대를 투입하는 일도 빈번했다. 광부들을 총으로 위협하여 마을이나 카운티 밖으로 추방하거나 광부들과 고용된 폭력배들, 혹은 급히 모집한 경찰들 간에 일어나는 무장 충돌이 잦았다. 헤이우드가 쓴 회고록의 첫 100페이지가량은 1890년대 광산의 폭력적인 노사갈등 과정에서 목숨을 잃은 스무 명가량의 노동자의 죽음에 대하여 기록하고 있다. 당시 헤이우드가 경험한 사건들은 흔한 일이었다. 펜실베이니아의 광산 마을에서는 1890년대 말까지 이러한 폭력이 만연했다. 1897년 '라티머 학살(Lattimer Massacre)' 중 탄광을 폐쇄하고자 비무장 시위를 하던 광부 중 열아홉 명이 경찰의 총에 맞아 숨졌다. 1913년과 1914년 콜로라도 탄전에서 일어난 무장 용역들과의 충돌에서는 무려 백 명에 달하는 광부가 목숨을 잃었다. 헤이우드는 그보다 앞선 시기 미국에서 빈번히 발생했던 원주민을 대상으로 만연한 폭력을 기록했다. 헤이우드는 네바다에서 파이우트족 학살 작전에 참여한 백인을 만나고, 그 학살에서 살아남은 파이우트 부족 생존자를 만났다.[12] 이러한 폭력은 미국에서만 발생한 것이 아니었다. 노동자와 경영자(광산, 목장, 플랜테이션, 철도를 비롯한 다양한 사업의 소유자) 간의 격렬한 충돌은 남아프리카, 호주, 칠레 등 세계 곳곳에서 나타났다. 헤이우드는 세계 곳곳의 노동자가 겪는 착취를 근절하기 위하여 설립된 세계산업노동자동맹(Industrial Workers of the

World), IWW의 발기인 중 한 명이었다. 1905년 설립된 이 단체는 '워블리스(Wobblies)'라는 별칭으로도 알려져 있다.

세계산업노동자동맹 설립은 노동 착취에 반대하는 광범위한 세계적 운동인 사회주의 운동의 일부였다. 사회주의가 주창한 사상은 실로 다양했고, 각 사상을 추구하는 분파들은 때때로 극명하게 갈렸다. 사회주의자들 중에는 조화로운 작은 공동체를 꿈꾸는 유토피아적인 사상을 지닌 이들이 있는가 하면, 모든 형태의 정부를 부정하는 폭력적인 무정부주의 사상을 지닌 이들도 있었다. 무정부주의자들 중에는 평화적인 무정부주의를 추구하는 이들도 있었다. 자주적인 노동조합이 경제를 경영해야 한다는 생디칼리슴(syndicalism)이 있는가 하면, 마르크스주의자들이 말하는 생산수단(공장, 운송 시설, 토지 등)의 국유화를 지지하는 이들도 있었다. 사회주의 운동은 임금을 인상하고 노동 환경을 개선하고자 결성된 노동조합과 노동자를 정치적으로 대변하는 정당의 탄생으로 이어졌다. 처음 서유럽에서 시작된 사회주의 운동은 19세기 후반 다양한 형태로 전 세계에 전파되었다. 특히 유럽에서는 유례없이 큰 조직들이 형성되었으며, 가입 인의 수가 적게는 수만 명에서 많게는 수백만 명에 이르렀다. 사회주의 운동 세력 중 가장 영향력 있는 분파는 독일의 사회주의자 카를 마르크스(Karl Marx)와 프리드리히 엥겔스(Friedrich Engels)의 사상을 물려받은 사회민주주의였다. 유토피아 사회주의와 생디칼리슴 사회주의는 조제프 푸리에(Joseph Fourier)나 조르주 소렐(Georges Sorel) 같은 프랑스 사상가의 영향을 받았고,

무정부적 사회주의는 미하일 바쿠닌(Mikhail Bakunin)과 피터 크로폿킨(Peter Kropotkin) 등 러시아 사상가의 영향을 받았다. 1920년대에 이르자 러시아 혁명가인 블라디미르 레닌(Vladimir Lenin)의 영향을 강하게 받은 공산주의가 사회민주주의만큼 강한 영향력을 발휘하면서 두 세력은 종종 격렬하게 반목했다. 그러나 아직 초기라고 볼 수 있는 1900년경에는 다양한 사회주의 분파의 지지자들이 세계 곳곳에 존재했다. 이들 중에는 유럽 출신의 이민자들도 있었고 그렇지 않은 이들도 있었다. [13]

노동 단체의 조직과 사회주의 확산은 산업화 초기 노동자들이 처해 있던 열악한 노동 환경에 의해 더 가속화된 측면이 있다. 비교적 부유한 국가에 속했던 미국에서도 철강노동자들의 주 평균 노동 시간은 66시간이었고, 통조림 공장 노동자들의 경우 무려 77시간에 달했다. 열악한 환경 때문에 산업노동자들은 평균 3년에 한 번씩 일자리를 옮겼고, 일부 업계에서는 1년에 한 번씩 새로운 일자리를 찾기도 했다. 노동자들은 열악한 환경에서 장시간 노동에 시달렸지만 임금은 기본적인 의식주를 겨우 해결할 정도의 수준이었고, 그나마 일자리를 잃으면 길바닥에 나앉아 굶기 일쑤였다. 이들의 거주지는 인구밀도가 지나치게 높아 보건이 엉망이었고, 의료시설이나 교육시설, 상업시설, 심지어 종교시설조차 제대로 갖춰지지 않은 경우가 많았다. 산업 노동자들이 처한 환경은 전 세계적으로 비슷했다. 노동자들의 조직적인 저항을 탐탁지 않게 여기며 사업주 편을 들던 정부는 열악한 환경을 더욱 악화시켰다. 미국은 1877년 여름 철도노동자들이 벌인 격렬한 시위에 경찰과 주 용병, 연방 병력을 투입했고, 그 결과 100여 명의 노동자가 사망했다. 권리를 적극적으로 주장할 의지가 없거나 그럴 수 없었던 이들이 처한 환경은 더욱 열악했다. 1860년대 미국 최초의 대륙 횡단 철도 건설에 참여한 중국 노동자들의 사망률은 무려 10퍼센트로 약 1,200명이 목숨을 잃었다. 1880년대에 처음 파나마 운하 건설을 시도했을 때는 풍토병 등으로 최소 5,000명에서 최대 2만 2,000명의 노동자가 목숨을 잃은 것으로 알려져 있다(운하 건설은 말라리아 연구로 예방책이 마련된 이후인 1897년에 재개되었다).[14] 아프리카와 아시아의 식민지 역시 상황이 더 열악하면 열악했지 절대 더 낮지 않았다.

인구 증가가 가져올 환경적 영향을 경고했던 루트비히 클라게스의 목소리가 초기에 무시당했던 것처럼, 국제 개발 사업으로 치러야 할 사회적 비용을 우려하는 사회주의자들의 목소리는 1890~1900년대에 이르기까지 대중을 설득하는 데 어려움을 겪었다. 여러 이유가 있었지만, 가장 큰 이유는 국제 개발 사업이 거두고 있던 막대한 경제적 성공이었다. 약 300년에 걸쳐 더디게 성장하던 세계 GDP는 19세기 초에 가파른 상승을 시작하더니 그 후 150년간 꾸준히 빠른 성장을 이어갔다. 물론 성장이 모든 곳에서 동일하게 나타난 것은 아니다. 제2차 세계 대전 이전 GDP 성장이 가장 빨랐던 곳은 북미와 대척지(對蹠地) 지역, 즉 캐나다, 호주, 뉴질랜드, 미국이었다. 두 번째로 빠른 성장세를 보인 곳은 서유럽이었으며, 라틴아메리카와 동유

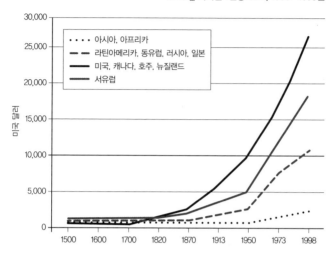

표 2.4_ 지역별 1인당 GDP, 1500~1998년

럽, 일본이 뒤를 이었다. 아프리카와 아시아 국가의 성장 속도
는 다른 곳에 비하여 한참 뒤처졌다(표 2.4). 같은 대륙이나 지
역권 내에서도 성장은 큰 편차를 보였다. 1950년경 아르헨티나
의 1인당 GDP는 남미 지역 다른 국가 평균의 두 배였으며, 남
아프리카는 아프리카 평균의 세 배, 일본은 아시아 평균의 네
배였다.

불균형이 존재했지만, 당시 정치적으로 독립한 많은 국가는
1870년대부터 유례없는 경제적 성장을 경험했다. 서유럽과 미
국뿐 아니라 일본, 아르헨티나, 호주, 캐나다도 크게 성장했고,
어느 정도 차이는 있었지만 동유럽과 러시아 또한 성장을 보
였다. 독립권이 없었던 식민 지역은 대부분 성장하지 못했지

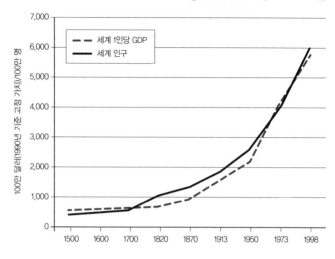

표 2.5_ **세계 인구와 GDP, 1500~2000년**

만, 아시아와 아프리카에서조차 이전 300년 동안은 거의 없었던 개인 소득의 증가가 나타났다.

인구와 경제의 역사적 관계를 고려하면 이러한 경제적 성장은 특별하고 놀라운 성과였다. 사실 이 시기 이전까지는 인구의 빠른 성장이 재난을 의미하는 경우가 많았다. 인구가 지나치게 증가하면 가용 자원, 특히 식량의 부족 현상이 나타날 수밖에 없다. 토머스 맬서스(Thomas Malthus)는 1798년 발표한《인구론 (Essay on Population)》에서 이를 인간 사회의 일반적인 법칙으로 보았다. 이 책이 쓰이기 전의 시대에는 분명 맬서스의 이론이 맞았다. 그러나 이 이론은 발표한 지 몇십 년 만에 시대에 뒤떨어진 이론이 되었다(표 2.5). 1870년대 이후 인구의 폭발적인 증가는 1인당 GDP의 폭발적인 증가를 동반했기 때문이다.

이런 일이 어떻게 가능했을까?

"두뇌와 에너지의 대향연":
과학기술 혁명, 1850~1900년

지난 50년은 세계사적 측면에서 독특한 위치를 차지하는 발명과 진보의 시대이자 평범한 자연적 성장을 뛰어넘는 놀라운 시대다. 이 시기 거대한 물결처럼 퍼져나간 인간의 독창성은 그 규모가 너무나 엄청나고 그 결과가 너무나 유익하여 오히려 인간의 마음이 그것을 다 담기에 부족할 정도다. 이 시기는 단순 성장의 시기가 아닌 발견의 위대한 절정기라고 볼 수 있다. 지난 50년은 최고의 성취를 향해 나아가는 인간의 두뇌와 에너지의 대향연이었다. … 과거에 창조란 신께서 흙에 생기를 불어넣어 인간을 창조하는 행위를 뜻했다. 그러나 새로운 발명의 세계에서는 인간의 정신이 물질에 생기를 불어넣어 새로운 창조물들이 끊임없이 만들어낸다. 과학의 눈으로 물질의 가능성을 포착하는 인간은 지식과 발견이라는 숨결을 불어넣어 새로운 세상을 만들었다. [15)]

_에드워드 번(Edward Byrn), 1896년

18세기 후반에 시작된 거대하고 지속적이면서도 빠른 기술 혁명은 인간 사회와 경제를 근본적으로 바꿔놓았다.[16] 인쇄술, 화약, 근대적 수학 등 초기의 혁신은 14~16세기에 중국, 인도, 중동에서 유럽으로 전해졌다. 이러한 발명품들은 16~17세기의 과학혁명을 가능하게 했다. 이 시기에는 기초 과학과 수학, 과학 실험 장비, 방법론 등에서 느리지만 중요한 진전이 나타나며 18세기의 혁명적 발전을 위한 초석이 마련되었다. 현대적인 기준에서 보자면, 유럽의 과학은 1800년에 이를 때까지도 크게 인상적인 수준은 아니었다. 화학자 조지프 블랙(Joseph Black)은 19세기 초 "화학은 아직 과학이 아니다. 우리는 아직 기본적인 법칙조차 발견하지 못했다"라고 말한 바 있다.[17] 그러나 발전을 위한 초석은 준비되어 있었고, 1820년대 후반부터 1860년대까지는 과학혁명으로 향하는 길을 열어준 획기적인 진전이 다양하게 이루어졌다. 당시 이루어진 과학적 발전으로는 1820년대 전기적 유도의 발견, 1850년대와 1860년대의 열역학 제1 법칙과 제2 법칙의 정의, 1860년대에 이루어진 유기분자의 원자구조 이해, 1869년 러시아 과학자 드미트리 멘델레예프(Dmitri Mendeleyev)가 정리한 주기율표가 대표적이다.

18세기 중후반에는 기술과 생산 부분에서 다양한 개선이 이루어지며 앞으로 다가올 과학적 발전을 위한 중요한 경제적 기반이 마련되었다. 농업 부문의 주요 개선으로는 윤작의 도입, (남대서양과 태평양 지역에서 들여온 조분석으로 만든 비료를 포함한) 다양한 비료의 도입, 관개시설과 배수 시설 개선, 종축 개량, 울

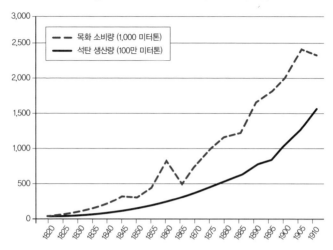

표 2.6_ **서유럽과 미국의 목화 소비량과 석탄 생산량, 1820~1910년**

타리 설치 등 농경지 관리 개선 등이 있었다. 운송 부문에서는 18세기 중반부터 도로와 철로 건설이 급증했다. 에너지 부문에서는 18세기 초부터 수차와 풍차의 활용이 증가했고, 전쟁 기술 측면에서는 효율성을 높인 화기를 17세기 말부터 전선에서 활용하기 시작했다. 18세기 말에는 역사학자들이 말하는 산업혁명이 시작되었다. 이 시기 면직 공장에는 기초적인 기계설비가 도입되었고, 최초의 증기기관이 발명되었으며, 1825년에는 최초의 철도와 대형 증기선이 등장했다. 당시 목화와 석탄을 비롯한 원자재 소비 통계를 살펴보면 19세기 중반부터 이러한 기초 산업이 매우 **빠르게** 성장했음을 알 수 있다(표 2.6). 당시의 도약을 보여주는 또 다른 척도는 과학 학술지의 빠른 증가인데, 학술지의

수는 1750년 이후 약 50년마다 열 배씩 증가했다.[18]

1860년 말에 이르러 과학기술의 연쇄적인 발전은 마침내 임계점에 다다랐고, 1867년에서 1914년까지 유럽과 북미에서는 과학기술의 폭발적인 혁신이 일어났다.

당시 세계 주요 혁신 국가에서 출원된 특허의 수를 살펴보면 혁신의 규모와 속도를 가늠해볼 수 있다(표 2.7). 표 2.7이 보여주는 폭발적인 혁신은 19세기 중반부터 세계경제의 성장을 위한 기반을 형성했다. 이전과는 전혀 다른 새로운 세상을 창조해낸 이 시기를 일컬어 많은 역사학자가 제2차 산업혁명 시대라고 불렀다.

이 시기에 이러한 혁명이 발생한 이유는 무엇일까? 정확한 이유는 알 수 없다. 다만 기본적으로 인간의 지식이 자체적인 역동성을 지니고 있기 때문으로 짐작할 수 있다. 발견은 또 다른 발견을 낳고, 발명은 또 다른 발명을 낳는다. 지식과 부의 축적은 더 많은 연구와 발견, 혁신으로 이어지고, 그 과정 자체가 강력한 추진력을 형성한다. 일부 역사학자는 자유와 인권의 발전이 19세기 중반 이후 발전의 원동력이라고 주장했다. 르네상스 시대 인문주의자들이 주장한 지적 자유라는 개념이 17세기를 거치며 더욱 강화되어 인간의 상상력을 자유롭게 하고, 그 결과 유럽을 시작으로 세계 과학자들이 고정관념을 버리고 무한한 탐구를 이뤄냈다는 것이다. 지적 재산권 개념이 발달하고 (특허법 등) 재산권을 보장하는 법적 장치가 도입되면서 과학기술의 결실이 이윤 창출로 이어진 것 또한 영향을 주었을 것

표 2.7_ 북서유럽과 미국의 특허 발급 건수, 1790~1910년

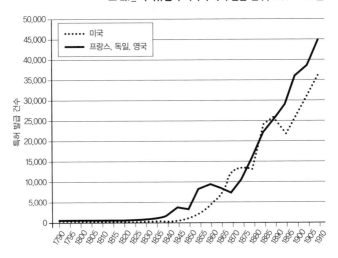

이다. 그 외 지식 발전에 있어 중대한 역할을 해온 유럽 대학의 성장을 주요 요소로 꼽는 학자도 있으며, 유럽을 벗어난 외부 세계의 발견이 중요한 역할을 했다고 주장하는 학자도 있다. 11세기 십자군 전쟁에서 시작하여 15~16세기 아프리카와 아메리카, 아시아의 발견, 17~18세기 태평양 지역 탐험 등이 유럽인들이 과거로부터 내려온 종교적·사회적·과학적 전통에 의문을 품게 하고 비판적 사고를 유도해 과학적 발전의 가능성을 열었다는 것이다. 유럽이 군사력과 행정력을 동원하여 다른 지역을 수탈한 것도 발전의 밑거름이 되었다. 멀리 서인도 제도의 사탕수수 농장에서 일하는 노예들은 가혹하게 착취당하며 유럽 투자자들의 경제적 이익을 극대화했다. 영국은 인도에서,

네덜란드는 인도네시아에서 경제적 이익을 거두기 위하여 소작
농들을 착취하고 시장을 조종했다. 이렇게 수탈로 축적한 부는
유럽의 혁신을 만드는 데 결정적인 역할을 했다.

앞서 언급한 모든 요소가 종합적으로 과학혁명에 기여했을
테지만, 구체적으로 어느 시기에 어떤 요소가 가장 중요한 역할
을 했는지는 알 수 없다. 그러나 19세기 중반 이후 과학기술 발
전의 급격한 가속화와 확산을 불러온 단기적인 원인이나 동인
을 짚어볼 수는 있다.

첫 번째 원인으로는 혁신이 경제적 적체 현상을 부르고 그것
이 또 다른 혁신으로 이어지는 현상을 들 수 있다. 가장 좋은 예
는 면직 산업이다. 실을 뽑아내는 제니 방적기의 발명과 개량은
1820년대에 엄청난 병목현상을 불러왔다. 면직물을 짜는 수동
베틀이 제니 방적기가 면사를 뽑아내는 속도를 따라가지 못해
면사가 적체된 것이다. 이 현상을 해결하기 위해 1830년대에는
동력 직조기와 공장 설비가 개발되었다. 동력 직조기와 공장을
가동하기 위해서는 더 큰 동력이 필요했고, 이는 다시 증기기관
의 개량으로 이어졌다. 생산된 면직물이 쌓이자 이번에는 수출
이 활발해졌고, 인도, 이집트, 미국 남부 등의 지역에서 면직물
수요가 증가했다. 이는 다시 조선 산업의 발달과 면직물을 항구
로 실어 나르기 위한 철도망의 확장으로 이어졌다. 철도망의 확
장은 철과 석탄의 수요 증가로 이어졌다. 하나의 발전이 또 다
른 발전과 수요 증가로 이어지는 도미노 현상은 당시 기술과 산
업 확장의 핵심적인 특징이었다.

두 번째 요인은 1880~1890년대를 지나며 주요한 과학적 발견의 주체가 개인 발명가에서 대규모 연구소로 바뀌었다는 사실이다. 실질적인 기술 발명에 점점 더 복합적인 연구가 요구되면서 아무리 똑똑한 발명가일지라도 혼자서는 대규모 연구소를 따라가기가 점점 힘들어졌다. 장기적인 주제를 설정하고 체계적인 연구를 진행하는 연구소들은 곧 혁신의 주요 원천으로 자리했다. 유명한 '개인' 발명가 토머스 에디슨(Thomas Edison)이나 알렉산더 그레이엄 벨(Alexander Graham Bell) 등도 사실 수많은 과학자를 고용하고 있던 연구소를 통하여 얻은 성과로 명성을 쌓았다. 에디슨의 연구소는 뉴저지에 있었고, 루터 버뱅크(Luther Burbank)의 농업 실험장은 캘리포니아의 산타로사에 있었다. 주요 대기업들도 연구소를 개설했다. 아에게(AEG), 지멘스(Siemens), 바이엘(Bayer), 훽스트(Hoechst), 바스프(BASF) 등은 모두 1870년대에 연구소를 설립했고, 코닥(Kodak)은 1895년, 제너럴일렉트릭(GE)은 1900년, 듀폰(Dupont)은 1902년에 개설했다. 1940년에 이르자 선두주자인 미국에서는 무려 2,000여 개의 기업이 연구개발 센터를 개설했고, 고용인원은 7만 명에 달했다. 세계 최대 규모를 자랑하던 에이티앤티(AT&T)의 벨연구소에서 일하는 과학자는 무려 2,000명에 달했다.[19]

대학도 핵심적인 역할을 했다. 유럽 곳곳에서 1870년대부터 공립 대학제도가 급속히 확산되었다. 이 시기 산업기술의 선두주자였던 독일과 미국의 대학 설립 전략은 뚜렷한 차이를 보였다. 우선 독일의 경우 정부와 민간 산업계가 협력하여 과학기

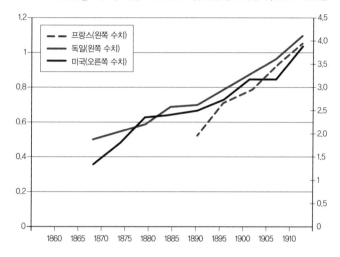

표 2.8_ 프랑스, 독일, 미국의 인구 1,000명 당 대학생 수, 1860~1910년

술 위주의 교육과정 도입을 적극적으로 추진했고, 주요 산업기업들은 지방정부와의 협력에 막대한 자금을 투자하여 과학기술 전문대학인 폴리테크닉대학 제도를 점점 넓혀갔다. 미국의 경우 1862년과 1890년에 각각 통과된 1, 2차 모릴법(Morrill Act)이 중요한 역할을 했다. 모릴법은 연방정부 소유의 국유지를 주정부에 무상으로 불하한 후 각 주가 이를 매각 혹은 개발하여 고등교육을 지원할 수 있도록 한 법안으로, 미국은 이를 토대로 세계 최고의 공립 고등교육 제도를 구축할 수 있었다. 그 결과 미국에서는 1880년 7,000명이었던 전문 기술자의 수가 1950년에는 22만 6,000명으로 대폭 증가했다. 인구당 전문 기술 인력의 수가 50년 전보다 열세 배 증가한 것이다.[20] 19세기 말에는

미국과 독일 외에도 유럽이나 유럽의 식민 파생 지역에서 고등 교육 투자가 증가했고, 그 결과 인구 대비 대학생의 수가 가파르게 상승했다(표 2.8).

1860~1914년에는 이러한 정책과 움직임에 힘입어 새로운 제품과 기술이 쏟아지고 수많은 기업이 설립되었다. 당시 새롭게 등장한 산업 공정과 발명품, 상품 중 대표적인 것 몇 가지만 소개하자면, 평로 제강법(1866년), 아황산 펄프 제지 공법과 타자기(1867년), 증기 터빈(1884년), 활동사진(1893년), 에어컨(1902년), 안전면도기(1904년), 진공청소기(1905년), 텅스텐 필라멘트 전구(1913년) 등이 있다.[21] 당시 등장한 수많은 공정과 제품을 모두 나열하는 것은 불가능할 것이다. 그 모든 발명품을 등장할 수 있게 한 과정의 기저에는 어떤 동인이 있었을까? 당시 등장한 수많은 발명을 어떤 방식으로 구분하고 정리할 수 있을까?

한 가지 방법은 근본적 발명과 파생적인 발명으로 구분하는 것이다.[22] 다양한 응용 가능성을 지닌 근본적 발명은 등장 이후 짧게는 몇 년에서 길게는 몇십 년 동안 작은 변화나 개량을 곁들인 후속 발명으로 이어졌다. 일례로 1880년대 독일에서 만들어진 내연기관이라는 발명품은 그 후 약 30년간 오토바이, 자동차, 비행기 등의 파생적 발명을 가능하게 했다. 내연기관의 개량을 통하여 탄생한 디젤 모터는 트럭이나 증기기관차의 등장을 불러왔다. 또 다른 예로 1884년 개발된 라이노타이프 식자기를 들 수 있다. 라이노타이프 식자기는 발명 이후 한 세기

그림 2.1_ **혁신의 확장**

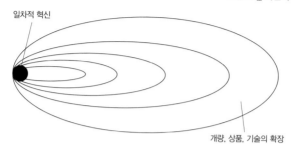

일차적 혁신

개량, 상품, 기술의 확장

에 걸쳐 끊임없이 개량되었고, 그 결과 20세기 중반에 이르러서는 개량 라이노타이프 식자기의 특허가 1,500개에 육박했다.[23] 이는 일종의 확장 과정으로 이해할 수 있다. 근본적인 1차 과학기술 혁신이 개량을 통하여 더 큰 혁신으로 확장되는 것이다(그림 2.1).

또 다른 방법은 기술의 혁신과 발전을 일종의 연쇄적인 파급 모델로 이해하는 것이다. 이런 모델에서는 근본적 성격을 가진 1차 혁신이 근본적이지 않더라도 더 구체적인 성격을 지닌 발견과 기술, 상품의 확산으로 이어진다. 이렇게 확산된 각각의 발견과 기술, 상품은 또 다른 혁신을 통하여 개량된다. 1차 혁신의 파급으로 등장한 개량 기술들은 서로 거미줄처럼 얽혀 영향을 주고받으며 점점 탄탄해진다(그림 2.2). 그런가 하면 한 분야의 근본적 혁신이 다른 분야에 적체 현상을 만들어 또 다른 근본적 혁신을 부르거나 이차적인 파급을 만들어내는 예도 있다(그림 2.3). 유럽의 운송 기술을 예로 들어보자. 1870년대

그림 2.2_ **혁신의 연쇄 파급**

혁신, 개량, 기술, 상품의 연쇄 파급

일차적 혁신

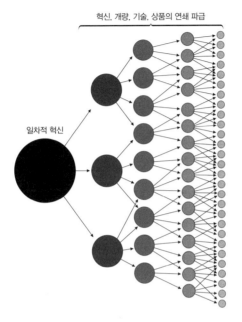

무렵이 되자 유럽의 철도는 거의 모든 생산거점과 소비거점을 연결하고 국내뿐 아니라 국제적인 시장에도 물품을 실어 나를 수 있을 정도의 촘촘한 연결망을 구축했다(지도 2.1). 이제 연결할 곳이라고는 더 작은 거점들뿐이었지만 대부분 철도로 연결하기에는 무리가 있었다. 유럽은 작은 생산거점과 소비거점들을 어떻게 시장에 연결했을까? 1880년대 중반에 개발된 내연기관이 이 문제의 해답이었다.

한 분야의 근본적 혁신이 다른 분야의 가능성을 열어 새로운 근본적 혁신을 부르는 사례도 있었다. 이러한 사례는 철강 분야에서 찾아볼 수 있다. 1856년과 1857년에 영국과 미국에서 각

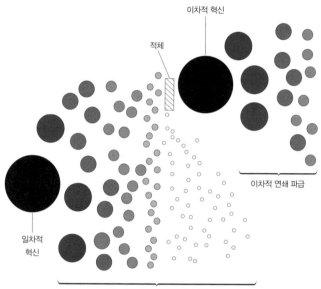

그림 2.3_ **연쇄 파급-적체-연쇄 파급**

각 발명된 베서머 제강법과 켈리 제강법, 1861년에 독일의 지멘스가 발명한 평로 제강법은 고품질 강철의 생산 비용을 낮춤으로써 수많은 제품과 공정을 개발하는 기반이 되었다. 당시 등장한 강철의 인장 강도는 기존 철의 열 배로, 충격에 여섯 배 강하고, 두 배 높은 열에도 변형되지 않았다. 새롭게 등장한 강철은 발명가들에게는 내연기관, 수력발전 댐의 터빈, 현대식 무기, 현대식 자전거 등 수많은 발명품을 만들 수 있는 좋은 재료였다.[24]

근본적인 발명이나 혁신은 원래 분야와는 동떨어진 곳에 복

지도 2.1_ 1849년과 1877년의 유럽 철도 연결망

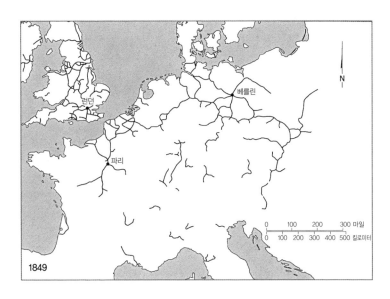

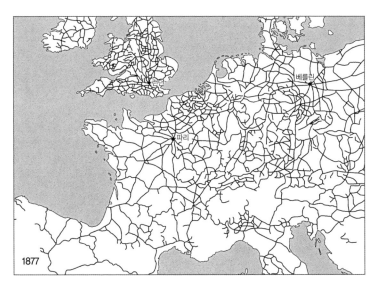

합적인 발전을 불러왔다. 초창기의 사례를 들자면 바로 증기력
이다. 증기기관의 발명은 석탄 산업의 개발을 불러왔고, 증기
기계가 공장에 들어오며 생산성이 대폭 상승했으며, 철도와 증
기선의 형태로 교통 혁명을 일으켰다. 반세기 후에는 전기의 발
명에서 파생된 또 다른 복합적인 발전이 이루어졌다. 전기의 발
전은 화학 산업의 발전을 부르고, 금속 공학을 발전할 수 있게
했으며, 수천 가지의 소비재 발명으로 이어지는가 하면, 수력
발전 성장의 발판이 되었다. 1900년까지 세계에는 약 500대의
수력발전 장치가 있었는데, 대부분 유럽과 북미에 있었다.[25] 또
다른 복합적 발전은 석유를 중심으로 이루어졌다. 석유는 내연
기관, 자동차, 비행기, 인조섬유, 플라스틱의 발명으로 이어
졌다(폴리염화비밀PVC, 폴리에틸렌, 폴리스타이렌은 모두 1930년대
에 발명되었다).[26]

에너지 체제의 전환에 따라 과학기술 혁명을 생각해보는 것
도 가능하다. 전근대적인 에너지 체제에서는 장작을 태우는 열
이나 인간이나 동물의 근력이 에너지의 주 공급원이었다. 18세
기 말에는 석탄이 그 자리를 차지했고, 그로부터 다시 한 세기
후에는 석탄과 가스가, 그 뒤에는 전기가 주인공으로 등장
했다. 모든 단계에서 새로운 에너지원은 이전의 에너지원을 완
전히 대체하기보다는 추가되었다. 현재 석탄은 단일 자원으로
서는 최대의 에너지원이지만, 원자력 발전소에서 생산된 전기
또한 세계적으로 중요한 역할을 하고 있다(표 2.9).

각각의 에너지 체제를 개별적인 기술 시대로 구분하는 것도

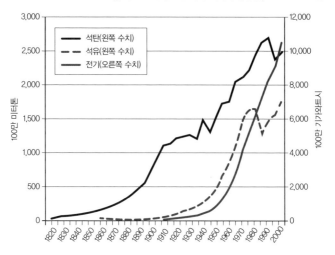

표 2.9_ 세계 10대 생산 주체의 에너지 생산량, 1820~2000년

가능하다. 이렇게 구분해보면 1820년대 후반에서 1870년대까지는 석탄, 철, 증기의 시대였다. 1860년대부터 약 1905년까지는 전기, 강철, 유기화학의 시대였고, 1905년부터 1970년대 말까지는 석유, 내연기관, 대량생산의 시대였다. 이러한 '시대들'은 서로를 대체하기보다는 누적되고, 기술의 복합체 또한 대체하거나 사라지기보다는 서로 결합되고 연결된다. 사실 기술의 변화가 강한 파급효과를 발휘하는 것도 그동안의 발전이 누적되었기 때문이다. 기존의 상품이나 기술에 새로운 발전이 누적될 때 사회적·경제적 과정은 혁명적으로 변화하고 새로운 기술의 파급력은 더욱 커졌다. 이러한 현상은 기술혁신의 진원지라고 볼 수 있는 북대서양권 국가에서 특히 두드러졌다.

과학기술 혁명이 몰고 온 대대적인 변화를 바라볼 때 마지막으로 생각해야 할 것이 있다. 바로 19세기 후반부터 나타난 과학기술 분야의 획기적인 발견들이 서로 연결되어 발전하며 인류사에 전례 없는, 존재했던 그 어떤 문명과도 다른, 완전히 새로운 문명을 만들어냈다는 점이다. 이러한 획기적 발견들이 가져온 거대한 파열, 혹은 도약은 인류의 역사를 완전히 바꿔놓았다. (그 시작은 이미 오래전이었지만) 당시 진행 중이던 과학기술 혁명은 점점 더 많은 지역으로 경제적·사회적 영향을 확장하며 이후의 세계를 재편했다.

지난 150년, 혹은 200년을 전 지구적인 관점에서, 혹은 한발짝 떨어져 조감해보면 다양한 기술의 복합체나 혁신의 시대를 세세하게 구분하는 것이 크게 중요하지 않다는 것을 깨닫는다. 그러한 흐름이 처음에는 서유럽과 북미에서 시작되어 어떤 곳에는 빠르게, 또 어떤 곳에는 느리게 전 세계로 전파되었다는 사실도 크게 중요하지 않다. 물론 세부적인 시대와 장소에 관한 정보는 우리가 19~20세기에 걸쳐 혁신이 퍼져나간 구체적인 경로를 더 잘 이해하게 해줄 것이다. 2000년 즈음의 시점에서 과학기술 혁명의 최종적인 결과를 돌아볼 때 중요한 것은 그러한 세부적인 내용이 아닌 과학기술의 도약 그 자체라는 것을 알 수 있다.

에너지 생산량의 증가는 그러한 도약을 보여주는 좋은 지표다. 지난 200년간, 특히 1900년 이후로 인구 한 명을 위하여 생산되는 에너지의 양은 수직 상승했다. 석유, 석탄, 전기의 누적 생산량을 기준으로 판단해보면, 1인당 에너지 소비량은 1800~1900년 사이에 세 배 증가했고, 1900~2000년 사이에 12.5배 증가했다. 1800~2000년 사이에 인구 1인의 에너지 소비량이 37.5배 증가한 것이다. 2000년의 인구는 대략 1800년의 여섯 배로 추정되므로, 인류가 소비하는 에너지 총량은 200년 사이에 225배 증가한 셈이다. 게다가 기계의 에너지 효율이 점점 개선된 점을 고려하면, 에너지 사용 증가로 인한 실질적인 영향은 훨씬 더 크다고 볼 수 있다. 오늘날 우리가 사용하는 디젤 엔진은 1750년에 인류가 사용하던 증기 엔진보다 서른다섯 배 효율적이며, 현대의 할로겐 전구는 동물 기름을 태우던 18세기 초보다 1,600배 효율적이다.[27]

원동 기계, 즉 다른 기계를 움직이게 하는 기계의 동력 또한 점점 강해졌다. 1500년 무렵에는 대부분의 동력이 인간에게서 나왔고, 인간의 일률(단위 시간에 이루어지는 일의 양을 나타내는 물리 용어로, 단위는 와트 또는 마력으로 나타냄—옮긴이)은 50~60와트 정도였다. 1700년경에는 말과 소를 비롯한 가축을 적극적으로 활용하는 지역이 점차 늘어났다. 이러한 가축들의 일률이 대개 400~800와트였으니, 인간이 활용할 수 있는 동력은 수백 년 동안 대략 열 배 늘어난 셈이다. 기술이 변화하며 1750년 무렵에는 일률이 4,000와트가량인 수차를 세계 곳곳에서 활용하기 시작했다. 1780년에 등장한 초기 증기 엔진의 일률은 무려 2만 와트였다. 1900년 무렵 등장한 최초의 증기 터빈은 100만 와트급이었는데, 그로부터 10년이 안 되어 최초의 500만 와트

급 터빈이 등장했고, 1912년에는 2,500만 와트급 터빈이 등장
했다.[28]

세계경제를 만든 주요 기업들의 발전은 놀라웠다. 2000년 기
준 현존 세계 10대 다국적 기업 중 1914년 이후 설립된 기업은
두 곳뿐이다.[29] 제1차 세계대전 이전 세계경제 성장의 중요한
특징 중 하나는 이 시기에 여러 국가, 때로는 여러 대륙에서 활
동하는 다국적 기업이 다수 등장했다는 점이었다. 일례로 당시
프랑스의 영화 제작사 파테(Pathé)는 전 세계 40개 도시에 지점
을 보유했다. 영국의 은행 중 서른 곳이 여섯 개 대륙에서 1,000
여 개 지점을 운영했고, 그중 세 개 은행이 브라질 전체 예금액
의 3분의 1을 보유했다. 이러한 패턴은 1920년대에도 계속 확대
되었다. 1930년에 이르러 미국의 국제전화전신(International
Telephone and Telegraph, ITT)이 남미 7개국과 스페인의 전화망
을 운영했고 루마니아, 터키, 중국에도 진출했다. 포드 자동차
(Ford Motor Company)는 미국 외 19개국에서 조립 공장을 운영
했다.[30]

이 시기 다양한 다국적 기업 중 가장 핵심적인 기업은 대형
종합 석유 기업이었다. 이들 기업은 국제 경제적으로 중요한 전
략적 위치를 차지했을 뿐 아니라 20세기 초반에는 국제적인 세
력 균형에서도 중요한 역할을 했다. 스탠더드 오일(Standard Oil,
1870년 설립), 로열 더치 셸(Royal Dutch Shell, 1890년 로열 더치 석
유 회사 설립, 1903년 셸과 합병), 유노컬(Unocal, 1890년 설립), 걸
프 오일(Gulf Oil, 1900년 설립), 텍사코(Texaco, 1902년 설립), 앵

글로-페르시안 오일(Anglo-Persian Oil, 현재 BP의 전신, 1908년 설립) 등은 설립 초기에서부터 국제적으로 운영되었다. 러시아 제국은 남부의 유전을 거의 프랑스 기업의 투자로 개발했다(러시아 제국으로 이주한 스웨덴의 노벨 형제는 러시아 유전을 개발했다). 루마니아의 석유 자원은 미국, 독일, 프랑스 기업이, 인도네시아 석유 자원은 영국과 네덜란드 기업이, 페르시아(현재의 이란)의 석유 자원은 영국 기업이, 멕시코와 베네수엘라의 석유 자원은 영국과 미국 기업이 주로 개발했다.[31]

과학기술 혁명의 열매로 부를 창출하기 위하여 설립한 이 기업들은 경제뿐 아니라 사회적으로도 지배적인 위치를 차지했다. 기업들의 지배적인 위치는 백 년 이상 유지되고 있다. 그런 의미해서 이러한 기업들의 탄생은 20세기에 일어난 많은 사건 중에서 꽤 중요한 위치를 차지하는 사건이라고 볼 수 있다.

고속 열차에 올라탄 인류:
기술 변화, 효율화, 성장 1850년~1930년

어째서 우리는 인간 수준에서 멈추려 할까? 어째서 현재의 상승곡선이 더 빠르고 가파르게 올라가면 안 되는 걸까? … 우리는 앞으로도 쭉 이어질 진보의 길로 그 어느 때보다 확실에 찬 발걸음을 성큼성큼 내딛고 있다. … 현재 인간의 신체와 정신은 점점 개선되고 있으며, 지식과 체계는 계속 확장될 것이다. 언젠가 지금으로서는 상상도 할 수 없는 존재들이, 우리 안의 어딘가에 숨어 있는 존재들이, 지금 이 연단에 서 있는 사람처럼 이 지구 위에 웃으며 우뚝 서서 무수한 별들 사이로 손을 뻗을 날이 올 것이다.[32]

_H. G. 웰스(H.G. Wells), 1913년

과학·기술·경제 혁명으로 탄생한 새로운 문명의 가장 큰 특징 중 하나는 속도였다. 새로운 세상에서 신기술의 개발, 적응, 전파는 놀랍도록 빠르게 이루어졌다. 과거에는 한 국가, 혹은 한 지역에서 다른 곳으로 기술이 전파되기까지 수십 년에서 수세기까지 걸렸다. 일례로 11~12세기경 중국에서 발명된 것으로 추정되는 활자 인쇄술은 15세기에 이르러 유럽에 전파되었다. 기술의 전파 속도가 느리기는 18세기 말~19세기 초에도 마찬가지여서 초기 산업 개발에 필요한 기술과 장비, 전문 지식의 유럽 내 전파도 더디게 이루어졌다. 그 덕에 영국은 1800년부터 1860~1870년에 이르기까지 수십 년 동안 면직물과 석탄, 철 생산에서 압도적인 우위를 점할 수 있었다. 그런데 19세기 후반에서 20세기가 되자 핵심적인 기술이나 발명품이 불과 몇 년 만에 북대서양권 곳곳에 전파되는 세상이 도래했다. 예를 들어 독일의 공학 기업 지멘스가 전기 기관차를 최초로 만든 해가 1879년이었는데, 그로부터 불과 9년 후 미국 버지니아주 리치먼드에 첫 전기 전차 시스템이 들어왔다. 1902년에 이르자 미국에서 시내 교통수단으로 이용되던 마차의 99퍼센트는 자취를 감췄다. 런던은 1904년에 저 유명한 이층버스를 처음 도입했는데, 1911년경에 모든 마차 버스가 사라졌고 말 2만 5,000마리도 쓸모를 잃었다. [33]

개별적인 기술을 좀 더 자세히 살펴보면 기술의 적용과 성장이 얼마나 빠르게 이루어졌는지 알 수 있다. 1880년 이후 석유와 가스 생산량 증가는 1850년 이후 석탄 생산량 증가보다 훨씬 빠르게 이루어졌고, 1900년 이후 전기 생산량 증가는 그보다도 더 빠르게 이루어졌다. 새로운 혁신에 적응하는 속도도 갈수록 빨라졌다. 석탄에서 석유로 옮겨가는 데 걸린 시간이

50~60년이었는데, 석유에서 전기로 옮겨가는 시간은 20년밖에 걸리지 않았다. 18세기 후반~19세기 초반의 유럽 철 생산 증가 속도와 비교해보면 1870~1890년대 철강의 생산량 증가는 훨씬 빠른 속도로 이루어졌다는 것을 알 수 있다.

서유럽의 주요 생산자들이 연간 철 생산량 1,500만 톤을 이루기까지는 1790~1890년이라는 100년의 시간이 걸렸다. 그러나 강철 생산은 아무것도 없던 상태에서 1,500만 톤 생산까지 약 35년 만인 1900년에 이루어냈다. 조금의 시차가 있지만, 미국에서도 같은 패턴이 나타났고 그 속도는 더욱 빨랐다. 미국의 경우 80년 만에 철 연간생산량이 500만 톤에 도달했으며, 20년 만에 강철 연간생산량은 500만 톤에 도달했다. 하인리히 헤르츠(Heinrich Hertz)는 1886년 전파를 발견했고, 굴리엘모 마르코니(Guglielmo Marconi)는 1896년 무선 전신을 개발했다. 대서양을 횡단하는 첫 무선 통신은 무선 통신이라는 기술이 발명된 지 단 15년 만인 1901년에 이루어졌다. 인류는 점차 이러한 변화의 속도에 익숙해졌다. 현재를 사는 우리는 이러한 빠른 변화를 당연하게 생각하지만, 19세기 말을 기준으로 생각해보면 빠른 발전은 전례 없는 일이었다. 기술혁신을 늘 주의 깊게 지켜보던 관찰자 에드워드 번은 1896년 과학 저널 《사이언티픽 아메리칸(Scientific American)》의 기고문에서 당시를 "역사상 가장 놀라운 활동과 발전이 이루어지고 있는 시기"라고 표현했다.[34]

기술의 혁신과 적용, 전파가 이렇게 빠르게 이루어질 수 있었던 이유는 간단하다. 새로운 기술 도입이 가져오는 효율 개선이 어마어마했기 때문이다. 예를 들어 트럭이 마차를 대체하며 화물과 승객의 운송 비용은 60퍼센트 감소했다. 배달 트럭은 짐마차에 비하여 7분의 1의 공간만 차지하면서도 여섯 배에 달하는 지역을 담당할 수 있었다. 영국에서는 1861~1881년 사이 11만 명의 농장 일꾼이 (트랙터, 탈곡기, 바인더 등) 농기계를 다루는 인력 8,000명으로 대체되며 93퍼센트의 인건비를 절감했다. 1874년 통조림용 식품을 살균하는 가압증기멸균기가 발명되며 통조림 제작 속도는 서른 배가량 빨라졌고, 이는 저장 식품의 평균적인 품질과 신뢰성을 획기적으로 향상시키며 가공 식품업의 혁명을 불러왔다. 강철 생산의 경우, 헨리 베서머 (Henry Bessemer)가 1856년 전로법을 발명하고 그로부터 5년 후 지멘스가 평로법을 개발하면서 효율성을 70퍼센트 향상시켰다. 피츠버그 시의 발진티푸스로 인한 사망률은 1907년 염소 처리를 처음 도입한 지 단 3년 만에 75퍼센트 감소했다.[35] 미국 전체로 보았을 때 1908~1940년 사이 발진티푸스 관련 사망은 10분의 1로 줄어들었다. 수 세기 동안 인간 사회를 끈질기게 괴롭혀온 질병이 한 세대가 안 되어 거의 사라진 것이다.[36]

요컨대 기술혁명이 노동 생산력과 전반적 사회 효율에 미친 영향은 점진적이기보다는 혁명적이었다. 기술의 성숙에 의한 점진적인 발전이 아닌 완전히 새로운 기술의 도입에 의한 혁명적인 발전이었기 때문이다. 이러한 기술을 활용함으로써 얻을 수 있는 혜택이 워낙 컸기 때문에, 기술은 빠르게 개발되고, 적용되고, 전파되었다.

1890년 경이 되자 기술 발전은 단순히 생산성과 수익의 증대를 넘어 본질적으로 다른 새로운 경제를 창조했다. 새로운 생산 기술과 소재의 발명은 경제 혁명의 토대가 되었고, 1890년대에 이르자 기술혁신과 기계 활용 노동으로 인한 생산성 증대, 그로 인한 1인당 GDP의 급격한 성장이 서유럽과 북미에서 새로운 경제 구조를 만들었다. 새롭게 탄생한 경제는 대량 소비가 대량 자본만큼 중요한 역할을 하는, 가전제품이 증기기관차나 공장만큼 중요한 역할을 하는 소비자 경제였다.

이 시기에는 자동차, 냉장고, 타자기, 진공청소기, 자전거, 전구, 볼펜, 발한억제제 등 놀랍도록 많은 소비재 상품이 등장했다. 현재 우리에게 친숙한 브랜드 중 상당수가 이 시기에 탄생했다. 미국의 경우만 봐도 후버 진공청소기(1907년), 켈로그 콘플레이크(1896년), 코카콜라(1886년), 퀘이커 오트밀(1884년), 앤트 제미마 팬케이크 믹스(1889년), 허쉬 초콜릿(1894년) 등이 이 시기에 등장했고, 또한 현대적인 금전 등록기가 개발되었다(1883년).[37]

새로운 경제 패턴이 등장한 지 20~30년 만에 소비재 대량 수요는 생산 기법상의 또 다른 근본적인 혁신의 탄생으로 이어졌다. 바로 조립 설비를 활용한 대량 생산 기법의 도입이었다. 조립 설비는 또다시 어마어마하게 효율성을 개선했다. 조립 설비를 최초로 본격 도입한 곳은 포드 자동차였다. 포드는 조립 설비 도입으로 1913년 10월 기준 12시간 30분이었던 차대 조립 소요 시간을 같은 해 12월에 2시간 40분으로 단축하며 인건비의 80퍼센트를 절감했다. 생산성의 비약적인 향상으로 포드는 노동자의 임금을 두 배 인상하는 한편 근무시간을 9시간에서 8시간으로 줄일 수 있었다. 생산량 자체도 빠르게 늘어났다. 1909년 기준 포드가 하루에 생산할 수 있는 자동차는 100대였지만, 1914년에 하루 생산량은 1,000대까지 늘어났다. 고가의 대형 내구 소비재인 자동차의 생산은 단 5년 만에 두 자릿수 단위로 폭발적으로 증가했고, 그 증가세는 계속 빨라졌다. 1929년에 포드의 연간 자동차 생산 대수는 500만 대를 웃돌았다. 이러한 패턴은 다른 산업국가에서도 유사하게 나타났으며, 미국의 전체 산업 생산은 1920년대에만 거의 두 배 가까이 증가했다. 이 성장세를 유지할 수 있었던 것은 높은 임금이 만들어낸 높은 수요 때문이기도 했다. 포드는 이렇게 말했다. "포드의 판매량은 어찌 보면 우리가 직원에게 주는 월급에 달려 있다. 우리가 월급을 더 많이 줄수록 직원들이 더 많은 돈을 소비하여 가게 주인, 배급업자, 다른 공장의 생산자와 노동자들이 잘살게 될 것이고, 이들이 잘살면 포드의 판매량은 더 올라갈 것이다."[38]

생산성의 향상과 생산의 증대, 소득의 빠른 증가가 소비의 증가로 이어지는 패턴은 20세기 경제성장의 주요한 특징이다. 패턴은 풍요로운 소비자 사회의 탄생을 의미했다. 북대서양권에서 등장한 기술은 시간을 두고 점차 다른 산업과 지역으로 전파되었다. 지난 세기 경제사는 대부분 이러한 기술이 어떻게, 언제 전파되었는지에 관한 이야기라고 볼 수 있다.

이렇게 갑작스럽고 강렬했던 역사적 도약의 본질을 이해하는 것은 지난 세기의 세계사를 이해하는 데 있어 필수적이다. 그러한 과정의 지리적 측면을 들여다보는 것 또한 그에 못지않게 중요하다. 일례로 21세기에 들어 중국과 인도의 1인당 GDP는 꾸준히 선진국들을 따라잡고 있지만, 북대서양권, 일본, 호주와 비교하면 두 국가의 소득은 여전히 한참 낮다. 20세기 과학기술 혁명이 서유럽과 북미에서 처음 시작되었고, 우리가 북대서양권이라고 부르는 그 지역의 국가들부터 변화시켰다는 사실은 그런 의미에서 커다란 역사적 중요성을 갖는다.

산업 전환의 과정은 영국에서 시작되었고, 미국과 북서유럽 일부 지역(벨기에, 네덜란드, 프랑스 북부)으로 먼저 퍼져나갔다. 전환의 물결은 20세기 초까지 유럽 남부와 동부로 전파되었다. 러시아와 이탈리아는 1900년까지, 스페인의 고립된 지역이나 발칸 지역의 경우 1910년까지 상당한 산업 발전을 이루었다. 이 과정은 북대서양권을 새롭게 구성된 세계경제의 중심으로 만들었다. 물론 거기에 이르기까지 긴 역사가 있었다. 유럽은 경제적·군사적·정치적으로 세계의 여러 지역을 침범했고, 16세기에 시작된 이러한 움직임은 18세기에 특히 강하게 나타났다. 그러나 19세기 말, 20세기 초를 거치며 나타난 것은 완전히 새로운 패턴의 전 지구적인 경제 교류였다. 이 시기 세계경제는 전례 없는 새로운 차원의 통합, 원자재 교역의 엄청난 확대, 전 지구적 기업의 급증을 경험했다.

이러한 현상이 나타난 데에는 한 가지 분명한 이유가 있다. 산업혁명과 기술혁명이 나타난 북대서양권은 새로운 기술에 필요한 특정 자원 중 일부를 풍족하게 소유하고 있었다. 특히 석탄과 철은 영국, 독일, 폴란드, 프랑스, 벨기에, 러시아, 미국 동부(펜실베이니아, 앨라배마, 켄터키, 오하이오)에서 충분히 생산되었다. 그러나 근대 산업이 필요로 하는 자원 중 이들 지역에 충분히 생산되지 않는 것들도 많았다. 목화, (전선 생산을 위한) 구리 등 비철금속, (통조림 제작을 위한) 주석, (전구 생산을 위한) 텅스텐, (비행기 제작을 위한) 알루미늄, 타이어 제작을 위한 고무, 연료로 사용할 석유 등이 그 예다(석유의 경우 아메리카 지역에는 많았으나 유럽은 그렇지 않았다). 비료를 만드는 인광석은 북미에는 풍부했으나 유럽에는 별로 없었고, 금도 마찬가지였다. 또한 산업혁명을 지탱하기 위해서는 식량도 필요했다. 산업혁명이 진행되며 북대서양권은 농업경제에서 산업 경제로 재편되었고, 인구는 빠르게 증가했다. 이들 지역은 점점 증가하는 산업노동자들을 먹이기 위하여 다른 지역에서 식량 수입을 늘렸다. 부유한 선진국에서는 커피, 차, 사탕수수 설탕, 바나나 등 열대작물의 소비자 수요도 늘어났다.

그 결과 유럽의 산업 경제개발은 유럽에 필요한 자원을 공급하는 세계경제의 개발과 맞물려 진행되었다. 국제적인 상업이 발달하며 북대서양권은 외부 세계에서 생산한 일차 상품과 원자재를 공급받고 외부 세계는 북대서양권에서 생산한 공산품을 공급받는 방식으로 세계경제의 재편이 일어났다.

다음 장에서는 이러한 세계경제의 재편에 대해서 살펴보려 한다.

3장

판이 커지자 모든 것이 달라졌다 :
세계경제의 개편

*Reorganizing
the Global Economy*

'이집트산 순면, 콜롬비아산 커피':
국제적 원자재 개발, 1870~1930년

금융자본은 이미 발견된 원자재의 산지뿐 아니라 잠재적인 산지에도 관심을 보인다. 오늘날 기술 발전 속도가 극도로 빨라 현재는 쓸모없어 보이는 땅이라도 새로운 기법을 발견하고 대규모의 자원을 투입하면 당장 내일이라도 유용해질 수 있기 때문이다. 이는 광물 탐사, 원자재 처리와 활용을 위한 새로운 기법 등에도 적용된다. 그리하여 금융자본은 자신의 영향 범위를 끝없이 확장하고 심지어 실제 영토를 확장하기 위한 열망을 필연적으로 갖게 되는 것이다.[1]

_블라디미르 레닌(Vladimir Lenin), 1917년

과학기술 혁명으로 인한 북대서양권 국가들의 변신은 세계적인 경제 혁명을 낳았다. 북대서양권 국가의 산업 생산자들은 개발에 필요한 자원을 확보하기 위하여 세계 곳곳으로 진출했고, 세계 곳곳의 원자재와 식량 생산자들은 북대서양권의 구매

자와 연결되었다. 산업국가들의 자원 수요는 점점 높아졌다. 산업국가들은 점점 증가하는 자원 수요를 충족시킬 수 있는 부와 기술이라는 수단을 가지고 있었다. 다시 말해, 당시의 산업국가들은 전례 없는 수준의 성장을 뒷받침하기 위하여 세계경제를 재편할 만한 경제적인 권력을 쥐고 있었다는 의미다. 북대서양권 밖에 있는 국가들은 점점 **자원 추출**(commodity extraction)에 용이한 구조로 재편되었다. 자원 추출은 세계 산업 개발의 중심지였던 북대서양권이 외부 지역에서 원자재를 수입하여 제품을 생산하고, 완성 제품을 다시 외부 세계로 수출하는 방식으로 이루어졌다.

천연자원뿐 아니라 식량 또한 이러한 교류의 중요한 요소였다. 유럽의 인구 증가는 빨랐고, 유럽 이주민의 유입으로 북미 인구는 더 빠르게 늘고 있었다. 증가하는 인구 대부분은 도시로 몰렸다. 유럽의 경우 1850~1910년까지 전체 인구가 70퍼센트 증가하는 동안, 주민 1만 명 이상의 도시의 인구수는 네 배 이상 늘었다. 미국도 1850~1910년까지 전체 인구가 네 배 증가하는 동안 주민 10만 이상의 도시에 거주하는 인구수는 12.5배 증가했다. 노동인구 중 식량이 아닌 다른 것을 생산하는 이들이 차지하는 비율이 점점 늘어났다.

당시 노동은 늘어난 반면 노동 생산성은 (아직) 비약적으로 발전하지 못한 상태였다. 제2차 세계대전 이후에는 에이커당 식량 생산량이 급증했으나, 1940년 이전에는 점진적인 증가만 있었다(표 3.1). 북서유럽 국가들은 세계의 다른 지역에서 식량

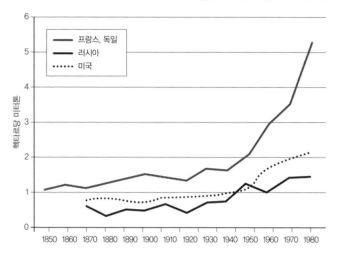

표 3.1_ **밀 수확량 비교, 1850~1980년**

을 대량으로 수입하기 시작했다. 그중 유럽 내에서도 산업화와
도시화가 두드러졌던 영국은 더욱 수입에 의존했다. 수입된 식
량의 일부는 러시아산이거나 동유럽산이었지만, 영국은 점점
더 많은 식량을 유럽 외의 지역에서 수입했다. 미국은 19세기
내내 유럽에 많은 식량을 수출했다. 그러나 빠른 도시화가 나타
난 1900년경에 이르자 생산하는 식량 대부분을 자국 내에서 소
비했고, 그만큼 수출을 위한 잉여분은 줄어들었다. 사정이 이
렇게 되자 유럽은 다른 수입처를 찾아야 했다. 영국은 세계 곳
곳에 있는 신규 정착 초원 지역에서 식량을 수입하기 시작했다.
그중 아르헨티나, 캐나다, 호주, 뉴질랜드, 시베리아는 특히 중
요한 역할을 했다. 얼마간의 시간이 흐른 후에는 아시아태평양

의 대규모 쌀 생산 지역도 유럽 식량 공급에 중요한 역할을 했다. 1900년까지는 미국이 세계 최대의 육류 수출국이었지만, 미국이 수출을 줄인 후에는 아르헨티나, 우루과이, 호주, 뉴질랜드 등이 육류 수출에 뛰어들며 유럽의 수요를 만족시켰다(표 3.2). 곡물류 수출의 패턴 또한 유사한 변화를 보였다. 1885년 이전에는 미국이 세계 최대의 밀 수출국이었으나, 이후 남미, 아시아, 호주의 밀과 쌀이 세계 곡물 시장을 지배했다(표 3.3).

세계 식량 시장의 성장이 커다란 경제적 기회를 가져오며 19세기 중반 이후에는 세계 초원 평야와 쌀 삼각주의 정복과 정착이 더욱 확대되었다. 아메리카 대륙과 아시아태평양 지역의 주요 식량 수출국들은 1880년대 중반 이후 폭발적인 수출 주도 성장을 경험했다. 아르헨티나를 예로 들어보자. 1880년대 아르헨티나의 연평균 경제성장률은 7퍼센트였다. 1890~1910년까지 아르헨티나의 인구가 두 배 증가하는 사이 수출액은 거의 다섯 배 증가했다.[2] 남미의 많은 국가가 수출에 집중하며 수출 지향적 경제로 거듭났다. 1900년 기준, 수출은 라틴아메리카 국민총생산의 18퍼센트를 차지했다. 이는 거의 13퍼센트였던 영국의 1.5배, 6.7퍼센트였던 미국의 세 배에 해당하는 수치였다.[3] 1909~1914년까지 아르헨티나와 캐나다는 세계 밀 수출량의 26.8퍼센트를 생산했고, 러시아는 25퍼센트를 생산했다. 시베리아 지역의 버터 수출은 1897~1912년까지 15년 사이에 일곱 배 증가했다. 버터는 냉장 열차에 실려 운송되었다.[4] 다양한 교역이 이어진 결과, 20세기 초반에는 통합적인 세계

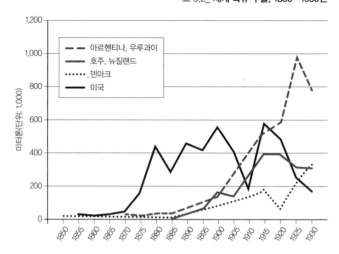

표 3.2_ 세계 육류 수출, 1850~1930년

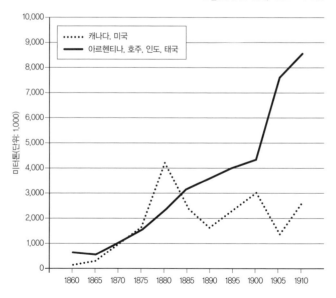

표 3.3_ 밀과 쌀 수출, 1860~1910년

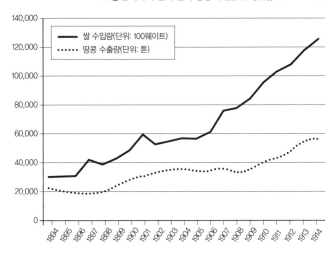

표 3.4_ 감비아의 쌀 수입과 땅콩 수출(5년 평균), 1894~1914년

농업경제가 형성되었다. 소비자는 주로 북서유럽과 북미의 도시였고, 생산자는 주로 초원지대와 쌀 삼각주 등 집중적인 정착이 이루어진 새로운 지역이었다.

전체적으로 세계 곡물 시장에서는 쌀(혹은 호밀 등 기타 곡물)보다 밀이 차지하는 비중이 훨씬 높았지만, 쌀 또한 세계경제의 개발에 있어 중요한 역할을 했다. 수출되는 쌀은 대부분 세계 인구의 중심지 두 곳 중 하나로 향했는데, 버마(현재의 미얀마)에서 생산되는 쌀의 80퍼센트는 유럽으로 수출되었고, 동남아시아에서 생산되는 쌀은 대부분 중국으로 향했다. 한편 새로운 쌀 삼각주에서 생산되는 쌀은 지역 내 식민지에 있는 플랜테이션과 광산의 노동자들을 위한 식량으로 활용되었다. 실론(현재의 스리랑카)의 차 플랜테이션, 베트남과 인도네시아의 커피 플랜테이션, 말레이반도의 고무 플랜테이션과 주석 광산 등이 그 예다. 이들 지역의 식량 수입은 점점 늘어 1900년경에는 식량의 50~70퍼센트를 수입했다.[5] 그러므로 쌀 삼각주의 개발은 다른 자원의 국제적 추출을 지원하는 데 있어 중요한 역할을 했다고 볼 수 있다. 땅콩도 흥미로운 사례다. 서아프리카에서 재배되는 땅콩은 일부 식량으로 쓰였지만, 대부분은 땅콩기름으로 가공되었다. 땅콩기름은 석유가 대중화되기 전 윤활유로 각종 산업에서 중요한 역할을 했다. 제1차 세계대전 이전까지 서아프리카 감비아의 땅콩 수출량 변화는 감비아로의 쌀 수입량 변화와 비슷한 궤적을 보인다(표 3.4). 감비아의 땅콩 재배자들이 유럽으로 수출되는 땅콩을 키우는 노동자들의 식량으로 쓰기 위하여 쌀을 수입했기 때문이다. 이는 19세기 중반부터 나타난 세계경제의 분업화, 혹은 전문화를 보여주는 한 가지 예시일 뿐이다. 어떻게 보면 경제의 전문화는 초원지대나 쌀 삼각주 등 신규 정착지의 식량 생산 증가 덕에 가능했던 측면도 있다.

노동력과 자본, 새로운 정착지에서 생산된 식량이 충분히 확보되자 산업에 필요한 천연자원과 원자재의 생산이 비약적으로 증가했다. 그 사례로 금을 살펴보자. 금은 금전적 가치 자체도 높았지만, 주요 화폐 가치가 금에 연동되기 때문에 19세기 말 세계무역 시장에서 금이 차지하는 중요성은 남달랐다. 처음 금을 대량 발견한 것은 1850년대 호주와 캘리포니아에서였다. 그러나 1890년대 초부터 채굴 투자가 본격화되면서 남아프리카

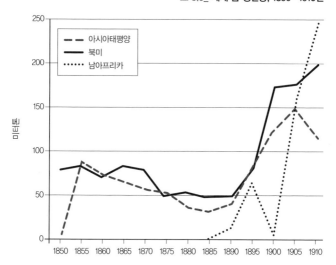

표 3.5_ **세계 금 생산량, 1850~1910년**

- - - 아시아태평양
— 북미
⋯⋯⋯ 남아프리카

미터톤

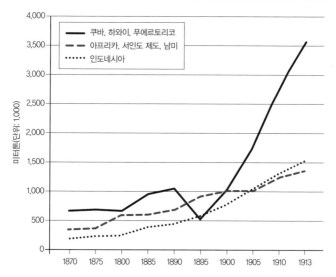

표 3.6_ **세계 설탕 생산량, 1870~1913년**

— 쿠바, 하와이, 푸에르토리코
- - - 아프리카, 서인도 제도, 남미
⋯⋯⋯ 인도네시아

미터톤(단위: 1,000)

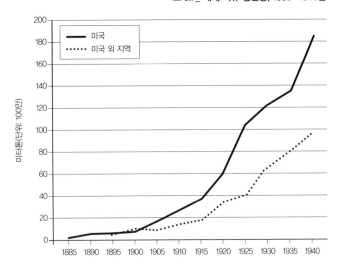

표 3.7_ 세계 석유 생산량, 1885~1940년

미국

미국 외 지역

미터톤(단위: 100만)

200
180
160
140
120
100
80
60
40
20
0

1885 1890 1895 1900 1905 1910 1915 1920 1925 1930 1935 1940

의 금 생산량이 매우 증가했다. 보어인들이 내륙에 건설한 공화국에서 새롭게 발견된 금광은 1899~1902년까지 벌어진 격렬한 보어 전쟁 끝에 영국의 손에 넘어갔다. 금광을 정복한 영국의 투자가 이어지자 남아프리카의 금 생산량은 빠르게 증가했다(표 3.5). 세계 식품 산업에서 중요한 위치를 차지했던 설탕도 마찬가지다(표 3.6). 1900년에는 유럽이 사탕무로 생산하는 설탕이 세계 생산량의 3분의 2가량을 차지했다.[6] 그러나 열대 지방에서 재배하는 사탕수수 또한 설탕의 중요한 원료였다. 미국은 1890년대에 핵심적인 사탕수수 재배지역 몇 곳을 손에 넣은 후 설탕 생산 산업에 막대한 자금을 투자했고, 이는 세계 설

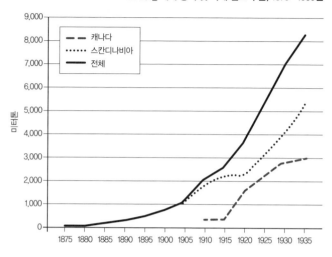

표 3.8_ 세계 종이 및 목재 펄프 수출, 1875~1935년

- - - 캐나다
...... 스칸디나비아
—— 전체

탕 생산량의 급증으로 이어졌다.

　자원이나 원자재 개발의 확대가 반드시 정복을 통해서만 일어난 것은 아니다. 석유의 경우, 1900년까지는 러시아 제국과 미국이 거의 비슷한 (매우 적은) 생산량을 보였다. 그러다 미국이 펜실베이니아를 시작으로 오하이오, 인디애나, 오클라호마, 텍사스, 캘리포니아에서 석유를 생산하면서 세계 석유 공급량의 3분의 2가량을 생산했다. 남미, 러시아와 루마니아, 아시아 태평양 지역의 유럽 식민지(1950년대 이전에는 주로 인도네시아)는 미국 생산량의 5분의 1에서 10분의 1가량을 생산했다(표3.7). 종이 생산량의 변화도 유사한 패턴을 보였다(표 3.8). 선진 산업국들은 신문과 같은 간행물 인쇄, 포장, 기록 등의 용도로 엄청난

양의 종이를 소비했다. 1905년 기준 일본의 신문 발행 부수는 163만 부였는데, 1931년에는 1,000만 부로 급증했다. 러시아도 1913년 330만 부에서 1940년 3,840만 부로 증가했다.[7] 종이를 생산하기 위해서는 나무가 필요한데, 유럽에서는 목재가 점점 귀해지고 있었다. 유럽 시장에 오랫동안 종이를 주로 공급해온 스칸디나비아 국가들은 종이 생산을 빠르게 늘려갔다. 그러나 제1차 세계대전 후에는 캐나다산 종이가 세계시장을 장악했고, 1950년경 캐나다가 종이 최대 수출국으로 자리 잡았다. 세계 곳곳의 수많은 자원과 원자재가 이와 유사한 패턴으로, 1870~1910년 사이 어느 시점에 갑자기 생산량이 급증했다.

1870년부터 제1차 세계대전까지의 기간은 세계경제사에서 특별한 시기에 해당한다. 이 시기, 북대서양권(추후 일본도 포함) 과 많은 비유럽권 지역은 새로운 방식과 차원으로 서로 의존했다. 서유럽과 북미에서는 경제적·사회적 혁명이 활발하게 일어났지만, 사실 그 혁명은 세계 곳곳의 새로운 정착지들과의 경제적인 연결에 기대고 있었다. 기존 중심지와 신규 정착지의 경제적 연결은 다시 새로운 지역에서의 경제적·사회적 변화로 이어졌다.

국제적인 분업이 나타난 초기에는 주로 좁은 분야에 집중 투자하는 면모가 나타났다. 그 결과 생산의 특화 현상이 강하게 나타나 특정한 국가나 식민지, 혹은 지역권 전체가 한두 가지의 자원이나 원자재의 지배적인 공급자로 떠올랐다. 일례로 20세기 초반에 산업용 특수강 제조에 사용되는 바나듐의 4분의 3이

페루에서 생산되었다(나머지는 스페인과 미국에서 생산). 크롬은 대부분 뉴칼레도니아에서 생산되었고(러시아와 로디지아(현재의 짐바브웨)에서도 일부 생산), 1913년 이후 전구 산업의 핵심 원료가 된 텅스텐은 주로 버마에서 생산되었다(미국 서부와 포르투갈에서도 일부 생산).[8] 통조림 등 제조에 사용되는 주석은 말레이시아와 인도네시아산이 대부분이었고, 니켈은 주로 캐나다에서 생산되었다. 이러한 현상은 광물자원에만 국한된 것이 아니었다. 1880~1910년대 사이 브라질의 커피 생산량은 거의 네 배 증가했다. 1901년을 기준으로 브라질은 세계 커피의 4분의 3가량을 생산했고, 1930년 기준으로는 3분의 2가량을 생산했다.[9]

이러한 집중의 결과로 점점 많은 국가가 수출 자원이나 수출 작물에 더 의존했고, 심한 경우 단 하나의 품목에 의존했다. 서유럽과 미국에서는 반대의 패턴이 나타났다. 미국의 전체 수출 품목 중에서 목화의 비율이 점점 줄어든 것처럼 전체 수출액에서 단일 품목이 차지하는 비율은 점점 낮아졌다. 1900년경을 기준으로 북대서양권 국가들을 살펴보았을 때, 가장 높은 비율을 차지하는 수출품도 전체의 6~18퍼센트를 넘지 않았고 그나마도 점점 낮아졌다. 이 지역의 국가들은 많은 국가와 교역했으며, 무역 상대국도 점점 다양해졌다. 유럽을 벗어난 지역에서도 국토가 넓고 기후가 다양한 국가나 식민지에서는 비슷한 패턴이 나타났고, 중국, 인도, 인도네시아 등의 국가들은 시간이 흐르며 수출 품목을 다변화했다. 그러나 작은 국가나 식민지의

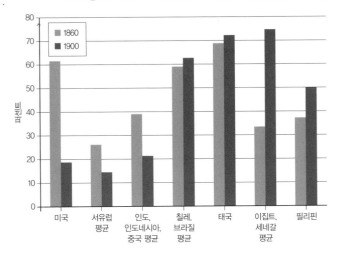

표 3.9_ **전체 수출에서 대표 품목이 차지하는 비율, 1860년과 1900년**

경우 단일 품목의 수출 의존도가 점점 높아졌다. 이 패턴은 브라질이나 이집트, 필리핀, 알제리, 태국 등 비교적 규모가 있는 국가에서도 나타났다(표 3.9). 이집트의 경우 목화가 전체 수출의 78퍼센트를 차지했고, 만주의 경우 (식량, 비료, 비누, 산업용 오일, 요리용 기름 등으로 쓰이는) 대두 제품이 81퍼센트를 차지했다. 나이지리아에서는 야자유가 전체 수출의 4분의 3 이상이었다. 1914년 기준 쿠바 수출의 93퍼센트는 설탕과 담배, 1901년 기준 브라질 수출의 72퍼센트는 커피와 고무였다.[10] 더 종합적으로 살펴보면, 1913년 기준 비유럽 국가의 10대 수출 품목이 수출 총액에서 차지하는 비율은 56퍼센트였다.[11] 패턴은 20세기 내내 그대로 이어졌다. 1928년 기준 라틴아메리카에서 한 품목이 전체 수출의 절반 이상을 차지하는 국가는 열 곳에 달했다. 같은 해 라틴아메리카가 수행한 교역 활동 중 약 70퍼센트가 미국, 영국, 프랑스, 독일 네 개 국가에 집중되었다.[12)]

전체 세계경제 측면에서 보자면 특화로 인한 효율 향상이 불러온 혜택은 어마어마했다. 나중에도 언급하겠지만 이러한 혜택은 모두에게 공평하게 분배되지 않았다. 수출 의존적인 식민지에서 창출한 이윤 대부분은 북대서양권이나 일본 등 산업국가의 기업에 돌아가거나 토지, 플랜테이션 농장, 광산 등을 소유한 지역 상류층에게 돌아갔다.[13)] 19세기 후반 수십 년 동안 세계무역 규모는 비약적으로 증가했다.[14)] 국제 해운 물류는 적재량을 기준으로 1800년 400톤에서 1913년 4,700만 톤으로 무려 열두 배가량 증가했다. 어떤 측면에서는 1913년의 세계경제가 1970년대의 세계경제보다 더 통합되고 연결되어 있었다. 유럽과 미국의 GDP 대비 수출 비중은 1913년 최고치에 도달한 후 1950년대까지 하락하다가 1970년대 들어서야 다시 1913년 수준을 넘어섰다. 아시아와 남미의 경우 1929년에 최고치에 도달한 후 하락하다가 역시 1970년대에 다시 회복했다.[15)] 1800년부터 1914년까지 세계 총생산은 10년당 7퍼센트 증가했으나 무역은 10년당 약 33퍼센트씩 증가했다.[16)]

당연한 얘기일 수 있지만, 양으로만 따졌을 때 세계에서 무역량이 가장 많은 지역은 유럽이었다. 이는 유럽의 지리적 특성이 만들어낸 눈속임이기도 했다. 유럽 국가들은 비교적 작은 편이어서 국경까지의 거리가 멀지 않았다. 그 결과 유럽에서 국제

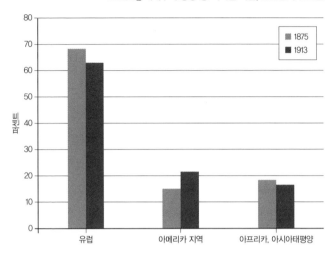

표 3.10_ 세계무역 총량 중 지역별 비율, 1875년과 1913년

적으로 교역되는 대부분의 상품은 러시아 제국이나 중국, 브라질, 미국 등 국가의 국내 이동보다 훨씬 짧은 거리를 이동하고 국제 무역으로 분류되었다. 그러나 이러한 요인을 고려하더라도 1913년까지 세계무역에 있어 북대서양권이 차지하는 지배적인 위치는 명확했다(표 3.10). 이것 또한 당연한 이야기지만, 총세계무역에서 가장 큰 부분을 차지하는 것은 1차 상품, 즉 원자재였다. 산업국가 중 많은 국가가 공산품과 더불어 원자재 또한 상당량 생산했기 때문이다. 영국과 미국의 석탄, 러시아의 곡물이 그 예다. 이 시기 총 무역에서 1차 상품이 차지하는 비율은 전체의 60퍼센트를 조금 웃돌았다.[17]

산업국가의 기업들은 다른 지역에서 이루어지는 수출의 상

당 부분을 지배했다. 이들 기업은 광산이나 플랜테이션을 직접 운영하고 원자재를 생산하거나 무역에 참여했다. 1920년대에 이르러서는 쿠바, 칠레, 페루, 베네수엘라, 이란, 말레이시아, 인도네시아의 수출 중 절반 이상에 외국 기업이 개입했고, 프랑스 기업 두 곳과 영국 기업 한 곳이 서아프리카 전체 수출의 3분의 2를 장악했다. 영국 기업과 네덜란드 기업의 합병으로 탄생한 거대기업 유니레버(Unilever)는 나이지리아 대외 무역의 80퍼센트를 지배했다.[18] 미국의 광산 회사인 아나콘다(Anaconda)와 케네코트(Kennecott) 단 두 개의 기업이 칠레의 구리 채굴업을 좌지우지했고, 페루 수출품의 60퍼센트는 외국인 소유 기업이 생산했다. 1920년대에는 소수의 일본 기업이 한국 광산의 80퍼센트, 산업체의 91퍼센트를 소유했다. 한국에 대한 자본 투자의 62퍼센트는 일본에서 온 것이었고, 30퍼센트는 미국과 유럽을 위시한 그 외 국가들의 투자였다. 한국 수출품의 90퍼센트는 일본으로 향했다. 생산된 쌀의 절반이 일본으로 빠져나갔고, 한국은 자국민을 먹이기 위해 값싼 곡물을 수입해야 했다.[19] 1928년 무렵에는 쿠바에서 생산되는 설탕의 4분의 3을 미국 기업이 생산했다. 설탕은 쿠바 수출의 대부분을 차지하는 주요 수출 품목이었다.[20] 이렇게 한쪽으로 쏠린 산업적·재정적 자원은 북대서양권 기업에 세계 곳곳의 자원과 원자재를 마음껏 개발할 수 있는 막강한 권력을 안겨주었다. 유럽과 미국, 일본은 이러한 편중을 바탕으로 주요 해외투자자의 지위를 차지할 수 있었다(표 2.3 참조). 북대서양권 지역의 기업들은 자원 개

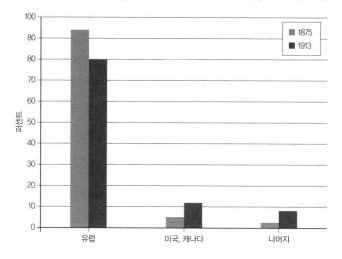

표 3.11_ **세계무역 중 공산품의 지역별 비율, 1875년과 1913년**

발을 통한 이윤 창출을 위하여 외부 지역에 막대한 자금을 투자했다.

산업국가에 기반을 둔 다국적 은행과 무역 회사들은 이러한 투자를 실현하기 위해 금융 인프라를 구축하고, 은행 서비스를 세계 곳곳으로 확장해갔다. 1928년 기준, 영국의 다국적 은행들은 라틴아메리카, 아프리카, 아시아, 태평양 지역에 2,250개의 지점을 개설했다. 요코하마 정금은행은 40개의 해외 지점을 운영했고, 미국에 기반을 둔 씨티은행(Citibank)은 100개의 해외 지점을 운영했는데, 그중 3분의 2는 남미에 있었다.[21]

공산품 수출에 대한 통계는 당시 경제력의 세계 균형을 더 명확하게 보여준다. 20세기 초에는 유럽이 압도적인 우위를 보였으나(표 3.11), 북미와 일본의 산업 수출이 늘면서 유럽의 지위는 조금씩 약화했다. 인도와 영국의 무역 관계는 당시 세계무역의 전형적인 관계를 상징적으로 보여준다. 1913년 기준, 인도의 총 수입액 중 79퍼센트를 공산품이 차지했지만, 수출품의 77퍼센트는 식량과 원자재였다.[22)

북미와 유럽의 기업들은 북대서양권 외의 지역에 사업적·경제적 발전의 기반이 되는 운송과 통신 기반시설을 건설했다. 예를 들어 미국의 ITT와 덴마크의 대북부 전신회사(Great Northern Telegraph Company)는 라틴아메리카의 통신망 구축에서 중추적인 역할을 했다.[23) 아르헨티나의 철도망(지도 3.1)은 1880년 이후 영국 자본으로 구축되었다. 이 운송망은 식량 수출의 편의를 위해 건설된 것이기도 한데, 상당량이 영국으로 향하는 것이었다. 육류를 가공하여 냉동 처리하고 냉장선에 실어 수출하는 아르헨티나의 정육 산업 또한 외국 기업이 소유한 경우가 많았다. 처음에는 영국의 투자가 많았지만, 나중에는 미국 기업들도 투자를 시작했다. 영국 자본이 어디에서든 핵심적인 역할을 했던 남미에서 볼 수 있는 전형적인 패턴이었다. 남미 전체로 보았을 때 영국의 투자 규모는 1870~1913년 사이 거의 여덟 배 증가했다. 1913년 무렵에는 남미에 투자된 외국 자본 중 3분의 2가 영국 자본이었고, 영국의 관여가 특히 컸던 아르헨티나의 경우 (공장, 철로, 기타 자산 등) 고정투자의 3분의 1 이상이 외국인 소유였다. 1880년 750마일(약 1,200킬로미터)이었던 멕시코의 철도망을 1900년 1만 2,000마일(약 1만 9,000

지도 3.1_ 아르헨티나의 철도망 확충, 1866년, 1882년, 1896년, 1914년

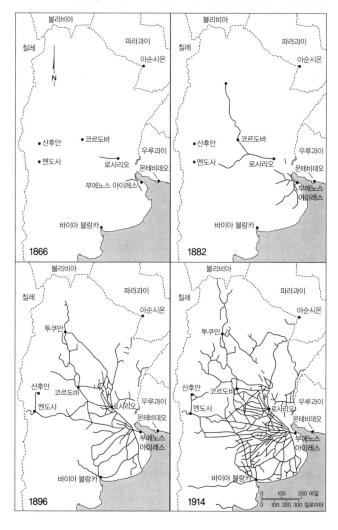

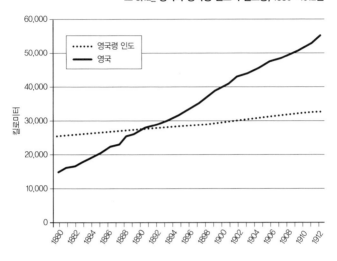

표 3.12_ 영국과 영국령 인도의 철도망, 1880~1912년

킬로미터)로 크게 확충했는데, 확충에 들어간 비용의 출처는 대
부분 외국인 투자자의 자본이었다. 철도의 확충으로 멕시코의
수출은 1877~1910년 사이 아홉 배가량 증가했다.[24) 유사한 패
턴은 러시아 제국, 중부 유럽, 캐나다, 미국에서도 나타났다.
영국 자본은 북미, 호주, 인도의 교통 인프라 건설에 있어 특히
중요한 역할을 했다. 영국 산업계에 있어 식민지나 기타 비유럽
지역 투자는 19세기 말엽까지 중요한 경제적 기회였다. 영국
내 철도망은 1880년대경 거의 구축이 완료된 반면, 식민지에는
여전히 철도망을 구축할만한 공간이 많았기 때문이다(표 3.12).
네덜란드와 그 식민지였던 동인도제도(추후 인도네시아)도 마찬
가지였다.

세계 곳곳의 통신망은 유사한 패턴으로 구축되었다. 대륙 간 통신은 두말할 것도 없이 다국적 기업의 운영과 국제적인 사업 개발에 필수적인 요소였다. 북대서양을 가로지르는 최초의 대양 횡단 전신 케이블은 1858년 구축되었다. 영국은 1870년에 인도의 주요 식민 지역과 전신망을 구축했고, 1872년에는 호주까지 연장 구축했다. 태평양 횡단 전신 케이블은 1902년에 최초의 대륙 횡단 케이블은 미국에서 1915년에 설치되었다. 제2차 세계대전 이전까지 전화 시스템은 거의 북대서양 지역에만 존재했다. 당시 전화 기술은 원시적인 수준이었던 데다가 비용도 많이 들어 1927년까지 뉴욕과 로스앤젤레스 사이의 통화 건수는 하루에 쉰 통 수준에 머물렀다.[25] 시간이 흐르며 전신과 전화 시스템은 전 세계에 걸쳐 더 촘촘한 통신망을 구축해갔다. 통신망이 가장 촘촘한 곳은 역시 북대서양 지역이었고, 대부분의 통신망은 이들 지역에 기반을 둔 기업들이 구축하고 소유했다.

국제적인 원자재 경제가 출현하며 생성된 경제적 관계는 명확히 한쪽으로 쏠려 있었다. 북대서양 지역과 일본에 기반을 둔 기업과 자본이 경제를 주도했고, 무역 패턴은 비대칭적이었다. 우선 인도나 인도네시아의 경우 식민지로서 영국이나 네덜란드 등 본국 정부가 자원과 원자재 생산 지역의 정치적인 지배권을 가지고 있었기 때문에 본국 생산자들에게 유리한 구조일 수밖에 없었다. 산업국가에 유리한 패턴은 식민지가 아닌 지역에서도 생성되었다. 산업국가들은 압도적인 경제력이나 군사력을 앞세워 세계경제 개발에 비협조적으로 나오는 정부나 사업가의 협력을 강제했다. 19세기 후반으로 접어들며 이런 사례는 점차 늘어갔다. 결론적으로 자원과 원자재 개발을 중심으로 구축된 세계경제 질서는 포함(砲艦)외교, 무역전쟁, 제국주의적 정복 등 강압을 통하여 이행된 측면이 컸다. 이러한 힘의 불균형 문제는 이 장의 뒷부분에서 다시 다루겠다.

역설적이게도 19세기 중반 이후 국제 원자재 개발의 확대는 18세기 세계 곳곳에서 성행하며 경제활동의 중심축 역할을 했던 착취의 한 형태를 무너뜨리는 결과를 낳았다. 특히 노예 제도는 원자재 개발 경제에 적합하지 않다는 결론과 함께 사라져 갔고, 19세기 세계경제 발전 초기에는 세계 곳곳에서 진정한 '자유'의 물결이 일었다.

노예 대신 제3세계:
자유무역과 노예 해방, 1840~1890년

저희는 자유 상업 정책이 영국에서 그러했던 것처럼 칠레에서도 좋은 결과를 내리라는 점을 칠레 정부에 확언하고자 합니다. 자유 상업 정책은 정부 소득을 높이고, 국민의 안락함과 도덕성 또한 증진할 것입니다.[26]

_영국 외무부, 1853년

칠레에는 산업화에 필요한 자본과 무기, 활동이 충분히 존재한다. 그러나 … 공산품 수입에는 여전히 상당 부분 외국 자본이 개입되어 있다. 이 자본은 현재도, 앞으로도 칠레의 산업화 정착에 수많은 난관을 초래할 것이다. … 보호주의는 신생 기술과 신생 산업의 모유가 되어야 한다. … 보호주의 없이는 이제 막 시작된 초기 산업이 자유무역을 통하여 들어온 수입품의 맹렬하고 조직적인 공격에 그대로 노출될 수밖에 없다.[27]

_칠레 일간지 《엘 메르쿠리오(El Mercurio)》, 1868년 5월 4일

19세기 중후반의 몇십 년 동안은 상반된 두 흐름이 세계를 휩쓸었다. 첫 번째 흐름은 북대서양 국가들과 다른 지역의 국가 간의 불공평한 경제 관계의 심화였다. 북대서양권 국가들은 1840년대부터 경제적·군사적 우위를 활용하여 직접적인 압력을 행사하며 제국주의적 관계를 강화했다. 두 번째 흐름은 대서양권 지역 전역으로 퍼져가던 농노나 노예 등 강제노동 해방의 물결이었다. 제국주의와 해방은 사실 고개를 갸웃하게 만드는 조합이다. 우리는 대개 강제노동과 제국주의가 서로 연결된 강압의 보완적 조합이라고 생각하기 때문이다. 역사적으로 그 둘은 실제로 연결되어 있었다. 우선 중부 유럽과 동-중부 유럽의 프로이센, 모스크바 공국, 오스트리아 제국의 확장은 근대 농노 역사의 중요한 부분을 차지했다. 아메리카 대륙의 1차 식민지들 또한 부분적으로 현지의 원주민과 아프리카에서 온 노예들의 강제노동을 기반에 두고 건설되었다. 그런데 19세기의 중후반에는 역사학자들이 신제국주의라고 부르는 현상과 강제노동의 정식 철폐가 동시에 발생했다.

노예제와 농노제 철폐는 느리고 긴 과정이었다.[28] 대서양권의 많은 지역에서 18세기 말 20~30년과 19세기 초 20~30년 사이에 노예제가 폐지되었다. 영국 본토의 노예제 폐지는 1777년에 이루어졌으며, 미국 북부 지역에서는 1770~1780년대에, 중미와 남미의 공화국들에서는 독립 후인 1820년대에 주로 시행되었다. 농노제 또한 프로이센에서는 1807년에, 러시아 제국 서부 일부 지역(현재의 발트해 연안 국가)에서는 1810년대에 폐지되었다. 영국은 1838년에 영국령 식민지에서도 (5년간 '수습 노동자' 제도로 유예기간을 두는 조건으로) 노예제를 폐지했으며, 프랑스도 1848년에 영국과 같은 방식으로 폐지를 진행했다. 영국과 미국은 (노예제 자체와는 별개로) 노예무역을 1807~1808년에 금지했고, 다른 국가에서도 19세기 초반을 거치며 다양한 지역 차원의 정책과 국제 조약을 통하여 대부분 폐지했다. 노예무역이 마지막까지 남아 있던 브라질에서는 1850년, 오스만 제국에서는 1857년, 쿠바에서는 1862년에 중단했다.[29]

최대의 강제노동 중심지로 볼 수 있는 몇몇 지역에는 1850년까지 여전히 농노제와 노예 제도가 남아 있었는데, 그 지역은 러시아와 미국 남부, 쿠바와 브라질이었다. 러시아의 농노 해방은 1861년에 이루어졌고, 미국의 노예 해방은 1865년에 이루어졌으며, 쿠바의 노예제는 1886년, 브라질의 노예제는 1888년에 비로소 사라졌다.

노예와 농노의 해방은 세계사에 있어 역사적인 사건이었다. 러시아에서는 1861년 농노제 폐지로 3,000만 명에 달하는 농노가 해방되었다. 1865년 미국의 노예제 폐지로는 400만 명에 가까운 이들이 자유를 얻었다. 이는 남부 인구의 약 3분의 1에 달하는 숫자였다. 쿠바와 브라질의 노예제 폐지는 점진적으로 이루어졌다. 두 국가는 우선 1870~1871년에 노예 신분의 어머니에게서 태어난 아이들이 21세가 되면 자유를 주는 법을 통과시켰다. 쿠바와 브라질의 노예 인구는 노예제 폐지 전에도 이미 감소세였다. 쿠바의 경우 1841년에는 43만 6,000명이었던 노예 인구가, 1861년에는 37만 명으로, 1877년에는 20만 명으로 감소했고, 노예제 폐지의 완료 단계에는 5만 3,000명이 남았다. 브라질도 비슷한 패턴을 보였다. 1851년에는 250만이었던 노예 인구가 1872년에는 150만 명으로 줄었고, 폐지가 완료된 1888년에 이르러서는 훨씬 더 적은 수의 노예가 남았다.[30] 폐지 자체는 점진적으로 진행되었지만, 장기적인 관점에서 보면 브라질과 쿠바에서도 노예 해방은 사회적 혁명이라 할 만큼 갑작스럽고 빠른 변화였다. 1850년경에는 국가의 기반이라고 해도 과언이 아니었을 노예제가 불과 몇십 년 후인 1890년에 완전히 폐지된 것이다.

노예제가 폐지된 이유는 무엇일까?

우선 노예제는 당시 서구 사회를 중심으로 전파되던 계몽사상, 혹은 계몽사상을 바탕으로 18세기 말~19세기 초 전개된 대서양 혁명의 정신과 양립할 수 없는 제도였다. 자유, 평등, 박애라는 이상과 보편적인 권리에 바탕을 둔 개인의 자발성과 창의성, 이를 통한 물질적·문화적 진보는 19세기 세계를 휩쓴 강력한 근대적 사상이었다. 이러한 이상을 지지하는 이들에게 노예제와 근대는 양립 불가의 존재였다. 프랑스는 프랑스 혁명이 빠르게 진행되던 1794년에 노예제를 폐지했다. 그 후 1802년에 나폴레옹 보나파르트(Napoléon Bonaparte) 황제의 독재 치하에 다시 도입되기는 했지만, 1848년에 또 다른 혁명을 거치며 폐지되었다. 대부분의 남미 국가들은 스페인에 대항하여 독립 항쟁을 벌이던 1820년대를 거치며 노예제를 폐지했다. 노예들의 저항도 노예 해방 과정에서 중요한 역할을 했다. 그들의 탈출과 저항은 자유에의 욕망이 인간의 보편적인 욕망이라는 믿음을 다시금 확인해주었다. 노예들의 저항이 가장 강했던 곳은 아이티다. 아이티에서는 근대 최대 규모의 저항운동이 일어났고, 지난하고 격렬했던 싸움 끝에 프랑스의 식민 지배를 벗어나 1790년대와 1800년대 초기에 공화국 건설에 성공했다. 실패로 끝났지만 1830년대에는 자메이카와 미국 남부에서 노예들의 대규모 저항이 있었고, 크고 작은 폭력사태나 갈등은 러시아의 지방을 비롯한 세계 곳곳에서 빈발했다. 노예들의 반란이 일으킬 공포는 수십 년간 존재했고, 노예제 폐지론자들은 노예 반란의 위험을 강조하며 폐지를 주장했다.[31]

그러나 계몽주의라는 사상만으로는 노예제 폐지를 이끌어낼 수 없었다. 계몽주의자들 중에는 노예제를 혐오하는 이들도 있었으나 계몽과 노예제의 공존에서 아무런 문제의식을 느끼지 못하는 이들도 많았다. 미국만 해도 미국 독립 혁명에서 지적으로, 또 실질적으로 주도적인 역할을 했던 많은 지도자가 여전히 노예를 소유하고 있는 경우가 많았다. 일부에서는 노예 반란의 위험을 이유로 들어 더 가혹한 노예 관리 제도를 도입했다. 사실 19세기 중반 미국 남부에서 노예제가 번성하고 있었다. 1810년에 110만이었던 노예 인구는 세 배 넘게 증가하여 1860년에는 400만에 근접했다.[32]

노예제 폐지를 이끈 두 번째 요인은 종교였다. 19세기 중반에는 대대적인 신앙 부흥 운동의 물결이 일었다(이에 대해서는 4

장에서 살펴볼 예정이다). 미국에서 제2차 대각성 운동이라고 불리는 이러한 움직임은 세계적인 현상이었다. 이 시기 급진적인 개신교 종파들은 노예제가 성경 내용에 어긋나는 제도이며, 신의 모습을 본떠 만들어진 인간의 존엄성을 침해하는 제도라고 주장했다. 노예제에 반대하는 이 도덕적·종교적 주장은 정치적인 힘을 가졌다. 근본적으로, 많은 북부인에게 남북전쟁은 부도덕하고 신성모독적인 제도를 없애기 위한 일종의 십자군 전쟁이었다.

그러나 이번에도 종교 사상만으로는 충분하지 않았다. 미국의 백인 기독교인 중 성경에서 노예제의 종교적 허용을 찾은 이들도 많았기 때문이다. 이러한 종교적 주장은 미국 노예제에 해당했고, 러시아의 농노 해방과 남미의 노예제 폐지와는 별로 상관이 없었다. 종교는 해방을 가져온 중요한 원인이기는 했으나 노예제 폐지의 결정적인 원인이었다고 보기는 힘들다.

노예제 폐지를 이끈 또 다른 중요 요소는 세계경제 구조의 변화였다. 기원을 따져보면 농노제와 노예제는 노동력의 부족, 다시 말해 땅은 많은데 일할 인구가 상대적으로 적어 발생한 불균형에 대응하기 위하여 만들어진 제도다. 중세 시대 러시아와 동유럽에서 농노제가 유지된 것은 이 지역의 인구밀도가 낮았고 서유럽 도시에 식량을 공급하던 지주들이 생산을 늘리고자 했기 때문이다. 아메리카 대륙에서는 질병, 정복, 식민화로 인하여 16세기부터 원주민 인구가 급격하게 감소했다. 더욱이 경제적으로 가장 중요한 역할을 하는 지역, 특히 설탕이 생산되는 카리브해 섬 지역에서는 열대 풍토병으로 인한 대량 사망이 끊이지 않았다. 그러한 상황에서 1장에서 설명한 인구 혁명이 문제의 해결책이 되었다. 19세기 후반에 들어 러시아의 인구는 꾸준히 성장했다. 이는 노동력 부족 문제를 해결했지만, 러시아는 인구 증가를 감당하지 못하고 1890년대에 대규모 기근을 경험했다. 아메리카 대륙의 경우, 유럽에서 대량 이민이 발생하면서 노동력을 강제로 동원할 필요가 점점 사라졌다. 이주자들이 수천만 명씩 쏟아져 들어오고 있었기 때문이다. 당시 브라질의 노예 소유자들은 노예 폐지론자들의 비난에 시달렸고, 도망간 노예를 잡아 오는 일은 점점 어려워지고 있었다. 마침 정부에서는 유럽에서 대규모로 이민자들을 데려오기 위한 지원을 제공하고 있었다. 한 브라질 역사학자의 말을 빌자면, 이 상황에서 노예 소유자들은 1880년대 중반에 들어서며 "노예제는 운용할 수 없는 골칫거리로, 이주민을 고용하는 것보다 돈이 더 많이 드는 제도"라는 결론을 내렸다.[33]

러시아의 농노제도 비슷한 궤적을 따랐다. 러시아의 지주들은 대개 농사에 직접 관여하지 않는 부재지주였고, 소작농들의 농사 방식은 비효율적이었다. 대부분은 농사에 대하여 배운 것이 없는 이들이었고, 새로운 기술이나 농사법을 몰랐다. 소작농들에게는 자본이 거의 없었다. 지주들은 직접 농사를 짓지 않았기 때문에 생산성을 높이기 위한 투자에 관심이 없었고, 그저 가능한 한 높은 지대를 받아가려고 했다. 게다가 농노들이 경작하는 땅은 어차피 마을이 공동으로 관리했기 때문에 농노들이 특별히 이윤을 올리기 위해 노력할 이유가 없었다. 군이 농사법을 개선해야 할 필요도 없었다. 개선된 농사법으로 경작지를 더 좋게 만들어봤자 어차피 그 땅은 지주의 소유였다. 19세기 초반, 경제와 기술 발전이 지닌 가능성이 점점 명확해지면서 러시아 황제와 정부 지도자들은 시대에 뒤떨어진 농노제를 폐지할 때가 왔다는 결론을 내렸다. 인구 중 농노 비율은 감소하고 있었다. 1800년 50퍼센트였던 농노 비율은 1858년경 40퍼센트로 줄어 있었다. 게다가 농노 중에는 지주에게 직접적인 노동력을 제공하기보다는 토지의 사용료나 임대료만 내는 이들의 비율이 늘고 있었다.[34]

미국은 예외였다. 남부는 노예노동을 활용한 수출 주도 경제로 번성하고 있었다. 남부는 노예노동으로 목화를 생산하여 방직업이 발달 중이었던 북부나 영국으로 수출했다. 증가하는 수요에 맞추기 위하여 남부의 노예 농업은 점차 생산성을 높여갔다. 남부의 농장주들은 품종을 개량하고 (텍사스 등) 서부로 경작지를 넓혀가는 등의 노력을 기울였다. 그러나 생산성을 높이려는 과정에서 노예들을 가혹하게 다그치는 일도 빈번했다.[35] 미국에서 노예 제도를 끝낸 것은 북부의 침입이었다. 당시 빠르게 산업화하고 있던 북부에는 수천만 명의 이민자가 몰려들고 있었다. 막 성장 중이던 북부의 산업은 이미 우위를 점하고 있는 영국 산업과 경쟁하기 위하여 보호관세가 필요했다. 반면 수출 의존도가 높았던 남부의 목화 생산자들에게는 자유무역이 유리했다. 그런 의미에서 미국 남북전쟁의 뿌리는

1830년대의 관세 관련 갈등까지 거슬러 올라간다고 볼 수 있다. 물론 관세 갈등이 유일한 원인이라고 보기 어렵고, 앞서 언급한 도덕적·종교적 신념도 중요한 작용을 했다. 근본적으로 남북전쟁은 긴 시간에 걸쳐 남부와 북부에 각각 형성된 사회적·경제적 제도가 서로 양립할 수 없었기 때문에 일어난 전쟁이었다. 노예 반란을 두려워하던 남부의 노예 소유주들은 자신들이 일군 사회의 절대적인 안정을 원했다. 남부는 북부의 상업적·산업적·정치적 발전이 가져온 새로운 사상의 전파에 대하여 적대적인 태도를 보일 수밖에 없었다. 텍사스와 캘리포니아가 미국 영토로 편입되고 서부의 산악 지대와 사막지대, 대평원 지역의 초기 정착지(그중에서도 추후 1854년에 주가 된 캔자스와 네브래스카)마저 미국으로 편입되면서 북부와 남부의 갈등은 더욱 고조되었다. 남북전쟁은 부분적으로 점점 팽창하는 미국이라는 대륙제국이 앞으로 새로운 대서양 세계경제에서 어떠한 역할을 해야 할 것인가, 즉 북대서양 경제의 변방에서 안정을 추구하며 원자재 수출에 집중하는 국가가 될 것인지 혹은 북대서양 경제의 핵심에서 산업 및 상업 경제를 주도하는 국가가 될 것인지에 관한 싸움이었다.[36]

또 다른 중요한 경제적 요소도 있었다. 19세기 중반에 이르자 원자재 개발과 수출에 집중하던 국가들도 노동의 유연성이 필요했다는 사실이다. 빠르게 변화하는 세계경제 속에서 앞으로 어떤 원자재가 중요한 자원으로 떠오를지 예측하는 것은 어려웠다. 수출에 중점을 두는 국가는 기술 발전이 불러오는 시장의 수요 변화에 빠르게 대응하여 그에 맞는 자원과 원자재를 수출해야 했다. 예를 들어 1820년대에는 페루 포토시의 광산에서 채굴한 은이 아르헨티나 수출의 80퍼센트를 차지했다. 그러나 1850년대에는 축산 관련 수출이 80퍼센트를 차지했다. 그중 절반가량은 가죽을 만들기 위한 생가죽이었고, 나머지는 고기를 말린 육포였다. 아르헨티나에서 수출된 육포는 대부분 브라질과 쿠바의 노예들을 위한 식량으로 쓰였다. 브라질과 쿠바의 노예 인구가 줄면서 아르헨티나의 육포 수출은 감소했으나 그로 인한 손실은 영국으로 향하는 양모 수출이 메워주었다. 영국의 방직 산업이 성장하며 양모 수요가 증가했기 때문이다. 1820년에 400만 마리였던 아르헨티나의 양은 1850년에는 1,400만 마리, 1865년에는 4,000만 마리로 급증했고, 양모는 아르헨티나 수출의 45퍼센트를 차지했다. 그러다 1880년대에 접어들면서 세계경제에서 면직물 수요가 높아졌고, 이에 따라 인도, 이집트, 미국 남부는 저렴한 목화의 공급을 확대했다. 아르헨티나는 변화에 대응하여 곡물 재배를 확대했다. 또한 냉장 기술의 발달로 냉장 증기선을 통하여 양질의 육류를 유럽 시장으로 실어 나르면서 아르헨티나의 육류 산업이 다시 활성화되었다.[37] 세계 곳곳에서 유사한 패턴이 나타났다. 브라질의 경우에도 새로운 산업과 소비자 수요 확대가 만들어내는 유행에 맞춰 다양한 작물(설탕, 커피, 목화, 고무)을 생산했고, 이는 노동력의 신속한 확대나 재편을 요구했다.

이러한 경제 환경에서는 유연하게 활용할 수 있는 자유 인력의 이점이 컸다. 브라질, 아르헨티나를 비롯한 이민 국가들은 필요한 기술을 갖춘 인력을 외부에서 조달할 수 있었다. 이들 국가는 처음에는 아일랜드와 스페인의 목동을 받아들였고, 그 후에는 러시아의 밀 농부, 그 후에는 영국 목축업자들의 이민을 받았다. 아프리카에서 데려온 노예들의 경우 수요가 바뀔 때마다 일을 시키기 위하여 새로 교육해야 하는 번거로움이 있었고, 노예 인구의 자연 증가만으로는 인력 수요의 갑작스러운 변화와 증가를 따라갈 수 없었다. 게다가 수요 변화에 따라 노예들을 한 업계에서 다른 업계로, 한 지역에서 다른 지역으로 이동시키는 것은 비용이 많이 드는 일이었다. 1870~1880년대 브라질 농업의 우선순위는 북부의 설탕 생산에서 남부의 커피 생산으로 옮겨갔다. 남부의 커피 농장주들은 육체노동에 유리한 젊은 남자 노예만을 원했다. 남부에서 젊은 남자 노예들을 골라서 데려가자, 북부의 설탕 농장주들에게는 주로 여성이나 노인, 아동 노예, 즉 생산성이 떨어지는 인력만이 남았다.[38] 생산성이 떨어지는 노예의 식비와 주거비용 부담에서 벗어나는 한 가지 방법은 바로 노예들을 해방시키는 것이었다.

근대의 운송 기술 발달은 인력의 국제적인 이동을 놀랍도록 유연하게 만들었다. 1890년대쯤 대서양권의 일부 국가에서는 건설공사 기간이나 농업 성수기에만 잠시 이주하여 일하다가 비수기에는 다시 본국으로 돌아가거나 다른 노동 시장으로 옮겨가 일하는 노동자들이 나타났다. 이탈리아의 농장 노동자나 건설 노동자 중에는 북반구의 여름부터 가을까지는 이탈리아나 독일 남부, 혹은 미국 동부해안 지역에서 일하고, 남반구의 여름부터 가을까지는 아르헨티나나 브라질에서 일하는 이들도 있었다. 대서양을 가로지르는 새로운 방식의 노동은 더 빠르고 저렴한 증기선의 등장으로 이동 시간이 획기적으로 줄어든 덕에 가능했다. 19세기 중반에 범선을 타고 대서양을 건너는 데 6주가 걸렸으나, 50년 후 나타난 증기선으로는 일주일 만에 이동할 수 있었다.[39]

거대한 자유의 물결을 불러온 결정적인 요인 중 하나가 경제성이었다는 사실에 실망하는 이들이 있을 것이다. 그러나 경제적 이유에서 비롯된 노예 해방이라는 패턴은 당대의 두 가지 지배적인 사상 중 하나이자 18세기 후반 대서양 혁명의 도화선이 된 자유주의와 정확히 맞아떨어진다(참고로 나머지 하나는 보수주의였다). 자유주의는 지식의 발전과 상업의 성장, 인간 정신의 진보와 자유의 약진이 더 도덕적이고 계몽적이면서도 자유로운 세상, 더 부유한 세상을 만들 수 있다고 믿었다. 1890년의 시점에서 뒤돌아볼 때, 이는 19세기에 딱 들어맞는 이야기였다. 자유주의자들은 자유가 경제적으로 더 타당하다고 생각했다. 미국의 저명한 남북전쟁 역사학자 에릭 포너(Eric Foner)는 "자유토지, 자유노동, 자유민"이라는 사상이 바로 이 도덕적 당위와 경제적 유익의 수렴에 기반을 두고 있었다고 말했다.[40] 실제로 노예제 반대의 정치적 이유와 경제적 이유를 따로 떼어 생각하는 것은 어리석다. 노예 반대론자들은 노예제가 도덕적으로 타락한 제도인 동시에 경제적 진보를 막아 악순환의 고리를 만드

는 제도라고 생각했기 때문이다.[41]

대규모 노예 해방과 농노 해방이 이루어지기는 했지만, 자유를 얻은 이들이 새로운 세상에서 큰 성공을 누리지 못했다. 러시아의 농민들은 농노 신분에서 벗어났지만 이들이 농노제가 만들어낸 비효율성을 벗어나는 데는 많은 시간이 걸렸다. 농민들이 이전의 지주에게 금전적인 보상을 지급해야 했고, 해방 후에도 개별적인 농사 활동을 하기보다는 사실상 마을 공동체와 부재지주의 영향 아래에서 농사를 지어야 했기 때문이다. 남북전쟁 이후에도 남부의 백인 지주 중에는 원래의 재산을 그대로 유지한 이들이 많았다. 이들은 소작제도, 채무 노동, 부랑자 단속법, 채무 불이행자의 죄수 노동, 인종차별적인 법률, 백인 우월주의 단체 큐클럭스 클랜(Ku Klux Klan, KKK)을 위시한 조직들의 직접적인 폭력 등 다양한 수단을 총동원하여 노예가 사라진 농장의 노동 인력을 채웠다. 일부 역사학자들은 이를 "근대적 형태의 숨은 노예제나 다름없는" 제도라고 했다. 쿠바와 브라질의 해방 노예들도 비슷한 고난을 겪었다. 국가는 다양한 재산권 제도와 신용 제도를 활용하여 사실상 새로운 속박 노동 제도를 만들었다. 결과적으로는 수많은 채무 노동을 낳았던 소작제도, 플랜테이션 농업, 농업 신용 제도가 오히려 확대되면서 이론상으로는 자유노동이지만 실질적으로는 강제성이 다분한 다양한 형태의 속박 노동이 더 넓은 지역으로 확산되었다.[42]

다른 지역에서는 많은 고용주가 노골적인 노예노동 대신 임시적인 노예노동, 즉 계약 노동을 도입했다. 인도와 중국, 태평양의 섬 출신 노동자들은 계약을 맺고 동남아시아, 남미, 남아프리카, 태평양 지역의 탄광과 플랜테이션 농장에서 일했다. 노동 환경, 보수, 계약 조건은 모두 형편없는 수준이었다. 이들은 마땅한 재산도 능력도 없는 가난한 노동자였고, 집을 떠나면 타국에서 일하는 처지였다. 본국의 힘은 약했고, (인도처럼) 아예 식민지인 경우도 있었다. 그런 상황에서 노동자들이 자신의 권리를 지키기 어려웠다. 이들은 3~5년, 혹은 그 이상의 기간 계약을 맺고 정해진 급여를 받았다. 주거 형태는 막사나 기숙사였고, 탈주를 막기 위하여 종종 경비가 지키고 있었다. 계약서의 조항에 따르면, 노동자가 규칙을 위반하면 고용주는 막대한 벌금을 부과하거나 심지어 구타할 수 있었다. 필요한 것들은 대부분 회사가 운영하는 매점에서 구매해야 했는데, 시중보다 가격이 턱없이 높았다. 중국 이민사를 연구한 한 역사학자는 이러한 계약 노동을 '준노예제'라고 했다.[43]

고용주들에게 이 제도는 이점이 많은 제도였다. 우선 계약 노동자들은 대부분 현지에 아는 사람이 없었고 계약 종료 후 다른 일자리를 찾기 어려웠기 때문에 정해진 기간이 끝나면 대부분 본국으로 돌아갔다. 자국민만으로 인구밀도가 높았던 동남아시아나 남아프리카의 경우 이는 이상적인 조건이었다. 계약 노동자들은 주로 특정 작물이나 자원의 생산에 활용되었다. 이들은 작은 농장이나 자신의 사업을 소유한 현지인들이 하지 않는 일을 했다. 계약 노동자들이 하는 일은 열악한 노동조건에 함께 맞서 싸워줄 가족이나 친구가 있는 현지인이라면 하지 않을 일이었다. 계약이 끝난 후 계약 노동자들은 다시 본국으로 실려 갔다. 이 지역에서 계약 노동은 전체 이주 노동의 약 10퍼센트로 다수를 차지하지는 않았다. 그러나 이러한 형태의 노동은 일부 주요 자원 생산이나 철로 건설 현장에서 핵심적인 역할을 했다.[44]

미국 남부에서는 계약 노동보다는 소작 형태의 채무 노동이 더 흔했다. 소작농 제도는 농민이 종자와 농사 도구 등을 빌릴 때 생긴 채무를 갚지 못하면 '노동을 통하여 변제'하도록 법적으로 강제했다. 소작농들의 노동 환경은 절망적이었다. 한 번 채무 노동의 늪에 빠지면 다시 빠져나오기가 극히 어려웠으므로, 채무 노동은 '자유 시장' 노예노동이나 다름없었다. 수출품을 생산하는 라틴아메리카의 플랜테이션 농장에서도 비슷한 제도가 널리 활용되었다. 그런 의미에서 노예와 농노 해방이 내걸었던 자유의 확장이라는 약속은 일종의 환상에 불과했다.

그나마 개별 국가에서는 자유가 약진하는 양상을 보였지만, 19세기 후반 국제 질서 속에서 상업이 확장되는 과정은 결코 자유롭지도 평화롭지도 않았다. 이러한 사실은 진보주의자들에게 분명 충격이었다. 당시 세계경제 체계가 구성되는 과정에서는 많은 경우 정복과 강압, 폭력이 중요한 역할을 했다. 노예제가 오랫동안 존재해온 서아프리카를 비롯한 몇몇 식민지에서는 다양한 형태의 강제노동을 폭넓게 활용했다. 여기에는 코르베(corvée)라고도 불린 강제 노역, 금전이나 노동으로 지불하는 세금 등이 포함되었다. 식민지 정부는 이러한 형태의 노동을 활용하여 도로와 철로, 제방 등을 건설하고, 그 외 다른 공적인 일에도 동원했다.[45] 노동자의 처우는 여기서도 가혹했는데, 식민 당국이 어떤 일을 저질러도 책임을 묻기 힘든 당시의 상황 때문이었다. 식민 정부 중에는 세금을 현물로 받는 곳도 있었다. 극단적인 예로, 벨기에 국왕의 사유 영지였던 콩고자유국(Congo Free State) 정부는 주민들에게 식민지 행정부에 내야 할 고무 채취량을 할당했다. 이를 채우지 못하면 마을을 불태우거나 노동자들의 손과 귀를 자르고, 구타하거나 대규모 '재정착' 조처를 하는 등 가혹하게 처벌했다. 콩고자유국 체제에서는 32년 동안 무려 500만 명에 달하는 콩고인이 목숨을 잃었다. 그러나 적반하장으로 당시 아프리카 등을 침략하여 식민 지배를 넓혀가던 유럽의 지배자들은 여전히 노예제가 존재하는 '미개한' 국가에 자유와 문명을 전파한 것이라며 자신들의 행위를 정당화했다.[46]

자유를 지지하고 옹호하던 국가들은 어쩌다가 폭력적인 착취를 자행하는 위치에 선 것일까? 지금부터 그 이야기를 살펴보자.

그들은 왜 식민지를 원했을까:
'자유'무역과 제국주의, 1840~1920년

우리의 최대 교역 상대는 아시아가 되어야 합니다. 태평양은 우리의 바다입니다. … 중국이 우리의 소비자가 되는 것은 지당합니다. … 필리핀은 우리의 동양 진출을 열어줄 통로입니다. … 태평양을 지배하는 자가 세계를 지배할 것입니다. … 영속적인 평화란 부단한 노력과 압도적인 힘으로 적을 완전하고 최종적으로 패퇴시켰을 때만 확보할 수 있습니다. … 우리는 이 세상이 끝나는 날까지 태평양과 전 세계에 미국의 패권을 확보하고 정착시켜야 합니다. 대통령 각하, 이 문제는 당리당략을 뛰어넘는 중요성이 있습니다. 이 문제는 그 어떤 정책보다도 중요합니다. 헌법적 권한보다도 중요합니다. 미국이 패권을 갖는 것은 자연스러운 일이며, 인종적으로도 당연한 일입니다. 신께서 영어권 게르만 인종을 수천 년에 걸쳐 준비시키신 것은 결코 헛되고 나태한 자성과 자만을 위한 것이 아닙니다. 결코 그것이 아닙니다! 신께서는 우리를 세계의 최고 지휘자로 쓰시

기 위하여 준비시키신 것입니다. … 신께서는 세계의 쇄신을 이끌 이들로 게르만 인종 중에서도 특히 우리 미국인을 선택하셨습니다. 이것은 미국의 신성한 사명입니다. 인간에게 허락된 모든 이익과 영광, 행복은 우리에게 달려 있습니다.[47]

_앨버트 베버리지(Albert Beveridge) 상원의원 연설, 1900년

식민의 난폭이라는 괴저가 우리를 감염시키고 있다. 약소국의 자유를 억압하는 습성은 결국 우리 자신의 자유를 위협할 것이다.[48]

_윌프레드 스카웬 블런트(Wilfred Scawen Blunt), 1896년

19세기 초부터 중후반까지 북대서양권 국가들의 원자재와 식량 수요는 점점 증가했다. 산업이 지속적으로 발달하면서 여러 산업계에서 생산한 상품들을 판매할 시장의 수요도 커졌다. 즉, 북대서양권은 상업을 바탕으로 성장하고 상업에 더욱 의존했다. 이들 국가는 자연스럽게 세계무역을 확대하기 위해 다양한 노력을 기울였다.

우선 북유럽 열강들은 운송과 통신 분야의 중요한 기술을 개발했다. 증기선의 효율이 높아지면서 전 세계로 재화를 실어 나르는 운송 비용은 획기적으로 감소했다. 일례로 영국의 평균 해운 비용은 18세기 후반 제국 전쟁 시기에 급등했다가 1900년까지 4분의 3 수준으로 뚝 떨어졌다(표 3.13). 1869년 수에즈 운하 완공은 아시아를 오가는 해운 비용을 비약적으로 떨어뜨렸다.

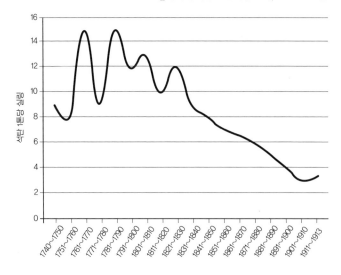

표 3.13_ **영국의 화물 운임 비용 변화, 1740~1913년**

1914년 완공된 파나마 운하와 세계 곳곳에 건설된 철도망(표 3.14) 역시 운송 비용 감소에 중요한 역할을 했다. 비유럽 세계 의 철도망은 제1차 세계대전 무렵까지 빠르게 확장되었다. 부 분적으로는 유럽의 철도망 건설이 거의 완료되어 유럽 내에서 는 더는 지을 곳이 없었기 때문이다. 유럽의 기업과 투자자들은 점점 더 많은 자원을 세계 다른 지역 교통 인프라 구축에 투자 했다. 통신 분야도 비슷한 발달 양상을 보였고, 관련 절차와 요 금 등을 표준화하려는 정부 간 기구들의 노력이 이어졌다. 1865년에는 국제전신연합(International Telegraph Union)이 창설 되었고, 1874년에는 만국우편연합(Universal Postal Union)이 탄

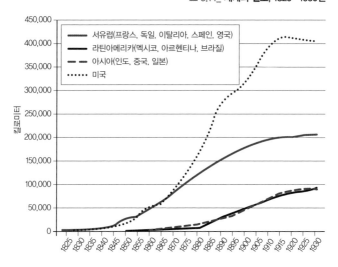

표 3.14_ **세계의 철로, 1825~1930년**

서유럽(프랑스, 독일, 이탈리아, 스페인, 영국)
라틴아메리카(멕시코, 아르헨티나, 브라질)
아시아(인도, 중국, 일본)
미국

생했다. 만국우편연합이 성장해온 모습을 보면 세계 통신 분야의 성장을 살펴볼 수 있다. 만국우편연합은 1874년 창설 시 유럽 국가 다수와 미국, 이집트, 오스만 제국으로 이루어진 21개 회원국으로 출발했다. 그러다 1888년에는 영국령 인도, 라틴아메리카 19개국, 라이베리아, 일본을 포함한 약 50개국으로 확장되었고, 1914년에는 중국을 포함한 70여 개 회원국, 1929년에는 87개 회원국을 보유했다.[49]

또 다른 중요한 흐름 중 하나는 다양한 무역협정의 체결이었다. 이러한 무역협정은 대부분 수입 관세를 낮추기 위한 것이었고, 때에 따라 관세동맹이나 자유무역 지대를 설립하기 위한 것이기도 했다. 독일 북부에서는 1837년에 졸페라인(Zollverein,

독일어로 '관세동맹'이라는 의미)이 탄생했다. 추후 1870년 독일 제국을 구성한 주가 대부분이 1860년대 초까지 이 관세동맹에 가입했다. 어찌 보면 근대의 독일(1862~1871년)과 이탈리아(1860~1871년)를 탄생시킨 정치적 통일 운동은 더 큰 시장, 더 개방된 시장을 조성하려는 움직임의 일부였다고도 할 수 있다. 실제로 독일과 이탈리아에서 민족주의 운동을 추진한 사회적 세력들 간의 연합에 사업가들이 중요한 역할을 했다. 사업가들은 통일을 통하여 중부와 남부 유럽의 더 넓은 지역에서 교역 규제를 완화하고자 했다. 영국과 프랑스가 1860년 체결한 코브던-슈발리에 협정(Cobden-Chevalier Treaty, 한국에서는 '영불통상조약'이라고 더 잘 알려져 있음―옮긴이)은 그 실질적인 영향력이 크지 않았지만 최초로 '최혜국' 교역 원칙 등을 정립하는 등 중요한 역할을 했다. 최혜국 대우란 협정을 맺은 당사국 양국이 서로 제3국에 부과하는 것보다 높은 관세를 적용하지 않는 것을 뜻한다. 최혜국 조항은 기존 조건보다 유리한 내용의 협정이 제3국과 체결될 경우, 그 내용을 기존 협정에도 자동 적용하기 때문에 무역 자유화의 확대 효과를 가져올 수 있었다. 코브던-슈발리에 협정 이후 약 15년간, 약 50건의 무역협정이 체결되었다. 유럽 외 지역에서도 무역협정은 체결되었지만, 가장 많은 협정이 체결된 곳은 유럽이었다. 그 결과 유럽 내에서의 수입 관세는 평균 절반 이상 감소했다.[50] 1870~1880년대에는 다시 유럽 내 관세가 상승했는데, 영국 외 국가에서 산업화가 진행되며 각자 초기 단계에 있는 자국 산업을 보호하기 위하여 수입 관세를 높였기 때문이다. 이는 앞서 미국이 19세기 초에 택한 전략과 유사했다. 미국은 제2차 세계대전 이전까지 보호주의적인 기조를 유지했다. 일부 라틴아메리카 국가들은 19세기 초반 유럽산 공산품에 시장을 개방하여 산업 발달에 큰 타격을 입은 경험을 바탕으로 1880년대에는 자국 산업을 더 적극적으로 보호하고 나섰다. 그러나 1880년대에서 제1차 세계대전 시기까지 세계 평균 관세는 안정적인 수준을 유지했다. 그러한 가운데 운송비가 빠르게 하락하자 국제 무역의 재정적 장벽은 대폭 낮아졌다. [51]

세계무역을 활성화한 세 번째 요인은 각국의 통화 가치를 금무게 기준으로 고정한 금본위제의 도입이었다. 금본위제의 목적은 환율을 안정시켜 교역을 쉽게 하는 것이었다. 복잡한 계산이 가능한 컴퓨터가 없던 시대에는 이 방법을 통하여 가격 불확실성을 줄이고 사업상의 위험을 낮출 수 있었다. 미국은 1834년 초에 일찌감치 금본위제를 도입했고, 영국은 1844년, 독일은 1876년에 도입했다. 유럽의 다른 국가들도 1880년대 초에 거의 도입을 마쳤다. [52]

북대서양권 외의 지역에서도 무역협정이 중요한 역할을 했다. 그러나 유럽 국가들이 이들 지역에서 경제적 영향력을 확보하기 위하여 주로 사용한 방법은 교역망과 금융망의 투자와 개발이었다. 시간이 흐르며 남미권의 경제와 북대서양권의 경제는 주로 교역과 투자 등 비강압적인 방식을 통하여 점점 강하게 연결되었다(남미 국가에서 내부적으로 이루어지던 채무 노동 등은 여전히 강제적인 성격을 띠었다). 남미의 부유층은 북대서양권의 시장과 자본이 주는 기회를 잡기 위해 앞다투어 나섰다. 시장과 투자자를 원했던 남미 부유층은 자신들의 기업을 세계시장에 연결하기 위하여 지역 내 교통 인프라를 건설했다. 이들의 이해관계는 원자재와 투자처를 찾고 있던 북대서양권 국가와 맞아떨어졌다. 아르헨티나 농업경제의 성장 과정을 보면 이러한 이해관계가 어떻게 작용했는지 잘 알 수 있다. 아르헨티나의 야심에 찬 지주들은 경제발전이 만들어낸 기회를 잡기 위하여 유럽의 전문 지식과 노동력, 자본을 들여오고자 했다. 19세기 초반, 이러한 야심은 여러 유럽 국가들, 특히 영국과의 관세 인하 협정 체결로 이어졌다.[53] 일부 국가는 이러한 전략으로 상당한 경제적 성공을 거두었으며, 19세기 말 아르헨티나와 캐나다, 호주와 뉴질랜드는 지구상에서 가장 부유한 국가에 속했다. 많은 부분 식량과 원자재 수출 덕분이었다.

아시아와 중동이 세계경제로 편입되는 과정은 남미에 비하여 다소 다양하고 복잡했다. 우선 대서양권 국가들과 유사한 방식으로 스스로 원하여 세계경제에 참여한 경우가 있었다. 러시아의 지배하에 있던 중앙아시아의 무역상 중에는 러시아에 속함으로써 유럽 시장 진출을 시도하는 이들도 꽤 있었다. 1900년을 전후로 수십 년간 아프리카 동부와 남부의 유럽 지배 지역에 정착한 이들 중에는 유럽인보다 인도인이 더 많았다. 현재 말레이시아 지역에는 유럽인보다 중국인이나 인도인이 훨씬 많았다. 이 지역의 중국 상인과 인도 상인들은 유럽 국가들이 지닌 제국 지배 관계와 연결망을 활용하여 전 지구적 규모의 기업을 구축하고자 했다. 동남아시아에서 유럽으로 이루어지는 쌀 수출은 유럽 기업들이 지배하고 관리했지만, 동아시아로의 수출은 중국 기업이, 인도로의 수출은 인도 기업이 지배했다. 중국 출신의 화교 사업가들은 말레이반도에서 이루어지는 주석 채굴 사업의 3분의 2, 고무 가공 사업의 3분의 1을 장악했고, 인도차이나(지금의 베트남) 쌀 가공 사업의 80퍼센트를 지배했다.[54] 이렇듯 일부에게는 제국주의의 확장과 정복이 새로운 사업 기회를 열어주었다.

그러나 아시아에서 '자유' 무역은 현지 생산자의 사정과는 상관없이 일방적인 행정 조치, 심한 경우 군사적 강압 때문에 시행된 경우가 많았다. 네덜란드와 영국은 18~19세기 초 인도와 인도네시아 곳곳에 주요 식민 근거지를 확보한 후 1900년대까지 정복과 합병, 종주권 협약 등을 통하여 지배 영토를 점차 늘려나갔다. 네덜란드와 영국의 생산자들은 인도와 인도네시아라는 거대한 시장에 아무 제약 없이 자유롭게 접근할 수 있었고, 이는 대부분의 현지 산업에 치명타였다.[55] 사실 영국이 자유무역에 마음 놓고 열중할 수 있었던 것도 영국령 인도 식민지와의 반강제적인 교역에서 창출되는 흑자 덕분이었다. 영국은 인도와의 무역 흑자로 다른 유럽 국가나 미국과의 무역에서 생긴 적자를 메울 수 있었다. 영국이 다른 유럽 국가와 미국 등에서 더 많은 제품을 수입하면서 북대서양권 전반의 경제는 더욱 발전했다.[56]

열강들의 식민 지배에서 벗어나 있던 아시아의 독립국과 제국들은 기존의 경제적·사회적 권력 구조를 유지하기 위하여 유럽의 경제적 침투를 통제했다. 그러나 19세기 중반에 들어서자 북대서양권 국가들은 정치적·군사적 압력을 동원하여 이들 국가에도 '자유' 무역을 강요했다. 열강들은 지역 분쟁에서 한쪽을 지원하는 대가로 사업 양허권을 따고, 경제적 능력이나 전문 지식을 활용하여 접근했다.

영국이 오스만 제국에 취했던 접근 방식을 살펴보자. 영국은 광대한 영토를 통치하는 데 어려움을 겪고 있던 오스만 제국의 중앙정부를 지원했다. 당시 오스만 제국은 속주인 이집트에 파견된 개혁적 성향의 총독 무하마드 알리(Muhammad Ali)가 자립 강화를 꾀하며 한창 갈등을 겪고 있었다. 영국은 중앙정부를 지원하는 대가로 무역 자유화(1838년 통상조약 체결)와 오스만 정부의 상업 독점 철폐를 요구했다. 이는 오스만의 지역 산업에 큰 타격을 주었다. 영국은 차관의 형태로 오스만 제국을 지원했고, 오스만의 부채는 점점 증가했다. 1874년에 이르자 오스만 정부는 예산의 60퍼센트를 이자 상환에 써야 하는 지경에 이르렀다. 결국 1870년대 말 오스만 정부는 파산했고, 1881년에는 오스만 정부의 재정정책과 통상정책이 사실상 프랑스와 영국 채권단의 손에 들어갔다. 그 후 수십 년 동안 오스만 정부는 외세에 재정적으로 더 많이 의존했다. 1914년 영국의 한 외교관은 총리에게 보낸 보고서에서 "오스만 제국은 프랑스 자본가들의 압박 앞에 속수무책"이라고 말했다. 오스만 제국은 결국 제국이 해체될 때까지 관세정책의 주권을 되찾지 못하다가 제1차 세계대전 이후 민족주의 혁명으로 지금의 터키가 건국된 후인 1928년에 되찾을 수 있었다.[57] 이는 터키에 국한된 사례가 아니다. 이란도 러시아의 압력으로 관세를 수입 가격의 5퍼센트 이하로 제한해왔는데, 마찬가지로 1928년에 무역정책의 주권을 되찾을 수 있었다.[58] 이런 일은 중동 지역에서 유독 많이 나타났지만, 다른 지역에서도 드물지 않게 발생했다. 일례로 영국은 채권국 지위로 브라질을 압박하여 수입세를 15퍼센트 이하로 제한하도록 강제했다.[59]

직접적인 군사력을 동원하여 무역 자유화를 강요한 때도 있었다. 영국이 중국을 상대로 벌인 아편전쟁이 그 전형적인 사례다. 당시 중국을 지배하고 있던 청나라는 유럽 상인들의 교역항을 광저우로 제한했고, 영주지를 마카오로 제한했다. 중국 내 외국인의 이동은 정부의 통제를 받았고, 상주 대사관이나 영사관도 설치할 수 없었다. 영국은 1839년 청나라에 교역 확대, 그중에서도 특히 아편 교역 확대를 요구하며 전쟁을 시작했다. 영국은 당시 중국과의 무역 불균형에 시달리고 있었다. 영국과 인도에서 차를 비롯한 중국 제품의 수요가 계속 증가했기 때문이다. 영국이 생각해낸 해결책은 영국령 인도에서 재배한 아편을 중국으로 수출하는 것이었다. 당시 아편은 큰 사업이었다. 1860년 기준, 아편은 비유럽 국가 발 세계 수출액의 8.8퍼센트를 차지하여 3위에 해당하는 수출 품목이었다. 1위는 14퍼센트를 차지하는 설탕, 2위는 10퍼센트를 차지하는 커피였고, 4위는 6.6퍼센트의 목화였다.[60] 영국은 중국에 아편을 수출하고자 했으나 아편이 불러올 경제적·사회적 파장을 염려한 중국 정부는 당연히 수입을 제한했다. 이에 영국은 중국을 공격했고, 여러 차례의 전투에서 승리를 거둔 영국은 중국 정부를 압박하여 개방적인 무역정책을 도입했다. 영국은 중국의 관세를 제한하고 막대한 전쟁 배상금을 요구하는 한편, 홍콩을 할양받았다. 전쟁에 진 중국은 기존 교역항이었던 광저우를 포함하여 총 다섯 개의 항구를 개방해야 했다('조약항'이라고도 불렸던 이들 항구는 중국이 아닌 유럽 열강들의 통제를 받았다). 제1차 아편전쟁 후에도 중국 정부는 아편 수입을 제한하려 애썼고, 그 결과 1856년에는 영국과 더불어 프랑스, 러시아, 미국까지 중국 공격에 가세한 제2차 아편전쟁이 발발했다. 2만에 달하는 유럽 연합군이 베이징으로 진격하여 청나라 군대를 격파하고 자금성을 불태웠다. 중국은 제2차 아편전쟁 패배로 열한 개 항구를 추가로 개방했다. 중국 내 외국인의 이동이 자유로워지고 베이징에 상주 대사관이 설치되는 한편 아편 무역이 합법화되었다. 영국은 중국으로부터 가우룽을 추가로 할양받았고, 러시아는 블라디보스토크를 할양받으며 1년 내내 가동이 가능한 태평양 항구를 손에 넣었다.[61] 유럽은 1863~1929년까지 중국 세관을 직접 운영하며 수입 관세를 최저 수준으로 묶었다.

일본도 원래는 중국과 유사한 수준의 폐쇄적인 교역 정책을 유지했지만, 1853년 미국이 증기선 포함을 앞세워 문호 '개방'을 요구했다. 중국의 사례를 의식해서였는지 일본은 교역 주권을 지키려 지나친 고집을 부리지 않았고, 그 덕에 서구와의 전쟁이라는 끔찍한 결과를 피할 수 있었다. 사실 일본 경제는 이미 튼튼했기 때문에 19세기 말경 오히려 북대서양권 제국주의 산업화 세력의 강력한 경쟁자로 떠올랐다. 태국 역시 1855년까지 서구와 다양한 협정을 체결하며 전쟁 없이 문호를 개방했다.[62] 한국은 1860년대에 포함외교를 앞세워 통상관계를 수립해보려던 서구의 시도를 몇 차례 막아냈지만, 결국 1876년 일본과 통상조약을 체결할 수밖에 없었다. 이 조약은 조약항 설치, 조약항 내 일본 상법 적용 등 앞서 중국이 맺었던 통상조약의 내용과 여러 면에서 유사했다. 1880년대에는 미국, 영국, 독일과도 유사한 조약이 체결되었다.[63]

19세기 말, 유럽의 열강들은 경제적·재정적·문화적으로 강한 지배력을 행사하고 있던 일부 지역에서 자국의 경제적·전략적 이익을 지키기 위한 직접적인 개입에 들어갔다. 그러한 개입 중 가장 흔한 사례는 채무국의 원금 상환을 독촉하고, 적시 상환이 어려운 국가에 이자 상환을 독촉한 것이었다. 일부 열강은 상환을 요구하며 소위 말하는 포함외교를 동원했다. 예를 들어 1902년과 1903년 영국과 독일, 이탈리아 해군은 베네수엘라를 해상 봉쇄하고 외채 이자 상환을 요구하는 한편, 베네수엘라 내전으로 재산상의 손해를 입은 유럽인들에게 보상금 지급을 요구했다. 당시 이런 일은 흔하게 일어났다. 한 역사학자의 연구에 따르면, 영국이 19세기에 포함외교를 동원한 횟수는 무려 75차례에 달했다.[64]

군사적 개입을 넘어 직접적인 군사적 지배가 이루어진 곳도 있었다. 영국의 이집트 침공이 대표적인 사례였다. 1870년대 말 이집트에서 발생한 민족주의자 아흐메드 우라비(Ahmed Urabi)의 혁명은 오스만 제국의 이집트 지배를 위협했다. 우라비 혁명은 당시 8만 명에 달했던 이집트 내 외국인의 특혜, 수출용 목화를 생산하는 지주들에게만 집중되는 부, 에티오피아 침략 실패, 이집트의 재정에 대한 프랑스와 영국의 지나친 간섭 등의 불만으로 발생했다. 앞서 언급된 바와 같이, 오스만 제국은 수십 년간 외채의 늪에 깊이 빠져 있었고, 속주였던 이집트는 영국과 프랑스 채권단에 재정 관련 권한을 넘겨준 상태였다. 이집트의 민족주의자들은 중요한 경제적 주권의 상실에 분노했다. 한편 우라비 혁명은 영국의 이익에 반하는 것이었다. 혁명이 성공하여 민족주의 정부가 들어서면 수에즈 운하에 높은 통행료를 부과하거나 유럽에 지고 있는 부채(일부는 수에즈 운하 건설 시 발생)에 대하여 채무 불이행을 선언할 수도 있었기 때문이다. 당시 수에즈 운하 통행 선박 중 약 4분의 3은 영국 선박이었다. 영국은 여러 우려를 핑계로 1882년 이집트를 침공하여 점령했다.[65] 이미 한 해 전 프랑스가 비슷한 경로로 튀니지를 점령한 후였다.[66] 20세기 초에 들어서자 미국도 유사한 전략을 구사했다. 미 군정은 미국-스페인 전쟁이 발발한 1898~1917년까지의 20년 중 절반 동안 쿠바를 직접 점령했다. 또한 미국은 아이티를 1915~1934년까지 20년 동안, 니카라과를 1912~1933년까지 20년 동안 통치했는데, 자국의 경제적 이익을 도모하기 위한 이유가 컸다. 1903년에는 콜롬비아의 일부였던 파나마의 독립을 지원했는데, 파나마 운하 구역에 직접적인 통치권을 확보하기 위해서였다.[67]

유럽 국가들의 입장에서 정치적·사회적 조직이 제대로 갖춰지지 않은 지역과 경제적 관계를 구축하는 것은 어려운 문제였다. 이러한 지역에서 직면하는 문제는 현지 정부의 무역 제한이나 규제가 아니었다. 더 큰 문제는 열악한 교통 환경, 열악한 상거래법과 법체계, 금융기관의 부재, 본격적인 교역에 필요한 인프라를 건설할 정치적 주체의 부재 등이었다. 주민의 상당수가 자급자족하고 있다는 점도 문제였다. 이러한 경제에서는 자원을 개발하고 추출하는 것 자체가 쉽지 않았다. 자기가 먹을 것을 스스로 키우며 살아가는 사람들에게 갑자기 낮은 보수에 위험한 노동을 장시간 하도록 설득하는 것은 어려운 일이었다. 이런 이유로 1880년대부터 남아프리카의 금광에서는 노동계약을 맺고 인근 국가에서 온 이주 노동자들을 활용했다. 광산 회사들은 이들이 일을 중도에 그만두고 집으로 돌아가는 것을 막기 위하여 숙소나 광산 주변에 무장 경비원을 배치했다.[68]

자원과 원자재의 수요가 높아지자 유럽 열강은 이 지역을 정치적으로 직접 지배하여 식민지로 삼는 편이 낫겠다는 결론을 내렸다. 이러한 결정은 1880년대와 1890년대 아프리카와 동남아시아에서 유럽 제국이 갑작스럽게 식민지를 확장한 배경이 되었다. 아프리카에서의 식민지 경쟁은 '아프리카 쟁탈전'이라고도 불리며, 이 시기의 식민지 확장 활동은 기존의 제국주의와 구분하기 위하여 신제국주의라고 부르기도 한다. 신제국주의 시대에는 경제적 목적을 충족하기 위하여 군사적 공격과 정복이 자행되는 경우가 많았다. 물론 경제적 이득만이 유일한 목적은 아니었다. 그 외에도 대외적인 명성, 국내 정치, 기존 식민지 방어를 위한 전략적 고려, 심지어 식민지 군사령관 개인의 행동에 이르기까지 다양한 요인이 신제국주의 활동에 영향을 주었다.[69] 그러나 기술과 경제의 발달과 관련된 특정한 경제적 목적이 점령의 주요 이유가 된 사례가 많은 것도 사실이다. 일례로 프랑스는 1850년대 말부터 베트남 일부 지역을 점령해 1885년에 식민화를 완료했다. 식민화의 목적은 주로 커피, 차, 담배, 고무나무 플랜테이션 농장을 건설하는 것이었다. 프랑스는 1881년 튀니지를 '보호령'으로 선포하고, 기존 식민지였던 알제리에서 동쪽으로 이동해가며 북아프리카 광물자원의 지배를 확대했다. 영국은 고무와 주석 생산을 위하여 현재의 말레이시아에 해당하는 지역을 1880~1890년대에 걸쳐 점차 점령해 갔다(표 3.15). 자전거와 자동차 타이어의 원료인 고무와 통조림의 원료인 주석은 유럽 산업계에서 점점 중요성을 높여가고 있는 자원이었다.[70] 유럽 열강들이 무엇보다 눈독을 들인 것은 아프리카의 풍부한 자원이었다. 아프리카가 지닌 환경적인 이유와 교통 인프라의 부족 등으로 당장 개발이 쉽지 않았지만, 아프리카의 자원이 지닌 경제적·전략적 잠재력은 그야말로 엄청났다. 영국은 1882년에 이집트를 점령했고, 1899~1902년 동안 이어진 전쟁에서 승리하며 남아프리카를 손에 넣었다. 1890

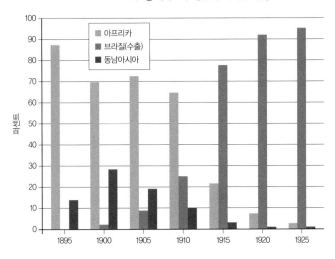

표 3.15_ **세계 고무 생산의 지역별 비율, 1895~1925년**

년대에는 나이지리아를 포함한 서아프리카 내륙지역 대부분이 영국의 지배하에 들어갔다. 독일은 현재의 모잠비크와 나미비아에 해당하는 지역을, 이탈리아는 에리트레아와 소말리아, 리비아를, 프랑스는 북아프리카 대부분(튀니지, 모로코, 세네갈)을 식민지로 삼았다. 모두 자원 개발을 염두에 둔 움직임이었다.[71]

제국주의 열강들은 어느 정도 규모와 제도가 갖춰진 나라나 지역을 식민지로 삼았다. 이러한 움직임은 특히 1890년대에 두드러졌다. 여기서도 목적은 대개 경제적인 이익이었다. 이 사례로 우선 1899~1902년 영국이 남아프리카 보어 공화국들을 점령하기 위하여 벌인 전쟁을 들 수 있다. 이 지역을 손에 넣은 영국은 막대한 양의 금을 채굴했다. 미국은 1898년 하와이와 푸에르토리코, 쿠바, 필리핀으로 영토를 확장한 후 설탕 생산량을 대폭 늘렸다. 일본은 1890년대 중반부터 주변국들을 공격하기 시작했고, 1895년부터 대만을, 1910년부터 한국을 직접 지배했다. 두 경우 모두 산업 경제 확충을 위한 자원 기반을 확보하고 급증하는 자국 인구를 새롭게 정착시킬 영토를 확보하기 위한 것이었다.

열강들은 다양한 지역에서 상업 활동과 식민 활동을 펼쳤지만, 저개발국가의 자원과 시장에 대한 산업국가들의 전반적인 의존도는 그리 높지 않았다. 경제사학자 폴 베로크(Paul Bairoch)의 계산에 따르면, 1800~1938년까지 선진국의 수출에서 '제3세계(저개발국)'이 차지한 비율은 17퍼센트에 지나지 않았다. 20세기 초 공산품 수출의 경우 저개발국이 약 4분의 1에서 3분의 1을 차지하여 조금은 높았다. 선진 공업국들은 20세기 중반까지 산업에 필요한 원료를 직접 생산하는 경우가 많았다. 특히 철의 경우 대부분이 자체적으로 생산했다. 납은 11퍼센트, (인산염이 대부분을 차지하는) 비료는 20퍼센트, 구리는 21퍼센트, (목화, 황마 등) 섬유는 22퍼센트만을 수입에 의존했다. 그러나 주요 자원 중에는 전적으로 북대서양권 밖의 지역에만 의존하는 것들도 있었다. 예를 들어 비료의 경우, 19세기 중반까지는 태평양 지역(페루, 칠레, 나우루)과 남대서양 지역(파타고니아, 남아프리카)에 존재하는 조분석(새의 배설물이 퇴적된 것)과 북아프리카와 북미의 인회암에서 얻어야 했다. 주석의 경우 86퍼센트를, 고무의 경우 거의 전량을 외국(브라질, 말레이시아, 아프리카)

에 의존했다.[72] 산업 기술이 고도화되고 더 구체적이고 희귀한 자원(석유, 고무, 구리, 알루미늄 등)이 필요해지면서 저개발국에서 수입하는 것이 점점 더 중요해졌다. 이러한 자원의 공급을 확보하거나 그 자원을 생산할 수 있는 지역을 확보하는 것이 점차 중요해진 것은 제국 열강들이 다양한 형태의 식민을 통하여 영토를 넓혀간 중요한 동기였다.

식민 정복과 산업 전쟁이 만연한 당시를 이해하는 또 다른 열쇠는 군사 활동 비용의 감소다. 1880년대에 접어들며 산업국가들의 무기는 더욱 강력해졌고, 이들 국가는 기술과 산업에서 뒤처지는 상대 국가의 군대를 큰 희생 없이 비교적 낮은 비용으로 제압할 수 있었다. 1800년대에 1분당 3발이었던 유럽 보병 표준 소총의 발사 속도는 1860년대에 10발로 늘어났고, 1880년대에는 연발 소총이 나오며 1분당 60발을 발사했다. 1884년에는 1초에 총알 11발을 발사할 수 있는 기관총이 처음으로 개발되었다. 보병 소총의 사정거리는 1800년대 100야드(약 91미터)에서 1850년대에는 400야드(약 366미터), 1880년대에는 1,000야드(약 914미터)로 늘어났다. 포병 무기의 발사 속도와 사정거리는 지속적으로 개선되었고, 고성능 폭탄의 개발로 파괴력은 비약적으로 커졌다. 19세기 말엽에 이르자 근대화된 무기를 갖추지 못한 국가들은 도저히 선진국에 맞설 수 없었다.

군사 기술적 우위가 뚜렷하지 않은 지역에서의 식민지 전쟁이 일어나면 열강들도 큰 희생과 비용을 치러야 했다. 프랑스는 1830~1857년까지 알제리를 점령하는 과정에서 8만 5,000명의 병사를 잃었다. 알제리는 프랑스만큼이나 효과적인 근대식 무기로 무장하고 있었다. 네덜란드는 수마트라 북부 아체를 점령하기 위하여 벌인 전쟁에서 초반의 약 20여 년 동안 3만 7,000명의 병사를 잃는 등 고전하다가 1890년대 말 초토화 작전과 연발 소총을 쓰기 시작하면서 마침내 점령에 성공했다. 1890년대에 근대식 무기를 손에 넣은 에티오피아는 1896년 이탈리아의 침공을 격퇴했다. 남아프리카의 보어 공화국들은 그 규모는 매우 작았으나 자국에서 생산되는 금 덕에 근대식 무기를 구할 수 있었고, 1899~1902년까지 벌어진 제2차 보어 전쟁에서 세계 최강의 군사력을 지닌 영국을 상대로 3년을 버티며 1만 7,000명의 영국군 사상자를 냈다.

반면 근대식 무기를 만들거나 살 수 없었던 국가의 군대는 몰살 수준의 참패를 당했다. 1897년 현재의 나이지리아 북부에서 벌어진 전투에서는 유럽인 32명과 아프리카인 507명으로 구성된 군대가 무려 3만 1,000명 규모의 소코토 칼리프국 군대를 상대로 승리를 거뒀다. 1898년 수단에서 벌어진 옴두르만 전투에서는 2만 5,000명 규모의 영국과 이집트 침공군이 4만 명의 수단군을 상대로 대승을 거뒀다(수단은 자신을 구원자 마흐디 Mahdi로 칭한 무함마드 아흐마드Muhammad Ahmad가 약 20년 전 건설한 신정일치 국가였다). 당시 영국과 이집트군의 희생자는 100명이었지만, 수단군의 희생자는 1만 1,000명에 달했다.[73] 군사적 우위가 뚜렷한 지역에서는 현지의 유럽군 지휘관들이 본국의 명령 없이 자의적인 판단에 따라 점령 작전을 펼치기도 했다. 일례로 베트남에 파견된 한 프랑스군 지휘관은 상급자의 지시를 어기고 1882~1883년 베트남 북부 하노이 근교에서 자신의 부대와 함께 정벌 활동을 벌였다. 이 활동에 대하여 그는 "정부는 어리석게도 나에게 500명의 병력을 보내주었고, 나는 그 병력으로 정부가 명령할 배짱이 없었던 일을 해냈을 뿐"이라고 말했다.[74]

식민 점령은 다양한 이유로 확대되었고, 유럽 열강과 일본, 미국의 통치하에 있는 식민지 인구는 1870년대 말 2억 7,500만 명에서 1914년 5억 7,000만 명으로 두 배 이상 늘어났다. 이들 국가가 지배하는 영토 또한 거의 두 배로 증가했다.[75] 아프리카 대륙의 거의 모든 지역, 태평양의 대부분, 동남아시아의 대부분, (현재의 대만과 한국을 포함한) 동아시아 일부가 정복당했다.

이 전쟁에서 싸우는 병사 대다수는 본국이 고용한 현지인들이었다. 실제로 1913년 기준 식민 제국 국가의 군인 중 평균 70퍼센트가 현지에서 모집한 군인이었다. 비교적 비율이 낮았던 미국의 경우 현지인의 비율이 약 30퍼센트였고, 가장 높았던 벨기에의 경우 무려 98퍼센트였다. 어떤 의미에서는 한 역사학자가 말했듯 대부분의 식민지는 '스스로를 정복'한 것이나 마찬가지였다.[76] 그러한 사례를 가장 잘 보여주는 것은 영국령 인도다. 영국은 3분의 2가 인도인으로 구성된 부대를 활용하여 1880~1890년대에 수단, 이집트, 남아프리카, 버마, 페르시아만 지역의 많은 부분을 점령했고, 제1차 세계대전에서는 현재의 이라크와 쿠웨이트, 바레인을 점령했다(제1차 세계대전에서는

85만 명의 인도인이 해외에서 싸웠고, 그중 6만 2,000명이 목숨을 잃었다). 다시 말해, 인도 군인들은 영국을 제국으로 만들어준 정복 전쟁에서 상당한 역할을 했다.[77]

식민지의 행정과 관리도 마찬가지였다. 식민지의 행정적 통치는 본국에서 파견된 소수 고위 관료의 감독과 현지에서 선발된 공무원들의 실무로 이루어졌다. 1900년에 인구가 3,500만이었던 네덜란드령 인도네시아의 통치는 유럽에서 파견된 250명의 관료와 1,500명의 현지 공무원들이 담당했다. 1931년에 영국은 1,250명의 고위직 공무원과 최대 100만 명에 달하는 현지 출신 관리를 활용하여 인도를 통치했다.[78] 이러한 방식의 통치가 가능했던 것은 유럽의 정복자들이 나타나기 전까지 큰 단위의 주나 국가의 개념이 없었던 지역에서 '국가' 소속감보다는 자신이 사는 작은 단위의 지방 소속감이 컸기 때문이다. 그뿐 아니라 부유한 산업국가였던 유럽의 열강들이 제공하는 군 복무 기회나 정부의 일자리는 현지인들에게 좋은 취업 기회로 보였다. 반면 20세기 초 침략 이전까지 수 세기 동안 통일 왕국을 유지해온 한국을 통치하는 데는 훨씬 많은 일본인이 투입되었다. 1910년에는 1만 명, 1937년에는 8만 7,000명의 공무원이 채용되었는데, 그중 60퍼센트가 일본인이었다. 경찰 인력 중 절반가량, 교사의 3분의 1 가까이도 일본인이었다. 정치적 전통이 뚜렷하게 확립된 지역에서 식민지 정권들은 통치 업무에 현지인을 동원하는 데 더 많은 어려움을 겪었던 것이다.[79]

물론 식민 통치가 식민지 주민들에게 유익했다는 이야기는 아니다. 식민지 시장이 개방되고 산업국가의 물건이 수입되면서 현지 산업이 흔들리고 장기적인 경제성장을 저해했다. 협상 대상으로 약한 집단을 선호했던 제국 열강들은 큰 단위의 정치적 집단을 분열시키고 소규모의 부족 단위 집단으로 만들어 개별적으로 정복했다. 열강들의 이러한 정책은 장기적으로 아프리카를 비롯한 여러 지역의 정치적 통합을 방해했다. 아프리카의 부족들과 각 부족을 통제하는 족장들의 '전통적인' 권한 개념은 일정 부분 식민 통치의 편의를 위해서 만들어진 측면이 있었다. 열강들은 부족과 족장의 역할을 강조함으로써 식민지 사회 내에서 더 큰 정치적 집단이 지니는 정당성을 약화했다. 식민지에 투자할 생각이 없었던 제국 정부는 일상적인 행정이나 개발 업무를 민간 기업에 통째로 위탁하기도 했다. 이들 정부는 기업에 특정 지역의 자원에 '양허' 권리를 주고, 수익의 일정 부분을 가져갔다. 제1차 세계대전 이전까지 41개의 민간 기업이 서아프리카의 프랑스령 식민지 70퍼센트에 대한 양허권을 쥐고 있었다. 이러한 양허를 바탕으로 진행된 사업은 순전히 수익만을 목적으로 한 것이다 보니 충분한 감독이나 검토가 이루어지는 경우가 드물었다. 기업들은 수익을 내는 인프라에만 선별적으로 투자했다(예를 들어 철도를 지역 주민들의 필요는 무시한 채 광산이나 플랜테이션에서 수출이 이루어지는 해안으로 직접 연결되도록 건설하는 식이었다). 예산 부족에 시달리는 행정 처리는 임의적이고 허술했다. 식민지 현지의 경제적·사회적 개발이 미미하거나 생산성이 떨어지는 경우, 필요한 이익을 최대한 뽑아내기 위하여 가혹한 수단을 동원했다. 깜짝 놀랄 만큼 잔혹한 예로, 콩고자유국에서는 이러한 수탈 과정에서 수백만에 달하는 콩고인이 목숨을 잃었다. 한 경제학자가 '약탈 경제'라고 표현한 이러한 방식의 통치는 다른 지역에서도 흔히 찾아볼 수 있었다.[80)]

열강들이 식민 사회의 관리 비용을 최소화하려고 한 것은 현지의 인적 자원 개발을 위한 교육과 보건에 투자할 의향이 없었다는 것을 나타낸다. 실제로 영국은 40년 동안 식민 통치를 했으나, 그 기간 2,400만에 달하는 식민지 인구 중 중고등학교 수준 교육을 이수한 인원은 매년 2,000명에 불과했다. 아프리카 전체를 살펴보면, 청년 인구 중고등학교 수준의 교육 기회를 누린 비율은 3~4퍼센트에 불과했고, 문해율은 평균 10퍼센트에 그쳤다. 1960년 독립국이 된 콩고에는 콩고인 대졸자가 20명 이하였고, 콩고 출신 장교는 단 한 명도 없었다.[81)] 직접적이고 집중적인 통치의 대상이었던 지역에서도 식민 정권은 교육에 대한 투자를 꺼렸다. 식민지 주민이 정치적 기술이나 넓은 시각을 지니게 되는 것을 막고자 했기 때문이다. 일본의 한국 통치는 유럽 국가들의 아프리카 통치에 비해 훨씬 더 치밀하고 광범위했다. 그러나 1945년 일본이 한반도에서 물러갔을 때 한국 아동의 중등학교 진학률은 겨우 5퍼센트였고, 대학 학위를 받은 한국인의 60퍼센트는 일본에서 공부했다.[82)]

아프리카와 동남아시아를 휩쓴 '신제국주의'가 세계 곳곳의 초원 신규 정착지에서 원주민을 상대로 일어난 대규모 학살 전쟁과 거의 같은 시기에 진행되었다는 점에 주목할 필요가 있다. 아르헨티나는 1879년 수행한 최후의 점령 작전으로 마침내 파타고니아를 손에 넣었다. 미국은 1870~1880년대에 진행된 수차례의 '인디언 전쟁' 끝에 미시시피 서부 전역을 점령했다.[83) 대서양을 건너는 대규모 이주의 움직임이 가속화된 것도 같은 시기인 1870~1880년대부터 제1차 세계대전 이전까지였다. 세계를 연결하는 교통망과 통신망이 구축된 것도 바로 이 시기였다. 그런 의미에서 식민지 정복은 당시 진행되고 있던 세계경제의 형성이라는 큰 흐름의 한 단면으로 볼 수 있다. 그 과정은 종종 강압과 폭력, 착취를 수반했다.

역사학자 마이크 데이비스(Mike Davis)는 세계경제가 형성되며 자리 잡은 근본적인 힘의 불균형이 1870년대와 1890년대에 세계 곳곳에서 심각한 기근이라는 끔찍한 결과로 나타났다는 점을 지적했다. 당시 기근으로 사망한 자의 수가 알려지지 않았지만 통상 3,000만~6,000만 명이었던 것으로 추정된다. 인도와 중국이 가장 큰 피해를 보았지만 러시아, 베트남, 자바, 한국, 브라질, 알제리, 모로코, 페르시아(현재의 이란), 아프리카 남부와 남서부 등도 심각한 기근을 겪었다. 기근의 가장 직접적인 발생 원인은 극심한 가뭄이었다. 그러나 가뭄의 충격을 더 악화시킨 것은 농산물의 세계시장 출현 등 일련의 경제적 요인들이었다. 선진국에서의 수요 증가에 따라 일부 지역에서는 식량 작물을 경작하던 땅이 비식량 작물(목화, 커피, 야자유, 인디고, 고무 등)을 위한 경작지로 전환되었다. 또한 선진국 소비자들의 구매력이 더 높았기 때문에 일부 저개발국은 자국이 기근에 시달리는 상황에서도 식량을 선진국에 수출할 수밖에 없었다. 식량 시장이 상업화되면서 식량 가격이 상승세를 보이면 팔지 않고 눈치를 보며 쌓아두는 일도 빈번했다. 일부 식민지 당국은 현지 주민의 식량 확보보다는 수출과 이익의 극대화에 초점을 두고 조세 제도와 토지 임대 제도를 만들었다. 인도에서는 강수량이 적은 해에 대비하기 위한 관개시설이 필수적이었는데, 이러한 시설을 유지하기 위한 자원조차 세금으로 걷어갔다(식민 당국은 수출 작물 재배에 필요한 대규모 관개 공사에는 적극적으로 투자했다). 또한 세금과 임대료를 현물로 받지 않고 현금으로만 징수했기 때문에 인도 농부들은 영국의 산업과 소비자가 필요로 하는 작물을 재배하여 판매하고 세계 수출 경제에 편입될 수밖에 없었다. 더욱이 영국의 금본위제는 전통적으로 은본위 화폐를 사용하던 인도의 재정을 점점 더 불리하게 만들었다. 중국의 경우 아편전쟁, 태평천국의 난을 비롯한 내전으로 인한 난민, 세계경제 체제에서의 금본위 우세가 모두 큰 타격을 주었다. 단일 자원에 경제를 전폭적으로 의존하는 지역이 늘어난 것도 문제였다. 이러한 지역은 세계 생산량의 갑작스러운 변동에 취약했고, 토지나 교통의 투자, 새로운 기술의 적용, 정치적·군사적 요인 등으로 저렴한 공급원이 나타나면 큰 타격을 입을 수밖에 없었다. 식량 시장이 철저히 상업화된 지역에서 그 결과는 더욱 치명적이었다. 1855년에 있었던 황하의 물길 변화, 엘니뇨로 인한 우기 강수 부족 등 환경적 타격은 위태

롭게 버티고 있던 지역을 빈곤과 불안정, 굶주림의 나락으로 떨어뜨렸다.[84]

이번 장에서는 대규모 이주, 자유무역, 세계 교통망과 통신망 구축, 강압적인 무역협정 체결, 식민지와 대륙 정복, 다국적 기업의 성장, 이탈리아, 독일, 미국의 통일(1860~1865년) 등의 역사적 흐름을 살펴보았다. 이 모든 흐름은 북대서양권과 일본이라는 새로운 산업, 기술, 재정, 정치의 중심지와 1차 상품과 자원을 생산하고 공급하는 타 지역을 연결하여 전 지구적인 경제와 교류를 탄생시키려는 거대한 통합적 움직임의 일부였다. 앞으로 살펴보겠지만 그 시도가 늘 성공적이지는 않았다. 그러나 그것이 1830년대부터 1913년 사이의 세계사를 설명하는 가장 핵심적인 특성임은 틀림없다.

지금까지는 당시 나타난 흐름의 경제적인 측면을 위주로 살펴보았다. 그 흐름의 형성과 전개에 있어 지식과 문화도 상당한 역할을 했다. 그중 인간을 '우리'와 '그들'로 나누는 동질감과 차이의 언어가 등장한 것은 민족국가 통일과 신규 정착지에서의 토지 몰수와 학살, 제국의 팽창과 연관되어 있었다. 전 지구 차원에서 사상과 제도, 인간이 더 빠르게 이동하고 넓게 전파될 수 있게 해준 문화의 세계화 역시 중요한 역할을 했다.

이어지는 4장에서는 차이의 언어와 세계의 문화적 연결에 대하여 살펴보고자 한다.

4장

'우리'와 '그들'의 시작 :
지역화와 글로벌화

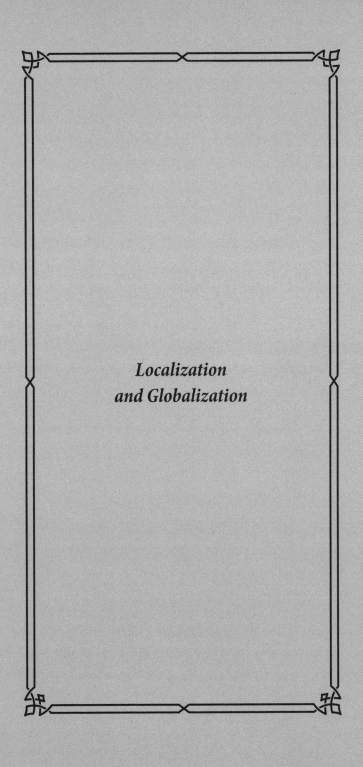

*Localization
and Globalization*

인종의 구분, 민족의 개발, 국민의 강요, 1830~1940년

나는 앵글로색슨 인종이 세상에서 가장 뛰어난 인종이라는 점과 앵글로색슨 인종의 증가가 인류 전체에 유익하다는 점을 확신한다. … 그러므로 영토 확장의 기회를 확보하는 것은 우리의 의무다. 우리의 영토가 확장될수록 최고의 인종, 가장 고귀한 인종, 우리 앵글로색슨 인종이 증가한다는 사실을 끊임없이 상기하고 명심해야 한다.[1]

_세실 로즈(Cecil Rhodes), 1877년

조심스럽게 양성된 민족 이기주의라는 유해 식물이 전 세계에 씨를 퍼뜨리고 있다.[2]

_라빈드라나트 타고르(Rabindranath Tagore), 1938년

19세기 말에 이르자 과학기술 혁명으로 가속화된 세계의 변화는 지식과 문화에도 큰 영향을 미쳤다. 이번 장에서는 바로

그 내용을 살펴보고자 한다. 이어지는 5장에서는 20세기 초 1905~1945년까지 이어진 혁명과 전쟁의 거대한 물결을 일컫는 '대폭발'(Great Explosion)을 다룰 예정이다. 이 혁명과 전쟁의 물결을 촉발한 주원인은 1867~1905년에 나타난 급격한 경제적·정치적 변화였지만, 문화의 세계화도 적지 않은 영향을 끼쳤다. 그 영향은 당시 나타난 인종, 민족, 민족주의에 관한 사상에서 극명하게 드러난다. 서로 밀접하게 연결된 사상은 다양한 형태로 조합되며 세계사에서 점차 큰 영향력을 가졌고, 그 영향은 20세기 중반까지 이어졌다.

인종, 민족, 민족주의는 모두 뚜렷하게 구분되는 개념이며, 이 내용은 추후에 다룰 예정이다. 한 가지 분명한 것은 세 가지 모두가 동질성과 이질성의 개념이라는 점이다. 다시 말해, 누구를 '우리'로 볼 것인지, 그리고 '우리'가 아닌 이들은 '우리'와 어떻게 다른지 구분하기 위한 개념이라는 말이다. 역사학자들은 인종과 민족, 민족주의라는 개념을 일컬어 정체성의 언어, 담론, 혹은 어휘라고 부른다.[3] 19세기 당시에는 세 가지 개념 모두 상당히 낯선 것이었다. 18세기 말 이전까지 사람들은 자신의 정체성을 정의할 때 훨씬 더 좁거나 넓은 단위를 사용했다. 대부분은 자신이 사는 동네, 도시, 지역 공동체의 구성원 정도의 좁은 단위에서 정체성을 가졌고, 그게 아니면 특정한 씨족이나 부족, 지방이나 언어집단의 일부로 생각했다. 다시 말해 '독일인'이라는 정체성이 아닌 '바이에른 사람' 혹은 '뮌헨 시민' 정도로 생각했다는 것이다. 아프리카도 '아프리카인'이나

'나이지리아인'이라는 개념이 아닌 '요루바족' 혹은 '이페 지역 거주민'으로 생각했다. 종교로 자신의 정체성을 정의하는 이들도 많았다. 예를 들면 프랑스인이나 스페인인이 아닌 가톨릭교도, 혹은 기독교도로, 나이지리아인이나 말리인이 아닌 이슬람교도로 인식하는 식이었다.

한편 사회적 신분이 높은 소수의 사람은 자신의 계급을 정체성으로 인식했고, 지역이 다르더라도 자신과 비슷한 계급을 지닌 집단에 소속감을 느꼈다. 예를 들어 유럽의 귀족들은 같은 지역에 사는 평민들과 자신들이 완전히 다른 존재라고 생각했다. 이들은 정치적 경계를 넘어 자기들끼리 혼인 관계를 맺고, 국제적인 휴양 시설이나 대학 같은 교육기관에서 자기들끼리 어울렸다. 국적과 상관없이 여러 제국의 정부에서 직책을 맡는 일도 흔했다(물론 동시에 맡은 것은 아니고 차례로 맡은 것이었다). 이러한 현상은 인도와 중국의 고위층을 비롯하여 중동, 남아시아와 동남아시아, 동아프리카 등 대부분의 이슬람권에서도 마찬가지였다. 또한 지역을 막론하고 재력과 학식을 갖춘 이들, 특히 라틴어와 아랍어, 페르시아어, 중국어 등 글을 읽을 수 있는 이들은 자신들을 '문명인'이라고 생각하며 이를 근본적인 공통의 정체성으로 인식했다.

기존의 정체성은 18세기 말로 접어들며 점차 인종, 민족, 민족주의를 기준으로 한 정체성으로 대체되기 시작했다. 이러한 움직임은 19세기 중반에 더욱 빨라졌다. 물론 기존의 정체성이 사라진 것은 아니었다. 잠시 후 언급하겠지만, 특히 종교적 정체성은 중요한 역할을 했다. (최근의 한 연구에서도 언급되었듯) 정체성에 관한 기존 개념과 새로운 개념은 서로 '얽히기'도 했다.[4] 그러나 인종, 민족, 민족주의에 기반을 둔 정체성은 사람들이 자신과 타인을 인식하는 방식에 점차 큰 영향을 주었고, 그 결과 중대한 정치적 힘을 가졌다. 3장에서는 1860년대와 1870년대의 독일과 이탈리아의 형성 과정을 다루며 자유무역의 전파 과정에 주목했지만, 이들 국가의 탄생은 민족주의적 정서 확대의 결과였다. 민족주의적 정서의 확대는 19세기 초반 같은 공동체에 속한 사람들을 정의하는 믿음, 관례, 풍습 등을 보여주는 민담의 발굴과 발전으로 강조되었다.

그림 형제가 펴낸 독일 민담 모음집이 좋은 사례다. 교수로 재직 중이던 야코프 그림(Jacob Grimm)과 그 동생은 자유주의와 민족주의와 관련한 활동을 하다가 1837년 해고당했다. 자유주의 혁명의 물결이 유럽을 휩쓸던 1848년, 야코프 그림은 새롭게 구성된 독일 국민의회 의원으로 선출되었다. 혁명이 실패로 돌아간 후에도 그림 형제는 독일어 사전을 편찬하는 등 독일어를 독일의 국어로 표준화시키기 위해 노력했다. 이 시기에는 많은 민족주의적 지식인이 이러한 사업을 통하여 모국어를 개발하다시피 했다.[5]

정치와 문화에 걸친 그림 형제의 활동이 보여주듯, 국가 혹은 민족이라는 개념의 탄생은 정치적인 과업인 동시에 문화적 과업이기도 했다. 사실 민족주의의 부상은 1840년대 무렵 시작되어 약 20~30년간 세계 곳곳에서 나타난 국가 구조의 위기와 통합에 대한 반응으로 볼 수 있다. 그 기간, 사회나 국가 등의 집단은 세계경제의 등장과 전 지구적 문화 교류가 빚어내는 다양한 문제에 대응하기 위하여 분투하는 중이었다. 이러한 분투는 곳에 따라 격렬하게 벌어지거나, 상대적으로 평화롭게 전개되기도 했다. 대부분의 사회는 이러한 분투에 대응하여 더 크고 간섭적이며 중앙집권적인 행정 구조를 구축하고, 근대식 산업과 상업을 발전시키려 애썼다. 1848년과 1870년대에 유럽을 휩쓴 일련의 자유주의 입헌 혁명들은 그러한 노력의 일환이었다. 미국이라는 국가의 급진적인 확장을 도운 남북전쟁 또한 마찬가지였다. 멕시코의 포르피리오 디아스(Porfirio Díaz)는 1876년 이후 35년 중 대부분 기간을 통치하며 멕시코를 중앙 집권화했고, 국외 자본을 시장으로 개방하며 경제발전을 꾀했다. 1875년 인도에서는 가난한 평민들과 지역의 지도층이 영국의 지배와 인도 토착 종교 공동체의 위협에 대항하여 봉기한 세포이 항쟁이 일어났다. 인도인들의 봉기를 경험한 영국 정부는 인도 대부분 지역의 행정에 직접 개입했다(그전까지는 민간 기업인 동인도 회사를 통하여 간접적으로 통치했나).[6] 중국에서 발생한 태평천국의 난, 같은 시기에 일어난 크고 작은 봉기는 청나라의 지도층에게 근대 산업과 군사 기술, 제도를 도입하여 '자강'해야 한다는 인식을 심어주었다. 일본은 1868년 메이지유신을 통하여 유럽의 압박에 대응할 수 있는 중앙정부 조직을 구축하고, 상업 개발과 기반시설 건설에 힘썼다. 이는 1890년 이후 전개된 일본의 산업 발전과 제국 확장의 발판이었다. 중동의 오스만 제국은 1839년 탄지마트(Tanzimat) 개혁을 통하여 다른 국가들과 유사한 근대화를 꾀했으나 결과가 아주 성공적이지는 않았다.[7]

중앙 집권적 구조 확립에 성공한 국가들은 국민에게 국가 정체성을 심어주기 위하여 끊임없이 노력했다. 정부는 학교에서 자국의 국어와 역사를 교육했고, 국가(國歌)와 국기를 정식으로 공포했다. 국군을 활용하여 자국의 위대함을 강조하기도 했다. 정부는 국가를 경제적·문화적·사회적으로 연결하기 위한 철도망과 전신망 구축에도 힘썼다. 국민에게는 교사, 부대 지휘관, 판사, 우체국이나 전신소의 직원 등 공무원과의 일상적인 소통에 각자가 쓰는 '방언'이 아닌 정식 국어의 사용을 유도했다. 오스만 제국은 1839년 탄지마트 개혁을 선포한 이후 수십 년에 걸쳐 행정적·경제적 개편을 시행했다. 오스만은 당시 유럽의 국가들을 본떠 행정, 재정, 사법 등 거의 모든 분야에서 개혁 조치를 단행했다. 이 조치로 국가 조세 제도, 우체국, 새로운 형법, 민법, 상법, 인구 조사 제도, 국가와 국기, 교육부와 보건부, 철도와 전신 서비스, 공립대학, 중앙은행과 국가 고유 지폐, 주식 거래소, 종교적 소수집단의 법적 평등 등을 도입했다. 이러한 조치들이 모여 1876년에는 제국 헌법을 공포했다.[8]

다양한 곳에서 민족주의적 움직임이 나타났지만 모두가 성공을 거둔 것은 아니었다. 이집트 지식인들은 자국의 유구한 역사와 문화를 고려할 때 정치적 자치권을 지니는 것이 마땅하다며 민족주의 혹은 자치주의 운동을 전개했다. 3장에서 언급한 바와 같이 이 움직임은 1882년에 영국의 이집트 점령을 야기하고 실패했다.[9) 세계 곳곳에서 이와 유사한 민족주의 운동이 벌어졌다. 폴란드의 민족주의자들은 1830년대와 1860년대에 러시아 제국에 저항하여 봉기했으나 모두 실패했다. 헝가리의 경우 빈의 (독일어권) 합스부르크 정부로부터 1876년에 부분적인 자치권을 획득하고 '이중' 제국 체제를 보유했다.

이미 제도와 구조가 안정된 사회에서도 국가성은 중요했다. 북대서양권 전역과 남미, 일본, 호주, 뉴질랜드에서는 국가성 개념이 의회 정부의 확장과 참정권(투표권) 확대를 위한 중요 개념으로 작용했다(오스만 제국에서도 유사한 시도가 있었으나 크게 성공적이지는 않았다). 이런 국가들에서는 대의정치가 점차 확산하면서 점점 더 많은 이들에게 투표권과 완전한 참정권을 부여했는데, 한 국가에 거주하는 모두가 같은 '국가적' 정체성을 갖고 같은 이익을 추구하므로 어느 정도는 서로가 본질적으로 '같다'라는 생각이 그 바탕에 깔려 있었다. 영국은 1832년과 1867년, 1885년에 각각 선거법을 개정하여 투표권을 점차 확대했다. 브라질은 1889년에 공화국이 되었고, 독일과 프랑스는 1871년에, 오스트리아는 1907년에 모든 성인 남성에게 투표권을 주었다. 이탈리아와 아르헨티나는 1912년에 성인 남성 투표권을 도입했고, 일본은 1889년에 부분적인 의회 헌법을, 1925년에 성인 남성 투표권을 도입했다. 뉴질랜드는 1893년에 여성에게도 투표권을 주며 세계 최초로 여성 참정권을 인정했다. 국가적 정체성이라는 새로운 개념이 아주 오래된 정체성 기반 중 하나인 성별마저 뛰어넘은 것이다. 그 후 50년 동안 점점 더 많은 국가에서 여성에게도 참정권을 주었다. 핀란드는 1906년, 노르웨이는 1913년, 러시아는 1917년, 독일과 오스트리아는 1918년, 미국은 1920년, 영국은 1918년(부분)과 1928년(전체), 스페인과 브라질은 1932년, 프랑스는 1944년, 아르헨티나는 1947년, 멕시코는 1953년에 각각 여성 참정권을 도입했다.[10]

그러나 국가성 개념은 국가, 그리고 국가의 정체성을 공유하는 집단에 속하지 못한 이들을 탄압하는 동기로 작용하기도 했다. 국가적 정체성을 공유하지 못한 집단은 주로 소수 '민족'이라고 정의되었다. 1장에서 언급한 볼가 독일인들도 소수 민족이다. 이들은 러시아가 소수 민족을 자국에 동화시키기 위하여 러시아어 사용을 강요하는 등 '러시아화' 정책을 추진하면서 1870년대부터 러시아를 떠나기 시작했다. 독일 본국도 자국에 속한 폴란드어권 지역과 프랑스어권 지역에서 러시아와 비슷한 '독일화' 정책을 폈다. 북미, 호주, 뉴질랜드에서는 정착 전쟁으로 밀려난 원주민 공동체를 정착민들의 주류 문화로 편입시키기 위하여 다양한 강제적 수단을 동원했다. 정착민들은 원주민들에게 토지의 개별 소유, 서구식 복장, 영국 사회식 성별 역할과 가족 역할, 영어 사용 등을 강요했다. 원주민뿐 아니라 미국에 거주하는 아일랜드, 폴란드, 이탈리아, 헝가리 이민자들도 '미국화' 정책의 적용 대상이었다.

정확히 같은 시기, 인종이라는 개념의 중요성이 점점 더 커지고 있었다. 인종 개념의 기원은 18세기 말~19세기 초로 거슬러 올라간다. 당시 유럽의 이론가들은 인간에게는 뚜렷한 '인종' 구분이 존재한다는 생각을 거의 기정사실로 믿었다. 당시 인종주의에 가장 큰 영향을 준 논문은 프랑스의 작가 아르튀르 드 고비노(Arthur de Gobineau)가 1855년 내놓은 〈인종 불평등론 (An Essay on the Inequality of the Human Races)〉이었다. 고비노는 백인 '아리아족'만이 인류 문명을 건설할 수 있는 유일한 창의적 인종이라고 주장했다. 고비노는 이집트, 인도, 중국의 문명은 해당 지역으로 이주해간 아리아 인종이 건설한 것으로 보았고, 심지어 아스텍과 잉카 제국의 고위 통치자들이 스칸디나비아 출신으로 추정된다고 주장했다. 1899년 출간된 휴스턴 스튜어트 챔벌린(Houston Stuart Chamberlain)의 《19세기의 기초 (Foundations of the Nineteenth Century)》에도 유사한 주장이 담겨 있었다. 고비노와 마찬가지로 아리아인이 모든 것의 창조자라고 주장한 챔벌린은 추후 나치 당원으로 가입하여 아돌프 히틀러(Adolf Hitler)에게 그가 아리아족을 퇴보에서 구하기 위하여 태어난 것이라는 망상적 확신을 심어주었다. 챔벌린은 나치 가입 후 얼마 지나지 않아 1927년 사망했다.[11]

인종주의는 세계 곳곳에서 정치적 행동의 유인이 되었다. 예를 들어 미국, 호주, 캐나다는 인종주의를 바탕으로 중국인을 배척하는 정책을 도입했다. 또한 1860년대부터 브라질의 이민 활동가들은 인종적으로 열등한 아프리카 노예의 자손들을 대체할 유럽 자유민들을 이주자로 모집하고 영국과 독일 '인종'을 들여와 브라질을 '백색화'해야 한다고 주장했다.[12] 미국의 남부 주들은 1880~1890년대까지 흑인들의 권리를 박탈하는 다양한 정책을 폈다. 노예 해방 선언 후 한 세대가 흘렀을 무렵, 남부의 백인 정치인들은 어차피 흑인들에게는 자치 능력이 없다며 투표권을 박탈했다. 투표권 박탈로 흑인들의 정치적 목소리를 막은 후에 철저한 인종 분리와 차별 정책을 도입했다. 10~20년 후 이어진 남아프리카의 비백인의 권리 박탈은 인종주의가 정책에 반영된 중요한 사례다. 정착 사회 내에서 인종은 국적과 정치적 권리 유무를 나누는 경계가 되었다. 서로가 근본적으로 '같다'고 느끼는 소위 우수한 인종에게는 정치적·사회적 권리를 허락했지만, 그들이 보기에 열등한 인종에게는 같은 권리를 허락하지 않았다. 인종주의는 제국주의적 팽창과 정복을 정당화하는 도구로 활용되었다. 제국주의자들은 식민지의 주민들이 근본적으로 자치 능력이나 자원 관리 능력이 부족하기 때문에 이들이 언젠가 먼 미래에 자치와 번영을 누릴 수 있도록 식민을 통하여 '문명화'해야 한다고 주장했다.[13]

민족과 인종이라는 다름의 언어가 이 시기에 나타나고 전파된 이유는 무엇일까? 전 세계적으로 광범위하게 진행된 개념적 움직임을 겉으로 드러난 몇 가지 요인만으로 설명하기는 어려울 것이다. 그러나 인종, 민족, 민족주의라는 개념이 모두 당시의 경제적·사회적 변화의 산물이었다는 점은 분명하다.

첫째로, 19세기에 이루어진 통신 기술과 교통 기술의 발달은 기존보다 훨씬 큰 경제적·사회적·문화적 단위를 만들었다. 교통망과 통신망은 지역 경제의 통합을 강화했고, 사람들은 그 안에서 교역과 노동에 참여하고 신문, 잡지, 소설 등을 통하여 생각을 나눴다. 기술은 시장 확대의 기회를 만들었다. 기업가들은 정치적 통합으로 안정된 국가가 시장 확대를 보장해주기를 바랐다. 다양한 변화를 경험하며 지평을 넓힌 사람들은 더 큰 경제적·사회적·문화적 단위에서 다른 사람들과 정체성을 공유했다. 이 변화는 더 광범위하고 느슨한 편이었던 계급이나 신분의 소속감을 약화시켰고, 지역적(국가적) 차원의 통합을 더욱 강화했다.

둘째로, 교류와 접촉의 확대는 동질성뿐 아니라 이질성을 부각했다. 중국의 민족주의 운동을 주도한 이들은 주로 선교사 학교에서 교육받은 해외 화교들이었다. 민족주의 지도자였던 쑨원도 그렇다. 쑨원은 형과 함께 약 7년 동안 (미국 병합 이전의) 하와이를 오가며 거주했고, (영국령) 홍콩에서 5년 동안 의학을 공부했으며, 기독교로 개종했다. 쑨원은 하와이에서 처음 민족주의 혁명 단체를 창설한 후 그 세력을 홍콩과 일본, (당시 일본 제국의 식민지였던) 대만과 한국으로 키웠다. 쑨원의 민족주의 단체는 미국, 일본, 하와이, 런던, 남아프리카에 거주하는 화교들의 응원을 받았다.[14] 이 사례는 그리 특이한 것은 아니었다. 당시 인종, 민족, 민족주의 개념을 주창한 이들 중 상당수는 세계경제 출현으로 인해서든 제국 국가의 출현으로 인해서든 국제적 교류 속에서 삶을 꾸려온 이들이 많았다. 자신이 태어난 사회의 밖에 있는 사람을 만남으로써 스스로의 다름을 더 인식한 것이다. 페루의 민족주의자이자 사회주의자인 호세 카를로스 마리아테기(José Carlos Mariátegui)는 스물다섯의 나이에 로마로 이주해 자신의 국가성을 '발견'했다.[15] 그는 자신이 어린 시절 내내 페루에 살면서도 '거의 이방인처럼' 조국의 본질적 특징에 무지했다고 말했다. 쿠바의 민족주의 지도자 호세 마르티(José Martí)는 1881~1895년까지 뉴욕에 거주했다.[16] 1879년 이집트의 우라비 혁명이나 1885년 인도의 국민회의 설립 등 북대서양권 밖에서 전개된 민족주의 운동 중 일부는 '신제국주의'와 세계경제 통합이 한창 진행 중이던 19세기 중후반에 나타났다는 점도 기억할 필요가 있다.

셋째, 국가나 민족주의 세력이 의식적으로 이러한 개념들을 도입한 측면이 있다. 가장 좋은 예는 국어의 도입이다. 19세기까지 사람들이 쓰는 언어는 대개 두 가지 종류로 나눌 수 있었다. 식자층의 보편 언어인 라틴어, 아랍어, 페르시아어, 중국어와 상대적으로 소수의 사람이 일상에서 사용하는 특정 지역 언어인 '방언'이었다. 그러다 19세기에서 20세기 초에 들어오며 국가들은 지역적 '방언'이나 소수 '민족'이 쓰는 언어를 없애고 통일된 하나의 국어를 도입하기 위한 정책을 폈다. 영국의 교육가이자 철학자, 소설가인 매슈 아널드(Matthew Arnold)는 웨일스어와 콘월어, 아일랜드어를 없애고 표준어를 도입하려는 영국 정부의 정책을 지지하며 "지역 정체성을 흡수해야 한다"라고 강조했다.[17] 정부와 교육자들은 '국가'의 영광스러운 역사를 강조하며 애국심을 고취하는 활동을 활발히 펴나갔다. 한편 인종 이론은 식민지 제국 건설이나 소수에 대한 조직적인 차별을 정당화하는 이념적인 도구가 되었다. '범민족주의' 운동은 아직은 존재하지 않지만 앞으로 만들어야 할 국가의 이념적 기반으로 활용되었다. 범독일주의자들은 중부와 동부 유럽, 저지대 국가(현재의 벨기에, 네덜란드, 룩셈부르크 등이 위치한 지역—옮긴이)로 확장된 독일 제국을 건설하고 텍사스나 브라질 등 해외에 거주하는 독일 이민자에게도 애국심을 심어야 한다고 강조했다. 범슬라브주의자들은 남동유럽에서 태평양까지 뻗은 광활한 러시아-슬라브 제국을 꿈꿨다. 그런가 하면 범이슬람주의자들은 오스만 제국의 지원으로 대서양의 북아프리카에서 태평양의 인도네시아, 필리핀 제도까지 연결하는 칼리프 국가를 건설하고자 했다. 앵글로색슨주의자들은 영국의 후손들이 통치하는 세상을 꿈꿨고, 범아프리카주의자들은 모든 아프리카인을 아우르는 범대서양적 통합을 추구했다.[18] 범아시아주의자들은 중국인, 아시아인, 한국인 간의 인종적 동질성을 강조하며 서구의 침략을 막기 위해 아시아가 하나로 단결해야 한다고 주장했다. 이러한 주장은 쑨원 등의 지지를 받기도 했으며, 일본의 지도하에 방어적 근대화를 이뤄야 한다고 주장하던 한국의 정치 단체 일진회 또한 범아시아주의를 지지했다.[19]

'민족' 개념은 이러한 움직임 속에서 구체화되었다. 사실 '민족'이라는 표현은 대부분 어떤 정치적 구도 안에서 특정한 종교적·언어적·인종적 소수를 가리킬 때 주로 사용되는 표현으로, 어딘가 주류와 다른 집단, 그러므로 제거하거나 동질화해야 할 대상을 의미했다. 아메리카 대륙으로 이주한 많은 유럽인은 폴란드계, 헝가리계, 레바논계, 독일계, 이탈리아계 등 소수 민족으로 구분되었다. 볼가 독일인도 러시아 제국 내의 '민족' 집단이었고, 유대인도 유럽 내의 주요한 '민족' 집단이었다. 유대인들은 러시아 제국 남부와 서부의 '페일(Pale)'이라고 하는 유대인 거주 지역에 집단 거주했다. 유대인들의 이질성을 용인할 수 없다고 판단한 러시아 정부는 1880년대부터 1917년까지 자국 내 유대인 집단을 대상으로 한 폭력 행위인 포그롬(pogrom)을 조장했다.

유대인의 사례는 종교적 차이가 인종 혹은 국가의 차이로도 인식될 수 있다는 점을 잘 보여준다. 유럽 내 유대인 집단은 유대교라는 종교를 가진 종교 집단이었으나, 유대인들의 존재를 못마땅해하는 이들은 유대인을 점점 민족, 혹은 인종으로 인식했다. 유대인을 민족 집단으로 인식한 이들은 유대인을 동화하여 흡수해야 한다고 여겼고, 인종 집단으로 인식한 이들은 그것이 불가능하다고 여겼다. 유럽 내 유대인 박해는 새로운 형태의 민족주의, 즉 유대 국가 건설을 목표로 하는 시온주의(Zionism)의 발현으로 이어졌다. 유대인들이 유럽을 떠나 팔레스타인으로 이주하기 시작한 것은 19세기 초였다. 러시아에서 자행된 포그롬의 영향으로 1881~1882년과 1903년에, 러시아 제국에 심각한 기근이 닥쳤던 1891~1892년에는 팔레스타인으로 이주하는 유대인의 수가 눈에 띄게 증가했다. 반유대주의자들이 유대계 장교에게 스파이 혐의를 씌우려 했던 드레퓌스(Dreyfus) 사건 이후, 1896년에 테오도어 헤르츨(Theodor Herzl)은 유대 국가 재건을 주창한 소논문 〈유대 국가(The Jewish State)〉를 발표하며 큰 반향을 일으켰다. 1897년 바젤에서는 세계 시온주의자 의회(World Zionist Congress)의 첫 회합이 열렸고, 곧 유대인들의 체계적인 팔레스타인 이주가 시작되었다. 1930년대에 이르자 독일과 폴란드를 비롯한 중부와 동부 유럽 곳곳에서는 반유대 법안들을 도입했고, 유럽 유대인들은 수만 명씩 물밀 듯 팔레스타인으로 이주했다. 제2차 세계대전과 유대인 대학살이 시작되자 그 수는 훨씬 더 많아졌다.[20]

인종, 민족, 국가를 구분하는 경계가 모호한 경우도 많았다. 19세기 미국에서는 자신이 앵글로색슨족에 속한다고 믿는 이들이 켈트족(아일랜드인), 슬라브족(러시아인, 폴란드인 등), 라틴족(이탈리아인, 포르투갈인), 유대인 등을 열등한 소수 '민족'으로 취급했다. 앵글로색슨족은 소수집단을 차별했지만 국가의 정치적 영역에서 영구히 배제하려고 하지는 않았다. 그러나 유럽 출신이 아닌 아프리카계 미국인, 중국인, 원주민, 멕시코인 등에게는 완전한 공민권을 허가할 수 없다고 생각했다. 1880~1890년대 미국 남부와 남서부에서는 비유럽계 소수집단의 정치적 공민권 박탈이 연속적으로 일어났다. 1920년대에 들어서는 유럽 혈통의 '민족'은 모두가 '코카서스인' 혹은 백'인종'이라는 인식이 서서히 정착되었다(유럽 출신 유대인을 '백인'으로 인식하기까지는 30~40년이라는 시간이 더 걸렸다).[21] 유럽에서는 인종학자 대부분이 유럽인과 비유럽인을 뚜렷하게 구분했다. 그들은 유럽 내에도 여러 켈트, 게르만, 슬라브, 라틴, 지중해, 알프스 등 다양한 '인종'이 있다고 보았으며, 각 집단 사이의 우열을 가르기도 했다. 독일의 유명한 인종학자인 한스 F. K. 귄터(Hans F. K. Günther)는 1920년대부터 아폴로부터 조지 워싱턴에 이르기까지 세계사의 영웅적 인물들은 모두 '노르드계'(그림 4.1)였다는 주장을 활발하게 펼쳤다. 귄터는 예수회를 창설한 이냐시오 로욜라(Ignatius Loyola) 등 역사적으로 자유와 진보의 적이라고 볼 수 있는 인물들은 모두 '근동 계열', 즉 셈족이라고 주장했다. 귄터가 증거로 든 것은 이 인물들의 코 모양이었다(그림 4.2). 그런가 하면 어떤 학자들은 두개골의 모양으로 '인종'이나 '민족'의 차이와 특성을 알 수 있다고 주장하기도 했다. 이들은 두개골이 아래위로 긴 장두형 인종이 양옆으로 넓은 단두형 인종보다 우월하다고 주장했고, 귄터 또한 이들과 유사한 분류를 활용했다. 미국에서 이러한 주장을 편 인물로는 매디슨 그랜트(Madison Grant)가 있다. 그랜트는 '열등한' 단두형의 동유럽 인종이나 남유럽 인종이 우월한 아리아족을 수적으로 압도하지 않도록 경계해야 한다고 주장했다. 이러한 주장이 전파되며 1915년에는 북유럽 개신교의 세력을 수호해야 한다고 주장하는 테러리스트 정치 결사인 KKK단이 다시 결성되었다. 미국의 이민법은 1921년과 1924년, 1929년에 개정을 거치며 점점 더 폐쇄적으로 변해갔다. 개정된 이민법은 출신 국가별로 최대 이민자 수를 할당했는데, 할당의 기준이 된 것은 1910년 미국 인구 조사를 기준으로 한 국가별 출신 인구 비율이었다. 추후에

그림 4.1_ 인종 이론학자 한스 H. K. 귄터가 분류한 '노르드계' 미국인들

309. 제임스 먼로(1758~1831), 대
통령

310. 토머스 제퍼슨(1743~1826),
대통령

311. R. W. 에머슨(1803~1882), 시
인 겸 철학자

312. 앤드루 잭슨(1767~1845), 대
통령

313. 너대니얼 호손(1804~1864),
작가

314. 롱펠로(1807~1882), 시인

그림 4.2_ 한스 H. K. 귄터가 '중동계'로
분류한 이냐시오 로욜라

는 이 기준이 1890년 인구 조사 데이터로 바뀌었고, 일본인의
미국 이민은 전면 금지되었다.[22]

   귄터와 그랜트는 당시 성행한 다른 인종주의 연구와 마찬가
지로 '과학'을 적극적으로 활용했다. 이들은 측정치, 생물학, 진
화 모델 등을 바탕으로 나름의 인종 구분 체계를 구축했다. 이
들의 인종 이론은 우수한 유럽인들의 자애로운 통치로 '열등한'
인종들이 언젠가는 완전히 문명화될 것이라고 본 19세기 초의
문화적인 인종주의와 달랐다. 19세기 말의 '과학적' 인종주의는
인종이란 불변의 특성이기 때문에 열등한 인종은 절대 개선될
수 없으며 오히려 소멸의 길을 걷는 것이 옳다고 보았다. 이 이
론에 따르면 미국 원주민과 뉴질랜드의 마오리족, 호주 원주민
에보리진들의 높은 사망률은 자연스럽고 정상적이며, 심지어
바람직한 것이었다.

   기존의 인종주의를 완전히 뒤집은 주장도 있었다. 이 주장은

20세기 초 반제국주의적 민족주의가 점점 강해지며 광범위하게 나타났다. 1910년 멕시코 혁명에 참여한 민족주의자 호세 바스콘셀로스(José Vasconcelos)는 그러한 주장을 편 인물 중 하나다. 멕시코 국립 자치대학교, 교육부, 국립도서관 등 멕시코의 다양한 국립 문화 기관 설립과 운영에 있어 중요한 역할을 한 바스콘셀로스는 라틴아메리카에 '우주적 인종'이 나타나고 있다고 주장했다. 바스콘셀로스가 주장한 우주적 인종은 세계의 다섯 인종, 즉 이베리아인, 아메리카 원주민, 아프리카인, 백인, 아시아인이 모두 혼합된 인종인데, 그는 이 우주적 인종이 인류사의 새로운 장을 열 것이라고 주장했다. 그가 이러한 생각을 담은 책을 발표한 것은 1925년이었으나, 그 기원은 남미인들이 유럽인들과 마찬가지로 자신들만의 민속 문화와 전통의 발굴에 집중했던 19세기 후반이라 볼 수 있다. 바스콘셀로스는 중산층 지식인이었고, 초기에는 미국의 이익을 대변하는 변호사로 일했으나 나중에는 미국을 강하게 비판했다. 그는 가톨릭교도였지만 불교와 힌두교에도 관심이 있었으며, 스페인의 점령이 멕시코에 좋은 일이었다고 주장한 인물이기도 했다. 그러나 다른 인디헤니스타indigenista(원주민주의자)들은 바스콘셀로스의 주장에서 나아가 스페인의 점령을 끔찍한 재앙으로 비판하고, 자국의 특성이 콜럼버스 이전 시대 남미의 특성을 계승한다고 주장했다.[23] 페루의 민족주의자 호세 마리아테기는 토착 문화가 "페루 민족의 근본이며 … 원주민 문화 없이는 페루다움도 없다"라고 말했다.[24]

다른 지역에서도 이와 유사한 움직임이 나타났다. 중국과 일본에서는 유럽의 인종 개념에 맞서 자체적인 인종 이론을 만들고자 하는 움직임이 일었다. 일부는 자국에 새롭게 편입시키거나 점령 상태를 유지하고자 티베트나 한국 등의 국가를 자신들이 생각하는 민족국가에 끼워 넣기도 했고, 중국의 일부 혁명가들은 만주 왕조를 '오랑캐'로 보고 자신들의 민족에서 제외하기도 했다. 일본에서는 서구 제국주의에 맞서 모든 아시아인이 단결해야 한다는 주장이 나왔다.[25] 중동 지역의 오스만 속국들은 이슬람교가 아랍 문화의 산물임을 강조하며, 오스만 제국의 술탄들에게 모든 이슬람교도의 종교적 지도자를 의미하는 칼리프 칭호 사용을 중단할 것을 요구했다.[26] 1920~1930년대에 세계 곳곳의 아프리카 디아스포라(Africa diaspora, 아프리카 대륙 외의 다른 지역에 거주하는 아프리카계 이민자 공동체—옮긴이)에서는 네그리튀드(Négritude) 운동(아프리카계 프랑스인들을 주축으로 아프리카 출신 이민자들의 흑인 정체성을 회복하기 위하여 벌인 운동—옮긴이)이 일어났다. 카리브해 지역에서는 시인이자 반제국주의 이론가였던 에메 세제르(Aimé Césaire)가 네그리튀드 운동에 동참했다. 파리에 거주하는 아프리카인 중에는 레오폴드 상고르(Leopold Senghor)가 대표적이었는데, 상고르는 추후 세네갈의 초대 대통령으로 취임했다. 서인도 제도의 마르쿠스 가비(Marcus Garvey)가 미국에서 전개한 범아프리카주의 운동은 네그리튀드 운동과 유사한 주장을 담고 있었다. 이들은 모두 아프리카인의 인종적 특성으로 뛰어난 인내심과 끈기, 통찰력과 창의력을 꼽았다. 상고르는 아프리카인들에게는 "직관적인 추론" 능력과 "삶의 기쁨"을 찾을 수 있는 능력이 있다며, 아프리카식 사고야 말로 "고뇌에 찬 유럽식 사고"의 훌륭한 대안이라 주장했다.[27]

루터 스탠딩 베어(Luther Standing Bear)는 라코타 수족 출신으로 1879년 미국의 기숙사 학교에 갔다. 1890년에는 '버펄로 빌의 와일드 웨스트 쇼' 단원이 되어 세계 곳곳을 떠돌며 '인디언' 전쟁이나 대평원에서의 생활을 주제로 공연을 했다. 추후 할리우드로 진출하여 영화배우가 된 스탠딩 베어는 1928~1934년까지 미국의 원주민 문화에 관한 책을 네 권 출간했다. 스탠딩 베어는 "호전적인, 도저히 바꿀 수 없는 야만인의 모습을 간직한" 자신이 자랑스럽다고 했다. 그는 자신이 속한 수족이나 다른 원주민 집단은 아무런 문제가 없다며, "현재 '인디언 문제'라고 불리고 있는 상황을 초래한 것은 백인들의 압제와 어리석음, 근시안적인 태도"라고 비판했다. 스탠딩 베어는 백인들이 아직 아메리카 대륙에 완전히 속하지 못했기 때문에 "원시적인 두려움"을 가지고 있다며, 유럽계 미국인들을 "여전한 외국인이자 이방인"이라고 불렀다. 그는 "만약 상대를 불구로 만들고, 남의 것을 빼앗고, 좌절시키는 것이 문명의 일부라면 대체 진보란 무엇인가?"라는 질문을 던졌다. 스탠딩 베어는 "인디언에게는 여전히 대지의 정신이 스며 있다"라고 하며 다음과 같이 말했다. "티피 천막 바닥에 앉아 인생과 그 의미에 관한 명상에 잠기는 이야말로, 모든 존재와 교감하는 이야말로, 만물의 우주와 일치감을 느끼는 이야말로 문명의 진정한 중심이다. 영적으로 병

들어 대지와 교류하지 못하는 백인들은 지배에만 집착한다. 미국은 원주민들의 사고방식을 인정함으로써 다시 살아나고 다시 회복할 수 있다. 인디언이 미국을 구할 수 있다."[28]

비유럽인이 유럽의 인종 이론을 활용한 또 다른 예로는 1911년 런던에서 개최된 제1회 세계인종회의(The First Universal Races Congress)를 들 수 있다. 전 세계에서 모인 2,100명의 참가자는 문화적 차이의 중요성을 인정하고, 인류 전체의 공익을 위해서는 국제적인 이해와 협력을 통하여 다양한 '인종'과 문화의 개성과 특성을 활용해야 한다고 강조했다.[29]

넓어진 세상에서 신의 자리를 구하다:
종교적 혁신, 1800~1920년

근대 세계의 종교적 믿음에 나타나고 있는 급격한 변화를 널리 인식할 시간이 왔다. … 과학적·경제적 변화는 기존의 종교적 믿음을 흔들어놓았다. 이제 전 세계의 종교는 지식과 경험의 확대가 가져온 새로운 환경을 받아들여야 한다. … 현재 우리에게 필요한 것은 정직하고 두려움 없는, 살아 있는 종교다.[30]

_〈인본주의자 선언문(The Humanist Manifesto)〉, 1933년

제1회 세계인종회의에서도 인종, 민족, 민족주의의 언어가 종교의 언어와 겹쳐지는 모습이 나타났다. 세계인종회의의 뿌리라고 볼 수 있는 윤리문화협회(Society for Ethical Culture)가 종교적 성격을 지니고 있었기 때문이다. 펠릭스 아들러(Felix Adler)가 1877년 뉴욕에서 설립한 윤리문화협회는 인류의 통합과 관용에 관한 종교적 메시지를 설파하기 위하여 만들어진 단

체였다. 사실 민족 문제와 종교 문제를 함께 다루는 일은 흔했다. 19세기 말 러시아 제국의 '러시아화' 정책에는 소수 민족과 소수 종교 집단을 러시아 정교로 개종하게 하는 내용을 포함했다. 이 정책은 유대인 공격을 장려했는데, 유대인 집단은 사실 '인종' 집단이라기보다는 종교 공동체였다. 개종 강요와 유대인 공격을 살펴보면 러시아가 국가나 민족으로서 '러시아다움'을 정의할 때 러시아 정교를 핵심 요소로 보았음을 알 수 있다.[31] 오스만 제국에서는 아르메니아인들을 민족 집단이자 종교(기독교) 집단으로 인식했고, 두 측면 모두를 이유로 박해당했다.[32] 당시 중국의 청나라는 이슬람 문화권이었던 극서 지역을 새롭게 정복했는데, 중국인은 물론이고 그 지역에 사는 주민들도 점차 자신들을 '민족' 집단으로 인지했다.[33] 또한 당시 중국의 지식인과 관리들은 유교를 중국의 핵심적인 문화이자 정체성으로 보고, 유교가 중국을 중국답게 만드는 핵심적인 특성 중 하나라고 주장했다. 이들은 그런 면에서 중국이 남의 나라에 와서 아편을 팔고 항구 도시를 점령하는 유럽과 근본적으로 다르다고 보았다. 일본에서 비슷한 역할을 한 것은 신도(神道)문화로, 정부는 국민적 단결을 이루는 데에 신도문화를 적극적으로 활용했다. 1906년 독일국민의회에서 한 독일어권 가톨릭계 의원은 독일이 점령지인 폴란드에서 펼치는 '독일화' 정책이 사실은 '개신교화' 정책이라고 주장했다.[34] 유럽 내의 제국주의적 확장 지지자들은 기독교를 백인의 종교이자 '문명' 종교라고 생각했다.

인종, 민족, 민족주의, 종교의 관계는 절대로 단순하지 않았다. 많은 종교가 인종주의를 신학적으로 용납할 수 없는 개념이라며 거부했고, 모든 신도가 도덕적·영적 측면에서 평등하다고 주장했다. 1907년 뮌헨의 한 보수 기독교 운동가는 "조총 부대를 앞세워 문명을 전파하려 하는" 독일의 제국주의자들을 비난했다. 이 운동가는 "흑인은 우리보다 신체적, 도덕적으로 열등하거나 가치 없는 인종이 아니다. … 우리는 아프리카인들이 인류라는 종이 지닌 모든 속성을 똑같이 갖춘 우리와 동일한 인간이라고 생각한다"라고 말했다.[35] 미국 서부, 남아프리카를 포함하여 세계 곳곳으로 파견된 선교사들은 자국이 자행하는 학살적 폭력과 원주민 문화의 몰이해에 경악했다.

종교적 사상이나 운동이 정치적 상황을 만나며 국가나 주류 민족의 저항과 봉기로 이어진 일도 있었다. 가장 대표적인 예로는 중국에서 일어난 태평천국의 난을 들 수 있다. 청나라에 저항하여 태평천국의 난을 이끈 인물은 1843년에 자신이 예수의 동생임을 깨달았다고 주장한 선지자 홍수전(洪秀全)이었다. 태평천국 운동으로 세워진 준국가는 무려 20년이 넘게 존재했고, 1852~1864년까지 전성기를 누렸다. 태평천국의 건국으로 일어난 청나라와의 내전에서는 2,000만 명이 넘는 사람이 목숨을 잃었다. 멕시코의 유카탄에서는 계급 전쟁(Caste War)이 일어났다. 1840년대에서 1901년까지 지속된 이 전쟁을 촉발한 것은 종교적 요인과 마야 민족으로서의 정체성 발견(혹은 재발견)이었다. 뉴질랜드에서는 영국의 침략에 대항하여 원주민의 독자적인 왕국을 세우자는 킹 운동(King movement)과 기독교적 요소와 마오리족 전통을 결합한 하우하우 운동(Hauhau movement)이 일어났다.[36] 1860년 한국에서는 최제우가 기독교, 불교, 도교, 유교 요소를 결합하여 새로운 종교를 창건했다. 동학(추후 천도교로 개칭)이라는 이름의 이 새로운 종교는 1890년대 정부의 부패와 일본의 경제적 침투에 대항하여 나타난 농민 운동, 그리고 이후 일제강점기에 나타난 독립운동가들의 저항 운동에서 중요한 역할을 했다.[37]

이렇게 다양하게 전개된 운동과 인종, 민족, 국가의 언어 사이의 관계를 어떤 방식으로 이해하면 좋을까?

기본적으로 1850년부터 제1차 세계대전까지 이어지는 시기에 세계 종교계에서는 상충적이면서도 보완적인 세 가지 흐름이 동시에 나타났다. 첫째는 종교적 정통성, 혹은 통일성을 확보하고자 하는 노력이었고, 둘째는 종교적 이종성, 혹은 다양성을 추구하는 움직임이었으며, 셋째는 종교적 보편주의를 추구하는 움직임이었다. 이 세 가지 흐름은 서로 직접적으로 연결되어 있었고, 당시 세계에서 나타난 기술적·정치적·경제적 변화와도 연관되어 있었다.

첫 번째 흐름부터 살펴보자. 이 시기 세계의 주요 종교계에는 부흥, 쇄신, 정화 운동이 일었다. 개혁론자들은 교리와 수행 방식의 표준화와 체계화를 추구하며 다른 지역의 토착 문화나 타 종교에서 유입된 요소를 제거하기 위해 노력했다. 세계의 교통망, 통신망, 상업망이 점점 촘촘해지면서 사람들은 다른 국가나 지역에 사는 자기 종교의 교인이 무엇을 믿고 어떠한 방식으로 종교 생활을 하는지 알 수 있었다. 타국의 교인들을 '교정'하려는 움직임은 부분적으로는 다른 지역에 관한 지식이 확대하면서 나타난 현상이다.

종교 부흥 운동이나 쇄신 운동은 교인들의 종교 활동 참여를 독려하고 신앙심을 깊게 하려는 노력과 함께 나타났다. 그 노력의 영향으로 나타난 중요한 현상으로는 일부 주요 종교의 성지 순례 강조가 있다. 이슬람교의 경우 메카, 카르발라, 홈스 등이, 가톨릭의 경우 산티아고 데 콤포스텔라, 루르드, 과달루페 등이 순례의 대상이었다. 성지순례의 확대에는 철도와 증기선의 발달이 중요한 역할을 했다. 1850년대 영국과 네덜란드가 운영하던 증기선은 인도와 인도네시아의 이슬람교 순례자들을 메카와 메디나로 이동하게 했고, 세기가 바뀔 때 즈음에는 러시아와 중앙아시아의 이슬람교 순례자들이 흑해 연안의 오데사까지 기차로 이동하여 증기선을 타고 메카로 향했다.[38] 영국이 설치한 철도는 힌두교 순례자를 베나레스로, 불교 순례자를 부다가야로 실어 날랐다. 유럽 내에서도 기차를 타고 프랑스 남부의 작은 마을 루르드를 찾는 이들이 점점 늘어났다. 루르드는 성모 마리아가 1858년 한 시골 소녀 앞에 처음 발현한 이후 성지가 되었다.[39]

세계 곳곳의 종교 연구자들은 교통의 발달 덕에 로마의 바티칸이나 이집트의 알아즈하르(al-Azhar) 등 종교 교육의 중심지를 비교적 쉽게 찾아갈 수 있었다. 종교의 중심지에서 공부한 이들은 더 '순수한' 가르침을 품에 안고 다시 자신의 고국으로 돌아갔는데, 제임스 이매뉴얼 크웨지어 아그리(James Emmanuel Kwegyir Aggrey)가 그 전형적인 예다. 1875년 가나에서 태어난 그는 지역의 기독교계 학교를 졸업하고 노스캐롤라이나의 아프리카 감리교 감독 시온 교회 전문학교에 진학한 후 다시 컬럼비아 대학교에서 수학하고 가나로 돌아가 교육 행정가가 되었다.[40]

교통의 발달은 종교 생활의 중심지에서 수학한 선교사나 지도자들의 변방 지역 진출을 쉽게 만들었다. 북대서양권의 대형 기독교 선교단체가 대대적인 해외 선교에 나섰고, 수피교 교단은 이슬람교 문화권에 자신들의 교리를 전파하기 위하여 나섰다. 사실 이슬람 세계에서 이러한 활동의 전통은 꽤 깊었고, 이 시기 이전에도 우스만 단 포디오(Usman Dan Fodio)나 모하마드 압둘 하산(Mohammad 'Abdulle Hassan) 등의 사례가 있었다. 우스만 단 포디오는 19세기 초 나이지리아 북부에 소코토 칼리프국을 건립했고, 모하마드 압둘 하산은 1880년대 말 메카에서 유학한 후 1900년부터 1920년대 초까지 소말리아에서 영국과 에티오피아의 제국 세력에 저항했다.[41]

인쇄술의 발달과 인쇄물의 증가는 종교적 통일성 확보에 유리하게 작용했다. 인쇄술이 발달하자 점점 더 많은 이들이 개별적인 종교 지도자에게 의존하기보다는 권위 있는 문서를 통하여 종교적 가르침을 받을 수 있었다.[42] 종교서 외의 간행물들도 속속 발간되어 종교 공동체의 결속력을 높였다. 간행물의 예로는 1861년에 창간된 바티칸 교황청의 준기관지 《로세르바토레 로마노(L'Osservatore Romano)》와 1885년에 미국에서 창간된 《크리스천 사이언스 저널(Christian Science Journal)》이 있다. [43]

일부 부흥 운동과 정화 운동은 반제국주의적 성격을 띠기도 했다. 불교에서는 1880~1890년대에 대대적인 부흥 운동이 일어났다. 여기에는 스리랑카의 불교 지도자 아나가리카 다르마팔라(Anagarika Dharmapala)의 영향도 있었다. 스리랑카를 불교의 역사적 수호자로 본 다르마팔라는 스리랑카 민족주의 운동에서도 중요한 역할을 했다. 그는 '순수한' 불교 교리와 수행의 중요성을 강조했다. 1893년 뉴욕에서 "신학, 성직자들의 영향, 의식, 격식, 독단, 천국과 지옥을 비롯한 모든 종교적 구태에서 벗어나야 한다"라고 설파했다. 다르마팔라는 '근대 불교'의 아버지로 알려져 있으며, 일각에서는 그를 '개신교 불교'의 아버지라고 부른다. 그의 불교 정화 운동이 16세기 유럽 종교개혁에서 1,500년간 쌓아온 구교의 역사적 적폐(사상, 수행 방식, 제도)를 '정화'하려 했던 개신교의 모습을 연상시켰기 때문이다. [44]

이슬람교권에서도 이집트를 중심으로 반제국주의, 합리주의, 신앙 정화 등이 결합한 이슬람교 근대화 운동이 일어났다. 주요 지도자 중 가장 영향력 있었던 인물로는 이집트의 무함마드 압두(Muhammad Abduh)를 꼽을 수 있다. 학생으로서, 그리고 여행자로서 세계(프랑스)를 경험한 압두는 범이슬람주의를 주장하는 한편, 종교적·정치적 문제에 온건하고 근대적으로 접근할 것을 강조했다. 그는 1882년 영국의 식민지 점령에 대항하여 이집트의 독립을 주장했다. 수단의 수피 종파 이슬람 지도자였던 무함마드 아마드(Muhammad Ahmad)도 있었다. 1881년 자신이 이슬람의 구세주 마흐디(Mahdi)라 선언한 아마드는 이집트의 수단 침공을 규탄하고, 노예 매매 금지를 요구했다. 이집트에 대항하는 저항운동으로 시작하여 나중에는 영국을 향한 저항을 이끈 아마드는 1885년 수도인 하르툼을 손에 넣고 엄격한 신정국가를 건설하여 수단을 통치했지만, 1898년 영국군의 토벌로 패퇴했다.[45]

힌두교의 주요 부흥 운동은 19세기 중반 지도자인 라마크리슈나(Ramakrishna)의 가르침에서 영감을 받아 진행되었다. 라마크리슈나의 가르침은 1894년 베단타 협회를 창립한 비베카난다(Vivekananda)를 비롯한 여러 힌두교 지도자들에게 이어졌다. 이 움직임은 인도의 민족주의와 반제국주의 발달에 큰 영향을 주었고, 캘리포니아를 비롯한 일부 지역에서 큰 추종 세력을 형성했다.[46]

종교적 일치성을 촉진한 많은 변화, 그중에서도 교통과 통신의 발달은 그 일치성을 위협하는 요소가 되었다. 교통과 통신은 새로운 사상과 그 신봉자들을 전 세계로 실어 나르는 역할을 했기 때문이다. 새로운 사상의 전파에 위협을 느낀 종교계는 주요 종교, 소수 종교 모두 올바른 교리 설파, 공인 경전 전파, 정식 교육 확대에 힘쓰며 교인 지키기에 나섰다. 로마 가톨릭교회는 천주교의 가르침을 더욱 명확하게 전달하고자 1869~1870년 전 세계 교인들을 대상으로 한 첫 번째 교무총회인 제1차 바티칸 공의회를 개최했다. 공의회는 교황이 발표하는 선언들이 신앙의 문제에 있어 절대적이고 강제력 있는 공포임을 확인시키며 가톨릭의 믿음과 종교 수행 방식을 더욱 단일화하고 공고하게 만들고자 했다. 영국 성공회는 1867년부터 런던의 램버스 성에서 세계의 성공회 주교들을 한 자리에 모르는 회합을 주기적으로 개최했다.[47]

종교적 일치성을 높이려는 이러한 노력이 항상 성공적이지는 않았다. 이는 이 시기 나타난 두 번째 흐름, 즉 종교적 다양성의 증가를 보면 알 수 있다. 이 시기에는 다양한 신흥 종교가 탄생했고, 그로 인한 종교 갈등이 증가했다.

종교적 일치성과 다양성이라는 흐름은 서로 영향을 주고받았고, 종교 '정화' 운동이 새로운 교파나 종교의 탄생으로 이어지기도 했다. 그 예로는 19세기 인도 민족주의 발현에 기여한 종교개혁 단체 브라모 사마지(Bramo Samaj)를 들 수 있다. 브라모 사마지를 설립한 람 모한 로이(Ram Mohan Roy)와 인도 지식인들은 원래 유일신교였던 힌두교가 세월의 흐름 속에 각종 성인과 신, 화신의 숭배로 타락했다고 주장했다. 힌두교에서는 이것이 기독교나 이슬람교의 영향을 받은 주장이라고 비판했고, 정통 종교 부흥 운동으로 시작된 브라모 사마지는 1860년 결국 새로운 종파로 분리되었다.[48] 한편 20세기 초 캘리포니아 로스앤젤레스에서는 신학적 자유주의에서 벗어나 다시 순수한 믿음과 종교 생활로 '돌아가자'라고 주장하는 오순절주의(Pentecostalism, 1906년)와 근대 기독교 근본주의(1907년)가 나타났는데, 두 운동 모두 추후 다양한 개신교 교파의 탄생으로 이어졌다.[49] 최근의 한 연구는 19세기 후반 유럽의 학자들이 다채로운 교리 해석과 다양한 수행 방식을 '변질'로 치부하고 교리적으로 순수한 소수의 '세계 종교'(불교, 이슬람교, 기독교, 힌두교, 유대교 등)만을 인정함으로써 현재 우리가 생각하는 종교를 발명했다고 주장했다. 그런 측면에서 생각하면, 다양한 방식의 믿음이 존재했던 기존 종교 공동체에서 발생한 종교 쇄신이나 동일화 운동은 오히려 근대적 형태의 종교 다양성 발현이라고 볼 수 있다.[50]

이 시기의 종교적 소요는 완전히 새로운 종교의 탄생, 그리고 그로 인한 종교 갈등을 일으킨 직접적인 요인이 되었다. 가장 대표적인 예는 앞서 언급한 태평천국의 난이지만 다른 사례도 다수 있다. 이슬람교 계통의 새로운 종교인 바하이(Baha'i)교는 1844년 이란에서 탄생하여 중동 지역을 중심으로 전파되었는데, 지지자들은 끊임없는 박해의 대상이었다. 제2차 대각성 운동의 결과로 1830년 탄생한 모르몬교도 유사한 탄압을 받았다. 미국 북동부에서 탄생한 모르몬교는 탄압을 피하여 1831년에는 오하이오로, 1838년에는 미주리로, 1839년에는 일리노이로, 다시 네브래스카로 거점을 옮긴 끝에 1847년 유타에 정착했다. 1857년에는 미합중국 군대가 유타를 점령했고, 모르몬교도들은 추후 1890년 (미국 연방법으로 금지된) 일부다처제 포기를 선언할 때까지 지속적인 박해에 시달렸다.[51] 그 과정에서 일부는 종교에 더 관대한 멕시코로 이주했는데, 건조한 멕시코 고원의 기후가 모르몬교도들의 생활 터전이었던 유타나 콜로라도와 닮은 덕에 익숙한 농법을 활용할 수 있었다.

제국주의 환경은 종교적 동일성을 추구하는 종교정화 운동을 일으켰지만, 오히려 종교적 다양성 추구를 용이하게 만들어 신흥 종교 혹은 새로운 분파의 탄생을 야기했다. 사하라 이남은 원래 유럽과 북미 선교사들의 주요 활동지였으나, 1880년대를 시작으로 독립 기독교 분파가 왕성하게 활동했다. 1888년 창설된 나이지리아 원주민 침례교회의 신도 수는 1914년에 미국 남부 침례교회의 신도 수를 뛰어넘었다. 1946년 기준, 아프리카에는 무려 1,300개에 이르는 다양한 종파가 있었다.[52]

소수 민족과 소수 인종 차별이 심해지면서 이들이 주도하는 종교 운동이 활발히 일어났다. 초기 사례로는 1816년 필라델피아에서 흑인 자유민들이 설립한 아프리카 감리교 감독교회(African Methodist Episcopal Church)가 있다. 근대 개혁파 유대교는 19세기 초 독일에서 탄생하여 1870년 함부르크에 첫 교육기관을 설립했고, 추후 신시내티에 본부를 설치해 미국에서 큰 영향력을 발휘했다. 보수파 유대교는 교리가 느슨하다고 평가받는 개혁파 유대교와 지나치게 경직되었다고 평가받는 정통파 유대교의 중도적 대안으로 등장했다.[53]

다른 종교적 움직임과 비교하면 그 중요성은 조금 떨어지지만, 종교의 영적인 측면과 과학적 연구를 결합하려는 시도야말로 종교적 다양성을 추구하던 당시의 분위기를 명확히 보여준다. 폭스(Fox) 자매는 한 죽은 여인의 영혼과의 접촉을 계기로 1848년 뉴욕 하이즈빌에서 심령주의(Spiritualism)를 창시했다.

메리 베이커 에디(Mary Baker Eddy)는 저서 《과학과 건강(Science and Health)》(1875년)과 《성서의 열쇠(Key to the Scriptures)》(1883년)의 내용을 바탕으로 크리스천 사이언스(Christian Science)를 1870년대에 설립했다. 신사고 운동(New Thought Movement)의 뿌리는 1830년대까지 거슬러 올라가지만, 이 운동이 어느 정도 체계를 갖춘 것은 1894년 샌프란시스코에서 시작되어 1899년 보스턴에서 마무리된 일련의 회합을 통해서였다. 신사고 운동은 스스로를 "믿음을 방해하는 교리나 독단적인 신조, 허례허식" 없이 "실용적 이상주의 철학과 신과의 의식적인 하나됨"을 위하여 노력하는 "폭넓고 관용적이며 낙관적이고 건설적인 신앙"이라고 정의했다. 신사고 운동의 추종자 중에는 정신의 힘으로 신체의 질병을 치유할 수 있다고 믿는 이들이 많았다. 이들은 물질계를 빚어내는 '사유의 파장'이 지닌 힘, '시크릿(Secret)'을 신봉했다. 자연스러운 일이지만, 신사고 운동 지도자 중에는 원주민들의 영적 전통에 깊은 관심을 보이는 이들도 있었다. 신사고 운동의 주요 문헌으로는 윌리엄 워커 앳킨슨(William Walker Atkinson)이 1906년에 발표한 《사유의 파장, 혹은 사유 세계에서의 끌림의 법칙(Thought Vibration or the Law of Attraction in the Thought World)》을 들 수 있다(한국어판은 《매력, 끌리는 사람의 숨겨진 힘》이라는 제목으로 출간—옮긴이). 이 책을 쓴 앳킨슨은 요가 강사였다.[54]

종교적 동일성과 다양성은 이 시기 종교계의 세 번째 흐름인 종교적 보편성과도 밀접하게 연관되어 있었다. 종교적 보편주의는 인류를 하나로 묶을 수 있는 최소한의 도덕적·영적 공통 분모를 찾고자 하는 움직임이었다. 이 같은 움직임은 크게 놀라운 것은 아니었다. 당시 교통과 통신의 발달로 세계는 점점 가까워지고 있었고, 정치적으로는 제국이 지구 곳곳으로 세력을 확장하고 있었다. 그러한 움직임 가운데 차이를 강조하기보다 인류의 통합을 추구하기 위한 종교적인 움직임이 나타난 것은 어찌 보면 당연한 일이었다.

대표적인 것은 뉴욕으로 이주한 독일 개혁주의 유대교인 펠릭스 아들러가 1877년에 설립한 윤리문화협회라는 신앙조직이었다. 윤리문화협회는 모든 종교인이 실용주의적 인도주의라는 하나의 교리로 단결해야 한다고 주장했다. 신의 정의나 예배의 방식은 종교에 따라 다르지만, 중요한 것은 외적인 요소가 아닌 윤리적인 행동이라고 주장했다. 애들러는 컬럼비아 대학교 윤리학 교수였고, 미국 내 소수 민족과 소수 종교의 권리를 보호하고 이들의 통합을 돕는 미국 시민 자유연맹(American Civil Liberties Union)과 전미 도시연맹(National Urban League)의 설립자 중 한 명이었다. 애들러는 각 종교의 믿음의 방식은 다를 수밖에 없으나, 인류 사회에 필요한 사회윤리의 가장 기본적인 규칙에 대해서는 모든 종교가 동의할 수 있다고 보았다. 애들러는 미래의 종교가 "믿음 그 자체가 아닌 실천을 강조하고, 타인을 배제하는 편협한 정신을 배제하며, 교리에서는 다양성을 허용하되 행동에서는 만장일치를 추구하는 윤리적 원칙의 '합의점'을 찾아야 한다"고 주장했다. (하이델베르크에서도 수학한 적 있는) 애들러의 대서양을 넘나드는 활동으로 1893년에는 국제윤리연합(International Ethical Union)이 창설되었고, 1900년까지 미국, 독일, 영국, 오스트리아, 프랑스, 일본, 스위스, 이탈리아, 뉴질랜드에 지부가 설치되었다.[55]

또 다른 사례로는 인도의 영적 지도자이자 저명한 음악가로 유럽 예술계와도 가까운 사이를 유지했던 이나야트 칸(Inayat Khan)이 1914년 런던에 설립한 서구 수피교단, 혹은 보편 수피교단을 들 수 있다. 보편 수피교단은 이 세상에는 모든 인간에게 동일하게 적용되는 단일한 도덕률이 있으며, 그 도덕률은 극기와 호혜, 사랑에 기반을 둔다고 주장했다.[56]

더 놀라운 예는 미국으로 건너온 러시아 이민자이자 세계여행가였던 헬레나 블라바츠키(Helena Blavatsky)가 1875년 뉴욕에서 창설한 신지학협회(Theosophical Society)였다. 신지학협회의 교리는 블라바츠키가 1888년 출간한《비경(The Secret Doctrine)》에 가장 잘 드러나 있다. 블라바츠키와 신지학 추종자들은 영적 여행과 심령, 그 존재의 힘, 티베트의 계곡에 은신하고 있는 영적 스승들의 존재 등에 관한 다양한 주장을 펼쳤다. 신지학자들은 평소에는 은신하고 있던 영적 스승들이 아주 가끔 다른 곳에 현신한다고 주장했다. 신지학협회의 핵심 목적은 "인종, 신조, 성별, 계급, 피부색으로 인한 차별이 없는 인류의 보편적 형제애의 중핵을 완성하는 것"이었다.[57] 신지학자들은 티베트와 스리랑카를 방문하며 얼마간 아나가리카 다르마팔라와 교류했다. 이들은 인류가 살아갈 방법을 알려주러 올 세계의 스승이라는 존재를 믿었는데, 1909년 한 신지학자가 인도에서 이 세계 스승의 '매개'가 될 지두 크리슈나무르티(Jiddu Krishnamurti)라는 소년을 발견했다. 신지학협회 지도부는 1911년 이 소년을 거의 납치하다시피 하여 영국으로 데려간 후 영적 훈련을 받게 했다. 훈련을 마친 후 캘리포니아의 오하이에 정착한 크리슈나무르티는 세계 스승의 화신으로서 대중에게 처음 모습을 드러낸 할리우드볼 원형극장 연설에서 1만 6,000명의 군중을 모았고, 그 후 세계를 순회하며 연설했다. 1929년에는 신지학회와의 관계를 정리했으나 캘리포니아는 물론 유럽과 인도에서도 중요한 영적 지도자로 남았다.[58]

19세기 종교계의 보편주의적 경향을 가장 분명하게 보여준 것은 1893년 콜럼버스 세계박람회(World's Columbian Exposition)와의 연계하에 시카고에서 개최된 세계종교의회(Parliament of the World's Religions)였다. 세계종교의회에는 45개 종교를 대표하는 194명의 연사가 참여하여 각자의 종교를 소개하고 신앙생활과 사상을 공유했다. 참가자의 4분의 3이 다양한 기독교 분파 출신이었지만 그 외 불교, 유대교, 힌두교, 자이나교, 이슬람교를 비롯한 다른 종교의 대표자들도 다수 참석했다. 이 회의의 절정은 비베카난다의 연설이었다. 종교적 관용의 중요성을 강조한 비베카난다는 모든 종교가 신과 신성함에 다가가는 유효한 길이라며, 인도 내에서 공존하고 있는 다양한 종교 공동체를 예로 들었다. 회의의 다른 참가자들 또한 비베카난다와 마찬가지로 민족주의와 정통성, 보편주의를 모두 녹여낸 연설을 선보였다.[59]

'인도발' 평화와 '동양풍' 춤:
삶 속으로 들어온 세계화, 1890~1930년

도덕적 진보는 물질적 진보와 같은 속도로 이루어지는가? 예수, 무함마드, 부처, 라마크리슈나는 모두 엄청난 영향력을 발휘한 인물이다. ⋯ 이 세상은 그들이 존재한 것만으로도 더 훌륭한 곳이었다. 그들은 빈곤을 의도적으로 자신의 운명으로 받아들였다. ⋯ 많은 인도인이 미국의 재물을 원하지만 그들의 수단은 피하고 싶다고 말한다. ⋯ 그러나 주의하지 않으면 물질주의의 병폐에 따르는 모든 악습을 그대로 들여오고 말 것이다. [60]

_모한다스 카람찬드 간디Mohandas Karamchand Gandhi

(마하트마 간디의 본명—옮긴이), 1916년

세계종교의회의 개최와 참가자(비베카난다, 다르마팔라 등)들의 연설을 보도한 서구 언론은 문화적 세계화를 보여주는 중요한 단면이다. 문화적 세계화는 종교뿐 아니라 예술, 철학, 정치, 과학의 영역까지 포함한다. 지금부터 두 인물의 사례를 통하여 문화적 세계화가 어떤 방식으로 개인의 삶에 영향을 주고, 개인의 삶이 어떤 방식으로 문화적 세계화의 더 큰 흐름을 만들어냈는지 살펴보고자 한다. 첫 번째는 전 세계적으로 잘 알려진 중요한 정치적 인물이고, 두 번째는 현재 기억하는 사람이 드물지만 현대 예술, 특히 현대 무용 발전에 크게 이바지한 인물이다.

첫 번째 인물은 모한다스 카람찬드 간디다. 간디는 1869년 인도 서부의 한 작은 번왕국(영국령 인도 제국에서 영국 정부가 직접 통치하지 않고 각 지역 제후들을 군주 삼아 다스린 소규모 군주국—옮긴이)에서 고위 관리로 일하던 아버지 슬하에서 태어났다. 간디는 아버지의 뒤를 이어 공직에 진출하고자 했는데, 그러기 위해서는 법학 학위가 필요했다. 영국의 식민지였던 인도에서 인도 법을 공부하기 가장 좋은 곳은 애꿎게도 영국이었고, 간디는 1888년 유니버시티 칼리지 런던으로 유학을 떠났다.

간디는 신앙심이 강하지 않았으나, 자이나교도였던 어머니의 영향으로 채식을 했다. 영국 채식협회(The British Vegetarian Society)는 1847년에 설립되었는데, 1880년대 후반에는 인도 종교에 매력을 느낀 신지학 교도들을 비롯한 다양한 이들이 협회의 활동에 동참했다. 간디는 채식 식당에서 이들을 만나며 종교에 관심을 가졌다.[61] 간디는 여전히 아버지의 뒤를 잇기를 바랐고, 법학 공부를 마친 후인 1893년에는 한 인도 사업가에게 고용되어 남아프리카로 떠났다. 그는 그 후 23년간 (가끔 인도를 방문하는 것을 제외하고는) 남아프리카에서 생활했다.

남아프리카에서 보낸 20여 년은 지식인으로서의 간디의 성장에 세 가지 측면에서 큰 영향을 주었다. 첫째, 남아프리카에서의 경험은 간디가 스스로를 '인도'라는 국가의 국민으로 인식하게 했다. 인도에서도 민족주의의 중요성은 점차 커지는 중이었고, 1885년에는 민족주의 운동을 주도하는 인도국민회의가 설립되었다. 그러나 당시 대부분의 인도인은 자신을 특정한 종교 집단이나 '민족' 집단의 일원으로 생각하거나(예를 들어 간디의 경우 구자라트인, 혹은 다른 이들의 경우 벵골인, 타밀인) 특정 번왕국이나 영국령 속주의 시민, 그도 아니면 특정한 지역의 주민이라고 생각했다. 그러나 남아프리카에서는 그 모든 구분이 무의미했고, 모두가 그저 인도인일 뿐이었다.

둘째, 남아프리카의 인도인들은 극심한 차별을 경험했고, 그 차별은 점점 심해지고 있었다. 1890년대와 1900년대 남아프리카에서는 추후 '아파르트헤이트(apartheid)'로 알려질 정책들을 속속 도입하고 있었다. 인종을 기준으로 적용하는 사회적·경제적·정치적 제도인 아파르트헤이트는 백인이 아닌 인종에 대한 극심한 차별을 담고 있었다. 영국은 1910년에는 남아프리카에 존재하던 네 개의 개별적인 식민지를 통합하여 남아프리카연방이라는 특수자치령을 만들었다. 두 보어인 공화국은 인종을 바탕으로 한 투표권 제한을 도입했고, 다양한 차별적 법안을 추가로 도입하며 유색인종의 제한은 점점 참정권, 사회관계권, 직업선택권, 이동권, 재산권으로 확대되었다. 간디가 거주하던 트란스발주는 아파르트헤이트의 전조로 1906년 아시아인등록법을 통과시켰다. 이 법은 (인도인, 아랍인, 레바논인, 터키인 등) 모든 아시아인 지문의 경찰 등록을 의무화했고, 의료 검진을 통하여 신체적 특징을 수집할 수 있게 했다. 이는 모든 아시아인을 일종의 범죄 용의자로 보는 행위였다. 간디가 개인적으로 겪은 인종차별과 이 법안의 통과는 간디가 점차 인종주의를 악으로 인지하게 했다. 간디는 인종주의가 제국주의의 사상적 바탕이었다는 점에서 제국주의에 의문을 품었다. 역설적이지만 간디는 보어 전쟁 중 영국 군대에서 일할 잡역부와 들것 운반부 1,000여 명을 모집하여 영국을 도왔는데, 보어인들이 독립을 유지하면 남아프리카 내 인도인들에게 해로울 것이라는 판단에서였다. 그러나 간디는 보어 전쟁에서 승리한 영국이 아시아인등록법과 유사한 법안들을 통과시키는 모습을 보고 실망할 수밖에 없었다. 남아프리카의 상황을 지켜본 간디는 유럽 정부와 유럽 사회 내에 인종주의가 얼마나 만연해 있는지 알 수 있었다.

셋째, 간디는 1890년대와 1900년대를 지나며 일관된 철학이자 정치적 전략으로서 적극적인 비폭력 저항운동을 창안했다. 간디는 '사티아그라하(satyagraha)'라는 이름을 붙인 비폭력 저항으로 아시아인등록법에 대항하는 시민 불복종운동을 펼쳐 일부 성공을 거두었다. 간디가 자신에게 영향을 준 다양한 사상을 종합하여 만든 사티아그라하는 추후 국제적으로 큰 영향력을 발휘했다. 사티아그라하 창안 시 간디에게 영향을 준 첫 번째 사상은 모든 생물 존중과 비폭력을 핵심 교리로 하는 자이나교 였다. 두 번째는 영국 유학 시절 접한 윤리문화협회의 사상이었 는데, 1889년 출간된 윌리엄 매킨타이어 솔터(William Mackintire Salter)의 《윤리적 종교(Ethical Religion)》가 큰 영향을 주었을 것 으로 추정된다. 헨리 데이비드 소로(Henry David Thoreau)의 《시 민 불복종(On Civil Disobedience)》과 비폭력적인 사회 질서의 가 능성을 고찰한 존 러스킨(John Ruskin)의 《나중에 온 이 사람에 게도(Unto This Last)》 또한 큰 영향을 주었다. 간디는 1882년에 출간된 러스킨의 책을 1908년 자국의 언어인 구자라트어로 번 역했다. 사티아그라하에 영향을 준 세 번째 인물은 터스키기 기 술학교(Tuskegee Institute)를 설립한 미국의 아프리카계 교육자 부커 T. 워싱턴(Booker T. Washington)이었는데, 특히 간디는 자 립을 중시하는 정신과 노동을 고귀하게 보는 워싱턴의 태도에 감화했다. 마지막으로 영향을 준 인물은 러시아의 소설가이자 평화주의자 레프 톨스토이(Leo Tolstoy)였다. 톨스토이의 1893 년 작품 《신의 나라는 네 안에 있다(The Kingdom of God is Within You)》는 간디뿐 아니라 전 지구적인 평화운동에 큰 영향 을 주었다. 1907년에는 인도의 한 민족주의 지도자가 톨스토이 에게 편지를 보내 비폭력적으로 영국을 인도에서 몰아낼 방법 을 물었고, 톨스토이는 답변으로 1908년 사랑의 정신에 바탕을 둔 간접적인 저항을 지지하는 《어느 힌두인에게 보내는 편지(A Letter to a Hindu)》라는 소책자를 썼다. 간디는 톨스토이가 사망 한 1910년까지 2년간 톨스토이와 서신을 주고받았고, 1909년

에는 톨스토이의 소책자를 구자라트어로 번역했다. 간디는 남
아프리카연합의 인종차별적 법안에 반대하는 시민 불복종 시위
준비로 요하네스버그 외곽에 톨스토이 농장(Tolstoy Farm)이라는
사티아그라하 교육 센터를 만들었다.

간디는 민족주의 활동에 본격적으로 투신하기 위하여 1914
년 인도로 돌아갔다. 남아프리카 시절 힌두계 인도인들뿐 아니
라 이슬람계 인도인들과도 일해본 덕에, 간디는 힌두계가 장악
하고 있었던 인도국민회의의 신임뿐 아니라 이슬람계 인도인들
의 지지를 받을 수 있었다. 간디는 인도 이슬람교 만민회의
(All-Indian Muslim Conference)의 대변인이 되었다. 만민회의는
제1차 세계대전 중 영국이 점령한 오스만 제국 내 이슬람교 성
지들을 되찾으려는 국제적 노력의 일환으로 설립한 기관이
었다. 간디는 1921년 인도국민회의의 지도자가 된 후 이어지는
13년 동안 인도 민족주의 운동에서 핵심적인 역할을 했지만
1934년에는 국민회의의 사회주의적 기조에 반대하여 지도자
역할을 사임했다. 본인의 개인적 인기가 민족주의의 대의를 방
해할지도 모른다는 두려움이 사임 결정에 한몫했다. 간디는 추
후 1947년 인도 독립으로 이어지는 협상에서 핵심적인 역할을
했다.

사티아그라하는 세계로 전파되었다. 1890년대와 1900년대
비베카난다와 다르마팔라의 방문 이후 미국에서는 흑인 민권운
동 세력과 인도 독립운동 세력 사이의 접촉과 공감대가 커지고
있었다. 1920년대에 접어들며 두 운동 사이의 직접적인 만남이

더욱 잦았다. 1930년대 후반에는 미국의 주요 흑인 지도자들이 인도를 방문하여 간디를 비롯한 민족주의자들을 만났고, 사티 아그라하는 발생기에 있던 미국의 민권운동에 큰 영향을 주었다. 미국으로 이주한 간디의 제자 크리슈나랄 슈리다라니(Krishnalal Shridharani)는 1939년 영어로 《폭력 없는 전쟁(War without Violence)》을 출간했다. 이 책은 1942년 시카고대학교 학생들이 설립한 민권운동 단체인 인종평등회의(Congress of Racial Equality, CORE)의 핵심 교재로 쓰였다. 간디의 사상과 전략에 관심을 가진 또 다른 인물로는 마틴 루서 킹 주니어(Martin Luther King Jr.)가 있다. 킹 목사는 1958년 민권운동의 주요 사건 중 하나였던 몽고메리 버스 승차 거부 운동에 대하여 쓴 책에서 이렇게 말했다. "간디의 말을 접하기 전, 나는 예수님이 설파하신 윤리는 오직 개인 간의 관계에서만 유효하다는 결론을 굳히고 있었다. … 나는 인종이나 국가 간의 충돌에서는 더 현실적인 접근이 필요하다고 생각했다. 간디의 글을 읽은 후 내 생각이 완전히 잘못되었다는 사실을 깨달았다."[62] 1960년 설립된 학생 비폭력 조정위원회(Student Nonviolent Coordinating Committee, SNCC)도 사티아그라하의 영향을 크게 받았다.

간디 외에도 미국의 민권운동에 영향을 준 인물이 있다. 1889년 출간한 책으로 간디에게 영향을 주었던 솔터는 전미 유색인종 지위 향상협회(National Association for the Advancement of Colored People, NAACP)의 설립자 중 한 명이다. 솔터의 스승인 펠릭스 애들러는 미국 시민 자유연맹과 전미 도시연맹의 공동 설립자다. 이러한 단체들은 모두 시민권 운동의 성공에 중요한 역할을 했지만, 간디 또한 분명히 큰 역할을 했다.

남아프리카에서의 비폭력 운동은 안타깝게도 큰 성공을 거두지 못했다. 1912년 설립된 아프리카민족회의(African National Congress)는 간디의 영향을 받아 1960년까지 비폭력 기조를 유지했으나 (시위 참가자 69명이 총에 맞아 숨진 샤프빌 학살을 비롯한) 정부의 폭력적인 압제에 맞서 무장투쟁을 병행했다. 아프리카민족회의는 1970~1980년대 부분적으로 게릴라전을 동원했지만, 결국 아파르트헤이트 정권을 무너뜨린 것은 비폭력적 수단이었다. 1986년 필리핀에서 일어난 독재자 페르디난드 마르코스(Ferdinand Marcos) 퇴진 운동 역시 간디의 방식을 차용했고, 동유럽의 공산주의 정권의 비폭력적인 교체 또한 간디 사상의 영향을 받은 것이었다.[63]

간디의 사상이 전 세계로 퍼져나갈 수 있었던 이유는 무엇일까? 어찌 보면 당연한 답이지만, 간디 사상의 기원 자체가 이미 전 지구적인 성격을 갖고 여러 나라의 사람들에게 쉽게 다가갈 수 있었기 때문이다. 태생부터 다양한 문화적 문맥을 지녔던 사티아그라하의 친숙한 언어는 세계인들의 강한 공감을 이끌어낼 수 있었다.

문화적 글로벌화의 두 번째 사례는 정치와는 전혀 다른 분야인 예술에 관한 것이다. 19세기 말부터 20세기 초까지는 소비자 경제가 급격히 발달하면서 오락 산업이 성장했다. 초기인 1880~1890년대에는 주로 북대서양권 국가 위주로 발달했으나 오락 산업은 다른 지역으로 점차 퍼져나갔다. 가장 대표적인 예는 영화 산업이다. 영화는 1890년대 말 그야말로 아무것도 없는 상태에서 시작하여 순식간에 가장 사랑받는 대중오락이었다. 시작부터 국제적인 성격을 가진 영화 산업은 초기에는 프랑스 기업과 미국 기업이 거의 독점했다. 프랑스의 거대 영화기업 파테는 1914년을 기준으로 전 세계 41개 지사를 운영했으며, 아시아 시장을 지배했다. 1913년 기준 독일에서 상영된 영화 중 독일 영화는 12퍼센트뿐이었고, 31퍼센트는 미국 영화, 27퍼센트는 이탈리아 영화였다. 남미에서는 미국 영화가 엄청난 인기를 끌었는데, 미국의 일부 도덕 개혁론자들은 미국 영화의 인기가 오히려 미국의 영향력을 약화할 수도 있다고 우려했다. 1925년 한 금주 운동가는 영화가 "무법, 범죄, 절도, 살인, 고속도로 강도, 결손가정, 그리고 자유연애를 미국의 전형적인 모습으로 그리고 있다"라고 걱정했다.[64]

활동사진, 즉 영화 산업의 등장은 기술 발전의 결과였다. 촬영용 카메라, 현대 영화를 탄생할 수 있게 한 화학의 발달, (도시의 중심가에 속속 생겨나는 오락의 중심지로 사람들을 실어 나르는) 전기 철도와 전차가 영화 산업을 가능하게 했다. 그 외에 도시화, 인구의 밀집, 관중의 생성, 경제의 성장과 생활 수준 향상, 전기의 전파 등도 영화 발전에 중요한 역할을 했다.

관람 스포츠도 비슷한 이유로 크게 성장했다. 통신망과 교통망의 발달, 대중 언론의 국제적 유통 확대, 대규모 관중을 소화할 수 있는 도시 인프라의 발달이 중요한 역할을 했다. 1910년대와 1920년대에 관중을 수만 명씩 끌어모으던 비행기 경주, 자동차 경주, 자전거 경주는 비행기나 자동차, 자전거의 개발로 가능했던 오락이다. 당시 다양한 스포츠가 인기를 끌었지만, 가장 인상적인 등장을 보여준 스포츠는 축구였다. 영국에서 처음 개발된 현대 축구는 1880년대부터 해외 거주 영국인들을 통하여 세계로 전파되었다. 1920년대에 이르자 축구는 세계적인 스포츠가 되었고, 특히 해외 문화를 쉽게 접할 수 있는 항구 도시에서 먼저 인기를 끌었다. 축구 종목을 관장하는 국제기구인 국제축구연맹(Fédération Internationale de Football Association, FIFA)은 1904년 유럽의 일곱 개국을 회원국으로 처음 출범했다. 1914년까지 유럽에서 일곱 개 국가가 추가로 가입했고, 그 외 아르헨티나, 칠레, 남아프리카, 미국이 합류했다. 1920년대에는 유럽 국가 아홉 곳, 라틴아메리카 국가 열네 곳, 캐나다, 터키, 이집트가 회원이 되었다. 1930년에 우루과이는 월드컵을 처음으로 개최했다.[65]

교통 혁명 덕에 부상한 또 다른 오락으로는 각종 소극장 공연을 꼽을 수 있다. 소극장 공연은 대부분 '고급문화' 공연의 저렴한 대안으로, 짧은 공연 몇 가지를 다양하게 엮어 보여주는 방식이었다. 소극장 공연은 노래, 짧은 영화, 차력과 곡예, 스탠드업 코미디, 동물 묘기, 춤 등으로 채워졌다. 터키에서 온 차력사, 러시아에서 온 춤추는 곰, 캄보디아와 자바, 인도에서 온 무용단 등 머나먼 세계에서 온 '이국적인' 공연이 많았다.

현대 무용은 영화와 소극장 공연이 인기를 더해가던 오락 산업 번성의 문맥 속에 등장했다. 등장 초기인 1900년경에는 다양한 소극장 공연에 끼워넣기 좋게 한 명의 무용가가 단독으로 하는 공연이 주를 이루었다. 샌프란시스코의 이사도라 덩컨(Isadora Duncan)이 가장 대표적인 현대무용의 사례다. 덩컨은 1902~1903년에 유럽에서 스타 무용가이자 유명 인사가 되었다.[66] 덩컨 외에도 공연을 펼친 무용가들이 있었다. 당시 덩컨 다음으로 유명했던 무용가로는 세인트 데니스(St. Denis)라는 예명을 썼던 루스 데니스(Ruth Dennis)를 꼽을 수 있다. 무용가로서 세인트 데니스의 활동은 문화 세계화가 진행된 복잡한 과정을 잘 보여준다.[67]

세인트 데니스는 뉴저지에서 미국인 어머니와 영국인 이주자 아버지 사이에서 태어났다. 19세기 말 영국에서 북미로 향하는 거대한 이주의 물결 사이에서 태어났다고 볼 수 있다. 세인트 데니스는 어린 시절 프랑스인 프랑수아 델사르트(Francois Delsarte)가 개발한 동작 체계를 배웠다. 이 동작 체계는 일종의 퍼포먼스지만, 중산층 여성들에게 우아한 몸가짐을 가르치기 위한 수단이었다. 세인트 데니스는 샌프란시스코의 포르투갈-영국 이민자 사이에서 태어난 데이비드 벨라스코(David Belasco)가 제작한 무용 작품에 출연하며 몇 년간 뉴욕의 소극장 공연계에서 활동했다. 1904년부터 독립적인 활동을 시작한 그녀는 '동양적' 신비를 담은 작품들을 주로 공연했다. 단독 활동을 시작한 지 1년 후, 그녀는 뉴욕 코니아일랜드의 한 놀이공원에서 인도의 음악가와 무용가들을 우연히 보았고, 여기에서 영감을 받아 '인도풍' 무용을 개발했다. 세인트 데니스는 이 '인도' 무용으로 유럽에서 엄청난 성공을 거두었다(그림 4.3~4.5).

세인트 데니스는 1880년대 중반부터 '동양적'인 것이라면 뭐든 열광하던 유럽과 북미의 오락 시장을 활용했다. 열광 자체가 제국주의의 문화적 영향과 아시아 문화의 수용을 반영했는데, 1893년 개최된 세계종교회의의 영향도 컸다. 세인트 데니스의 등장 이전, 이미 유럽과 북미의 식민지나 유럽의 자유무역에 새롭게 시장을 '개방'한 국가의 무용수들이 공연하며 세인트 데니스를 위한 터를 닦아놓았다. 그중에는 1900년 파리 세계박람회에서 엄청난 파문을 일으킨 일본의 사다 얏코(Sada Yattko)가 있었고, 프랑스의 동남아시아 점령 후 유럽으로 넘어온 캄보디아 무용수들이 있었다. 유럽이나 미국 출신의 다른 무용가들도 있었다. 네덜란드 식민지 관리와 결혼하여 자바에서 거주하다가 다시 유럽으로 돌아온 네덜란드 태생의 여성 마타 하리(Mata Hari)는 '동양' 무용가가 되었다. 뉴저지 출신의 레지나 우디(Regina Woody)는 '닐라 데비(Nila Devi)'라는 예명으로 공연했고, 영국계 인도인 무용가 올리브 크래독(Olive Craddock)은 유럽에서 '로샤나라(Roshanara)'라는 이름으로 공연했다.

세인트 데니스의 행보는 남달랐다. 그녀는 1911년 미국으로 돌아와 데니숀 무용 학교(Denishawn Dance School)를 설립했고, 결과적으로 미국 현대 무용계에 가장 큰 영향을 주었다. 1926년에는 자신의 무용단을 이끌고 인도에 가서 백 회가 넘는 공연을 펼치며 열광적인 반응을 이끌었다. 인도의 대표적인 민족주

그림 4.3_ '인도' 무용수로
분한 루스 세인트 데니스

그림 4.4_ '스페인' 무용수로
분한 루스 세인트 데니스

그림 4.5_ '이집트' 무용수로 분한 루스 세인트 데니스

의 운동가로, 시인, 교육자, 인도 전통 무용 부흥론자이기도 했던 라빈드라나트 타고르(Rabindranath Tagore)는 세인트 데니스에게 인도에 남아 자신이 설립한 대학과 예술 회관에서 무용을 지도해달라고 요청했다.[68] 세인트 데니스 외에도 러시아의 발레리나 안나 파블로바(Anna Pavlova)와 캘리포니아 출신의 무용가 모드 앨런(Maud Allan)이 연이어 인도를 방문하며 인도 무용을 재발견하는 데 영감을 주었다. 당시 영감을 받은 이들 중에는 신지학협회의 지도부도 있었다.[69] 무용가들의 공연을 본 인도의 중산층들은 하층민의 오락으로 여겨졌던 인도 전통 무용이 이제 고상한 문화가 될 수도 있다 생각했다. 서양인들의 잇따른 인도 무용 공연은 유럽의 예술 공연보다 인도의 무용을 열등하게 본 인종주의적 태도를 뒤집어놓았다. 당시 인도 국민회

의가 막 대중의 지지를 받으며 영국의 지배를 실제로 위협하기 시작하던 시기였던 만큼 세인트 데니스의 인도 방문 시점은 더할 나위 없이 완벽했다.

문화의 세계화가 한 방향으로만 전개되지는 않았다. 타고르의 비서였던 영국인 레너드 엘름허스트(Leonard Elmhirst)는 타고르가 인도에서 벌이는 활동에서 영감을 받았다. 1920년대 중반에 영국으로 돌아간 그는 잉글랜드 데번셔에 있는 다팅턴 홀(Dartington Hall)에 실험적인 학교와 예술 공동체를 설립했다. 다팅턴은 곧 유럽의 무용 혁신의 중심지가 되었다.[70] 1911년 독일로 이주한 일본의 무용가 이토 미치오도 엘름허스트에게 영향을 주었다. 미치오는 추후 런던, 뉴욕, 로스앤젤레스 등으로 무대를 옮기며 활동했고, 영국 현대 연극과 미국 무용계에 지대한 영향을 미쳤다.[71]

현대 무용은 전 지구적인 차원에서 미적 기준의 우열을 가리지 않고 다양한 미적 경험을 존중하는 보편적 문화 공동체 형성에 일조했다. 이 시기 활동한 또 다른 무용가로는 토르톨라 발렌시아(Tórtola Valencia)가 있다. 발렌시아는 제1차 세계대전 이전 영국과 스페인에서 현대 무용가로 명성을 쌓은 후 1920년대에 남미 여러 지역에서 활발한 순회공연을 펼쳤다. 발렌시아는 스페인 '라틴주의'의 영웅이었다. 당시 스페인에서는 영국, 독일, 미국 등 '게르만주의' 국가에 대항하여 남유럽인들이 훌륭한 문화적·인종적 특성이 있는 민족임을 강조하는 '라틴주의'가 나타나고 있었다(스페인은 미국-스페인 전쟁에 패하여 1898년 미국에 식민지를 할양한 뼈아픈 역사가 있었다).[72] 스페인의 '라틴주의' 영웅이었던 발렌시아는 남미에서는 원주민 전통에서 영감을 받아 개발한 무용으로 인디헤니스모(indigenismo), 즉 원주민주의의 영웅이 되었다. 발렌시아의 '잉카 전쟁의 춤'은 칠레와 페루에서 큰 인기를 끌었다. 인도의 음악가이자 영적 지도자였던 이나야트 칸도 많은 인기를 끌었다.[73] 세인트 데니스와 마타 하리는 각각 미국과 영국에서 이나야트 칸과 동반 공연을 했다. 칸은 몇 년 후인 1914년 보편 수피교단을 설립하며 이슬람 신비주의와 이슬람교의 윤리적 전통을 서구에 본격적으로 소개했다.

간디의 비폭력주의와 현대 무용의 발달 과정은 20세기 초반 문화 세계화의 중요한 특징을 잘 보여준다. 19세기와 20세기 초를 대표하는 정치적·경제적 변화(대이주, 제국주의, 경제적 통합 강화, 교통과 통신의 혁명 등)는 1920년대 들어서며 새로운 차원과 새로운 유형의 전 지구적 문화 통합을 이루어냈다. 지식과 예술의 혁신은 더 이상 특정한 인구와 문화의 역사적 중심지에서 탄생하여 다른 지역으로 일방적으로 전파되지 않았다. 혁신은 세계 곳곳을 연결하는 문화 네트워크를 타고 만난 다양한 문화적 경험이 혼합되며 탄생했다. 태생부터 여러 문화 중심지의 영향을 받아 탄생한 문화적 혁신은 그 특성 덕에 전 세계인들에게 사랑받을 수 있었다.

간디와 세인트 데니스가 조직화되지 않은 느슨한 지식 혹은 문화의 연결망에 속했다면, 1900년을 전후로 하는 약 50년 동안은 초국적 조직과 기구의 조직적인 네트워크가 생겨났다.

1900년대 초에는 이러한 기관들을 지칭하는 정부간기구(intergovernmental organizations, IGOs)나 국제비정부기구(international nongovernmental organizations, INGOs)라는 용어가 등장했다.[74] 국제 '시민사회'와 **국제주의**의 출현을 보여주는 이러한 단체 중 상당수는 19세기 후반부터 세계 사회에 나타난 경제적·정치적·사회적 변화로 인한 각종 위기에 대처하고자 설립된 것이다. 국제단체의 초기 사례로는 오스만 제국(콘스탄티노플(현재의 이스탄불), 탕헤르, 알렉산드리아)과 테헤란에 설치한 검역소들을 들 수 있다. 성지순례를 위하여 메카를 방문하거나 순례를 마친 후 자국으로 돌아가는 여행객들을 통한 (콜레라 등 전염병을 비롯한) 질병의 전파를 막기 위하여 설치한 검역소에서는 다양한 국가의 담당자가 함께 일했다. 1851년부터는 검역소의 업무를 감독하는 국제위생회의(International Sanitary Conference)를 정기적으로 개최했고, 검역소들은 전염병을 효과적으로 통제하기 위한 국제적인 네트워크의 일부를 이루었다. 1907년에는 국가별 보건위생 단체와 국제단체 간 전염병 정보 교류를 돕기 위하여 파리에 공중위생 국제사무소(International Office of Public Hygiene)를 설치했다. 1863년에는 축산업의 국제화에 맞춰 가축 전염병을 효과적으로 통제하고자 하는 국제수의학회의(International Veterinary Congress)가 첫 회합을 했다.[73] 산업 재해율과 각종 업무 관련 사고율의 증가로 사회주의적 노동자 운동이 등장하고 있던 1900년경에는 유럽 각국의 정부와 사회복지 전문가, 경제학자들이 모여 스위스에 본부를 둔 국제

노동자보호연맹(International Union for Workers' Protection)을 창설했다. 연맹은 안전한 작업 환경을 장려하고 산업재해와 계급 갈등으로 인한 사회적 비용을 낮추는 것을 목표로 했다. 노동자보호연맹은 1906년 성냥 공장에서 사용된 위험 물질 중 하나인 백린(白燐) 사용을 금지하는 국제협정을 체결했다.[76] 제국주의와 전쟁의 두려움은 국제적인 행동으로 이어졌다. 1863년에는 적십자가 창설되고 1864년에는 제네바협약이 체결되었다. 그외 20세기 초 곳곳에서 진행된 국제적 평화운동, 1899년과 1907년 두 차례에 걸쳐 개최된 헤이그 만국 평화회의, 상설 국제사법재판소(Permanent Court of International Justice) 설립 등도 평화를 위한 국제적 노력의 일부였다. 콩고자유국에서 자행된 만행을 세계에 알리고자 하는 언론인, 활동가, 자선사업가, 정치인들이 모인 국제조직 콩고개혁협회(Congo Reform Association)도 이 시기에 만들어진 성과였다.[77]

19세기 말에는 다양한 문제의 해결책을 찾기 위해 국제회의와 정부 간 협약을 활용했다. 지적재산권 보호 문제도 그중 하나였다. 지적재산권 보호 문제 해결은 기술의 국제적인 유통, 개발, 투자를 위하여 필요한 전제조건이었다. 이와 관련하여 1883년 파리와 1886년 베른에서 기본 협약이 체결되었고, 1893년에는 해당 협약의 관리 감독을 맡을 지적재산권 보호를 위한 국제합동사무국(United International Bureau for the Protection of Intellectual Property)이 설립되었다.[78]

그런가 하면 경제적·기술적·정치적 변화가 가져온 기회를 더욱 잘 활용하기 위하여 결성된 조직들도 있었다. 만국우편연합과 국제전신연합은 새로운 교통기술과 통신기술의 국제적 가능성을 극대화하기 위하여 탄생한 조직이었다. 1875년에는 국제무역과 과학 연구의 협력을 위해 국제도량형국(International Bureau of Weights and Measurements)이 창설되었다. 국제농업연구소(International Agricultural Institute, 3장 참고) 또한 이 범주에 속한다. 과학계가 아이디어 공유, 연구 중복 방지, 용어 통일, (논문 등을 통한) 데이터 공유를 위하여 만든 조직들도 중요한 부분을 차지했다. 대부분의 과학 기구는 초기에 상설 기관이 아닌 정기적으로 개최되는 회의의 형식을 취했다. 예를 들어 국제지질회의(International Geological Congress)는 1878년에 처음 개최되었지만, 국제지질과학연맹(International Union of Geological Sciences)이 설립된 것은 1961년이었다. 1930년대에 후반에 이르러 과학 관련 국제기구의 수는 50개가량이었다.[79] 공학계 또한 다양한 국제적 조직을 설립했다. 1881년 처음 개최된 국제전기기사 회의(International Congress of Electricians)는 1906년 국제 전기 표준회의(International Electrotechnical Commission)의 설립으로 이어졌다. 공학 분야의 국제 조직들은 기술의 이전과 적용을 돕고 나사산의 규격, 필름 감광도, (나중에) 신용카드 두께 등의 표준을 제정하며 국제적인 경제활동을 용이하게 했다.[80]

당시 많은 국제기구가 과학, 기술, 사업 환경의 세계화로 인하여 탄생했지만, 그 외의 목적으로 설립된 조직도 다수 존재했다. 우선 여가 문화의 국제화가 진행되며 1894년 설립된 국제올림픽위원회(International Olympic Committee)가 있다. 앞서 소개한 바와 같이 국제축구연맹은 1904년에 설립되었고, 1914년까지는 열다섯 개의 스포츠 관련 국제단체가 추가로 설립되었다. 1900년을 전후로 20~30년간은 교통과 통신의 발달로 용이해진 전문 지식의 국제적 교류를 여성 인권 개선에 활용하고자 하는 국제 여성단체들이 속속 창설되었다. 이 시기에는 세계 기독교 여성 절주연합(World Woman's Christian Temperance Union, 1876년), 국제여성위원회(International Council of Women, 1888년), 국제 여성참정권 동맹(International Woman Suffrage Alliance, 1904년), 기독교 여성청년회(Young Women's Christian Association, YWCA, 1894년), 여성 클럽 총연합회(General Federation of Women's Clubs, 1890년), 국제 사회주의 여성사무국(International Socialist Women's Secretariat, 1909년)을 포함한 스물두 개의 국제 여성단체가 설립되었다. 프랑스와 독일 두 국가를 회원으로 1889년 출범한 국제의회연맹(Inter-Parliamentary Union)은 정책 관련 전문 지식을 나누고 행정부의 국제관계 독점을 견제하고자 탄생했다.[81] 사회주의 인터내셔널(Socialist International)의 제1 인터내셔널(1864년)과 제2 인터내셔널(1889년)은 각국의 사회주의 정당의 전문성을 높이고 세계 여론의 통로 역할을 하는 한편 자본주의의 국제관계 독점을 견제하고자 탄생했다.

앞서 언급한 바와 같이 이러한 단체들은 점점 더 빠르게 증가했다(물론 제1차 세계대전 기간에는 정체를 보였다). 1874년에 37

개였던 국제 비정부기구의 수가 1900년에 200개로 늘었고, 1930년에는 무려 800개로 증가했다. 북대서양권을 중심으로 이러한 단체의 수가 많아지자 1907년에는 단체의 현황을 파악하고 관리하기 위한 단체인 국제협회연합(Union of International Associations)이 설립되었다.[82)

점점 더 가깝게 연결되던 당시의 국제사회에는 실로 다양한 국제단체와 협약이 등장했다. 그 과정이 계획적이거나 조직적이지 않았으나, 우리는 여기에서 잠재적 갈등을 예방하고 건설적인 방향으로 나아가려는 국제사회의 의식적인 노력을 엿볼 수 있다. 그런 의미에서 다양한 국제단체의 탄생은 국제 개발 사업의 일부로 볼 수 있다. 단, 이 사업은 특정한 자원을 개발하는 것이 아닌 국제 개발 사업이 불러온 국제적 흐름을 관리하는 사업이라는 점이 달랐다.

국제단체들은 세계 곳곳에 생겨나며 연결망을 이뤘으나 20세기 초까지는 그 분포가 고르지 못했다. 대부분의 단체는 북대서양권에 집중해 있었고, 이집트, 일본, 터키, 호주, 남아프리카, 남미에 일부 흩어져 있었다. 실제로 국제단체들의 조직적인 '국제주의'보다 문화적 세계화가 세계 곳곳에 더 큰 영향을 미쳤다. 문화적 세계화는 거대한 규모의 혁명과 군사적 충돌이 계속된 1905~1945년의 '대폭발'의 지적·문화적 기반이었다. 대폭발은 부분적으로는 문화의 전 지구적인 통합이 불러온 정치적인 결과였다.

그 내용을 이어지는 5장에서 살펴보자.

5장

뿌리까지 흔들린 세계 :

대폭발

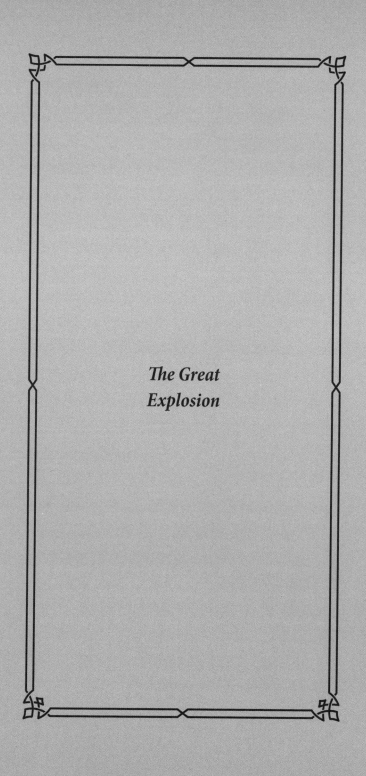

*The Great
Explosion*

혁명의 도미노,
1890~1923년

우리는 선언한다. 지주와 지배자들이 찬탈한 토지, 목재, 물을 원래 주인인 마을 공동체와 주민에게 즉시 반환한다. 압제자들에게 부당하게 빼앗겼던 부동산의 소유권을 그 합당한 주인인 마을 공동체와 주민에게 즉시 이전한다. 소수가 토지, 목재, 물을 독점하고 있는 지금, 대다수의 멕시코 마을 공동체와 시민은 사회 환경의 어떠한 개선도 기대하지 못하고 농업에도 산업에도 종사하지 못하며 끔찍한 빈곤으로 고통받고 있다. 우리는 독점 재산의 3분의 1에 대하여 보상할 것을 밝힌다. 본 계획에 직간접적으로 반대하는 지주와 지배자들의 재산은 몰수하여 국유화한다.[1]

_에밀리아노 사파타(Emiliano Zapata), 〈아얄라 계획(Plan de Ayala)〉, 1911년

1905년쯤 지금까지 책의 앞부분에서 언급한 다양한 변화들이 세계 곳곳에서 임계점에 다다르기 시작했다. 세계경제의 성

장이 가져온 경제적 변화는 세계의 많은 국가와 사회에서 극심한 불안과 갈등을 발생시켰다. 인류학자 에릭 울프(Eric Wolf)가 1969년 지적한 바와 같이, 당시 세계 곳곳의 소농(小農), 즉 상대적으로 작은 농지를 경작하며 살아가는 가족농이나 영세농은 큰 어려움에 직면했다. 식량을 비롯한 다양한 농산물의 무역 시장 편입, 국내외 투자자본의 농촌 유입, 노동 방식의 변화 등 새로운 환경에 도무지 적응할 수 없었기 때문이다. 그 결과 대두된 '농민 문제'는 1910년대 멕시코, 러시아, 중국의 혁명에서 1950~1960년대 베트남, 알제리, 쿠바의 혁명에 이르기까지 20세기의 다양한 농민 전쟁으로 이어졌다.[2] 농민 문제만큼이나 산업 노동자 문제도 심각했다. 산업 노동이 증가하는 가운데 노동자의 경제적 권리 문제, (사회주의적 성향의) 산업 노동자를 어떻게 하면 자본주의적인 정치 구조로 편입시키느냐의 문제는 당시 많은 국가에서 중요한 과제였다. 귀족과 군주가 여전히 큰 정치적·제도적 권력을 유지하고 있는 사회에서는 경제적 변화로 급부상한 상인, 사업가, 전문직 중산 계급과의 대립이 유사한 문제를 만들었다. 거기에 중산 계급 내 갈등도 있었다. 새롭게 부상한 중산 계급 중에는 외국 자본과의 합작을 적극적으로 원하는 이들이 있는가 하면, 그 자본이 휘두르는 권력을 못마땅하게 여기는 이들도 있었다. 주권 국가들은 강대국에 경제적·군사적으로 압도되거나 점령당하지 않을까 노심초사했고, 경쟁국에 뒤처지지 않기 위해서 취해야 할 경제적·사회적·정치적 조치를 놓고 내부적으로 격렬한 논쟁과 갈등이 끊이지 않았다.

1905~1923년 사이에는 이 긴장과 갈등으로 촉발된 혁명이 세계 곳곳에서 폭발적으로 일어났다. 그 혁명의 물결 한가운데에 제1차 세계대전이 발발했고, 전쟁은 다시 새로운 혁명의 물결을 만들었다. 당시 세계대전이 아닌 대전(The Great War)이라고 불렸던 이 전쟁은 제국주의 열강들의 대결, 19세기 내내 진행된 자원 및 시장 확보 경쟁의 심화, 민족주의와 민족성을 바탕으로 한 정치적 세력의 발현 등이 뒤얽힌 갈등의 산물이었다. 제1차 세계대전은 이전에 있었던 그 어떤 전쟁보다 광범위하고 파괴적인 전쟁이었다. 주요 참전국이었던 북대서양권 국가들이 당시 세계 여러 지역에 영향력을 행사하고 있어 더욱 광범위했고, 산업 발달과 군비 기술 발전으로 전투의 양상이 달라졌기에 더욱 파괴적이었다. 전쟁이 불러온 두 번째 혁명의 물결은 계급, 인종, 국가성에 관한 새로운 생각에 기반을 둔 새로운 형태의 정치사상과 조직을 탄생시켰다. 이 정치 조직은 새로운 통신 기술을 적극적으로 활용하여 경제적·사회적·문화적·교육적 의제를 빠르게 근대화했다. 이 모든 갈등은 약 20년이라는 짧은 기간에 압축적으로 전개되었고, 1930년대 이전과는 확연히 다른 새로운 세계 질서를 만들었다. 그러나 1930년대 초에 그 새로운 질서는 다시 혼란으로 빠져들었고, 결국 더 크고 파괴적인 갈등이 나타났다. 그것은 제2차 세계대전이었다. 제2차 세계대전은 세계적 경제위기의 해법과 근대 사회 조직을 위한 다양한 방법론이 충돌하고 각국의 이념적 대립이 심화하면서 나타난 전쟁이었다.

요약하자면 1905~1945년의 시기에는 앞선 장에서 소개한 모든 경제적·정치적·문화적 변화들이 상호작용을 일으키며 거대하고 근본적이며 비극적인 갈등을 연속적으로 빚어냈다. 그 결과 1억~2억 명에 이르는 사람이 참혹하게 목숨을 잃었다. 전쟁의 또 다른 결과는 기존 국제 질서의 파괴와 새로운 질서의 탄생이었다.

이 시기 발생한 혁명 중 가장 처음 일어난, 그리고 가장 전형적인 모습을 띤 혁명은 러시아 혁명이었다. 1905년 발발한 러시아 혁명은 1907년 제정 정부가 진압했지만 10년 후 다시 점화해 결과적으로 세계 최초의 공산주의 국가인 소비에트 연합의 탄생을 이끌었다. 러시아 혁명은 앞 장에서 소개한 다양한 변화의 결과로 발생했다. 그중 몇 가지 중요한 요인을 꼽자면 인구의 빠른 증가와 토지 부족, 그로 인한 러시아 농민들의 절망감이었다. 러시아 농민들은 1861년 해방령으로 농노 신분에서 벗어났으나 해방 이후에도 실질적인 변화를 거의 느끼지 못했다. 러시아의 농업 기술은 여전히 후진적이고 체계가 없었다. 농노 신분에서 해방되었을 뿐 자기 땅을 소유한 농민은 드물었고, 많은 이들이 부재지주의 땅을 빌려 농사를 짓는 소작농 신세로 남았다. 일부 농민은 사업성을 발휘하여 땅을 소유하고 늘리기도 했다. 그러나 이들이 소유지를 늘려갈수록 다른 농민들은 더욱더 소작으로 내몰렸다. 결국 농민들 사이에서 격차가 벌어지자 농촌사회에서 격한 갈등이 싹트기 시작했다.

불안정을 불러온 두 번째 요소는 산업의 성장과 그에 따른 주요 도시 내 공장 노동자 계급의 생성이었다. 노동자의 상당수는 고용주의 착취와 횡포에 불만을 품었다. 당시 러시아에서 노동조합 활동은 불법이었다. 노동조합 활동이 금지된 데다 인구의 증가로 노동력의 공급 또한 폭증했으니 당시 노동자들이 받는 임금이 얼마나 낮았을지는 쉽게 짐작할 수 있다. 상황이 이러하니 많은 이들이 노동자에게 더 큰 결실을 약속하는 사회주의에 매력을 느꼈다. 당시 노동자들은 외국인이 경영하거나 외국 자본이 소유한 대규모의 근대화된 공장이나 그 주변에서 모여 주로 일했다. 환경은 노동자들의 정치적 결집을 용이하게 했다. 노동자들은 자신들의 소유가 아닌 공장을 바라보며 러시아 사회의 '아웃사이더'로서의 소외감을 여실히 느꼈고, 이 또한 사회주의적 성향을 강화했다.

세 번째 주요 요소는 국민국가와 의회정치 개념의 국제적인 전파였다. 1900년경 러시아의 사회적·정치적 지도층 중에는 차르가 지배하는 제정 러시아의 권위주의적 체제에 반감을 품고, 러시아의 근대화를 위해서 의회정치를 도입해야 한다고 주장하는 이들이 점점 늘어났다.

궁극적으로 혁명의 불씨가 된 것은 대규모 이주, 이주민의 정착, 그리고 제국주의 전쟁이었다. 1904년에 러시아는 만주 일대의 지배권을 놓고 일본과 전쟁에 들어갔다. 만주는 새로운 정착민들의 빠른 유입으로 (광물 채굴, 콩 재배 등) 자원 추출이 활발하게 이루어지던 지역이었다. 러일전쟁은 경제적으로 일본에 뒤처지던 러시아로서는 감당하기 힘든 전쟁이었다. 결국 전쟁은 재정 악화와 식량 배급 체계의 극심한 혼란을 불러왔고, 이는 식량 폭동과 대규모 거리시위로 이어졌다. 급진적 사회주의를 표방하는 노동자들은 지역 혁명 정부를 설립했고, 농민들은 지주를 죽이고 땅을 점유했다. 새롭게 결성된 입헌민주당 (Constitutional Democratic Party)이 헌법 개혁을 요구하며 러시아는 내전의 늪으로 빠져들었다.

위기를 느낀 제정 정부는 일본과의 전쟁을 황급히 끝내고 군대를 국내로 돌려 정치적 급진세력을 진압하고 의회 개혁과 사법 개혁을 약속함으로써 사태를 진정시켰다. 러시아 혁명으로 일부 개혁을 도입했지만, 애초에 1905년 혁명의 발생 요인인 근본적인 문제와 사회경제적 문제를 해결하지 못한 채 제1차 세계대전이 발발했다. 제1차 세계대전을 맞은 제정 정부는 다시 한번 무능을 드러냈고, 러시아에서는 1905년 혁명 때와 똑같은 재정 위기와 식량 위기가 터져 나왔다. 그러나 이번에는 러일전쟁 때처럼 쉽게 전쟁에서 발을 뺄 수 없었다. 제1차 세계대전은 러일전쟁과는 비교할 수 없을 만큼 큰 전쟁이었기 때문이다. 또다시 일어난 러시아 내전에서는 급진세력이 승리를 거두었다. 그 결과 러시아에는 뛰어난 공산주의 이론가이자 볼셰비키 정당의 지도자였던 블라디미르 레닌이, 후에는 이오시프 스탈린(Iosif Stalin)이 이끌었던 볼셰비키 정당이 수립한 독재 정권이 들어섰다. 러시아에 공산주의 정권이 들어선 과정에 대해서는 다음 장에서 자세히 다룰 예정이다. 짧게 요약하자면, 러시아 제국이 무너지며 러시아에서는 사회주의자, 공산주의자,

무정부주의자, 자유주의자, 농민 자치론자, 보수 군주제 지지자, 다양한 외부 세력(폴란드, 프랑스, 영국, 미국, 일본)이 서로 주도권을 잡기 위하여 치열한 내전을 벌였고, 이 내전에서 최종적으로 승리한 것이 볼셰비키당, 혹은 공산당이었다. 세력을 잡은 볼셰비키는 공산당 일당 지배 체제를 수립하고 전제군주 시절의 잔재를 모두 걷어냈다. 그렇게 러시아에 남아 있던 19세기적 군주 제도는 물론이고 중산 계급, 귀족 계급, 종교 공동체, 전통적 가족 및 성별 관계 등의 기존 체계가 모두 사라졌다. 이 모든 것은 당의 주도하에 도입된 새로운 사회주의적 질서로 대체되었고, 공산당은 세계경제에 지배를 넓혀가던 자본주의 세력에 맞서기 위하여 러시아의 경제와 산업을 발전시켰다.[3]

1905년 러시아 혁명이 있고 난 뒤 이란(당시 페르시아)에서는 1906년에, 오스만 제국(현재 터키 일대)에서는 1908년에 입헌주의 혁명이 발생했다. 사업가와 관리, 학생과 장교 등 지역의 사회적·정치적 지도층은 오스만 제국의 술탄과 이란의 샤(Shah, 페르시아어로 왕, 군주를 뜻하며 칭호로 사용―옮긴이)를 압박하여 의회정부제를 도입하거나 확대했다. 러시아와 마찬가지로 이들 지도층은 근대 국가를 제대로 통치하기 위해서는 의회의 존재가 필수적이라고 생각했다. 민족주의적 정서는 의회 도입의 중요성을 더욱 강조했다. 의회정부제는 실제야 어떻든 이론상으로는 통치자가 아닌 국민을 대표로 하는 제도였기 때문이다. 사업상, 혹은 공무상 여러 나라에서 견문을 쌓으며 시야를 넓힌 사람들 사이에 터키, 혹은 페르시아라는 국가의 국민 정체성이 싹트면서 기존의 왕정은 근대화와 국력 신장을 가로막는 방해물로 여겨졌다.

이란과 터키에서는 많은 이들이 러시아, 영국, 프랑스를 비롯한 제국주의 세력의 재정적 의존을 줄이고, 또 국가들의 착취와 점령을 막기 위해서는 반드시 근대 정부를 수립해야 한다고 믿었다. 열강의 지배를 우려한 이들에게는 그럴만한 이유가 있었다. 실제로 당시 영국과 러시아가 10년이 넘게 페르시아(현재의 이란)에 눈독을 들이는 중이었기 때문이다. 영국과 러시아가 페르시아를 원하는 이유는 다양했지만, 가장 큰 이유는 대규모 석유 자원의 부존 가능성이었다. 1890년대쯤 이러한 가능성이 명확해졌고, 1908년에는 마침내 현실로 확인되었다. 이란과 터키의 개혁 과정에서는 외국에서 유학이나 망명 생활을 한 이들이 주도적인 역할을 했다. 오스만 제국의 개혁 세력은 청년 투르크당(Young Turks)이라고 알려진 통일진보위원회(Committee of Union and Progress, CUP)를 결성하여 활동했는데, 구성원의 상당수가 19세기 말 파리에서 유학한 인사였다. 청년 투르크당이 처음 결성된 곳은 터키가 아닌 파리였다.

오스만 제국에서는 1908년 통일진보위원회가 군사 반란을 일으켰다. 통일진보위원회는 1876년 도입했다가 폐지된 헌법을 부활시킬 것을 요구하고, 1909년에 술탄 폐위를 요구했다. 이들은 1913년까지 일련의 군사 쿠데타와 반쿠데타를 거치며 점차 세력을 굳혀 나갔는데, 그 과정에서 원래의 진보주의적 원칙(자유, 박애, 평등, 정의)을 저버리고 권위주의적인 체제로 변질되었다. 정권을 잡은 통일진보위원회는 계엄령을 남용하고 선거를 조작하는가 하면 날조된 혐의로 정치적 반대 세력을 체포했다. 이들은 공공장소에서 시위를 금지하는 한편 언론의 자유를 제한했고, 국민 사이에서는 '두 눈을 감고 묵묵히 내 할 일을 하자'라는 분위기가 조성되었다. 맹목적인 국수주의와 타 인종을 배척하고 팽창을 추구하는 범투르크주의적 경향도 점점 강해졌다. 오스만 제국은 제1차 세계대전에서 (독일, 오스트리아와 더불어) 패전국이 되어 협상국 측의 점령을 받았는데, 청년 투르크당은 이에 맞서 1919년 독립 전쟁을 개시하고 후에 케말 아타튀르크(Kemal Atatürk)의 지도하에 근대적인 세속국가인 터키 공화국을 건설했다. 터키 공화국은 칼리프제를 폐지하고 수피교단을 폐쇄했으며, 이슬람법과 민법을 분리하고 스위스, 이탈리아, 독일의 법을 참고하여 새로운 법률을 도입했다. 학교를 세속화하고 서양식 달력과 로마자 표기법을 도입하는가 하면, (1934년 투표권 인정을 포함하여) 여성의 권리를 인정하고 여성의 머리를 가리는 히잡 착용을 금지했다. 학교 입학률은 네 배 증가했고, 남녀공학 교육을 확대했다. 아타튀르크의 주도로 창당된 공화인민당(Republican People's Party)은 1945년까지 일당 통치시대를 이끌었다.[4]

이란의 경우 샤의 외채 의존과 (석유, 어업, 담배 등의 산업에 대한) 외국 기업의 독점적인 양허에 반발하여 결집한 사업가들과 종교계가 1906년 말 의회 헌법 공포를 이끌었다. 그러나 비교적 평화로웠던 혁명을 이끈 두 세력은 개혁 과정에서 분열했다. 진보적 입헌주의자들이 교육 개혁과 사법 개혁을 도입하고 종교적 소수집단에 법적·정치적 평등권을 보장하려 하는 과정에서 보수적 성향의 종교 지도자들이 반대하고 나섰기 때문이다. 페르시아는 곧 혼란에 빠졌다. 지역 군벌과 부족들이 나라 곳곳을 장악했고, 러시아와 영국, 페르시아 군대가 차례로 개입했다. 1925년에 군사령관이던 모하마드 레자 팔라비(Mohammad Reza Pahlavi)가 최종적으로 권력을 획득하고 새로운 왕조를 세웠다. 팔라비는 아타튀르크와 마찬가지로 다양한 민족주의적·근대적·세속적 개혁을 도입했다. 그는 세속적 상법, 형법, 민법을 새롭게 도입했으며, 성직자들이 재판이나 공증을 할 수 없도록 사법권을 박탈했다. (여학교를 비롯한) 세속 교육을 도입했고, 교통 인프라를 빠르게 개발했으며, 공공장소에서 여성의 히잡 착용을 금하는 한편 남성에게는 모자를 쓰도록 했다.[5]

멕시코에서는 1910~1929년에 이르는 긴 기간 동안 복잡하면서도 격렬한 혁명과 내전이 여러 차례 발발했다. 멕시코는 1860년대 프랑스 제국주의 세력의 지배를 잠시 거친 후 약 25년 동안 포르피리오 디아스(Porfirio Díaz)가 통치했다. 디아스는 재선을 보장하기 위하여 부정 선거, 언론 검열, 반대 세력 투옥 및 유배 등 다양한 부정을 감행했다. 그는 노동 운동과 언론, 정치적 반대 세력을 탄압하고 효율적인 기업농 양성을 목적으로 내세워 국가 소유의 토지나 '인디오' 농민들의 소유 토지를 아시엔다(hacienda, 대농장) 지주나 북미와 유럽의 투자자 등 부유한 집단에 이전하는 법들을 통과시켰다. 디아스의 경제발전 정책으로 1910년 멕시코의 철도망은 1876년과 비교하여 서른 배가까이 확대되었고(약 80퍼센트가 미국 자본의 투자), 광산업은 열배가량 성장했으며(약 4분의 3이 미국 기업 소유), 농업 수출은 다섯 배, 전체적인 교역 규모는 열 배가량 증가했다. 광물자원과 농축산물 등 수출을 위한 멕시코의 자원 추출 산업은 성장을 거듭했다. 멕시코는 육류, 가죽, 설탕, 목화, 사이잘(1878년부터 북미에 도입되기 시작한 기계식 수확기의 결속 끈을 만드는 천연 섬유) 등을 끊임없이 생산했다.[6]

그러나 디아스의 개혁이 불러온 사회적 파장은 심각했다. 이시기 국토의 5분의 1에 달하는 면적(약 4,000만 에이커)이 국유지 혹은 인디오 공동체에서 대농장인 아시엔다나 비교적 큰 독립 농장인 란초(rancho)로 편입되었다. 혼인과 혈연으로 맺어진 800여 개 남짓한 가문이 멕시코 전체 경작 가능 토지의 10분의 9를 독점했고, 이들이 운영하는 대규모 아시엔다에서는 봉건제와 유사한 노동이 횡행했다. 특히 남부의 사이잘과 설탕 플랜테이션에서는 채무 노동이 성행하여 노동자들은 노예와 다름없는 환경에서 일했다. 멕시코 전체 인구 중 어떤 형태로든 토지를 소유한 인구는 3퍼센트에 불과했고, 농촌 인구의 90퍼센트는 농사를 지을만한 땅이나 마을 공동체 소유의 땅이 없었다. 멕시코 토지의 4분의 1가량은 외국인 소유였다. 식량 생산이 침체한 가운데 인구는 빠르게 증가했고, 식량 가격은 오르는데 가난한 이들의 소득은 오르지 않았다. 경제 전반의 생산성 향상은 인구 증가를 거의 따라가지 못했다. 내수 소비자의 빈곤 심화와 절박한 노동자들이 제공하는 값싼 노동 때문이었다. 유럽 혈통의 멕시코 지배계층은 이 모든 것을 자연스러운 현상으로 보았다. 이들은 멕시코 인구의 다수를 차지하는 '인디오' 원주민들을 열등한 인종으로 보았기 때문이다.[7]

러시아와 마찬가지로 멕시코에서도 경작지를 원하는 농민층, 자산을 모은 농촌의 중산층, 저임금의 산업 노동자들 사이에서 불만이 커졌다. 산업 노동 인력은 대규모 공장에 집중되었는데, 공장은 대부분 외국 자본의 소유였다. 공장의 노동 환경은 무척 열악했지만 외국 투자자는 환경 개선이나 급여 인상을 위한 노동조합 조직을 금지했다. 멕시코 내에서 인디헤니스모, 즉 원주민주의를 지지하는 세력이 늘면서 유럽계 상류층과 외국 투자자의 지배에 대한 반감이 커졌다. 일반 국민은 상류층에 불만을 품었지만, 상류층은 디아스 대통령과 그 측근들에게 반감을 품고 있었다. 디아스와 측근들이 고위 관직이나 수익성 좋은 사업, 좋은 토지 등 경제개발의 혜택을 독점한다고 생각했기 때문이다. 1907년 금융 위기가 진행되던 가운데 결집한 세력이 디아스를 대통령직에서 끌어내렸다.[8]

당시 디아스 반란을 이끈 이들 중 한 명이 프란시스코 마데로(Francisco Madero)다. 마데로는 당시 많은 혁명론자가 그랬듯 미국 캘리포니아 대학교에서 유학하고, 파리에서 체류하는 등 해외 경험을 했다. 채식주의자이자 절대 금주주의자였고, 금욕적인 심령론자이기도 했던 그는 영혼들이 자신에게 천상의 신을 위한 "자유와 진보의 전사가 되어 지상의 위대한 작전을 이끌라"라고 말했다고 주장했다.[9] 디아스를 몰아내고 승리를 거둔 1911년부터 마데로가 암살당한 1913년까지 멕시코의 역사는 군사 쿠데타와 암살로 얼룩졌다. 중부에서는 노동자들이 대거 결집했고, 북부의 카우보이들은 판초 비야(Pancho Villa)를 중심으로 모여들었으며, 남부의 인디오 농민들은 에밀리아노 사파타를 중심으로 집결했다. 혁명이 끝날 때까지 멕시코는 끔찍하고 폭력적인 전쟁과 기아에 시달렸다. 그 기간 멕시코인 여덟 명 중 한 명이 목숨을 잃었다.[10]

1915년경에 이르러 민족주의자들은 급진적인 혁명 세력을 물리치고 점점 정부를 지배했다. 권력을 잡은 민족주의 세력은 채무 노동을 폐지하고 반대파에게 몰수한 1,700만 에이커에 이르는 땅을 에히도(ejido)라고 불리는 촌락 공동 소유 토지로 재편성하며 지지를 얻었다. 사파타와 판초 비야는 암살당했고, 정부는 1920년대 말 보수 가톨릭 세력의 반란으로 또다시 소규모 내전에 휘말렸다. 가톨릭 세력은 교회 재산 몰수, 세속 교육 확대, 교회 외 장소에서 성직자 복장 금지 등을 골자로 하는 정부의 법안에 반대했고, 정부는 내전 끝에 교회와 타협했다. 새로운 정권은 제도혁명당(Institutional Revolutionary Party, PRI)으로 스스로를 재편하며 세력을 굳혔고, 2000년에 이르기까지 단일 여당으로 멕시코를 통치하며 독점적인 지위를 누렸다. 제도혁명당은 1938년 석유산업을 국유화했고, 1934년부터 1964년까

지 총 8,500만 에이커에 이르는 토지를 땅 없는 농민에게 나누어주거나 에히도로 배당했다.[11]

중국에서는 1911년 청나라가 무너졌다. 청나라의 주축은 많은 이들이 이민족으로 보았던 만주족이었는데, 이들을 무너뜨린 세력은 사업가, 정부 관리, 학생, 군인들로 일정 부분 다른 나라의 혁명 세력과 유사한 특성을 보였다. 중화민국을 꿈꿨던 이들 세력은 시대에 뒤떨어진 청 왕조의 제도로는 결코 근대화를 이끌 수 없다고 생각했다. 혁명 세력 중 일부는 일본 유학 경험이 있었고, 효과적인 근대 정치 제도를 도입한 일본의 1889년 헌법을 흠모했다. 1894~1895년 청일전쟁에서 중국의 패배를 목격하고, 의화단 운동에서 일본, 영국, 프랑스, 미국 군대가 베이징을 다시 점령하는 모습을 본 혁명 세력은 근대화가 늦어지면 제국 열강들의 분할통치가 이루어질지 모른다는 두려움을 가졌다. 1910년에 진행된 일본의 한국 합병은 이러한 위기감을 한층 높였다. 한편 농촌에서는 정치적 지배층인 신사 계층의 경제적·외교적 무능함에 불만을 품은 자영농 계층이 성장하고 있었다. 해안 도시에서 일하는 노동자들은 새로운 환경에서 자신들의 이익을 관철할 방법을 찾으려 애썼고, 사업가들은 외세의 지나친 영향에 불만을 품고 있었다. 아편전쟁 이후 개항된 '조약항'은 중국법이 아닌 유럽법의 지배를 받았기 때문이다.

이 모든 흐름이 뒤얽혀 혁명의 움직임이 생겨났다. 그러나 다양한 사안이 얽혀 발생한 움직임인 만큼 내부 분열이 있을 수밖에 없었다. 당시 민족주의 지식인 계층이 중국 내에서 가지고 있던 영향력에는 한계가 있었지만, 혁명 초기에는 복합적인 사회적 문제로 다양한 계층이 일으킨 저항에 어느 정도 자신들의 이념적 색을 입히는 데 성공했다. 그러나 새로 건국된 중화민국은 얼마 지나지 않아 초기의 군사적 동맹이었던 위안스카이의 손에 넘어갔다. 위안스카이는 청 황제를 퇴위시키고 쑨원에게 임시 대총통직을 넘겨받은 인물인데, 1913년에는 쑨원을 비롯한 민족주의자들을 몰아내고 1915년에 스스로 황제에 즉위했다. 1916년에 위안스카이가 사망하자 지역 군벌들은 이합집산을 반복하며 복잡한 내전을 일으켰고, 중국은 다시 분열했다. 민족주의자들은 세력을 정비하고 규율과 체계를 갖춘 새로운 정당인 국민당을 창당했다. 국민당은 러시아 볼셰비키 정권으로부터 자금, 무기, 정치적·군사적 훈련 등 다양한 지원을 받았으며, 1921년에 창당된 중국 공산당과 수년간 협력했다. 그러나 1925년에 쑨원이 사망한 후 국민당의 지도자 자리는 완고한 반공주의자로 상하이 사업계와 친분이 두터웠던 그의 동서 장제스에게 넘어갔다. 장제스는 취임 초기인 1926년에 공산당과 협력하여 군벌을 토벌하며 세력을 키웠으나 곧 공산당과 갈라선 후 공산당 토벌에 나서 1927년에 약 2만 명을 죽음으로 몰아넣었다. 이 과정에서 장제스는 국민당 내에서 자신의 세력을 공고히 할 수 있었다.

수차례에 걸친 군사 작전에도 공산주의 운동 세력과 인민해방군은 쉽게 사라지지 않았다. 공산당 세력은 당내 최고의 군사령관이자 사상가였던 마오쩌둥을 중심으로 뭉쳤고, 1930년대에 이르러 중국 북부의 농촌 지역을 기반으로 세력을 다지는 가운데 레닌주의 노동 정당에서 마오주의 농민 정당으로 거듭났다. 한편, 일본은 1931년 광물자원이 풍부한 만주 침공을 시작으로 1937년에는 본격적인 대륙 침략을 시작했다. 그 후 12년간 중국은 국민당과 공산당, 일본이 벌이는 삼파전으로 혼란의 소용돌이에 빠졌다. 이 전쟁은 1941년에 이르러 아시아태평양 지역의 패권을 놓고 벌이는 더 큰 갈등으로 전개되었다.[12]

앞서 소개한 각국의 혁명은 모두 달랐다. 각국은 각기 다른 역사와 제도, 경제적 상황과 사회적 구조, 전략적 입장을 가지고 있었고, 각자가 처한 상황과 가능성이 달랐다. 그러나 각각의 혁명에는 놀랄 만큼 유사한 점이 있다. 우선 모든 사례에서 혁명을 촉발한 것은 사회적·정치적 엘리트 계층 내부의 분열이었다. 엘리트 계층 중 일부는 기존의 정치적·사회적·경제적 제도의 유지를 바랐던 반면, 다른 일부는 그 모든 제도의 근대화를 원했다. 근대화의 열망을 불러온 요소 또한 유사했다. 첫 번째 요소는 국가적·민족적 정체성을 대변하는 정부에 대한 열망이었고, 두 번째 요소는 근대화에 실패하면 점점 강해지고 있는 제국주의 세력에게 먹혀버릴지도 모른다는 두려움이었다. 혁명의 핵심적인 지도자가 국제적인 경험을 지닌 인물이었다는 점도 유사했다. 기존 체제에 불만을 가진 엘리트 계층의 저항이 국제 경제 확대로 인한 압박에 신음하던 국민의 더 큰 저항과 함께 진행되었다는 점도 유사했다. 국민의 저항 중에는 산업, 상업 경제의 발달로 가혹한 노동 환경에 내몰린 산업 노동자들의 저항과 국제적 식량 생산 시장의 형성으로 어려움에 부닥친 가난한 농부나 소작농의 저항도 있었다.[13] 혁명의 결과로 수립된 정권이 근대화된 형태의 독재 정권이었다는 점 또한 유사했다. 혁명 이후 많은 국가에서는 근대식 대중 정치 운동에 기반을 둔 일당 지배 체제가 나타났다. 혁명 세력이 사회 변화를 도모하는 과정에서 종교계와 갈등을 겪은 것도 유사했다. 당시 혁명 이후 각국에 나타난 독재 세력은 대부분 1979년 이란 혁명으로 시작하여 2000년 멕시코 제도혁명당의 몰락까지, 이어지는 20세기의 두 번째 혁명의 물결이 닥칠 때까지 정권을 유지했다.

앞서 언급한 모든 혁명에는 사회주의가 중추적인 역할을 했다. 러시아의 소비에트 정권은 제1차 세계대전 당시 동맹국들의 공격과 점령에 한창 맞서 싸우던 와중에도 케말 아타튀르크를 적극적으로 지원했다. 멕시코의 제도혁명당 정권은 사회주의 경제 전략의 중요한 요소들을 채택했다. 사회주의는 중국 공화 혁명에서도 중요한 역할을 했으며, 1911년 시작된 내전에서 종국에 승리를 거둔 것은 국민당이 아닌 공산당이었다. 이유가 무엇이었을까?

우선 19세기 중반 이후 나타난 사회주의의 부상은 자본주의적으로 재편되고 있는 세계 사회에 대한 저항의 일부였다. 노동자들은 사회주의를 저항의 도구로 사용했다. 이는 19세기의 과학적·기술적·경제적 변화로 나타난 산업적·상업적 자본주의, 그리고 자본주의를 중심으로 재편되고 있는 사회에 대한 저항이었다. 사회주의자들은 대부분 반제국주의자였다. 이들은 제국의 확장을 노동자의 세금으로 자본가의 배를 불리는 약탈적 자본주의의 확장으로 보았다. 그런 의미에서 당시 세계를 휩쓴 사회주의 운동은 1장과 2장에 등장한 세계 개발 사업의 강압성과 폭력성에 대한 저항이었던 것으로도 볼 수 있다. 한편 19세기 사회주의는 넓게 보자면 종교의 영역에 속했다. 기존 종교가 평화롭고 조화롭고 고결한 신의 왕국을 건설하고자 했다면, 사회주의라는 종교는 세속적인 의미의 보편적인 평화와 정의가 다스리는 사회주의 국가 건설을 약속했다. 마지막으로 사회주의는 인종, 민족, 국가, 종교적 차이에 이어 계급의 차이를 부각하는 다섯 번째 차이의 언어였다. 사회 간 이동이 늘고 교육 수준이 높아지고 정보 교류가 활발해지면서 사람들은 자신이 속한 사회가 아닌 다른 사회에 사는 이들에 대하여 더 잘 알 수 있었다. 그 과정에서 사람들은 타 사회에서 자신과 비슷한 처지에 있는 다른 사람들과 자신을 연결 지어 생각할 수 있었다. 사회주의자들이 보기에 어느 사회에서든 직접 일하는 노동자들은 그렇지 않은 이들과는 다른 존재, 더 나은 존재였다.

사회주의를 차이의 언어를 극복하기 위한 보편주의적 접근으로 보는 관점도 있다. 사회주의자들은 대개 종교를 사적인 믿음으로 치부했고, 심한 경우 종교란 노동자가 억압을 받아들이게 하기 위한 일종의 음모라고 생각했다. 탁월한 사회주의 이론가였던 카를 마르크스는 종교를 '인민의 아편'이라고 했는데, 실제 인민의 상황을 개선하지 못하면서 빈곤과 착취로 인한 고통을 둔화시키고 희생을 학습시키는 역할을 한다는 의미였다. 그는 적어도 종교와 정치는 무관해야 한다고 보았다. 또한 사회주의자들은 국가란 지배계급의 지배를 돕기 위한 도구일 뿐이라고 주장했다.[14] 마르크스는 정부가 자본주의 지배계급인 '부르주아 문제를 관리하는 위원회'에 불과하다고 말했다. 사회주의자들은 정부란 노동자의 불만과 시위를 탄압하고 노동자의 이익에 반하는 법을 집행하는 집단이며, 그저 다른 사회의 지배계급과 이익을 놓고 경쟁을 벌이는 데 유용한 집단이라고 주장했다. 사회주의자들이 보기에는 인종이나 민족의 차이는 지배계급이 노동자를 분열시키고 지배하기 위하여 만들어낸 또 다른 도구에 불과했다.

차이의 언어와 달리 사회주의는 모두가 근본적으로 같다는 점을 강조했다. 모든 노동자가 근본적으로 같은 삶의 경험과 가치를 지니고, 모두가 같은 사회적·정치적·경제적 이익을 추구한다는 말이었다. 이러한 이유로 사회주의는 국제적인 차원에서 조직되었다. 제1 인터내셔널이라고도 불리는 국제노동자협회(International Workingmen's Association)는 1864년 런던에서 창립되었고, 1차 대회는 제네바에서 1866년에 열렸다. 제1 인터내셔널은 사회주의와 무정부주의로 분열해 1876년 해체되었지만, 1889년 다시 제2 인터내셔널이 결성되어 1916년까지 활동했다. 전 세계의 사회주의 운동 세력은 '만국의 노동자여, 단결하라!'라는 단일한 구호를 사용했고, '인터내셔널가(歌)'라는 공통의 혁명가를 불렀다. 각국의 사회주의 정당과 노동조합은 '인

터내셔널주의'를 추구하며 인류를 경쟁적이고 갈등적인 정치
집단으로 나누는 것에 반대했다.

1890년대에 이르러서는 북대서양권의 여러 국가에서 사회주의 운동이 중요한 정치적 성과를 이루었다. 산업화가 진행되면서 소득이 증가하고 더 많은 이들이 글을 읽을 수 있었다. 도시 내에서의 교류와 소통이 늘면서 노동자들의 노동조합 조직과 사회주의 정당 활동이 더 수월해졌다. 노동자들은 기술혁신과 세계경제의 연결이 가져온 경제적 보상을 더 평등하게 분배하고자 나섰다. 1900년대에 이르자 산업국가의 사회주의 노동조합 가입자 수가 수십만을 넘어 수백만 명까지 증가하는가 하면, 사회주의 정당이 전국 선거에서 전체의 3분의 1을 득표하는 일도 생겼다(독일). 이 시기에는 (산업재해 보상, 공장 안전, 노사 중재, 사회보험, 공공보건 등) 초기 사회 법안이 도입되고 도시 공공 서비스가 확대되었다. 노동 시간 단축, 임금 인상 등 노동자 권리 보장의 성공은 사회주의 운동에 낙관론을 불어넣었다. 세계적으로도 더 많은 국가가 사회주의에 매력을 느꼈다. 최대 규모의 사회주의 정당과 노동조합은 서유럽에 있었지만, 사회주의 사상과 운동은 세계 곳곳에 존재했다. 이는 아마도 사회주의가 정복과 착취가 아닌 평화와 협동이라는 세계 질서의 비전을 제시했기 때문일 것이다.

이러한 배경을 고려하면 사회주의 지도자 상당수가 세계를 종횡무진하며 활동한 것은 크게 놀랍지 않다. 당시 많은 지도자가 그야말로 문화적·정치적 세계화를 그대로 옮겨놓은 듯한

삶을 살았다. 대표적인 인물은 베트남의 공산당 지도자 호찌민이다.[15] 호찌민은 1890년 프랑스의 식민지였던 베트남 북부에서 태어났다. 그는 스물한 살의 나이에 미국으로 건너가 7~8년 동안 뉴욕, 보스턴, 런던 등을 오가며 생활했다. 이 시기 그는 다양한 직업에 종사했지만, 주로 일한 곳은 식당이었다. 1919~1923년에 프랑스에 거주했는데, 호찌민은 이 시기 프랑스 공산당 창당에 참여했다. 1923년에는 모스크바로 건너가 1921년 설립된 공산당 국제 조직 코민테른(Comintern)의 활동에 가담했다. 1924~1927년에는 중국 남부에 거주하며 급진적 정치 운동에 투신했으며, 1928~1933년에는 태국과 홍콩을 비롯한 아시아 곳곳에 거주하며 코민테른의 일원으로 활동했다. 1933년에는 다시 유럽으로 돌아갔는데, 이탈리아 생활을 거쳐 모스크바로 향했다. 그러다 1938년에는 다시 중국으로 돌아가 3년가량 중국 공산당 운동을 도왔다. 호찌민이 마침내 베트남으로 돌아온 것은 처음 떠난 해로부터 30년이 흐른 1941년이었다. 고국으로 돌아온 그는 게릴라전을 지휘하며 일본 점령군, 다시 돌아온 프랑스 식민지군, 베트남 공화국(남베트남)군 및 미군과 차례로 맞서 싸웠다. 호찌민은 30년 이상의 세월 동안 국제 노동 시장과 혁명 운동에 참여한 인물이었다. 베트남 공산당의 지도자로 떠오른 호찌민에게는 이미 세계 곳곳에서 활발히 활동 중인 동지와 지지자가 있었다.

물론 호찌민의 경우가 극단적이기는 하지만, 실제 사회주의자와 공산주의자의 상당수가 국제적인 경험을 쌓았다. 많은 이들이 국제적인 연대를 하나의 이상이나 이론이 아닌 실제 삶으로 경험했고, 세계 곳곳을 누비며 동지와 지지자들의 환영을 경험했다. 그런 의미에서 사회주의의 발생과 전파 과정은 앞서 소개한 문화 세계화와 비교해볼 수 있다. 문화 세계화와 마찬가지로 사회주의는 한 장소에서 발생하여 일방적으로 전파되기보다는 전 지구적인 연결을 통하여 전파되었다. 많은 사회주의자와 공산주의자들은 스스로를 한 국가의 국민으로 인식하기보다는 전 지구적으로 연결된 사회주의 세계의 구성원으로 보았다.

사회주의는 실제로 문화적 세계화와 밀접한 연관 관계를 맺었다. 19세기 말에서 20세기 초까지 회화, 연극, 음악 등 예술 분야에서 혁명적인 변화를 이끈 많은 예술적 '근대주의자'들은 사회주의에 매료되었고, 사회주의를 포식적이고 파괴적인 자본주의적 질서의 해법으로 보았다. 러시아를 희망의 등불로 여긴 미국의 유명한 무용가 이사도라 덩컨은 1921년 현대 무용의 기쁨과 자유를 대중에게 널리 알리겠다는 생각을 품고 무용학교 설립을 위하여 러시아로 이주했다. 유명한 공상과학소설 작가이자 사회주의자였던 H. G. 웰스는 (2장의 세 번째 절 도입부에 소개한) 《미래의 발견(Discovery of the Future)》에서 지극히 낙관적이고 도취적인 밝은 미래를 그리기도 했다.

많은 사회주의자가 웰스나 덩컨과 마찬가지로 미래를 낙관했다. 이들은 사회주의가 빠르게 증가하는 산업 노동자들의 이익을 대변하고 있다는 점에서, 무엇보다 사회주의 운동이 국제적인 차원에서 이루어진다는 점에서 역사의 대세라고 생각했다. 교통기술, 통신기술의 발달과 무역의 확대, 제국의 확장, 다국적 대기업의 등장으로 세계가 점차 가깝게 연결되는 가운데, 사회주의는 그 시대의 흐름과 함께했다. 사회주의자들은 인종과 민족, 국가, 종교의 차이가 일시적인 배척과 국수주의를 불러올 수는 있지만, 미래가 세계 사회를 꿈꾸는 자신들에게 속해 있다고 믿었다.

"2등 국가가 될 수는 없다!":
제1차 세계대전, 1914~1923년

나는 머리에 부상을 당했지만 곧 회복할 수 있을 것
같네. 전우들이 모두 죽었는데 나는 살아 있다니 운이 무척 좋
았던 것 같아. … 시체가 땅을 덮어 발 디딜 틈도 없던 그 광경
은 나무에서 떨어진 낙엽이 땅을 온통 덮어버린 광경을 연상시
켰어. … 땅은 온통 피바다였네. … 사실 내가 죽는다고 해도
그리 큰일은 아닐 거야. 그렇게 많은 전우가 쓰러졌는데 나 하
나 더 죽는 게 이상할 것도 없지. … 아무도 남아 있지 않아. 사
람이 수십 명씩, 아니 수백만 명씩 죽어가고 있어. 이 세상이
끝나고 있는 것 같아. [16)

_소총수 아마르 싱 라와트(Amar Singh Rawat)가
인도의 친구에게 보낸 편지, 1915년 3월

사회주의 운동은 국제적인 연계를 바탕으로 전개되었지만
'전 지구적 혁명의 순간'은 세상의 통합을 바로 불러오지 못

280

했다. 사회주의 운동이 시작되고 약 10년 후, 유럽에서는 엄청난 규모의 전쟁이 발발했다. 그 규모가 어찌나 큰지 영국에서는 이 전쟁을 '대전'이라고 불렀고, 다른 곳에서는 '세계 전쟁'이라고 불렀다. 사실 '세계 전쟁'이라는 말에는 어폐가 있는데, 대부분의 전투가 유럽 지역에서 벌어졌기 때문이다. 일부 전투는 중동 지역에서 벌어졌는데, 영국이 수에즈 운하와 인도 항로 보호, 페르시아 유전의 지배권을 보호하기 위하여 군대를 파병했기 때문이다. 영국은 이 시기 군사 작전을 통하여 오스만 제국을 해체하고 영토의 상당 부분을 흡수했다. 그 외 동아프리카에서도 소규모 군사 작전이 있었고, 태평양 지역의 독일 식민지에서도 작은 전투와 점령 작전이 있었다. 유럽 열강들은 유럽과 중동에서 벌어진 전쟁에서 승리하기 위하여 수많은 비유럽 국가와 동맹을 맺고 병력을 동원했다. 그 결과 인도에서 120만, 아프리카에서 100만, 캐나다, 미국, 호주, 뉴질랜드에서 수백만의 병사가 제1차 세계대전에 참여했다.[17] 전쟁의 영향을 가장 크게 받은 지역은 유럽이었다. 모든 것을 휩쓴 압도적인 이 전쟁은 유럽의 정치적 구조와 경제적·사회적 질서를 송두리째 바꿔놓았다. 공장 생산, 기계 제조, 항공, 내연기관, 유기화학과 무기화학, 각종 연구 개발 등 19세기 말부터 20세기 초까지 인류의 기술적·산업적 성취는 제1차 세계대전이 전개된 1914~1918년까지 인명 살상의 효율화에 동원되었다. 여러 과학적 성취는 생산성과 파괴력의 효율을 극대화했다. 제1차 세계대전 중 1916년에 6개월간 지속된 솜(Somme) 전투 초반에 영국이 잃은 병력은 나폴

레옹 전쟁 중 15년 동안 잃은 병력을 크게 웃돌았다. 솜 전투에서는 영국군 15만 명이 목숨을 잃었고, 10만 명이 영구적인 장애를 얻었으며, 17만 명이 크고 작은 상처를 입었다.[18] 다른 참전국들도 베르됭(Verdun), 타넨베르크(Tannenberg), 카포레토(Caporetto) 등지에서 벌어진 주요 전투에서 비슷한 규모의 병력을 잃었다. 전쟁이 이어진 4년여 동안 850만에 달하는 유럽인이 전투에서 목숨을 잃었다. 하루 평균 사망자가 5,592명이었던 셈이다. 민간인 사망자도 650만 명이었다. 주로 기아 관련 질병으로 인한 사망이었다. 2,100만 명의 유럽인이 부상을 당했고, 그중 700만 명은 영구적인 장애를 얻었다.[19]

경제적인 타격 또한 엄청났다. 우선 전쟁을 거치며 유럽의 식량 생산량은 절반으로 떨어졌다. 전쟁이 끝난 후에는 돼지 두수가 절반으로 줄었다. 우유와 고기의 공급원인 소는 그나마 사정이 나았지만, 전쟁이 시작된 해인 1914년과 끝난 해인 1918년의 두수를 비교하면 20퍼센트 감소한 것이었다. 1918년경 세계 식량 상황은 대단히 심각했고, 기아와 영양실조에 시달려 면역력이 떨어진 사람들 사이에서는 치명적인 독감이 유행했다. (출처에 따라 큰 차이를 보이기는 하지만) 당시 다섯 대륙에서 독감으로 목숨을 잃은 희생자 수는 적게는 1,800만 명에서 많게는 1억 명에 이른 것으로 추정된다.[20] 전쟁에 든 비용을 메우느라 정부들이 돈을 무분별하게 찍어대면서 인플레이션이 왔고, 수백만 명의 재산이 허공으로 날아갔다. 전쟁 중에 수천 척에 달하는 함선이 침몰했고, 수많은 마을이 포격에 통째로 날아

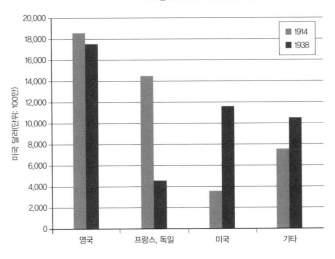

표 5.1_ **원천국별 해외직접투자, 1914년과 1938년**

갔다. 많은 국가가 무기 조달을 위하여 부채를 쓰고 자산을 매각했다. 해외로 향하던 투자자본은 다른 곳으로 향하거나 상실되었다. 그 결과 1914~1938년까지 유럽의 해외 순 투자는 감소했다. 네덜란드와 일본, 미국이 빠르게 해외투자를 늘려갔지만, 25년이라는 기간 동안 세계의 투자 증가는 고작 0.5퍼센트에 그쳤다. 제1차 세계대전 이전 반세기 동안 엄청나게 성장했던 세계 해외직접투자와 비교하면 충격적인 전환이 아닐 수 없다(표 5.1). 프랑스는 채무국들의 채무 불이행과 인플레이션으로 인한 외화 손실로 해외투자액의 절반을 잃었다. 러시아와 독일도 마찬가지였다. 독일은 전쟁 전 해외투자의 5분의 4를 잃었다. 1914년 미국에 대한 순채권국이었던 유럽은 미국으로

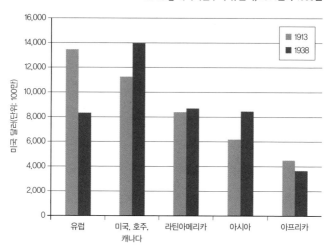

표 5.2_ 해외직접투자 유입액, 1914년과 1938년

부터 막대한 전쟁 비용과 전후 재건 비용을 빌리며 1920년 순
채무국 신세가 되었다. 1914~1938년 사이 유럽의 해외 투자
총액은 거의 5분의 2 감소했고, 유럽의 식민지 세력이 지배하다
시피 한 아프리카 투자는 5분의 1 감소했다(표 5.2).

　세계 금융 시스템의 회복은 무척 더뎠다. 1920년대 내내 그나
마 미국 기반 은행들 덕에 맥을 유지할 수 있었던 금융 시스템은
1929년 주식시장 붕괴로 미국 은행들이 타격을 입자 붕괴하고
말았다. 금융계의 재앙과도 같았던 이 사태는 대공황으로 이어
졌고, 결과적으로 세계는 또 다른 전쟁의 소용돌이에 휘말리고
말았다. 제2차 세계대전으로 인한 유럽 내 사망자는 무려 5,000
만 명에 달했다. 제1차 세계대전과 다른 점이 있다면, 이번에는

아시아 지역에서도 많은 희생자가 나왔다는 사실이다. 일본은 제2차 세계대전이 시작되기도 전인 1937년부터 중국과 동남아 시아를 점령하기 위한 대대적인 정복 전쟁을 벌였고, 이는 일본이 제2차 세계대전에서 패배를 선언한 8년 후까지 이어졌다.

요약하자면, 유럽과 아시아는 1914~1945년 사이 전쟁과 기근, 전염병과 파괴에 시달렸다. 일본 원자폭탄 투하 2년 후인 1947년, 미국 국무장관이었던 헨리 스팀슨(Henry Stimson)은 원자폭탄 사용 결정의 이유를 묻는 말에 "전쟁의 얼굴은 죽음의 얼굴"이라 답했다.[21] 1914~1945년까지 이어진 전쟁의 시대에 딱 맞는 표현이었다.

그렇다면 세계가 30년 동안이나 전쟁의 구렁텅이에 빠진 이유는 무엇일까? 제1차 세계대전이 시작된 1914년에 정치적 지도자들이 19세기 말과 20세기 초에 일군 혁신을 총동원하여 체계적인 살육과 정복에 나서게 한 것은 무엇일까?

강대국의 지도자들이 원했던 것은 세계 패권이었다. 열강들은 빠른 산업화와 경제발전을 거치며 자국의 영광을 드높이겠다는 사명감에 도취했고, 대륙 차원의 자원과 인구 지배를 넘어 전 지구적인 지배를 꿈꾸었다. 말 그대로 전 세계를 군사적·정치적·경제적으로 지배하고 싶었던 것이다. 열강들이 세계 패권을 꿈꿨던 이유는 두 가지다. 첫째, 이들은 세계 패권이라는 목적을 이룸으로써 엄청난 부와 명예를 얻고 (사회주의 혁명 같은) 내부적인 문제를 모두 해결할 수 있으리라 생각했다. 둘째로, 강대국들은 패권 확보에 먼저 나서지 않으면 다른 나라에 선수를 빼앗겨 뒤처질지 모른다는 두려움이 있었다. 끊임없는 변화 속에 다양한 가능성과 위험을 함께 보여주던 당시의 세계에서는 두 가지 모두 충분히 타당한 이유였다.

열강들 사이에서 패권에 욕심이 생긴 것은 당시 몇몇 거대한 제국주의 국가들이 이미 엄청난 세력을 자랑하고 있었기 때문이다. 대영제국이 좋은 예다. 영국은 1880년대 초부터 아프리카 정복에 나서 많은 식민지를 확보했다. 영국의 식민지에는 아프리카 대륙에서 가장 부유하고 인구가 많은 이집트와 남아프리카가 있었다. 거기에 이미 19세기 초부터 지배해온 식민지도 있었다. 1914년 무렵에는 세계 인구의 4분의 1가량이 영국의 지배 아래에 있었다. 대영제국은 제국 내 몇몇 지역에서 놀라운 속도로 자원을 개발했다. 영국은 인도, 남아프리카, 캐나다, 호주, 뉴질랜드 등에 철도와 광산, 농장을 건설하고 이 지역에서 개발한 자원을 대륙 단위로 세계경제에 쏟아내기 시작했다. 영국의 지도자들은 큰 꿈을 꾸었다. 인도 총독이었던 조지 커즌 경(Lord George Curzon)은 영국의 정치인들이 "세계 통치를 위한 게임"을 하고 있다고 말했고, 빅토리아 여왕은 "세계 패권을 위한 경쟁"을 언급했다.[22]

같은 시기 러시아 제국은 유럽대륙의 바르샤바에서 태평양에 면한 블라디보스토크까지 뻗은 광활한 영토를 자랑하며 영향력을 키웠다. 인구 2억에 빠르게 접근하고 있던 당시 러시아는 제1차 세계대전 발생 30년 전부터 시베리아와 중앙아시아에 많은 이주민을 정착시켰다. 시베리아에는 1,000만 명이 정착했고, 중앙아시아에는 400만 명이 정착했으며, 매달 많은 인구가 유입되었다. 이들 정착민은 농업과 광업, 상업과 산업을 빠르게 발전시켰고, 러시아의 경제는 매년 10퍼센트 가까이 성장했다. 철도를 통한 화물 운송량은 1883~1913년 사이 여섯 배 증가했다. 러시아는 평시 병력을 140만에서 220만으로 증원할 계획이었다. 이는 러시아 다음으로 많은 병력을 자랑하던 독일군의 세 배에 달하는 규모였다.[23]

같은 시기, 자원이 풍부한 북미 대륙을 거의 손에 넣은 미국은 러시아 못지않게 빠르게 성장했다. 미국의 1인당 소득은 러시아보다 훨씬 높았다. 미국은 석유, 철강, 자동차의 주요 생산국이었으며, 교육 수준 또한 세계에서 가장 높았다. 당시 미국은 유럽의 3분의 1밖에 안 되는 인구로 매년 유럽의 4분의 3에 달하는 특허를 출원하는 가장 혁신적인 국가였다. 미국은 지구상에서 가장 부유한 거대 국가였고, 19세기에서 20세기로 넘어가는 시기에는 카리브해 지역과 태평양 지역을 점령하며 상당한 크기의 제국을 건설했다.

일본은 빠르게 성장하는 산업 경제를 기반에 두고 아시아의 권력 관계를 바꾸고 있었다. 1889년 의회를 설치한 일본은 강력하고 효율적인 국가 조직을 갖추고 있었다. 일본은 1894~1895년 청일전쟁에서 중국을 물리치며 대만을 비롯한 영토를 점령했고, 1905년 러일전쟁에서는 육상과 해상에서 러시아군을 격파했으며, 1910년에는 한국을 강제로 병합하고 그 영향력을 만주까지 확장했다. 일본은 식민지의 자원을 빠르게 개발했

고, 당시 유럽 열강 국가에서 공통적으로 나타나던 급진적인 제국 민족주의 성향을 보였다.[24)]

독일도 엄청난 성장세를 보였다. 독일은 1870년대에서 1910년대까지 성장을 거듭하며 영국을 뛰어넘는 유럽 최대의 산업국가로 자리 잡았고, 미국에 이어 세계 2위의 산업국가가 되었다. 독일은 전구와 내연기관, 유기화학, 평로 제강법, 전기철도를 개발했고, 기초 과학 분야에서도 세계 최고 수준을 자랑했으며, 미국조차 고등교육 개발 시 독일의 대학 시스템을 참고했다. 독일 제국의 식민지는 많지 않지만, 그 구성은 인상적이었다. 1880년대에는 현재 나미비아와 탄자니아가 위치한 지역을 점령했고, 1890년대에는 중국의 산둥성을 보호령으로 삼았으며, 1900년에는 전략적으로 중요한 서사모아(현재의 사모아)의 해군 기지를 손에 넣었다. 독일은 벨기에령이었던 콩고와 포르투갈령이었던 앙골라, 모잠비크를 흡수하여 중부 아프리카에 독일 식민지 제국을 건설하고 싶다는 야심을 공공연히 드러냈다. 1914년경 독일은 오스트리아 제국과 동부-중부 유럽권 관세동맹인 미텔유로파(Mitteleuropa)의 창설 가능성을 논의했다. '중유럽'이라는 의미의 이 거대한 자유무역 지대를 창설하면 발칸 지역은 물론 유럽 전역, 심지어 중동에도 영향을 줄 것으로 예상했다. 일부는 독일을 초국가화하고 산업을 발전시키기 위해서는 벨기에와 프랑스 동부의 철과 석탄 자원 확보가 필수적이라고 주장했다(독일은 제1차 세계대전 중 이 지역을 병합하고자 했다).[25)]

산업화와 인구 증가에서 상대적으로 뒤처지는 모습을 보이던 프랑스도 아프리카 북서부 지역 대부분과 베트남을 식민지로 점령했다. 프랑스는 영화, 자동차, 항공 등 일부 첨단 산업의 선두주자였다. 당시 프랑스는 은행업과 교육의 국제적인 중심지로 아프리카뿐 아니라 중동 지역까지 재정적·문화적 영향력을 행사했다.

제국주의 국가들에 직접적으로 점령당하지 않은 국가도 열강이 지닌 엄청난 경제력의 지배를 받았다. 예를 들어 남미의 자원을 세계시장과 연결해준 다양한 인프라는 거의 영국 자본으로 건설된 것이었다. 오스만 제국의 근대화는 프랑스에서 들여온 차관에 기대 이루어졌다. 유럽 쪽 러시아에서 태평양까지 연결하는 시베리아 횡단 열차는 프랑스 자본으로 건설되었고, 바쿠의 러시아 석유산업도 마찬가지였다.

1900년에 이르자 이 모든 변화가 얽히며 세계정세의 유동성이 한껏 고조되었다. 독일의 해군 제독이었던 알프레드 폰 티르피츠(Alfred von Tirpitz)는 1899년 당시의 불안정한 전략 지정학적 상황을 보며 세계 권력 관계가 "짧은 기간 내에 완전히 변할 수도 있다"라고 말했다.[26] 이는 제국 열강들에게 다시없을 절호의 기회를 의미했다.

그러나 같은 이유로 열강들은 서로를 두려워했다. 독일 정부 일각에서는 러시아 경계의 목소리가 나왔다. 당시 러시아는 독일 동쪽에서 왕성한 확장욕을 드러내며 유라시아 대륙을 가로지르는 거대한 제국으로 성장하고 있었다. 영국은 독일이 산업 발전에 힘입어 유럽 밖의 지역에서 좋은 식민지를 손에 넣고, 이를 바탕으로 더 빠른 경제적 성장을 이루지 않을까 노심초사했다. 독일과 국경을 맞대고 있는 데다 1870년 전쟁으로 영토 일부를 할양한 경험이 있는 프랑스의 걱정은 더했다. 티르피츠는 당시 실질적으로 러시아, 영국, 미국, 독일이라는 네 개의 '세계 제국'이 지구를 지배하고 있다고 보았다. 그는 독일이 세 제국만큼 자원과 시장을 확보하지 못한다면 프랑스, 스페인, 이탈리아 같은 2등 국가로 전락할 것으로 생각했다.[27] 다른 국가의 전략가들도 비슷한 두려움을 품고 있었다.

반면 미국은 비교적 낙관적이었다. 해군 전략가들은 미국이 "세계의 산업과 상업 패권" 확보를 위하여 다른 제국들과 경쟁하고 있지만, 미국은 "가장 부유하고 선진적인 나라고 세계 최대의 생산국가"이기 때문에 결국 경쟁에서 승리할 것이라고 확신했다. 1909년 미국 해군 참모대학교의 장교 중 일부는 종국에 가서는 미국이 "세계를 지배할 것"이라고 주장했다. 유명한 소설가 F. 스콧 피츠제럴드(F. Scott Fitzgerald)도 1921년에 "미국은 지금 세대의 영국이 그러하듯 다음 시대의 로마가 될 것이다"라며 미국의 세계 지배를 전망했다. 한편 미국은 다른 국가들이 자국의 부상을 가로막지는 않을까 걱정했다. 1910년경 미국 해군 전략가들은 독일이나 일본, 혹은 양국 모두와의 전쟁 가능성을 특히 걱정했다. 양국 모두 빠른 산업 발전과 인구 증가로 태평양이나 카리브해 지역, 심지어 남미에서 정착 식민지를 찾을 가능성이 있었기 때문이다. 러시아도 아시아태평양 지

역을 지배하려는 미국의 계획에 걸림돌이 될 수 있었다.[28]

1905년 시작된 혁명의 물결은 세계란 끊임없이 변화한다는 인식을 더욱 강화했다. 끊임없는 변화 속에는 새로운 기회와 위협이 혼재해 있었다. 1910년경에는 한때 강력한 세력을 떨쳤던 주요 제국 국가 몇몇이 사회적·경제적 변화 속에 와해되는 모습을 보였다. 청나라가 지배하던 중국은 혼돈에 빠졌고, 1916년에 이르러서는 여러 군벌 연합이 세력을 다투는 각축장이 되었다. 몽골은 러시아의 지원으로 1912년 중국으로부터 독립을 선언했다. 이는 국경 지방에서 러시아의 영향력이 점점 커지고 있다는 것을 의미했다. 지구 반대편의 멕시코에서는 1910년에 발발한 혁명 이후 혼란이 찾아왔다. 이 혼란은 미국은 물론 독일 등 외세의 개입 가능성을 높였다. 이란에는 1906년 혁명 이후 장악력이 떨어지는 군부 독재 정권이 들어섰는데, 결국 이란은 1907년에 러시아와 영국의 개입으로 북부와 남부의 두 '세력권'으로 분할되었다. 유럽에서는 오스트리아 제국이 위태로운 모습을 보였다. 제국에 속한 세르비아계, 크로아티아계, 헝가리계, 루테니아계, 독일계 소수집단이 민족주의적 움직임을 보이며 제국의 통합을 위협했고, 러시아는 현재 폴란드 남부에 해당하는 갈리시아 지역을 기존 자국의 치하에 있던 폴란드 영토에 병합하고자 눈독을 들이고 있었다.

가장 심각한 상황에 부닥쳐 있던 곳은 오스만 제국이었다. 오스만 제국은 서유럽 열강들의 막강한 경제력에 휘둘리는 한편 발칸 지역에서 터져 나오는 민족주의 운동의 압박에 시달리며 최후의 순간을 맞이하고 있었다. 오스만 제국도 근대화를 시도하지 않은 것은 아니지만, 탄지마트를 통한 행정적·경제적·군사적 개혁의 효과는 제한적이었다. 1820년대에는 그리스가 오스만에서 독립했고, 1830년대에는 세르비아가 사실상의 독립을 획득했다. 1877~1878년에는 발칸 지역에서 러시아군이 오스만군을 패퇴시키며 불가리아와 루마니아가 실질적인 독립국이 되었다. 이 전쟁으로 영국은 키프로스를 손에 넣었고, 오스트리아는 보스니아를 '점령'했다(정식 합병은 1908년에 이루어졌다). 1882년에는 영국이 이집트를 점령했다. 1908년에는 청년 투르크당이 혁명을 일으켜 황제에게 헌법 부활을 요구했다. 오스만 중앙정부가 제국의 심장부에서조차 힘을 잃고 있었다는 의미다. 오스만 제국의 분할이 가까워졌다는 것을 인지한 이탈리아는 1911년 오스만을 침공하여 북아프리카의 트리폴리를 합병하고 에게해의 섬 다수를 점령했다. 1912년 오스만군은 발칸 지역에서 세르비아, 몬테니그로, 불가리아, 그리스 동맹군에 대패했다.

오스만 제국의 위기는 제1차 세계대전 발발의 가장 중요한 원인이었다. 사실 세계대전은 1911년 이탈리아가 오스만 제국의 북아프리카 영토(현재의 리비아 지역)를 침략하며 이미 시작된 것이나 다름없었다. 그렇게 시작된 전쟁은 오스만의 동남유럽 영토에서 진행된 1912년과 1913년 발칸 전쟁으로 확대되었고, 1914년 오스트리아(합스부르크) 제국이 당시 발칸 전쟁을 유리하게 이용하고자 한 세르비아를 비롯한 작은 국가들의 세력 확장에 제동을 걸면서 전면전으로 번졌다. 제1차 세계대전의 종결 시점을 두고 논란의 여지가 있지만, 종결 시점은 터키의 국경을 새로 정한 로잔 조약의 체결 시점인 1923년으로 볼 수 있다.[29]

　오스만 제국의 해체에서 누가 어떤 방식으로 이득을 가져갈 지의 문제는 두 가지 이유에서 중요했다. 우선 러시아 제국 남 부에서 생산되는 대부분의 물품은 다르다넬스 해협과 보스포루 스 해협을 따라 이동하여 이스탄불을 거쳐 수출되었다. 1910년 까지 이르는 2~3세대의 기간 동안 러시아 남부와 우크라이나 의 광활한 초원에 많은 이주민이 정착했고, 이곳은 거대한 곡창 지대로 개발되었다. 이 지역에서 생산되는 곡물은 점점 러시아 제국 전체의 경제에서 중요한 역할을 했다. 러시아는 1905년 혁명으로 드러난 제국의 약점을 극복하고자 산업과 농업 발전 에 박차를 가하려고 했다. 그러기 위해서는 세계시장 접근 통로 를 확보하는 것이 중요했다. 러시아의 교역품 중 절반, 곡물류 의 경우 무려 75퍼센트가 보스포루스 해협을 통과하여 이동 했다.[30] 1912년 오스만 제국이 이탈리아 침공에 대응해 보스포 루스를 통한 무역을 차단했다. 그러자 러시아의 무역은 즉각 3 분의 1이 감소했다(다른 경로로 우회하여 반 토막은 피할 수 있 었다). 청년 투르크당 정부는 군 근대화 작업을 시작했다. 이들 은 현대적인 해군 전함을 건조하기 위하여 영국, 미국, 프랑스 기업을 접촉하는가 하면 독일의 군사 자문관을 초청하여 군대 를 개편했다. 1913년 말에는 독일 출신의 리만 폰 잔더스(Liman von Sanders) 장군을 보스포루스 수비 부대의 사령관으로 임명했다.[31] 당시 독일은 오스만과 장기적인 동맹을 통하여 중동 지역에서의 영향력을 높이고자 했다. 독일 기업들은 베를린에서 바그다드까지 연결되는 철로를 건설했다. 현재의 이라크, 시리아, 레바논에 해당하는 오스만 지역과 상업적·경제적 관계를 구축하기 위해서였다. 독일의 이러한 움직임에 러시아는 바짝 긴장했다. 러시아의 수출을 쥐고 있는 보스포루스라는 중요한 길목에 강력한 힘을 지닌 열강이 버티고 앉을까 두려웠던 것이다. 러시아는 그 사태를 막을 시간이 점점 줄어들고 있다는 생각에 조바심을 냈다.

오스만의 위기가 제1차 세계대전에서 중요한 역할을 한 이유는 당시 독일의 상황과도 관련되어 있다. 당시 자국이 다른 제국주의 세력에 의하여 군사적·경제적으로 '봉쇄'되어 있다고 생각했던 독일은 상황을 타개하기 위하여 중동에 진출하고자 했다. 전략가들은 당시 독일이 미국, 러시아, 영국 등 거대 식민지나 대륙을 점령하고 있는 열강들에게 군사적으로 밀려 핵심적인 시장에 접근하지 못할 거라고 생각했다. 사태를 막기 위해서는 독일에서 생산된 공산품을 판매할 시장으로써, 또 자원을 개발할 원천으로써 중동을 확보하는 것이 중요했다.

가장 중요한 자원은 역시 석유였다. 영국은 1908년 페르시아에서 유전을 발견하고 석유 개발을 위한 장기 양허 계약을 맺었다. 러시아의 경우 그보다 앞선 시기에 코카서스 지역에서 석유 생산을 시작했다. 독일의 지질학자들은 현재의 이라크 지역에서 석유를 발견했다. 1910년경 중동의 석유 매장량이 풍부하다는 사실이 명확해졌다. 석유는 의심의 여지 없이 20세기의 가장 중요한 자원이었다. 우선 석유를 연료로 한 함선은 석탄 함선보다 속도가 더 빨랐다. 영국 해군은 1912년부터 함선의 연료를 석탄에서 석유로 교체했다. 석유는 전기 발전 등 다른 용도의 자원으로서도 더 높은 효율을 보였다. 석유에서 추출한 휘발유는 항공기와 자동차를 위한 미래의 연료였다. 제1차 세계대전은 트럭, 탱크, 비행기에 활용되는 내연기관이 20세기 전쟁에 있어 결정적인 역할을 할 것을 명확히 보여주었다.

문제는 당시 세계 석유의 무려 3분의 2를 미국이 생산하고 있었다는 사실이다. 이는 미국이 핵심적인 근대 산업에서 절대적인 우위를 점할 거라는 이야기였다. 게다가 세계에서 두 번째로 많은 석유를 생산하는 남미에 대한 미국의 경제적·외교적·군사적 영향력이 점점 커지고 있었다(표 5.3). 당시 북미와 남미에서 생산하는 석유를 모두 합하면 세계 생산량의 80퍼센트 이상이었다. 석유 지배력에서 우위를 지닌 미국은 제1차 세계대전 발발 이전부터 자동차 제조와 민간 항공 분야에서 세계적인 선두주자가 될 수 있었다(표 5.4). 미국인의 자동차와 비행기 이용률은 서유럽을 훨씬 앞섰다. 당시 자동차나 비행기가 어느 정도 있는 곳은 미국을 제외하면 서유럽뿐이었다. 미국의 민간 항공 분야 성장은 폭발적이었다. 1929년에 16만 2,000건이었던 여객 비행 건수는 10년 후 170만 건으로 크게 늘었다.[32] 1910년대부터 특히 1920년대에는 농업 생산성을 높이기 위한 기계

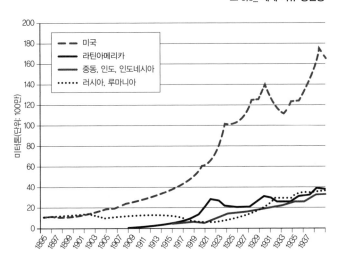

표 5.3_ 세계 석유 생산량

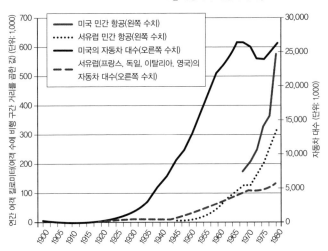

표 5.4_ **자동차와 비행기의 수, 1900~1935년**

화가 본격적으로 진행되었다. 이로써 많은 국가는 경제의 빠른 성장을 가로막던 가장 큰 장애물을 극복할 수 있었다. 기계가 1850년 이후 북대서양권 국가들의 산업 발전에 혁명적인 변화를 가져왔듯 1920년대의 트랙터와 농기계는 농업의 혁명을 야기했다.

미국과 대등한 경제력과 군사력을 갖추기 위해서는 다른 국가들도 석유 자원을 확보해야 했다. 러시아의 경우 코카서스 지방과 루마니아에서 꽤 많은 석유가 생산되었다. 영국과 네덜란드가 지배하던 인도와 인도네시아에서도 석유가 생산되었다. 1910년경에는 중동의 석유 매장량이 엄청나다는 사실이 분명해졌다. 석유는 특히 페르시아와 메소포타미아(현재의 쿠웨이트와 이라크, 당시에는 오스만 제국의 일부)에 매장되어 있었다. 제1차 세계대전이 발발하기 직전의 몇 년 동안 프랑스, 영국, 러시아, 독일은 중동에서 새롭게 발견된 이 석유 자원의 지배권을 확보하기 위하여 동분서주했다. 독일 기업들은 베를린-바그다드 철도를 부설하기로 한 계약에서, 계획된 노선의 양옆 20킬로미터 내에 있는 부지의 석유 시추권을 함께 따냈다.[33] 그러자 영국은 독일의 중동 경제 진출이 중동 석유에 대한 자국의 접근을 방해할 거라 우려했다. 영국 정부는 전략적 이해를 위하여 (당시 중동의 유일한 석유 회사였던) 앵글로-페르시안 오일의 지배 지분(51퍼센트)을 확보하고 석유 안보를 외교 정책의 핵심으로 삼았다. 복잡한 재정 관련 협상을 거쳐 1914년에는 영국, 프랑스, 독일의 은행과 석유 회사들이 오스만 제국의 석유 자원을 공동으로 개발하기로 합의한 외무부 협약(Foreign Office Agreement)이 체결되었다. 이 협약이 체결된 시점에 유럽의 각국은 이미 치열한 전략적 계산을 바탕으로 전면전 직전의 상태에 놓여 있었다.[34]

궁극적으로 1914~1945년에 벌어진 세계대전은 밀접하게 연관된 두 개의 이슈에 관한 싸움이었다고 볼 수 있다. 산업 경제와 농업경제, 달리 표현하자면 석유와 농민에 관한 것이었다.

"뒤처지는 자는 패배할 뿐":
농민에게 국민을 강요하다, 1920~1930년

농민의 주요 공격 목표는 지역 토호, 악랄한 신사 계
급, 무법한 지주들이다. 농민들은 그와 동시에 가부장적 사상
과 제도, 도시의 부패한 탐관오리, 농촌의 악습과도 싸우고
있다. … 농민들은 명철하고, 그들의 이야기는 명확하며, 죄를
넘어서는 벌을 내리는 일이 드물다. … 혁명은 다과회가 아
니다. … 혁명은 민란이자 폭력적인 행위다.[35]

_마오쩌둥, 1927년

제1차 세계대전은 전쟁 발발의 원인이 된 주요 문제들을 거
의 해결하지 못하고 끝났다. 사실 해결은커녕 새로운 경제적·
사상적 문제를 부각시키며 1920년대의 국제 정세를 더욱 팽팽
한 긴장감으로 채웠다.

세계 패권을 손에 넣기 위한 경쟁은 1918년 이후에도 계속되
었다. 독일 제국은 무너지고 공화국이 되었으나 독일은 여전히

유럽에서 가장 역동적인 산업 경제를 유지했다. 또한 자원과 시장을 향한 열망은 여전했다. 독일 경제계와 정치계의 지도층은 경쟁국, 특히 러시아와 미국에 뒤처지지 않기 위해서는 독일이 유럽 내에서 세력을 확장하고 다시 제국을 건설해야 한다고 주장했다. 독일의 국가사회주의당 정권('나치'라는 이름으로 더 잘 알려져 있다─옮긴이)이 1939년 9월 폴란드를 침공한 것도 그런 이유였다. 한편 이탈리아는 제1차 세계대전 승전국으로 추후 유고슬라비아가 된 지역을 포함한 여러 영토의 할양을 약속받은 상태였다. 그러나 (합스부르크 제국이 붕괴하며 십여 개의 독립 공화국이 한꺼번에 건립되는 바람에) 중재 과정에서 영토 확보에 실패했고 최종적으로는 영토를 거의 얻지 못했다. 이탈리아의 지도층 인사들은 국가의 미래를 위하여 국제적인 제국 열강의 일원이 되어야 한다고 생각했다. 이탈리아는 1936년 독립 왕국 이었던 에티오피아를 침공하며 유럽을 제2차 세계대전으로 밀어 넣었다. 일본은 제1차 세계대전 이후 독일의 태평양 지역 식민지를 손에 넣었다. 그러나 빠르게 성장 중인 산업국가였던 일본은 1910년 한국 합병에도 불구하고 자원 부족에 시달리고 있었다. 이어지는 20여 년 동안 일본은 아시아 본토에서 꾸준히 영토를 넓혀서, 1937년에는 중국을 침공하며 아시아에서의 제2차 세계대전의 시작을 알렸다.

이러한 전쟁과 침공은 이미 예상된 일이었다. 오하이오의 한 학자는 이미 1930년에 "'전쟁을 피할 유일한 방법'은 일본과 이탈리아가 바라는 대로 아시아와 북아프리카의 영토와 자원을 내주는 것뿐"이라고 말한 바 있다. 독일에 대해서는 "해결책이 훨씬 까다롭지만, 또 다른 세계대전을 치를 비용의 10분의 1이면 그 해결책을 찾아 현재의 긴장 상태를 완화할 수 있을 것"이라고 말했다. 물론 이 말을 한 학자도 이러한 예방책이 실제로 실행되리라 생각하지 않았다. 그러나 그의 말은 독일, 이탈리아, 일본과의 전쟁이 다가오고 있음을 분명히 알리는 것이었다.[36]

러시아의 사정은 조금 특별했다. 러시아 제국은 혁명 이후 1917년을 시작으로 혼란스러운 대규모 내전으로 빠져들었다. 그 후 5년간 1,200만~1,300만 명이 폭력, 굶주림, 질병 등으로 목숨을 잃었고, 100만~200만 명이 러시아를 떠났다. 내전으로 혼란이 이어지는 가운데 미국, 일본, 영국, 프랑스는 모두 군대를 보내 볼셰비키 반대파를 지원했다. 제1차 세계대전 이후 새로 탄생한 폴란드 공화국은 러시아를 침공했다. 그러나 1922년 볼셰비키파는 모든 적과 파벌을 물리치고 러시아에 소비에트 연방(소련)을 세웠다. 소비에트 연방은 러시아에서 실현된 사회주의 혁명을 전 세계로 적극적으로 수출하고자 했다. 러시아 내전 과정에서 사회주의에 강렬한 적대감을 드러내며 소련의 탄생을 방해했던 자본주의 열강을 생각하면 러시아로서는 혁명의 수출에 더 적극적일 수밖에 없었다.[37] 소련은 1921년 국제적으로 빠르게 확장 중이던 공산주의 혁명과 운동, 정당의 구심체로서 앞서 언급한 바 있는 코민테른을 창설했다. 볼셰비키의 새로운 러시아 '제국'이 세계 곳곳에 잠재적인 공산주의 동맹을 가진 셈이었다. 소련은 1920~1930년대에 매우 성공적으로 경제력과 군사력을 강화했다. 이에 대해서는 뒷부분에서 자세히 다루겠다.

언급한 바와 같이 제국주의 열강들의 경쟁에서 비롯된 긴장은 제1차 세계대전으로 해소되지 않았다. 인종주의나 민족주의로 인한 긴장도 여전했다. 당시 미국을 이끌던 우드로 윌슨(Woodrow Wilson) 대통령은 제1차 세계대전 전후 중재 과정에서 민주적인 민족자결주의 원칙을 천명했다. 윌슨은 많은 이들이 평화를 원하는 만큼 이 원칙이 또 다른 대전의 발발을 막아주리라 기대했지만, 민족자결주의는 부분적인 성공에 그쳤다. 실제 상황에 적용되자, 민족자결주의는 문제를 해결하기보다는 오히려 심각하게 만들었다. 이 현상은 특히 유럽에서 두드러졌다. 오스만과 독일, 오스트리아, 러시아 제국에서 해방된 동유럽과 중부 유럽에는 총 6,000만에 달하는 사람들이 살고 있었다. 이 지역에는 작은 신생 국가들이 다수 생겼다. 이 지역에는 다양한 언어권의 주민들이 섞여 있었고, 결과적으로 약 2,500만에 달하는 주민은 다른 언어권의 지배를 받으며 '소수' 집단으로 살아갔다.[38]

민족자결주의는 유럽 외 지역에서 또 다른 문제를 일으켰다. 제1차 세계대전의 후반부에 오스만 제국은 20세기 최초의 대규모 집단 학살이라고도 볼 수 있는 아나톨리아 동부 아르메니아인 집단 학살을 자행했다. 아나톨리아의 아르메니아인들이 국경 너머 러시아를 포함한 오스만 제국의 적국들을 돕고 있다는 의심 때문이었다. 대규모로 자행된 학살과 무자비한 강제 이주 과정에서 180만 명에 이르는 아르메니아인들이 목숨을 잃었다. 오스만 제국 붕괴 이후 현재의 터키 지역에서는 민족국가 건립을 위한 치열한 전쟁이 벌어졌다. 그리스와 터키는 전쟁 끝에 각자의 영토에서 터키인과 그리스인을 추방하여 교환하기로 했고, 이 과정에서 170만 명의 난민이 발생했다. 이 사태는 아르메니아인, 그리스인을 포함한 기타 소수 민족 50만 명을 희생시켰다. 한편 제1차 세계대전 이후 영국은 이라크, 요르단, 팔레스타인을, 프랑스는 시리아와 레바논을 점령했다. 강화 조건상 이 지역은 공식적으로 식민지가 아닌 완전한 독립을 준비하기 위한 '위임통치' 지역이었다. 이집트는 1922년 명목상의 독립을 얻었으나 여전히 영국의 점령하에 있었다. 영국은 1917년 시온주의자들에게 팔레스타인 지역에 유대인 민족국가를 건설하게 해주겠다고 약속했다(이는 유대인들이 오스만 제국 타도를 도운 것의 보상이기도 했다). 그러나 팔레스타인 지역에는 많은 이슬람 주민과 기독교 주민이 거주하고 있었다. 기존 주민들은 이미 많은 거주민이 존재하는 팔레스타인에 유럽을 비롯한 세계 곳곳에서 온 유대인의 이주가 증가하자, 이를 식민지 건설에 버금가는 행동으로 보았다. 사우디아라비아는 영국군이 오스만 제국의 중동 영토를 공격하는 과정에서 (실은 대부분 인도인으로 이루어진) 영국군에 협력한 대가로 독립을 얻었다. 당시 사우디아라비아는 부족사회에 기반을 둔 적은 인구의 약소국이었다. 이제 문제는 엄청난 석유 자원을 품은 이 지역을 누가 최종적으

로 지배하게 될 것인가였다.[39]

석유의 중요성이 커지면서 이 문제는 더욱 민감해졌다. 1920년대 세계경제의 전반적인 성장은 전쟁의 타격으로 갑작스럽게 둔화했지만 자동차, 항공, 전기 발전 등의 핵심적인 근대 산업은 여전히 큰 성장세를 보였다. 이 핵심 산업을 더욱 발전시키기 위해서는 값싸고 풍부한 석유의 공급이 필수적이었다.

1920년대는 제국주의와 민족주의의 문제에 또 다른 문제들을 얹어주었다. 6장에서도 설명하겠지만 그중 가장 복잡한 문제는 제1차 세계대전 이후 나타난 세 가지 새로운 이념, 즉 공산주의, 파시즘, 자유민주주의였다. 세 가지 사상은 계급, 인종, 민족, 국가에 관한 기존 사상이 제1차 세계대전을 거치며 급진화되어 나타난 것이었다. 마르크스의 사회경제 발전 이론을 차용한 사회민주주의에서는 수십 년에서 수백 년에 이르는 경제적·사회적 발전 과정에서 자연스럽게 사회주의 체제가 건설될 것이라고 주장했다. 그러나 공산주의는 물리적 힘을 동원한 자본주의 체제 전복과 사회주의 체제로의 즉각적인 이행을 주장했다. 파시즘은 국가 통합, 질서, 확장을 추구했다. 독일의 국가사회주의 정당은 파시즘을 앞세워 독일의 '불순한' 민족을 '청소' 하겠다는 극단적인 인종주의 정책을 추진했다. 독일은 영토를 확장하며 인종적인 '적'을 말살하고 그 자리에 자국민을 채워 넣고자 했다. 자유민주주의는 자립, 자기 발전, 풍요, 정치적 참여라는 자유주의의 목표를 모든 이에게 누리게 할 수 있는 정치적·제도적 체제를 구축하고자 했다(이름에 '민주'가 들어간 이유는 이 때문이다). 세 사상은 모두 최종적인 목표를 이루기 위하여 더 많은 지지자를 동원하고 정치화하려 경쟁했다. 1920~1930년대 내내 이 세 가지 사상은 전쟁 직전의 상태를 유지했다. 세 사상은 서로를 부정하며 나머지 두 사상이 이 부당하고 불법적이며, 인간의 존엄을 해치는 부도덕한 사상이라고 맹렬히 비난했다.[40]

새롭게 등장한 사상만큼 중요한 문제는 또 있었다. 전쟁 이후 취약해진 북대서양권 금융 시스템이었다. 제1차 세계대전 중 영국과 프랑스, 러시아는 동맹국을 물리치기 위하여 미국으로부터 막대한 자금을 들여왔고, 전쟁이 끝난 후에는 재건을 위하여 또다시 많은 빚을 졌다. 승전국들은 전쟁 부채의 이자 부담을 줄이기 위하여 독일에 엄청난 액수의 배상금을 요구했다. 대부분의 독일인은 이를 부당하고 가혹한 징벌적인 처사라고 생각했고, 배상 문제는 결국 또 다른 정치적 불안정의 요소가 되었다. 이는 북대서양권 금융 시스템에 새로운 차원의 취약성을 만들었다. 독일은 전쟁 배상금을 지불하고 국민의 지지를 받을 수 있는 기본적인 공공 서비스를 확대하기 위하여 미국 은행에서 대출을 받았다. 이런 식의 대출은 미국의 은행 시스템이 잘 돌아가는 동안에는 큰 문제를 드러내지 않았다. 그러나 1929년 10월, 주식시장 붕괴로 미국 은행이 금융 위기에 빠지자 금융 시스템 전체가 빠르게 주저앉기 시작했다. 미국 금융 시스템의 붕괴는 세계를 금융 위기로 몰아넣었고, 그로 인해 찾아온 대공황은 국제 정세를 혼란에 빠뜨렸다. 대공황은 제2차 세계대전이 발발하게 된 환경을 만든 주요한 요인이었다.

이 모든 전후 문제의 기저에는 더욱 근본적인 문제, 즉 농민 문제가 자리 잡고 있었다. 국제 개발 사업이 불러온 이 문제는 1920년 이후 악화를 거듭하며 위기의 절정을 향했다. 앞서 살펴보았듯 많은 농민이 새롭게 등장한 세계시장에 적응하지 못했고, 그로 인한 갈등은 제1차 세계대전 이전 나타난 수많은 혁명의 결정적인 요인이었다. 시간이 지나며 농민 문제의 양상이 변화했다. 이전까지는 농민들이 자신들의 이익에 맞춰 국가와 사회를 바꾸려고 했다면 1920년대 후반부터는 국가가 자신의 이익에 맞춰 농민층을 재편하려는 움직임을 보인 것이다. 1930년대에 들어서는 점점 많은 국가가 영토 관리와 농업경제 관리를 국가의 생사가 달린 중대한 문제로 보았다. 제1차 세계대전 이전 반세기 동안 산업 분야에 혁신을 가져왔던 새로운 기술들이 이제는 농업 부문 생산성 혁명의 가능성을 보여주었다. 농업경제 도약에 성공하는 국가가 그렇지 못한 국가에 비하여 엄청나게 유리한 위치에 설 수 있다는 점이 자명했다. 빠른 산업 성장을 위해서는 농업 생산력을 높여 자본과 노동력의 동원을 용이하게 만들어야 했다. 그런데 걸림돌이 있었다. 다름 아닌 농촌에서 생활하며 농업에 종사하고 있는 농민들의 존재였다. 1930년대에 들어서자 일부 국가는 이 걸림돌을 제거하기 위한 과격한 정책들을 도입했다.

많은 정치 지도자가 농민을 걸림돌로 본 이유는 세 가지였다. 첫째로, 세계 대부분의 농민은 당시 여러 정부가 추구하던 국민국가의 탄생과 운영에 소극적으로 (때에 따라서는 적극적으로) 저항하며 참여를 거부했다. 농민들은 도시를 중심으로 전개되는 세계의 문화적 흐름에서 단절되어 있었고, 국가라는 정체성보다는 자신이 속한 지역이나 종교에 소속감을 느꼈다. 국가 표준어를 구사하는 농민은 드물었고 대부분 지역 방언을 사용했다. 대부분 문맹이었기 때문에 마을이나 지역을 벗어난 일에 대해서는 거의 알지 못했다. 교통망이나 통신망이 농촌지역까지 연결되지 않은 경우가 많아 국가 기관이나 관리들이 농민과 접촉하기 쉽지 않았다. 국민이라는 정체성을 바탕으로 새로운 국가와 정치 제도를 만들고자 했던 당시 정부로서는 난감한 문제였다. 농민은 국가나 국적에 관심이 없었고, 국가 행정이나 문화의 일부가 될 생각도 없었다.

둘째로, 농민들은 대부분 경제적으로 보수적이었고, 시장에 관심이 없었다. 농민들은 상업적 기회나 사업 확장보다는 자급과 안정을 우선시했고, 생산성이나 이익의 최대화보다는 다양한 식량의 안정적인 공급에 초점을 맞췄다. 생산한 작물을 시장에 파는 것은 부차적인, 덜 중요한 문제였다. 농민들에게는 시장보다도 본인의 식량을 공급하는 것이 중요했고, 그다음으로는 마을 공동체나 종교적 의무를 다하는 것이 중요했다. 물론 일부 지역에서는 자발적으로 혹은 (개인당, 가족당 현금으로 부과되는 세금을 납부하기 위하여) 강제적으로 특화된 환금 작물을 재배하여 판매하기도 했다. 남아시아나 동남아시아의 쌀 생산 삼각주나 서아프리카의 땅콩 혹은 코코아 재배 지역이 그 사례다.[41] 남미 대부분 지역에서는 대지주가 농업을 관장하며 특정 작물을 재배하여 세계시장에 판매했고, 농민들은 그저 텃밭 농사 정도에 그치는 경우도 빈번했다. 일부 농민은 소작 형식으로 땅을 빌려 농사를 짓거나 소득을 늘리기 위하여 농장 노동자로 일했다. 이렇듯 지역 차이가 있지만 대부분의 농민은 빈곤했고, (관개시설이나 울타리를 설치하여) 생산성을 개선하거나 (우수 품종을 들여와) 가축의 생산성을 개선할만한 자본을 가지고 있지 못했다. 이들은 돈을 빌려 농업을 개선하는 데에 회의적이었다. 그 전략이 실패하면 그나마 가지고 있던 땅도 잃을 수 있었기 때문이다.

셋째로, 농민 공동체에서는 세금을 걷는 것이 어려웠다. 우선 세금 징수원들이 농촌까지 찾아가는 것 자체가 물리적으로 어렵고 시간이 오래 걸렸다. 또한 농촌에는 소규모 농지가 많았고, 자급자족했으며, 작물의 물물교환이나 공동체적 교환이 잦고, 현금 경제의 연결이 상대적으로 느슨했다. 이런 상황에서 가족 농장의 생산량이나 소득, 가치를 산정하여 세금을 부과하는 것은 쉬운 일이 아니었다. 또한 땅이 여기저기 흩어져 있거나 일부 자원은 특정 개인의 소유가 아닌 마을의 공동 소유였다. 흉작 시 위험을 나누기 위하여 생긴 이러한 농촌 사회의 방편들은 개인 소득 산정을 더욱 어렵게 만들었다. 역사학자 제임스 C. 스콧(James C. Scott)의 말을 빌자면, 세금을 징수하려는 국가의 입장에서 농촌 경제는 "읽을 수도 볼 수도 없는" 것이었다.[42]

이탈리아 작가 카를로 레비(Carlo Levi)가 1930년대 중반 이탈리아 남부의 작은 마을에서 수년간 머문 경험을 바탕으로 쓴 책은 당시 농촌의 상황을 생생하게 보여준다. 레비는 당시 이탈리아에 새롭게 들어선 파시스트 정권과의 정치적인 문제로 작은 마을에서 유배 생활을 했고, 그 경험을 바탕으로 《그리스도는 에볼리에 머물렀다(Christ Stopped at Eboli)》를 썼다. 에볼리는 레비의 유배지에서 조금 떨어진 마을로, 레비는 에볼리가 문명의 가장자리에서도 벗어난 매우 동떨어진 세상이라는 것을 보여주기 위하여 사람들이 자주 썼던 표현을 책 제목으로 사용했다. 레비는 에볼리의 농민과 국가에 대하여 이렇게 썼다. "그어떤 서구 문명의 개척자도 에볼리에 시간의 흐름을 가져오지 못했다. 국가를 찬양하고 그와 관련된 활동을 한 이가 없었다. 에볼리를 찾아온 이들이라곤 적이 아니면 정복자, 혹은 이곳을 이해하지 못하는 방문자일 뿐이었다." 레비는 "농민과 국가 사이에 놓인 깊은 심연"은 그 어떤 자유주의자도, 전체주의자도, 공산주의자도 이을 수 없다고 말했다.[43]

18세기 이후 세계의 일부 지역에서는 자본의 대대적인 투입과 농장의 대형화를 바탕으로 생산성 높은 농업 시스템을 개발했다. 대표적인 것이 세계 식량 시장의 주요 공급자 역할을 했던 아르헨티나의 팜파스, 캐나다의 프레리, 미국의 대평원, 호주 등의 초원 지역이었다. 대규모 치수(治水) 사업으로 농민들의 농사를 지원하여 수출 가능한 잉여분을 생산할 수 있었던 쌀 재배 삼각주 지역도 부분적으로 그 사례가 될 수 있다. 그 외의 지역에서는 플랜테이션 농업 방식으로 특정 작물의 생산성을 높이고 식민 당국 혹은 국가가 생산물에서 더 많은 가치를 뽑아 냈다.

1920년대에 들어서자 농민 문제는 시급한 과제로 떠올랐다. 혁명 지도자들은 농민을 국가로 편입시키기가 좀처럼 쉽지 않다는 사실을 깨달았다. 혁명가들은 강력한 민족국가를 건설하고자 했지만, 농촌 지역의 사회구조는 좀처럼 변화하지 않았고, 농민들은 국가라는 생소한 존재보다는 기존의 질서와 권력을 지키고자 하는 지역의 지주나 지배계층의 영향을 받을 수밖에 없었다. 중국의 쑨원은 중국의 대중들이 민족주의 혁명에 관심을 보이지 않는다며 "혁명가들은 인민을 이끄는 지도자가 되고자 하지만, 따르는 이 없이 앞으로 나아갈 뿐"이라고 한탄했다. 쑨원을 비롯한 혁명 세력은 제국 정부 자체는 성공적으로 전복했지만, 오랜 기간 사회에 깊게 뿌리 내린 관습을 한순간에 바꿀 수 없었다. 쑨원은 "낡고 부패한 관행"을 폐지하거나 해묵은 독재의 관습을 뿌리 뽑는 것이 불가능에 가깝다고 말했다.[44] 멕시코를 장악한 혁명 정권은 1920년대 말 가톨릭 세력과 내전을 벌여야 했다. 정부가 가톨릭의 가르침이 아닌 민족주의와 사회주의를 바탕으로 한 새로운 민중 정치 문화를 조성한다는 것이 이유였다. 멕시코 혁명 세력의 눈에 가톨릭계는 정치적으로 보수적이고 국제주의적이며 권위주의적인 존재였다.

농민 문제가 시급한 이슈로 떠오른 두 번째 원인은 역설적이게도 산업의 중요성을 깨달았기 때문이다. 이 시기 세계 여러

그림 5.1_ 러시아의 농민, 1910년경

그림 5.2_ 아일랜드 킬라니 지역의 농가, 1900년경

그림 5.3_ 미국의 현대적인 농기계

그림 5.4_ 옛 기술과 신기술, 미국, 1910년경

국가는 근대 세계에서 경제적·정치적·군사적 영향력을 확보하기 위해서는 산업을 키워야 한다고 인식했다. 유럽에서 나타난 제1차 세계대전의 결과는 산업의 중요성을 명백히 보여주었다. 패전과 분할을 겪은 러시아 제국, 오스만 제국, 합스부르크 제국은 모두 산업화에서 뒤처진 국가였다. 패전을 겪었지만 발달한 산업국가였던 독일은 인구와 영토의 90퍼센트를 유지할 수 있었다. 반면 산업화가 부족했던 이탈리아는 승전국이었음에도 전후 중재 과정에서 영토를 거의 얻지 못했다.

산업 개발에는 크게 두 가지 요소가 필수적이었다. 바로 풍부한 자본과 값싼 노동력이었다. 1인당 농업 생산력 개선과 농촌 지역 세금 징수는 산업 발전을 노리는 국가로서는 필수적인 목표였다. 산업 경제와 상업 경제를 성공적으로 일궈낸 국가들의 사례를 살펴보면 이는 명백했다. 예를 들어 미국은 세계 최고의 1인당 소득과 더불어 가장 발달한 농업경제를 자랑했다. 1930년대 무렵 미국에서 가동된 트랙터의 수는 100만 대에 달했다. 이는 전 세계 가동 대수의 약 5분의 4에 해당하는 수치였다. 전체 노동인구 중 농장 노동자의 비율은 1880년 50퍼센트에서 1930년대에는 25퍼센트 이하로 줄었으나 식량 생산은 오히려 증가했다. 이러한 변화는 수백만에 이르는 노동자의 산업 경제 유입으로 이어졌다. 이러한 변화를 거치며 미국의 농업은 수요와 수익을 만들어내는 좀 더 상업적인 자본 기반의 산업으로 변모했다. 그런 의미에서 역설적이게도 미국의 산업 지배력 강화는 농업 생산자들의 효율화 덕분에 가능했다고 볼 수 있다. 독일도 비슷했다. 식량 생산에 투입되는 노동자의 비율은 1900년 5분의 2에서 1930년 4분의 1로 감소했지만 생산량 자체는 증가했다. 반면 농민들이 농업을 주도하는 국가의 경우 이 비율에 큰 변화가 없었다. 혁명 이후 토지 개혁과 재분배, 촌락 공동 소유지인 에히도의 재건으로 농민 사회를 안정화한 멕시코의 경우, 두 시기 모두 농업에 종사하는 노동자의 비율이 5분의 3으로 동일했다. 인도의 경우도 70퍼센트로 변화가 없었다 (표 5.5).[45] 또 다른 전쟁의 가능성을 두려워했던, 혹은 바랐던 1920년대의 정부들에게 농민 문제가 중요했던 것은 바로 이 때문이었다. 전쟁에서 승리하기 위해서는 산업 역량을 키워야만 했다. 그 역량을 키우기 위해서는 농촌 경제의 재편이 필수적이었다.

'농민 문제'를 가장 먼저 적극적으로 공격하고 나선 것은 러시아의 공산당 정권이었다. 1917~1922년까지 이어진 내전에서 볼셰비키가 승리할 수 있었던 것은 부농과 귀족 지주의 토지, 국유지와 러시아 정교의 소유지를 몰수하여 농민들에게 분배하던 농민들의 민란을 공식적으로 승인하고 인정한 덕이 컸다. 내전 승리를 도운 대대적인 토지 재분배는 '농민 문제'의 해결책이 아니었다. 농민들은 생산성을 빠르게 끌어올려줄 자본이 없었고, 러시아가 원하는 산업 발전의 기반이 될 수 없었다. 자본주의의 위협을 느낀 볼셰비키 지도부는 소비에트의 산업을 발전시키고자 하는 확고한 결의를 다졌다. 실제로 소비에트의 독재자 이오시프 스탈린은 1931년 초에 열린 소비에트 산업 관리협의

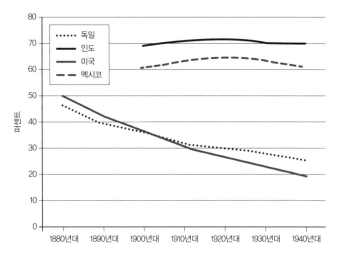

표 5.5_ 전체 노동자 중 농업 종사자 비율, 1880~1949년

회 연설에서 이렇게 말했다. "뒤처지는 자는 패배할 뿐입니다. … 우리는 현재 산업 선진국보다 50~100년 뒤처져 있습니다. 10년 안에 그 차이를 따라잡아야 합니다. 이것을 해내지 못하면 우리는 패배할 것입니다."[46] 스탈린은 1920년대 말 1차 국민경제 5개년 계획(1928~1932년)을 도입하여 농업의 강제적인 집단화를 추진했다. 러시아 농촌을 이루던 2,500만 호의 농가는 2만 5,000개의 집단농장으로 재편되었다.[47]

소련이 집단농장을 도입한 데는 두 가지 이유가 있었다. 첫째는 농장의 규모가 커야 트랙터 등을 활용하여 효율성을 높이는 데 유리했기 때문이다. 소규모 농가는 현대식 트랙터를 살수도 활용할 수도 없었지만, 대형 집단농장에서는 트랙터 사용

이 가능했다. 둘째는 집단농장이 농업 부문의 수익을 쥐어짜내 대대적인 집중 산업화 정책을 추진하는 데 용이했기 때문이다. 소련은 가격 통제, 배급, 생산량 할당 등을 통하여 농업을 압박 했다. 농업 집단화에 반대하는 이들에게는 인민의 적인 '쿨락'(kulak, 부농)이라는 딱지를 붙여 체포하거나 시베리아 등으로 추방했다. 심한 경우 마을에 기관총을 난사하거나 군대 혹은 도시에서 선발한 공산당 행동대원을 보내 마을의 식량을 모조리 압수하여 주민들을 굶어 죽게 했다. 한 역사학자의 표현을 빌자면 이는 "농민들의 기존 생활방식에 대한 사실상의 전쟁 선포" 였다. 결과는 그야말로 참혹했다. 농민들은 도시로 도망가거나 식량을 숨겼고, 정권에 저항하며 가축의 절반을 죽이는가 하면 헛간을 불태웠다. 200만~300만에 이르는 농민이 시베리아나 중앙아시아의 노동 수용소로 끌려갔다. 식량 생산량이 급감하며 기근이 심해졌고, 500만 명에 달하는 이들이 목숨을 잃었다. 한 공산당 조직원은 이를 두고 "농촌과 공산당 정권 사이에 무자비한 전쟁이 벌어지고 있다. … 이것은 결사의 항전이다"라고 말했다. 싸움의 패자는 농민이었다. 700만~1,000만에 이르는 농민이 목숨을 잃었다(일부에서는 2,000만으로 추정하기도 한다).[48] 1935년 이후에는 농민들에게 개인적인 용도로 사용할 수 있는 작은 농토를 허락했지만 농업이 입은 타격은 회복되지 않았고, 러시아의 농업은 소련의 붕괴에 이르기까지 줄곧 낮은 생산성을 보였다.

그러나 중·단기적인 측면에서 러시아는 대대적인 산업화 정책에 착수할만한 자금을 성공적으로 확보했다. 1928년과 비교할 때 1940년 소련의 전력 생산량은 열 배, 석탄 생산량은 일곱 배, 철 생산량은 네 배 증가했다.[49] 제2차 세계대전 직전에는 산업 노동자가 거의 세 배 가까이 증가하여 소련은 세계 3위의 산업국가가 되었다. 남성 인구의 문해율은 40퍼센트에서 94퍼센트로 높아졌고, 수백 개의 기술직과 관리직 일자리가 생겨났으며, 신문 인쇄 부수는 네 배 증가했다. 이러한 성과를 달성하는 과정에서 집단적인 폭력, 경찰 폭력, 집단적인 강제 추방, 강제 노동 등의 수단이 일상적으로 활용되었고, 실질 임금이 절반으로 줄었다.[50]

농민 문제는 단순한 계급의 문제가 아니었다. 농민의 재산 몰수와 착취, 학살로 산업 역량을 키우려는 집단은 공산당 외에도 또 있었다. 아돌프 히틀러의 국가사회주의 정당은 인종주의를 기반에 두고 러시아보다 더 무시무시한 계획을 세웠다. 나치 정권은 그 계획을 실행하기 위하여 유럽에 거주하던 유대인 600만 명을 학살했다. 유대인이 독일 '아리아 인종'을 파멸시키려 한다는 기괴하고 악의적이면서도 편집증적인 인종·민족 관념에 기반을 둔 행위였다. 나치는 유대인뿐 아니라 수천만 명에 달하는 폴란드인과 러시아인을 학살하겠다는 계획도 가지고 있었다. 폴란드와 우크라이나의 '슬라브족' 농민을 제거하고 그 자리에 소수의 독일 농민을 정착시키려 한 것이다. 최종적인 목표는 프랑스 북동부에서 우크라이나 남부 흑해 연안까지, 노르웨이에서 알프스까지 '순수한' 인종으로만 채워진 독일 제국을 건설하는 것이었다. 나치는 전체 인구 1억 5,000만에 동부에는 시장 지향적인 농업기지가 번성하고 서부에는 막강한 산업 중심지가 갖춰진 제국 건설을 꿈꿨다. 독일은 광활한 대륙 제국인 미국에 맞서기 위해서는 그 규모의 제국이 필요하다고 생각했다.

나치 전략가들의 눈에 동부 유럽은 생산성 낮은 소규모 농가만 지나치게 많은 곳이었다. 나치는 동유럽 지역 농업인구 중 3,100만~4,500만 명가량을 효율적인 농업 생산 시스템 건설에 방해되는 잉여 인력으로 추산했고, 이들을 독일 농부 1,000만 명으로 대체하겠다는 계획을 세웠다. 그 과정에서는 수천만 명이 목숨을 잃을 것으로 예상했다. 나치는 한 계획서에서 곡물 재배 지역인 우크라이나는 "유럽의 캘리포니아이자 세계에서 가장 아름다운 농업지대 중 하나"가 될 것이라고 썼다. 전환에 소요되는 기간을 20년으로 추산한 이 계획서는 슬라브족 1,400만 명의 강제 노동을 계획했고, 노동자의 연평균 사망률은 10퍼센트일 것으로 예측했다. 나치는 폴란드에서 계획을 실행에 옮기기 시작했다. 1939~1940년 독일에 합병된 폴란드 서부에서는 100만 명에 이르는 폴란드인이 추방당했고, 그 자리에는 20만 명의 독일인이 정착했다. 나치는 1939~1945년까지 약 300만 명의 유대계 폴란드인과 200만 명의 비유대계 폴란드인을 학살했다. 전체 인구의 20퍼센트에 해당하는 수치였다. 독일 동쪽 소련에서는 2,000만 명에 달하는 유대인과 슬라브계 주민이 목숨을 잃었다.[51]

다른 권위주의 정권에서도 비슷한 정책을 폈지만, 앞서 소개한 사례들만큼 잔혹하지 않았다. 모잠비크의 포르투갈 식민 정부는 1930년대 후반부터 현지 농부들에게 수출 작물인 목화 생산을 강제로 종용했다. 1940년대 초에 이르러 약 50만에 이르는 농가가 목화를 의무적으로 재배했다. 러시아나 독일만큼 잔혹하지 않았지만, 포르투갈 식민 정부는 필요한 경우 채찍질이나 징역형을 동원했다.[52] 일본 식민지 행정부는 1910년 한국을 합병한 후 토지소유권 조사에 나섰고, 이는 결과적으로 그때까지 관습적인 토지이용권 하에 관리되던 농지의 대대적인 수용으로 이어졌다. 1930년에 이르자 한국 농지의 40퍼센트와 임지의 절반이 일본에 귀속되었다. 한국의 쌀을 일본에 수출하기 위한 대규모 '산미증식계획'이 1920년부터 시행되던 가운데 대공황이 닥치며 쌀값이 폭락했고, 상당수의 농장이 합병되었다. 1918년에는 한국 농민의 37.7퍼센트가 토지 없는 소작농이었고, 1932년에는 그 비율이 53.8퍼센트로 올라갔다. 한국의 주요 수출품이었던 쌀은 훨씬 더 부유하고 규모가 컸던 일본 시장으로 향했다. 한국의 농촌에서 굶주림은 일상이 되었고, 160만 명의 한국인이 광산, 산업, 건축 등 분야에서 일자리를 찾기 위해 일본과 만주로 이주했다.[53]

전체주의 국가 혹은 식민지의 삶과 풍요로운 미국의 삶은 극명하게 대비되었다. 미국에는 자급자족적인 소규모 농민계층이 존재한 적이 거의 없었다. 국토 대부분 지역은 사실상 원주민에게서 빼앗은 것이었고, 이러한 영토는 19세기를 거치며 이주민 정착자들로 채워졌다. 토지 대비 인구비율이 낮았기 때문에 정부는 정책적으로 대규모 농장을 선호했다. 1862년 자영농지법은 정착민들에게 160에이커의 땅을 매각했다. 당시 기준으로는 상당한 규모였다. 아르헨티나, 캐나다, 호주, 뉴질랜드 등 다른 정착 식민지에서도 유사한 정책을 시행했다. 정부는 19세기 후반에 원주민에게서 강제로 빼앗은 땅에 대규모 농장 건설을 지원했다. 대규모 농장은 트랙터나 비료, 관개 파이프 등 생산성을 높이기 위한 기술에 투자할만한 자본을 가지고 있었기 때문에 효율성이 높고 기술 활용에서도 더 선진적이었다. 미국의 초기 자영농 중 상당수는 척박한 땅을 개간하는 데 어려움을 느껴 다른 농장이나 기업에 자신의 농장을 팔았다. 큰 농장의 경영주들(혹은 그들이 고용한 인력들)은 자급적 농민의 출현을 방해하기 위하여 종종 폭력을 동원했다. 1846~1848년 미국-멕시코 전쟁과 남북전쟁 이후 북미에서는 이러한 폭력이 경제적으로 자급자족적인 백인, 흑인, 원주민, 히스패닉계 소농이나 농민계층의 출현을 막는 데 일조했다.[54]

1920년대부터 비교적 큰 농지를 지닌 농장주들이 기술 도입으로 생산성을 높여 작은 농장들을 몰아냈고, 그 결과 미국의 농장 평균 면적이 더 커졌다. 1880~1920년까지 미국의 농장 평균 면적은 비슷한 수준을 유지했다. 그러나 1950년에는 1920년과 비교하여 평균 면적이 50퍼센트 증가했고, 1975년에는 1920년에 비하여 세 배 증가했다.[55] 이렇게 미국에서는 시장의 힘이 농업경제의 강화를 가져온 반면, 앞서 말한 일부 국가에서는 강제적이고 폭력적인 정책을 통하여 이를 이루려고 했다.

농업에서 밀려난 미국 노동자들에게는 다행스럽게도 (적어도 1920년대 호황기와 제2차 세계대전 기간에는) 산업계 유입이라는 선택권이 있었다. 농업에 종사하던 인구의 산업계 유입으로 미국은 더 큰 부를 축적할 수 있었다.

하지만 대체 일자리가 없는 상태에서 농장의 크기는 그대로 인데 인구가 증가하면 암울한 상황이 벌어질 수밖에 없었다. 예를 들어 자바에서는 1890~1970년대 사이에 농장의 평균 크기가 약 3분의 2 감소했다.[56] 경제학자들이 '과밀화'(involution)라고 부르는 이 현상은 인구의 증가, 농장의 축소, 인구 증가로 인한 압박으로 생산성이 떨어지는 땅에서 경작함에 따른 1인당 농업 생산성의 정체 또는 감소 현상이다. 1920년대의 국가들은 자국 농업이 과밀화의 함정에 빠질 것을 두려워했다. 이 두려움이 1930년대의 폭력적 집단화, 인종 청소, 그리고 제2차 세계대전을 불러온 혁신적인 요인 중 하나였다.

한편 1930년대 근대화를 추구하던 세계 곳곳의 나라들에는 또 하나의 시급한 과제가 있었다. 농민 문제와도 연관이 있는 문제로, 석유 접근을 확보하는 문제였다. 석유는 트랙터, 트럭, 선박의 연료로 현대적인 농업 경영과 식량 분배에 필수적인 요소였다. 석유는 세계 무대에서 경제적 권력 장악을 꿈꾸는 국가들에 필요한 자원이었다. 또한 석유는 기계화된 현대전의 필수 요소로, 군사력 강화를 위해서도 꼭 필요했다.

그런 이유로 석유 자원 확보 문제는 제2차 세계대전의 발발로 이어지는 세계사에서 핵심적인 역할을 했다. 6장에서는 제2차 세계대전 관련 내용과 더불어 그 전쟁을 만드는 데 있어 농민 문제와 석유 문제가 어떤 역할을 했는지 살펴보고자 한다.

6장

"획일성의 사막":
뒷걸음치는 세계화

*New World
(Dis)Order*

권력의 질서를 다시 쓰다:
제2차 세계대전, 1935년~1950년

모든 일본 국민은 '일치단결된 국가적 여론' 형성을 위한 제국 칙령을 청원해야 한다. … 중국과 인도의 7억 형제들은 우리의 지도와 보호 없이는 도저히 독립을 획득할 길이 없다. 지난 50년간 인구가 두 배로 증가한 일본의 경우, 향후 100년간 2억 4,000만~2억 5,000만 인구를 수용할 수 있는 영토가 필요하다. … 일본은 아시아의 고결한 깃발을 높이 들고 앞으로 건설될 세계 연맹의 지도자적 위치를 확보해야 한다.[1]

_기타 잇키, 1920년

제2차 세계대전은 부분적으로는 경제적·정치적 측면에서 부각된 농민 문제를 해결하기 위한 급진적인 시도의 결과였다. 나치의 여러 계획 중에는 동유럽을 좀 더 효율적인 농업 지역으로 개편하기 위한 계획을 포함하고 있었다. 1937년 중국 침공을 시작한 일본 제국도 유사한 계획이 있었고, 실제로 일본은

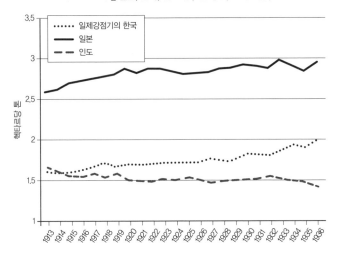

표 6.1_ **일본, 한국, 인도의 (5년 평균) 쌀 수확량, 1913~1936년**

산업화 확대를 위하여 한국과 일본에서 활발한 이주민 정착과 농업 강화 정책을 전개하고 있었다. 이 정책은 특히 1930년대 초에 가속화되었는데, 일본 식민 당국은 한국에서 (일본으로 수출할) 헥타르당 쌀 생산량을 높이기 위하여 강제적인 수단과 유화책을 동시에 동원했다. 일본의 궁극적인 목적은 효율인 대규모 농업기지를 확보하고, 이를 바탕으로 산업을 발전시켜 소련, 미국, 영국에 맞설 수 있는 경제력과 군사력을 갖추는 것이었다.[2] 한편 1930년대 인도와 인도네시아에서는 일본과는 반대로 농지의 과밀화가 진행되며 오히려 농업 생산성이 떨어지고 있었다(표 6.1).

1920년대 농업 생산성 개선과 산업 확장은 석유라는 핵심적인 자원의 확보에 달려 있었다. 석유에 관한 한 일본, 독일, 이탈리아는 불안한 처지였다. 에너지 수요는 증가하는데 자체적으로 확보한 석유가 없었기 때문이다. 일본은 화석연료의 90퍼센트를 수입했고, 그중 80퍼센트는 미국에 의존했다. 이탈리아 또한 석유의 전량을 수입했다. 독일은 석탄 매장량이 풍부하여 나머지 두 나라보다 전략적으로 우세했고, 석탄을 가공한 액화 연료 개발에 성공했다. 그러나 1930년대를 기준으로 독일도 석유 소비량의 3분의 2를 수입했고, 대부분을 러시아에 의존했다.[3]

석유를 확보한 다른 열강들의 입장은 완전히 달랐다. 1920년대 미국은 세계 석유의 3분의 2를 생산했고, 세계로 수출되는 석유의 3분의 1은 미국산이었다.[4] 미국 기업들은 멕시코와 베네수엘라에서 생산되는 석유 지배권을 확보하기 위하여 발 빠르게 움직이고 있었다. 멕시코와 베네수엘라는 양국의 석유 생산량을 합하면 미국에 이어 세계에서 두 번째로 컸다. 소련은 바쿠와 코카서스 유전에서 대량의 석유를 생산하는 주요 생산국이었다. 영국은 페르시아와 구오스만 제국 지역 석유 생산의 대부분을 확보하고 있었다(영국은 1914년 외무부 협약에서 독일에 주었던 터키 석유 회사 지분 25퍼센트를 추후 다시 회수했다). 영국과 미국, 영국-네덜란드 합작 석유 기업들은 상당한 석유 매장량을 자랑하던 네덜란드령 서인도 제도(현재의 인도네시아 일대)에서도 큰 영향력을 행사했다.[5]

연료로서 석유는 산업과 민간 운송 분야 발전뿐 아니라 군사력 증진에도 점점 중요해졌다. 제1차 세계대전 때만 해도 내연기관보다 철도가 전세를 좌우했지만, 1917년에 접어들며 앞으로 다가올 20세기형 전투에서는 석유와 휘발유로 작동하는 탱크, 비행기, 트럭, 지프, 오토바이, 선박, 잠수함 등이 결정적인 역할을 하리라는 것이 명확했다. 제1차 세계대전에서 영국의 주요 전략 목표는 오스만 제국에 대항하여 페르시아에 있는 자국의 석유 생산 시설을 방어하고 루마니아와 러시아의 석유 생산 지역을 점령하려는 독일의 시도를 저지하는 것이었다. 독일은 석유에 쉽게 접근하지 못했던 반면, 독일의 상대국들은 아메리카 대륙에서 생산되는 석유로 기계화된 전투 수단을 용이하게 활용할 수 있었다. 제1차 세계대전 종전 2주 후에는 전시 연료 공급 조정 기구였던 연합국 석유회의(Inter-Allied Petroleum Conference)의 모임이 있었다. 이 모임에서 영국의 제국 행정과 전시 정부 핵심 인사였던 조지 커즌 경은 "연합군은 석유의 파도를 타고 승리에 도달했다"라고 말했다. 그 석유의 대부분은 미국에서 온 것이었지만, 영국의 페르시아 지역 석유 생산량은 1914~1918년 사이 열 배 이상 증가했다.[6]

이후 제2차 세계대전에서 제병협동 전술(기갑, 보병, 포병 등 다양한 병종을 통합적으로 활용하는 전술―옮긴이)과 기계화 전술은 승패를 가르는 중요한 요소였다(그림 6.1~6.3). 많은 국가는 전쟁이 시작되기 전부터 그 중요성을 충분히 알고 있었다. 사실 독일, 일본, 이탈리아가 제2차 세계대전을 일으킨 것은 경제발전과 군사력 증강에 필요한 석유를 확보하기 위한 절박한 시도

그림 6.1_ **탱크 위의 독일 병사들, 러시아, 1940년**

그림 6.2_ **루마니아 플로이에슈티를 공습하는 미국 제15공군 소속 B-24 폭격기**

의 측면도 있다.[7] 일본군은 부분적으로는 식량과 광물자원을 확보하기 위한 목적으로 1931년과 1933년에 각각 중국의 만주와 러허 지역을 점령했다. 1937년 일본의 중국 침공이 본격화되자 미국은 일본의 경제 봉쇄를 강화하고, 여러 핵심 자원, 그

그림 6.3_ 대공습으로 파괴된 도쿄의 모습, 1945년 3월

중에서도 특히 석유 접근을 점점 제한했다. 이러한 상황에 대하여 1941년 중반 일본의 한 고위 관리는 "일본이 직면하고 있던 모든 문제는 단 하나의 요소, 즉 석유로 좁혀졌다"라고 말했다.[8] 석유 문제에 봉착한 일본은 중국에서 동남아시아로, 특히 당시 상당량의 석유를 생산하던 가장 가까운 지역인 지금의 인도네시아 일대로 눈을 돌렸다. 현재 말레이시아가 위치한 지역에서 생산되는 알루미늄과 고무는 일본군이 필요로 하는 자원이었다(지도 6.1).[9] 1941년 8월, 일본의 베트남 점령의 대응으로 미국과 네덜란드, 영국은 일본에 대한 전면적인 석유 금수조처를 내렸다. 당시 약 1년분의 석유만을 비축한 일본으로서는 퇴각과 인도네시아 점령, 양단간에 결정을 내려야만 했다.

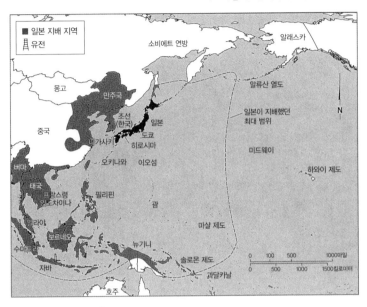

지도 6.1_ **제2차 세계대전 중의 일본 제국**

일본의 선택은 후자였다. 전쟁을 선택한 일본이 가장 처음 할 일은 진주만에 주둔 중이던 미군 함대를 제거하는 것이었다.

일본이 진주만의 미군을 공격하기로 한 데에는 두 가지 이유가 있었다. 첫째는 미국의 해군 공격력을 무력화하여 새로운 점령지인 중국과 동남아시아의 전략 자원에 안정적인 수급 시스템을 갖출 때까지 시간을 벌겠다는 군사적 계산이었다. 둘째는, 이 전쟁을 세계 패권 장악을 위한 전쟁의 시작으로 본 일부 군 인사들에게 미국은 패권 제패 과정에서 궁극적으로 일본의 적이 될 수밖에 없는 존재였기 때문이다.

일본과 미국의 필연적 대결을 역설한 것은 일본군 장교이자 역사 철학자인 이시와라 간지였다. 이시와라는 장교로서의 훈련 경험과 만주와 중국에서의 근무 경험, 자신의 종교인 니치렌슈(日蓮宗, 13세기에 창시된 일본의 불교 종파) 철학, 제1차 세계대전 이후 독일에 3년간 체류하며 습득한 서구 지식 등을 바탕으로 세계의 지정학적인 미래를 예측한 이론을 내놓았다. 이시와라는 세계 역사는 필연적으로 정의와 화합, 봉사를 통한 희생으로 '왕도'를 추구하는 동양 문명과 단순한 이기심을 바탕으로 '패도'를 추구하는 서양 문명의 최종적인 결전 전쟁으로 흐르게 되어 있다고 주장했다. 이시와라에 따르면, 동양 문명을 대표하는 국가는 일본이고, 서양 문명을 대표하는 국가는 미국이다. 그는 제1차 세계대전 50년 후에는 중간 착륙 없이 장거리 비행이 가능한 전투기에 막강한 위력을 지닌 폭탄을 싣고 가 적국 도시에 투하하여 초토화하는 공중 폭격 기술이 등장하리라 예측했다. 그는 일본이 아시아의 풍부한 천연자원과 인적 자원을 확보하여 서양의 압제로부터 '세상을 구원'할 수 있도록 준비해야 한다고 주장했다. 이시와라는 그 과정에서 문명화를 위한 일본의 신성한 임무를 방해하려 하는 미국과의 장기적인 전쟁이 불가피하다고 생각했다.[10]

독특한 면이 있었던 이시와라 간지의 주장은 일본군 전략의 청사진으로 활용되지 못했다. 그러나 당시 이시와라의 주장 외에도 인종 민족주의와 종교, 지정학적 개념을 혼합한 여러 해로운 사상들이 등장했다. 일본이 아시아에서 제국주의적 확장을 시작한 후 서구에서 나타난 '황색 공포'(Yellow Peril)가 그 사상들에 반영되어 있었다는 점은 우연이 아니다. 1930년대에 들어서자 세계 패권을 놓고 벌이는 전쟁이 점점 다가오고 있다는 사실이 자명했다. 경쟁 '문명'을 대표하는 인종 간에 벌어질 이 전쟁의 결과는 자원의 확보 여부에 따라 결정될 것이라는 점도 자명했다.

일본이 아시아를 하나의 경제적·군사적 공동체로 묶을 수 있을 것이라는 기대는 지나치게 낙관적이었다. 일본의 패퇴에 가장 결정적인 역할을 한 것은 인도네시아 식민지에서 일본의 산업 중심지로 가는 석유의 공급을 거의 완전히 끊어 놓은 미국의 잠수함 공격이었다. 전쟁 후반부에 들어서는 일본 상선의 약 95퍼센트가 침몰하거나 무력화된 상태였는데, 그중 절반 이상이 미국의 잠수함 공격에 의한 것이었다.[11] 미국보다 한참 약했던 일본의 군사, 산업 기지는 연료 공급이 끊기자 서서히 고립되었고, 결국 파괴되었다. 최종적으로 미국은 막대한 자금을 투입하여 은밀하게 진행한 맨해튼 프로젝트로 개발한 원자폭탄을 히로시마와 나가사키에 투하하며 전쟁을 종결시켰다. 제2차 세계대전은 1945년에 종결되었지만, 적어도 2년 전부터 전세는 누구나 예측할 수 있을 정도로 기울어 있었다.

석유는 유럽 쪽에서 나타난 전쟁의 전개에서도 중요한 역할을 했다. 1935년 이탈리아의 에티오피아 침공은 부분적으로는 에티오피아에 풍부한 광물자원이 있으리라는 이탈리아의 가정에서 자행되었다. 이탈리아가 내심 가장 바랐던 자원은 석유였으나 이는 헛된 기대였다. 그러나 이탈리아의 독재자 베니토 무솔리니(Benito Mussolini)는 지브롤터 해협에서 호르무즈 해협까지 펼쳐지는 파시스트 버전의 로마 제국의 재건을 꿈꿨다.[12] 그가 구상하는 제국에는 중동의 유전을 포함하고 있었다. 이탈리아가 북아프리카 공략에 집중할 것도 그 때문이다. 이탈리아군과 그 동맹인 나치의 소규모 원정군은 리비아에서 동쪽으로 이동하며 수에즈 운하를 통하여 아시아로 이어지는 영국의 해상 경로를 차단하고 이라크, 쿠웨이트, 페르시아(이란)의 유전을 확보하고자 했다. 당시 독일은 충분한 양의 액화 석탄을 생산하고 있었으나, 장기적으로 볼 때 미국과의 대결을 위해서는 대량의 석유를 확보해야만 했다. 나치 정권은 석유를 확보하기 위해 이라크가 영국에 대항하여 일으킨 반식민지 반란을 지원했으나, 이 반란은 곧 실패로 돌아갔다. 독일은 소련을 공략하기 위하여 블리츠크리그(Blitzkrieg), 즉 '전격전'(신속하게 적진을 돌파하는 군사 작전으로 제2차 세계대전 당시 독일이 주로 활용함—옮긴이) 전술을 활용했으나 이 또한 실패했다. 모스크바를 공략하던 독일군은 남쪽으로 방향을 돌려 유전이 있는 바쿠와 코카서스 지역으로 향했다. 연합국은 전쟁 초기부터 석유 부족으로 인한 독일의 전략적 약점을 인식하고 있었다. (금방 파기되고 말았지만) 독일과 소련이 폴란드를 양분하기 위하여 1939년 히틀러-스탈린 조약을 체결했을 당시, 영국은 나치의 석유 확보를 우려하여 바쿠의 러시아 유전 폭격을 고려했다. 독일의 러시아 침공으로 러시아가 서구와 어쩔 수 없이 연합군을 구성한 탓도 있었지만,

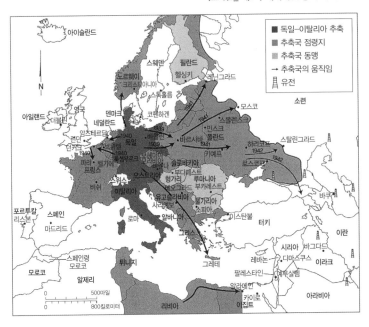

독일군의 남하는 결론적으로 나치 패배의 중요한 요인이었다. 베어마흐트(Wehrmacht, 나치의 군대를 가리키는 용어—옮긴이)는 유전 점령에 실패했을 뿐 아니라, 점령을 시도하는 과정에서 지나치게 분산되어 결국 패배했다(지도 6.2).[13] 1944년 말에 가서는 연합군의 폭격으로 독일의 합성 액체연료 생산이 90퍼센트 감소했고, 소련군이 루마니아 플로이에슈티 유전을 점령하며 독일에 석유 공급이 끊어졌다. 그러자 나치 육군과 공군은 심각한 연료 부족으로 현대전을 효과적으로 치를 수 없었다. 한편

나치는 잠수함 공격으로 미국에서 대서양을 건너 영국으로 가는 무기와 식량, 석유의 공급을 차단하려 했다. 이 시도는 1943년 봄까지는 성공을 거두는 듯했으나, 연합군 측의 대(對)잠수함 항법과 호송 기술이 발전하면서 결국 실패로 돌아갔다.[14]

전쟁의 결과는 산업 역량의 차이로 결정되었다. 1941년 6월 소련을 공격한 독일의 전격전은 초기에는 성공적인 듯했고, 소련은 같은 해 가을에 항복 직전의 상태까지 갔다. 영국의 자원 공급을 끊으려던 독일의 잠수함 작전은 처음에는 성공적으로 진행되었다. 그러나 두 작전이 실패한 후 전쟁의 결과가 어떻게 될지는 자명했다. 연합군은 모든 종류의 군대 물자 생산에서 추축국에 앞서 있었고, 병력의 차이도 압도적이었다. 전쟁이 진행되는 동안 주요 연합국(미국, 소련, 영국)이 생산한 전투기와 탱크의 수는 주요 추축국(독일, 일본, 이탈리아) 생산량의 세 배였고, 병력은 1.5배였다. 전쟁이 최고조에 달했던 1942년에는 연합군 측의 생산량이 탱크의 경우 일곱 배, 기관총의 경우 다섯 배, 포격 병기의 경우 열두 배였다(표 6.2, 6.3).[15]

군대 물자 생산량의 압도적인 차이는 오래전부터 쌓여온 철, 강철, 석유와 같은 핵심 자원의 생산 역량 차이에 기인했다(표 6.4). 1940년 기준 미국과 영국, 러시아의 산업 역량을 합하면 추축국의 약 세 배에 육박했다.

기술적 차이는 추축국의 입지를 더욱 위태롭게 만들었다. 1940년 무렵 미국은 세계 최고의 기술 선진국이었고, 영국은 미국보다 조금 뒤처지기는 했지만 세계 기준으로 여전히 과학기

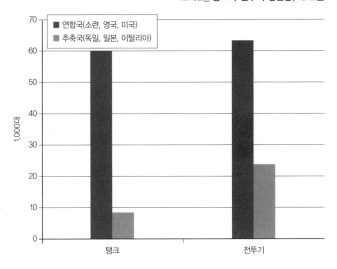

표 6.2_ 탱크와 전투기 생산량, 1942년

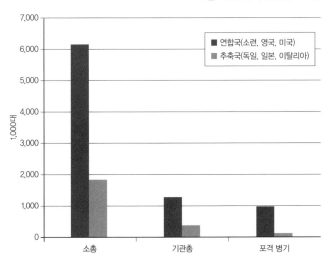

표 6.3_ 보병용 무기 생산량, 1942년

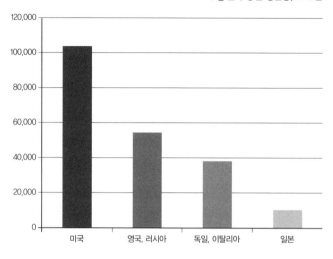

표 6.4_ 철과 강철 생산량, 1940년

술 선진국이었다. 연합국 측은 자원의 생산뿐 아니라 동원에서
도 더 유리한 입장이었다. 추축국의 무자비한 침략에 맞선다는
명분은 연합군에게 더 큰 도덕적 권위와 대중적 지지를 안겨주
었다. 덕분에 연합군은 추축국보다 더 많은 자원을 전쟁에 당당
하게 활용할 수 있었다. 연합군은 군사적 판단력 측면에서도 앞
섰다. 독일군은 점점 (잘못된) 군사적 직관에 망상적인 자신감을
보이던 히틀러의 결정에 휘둘렸고, 일본군은 자기희생, 침략,
인종적 우월성이라는 삐뚤어진 이념에 사로잡힌 판단을 내
렸다. 결국 독일군도 일본군도 시간이 흐를수록 점점 패배를 자
초하는 결정을 내렸다. 그에 반해 냉철하고 집단적인 연합군의
결정 절차는 더 나은 결과로 이어졌다.[16]

결국 추축국에게 전쟁은 절박함에 뛰어든 도박이었다. 당시의 장기적 정세는 모두 추축국이 조만간 군사적·경제적으로 미국, 영국, 소련과 경쟁할 능력을 상실할 것을 보여주었다. 잘못된 이념에 사로잡힌 추축국은 그 전망을 용납할 수 없었다. 독일, 이탈리아, 일본의 지도부는 전쟁 초기에 육상 혹은 해상에서 빠르고 압도적으로 상대국을 격파함으로써 상대가 우월한 경제력을 동원할 틈도 없이 승리를 거두겠다는 계획을 세웠다. 추축국은 빠르고 압도적인 군사 작전으로 당시 국제 경제의 흐름과 인구 흐름을 뒤집어보겠다는 무모한 계획을 세우고 아슬아슬한 도박을 했다. 히틀러는 전쟁을 통하여 "북미 대륙과 소비에트 유라시아의 국제 패권 장악을 막겠다"라고 선언했다.[17] 그러나 도박의 필요성을 부각했던 장기적 정세는 그 도박의 성공 가능성이 작다는 점을 함께 보여주고 있었다.

자신들의 결정이 잘못되지 않았다는 당시 추축국 지도부의 믿음에는 제국주의와 인종주의가 영향을 끼쳤다. 자신들이 적들보다 더 똑똑하고, 용감하고, 조직적이고, 명예롭고, 의지가 강하고, 신체적으로도 강하다는 국가적·인종적 우월감은 뻔한 확률을 뒤집고 이길 수 있다는 잘못된 생각으로 이어졌다. 또한 추축국들은 도박에 져서 '열등한 인종'에게 지배받으나 아무것도 하지 않고 기다리다 지배받으나 결과는 같은 것이니 어차피 잃을 것이 없다는 생각을 하고 있었다.

1930년대의 대공황은 1914년에 비하여 이러한 계산을 더욱 급박하게 만들었다. 대공황이 가져온 가장 중요한 결과 중 하나는 세계경제 통합의 급속한 붕괴였다. 제1차 세계대전이 벌어지기 전 50~60년간 세계경제는 무역의 증가와 함께 빠르게 통합되었다. 당시 무역량은 절댓값뿐 아니라 세계 GDP 대비로도 빠르게 증가했다. 대공황 이후 이러한 경향이 빠르게 역전되며 세계 GDP에서 무역이 차지하는 비율이 감소했고, 1938년에 이르러 1870년보다 낮은 수준으로 떨어졌다(표 6.5). 이렇게 된 한 가지 이유를 꼽자면 인도, 중국, 터키, 이란 등 저개발국가들이 그동안 빼앗겼던 관세 주권을 1920년대 말 되찾으며 관세를 즉시 상향 조정한 점을 들 수 있다.[18] 그러나 더 큰 이유가 있었다. 대공황의 영향으로 많은 국가가 경쟁국으로부터 자국의 생산자와 일자리를 보호하기 위해 관세를 높이기 시작한 것이다. 수입 물품의 전체 가격 대비 세금 비율을 나타내는 관세율의 세계 평균은 1935년에 거의 두 배로 증가했다(표 6.6).

미국 의회는 1930년 6월 스무트 홀리 관세법(Smoot-Hawley Tariff)을 통과시키며 한 세기 만에 가장 높은 수준의 관세를 도입했다. 다른 나라들도 비슷한 조처를 했다. 공산품을 주요 수출품으로 하는 대부분의 국가에서 수출이 급감했다. 1929~1934년 사이 독일은 70퍼센트, 미국은 60퍼센트, 영국은 절반가량 수출 감소를 경험했다. 공산품 수요 감소는 저개발국이 수출하는 1차 상품의 수요 하락과 가격 붕괴 때문이기도 했다. 브라질 커피와 아르헨티나 냉동 소고기 가격은 절반 아래로 하락했고, 실론(현재의 스리랑카)산 홍차 가격은 60퍼센트 이상, 말레이시아산 고무 가격은 80퍼센트 이상 폭락했다. 수출로 발생한

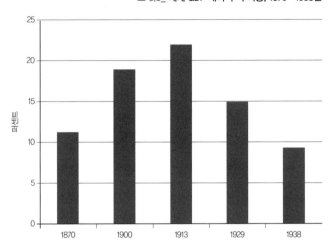

표 6.5_ 세계 GDP 대비 무역 비중, 1870~1938년

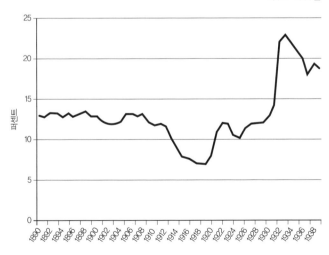

표 6.6_ 세계 평균 관세율(수입된 물품의 전체 가격 대비 세금 비율), 1890~1938년

수입이 줄자 저개발국의 채무 불이행이 증가했다. 수입 수량을 제한하는 수입 할당제와 외환 관리 정책이 도입되었다.[19] 세계 경제와 무역은 1930년대 말 회복되기 시작했으나, 다시 전쟁이 터지며 타격을 입었다. 세계 GDP 대비 무역 비율이 1913년이나 1929년 수준으로 회복된 것은 1950년대에 이르러서였다.

거대한 대륙 제국인 미국이나 소련의 경우 수출 의존도가 그렇게 높지 않았다. 이 나라들에 있어 세계무역 감소는 심각하기는 해도 어떻게든 헤쳐나갈 수 있는 문제였다. 영국과 프랑스는 자신들이 구축해둔 국제적 제국 안에서 자국에 유리한 무역제도를 구축하며 상황을 타개해갔다.[20] 그러나 수출, 수입의 의존도가 높았던 다른 국가들에 있어 관세의 급격한 상승은 그야말로 재앙이었다. 독일은 수출 의존도가 특히 높은 국가였다. 1929년 기준, 수출은 독일 GDP의 13퍼센트를 차지했다. 이는 3.6퍼센트인 미국, 1.6퍼센트인 소련과 비교하면 현저히 높은 비율이었다. 사실 영국과 네덜란드의 수출 의존도는 독일보다 더 높았다. 그러나 영국, 프랑스, 네덜란드에는 거대한 식민 제국이 있었고, 제국 내의 식민지와 경제적 관계를 새롭게 구축하며 문제를 해결할 수 있었다. 독일과 이탈리아에는 거대한 식민지가 없었고, 일본 제국의 경우 식민지를 넓혀가고 있었으나 경쟁국의 수준에는 한참 미치지 못했다.[21]

무역 자유화가 역행하던 상황에서 자원과 시장을 직접 통제하기 위한 제국 확장은 상황 타개를 위한 몇 안 되는 확실한 해법이었다. 면적과 자원 면에서 미국과 함께 최대 규모를 자랑하던 중국과 러시아는 식민지와 시장을 원하는 이들에게 탐나는 표적이었다. 독일과 일본이 러시아와 중국을 공격한 것은 결코 우연이 아니었다.

제2차 세계대전은 경제 패권 장악을 위한 전쟁 이상이었다. 전쟁의 발발 원인과 전개 과정을 보면 이념적 요소가 강하게 작용했다는 것을 알 수 있다. 인종주의, 민족주의, 국가주의에서 비롯된 이념은 당시의 지정학적 상황을 바라보던 주축 3국 지도부의 관점에 지대한 영향을 끼쳤다. 독일 국가사회주의당은 평등을 주장하는 공산주의와 자본 민주주의가 유대인의 음모라고 주장했다. 히틀러가 말하던 '고귀한 자연법칙'을 방해하여 (독일인을 비롯하여) 마땅히 승리해야 할 '우월한' 아리아인들의 운명을 방해하려 한다는 것이었다.[22] 파시스트 정권은 이탈리아가 로마 제국의 영광을 재현할 운명을 타고났다고 믿었다. 일본군의 핵심 지도부는 일본인이 아시아 인종을 이끌고 아시아를 지배할 신성한 사명이 있다고 생각했다. 그들 각자로서는 자신들의 정당한 운명을 추구하기 위하여 자원 확보에 나서는 것은 이념적으로 당연한 사명이었다.

1930년대 중반경 독재 정권들의 두려움과 정책, 야심에 국민도 어느 정도 동조했다. 당시에는 이 국가들뿐 아니라 세계 곳곳에 독재 정권이 난립해 있었다. 전체주의 정권은 단순한 권위주의 정권보다 국제관계뿐 아니라 내부 통치에서도 훨씬 공격적이었다. 나치와 파시스트, 소비에트 정권은 경제와 사회 문제에도 직접적이고 효과적으로 개입했다. 특히 소련은 관련 기관을 통하여 경제 전체를 통제했다. 이 세 국가는 전에 없이 거대한 비정부 당원 조직을 구축했다. 가입 인원이 수백만에 달하는 이 조직은 직장, 예술, 가정, 학교, 종교, 여가 등 국민 생활의 모든 면을 통제하기에 더없이 유용한 도구였다. 전체주의 국가들은 여타 권위주의 정권이나 군부 정권과는 비교할 수 없을 만큼 광범위하고 폭력적으로 국민을 억압하고 통제했다. 1930년대 중반에 이르자 다른 권위주의 정권들도 정도만 달랐을뿐이지 거의 모든 면에서 전체주의 정권 못지않은 통제 수단을 도입했다. 크게 권위주의적이지 않은 국가들 또한 사회 구성원들을 유형에 따라 커다란 집단(사업가, 각종 직업군, 노동자, 여성, 젊은이 등)으로 묶어 관리하는 조합주의(組合主義)적 통제 수단을 도입했다. 권위적 구조를 지닌 이들 집단은 국가의 통제에 활용되었다. 권위주의 정부들은 경찰력과 치안부대를 자의적으로 동원하여 저항을 탄압하고 '질서'와 '규율'을 세우는 한편 반대세력의 목소리를 틀어막았다. 정부들은 임금, 물가, 재정 등을 엄격하게 통제하는 방식으로 경제를 직접적으로 관리했다.

1930년대에는 지역에 따라 조금씩 다른 특성을 보였을 뿐 전 세계적으로 독재 정권이 놀랍도록 만연했다. 19세기 말부터 제1차 세계대전까지는 민족주의의 부상과 경제적·사회적 기반의 전 지구적인 확장으로 세계 곳곳에 대의정치 체제가 나타났다. 그러나 1930년대의 상황은 정반대였다. 전 세계적으로 진행된 혁명과 전쟁, 대공황은 수많은 독재자를 탄생시켰다. 이러한 상황을 두고 인도의 민족주의 지도자 자와할랄 네루(Jawaharlal

Nehru)는 1933년 이런 말을 했다. "19세기는 민주주의의 세기였다. … 그러나 20세기 초반에 접어들며 민주주의와 의회는 곳곳에서 설 자리를 빼앗기고 있는 것 같다."[23]

중국의 사례는 특별했다. 1920년대 중반 쑨원은 농민 관련 정치적 문제를 해결하기 위한 답을 내놓았다. 바로 농민들이 민주 국가의 근대적인 국민으로 거듭날 수 있도록 군정을 통하여 교육하는 것이었다. 계획을 내놓은 쑨원은 이를 이루지 못한 채 사망했지만, 장제스가 그 뒤를 이어 실행에 옮기고자 했다. 장제스의 국민당은 1930년대 초 중국 공산당과의 내전에 휘말렸다. 공산당 지도자인 마오쩌둥은 쑨원과는 반대로 위로부터의 혁명이 아닌 아래로부터의 혁명을 추구했다. 공산당은 마오쩌둥의 지휘 아래 쑨원이 "낡아빠진 전제적 구태"라고 불렀던 지배계급의 부패와 착취, 복종하는 농민들의 수동적인 문화를 타파하고자 했다. 마오쩌둥은 지배계급에 대한 농민들의 대대적인 무력 봉기로 중국 사회에서 오랫동안 이어진 농촌의 지배 질서를 타파할 수 있다고 믿었다. 그러나 1937년 중국은 국민당과 공산당에 더해 일본군까지 가세한 내전에 휩쓸리고 말았다. 한편 일본의 경우 1889년 상대적으로 자유주의적인 입헌 정부가 들어섰으나, 1920년대 후반 들어 제국주의적 사명을 부르짖는 목소리가 정부 안팎에서 들려오며 위기를 맞았다. 반자유주의 세력은 정부를 위협하고 기반을 약화시키기 위하여 일련의 암살을 자행했다(당시 총리 세 명, 내각 관료 십여 명, 기자, 국회의원, 노동조합 지도자 등 수많은 정치 인사가 암살당했다). 1930년대 중반에 이르러 일본에는 확장을 추구하는 사실상의 군부 독재 정권이 들어섰다. 확장 정책의 시작은 1937년 중국 침공이었다. 중국에서 벌어진 국민당과 공산당, 일본군의 삼파전은 1949년에 중국 공산당이 최종적인 승리를 거두면서 마침내 마무리되었다.[24]

남미의 경우 전쟁의 참화는 피했으나 독재 정권의 난립은 피하지 못했다. 멕시코의 최대 혁명이었던 1910년 멕시코 혁명은 1920년대 말 제도혁명당이 독점적으로 통치하는 일당 지배 정권의 탄생으로 이어졌다. 1920년대 말 브라질에서는 중앙집권주의자와 연방주의자 사이에 격렬한 정치적 갈등이 벌어졌다. 사회주의 노동자와 극우 집단, 소수 특권 세력이 대립했고, 대지주와 농민 사이에도 갈등이 벌어졌다. 대혼란은 1930년대 초 군부의 지지를 바탕으로 탄생한 제툴리우 바르가스(Getulio Vargas) 대통령의 독재 체제인 신국가 체제의 등장으로 종식되었다. 1930년대 초에는 멕시코와 브라질 외에도 아르헨티나, 칠레, 페루, 과테말라, 엘살바도르, 온두라스에 독재 체제가 들어섰다.

이 시기 유럽 또한 다양한 독재자의 등장을 목격하고 있었다. 스페인에서는 1936~1938년까지 이어진 격렬한 내전 끝에 파시스트 독재자 프란시스코 프랑코(Francisco Franco)가 권력을 잡았다. 포르투갈에도 파시스트 독재 정권이 들어섰고, 폴란드에서는 유제프 피우수트스키(Józef Piłsudski)가 1926년부터 일찌감치 사실상의 군부 독재를 시작했다. 헝가리는 1919년부터 보수적인 군부 정권이 통치했고, 오스트리아의 민주주의는

1930년대 중반에 무너졌다. 터키는 5장에서 살펴본 바와 같이 케말 아타튀르크가 이끄는 일당 독재 체제였다.

당시 세계를 덮친 경제 위기는 독재 정권들의 등장에 큰 역할을 했다. 1930년대 중반에 절박한 대중은 극단적이고 강제적인 방법을 동원해서라도 경제적 어려움을 해결해줄 정권을 기꺼이 지지하고자 했다. 특히 심각했던 것은 실업 문제로, 대공황의 여파가 어느 정도 지나간 1935년에도 세계 곳곳의 실업률은 여전히 높은 15~20퍼센트 수준을 보였다.[25] 그러나 독재 정권의 등장에는 이념적 영향도 있었다. 이념은 특히 당시의 국내적·국제적 경제 위기를 바라보는 관점을 형성하는 데 중요한 역할을 했다. 소련의 공산당은 레닌주의를 바탕으로 한 경제적·사회적·외교적 변혁을 추구했다. 레닌주의는 자본주의가 성장 중인 경제에서만 살아남을 수 있는 체제이므로 자본주의 국가들이 다른 국가를 침탈함으로써 성장을 추구한다고 주장했다. 레닌주의자들이 보는 자본주의는 제국주의적이었으며, 그 국제적 확장이 한계에 다다르면 필연적으로 무너질 수밖에 없는 존재였다. 소련 공산당은 대공황의 발발로 자본주의의 위기가 찾아왔다고 믿었다. 소련의 눈에 파시즘은 내부에서 무너지고 있는 자본주의를 지키려는 마지막 발버둥이었다. 한편 나치는 소련과 다른 시각으로 대공황을 바라보았다. 나치의 눈에 대공황은 기생충과 같은 유대인 자본가들이 국제 금융 경제를 조작하여 벌이는 악랄한 음모였다. 히틀러를 비롯한 나치 지도부는 이것이 아리아 인종을 멸망시키려는 유대인의 음모라고 생각했다. 나치의 눈에는 공산주의가 모스크바에서 뉴욕까지 가로지르는 유대인의 음모 중 일부였다.

한편 자유민주주의 진영에서는 공산주의와 파시즘이 '폭정'이라는 같은 현상의 두 가지 변형이라고 생각했다. 공산주의와 파시즘은 인간의 기본적인 존엄을 부정하고, 인간을 양도할 수 없는 권리를 지닌 존재가 아닌 목적 달성을 위한 수단으로 대했다. 두 이념은 개인을 국가에 종속된 존재로 여겼고, 국가에 봉사하는 것이 국민의 유일한 존재 이유라고 생각했다. 무솔리니는 1932년 한 저서에서 "파시스트적 삶의 방식에서 개인의 이익은 국가의 이익과 일치할 때만 인정할 수 있다"라고 말했다.[26] 영국의 소설가 E. M. 포스터(E. M. Forster)는 1939년 한 에세이에서 전체주의 정권과 권위주의 정권을 이끈 "위대한 인물"들은 모두 인간의 개별성과 존엄성을 부정하고 창의성과 존엄성을 말살했다고 비난하며, 그 결과 "획일성의 사막"을 만들고 가끔은 "피의 웅덩이"를 만들었다고 말했다.[27]

놀랍게도 1945년에 파시스트 정권들이 패퇴한 이후에도 이 '위대한 인물'들, 혹은 독재자들은 세계 정치에서 여전히 사라지지 않았다. 독재 체제는 사라지기는커녕 그 후 30여 년간 세계 곳곳으로 확산되었다. 확산의 이유는 부분적으로 소련에서 찾을 수 있다. 파시스트 독재 정권은 제2차 세계대전을 거치며 몰락했지만 소련의 경우 전쟁 후에도 살아남아 일정 부분 성공을 거두며 세계의 공산주의 독재 정권에 힘을 실어주었다. 이는 1945년 이후 두 개의 이념적·경제적·사회적 체제가 '냉전'에서

맞붙는 결과로 이어졌다. 냉전은 거의 반세기 가까이 지속되며 국제적인 관계는 물론 여러 나라의 국내 정치에 깊은 영향을 주었다.

소련과 미국의 공동 노선:
탈식민지화, 1945~1990년

식민 지역이나 낙후 지역에 대한 소련의 정책은 서구 선진국의 세력과 영향력, 접촉을 약화하는 데에 맞춰질 것으로 보임. … 소련은 그러한 국가들의 자신감과 국방을 약화시키고, 모든 형태의 분열을 조장하여 사회적·산업적 불안 상태를 만들어낼 것임. 빈곤층과 부유층, 흑인과 백인, 젊은이와 노인, 기존 주민과 새로운 주민 간의 갈등을 유발할 것임. … 공산주의자들은 경제적·정치적·도덕적 독립성을 포함한 인간의 모든 독립성을 파괴하는 데 집중할 것임.[28]

_소련 주재 미국 대사 조지 캐넌(George Kennan)의 전문, 1946년 2월 22일

미국 독점자본주의의 제국주의적 경향을 담고 있는 전후 미국의 외교정책은 세계 패권의 욕망을 특징으로 함. 미국이 재차 언급하고 있는 세계 지도권의 진정한 의미는 바로 세계 패권임. 미국의 육해공군을 비롯하여 모든 산업과 과학이 이러한 정책

을 중심으로 움직이고 있음. 미국은 이러한 목적을 염두에 두고 확장 계획을 개발했으며, 이 계획을 외교적인 방법은 물론 해외 해군 기지 및 공군 기지 건설, 군비 경쟁, 신무기 개발 등을 통하여 실현하려 하고 있음. [29]

_미국 주재 소련 대사 N. 노비코프(N. Novikov)의 전문, 1946년 9월 27일

제2차 세계대전은 두 종류의 큰 갈등이 만난 사건이었다. 다시 말해, 제2차 세계대전은 세계 패권을 노리던 여러 제국 열강들 사이에 벌어진 갈등이자 양립 불가능한 파시즘, 공산주의, 자유민주주의라는 이념을 신봉하는 국가들 사이에 벌어진 갈등이었다. 제2차 세계대전은 이 거대한 이념적·정치적 갈등을 모두 해결하지 못했지만 파시즘과 인종적 전체주의를 제거하고 어중간한 열강들의 경쟁에 종지부를 찍음으로써 갈등을 단순화하는 역할을 했다. 제2차 세계대전 이후 영국과 프랑스도 여전히 중요한 식민지 열강으로 남았으나, 전후의 세계를 지배한 것은 경제적으로도 군사적으로도 소련과 미국이었다. 세계의 거의 모든 국가는 두 '초강대국'이 꾸린 진영 중 한쪽에 가담해야 한다는 강한 경제적·이념적 압력에 직면했다. 이후 50년간 미국과 소련, 그리고 그 동맹국과 의존국들 사이에 냉전이 진행되었다. 이 전쟁은 말 그대로 총을 쏘는 전쟁이 아닌 차가운 전쟁이었다. 두 초강대국은 서로 치열하게 경쟁하면서도 미묘한 힘의 균형을 유지하며 세계가 3차 대전으로 빠져드는 것을 막았다.

이 힘의 균형에서 중요한 역할을 한 것은 19세기와 20세기

초에 세계 곳곳에 형성되었던 식민 제국의 해체였다. 미국과 소련은 19세기 스타일의 식민 제국을 건설하지 않았다. 이들은 식민지를 건설하는 대신 압도적인 세력을 지닌 **패권국**(hegemon)으로서 재정적·경제적·군사적·문화적 도구(외교, 선전, 전문성과 기술적 경험 제공 등)를 복합적으로 활용하여 여러 국가를 지원하거나 지배했다. 이러한 지원과 지배는 직접적인 군사 개입에서 약소국의 자유를 비교적 존중하는 양자 혹은 다자간 통상 조약이나 정치 조약 체결까지 다양한 형태로 이루어졌다. 지배 수단은 다양해도 두 초강대국의 목표는 같았다. 바로 자국을 중심으로 하는 통합적인 경제적·정치적·군사적 블록, 즉 진영을 만드는 것이었다. 미국과 소련 외에는 이러한 야심을 가질 만큼 강한 국력을 가진 국가가 없었고, 미소가 새롭게 구축한 국제관계에서 동떨어져 독립적으로 행동할 수 있는 국가도 거의 없었다. 사실 다른 국가들로서는 굳이 미국과 소련과 경쟁하거나 그 영향에서 벗어나려 애쓸 필요가 없었다. 두 초강대국이 거대한 경제적 블록을 형성하며 각자의 동맹국들에 자원과 시장을 실질적으로 보장해주었기 때문이다. 그러므로 미국과 소련이 1945년 이전 팽배했던 제국 간의 경쟁을 끝낼 수 있었던 것은 양국이 지닌 강한 군사력도 있었지만, 다른 국가들이 양국의 지배를 받아들일 수 있을 만한 세계경제 체제를 구축했기에 가능했다.

미국과 소련의 대치는 새롭게 구축된 국제기구의 틀 안에서 안정적으로 이루어졌다. 양국은 모두 제2차 세계대전 직후

1945년 샌프란시스코 회의에서 설립한 국제연합(United Nations)에 가입해 있었다. 유엔이라고도 불리는 국제연합은 제국 열강들의 대결이 아닌 독립국들의 세계에서 질서를 유지하기 위해 설립된 기구였다. 국제연합의 전신이었던 국제연맹(League of Nations)도 유사한 목적으로 1919년 설립되었으나 미국의 불참 등으로 큰 효과를 발휘하지 못했다. 제2차 세계대전을 겪은 후 미국을 비롯한 50개의 국가는 더 영향력 있는 국제기구의 필요성을 인정했다. 사실 국제연합의 회원국은 모두 주권을 지닌 독립국이었기 때문에 국제연합이 발표하는 선언이나 결의안, 협약 등의 실질적인 집행력은 상당히 제한적이었다. 국제연합은 아무런 법적 권한이 없었고, 활용할 수 있는 정치적·군사적 수단도 없었다. 여러 회원국의 의견 일치를 이끌어내는 것 또한 힘든 일이었다. 처음 설립 당시 51개였던 회원국은 1971년 132개국으로, 2010년 192개국으로 늘어났다. 국제연합의 강제력은 제한적이었지만, 세계 여론에 영향을 줄 수 있는 무대로서의 중요성은 점점 커졌다. 국제연합은 특히 (보건, 교육, 개발, 예술, 선거제도, 여성의 사회적·경제적 역할, 인권 등) 다양한 분야의 전문가들이 특정 국가의 영향에서 상대적으로 자유롭게 어떤 주제나 문제의 국제적인 중요성을 공동으로 주장할 수 있는 중요한 무대가 되었다. 국제연합은 국가 간 논의, 협상, 협력을 위한 상설의 연결점으로서 중요한 역할을 했다. 국제연합은 국제연맹처럼 양질의 자료를 꾸준히 발행하는 정보의 생산자로서 기능했다.[30]

국제연합은 1945년을 전후로 창설된 다양한 정부간기구들의 목소리를 한데 모아 정리하고 종합하는 조직으로, 앞서 언급한 다양한 기능을 수행하며 성공적인 입지를 다질 수 있었다. 기존의 공중위생 국제사무소는 1948년 국제연합 산하의 세계보건기구(World Health Organization, WHO)가 되었다. 그 외 1945년 창설된 식량농업기구(Food and Agriculture Organization, FAO)와 1919년 창설된 국제노동기구(International Labor Organization, ILO)가 국제연합 산하로 편입되었다. 국제연합은 국제연합 교육과학 문화기구(UN Educational, Scientific, and Cultural Organization, UNESCO) 등 다양한 자체적인 전문 기구도 설립했다. 국제연합은 점점 늘어나는 국제 비정부기구들을 모으는 데 큰 성공을 거뒀다. 국제연합 경제사회 이사회(Economic and Social Council, ECOSOC)는 다양한 비정부기구에 특별 자문기구 지위를 부여하고 이들 기구의 전문 지식과 분석을 활용했다.[31] 1945년 이후 국제 비정부기구의 숫자는 빠르게 증가했다. 1930년에는 800개 남짓이었던 비정부기구는 1960년에 약 2,000개, 1980년에 약 4,000개까지 늘어났다. 분야는 과학, 의학, 기술, 스포츠, 관광, 교육, 종교, 각종 직군 등 다양했다.[32] 1948년 마흔다섯개였던 경제사회 이사회의 자문기구는 2013년 약 2,000개로 늘어났다. 국제상공회의소(International Chamber of Commerce), 국제소비자기구(Consumers International), 국제 가족계획 연맹(International Planned Parenthood Federation), 세계 불교도 우의회(World Fellowship of Buddhists) 등 다양한 기구가 여기 속해

있다.[33]

국제연합은 전문 지식, 교육, 협상, 심의 등 다양한 수단을 활용하여 각종 비정부기구와 단체들 사이에서 상당한 영향력을 발휘했다. 국제연합은 새로운 세계 질서에서 중요한 균형자 역할을 했다. (중국, 프랑스, 영국과 함께) 소련과 미국은 15개국의 이사국으로 구성된 국제연합 안전보장이사회의 상임이사국으로서 (모든 회원국이 참석하는) 총회에서의 결의안 관련 토론, 논의, 통과를 제외한 국제연합의 모든 행동에 대하여 거부권을 행사할 수 있었다. 그러나 강력한 거부권을 가진 미국과 소련으로서도 총회에서의 회원국들의 지지를 신경 쓰지 않을 수 없었다. 총회는 중요한 홍보 역할을 하고, 정치 협력의 국제적 패턴을 만들며, 비교적 큰 경제적·문화적 영향력 가지고 있었기 때문이다. 그런 의미에서 국제연합은 초강대국들의 행동을 제한하는 모종의 제동장치가 될 수 있었다.

냉전 시대의 안정적 대치를 가능하게 한 세 번째 요인은 군사 기술의 지속적인 혁신이었다. 핵무기와 더불어 대륙 간 폭격기, 대륙 간 탄도미사일 등 운반 및 발사 기술이 발달하면서 양국 사이에는 일종의 군사적 교착 상태가 찾아왔다. 1940년대 말부터 미국과 소련은 엄청난 양의 핵무기를 만들고 축적했다 (표 6.7). 양측 모두 상대방이 재래식 군사 행동으로 섣불리 균형을 깨는 행동을 하지 않을 것이라고 계산하고 있었다. 핵전쟁으로 인한 전멸의 두려움이 있었기 때문이다. 미국은 소련과 바르샤바조약기구(Warsaw Pact) 동맹국들이 미국 진영에 속한 서

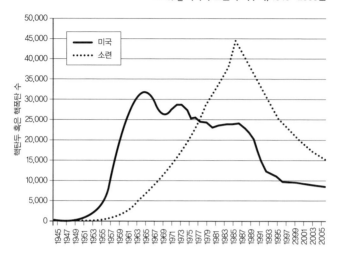

표 6.7_ 미국과 소련의 핵무기, 1945~2005년

유럽을 침공하지 않으리라는 것을 알았고, 소련은 미국 진영의
북대서양조약기구(North Atlantic Treaty Organization, NATO)가
동유럽을 공격하지 않으리라는 것을 알고 있었다. 양국 모두 핵
무기를 사용할 생각은 없었지만 생산을 계속해야 할 경제적인
유인은 있었다. 폭격기나 미사일을 생산하고 유지하는 비용이
군대를 유지하는 것에 비하여 저렴했기 때문이다. 대규모의 재
래식 군대를 유지하는 것은 경제적으로 부담스러운 일이었다.
물가상승으로 인한 압박은 물론이고 생산성이 떨어지는 군수
투자가 경제 왜곡을 불러올 수도 있었다. 미국은 핵무기 의존을
높이는 등의 방식으로 1950년대 중반부터 1980년대 초까지 약
30년 동안 군비 지출을 (물가상승률 반영 달러 기준) 비슷한 수준

에서 유지했다(한국전쟁과 베트남전쟁 기간은 예외였다). 당시 미국 경제는 빠르게 성장 중이었고, GDP 대비 군비가 20년 이상 꾸준히 감소하며 방위비 부담을 점진적으로 덜어주었다.[34] 1961년 소련의 니키타 흐루쇼프(Nikita Khrushchev)는 공산주의 국가도 국민의 지지를 유지하고 경제적 경쟁력을 강화하기 위해서는 소비재 투자를 늘려야 한다는 생각으로 미국과 유사한 정책을 도입했다.

1970년대에는 상호확증파괴(mutual assured destruction, MAD) 개념에 기반을 둔 핵 억제 전략이 채택되고, 냉전의 잠재적 분쟁지역이었던 유럽의 재래식 병력 규모가 비슷하게 맞춰지면서 약 40년간 교착적인 균형 상태를 유지했다.

군사적 교착 상황에서 미국과 소련은 다양한 형태의 소프트 파워(soft power)를 활용했다. 미소는 경제적·문화적 영향력, 은밀한 개입 작전 등을 통하여 제3국의 자원을 확보하고 국민에게 행사할 수 있는 영향력을 확보하기 위하여 경쟁했다. 이러한 경쟁에는 다양한 수단이 동원되었다. 두 초강대국은 자국의 영향력을 확보하기 위하여 금융사기, 첩보, 조직적 선전 활동, 허위 정보 작전, 각종 스캔들, 여권과 야권 교대 지지 등을 활용했고, 필요에 따라 반란 집단이나 반정부 테러단체, 혹은 친정부 결사대를 재정적·기술적·군사적으로 지원했다. 이들은 군사 쿠데타나 암살 등의 극단적인 수단도 거리낌 없이 사용했다. 미국과 소련이 은밀한 작전을 구사하며 치른 긴 대리전쟁은 주로 전략 자원 집중 분포 지역이나 군사적·상업적 전략 요충지

에서 나타났다.[35]

　이러한 냉전 활동의 대부분은 미국과 소련이 설치한 해외 군사 기지를 중심으로 전개되었다. 미국은 1940~1950년대에 세계 곳곳에 군사 기지를 설치했고, 소련은 1940년대에는 동유럽에, 1970년대에는 아프리카와 아시아의 요충지에 기지를 설치했다. 제2차 세계대전 당시 최고치를 찍었던 미군의 해외 기지 수는 전후에 급격히 감소했으나 1950년대 초반부터 다시 빠르게 증가했고, 1960년대 후반이 되자 미군은 다시 제2차 세계대전 당시 수준의 기지를 보유했다(표 6.8). 소련이 동유럽 외의 지역에 군사 기지 네트워크를 구축하기까지는 그 후 10년이 걸렸지만, 1970년대에는 소련도 해외 기지 네트워크를 구축했다(물론 미국만큼 광범위하지는 못했다).[36] 미국도 소련도 이런 기지가 설치된 지역을 직접 지배하지 않았다. 양국은 주둔지 정부와 장기 임대차 계약을 맺고 부대를 운영하며 각자 자국의 군사적·외교적·문화적 존재감과 세력을 국제적으로 넓히기 위한 기반으로 활용했다.

　사실 냉전이 가져온 가장 중요한 변화 중 하나는 식민 제국의 해체와 신생 독립국들의 탄생이었다. 냉전이 극에 달했던 1940년대 말에서 1960년대 말에는 무수한 독립국가들이 탄생했다. 1947~1949년 사이에는 남아시아와 동남아시아의 주요 국가들이 독립했다. 한국은 1945년, 필리핀은 1946년, 인도는 1947년, 인도네시아는 1949년에 각각 독립했다. 베트남의 공산 세력은 1945년에 독립을 선언했고, 1954년에 비록 북베트

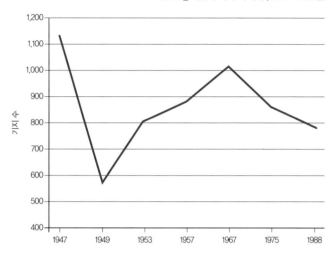

표 6.8_ 미군의 해외 기지 수, 1947~1988년

남뿐이었지만 실질적인 독립을 획득했다. 반면 아프리카와 태평양 지역 식민지의 독립은 1950년 말이나 1960년대 초에 가서 이루어졌다. 이 지역에서는 1950년대에 늦은 독립의 물결이 형성되었고 1960년에는 많은 식민지가 한꺼번에 독립국이 되었다. 이후 포르투갈의 아프리카 식민 제국이 마침내 해체된 1970년대 중반에 이르기까지 여러 독립국이 세계 무대에 등장했다.[37]

그 과정은 많은 폭력을 수반했다. 일부 국가에서는 독립 자체는 평화롭게 이루어졌지만 이후 폭력 사태가 나타나기도 했다. 영국령 인도의 경우 대규모의 시민 불복종운동 이후 평화로운 협상을 통하여 독립을 손에 넣었지만, 독립 이후 격렬한

내전을 거쳐 힌두교도가 다수인 인도와 이슬람교도가 다수인 파키스탄으로 분열되었다. 그 과정에서 최대 300만 명의 민간인이 목숨을 잃었고, 1,800만 명에 이르는 난민이 발생했다. 필리핀도 독립 과정 자체는 순탄했으나 새롭게 자리 잡은 정권은 공산주의 반란군과 기나긴 게릴라전을 치러야 했다. 한국은 무력 사태 없이 독립국이 되었으나 1950~1953년 동안 내전이자 국제전이었던 한국전쟁을 치른 끝에 끝내 남과 북으로 나뉘었고, 그 과정에서 인구의 10퍼센트를 잃었다. 인도네시아는 네덜란드를 상대로 짧지만 격렬했던 혁명전쟁을 벌였다. 또 다른 내전이자 국제전이었던 베트남전쟁은 1954년 프랑스 철수 이후 남베트남에 들어선 반공 정권을 지원하는 미국의 직접적인 개입으로 무려 1975년까지 이어졌다. 중국은 공식적으로 식민지가 된 적은 없었지만, 1937~1945년 동안 일본 제국군과 처절한 전쟁을 치러야 했다. 일본군이 물러간 후에는 국민당의 군대와 공산당의 인민혁명군이 맞붙은 짧지만 격렬했던 내전이 이어졌다. 내전에서 패한 국민당은 1949년에 대만으로 건너가 중화민국을 세웠고, 중국 본토에서는 공산당이 건국한 중화인민공화국이 세력을 굳혔다. 아프리카 지역의 경우 대부분의 국가가 평화적인 방식으로 독립을 맞이했으나 알제리, 앙골라, 모잠비크는 길고 처절한 독립 전쟁을 치른 후 그에 못지않게 잔혹한 내전 경험해야 했다. 나이지리아의 독립 과정은 평화로웠지만, 그 후 1967~1970년 동안 이어진 끔찍한 내전에서 최대 100만 명이 목숨을 잃었다. 콩고를 지배했던 벨기에는 독립을 원하는 콩고인들의 시위가 격렬해지자 황급히 독립을 선언했다. 그러나 변변한 행정 제도도 관리 인력도 없이 남겨진 콩고는 내전에 휘말렸고, 내전 후 결국 군부 독재 정권이 들어섰다. 남아프리카는 지독한 인종주의의 늪으로 빠져들었다. 남아프리카는 인종 간 결혼과 성행위 금지를 법제화하고 흑인에게 국내용 여권 역할을 하는 별도의 통행증을 발급하여 관리했다. 남아공 정부는 흑인들을 외곽의 척박한 '홈랜드'(homeland, 남아프리카 정부에서 흑인들을 종족별로 이주시켜 만든 분리 거주지—옮긴이)로 강제 이주시키고, 교육과 고용에서도 분리정책을 시행했으며, 정치범들을 재판 없이 자의적으로 가두었다. 남아프리카에서는 1960~1970년대를 지나며 국민의 저항이 점점 고조되었다. 중동 지역 국가들의 독립 과정은 상대적으로 평화로웠으나 이스라엘의 건국 움직임이 일며 1945~1949년까지 테러와 내전이 이어졌다. 결국 팔레스타인 지역에 이스라엘이 건국되었고, 그 과정에서 100만 명에 이르는 팔레스타인 아랍 난민이 생겼다. 이 지역에서는 1956년, 1967년, 1973년, 1982년에 무력 충돌이 있었고, 그 외에도 크고 작은 테러 공격이 빈발했다.[38]

광범위한 탈식민지화 과정은 국가에 따라 각각 다른 모습으로 진행되었다. 식민지 지배의 내적·외적 기반이었던 인종주의는 1920~1930년대 네그리튀드 운동이나 인디헤니스모 운동에서도 철저한 비판의 대상이었다. 그러나 나치가 자행한 대량 학살은 인종주의의 최후를 불러왔다. 인종주의가 윤리적으로 극악무도할 뿐 아니라 과학적으로도 근거가 없다는 여론이 전 세계적으로 형성되었다. 실제로 국제연합에서는 1950년 "현재 우리가 지닌 과학적 자료를 바탕으로 판단할 때, 유전적 차이가 다양한 사람이나 집단 간 문화적 차이 혹은 문화적 성취의 차이를 만들어내는 주요 요소라는 결론은 타당하지 않다"라는 내용의 성명을 발표하기도 했다.[39]

탈식민지화가 나타나기 약 30년 전부터 현지 식민지의 역량이 발달하며 제국 열강들이 식민지 내에서 지니는 영향력이 약화했다. 열강들이 식민지 자원에 접근하기 위해서는 현지에 교통망, 통신망, 행정 체제 등을 구축해야 했다. 자국의 식민지가 지닌 경제적·군사적 가치를 누구보다 잘 알았던 제국주의 국가들은 제1차 세계대전 이후 식민지 경제에 더 깊게 개입하고 개발을 가속화했다. 식민지 투자가 늘고 행정적인 수요와 예산이 늘자, 현지인들 사이에서 사업가나 교육받은 행정 관리 등을 포함한 엘리트 계층이 형성되었다.[40]

인도가 전형적인 사례다. 1919년 전체의 12퍼센트에 불과했던 인도계 공무원은 1939년 거의 50퍼센트로 증가했다. 타타제철(Tata Iron and Steel Company)은 1911년 설립되어 전시 인도 정부의 폭발적인 수요에 힘입어 빠르게 성장했다. 그 후 세계적인 기업으로 자리 잡은 타타는 인도계 사업가들의 부상을 보여주는 훌륭한 사례다. 1927년에 설립된 인도 상공회의소는 인도 산업계의 성장을 보여준다.[41] 나이지리아도 비슷한 패턴을 보였다. 1900~1905년과 1925~1930년을 비교했을 때 나이지리아의 주석 수출은 60배 증가했고, 목화 수출은 50배, 땅콩 수출은 20배, 코코아 수출은 15배 증가했다. 초등학교 학생 수는 1912~1937년까지 6배 증가했으며, 중등학교 학생 수는 100명 미만에서 약 5,000명으로 늘었다. 1901년과 1921년을 비교하면, 수도인 라고스의 공무원과 사무 인력 수도 5배 증가했다.[42]

식민지 행정 관리들은 대부분 유럽이나 북미로 유학을 갔다. 실제로 1958~1973년 사이 아프리카와 동남아시아에 새롭게 들어선 정권 수반 107명 중 34명은 유학 경험이 있었다.[43] 식민 지배하에서도 그들은 대부분 식민 사회와 제국 열강 사이에 형성된 경제적 관계를 이해할만한 넓은 식견이 있었고, 자국과 같은 처지의 다른 식민지 지식인들과 국제적인 지적·정치적 네트워크를 형성했다. 이러한 인물들은 제1차 세계대전을 전후로 한 혁명의 시기에 민족주의 운동을 전개했고, 사회주의나 공산주의가 제시하는 해방과 진보의 비전에 매료되었다.

제국 열강 중에는 양차 대전을 치르기 위하여 인적·물적 자원을 동원하며 식민지에 전후 자치권 확대를 약속한 국가도 많았다. 일례로 영국은 1917년에 140만 명의 인도계 병사를 동원하며 '점진적인 자치 제도의 개발'을 약속했다. 그러나 전쟁 후에 이 약속은 제대로 이행되지 않았고, 1935년에 도입된 인도 통치법(Government of India Act)에 어정쩡하게 반영되었다. 네덜란드는 1916년 인도네시아에 입법위원회를 설치했으나 1922년에 네덜란드 왕국으로 편입했다. 완전 독립을 반대하던 식민지 지도층들도 제국 정부의 이러한 배신에 강한 반감을 품었다.[44]

일부 지역에서 20세기 초 전개된 종교 쇄신 운동은 민족주의의 중요한 지적·제도적 지원 세력이었다. 1912~1926년 인도네시아에서는 이슬람교 쇄신 단체들이 설립되었다. 1920년 결성된 인도네시아 공산당은 1926~1927년 혁명을 시도했다. 1930년대 말에는 신지학이 주장하는 보편적 평등과 동서양의 가치가 혼합된 사상에 매료된 민족주의자들이 저항의 움직임을 보였고, 이를 포착한 식민 정부는 4인 이상의 회합 자체를 금지했다. 이집트에서 1928년 결성된 무슬림 형제단(Muslim Brotherhood)은 독립운동에 대중을 동원했다.

1920년대와 1930년대에는 앞서 소개한 여러 이유로 인하여 반식민지 운동이 일어났다. 프랑스는 자국령인 인도차이나에서 반식민지 운동을 억제하기 위하여 가혹한 탄압 정책을 펼쳤다. 반식민 활동으로 즉결 처형에 처한 인원이 1930년 한해에만 700명에 달했다.[45] 1907년 일본의 실질적인 점령이 시작되며 한국에서는 상당한 규모의 무장 항쟁이 전개되었다. 군대 차원에서 한국의 무장군은 1911년 경 진압되었고, 그 과정에서 1만 7,000명이 목숨을 잃었다. 그러나 일부 독립운동 세력은 (한국인이 소수 집단을 이루고 살던) 만주로 건너가 게릴라식 항전을 이어가거나 기타 지역에서 무력투쟁 형태의 공격을 이어갔다. 1908년 샌프란시스코에서는 일본 식민 정부의 핵심 외교 고문이었던 미국인이 암살됐고 1909년에는 중국에서 조선 초대 통감 이토 히로부미가 암살됐다. 이러한 공격은 그 후로도 계속되어 1932년 상하이 일본군 사령관 암살까지 이어졌다. 1919년에는 50만~100만에 이르는 한국인이 일련의 독립 시위운동에 참가했고, 일본의 진압으로 약 7,500명이 목숨을 잃었다. 1920년대 말에는 간디가 인도에서 전개한 비폭력 저항에서 영감을 받아 일본 제품 불매 운동이 벌어지기도 했다.[46] 영국령 인도에서도 광범위한 비폭력적 비협력 운동을 비롯한 반식민 활동이 펼쳐졌다. 식민 정부는 1932년 대대적인 단속에 들어가 3개월 동안 4만 명이 넘는 시민을 체포했으나, 이러한 탄압도 반식민 활동을 잠재우지 못했다.[47]

제국 열강들의 우월함을 의심하게 한 제2차 세계대전은 식민 국가들의 저항을 더 강하게 만드는 계기가 되었다. 인도네시아, 필리핀, 베트남의 경우 일본군의 침략과 정복으로 기존의 식민 정권이 어느 정도 붕괴했다. 제2차 세계대전의 종전으로 일본군이 퇴각한 후에는 (인도네시아의 경우처럼) 일본과 협력했던 세력이 정권을 잡았고, (베트남의 경우처럼) 일본에 저항했던 세력이 정권을 잡기도 했다. 1965년 싱가포르의 리콴유 수상은 자신이 "제2차 세계대전과 일본군 점령 시기를 경험하고 나서 영국도, 일본도, 그 누구도 싱가포르를 함부로 대하지 못하게 만들겠다고 결심한 청년 세대"에 속한다고 말했다.[48] 제2차 세계대전 동안 자행된 제국주의 정부들의 식민지 자원 동원은 그렇지 않아도 낮아지고 있던 식민국들의 충성심을 바닥나게 했다. 가장 심한 사례는 인도였다. 식민 정부는 영국의 전쟁을 지원하기 위하여 인도의 자원을 쥐어짰고, 그 결과 인도에서는 1943~1944년 380만 명이 기근으로 사망했다.[49] 인도만큼 극단적이지는 않지만, 나이지리아의 사례도 있다. 식민 지배하의 나이지리아는 모든 물품을 오직 대영제국에서만 수입할 수 있었고, 수출 시에는 시장 가격 이하로 책정된 고정 가격으로 수출해야 했다. 영국이 제2차 세계대전 중 수천 명에 이르는 젊은 나이지리아 남성을 동원하자 노동력 부족이 빚어지며 임금과 물가가 상승했다. 이를 견디다 못한 나이지리아 공무원 조합과 기타 노동조합들은 노동조건 개선을 요구하며 정부를 대상으로 총파업을 벌였다.[50]

1950년대 후반경에는 식민 지배를 받던 지역 곳곳에서 민족주의적 움직임이 더욱 뚜렷해졌다. 1950년대 말, 제국의 통치자들은 서둘러 식민지를 떠나기 시작했다. 이러한 현상은 아프리카에서 두드러졌다. 대표적인 사례는 사하라 이남 지역에서 이루어진 프랑스의 철수였다. 알제리 독립 전쟁이 시작된 후 프랑스는 제2차 세계대전으로 자원이 바닥난 가운데서도 50만에 이르는 병력을 알제리에 투입했으나 결국 독립군을 토벌하지 못했다. 샤를 드골(Charles de Gaulle)이 이끌던 프랑스 정부는 프랑스가 더 이상 아프리카의 다른 식민지를 유지할 수 없다는 결론을 내렸다. 프랑스는 프랑스 정착민이 상당수 거주 중인 알제리에 집중하기 위하여 1956년 모로코와 튀니지의 지배를 포기한 상태였다. 드골 정부는 1960년 알제리를 제외한 아프리카 식민지와 독립 협상에 들어갔고, 그 해 열네 개의 신흥 독립국이 탄생했다. 알제리의 독립은 그로부터 2년 후 이루어졌다. 영국은 프랑스와 유사한 이유로 서아프리카 식민지에서 빠르게 철수했다. 케냐에서 무장 독립운동이 진행되는 가운데 백인 정착민들을 보호하기 위한 반란 진압으로 교착 상태에 빠진 영국은 1957~1960년까지 여러 식민지 민족주의 세력과 독립을 협상했다.[51] 벨기에는 저항이 고조되던 1960년 (한 역사학자의 표현대로) 콩고에서 "효과적으로 탈출했다". 포르투갈은 다른 아프리카 국가들이 속속 독립하는 가운데 모잠비크와 앙골라를 15년간 더 지배했지만 10여 년에 걸친 식민지 전쟁은 실패로 끝났다.[52]

냉전은 식민지 체제를 약화시켰다. 미국과 소련 양국은 그 자신이 혁명의 결과로 탄생한 국가들이었다. 양국 간 정의의 차이는 존재했으나 미국과 소련은 민주주의와 민족자결주의 원칙을 신봉했다. 게다가 양국 모두 천연자원이 풍부한 대륙 전체를 영토로 삼고 있었기 때문에 영토가 작은 다른 국가들에 비하여 해외 자원 확보가 그리 절실하지 않았고, 양국 모두 막강한 경제력을 자랑했기 때문에 필요한 자원이 있으면 간접적으로 접근하거나 확보할 수 있었다. 이들로서는 자원이 필요할 때 서유럽이나 일본의 제국주의 정권을 거치는 것보다 해당 국가와 직접 협상하는 편이 유리했다. 미국도 소련도 아시아에 세력을 구축한 대영제국이나 아프리카에 세력을 구축한 프랑스 제국이 세계 패권의 경쟁자로 나서는 것을 용납할 생각이 없었다.

이집트의 사례는 흥미롭다. 이집트는 1936년 정식으로 독립하여 입헌군주국이 되었지만, 그 후 실질적으로는 영국의 의존국으로 남았다. 1952년에는 군대 내 비밀 조직인 자유장교운동

(Free Officers Movement)이 왕조를 전복시키고 명목상의 공화국을 건국했다. 새로운 공화국에서는 가말 압델 나세르(Gamal Abdel Nasser)가 사실상의 독재자로 통치를 시작했다. 수에즈 운하의 국유화를 겁낸 영국, 프랑스, 이스라엘은 1956년 이집트를 침공하여 이집트군과의 전투에서 승리했다. 영국, 프랑스, 이스라엘 동맹군은 나세르를 권좌에서 몰아내려 했으나 소련과 미국이 개입하여 이를 막았다.[53] 경쟁 관계에 있던 두 초강대국이 손을 잡은 이유는 무엇이었을까? 이유는 단순했다. 수에즈 운하의 지배권이 이집트가 아닌 영국이나 프랑스에 넘어가는 것이 미국에도 소련에도 바람직하지 못한 일이었기 때문이다. 미국과 소련은 경쟁 관계였으나 중동이, 나아가 전 세계가 자신들의 영향권 안에 있어야 한다는 점에 동의했다. 양국의 영향력을 유지하기 위해서는 영국이나 프랑스, 혹은 이스라엘 같은 지역 세력이 경쟁에 끼어들면 곤란했다. 두 초강대국의 개입 사례는 그 외에도 있었다. 서아프리카의 기니는 일정 부분 소련의 경제적 지원으로 1958년 프랑스에서 독립했다. 미국은 1949년 네덜란드에 인도네시아 재식민화 계획을 접지 않으면 마셜플랜(Marshall Plan, 1947년 시작된 서유럽 재건을 위한 미국의 대대적인 경제 지원 정책)을 통한 지원을 끊겠다고 위협했다.[54]

미국과 소련의 반제국주의적 입장은 묘하게 자기모순이었다. 우선 1950년대 미국은 인종주의 국가였다. 남부 대부분 지역뿐 아니라 도시화된 북부의 상당 지역에도 인종차별적인 사회 제도가 존재했고, 이는 견고한 법과 관습에 의하여 지켜졌다. 식민지의 독립운동을 보는 시선은 인종주의적인 경우가 많았다. 미국 외교관들은 프랑스나 영국 등 식민지 제국의 갑작스러운 붕괴가 소련의 영향에 취약한 '미숙한' 신생 국가들을 만들어낼 것을 두려워했다.[55] 소련은 폴란드, 헝가리, 체코슬로바키아, 불가리아, 루마니아, 동독, 발트해 연안국(에스토니아, 라트비아, 리투아니아) 등 동부 유럽과 중부 유럽을 연방공화국으로 흡수하여 사실상 지배하고 있었다. 소련은 1956년 독재를 타도하고 바르샤바조약기구(공산국가들 간의 군사적 동맹) 탈퇴를 선언한 헝가리의 개혁적 공산 정권을 진압하기 위하여 군대를 투입했다. 이러한 활동을 아무렇지 않게 벌이던 두 강대국이 제국주의에 반대했다는 것은 얼핏 보면 굉장한 모순으로 느껴진다. 양국은 세계를 자신들의 경제적·문화적 세력권에 열린 상태로 유지하는 것이 중요했고, 기존 제국주의 열강은 양국이 이러한 패권을 휘두르는 데 방해 요인이었다.

두 초강대국 모두 제2차 세계대전의 종전 즈음 안정적인 패권 추구를 위한 제도적 장치를 구축했다. 자본주의 진영에서 그 첫 단계는 브레턴우즈(Bretton Woods)협정이었다. 1944년 마흔네 개 연합국 정부를 대표하는 700여 명의 관료는 뉴햄프셔의 브레턴우즈 리조트에 모여 미국 달러를 기축통화로 정하여 통화를 안정화하고 국제통화기금(International Monetary Fund, IMF)과 국제부흥개발은행(International Bank for Reconstruction and Development, 현재의 세계은행)을 창설하는 협정에 서명했다. 1947년에는 관세 및 무역에 관한 일반 협정(General Agreement on Tariffs and Trade, GATT)에 서명하고 주기적으로 회합하며 자본주의 경제권 내에서 자유로운 무역 환경을 조성하기 위한 점진적 관세 인하를 논의했다. 또한 미국은 막강한 경제력을 동원한 마셜플랜으로 전후 서유럽의 재건을 지원했다. 미국은 서유럽 국가들이 개방적인 무역정책을 유지하고, 정부 연정 구성 시 공산당을 배제한다는 조건으로 현재 가치로 약 2,500억 달러에 달하는 금액을 지원했다. 미국은 일련의 군사동맹을 통해서도 비공산권 국가들을 통합했다. 북대서양조약기구가 1949년 결성되었고, 미주국가기구(Organization of American States)는 1948년, 동남아시아조약기구(Southeast Asia Treaty Organization, SEATO)는 1954년, 중앙조약기구(Central Treaty Organization, CENTO)는 1955년 창설되었다.[56] 소련은 이에 대응하여 1949년 경제상호원조회의(Council for Mutual Economic Assistance, CMEA)를 결성했다. 경제상호원조회의를 통한 협력은 자본주의 진영만큼 성공적이지 않았으나, 소련은 동유럽과 중유럽에서 그와 유사한 경제통합을 이루고자 했다. 군사적 측면에서는 1955년 바르샤바조약기구를 만들었다. 양 진영 모두가 일정 부분 석유를 통하여 결속했다는 점 또한 눈여겨볼 만하다. 당시 미국은 중동에서 생산되는 원유 대부분을 좌지우지했고, 소련은 1964년 바쿠 유전에서 중부 및 동부 유럽까지 연결되는 2,500마일(약 4,000킬로미터) 길이의 송유관을 완공한 상태였다.[57] 두 초강대국이 확보한 풍부한 석유 자원은 각자의 진영에 속한 동맹국들의 에너지 부족에 대한 두려움을 달래주었다.

석유는 추축국이 제2차 세계대전을 일으킨 주요 원인인 만큼 중요한 자원이었다. 석유는 미국과 소련의 지배하에 일촉즉발의 다이너마이트 같은 자원이 아닌 국제관계 긴밀화를 위한 일종의 결속제가 되었다.

핵심 동맹국의 위협이 있을 때는 미국도 소련도 직접적인 군사 개입을 망설이지 않았다. 소련은 동유럽의 개혁 세력을 진압하기 위하여 자국의 군대를 세 차례 직접 투입했는데, 1953년 동독, 1956년 헝가리, 1968년 체코슬로바키아였다. 미국의 사례도 많지만 한 가지 사례만 들자면 1953년 과테말라 개입 사건이 있다. 당시 미국은 소련에서 무기를 구매하고 토지 개혁을 적극적으로 추진하던 과테말라 대통령을 축출하기 위하여 중앙정보국(Central Intelligence Agency, CIA)을 투입하여 쿠데타를 일으켰다. 1965년에는 좌익 혁명을 막기 위하여 도미니카공화국 내전에 무력 개입했다.

양 진영의 경계가 모호한 곳에서는 갈등과 경쟁이 다양한 형태로 나타났다. 미국과 소련은 각 지역이 자국에 주는 기회와 이익에 따라 복잡하고 모순적인 정책을 펼쳤다. 베트남의 경우가 그렇다. 미국은 제국주의에 반대하면서 베트남의 프랑스 식민 세력이 반공적이라는 이유로 식민 지배 유지를 지원했다. 북베트남 정권은 중국과 소련 사이의 긴장 관계를 활용하여 필요한 지원을 최대한 얻어냈다.[58] 1950년대 초 한국에서는 미국과 공산주의 세력 간의 전쟁이 길게 벌어졌고, 두 세력은 때로는 대리전으로, 때로는 병력을 투입해 맞서 싸웠다.

이러한 직접적인 갈등도 있었지만, 산업 발전에 중요한 자원이 존재하는 지역이나 전략적 요충지에서의 은밀한 개입은 훨씬 잦았다. 제2차 세계대전이 진행 중이던 1941년에 연합국은 석유를 손에 넣고 서구와 러시아를 연결하는 육로를 확보하고자 이란을 점령했다. 이란은 1945년에 기능적인 독립을 회복했다. 당시 앵글로-이란 오일(Anglo-Iranian Oil Company, 앵글로-페르시안 오일의 후신—옮긴이)은 석유 생산을 거의 독점하며 막대한 이익을 내고 있었지만, 이란 정부에 돌아가는 이익은 16퍼센트뿐이었다. 결국 이란 의회는 1951년 석유산업을 국유화하는 법을 통과시켰다. 당시 이란 정부를 이끌던 모하마드 모사데크(Mohammed Mossadeq)는 부분적으로 친공산주의 성향의 투데(Tudeh)당의 지지를 받고 있었다. 서구 진영은 좌파 성향을 띤 이란 정부가 자칫하면 서방의 석유 대기업에 맞먹는 전문 지식을 가진 소련에 기술적 지원을 요청할지 모른다고 우려했다. 이에 영국과 미국은 1953년 여름, 정보기관을 투입하여 선출 정권인 모사데크 정권을 축출하고 그 자리에 다시 샤 레자 팔라비(Shah Reza Pahlavi)를 앉혔다. 팔라비 정권은 석유산업을 다시 민영화하지 않았고, 이란 정부는 석유로 인한 이익의 절반을 가져갈 수 있었다. 그러나 이란의 석유산업은 실질적으로 다시 외국 기업들이 주도했다.[59] 이란은 사우디아라비아, 쿠웨이트, 카타르, 아랍에미리트와 함께 서방 진영의 전략적 파트너가 되었다. 이에 대응하여 소련은 바트주의(Baathism, 서구 제국주의에 반대하고 범아랍 통합을 추구하는 이념. 'baath'는 아랍어로 '부흥'을 뜻함—옮긴이) 성향의 '아랍 사회주의' 정권이 권력을 잡은 이란의 이웃 국가인 이라크, 시리아와 긴밀하게 협력했다. 소련은 가말 나세르 정권의 대대적인 경제개발 계획에 필요한 자금과 전문 지식을 적극적으로 지원하며 이집트와도 약 20년간 친밀한 관계를 유지했다. 경제발전에 꼭 필요한 석유 자원의 핵심 생산지인 중동과의 관계는 소련에게도 미국에게도 무척 중요했다.

또 다른 주요 갈등 지역은 중앙아프리카와 남아프리카였다. 아프리카의 자이르(현재의 콩고)에서 1960년대 초 나타난 갈등이 대표적인 사례다. 1960년 벨기에에서 독립한 후 자이르에서는 파트리스 루뭄바(Patrice Lumumba)가 초대 총리로 선출되었다. 루뭄바는 일찍부터 자원 국유화 계획을 공공연히 밝힌 인물이었다. 그런데 독립의 혼란 속에서 광물자원이 풍부한 카탕가 지역이 경제적 이권을 노린 벨기에의 지원을 받아 분리 독립을 선포하는 사건이 벌어졌다. 루뭄바는 카탕가의 독립을 막기 위하여 소련에 도움을 청했고, 이에 불안을 느낀 서방 진영은 행동에 나섰다. 몇 차례에 걸친 벨기에와 미국 CIA의 암살 시도는 실패로 돌아갔지만, 루뭄바는 결국 쿠데타로 축출되고 체포되어 카탕가로 압송된 끝에 살해되었다. 그 후 육군 참모총장이었던 모부투 세세 세코(Mobutu Sese Seko)가 정권을 잡았고, 그의 독재는 1997년까지 이어졌다. 미국 대사조차도 1963년 모부투의 정권에 대해서 "반계몽주의적이고 독단적이며, 원시적이고 전체주의적이며, 제멋대로이고 무책임한 정권"이라고 말했다. 자이르는 전략적 중요성을 지닌 광물자원의 주요 생산국이었다. 자이르는 세계 산업용 다이아몬드의 3분의 2를 공급했고 세계 6위의 구리 생산국이었으며 우라늄의 주요 생산국이기도 했다. 1947년 미국의 한 외교관이 말했듯 전략적 자원의 확보는 "미국의 생존을 위하여 절대적으로 필요"했고, 공산주의 진영에 밀리는 것은 절대로 용납할 수 없는 일이었다.[60]

1965년 인도네시아 개입 사례는 더 기이했다. 인도네시아의 민족주의 지도자 수카르노(Sukarno)는 냉전 개입을 거부하는 국가들 사이에 일었던 비동맹 운동(Non-Aligned Movement)의 핵심 인물이었다. 수카르노는 1955년 비동맹 국가들의 첫 번째 주요 회합인 반둥회의(Bandung Conference)를 개최했다. 그는 준전체주의적 정치경제 제도를 추구하며 '교도(敎導) 민주주의'(Guided Democracy)를 주창했다. 그러나 개인숭배와 기이한 정치적 구호, 대형 인프라 사업, 족벌 자본주의를 보여준 수카르노 정권은 경제 관리 실패로 심각한 인플레이션을 불러왔다. 군대의 비위를 맞추고 영토를 확장하려는 인도네시아 정부의 움직임은 주변 지역과의 크고 작은 교전으로 이어졌다. 인도네시아는 1950년대 말부터 1960년대 초까지 파푸아뉴기니 서부의 네덜란드군, 보르네오의 영국군과 군사적으로 충돌했다. 1960년대 중반이 되자 수카르노는 소련으로부터 군사 장비를 구입하고 최대 정당인 인도네시아 공산당과 협력을 꾀했다. CIA를 비롯한 서방 진영 정보기관들은 수카르노 정권을 대체할 우파 장교 세력을 양성했다. 1965년에는 파푸아뉴기니 공격을 지휘했던 수하르토(Suharto)가 쿠데타를 일으켰다. 정권을 잡은 수하르토는 반공 정책을 도입하고 군대와 민병대를 동원하여 50만~100만에 이르는 공산주의자, 좌익, 화교들을 학살했다. 그 혼란 속에서 수하르토는 군정에 기반을 둔 '신질서' 체제를 수립했다. 수하르토의 신질서 체제는 만연한 선전과 기이한 신조어와 약어, 심각한 족벌주의와 부패로 얼룩졌다. 수하르토가 쿠데타로 정권을 잡은 5년 동안 인도네시아가 해외 석유 회사들과 협약을 맺고 석유 생산량을 두 배로 늘린 것은 결코 우연이 아닐 것이다.[61]

앞서 소개한 사례들을 비롯한 수많은 사건에서 냉전 중인 두 초강대국과 지역 민족주의 세력 간에는 복잡한 상호작용이 있었다. 식민 지배를 받았던 지역의 민족주의자들은 사회주의에 매력을 느꼈다. 사회주의가 19세기 말 제국주의 국가들이 구축한 수출 위주의 자원 추출 경제에 대한 훌륭한 대안으로 느껴졌기 때문이다. 정치적으로는 독립을 유지했지만 경제적으로는 오랜 기간 제국 열강이나 산업국에 의존하여 식민지에 준하는 경제 관계를 맺어온 남미에서도 사회주의는 매력적인 대안이었다. 남미의 많은 국가는 19세기 말부터 자국에서 생산되는 소수의 주요 원자재를 산업국가의 공산품과 맞바꾸는 형태의 교역 관계를 유지했다. 민족주의 지도자들은 이러한 일방적인 관계에서 벗어나는 유일한 방법은 국가의 개입을 통한 산업 역량 개발이라고 믿었다. 그러나 지도자들이 선택한 전략은 노선에 따라 달랐다. 고부가가치 경제 건설을 위하여 국내 산업 역량을 개발하는 '수입 대체' 전략을 택한 쪽은 소련에 자금과 무기, 경제적·기술적 조언을 요청했다. 수입을 바로 대체하기보다는 기존의 원자재 수출로 자본을 마련하여 산업 역량 개발에 투자하려는 수출 주도 전략을 택한 쪽은 미국에 지원을 요청했다.

초강대국들은 지역과의 상호작용에서 자원 확보를 위한 국제적 전략에 집중했다. 지역 엘리트 계층이 소비에트나 서방 진영 정부에게 원하는 것은 농민을 프롤레타리아나 소규모 자영농으로 변신시키는 데 필요한 지원이었다. 그러므로 냉전 시대의 정치는 어떤 의미에서는 제1차 세계대전과 제2차 세계대전 사이에 많은 국가가 경험한 '농민 문제'를 해결하려는 노력의 연장선에 있었다고 볼 수 있다.

이러한 패턴이 가장 분명하게 드러난 것은 중국이었다. 1949년 국공 내전에서 승리를 거두며 국민당을 몰아낸 중국 공산당은 본토 내에서의 세력 강화 작업에 들어갔다(국공내전에서도 미국과 소련은 각각 양측을 지원했다). 농업의 집단화를 점진적으로 진행하던 공산당은 1958년부터 집단화에 속도를 내며 강압적인 수단을 동원했다. 그 결과는 한 세대 전 소련에서 나타났던 것과 마찬가지로 재앙에 가까웠다. (사망자 수는 집계 방법에 따라 차이가 있지만) 국가가 초래한 기근으로 1958~1962년 사이 1,600만~3,600만 명이 목숨을 잃었다.[62] 그러나 소련에서와 마찬가지로 중국 공산당은 농업 집단화를 통하여 농촌과 농촌 자원의 확실한 지배권을 손에 넣었고, 농업에서 창출한 이익을 바탕으로 산업 경제를 건설했다.

산업화는 당시 탄생한 신생 독립국들의 공통적인 목표였다.

그렇다고 모두가 중국처럼 극단적인 방법을 동원하지는 않았다. 콩고의 파트리스 루뭄바는 1960년 여름 미국 순방길에 오르며 "기술자와 교사, 엔지니어들"을 데리고 돌아오겠다고 약속했다. 뉴욕에서는 언론을 통해 이렇게 말했다. "콩고를 개발하고 산업화해야 합니다. … 미국은, 그리고 세계의 다른 국가들은 약품도 만들고 자동차도 생산합니다. 콩고라고 해서 5~6년 이내에 새로운 것들을 만들지 못하리라는 법은 없습니다." 루뭄바는 콩고인들이 "농사를 짓고, 작물을 재배하고, 과일을 따 먹으면서" 살 수도 있지만, 미래는 산업에 있다는 것을 알고 있었다.[63]

초강대국들이 먼저 지원에 나서기보다는 지원을 원하는 국가의 요청에 마지못해 응하는 경우도 있었다. 예를 들어 소련 정부는 혁명 정권을 지원해달라는 1970년대 중반 앙골라, 모잠비크, 에티오피아의 지원 요청에 처음에는 관심이 없었다. 그러나 훗날 연방정보국(KGB)의 국장이 말했듯, 소련은 초강대국으로서 미국과의 대치 상태에서 전략적 모멘텀을 잃지 않기 위하여 "아프리카 문제에 끌려들어갔다".[64] 미국의 경우 소련이 아프리카를 장악하면 핵심적인 전략 자원에 접근할 수 없을지도 모른다는 생각에 아프리카 문제에 개입했다. 당시 자이르의 코발트, 남아프리카의 백금과 바나듐, 남아프리카와 로디지아(현재의 잠비아와 짐바브웨)의 크롬은 전략적으로 중요한 자원이었다. 한 역사학자의 표현을 빌자면, 1970년대 중반에 들어서는 "아프리카가 서구의 치명적인 약점이 되었다는 우려"가 나오기도 했다.[65] 베트남의 반식민지 혁명과 내전에 미국이 개입한 것은 아프리카 사례와는 또 다른 이유에서 마지못해 이루어진 것이었다. 미국이 군사적 행동에 나선 것은 즉각적인 전략적·경제적 이해관계 때문이 아니었다. 미국은 베트남이 넘어가면 마치 '도미노'처럼 주변 지역 전체가 공산 진영으로 넘어갈 수도 있다는 두려움에 마지못해 갈등에 끌려들어갔다.[66] 동맹국을 확보하기 위한 미국과 소련의 냉전 경쟁은 치열했다. 미국은 1959년 국무부 보고서에도 쓰여 있듯 "지원 요청을 거절당한 군부 정권이나 권위주의 정권은 거의 필연적으로 소비에트 진영과 친밀한 관계를 형성하게 될 것"이라는 이유만으로 일부 군부 독재 정권을 지원했다.[67]

어떤 의미에서 보면, 경제적·군사적 지원 경쟁, 은밀한 개입, 독재자 후원이 이루어진 냉전 시대의 대결은 미국과 소련이라는 초강대국의 권력과 다른 지역의 정치적 '창업자'들의 이해관계가 만나며 지속될 수 있었다. 이 관계에서 먼저 손을 내민 것은 주로 후자였다. 이러한 진행은 19세기 말 세계경제 혹은 식민 제국이 구축되는 과정에서 나타난 유럽과 북미의 자본가들과 아시아, 남미, 아프리카의 경제적 '창업자'의 협력을 자연스럽게 연상시킨다. 자원 추출을 위한 시스템을 구축하는 과정에서 나타난 제국주의적 경쟁은 포함외교와 식민지 정복 전쟁을 일으켰고, '선진화된' 국제 자본주의 혹은 사회주의 경제를 구축하려는 냉전적 경쟁은 대리전과 내전, 쿠데타로 이어졌다.

그러나 냉전 시대에 모든 국가가 양 진영 중 한 곳에만 몸담은 것은 아니다. 냉전이 한창이던 시기 비동맹 운동 진영은 꽤 큰 세력을 형성했다. 비동맹 운동은 1948~1964년까지 인도 총리를 지낸 자와할랄 네루가 천명한 평화공존 5원칙을 바탕으로 사회주의와 자본주의 사이에서 중립을 지키며 탈식민화로 탄생한 주요 국가들의 이해를 대변하기 위하여 노력했다. 비동맹 운동은 (앞에서도 소개했듯) 1955년 인도네시아 반둥에서 개최된 첫 회의를 거쳐 1961년 유고슬라비아 베오그라드에서 25개국 대표가 모인 가운데 정식으로 발족했다. 1964년 개최된 2차 회의에서 "경제적 압박과 지배, 간섭, 인종차별, 체제 전복, 개입, 무력 위협은 신생 독립국들이 적극적으로 저항해야 할 신식민주의적 도구"라고 입을 모아 규탄했다. 이는 네루가 영국 식민지 시절에 내놓은 분석을 바탕에 둔 것으로, 그는 1933년 수감 생활 중 미국이 "새로운 형태의 제국, 근대적 형태의 제국"을 만들고 있다며 "눈에 보이지 않는 경제적 힘으로 그 어떤 뚜렷한 외적 징후 없이 착취하고 지배"한다고 말한 바 있다. 네루는 새로운 제국주의에 대하여 "기존의 제국주의가 시간의 흐름 속에 스스로를 갈고 닦은 것"이라고 말했다.[68]

네루를 비롯한 인도 민족주의자들은 진정한 경제적 독립과 발전을 위한 유일한 길은 사회주의라고 생각했다. 그들은 거대하고 다양성 넘치는 국가를 건설하기 위해서는 연방주의와 민주주의를 택해야 한다는 점도 알고 있었다. 인도에서는 민족주의 정당인 인도 국민회의가 1948~1992년 동안 집권하는 등 정치적으로 크게 성공적인 모습을 보였다. 인도는 민주주의를 택했지만, 사실 이 시기에는 소련과 가까운 관계를 유지하며 자생적인 군부 독재 체제를 구축하는 국가가 더 많았다. 이집트의 가말 나세르는 금융과 산업, 수출을 모두 국유화하고 중앙정부가 통제하는 계획경제 체제를 도입했다. 나세르는 대대적인 토지 개혁과 더불어 (1970년 소련의 지원으로 완공한) 아스완댐을 통한 전기 공급과 관개를 골자로 하는 야심에 찬 5개년 계획을 추진했다. 나세르는 소련의 지원을 받았지만 한편으로는 이집트 공산당과 무슬림 형제단을 탄압하기도 했다. 무슬림 형제단은 식민 통치와 유럽 문화 유입으로부터 이슬람교를 보호하고자 1928년 설립된 단체이자 정당이었다.[69]

식민 제국들은 1950~1960년대에 대부분 사라졌지만, 제2차 세계대전 이후 세계 곳곳에 들어선 독재 정권들은 크게 타격을 받지 않았다. 독재 정권은 사라지기는커녕 점점 증가하여 1980년대에는 1930년대보다 더 많은 독재 정권이 존재했다. 이는 역설적인 현상이었다. 19세기 말~20세기 초에는 민족주의라는 대의명분과 의회 정부와 개인의 권리 보호라는 대의명분이 밀접하게 연결되어 있었다. 국가 개념의 성립을 위해서는 시민이 필요했다. 국가는 모두가 한 민족, 언어, 문화, 역사, 정치 공동체의 동등한 일원이라는 점에서 모든 시민이 동등한 권리를 누리는 정치적 조직체다. 국가는 보편적 권리와 적극적인 정치 참여를 바탕으로 작동하는 조직이다. 시민의 존재와 권리를 중시하는 민족주의가 제국주의를 이겨낸 제2차 세계대전 이후, 독재 정치가 보편적인 지배 체제로 등장한 것은 아무리 생각해도 기이한 현상이다. 1980년을 기준으로 보았을 때 120개 독립국 중 민주주의 정권을 가진 국가는 30여 개국 남짓이었다. 1970년 대 중반에는 남미 주요국만 보더라도 브라질, 아르헨티나, 칠레 에 독재 체제가 들어섰다. 카리브해 지역의 경우 쿠바, 아이티, 도미니카공화국이 독재 국가였으며, 파나마, 과테말라, 엘살바 도르 등도 마찬가지였다. 멕시코는 제도혁명당이라는 단일정당 체제를 가지고 있었다. 필리핀 또한 사실상의 독재자인 페르디 난드 마르코스가 집권했으며, 인도네시아에는 수하르토가 있 었다. 대만 국민은 1949~1987년 사이의 긴 세월을 계엄령하에 생활했으며, 남한에서도 1948~1988년까지 권위주의 독재 정권 이 집권했다. 북한, 베트남, 캄보디아, 라오스는 공산주의 독재 체제였고, 터키, 이란, 파키스탄은 군부 독재에 가까웠다. 시리 아, 이라크, 이집트는 일당 독재 국가였고, 사우디아라비아는 왕정이었다. 아프리카의 경우 국가 대부분이 독재자 혹은 단일 정당의 지배를 받았고, 대개 군부 정권이거나 '아프리카 사회주 의' 정권, 혹은 마르크스주의 정권 중 하나였다. 그리스, 스페 인, 포르투갈도 1970년대 중반까지 군부 파시스트 독재 정권하 에서 고통받았다.

이러한 현상을 불러온 주요 원인으로는 세계경제의 불균형 한 발전과 20세기 초 성행했던 제국주의의 정치적인 잔재를 꼽 을 수 있다. 식민 지배를 받았던 국가의 경제는 소수의 엘리트 집단에서 민족주의 정서가 형성될 수 있는 수준으로 발전했다. 그러나 거기까지였다. 식민 지배를 받았던 국가는 안정적이고 민주적인 국가 건설을 가능하게 할 경제적·사회적·제도적 기반이 턱없이 부족했다. 특히 아프리카의 경우 인색하고 약탈적이었던 제국의 식민 정부가 식민지를 떠나며 남겨놓은 교통과 통신, 행정 인프라는 최소 수준이었다. 현지 사업가들의 경제 활동은 내부를 향하기보다는 예전 식민지 열강과 엮여 있었다. 문해율은 30퍼센트 이하였고, 대부분의 주민 사이에는 공유할 만한 정치적 경험이 없었다. 국가 조직이나 지역 조직 활동에 참여할 기회가 없다 보니 주민들은 같은 국가의 국민이라는 문화적 소속감을 느낄 수 없었다. 아프리카 대부분 지역에서 제국주의 세력이 자의적으로 그어놓은 행정적 국경은 거주민들의 언어, 문화, 사회, 역사, 경제적 현실과는 상관이 없었다. 국가를 국가로 묶고 있는 것은 군대 혹은 정권뿐이었고, 군대나 정권이 폭정을 저질러도 이를 견제할 집단이 없었다. 그렇다고 분리와 재편성도 바람직한 해결책은 아니었다. 인도, 팔레스타인, 한국, 아일랜드 등이 분리 이후 겪은 내전을 보면 그 이유를 짐작할 수 있다.

독재 정권이 지속된 데에는 냉전도 큰 역할을 했다. 물론 초강대국들이 자기 입맛에 맞는 독재자를 찾아 무작정 자리에 앉힌 것은 아니었다. 그보다는 신흥국에서 이미 권력을 잡은 독재자들이 자신의 권력을 강화하기 위하여 미국과 소련 중 한 국가에 후원을 요청하는 경우가 많았다. 이러한 현상이 발생한 데에는 두 가지 이유가 있다. 첫째로, 당시 지구상의 국가 대부분이 국가가 두 초강대국 영향권 경쟁의 대상이었다. 미국과 소련의 경제적·문화적 영향력과 첩보력이 미치지 않는 곳은 거의 없었다. 당시 신흥국으로서는 미국과 소련 중 한쪽과 동맹을 맺으면 나머지 한쪽이 비밀 정보국을 보내 체제를 전복시킬 수도 있다는 두려움을 가질 수밖에 없었다. 그렇다고 어느 쪽에도 속하지 않는 비동맹 상태를 유지하자니 양쪽의 비밀 정보국이 모두 작전에 나설지 모를 일이었다. 당시 미국과 소련의 정보국은 막강한 재정적·조직적·군사적·문화적 권력을 쥐고 있었다. 이들은 암살, 조작, 선전, 뇌물, 무기와 정보 공급(혹은 공급 중단), 훈련, 자금, 인력 모집, 공개 혹은 비공개 양허, 차관, 무역 협정 협상 등 거의 모든 것을 할 수 있었다. 이들의 시도가 늘 아무런 제재 없이 성공을 거둔 것은 아니었다. 그러나 이들의 활동은 거의 제약이 없었고, 시도가 성공하지 못한 경우에도 대개 어느 정도의 효과를 거둘 수 있었다.

두 초강대국의 대결 구도는 외국의 자원을 끌어와 자국의 권력을 장악하고자 하는 신생국의 독재자 지망생들에게 절호의 기회였다. 충실한 동맹이 되겠다는 약속과 함께 상대 진영의 지지자를 끝까지 막는 최후의 저지선이 되겠다고 선언하기만 하면 군사, 재정, 첩보 등 모든 측면에서 막대한 지원을 얻을 수 있었다. 한편 신흥국 중에는 세계대전 중에 어느 정도 산업 발전을 이룬 국가들이 있었다. 이들은 전쟁에 참여 중인 교전국들이 무기 생산에 집중하는 동안 공산품을 생산했다. 생산된 공산품은 교전 중인 국가들로 수출되거나 국내에서 소비되며 그동안 수입되던 교전국의 공산품을 대체하는 역할을 했다. 이렇게 산업 발전이 진행된 일부 국가에서는 노동 운동이 급격히 성장했고, 새롭게 등장한 산업 노동자 계급은 국제적 공산주의 운동에 매력을 느꼈다. 노동 세력의 성장은 신흥국 내에서 새롭고 격렬한 갈등을 만들어냈다. (일정 부분 공산주의 체제를 지지하는 모습을 보이는) 노동 운동의 성장은 사업가들의 눈에는 심각한 위협으로 느껴졌다. 19세기 말에서 20세기 초 세계 곳곳에 등장한 수출주도형 자원 추출 국가에는 자체적으로 형성된 중산층 계급이 거의 존재하지 않았다. 외국 투자자가 소유한 사업이 많아 수익 대부분이 외국으로 빠져나갔기 때문이다. 남미에서 사업을 운영하는 소수의 중산층은 공개적이고 민주적인 선거로 구성된 체제보다 군사 통치를 더 나은 대안으로 보았다. 군대와 사업은 신흥국 사회에서 꽤 오랜 세월 동안 계층 상승을 위한 통로 역할을 해왔다. 그렇다 보니 사회의 중산층과 엘리트 계층은 종종 군대의 장교 집단과 친밀한 사회적·정치적 관계를 형성하고 유지했다. 야심 있는 소수 엘리트는 군대와의 관계를 이용하여 민주적인 제도, 절차를 무시하고 권력을 손에 넣었다.

노동 운동과 농민운동 세력은 국가의 자원을 착취하는 외국 기업과 이들에게 기생하는 사업가들을 몰아내는 것이 노동자와 농민뿐 아니라 국가 전체에도 이로운 일이라고 주장했다. 그러나 운동 세력 중에는 민주적인 절차를 통하여 민족적인 경제 정책을 펼만한 조직력을 갖춘 곳이 없었다. 그리하여 이들이 기댄 곳도 군대였다. 1960년대 말에서 1970년대 초까지 페루의 군부 독재 정권은 대대적인 농업 개혁을 하고 다양한 산업을 국유화했다. 쿠바의 1959년 혁명은 독재적인 단일정당 국가를 탄생시켰고, 이 국가를 피델 카스트로(Fidel Castro)가 47년 동안 통치했다. 베트남 공산당은 프랑스군을 상대로 한 긴 독립 전쟁과 남베트남군과 미군을 상대로 한 통일 전쟁을 거치면서 상당 부분 군사화되었고, 마침내 승리를 거둔 1975년 무렵에는 이미 본격적인 관료적 군부 독재 체제를 완성했다. 짐바브웨(과거 로디지아) 또한 비슷한 길을 걸었다. 긴 게릴라전 끝에 1980년 명목상 사회주의자인 로버트 무가베(Robert Mugabe)가 정권을 잡았고, 이 정권은 형편없이 부패한 군부-포퓰리즘 정권이 되었다.[70)

그러나 군대는 막 태동하는 좌파 노동 세력 탄압이나 좌파 정권 축출에 활용된 경우가 더 많았다. 브라질의 주앙 굴라르(João Goulart) 대통령은 1960년대 초 대대적인 경제 개혁을 추진했다. 국영 전력회사 설립, 해외 기업의 이익 반출 한도 설정, 세제 개혁과 토지 개혁, 석유 회사 국유화, 공산당 합법화 등 다양한 시도를 했던 굴라르는 1964년 발생한 군사 쿠데타로 축출되었다. 아르헨티나에서는 민족주의자이자 대중주의자였던 후안 페론(Juan Peron)이 노동조합의 강력한 지지를 등에 업고 1940년대 말에서 1950년대 초까지 중앙은행, 철도, 항만, 주요 신문 등의 국유화를 추진했으나 역시 1955년 발생한 군사 쿠데타로 정권을 잃고 망명했다. 페론의 퇴진 후에는 여러 차례의 쿠데타와 선거가 이어진 끝에 1976년에 이르러 비교적 안정적인 군부 정권이 들어섰다. 브라질과 아르헨티나에서는 1960년대 말부터 1970년대 초까지 십여 년 동안 군대와 좌파 저항

세력 사이에 무력 충돌이 일어나면서 테러 공격, 고문, '실종' 등이 빈번히 일어났다. CIA의 지원으로 사회주의 정권을 전복하기 위하여 1973년 칠레에서 일어난 군사 쿠데타도 참혹한 결과를 불러왔다.[71]

군부 독재와 그 반대 세력 간에 충돌이 끊이지 않던 이 시기, 세계 무기 거래량이 급격히 증가했다. 미국과 소련이 산업화된 동맹국에 무기를 지속적으로 수출했지만, 무기는 저개발국가가 선진국에서 수입하는 주요 상품이었다. 제3세계는 전 세계 무기 거래에서 눈에 띄게 큰 부분을 차지했다. 1960~1980년 세계 무기 수출이 두 배 증가하는 동안 제3세계의 무기 수입은 다섯 배 이상 증가했다(표 6.9). 1984년경에는 제3세계 빈곤 국가의 국민총소득 대비 무기 지출 비율이 선진국과 유사한 수준까지 높아졌다. 이는 결코 이들 국가가 경제적으로 감당할 수 있는 수준이 아니었다.[72] 북한 공산주의 정권은 특히 참담한 예시라고 할 수 있다. 1960년대 말에 이르러 북한은 경제적 자원의 무려 30퍼센트를 군대에 쏟아 부었고, 이는 경제적 침체와 빈곤 악화를 불러왔다.[73] 이렇게 수입한 무기는 독재 정부 군대의 충성심을 높이고, 독재 권력을 정당화하기 위한 전쟁을 벌이는 데 쓰였다. 물론 무기를 수출하는 초강대국들에게 자신들이 구매자로서 지닌 가치를 증명하기 위한 전쟁에도 쓰였다.

냉전과 민족주의(및 독재)의 관계는 서로 영향을 주고받은 양방향 관계였다. 전자가 후자를 만들었지만, 후자가 전자를 심화하기도 했다는 의미다. 초강대국들은 신생 독립국 내 권력자

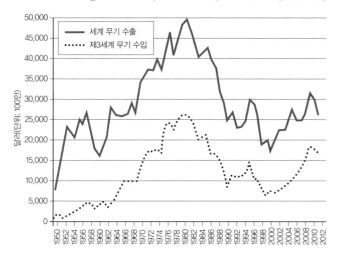

표 6.9_ 세계 무기 거래, 1950~2013년 (1990년 기준 고정 달러 가치)

들에게 국내 정치 전략 외에 추가로 활용할 수 있는 카드를 제공함으로써 이들 국가의 미래에 큰 영향을 주었다. 탈식민 민족주의자들이 냉전의 지속과 심화에 준 영향도 컸다. 민족주의자들이 미국과 소련 양국 중 한 곳과 관계를 맺으면 자연히 양국 간의 국제적 경쟁과 대립이 심화할 수밖에 없었기 때문이다. 이러한 냉전 시대의 상호작용은 세계 곳곳을 독재 정권과 무기로 채웠다.

냉전의 경쟁과 갈등, 독재 정권의 만연, 무기 거래 증가는 민간인들에게 참혹한 결과를 가져왔다. 1953년 쿠데타로 권력을 잡은 과테말라 군사 정권은 토지와 자원의 소유권을 주장하는 원주민들을 대상으로 30여 년에 걸친 학살전을 펼쳤다. 인도네시아에서는 1965년 쿠데타 이후 최대 100만 명에 이르는 민간인이 학살되었다. 베트남전쟁의 영향으로 불안정해진 1970년대 말 캄보디아에서는 전체 인구의 5분의 1에 해당하는 160만 명의 민간인이 목숨을 잃었다. 냉전 직후 진행된 조사에 따르면 1959년부터 냉전이 끝날 때까지 모두 34건의 대량학살이 자행되었으며, 희생자의 수는 1,000만 명을 웃돌았다고 한다.[74]

1960년대에 들어서자 독재는 이중의 역설에 직면했다. 1920년대에 독재의 만연을 불러온 여러 문제는 여전히 해결되지 않고 있었지만, 독재는 여전히 유지되고 있었다. 1960년대 초에 접어들며 세계경제 상황은 뚜렷한 변화를 보이기 시작했다. 대공황의 유산, 양차 대전 사이에 나타난 세계경제의 분열은 생산과 무역의 성장이라는 거대한 물결에 휩쓸려 다시 사라지고 있었다.

7장에서는 그 거대한 물결에 대하여 함께 살펴보자.

7장

오늘의 모습이 된 1세계 :
고도 근대

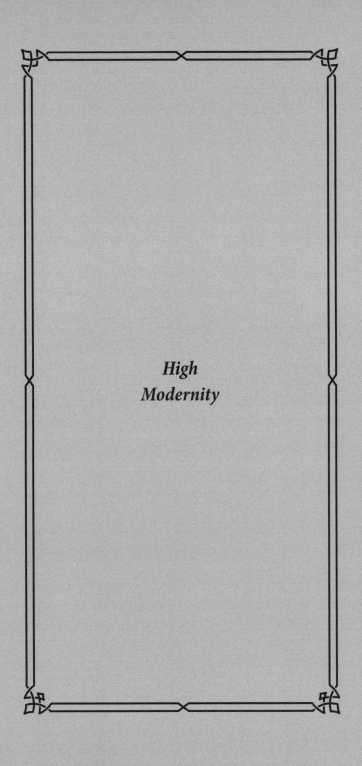

*High
Modernity*

새로운 차원의 풍요에 도달한 서구와 일본: 거대 가속, 1950~1975년

유사 이래 인간은 물질적 결핍을 극복하기 위해 노력했다. … 오늘날 미국의, 머지않아 서유럽의 가장 큰 과제는 생필품부터 사치품까지 다양한 물건의 과잉을 극복하는 것이 될 것이다. … 낭비는 현시대의 정신이다. 아마도 미래의 역사학자들은 현시대를 일컬어 '쓰고 버리는 시대'라고 명명할지도 모르겠다. … 낭비는 미국적 생활방식의 일부가 되었다. … 오늘날 평범한 미국인이 한 명이 소비하는 물건은 제2차 세계대전 직전 시대에 살았던 미국인이 평균적으로 소비하는 물건의 두 배에 달한다.[1]

_밴스 패커드(Vance Packard),

《쓰레기 생산자들(The Waste Makers)》, 1960년

1948~1949년경에는 다가올 20년, 30년, 40년의 인류의 발전 가능성에 대하여 비관적으로 전망하는 것이 어찌 보면 당연

했다. 1905년 러시아 혁명으로 시작하여 1949년 공산당이 승리를 거둔 중국 혁명에 이르는 긴 시간 동안 수많은 혁명과 전쟁, 봉기가 이어지며 수많은 사람이 목숨을 잃었다. 우선 제1차 세계대전과 그 후 이어진 러시아와 오스만 제국의 수차례 혁명에서 4,000만 명에 가까운 사람이 목숨을 잃었다(1930년대 소련의 집단화 기간에 희생된 이들도 포함된다). 1939~1949년까지는 제2차 세계대전과 중국의 사회주의 혁명, 이어진 내전으로 총 7,000만~8,000만이 목숨을 잃었다(그중 유럽의 희생자가 5,200만~5,300만, 아시아의 희생자가 2,000만~3,000만으로 추정된다).[2] 더욱이 앞서 나열한 각각의 사건이 터질 때마다 수천만 명의 사람들이 삶의 터전을 잃고 난민이 되었다.[3] 제1차 세계대전 이후 20년 동안 세계경제와 금융이 전쟁의 타격에서 헤어나지 못했다. 제2차 세계대전은 제1차 세계대전보다 훨씬 더 큰 전쟁이었던 만큼 회복이 그보다 오래 걸리리라는 것은 당연한 예측이었다. 그러나 그 예측은 빗나갔다. 1950년 이후 세계경제는 전쟁과 혁명의 '대폭발 시대' 직전과 유사한 빠른 성장세를 보였다. 빠른 성장세는 특히 북대서양권의 산업국들과 일본에서 두드러지게 나타났다(표 7.1).

실제로 1950~1970년대 사이 서유럽과 일본은 당시 가장 부유하고 거대한 지역이었던 북미와의 소득 격차를 빠르게 좁혀 나갔다(표 7.2). 1950년 미국의 절반이었던 서유럽의 1인당 GDP는 1975년 4분의 3 수준까지 따라붙었다. 일본의 경우 1950년 미국의 20퍼센트 수준이었으나 1975년 70퍼센트 수준

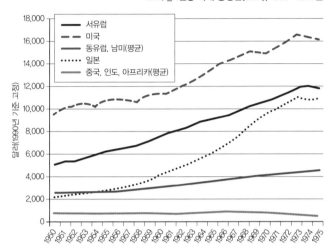

표 7.1_ 1인당 국내 총생산(GDP), 1950~1975년

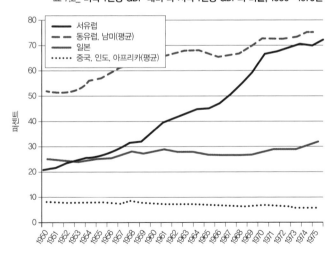

표 7.2_ 미국 1인당 GDP 대비 타 지역 1인당 GDP의 비율, 1950~1975년

으로 대폭 성장했다. 반면 남미와 중동, 동유럽의 생활 수준 개선은 미미한 수준에 그쳤고, 아프리카와 아시아 본토, 남아시아에서는 거의 변화가 없었다. 사실 아시아와 아프리카의 경우 다른 지역과의 생활 수준 격차가 더 벌어졌다. 1913년 기준 인도인의 평균 소득이 미국인의 8분의 1, 독일인의 5분의 1 수준이었는데, 1973년에는 미국인의 20분의 1, 독일인의 14분의 1이었다. 중국의 경우는 더 심해서, 1913년에는 미국인의 10분의 1, 1973년에는 20분의 1이었다.[4]

이렇게 큰 격차가 나타난 가장 큰 이유는 산업국가에서 나타난 성장의 가속화 때문이다. 제2차 세계대전 종전 이후 산업 국가들은 1913년까지 보였던 성장보다 훨씬 더 빠른 속도로 성장했다. 1875~1913년까지 북대서양권 국가들과 일본의 경제는 점진적으로 성장했고, 평균 소득 또한 꾸준한 속도로 증가했다. 1950년 이후 상당한 가속이 일어났다(표 7.3). 서유럽과 남유럽에서도 1950~1973년 사이에 근대 들어 가장 빠른 경제성장이 나타났다. 미국의 경우 1913~1950년에 37년간 이룬 1인당 국민소득 증가를 1950~1973년 사이 23년 만에 이뤄냈다(표 7.4). 일본의 1인 소득 증가는 북대서양권 국가를 압도했다. 1950~1973년까지 서유럽의 평균 1인당 국민소득이 2.7배 증가하는 동안 일본의 1인당 국민소득은 여섯 배 증가했다. 유럽에서는 이 시기를 '황금기'나 '경제적 기적'의 시기라고 부르고, 프랑스에서는 '영광의 30년'이라고 했다. 유럽의 성장을 기적으로 표현한다면 당시 일본의 성장은 대체 어떤 말로 표현해야 할

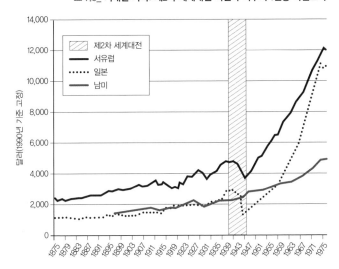

표 7.3_ **거대한 가속: 제2차 세계대전 이전과 이후의 1인당 국민소득**

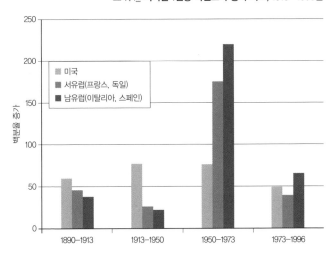

표 7.4_ **지역별 1인당 국민소득 증가 비교, 1913~1996년**

까?

당시 세계 산업 국가들의 눈부신 성장을 보면 1950~1973년까지 약 사반세기의 기간을 어째서 '거대한 가속'의 시기라고 부르는지 이해할 수 있다.[5] 19세기 중반을 시작으로 북대서양 지역과 일본을 변화시켜 온 경제적·기술적 발전의 흐름은 이 시기에 갑자기 속도를 한 단계 높였다. 거대 가속기 이후 1973~1996년까지도 산업국들의 성장은 여전히 안정적으로 이루어졌다. 이 시기 북미의 성장률은 1890~1913년의 일차산업 성장 시기보다는 낮았지만, 유럽과 일본은 그때보다 높은 성장을 보였다.

핵심 산업 자원의 생산량 증가를 보면 당시의 성장 가속을 느낄 수 있다. 1950~2000년 사이 세계 석탄 생산량은 세 배, 강철 생산량은 네 배 증가했다. 석유 생산은 1913년까지 기하급수적으로 증가하다가 혁명, 전쟁, 경제적 혼란, 대학살의 시기였던 대폭발기에 주춤하더니 1950년 이후에는 가파른 상승을 보였다(표 7.5).

핵심 소비재의 생산 또한 유사한 패턴을 보였다. 자동차(표 7.6)가 가장 좋은 사례지만, 1950~1960년대에는 전화기, 라디오, 텔레비전, 세탁기, 냉장고 등의 생산도 급격히 증가했다.

엄청난 속도와 규모로 진행된 이 시기의 성장은 수백만 명의 생활을 바꿔놓았다. 조지 W. 롬니(George W. Romney) 가족의 사례가 이를 잘 보여준다. 롬니는 1907년 멕시코에 사는 미국 모르몬교도 농부의 가정에서 태어났다. 롬니의 가족들은 1940

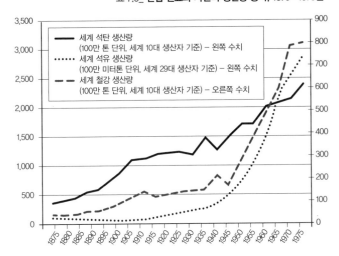

표 7.5_ 산업 연료와 자원의 생산량 증가, 1875~1975년

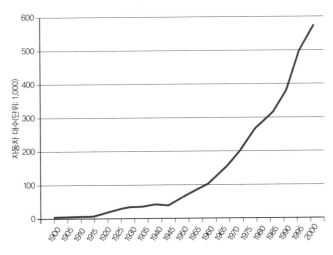

표 7.6_ 운행 자동차 대수, 상위 19개국, 1900~2000년

년대까지 마치 저주에 걸린 듯이 하는 일마다 잘 풀리지 않았다. 롬니의 증조부모는 1839년 영국에서 모르몬교로 개종하고 새로운 삶을 찾기 위하여 1841년 미국으로 건너온 이주민이었다. 이들은 일리노이에 자리를 잡았으나 반모르몬 세력의 압박에 일리노이를 떠나 당시 멕시코의 일부였던 유타로 이주했다. 가족은 유타에 정착하는 듯했으나 미국 정부가 1848년 유타를 점령하며 일부다처제를 불법화했고, 롬니의 할아버지는 종교에 더 관대한 나라에서 새 삶을 시작하고자 세 명의 부인과 함께 멕시코 중북부로 삶의 터전을 옮겼다. 그는 그곳에서 유타 거주 시절 익힌 건조 고원 농법을 활용하여 농사를 지었다. 가족은 포르피리오 디아스 정부가 개발 전략의 일환으로 외국인에게 제공한 거주지에서 비교적 여유로운 생활을 꾸려갔다. 그러나 1911년에 멕시코 혁명이 발생하면서 거주지에 살던 대부분의 미국인이 내전을 피해 다시 미국으로 돌아갔다. 롬니의 아버지 역시 미국으로 향했다. 모르몬교는 1890년 교리 수정을 통하여 복수 결혼을 금지했고, 아내가 한 명뿐이었던 롬니의 아버지도 무사히 다시 미국에서 생활할 수 있었다. 롬니의 아버지는 로스앤젤레스에서 4년간 머문 후 아이다호로 넘어가 감자 농사를 시작했지만 잘 풀리지 않았다. 그 후 건설업을 시작했지만 사업은 1921년에 망했다. 가족은 유타의 솔트레이크시티로 돌아갔다. 영국을 떠나온 지 80년 만의 일이었다. 한편 롬니는 모르몬 선교사가 되어 1926년 영국으로 건너갔다가 1929년 약혼자의 가족과 함께 워싱턴 디시로 돌아왔다. 그는 이곳에서 매사추세츠 상원의원의 보좌관으로 일했다. 버지니아에서 형제와 함께 낙농 제품점을 운영하기도 했지만 대공황의 여파로 문을 닫았다.

롬니는 입법 보좌관 시절 쌓은 인맥을 통하여 미국의 알루미늄 제조 대기업인 알코아(Alcoa)에서 일했다. 관리자이자 행정가의 능력을 인정받은 그는 알루미늄 업계를 대변하는 로비스트로 탄탄한 경력을 쌓아갔다. 1939년에는 미국 자동차 생산자 협회(American Automobile Manufacturers' Association)의 경영지원 담당자 겸 로비스트로 일했고, 제2차 세계대전 기간 미국의 산업 생산을 조정하고 전쟁을 지원하는 데 있어 중요한 역할을 했다. 1948년 자동차와 냉장고를 제조하는 작은 회사에서 일하기 시작한 롬니는 1954년에 다른 기업과 합병되며 탄생한 아메리칸 모터 컴퍼니(American Motor Company, AMC)의 최고경영자가 되었다. AMC는 1958년에 이르러 놀라운 판매 실적을 올렸다. 당시 자동차 대기업들이 생산하던 연료를 먹는 (롬니의 표현에 따르면) '공룡' 같은 차의 대항마로 연비 좋은 중소형 모델 램블러(Rambler)를 개발한 것이 시장의 반응을 이끌었다. AMC는 1958년 21만 7,000대, 1960년 48만 5,000대의 판매 실적을 올렸다. 롬니는 거대 노동조합과 큰 정부, (당시 자동차 업계를 지배하고 있던 3대 회사 같은) 대기업을 비판하고 "자유 정부와 협력하는 자유노동, 자유경영, 자유자본"을 주장하며 이름을 알렸다. 1961년에는 전미 자동차노조(United Auto Workers)와 이익배분 협상을 통하여 노동자들에게 더 많은 이익을 배분하는 대신 사 측에서는 고용 유연성을 얻었다. 롬니는 공정하면서도 노련한 경영인의 이미지를 앞세워 1962년, 1964년, 1966에 미시간 주지사로 당선되었다. 그는 민권운동을 지지했고, 공화당 대선 후보 지명을 노렸으나 실패했으며, 리처드 닉슨(Richard Nixon) 대통령 정부에서 주택도시개발부 장관을 역임했다. 그는 말년의 20년 동안 거의 자선 활동에 집중했다.

롬니는 특별히 명석한 인물은 아니었던 것으로 보인다. (물론 롬니와 노조의 사이가 딱히 좋지 않았겠지만) 한 노조 간부는 롬니를 일컬어 "통찰력이나 이해가 부족한 사람"이라고 묘사했다. 그러나 롬니가 근면하고 양심적이며 친화력 좋은 훌륭한 경영인이라는 사실은 틀림없다. 그는 제2차 세계대전 이후 찾아온 어마어마한 호황기를 활용한 똑똑한 사람이었다. 1930년에는 미국인 다섯 명 중 한 명이, 1950년에는 세 명 중 한 명이 자동차를 소유했다. 1970년에는 평균적으로 둘 중 한 명 이상이 차를 소유했다. 롬니가 (당시 특유의 여성 차별적인 톤으로) 말했듯 1955년에는 "몸무게 118파운드(54킬로그램)의 주부가 2온스(57그램)짜리 머리핀 한 묶음과 립스틱 하나를 사러 세 블록 떨어진 가게에 가면서 19피트(5.8미터) 길이의 무게 2톤짜리 차를 끌고 갔다".[6] 말도 안 된다고 생각하겠지만 당시 사람들은 그럴만했다.

이러한 엄청난 경제성장을 어떻게 설명하면 좋을까? 우선 부분적으로는 1913년, 즉 제1차 세계대전 발발 이전 대대적으로 진행 중이던 경제성장이 재개된 것으로 볼 수 있다. 사실 전후 유럽 국가(서유럽, 동유럽)와 일본의 폭발적인 경제성장은 일차적으로 1914~1945년 전쟁과 불황기에 억눌렸던 수요가 풀리고 축적된 기술을 활용하면서 일어난 것이다. 전쟁이 끝나고 평화와 경제적 안정이 다시 찾아오자 수요가 돌아왔고, 생산자들은 드디어 전쟁 이전 개발된 상품들을 생산하여 판매할 수 있었다. (항공 산업처럼) 전쟁 중에 기술 성숙이 가속화된 경우도 있었고, 전쟁 전 이미 기술 성숙은 일어났으나 크게 상용화하지 않았던 기술을 활용하여 새로운 소비재를 쉽고 빠르게 개발했다. 가장 좋은 예로 플라스틱 산업과 그 성장을 이끈 무수한 소비재 및 산업재 산업을 꼽을 수 있다. 플라스틱은 수많은 상품에 활용되며 핵심 소재가 되었다. 대부분의 기본적인 플라스틱 소재가 개발된 것은 1930년대였지만, 플라스틱 산업이 폭발적으로 성장한 것은 제2차 세계대전 이후였다. 1976년에는 세계 플라스틱 소비량이 강철, 구리, 알루미늄 소비량을 능가했다.[7]

제2차 세계대전의 결과는 밀린 성장을 따라잡기에 이상적인 환경을 제공했다. 제2차 세계대전 종료를 전후로 맺어진 브레턴우즈협정과 GATT 협약은 안정적인 제도적 장치였다. 미국과 소련은 냉전 중이었지만, 양측의 전략적 교착 상태는 최소한의 예측을 가능하게 해주었다. 대부분 주요 자본주의 국가들은 이러한 환경을 유리하게 활용했다. 미군이 자본주의 국가들에 제공하는 보호 또한 성장에 유리하게 작용했다. 이 국가들은 미군의 보호 덕에 군비 지출을 줄일 수 있었다. 이는 이 시기에 서유럽과 일본의 성장세가 미국보다 빨랐던 이유 중 하나이기도 하다. 성장에 적합한 환경이 조성되며 1913년 이전 작동했던 산업적·경제적 개발의 핵심 동력들이 다시 작동하기 시작했다.

그중 가장 핵심적인 동력은 혁신이었다. 국내 특허 출원 건수를 기준으로 볼 때, 북대서양권 국가들은 제2차 세계대전으로 인하여 상업 기술혁신 부문에서 엄청난 타격을 입었다. 그러나 1970년대에 이르자 출원 건수는 역사상 최고치를 기록했던 1920년대 말 수준으로 회복되었다(표 7.7). 한편 일본은 1970년대에 들어서며 특허 출원 기준으로 세계에서 가장 혁신적인 국가가 되었다. 두 지역의 GDP 성장률은 상업 혁신성과 대략 연동된 모습을 보였다. (반면 다른 지역의 특허 출원 건수는 저조했다. 1970년 기준 브라질에서는 독일의 8분의 1 수준인 4,000건의 특허가 출원되었다. 아르헨티나는 2,000건 이하, 멕시코는 805건, 터키는 89건이었으며, 남아프리카를 제외한 아프리카에서는 단 한 건도 없었다.)

특허를 출원하는 이들은 주로 교육의 혜택을 받은 이들이었다. 1950~1960년대 성장을 이끌었던 두 번째 주요 동인은 고등교육의 집중 투자였다. 이를 반증하는 것이 대학에 등록한 학생 수의 증가다(표 7.8). 역시 가장 대표적인 사례는 또다시 일본이다. 1950년대에 이루어진 교육의 집중적인 투자는 1960~1970년대에 혁신과 성장으로 나타났다. 서유럽의 경우 역사적으로 타 지역보다 교육 수준이 높았지만, 1960년대를 지나며

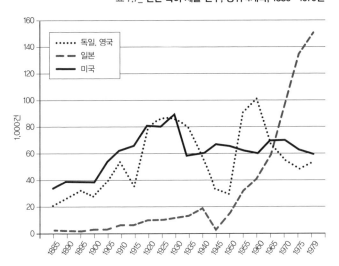

표 7.7_ 연간 특허 제출 건수, 상위 4개국, 1885~1979년

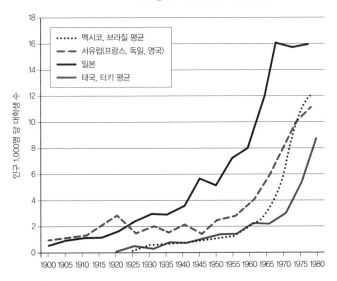

표 7.8_ 인구 1,000명 당 대학생 수, 1900~1980년

교육 투자를 다시 한번 늘렸다. 엄밀히 말해 기술혁신이나 개발과는 다르지만, 일부 지역에서 기술 이전은 성장의 동인이 되었다. 기술 이전은 처음에는 일정한 절차 없이 진행되었지만, 시간이 지나며 정식 계약을 통하여 이루어졌다. 이 사례 또한 일본이 대표적이다. 1951~1984년 일본 기업들은 총 170억 달러를 들여 무수한 해외 기관들과 4만 2,000건 이상의 기술 이전 협정을 맺었다.[8] 교육 투자는 특허 출원의 증가 외에도 중요한 결과들을 만들었다. 교육은 새로운 상품과 공법, 아이디어의 개발로 이어졌고, 무엇보다 근대 경제의 번영과 발전을 이끌 수 있는 교육받은 국민을 육성했다.[9] 세계의 대학생 수 변화 패턴은 기초 산업재나 내구 소비재의 생산량 변화 패턴과 상당 부분 일치하는 모습을 보였다(표 7.9). 지식 개발을 위한 인류의 투자는 20세기 내내 꾸준히 이루어졌지만, 그 속도는 1950년대 중반~1960년대 중반 특히 가속화되었다.

1950~1960년대 성장을 견인한 세 번째 요소는 (이전보다 더) 자유로워진 무역이었다. 이 시기에는 교통과 통신이 또 한 번 크게 발전하며 거래 비용이 빠르게 하락했다(표 7.10). 더 큰 선박과 효율적인 모터의 등장, 디자인 개선과 자동화의 적용은 1930년~1980년까지 50년 사이에 해상 운송 비용을 4분의 3가량 낮췄다. 같은 기간 항공 운송 비용 하락 폭은 약 80퍼센트로 더 커졌고, 전화를 이용한 통신 비용은 거의 무시할 수 있는 수준이 되었다.[10]

기술 발전을 통한 비용 절감만큼이나 중요한 역할을 한 것은

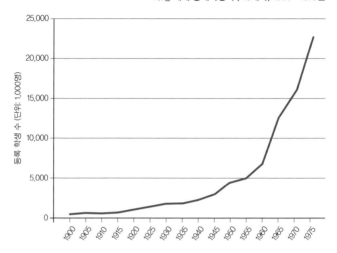

표 7.9_ 세계 총대학생 수, 18개국, 1900~1975년

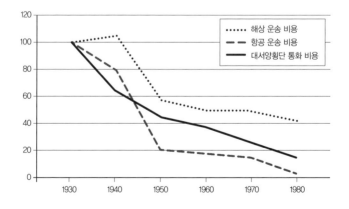

표 7.10_ 교통 및 통신 비용(1930년을 100으로 두었을 때), 1930~1980년
해상 운송 비용: 화물의 1 미국톤 당 평균 화물 운송료와 항만 비용
항공 운송 비용: 1 여객 마일 당 평균 항공 운송 비용
대서양횡단 통화 비용: 3분 통화 시 발생 비용(뉴욕 발신 영국 수신 기준)

표 7.11_ 세계의 평균 관세율 변화, 1865~1998년
(수입된 물품의 전체 가격 대비 세금 비율, 35개국)

전 세계적으로 나타난 무역정책 방향의 근본적인 전환이었다.
세계 평균 관세율은 대공황으로 인하여 급격하게 상승했지만,
1950년경에 이르자 다시 1913년 이전보다 훨씬 낮은 수준으로
떨어졌다(표 7.11). 서방 진영에서 1947년 체결된 GATT 협약
과 소비에트 진영이 결성한 경제상호원조회의는 1950~1960년
대 세계 평균 관세율을 제1차 세계대전 이전보다 훨씬 낮은 수
준으로 떨어뜨렸다. 1970년대에는 관세율이 더 떨어졌다. 그
결과 1930년대에 하락했던 GDP 대비 무역비율은 1973년에 이
르러 1913년 이전 수준을 여유 있게 회복했다. 무역이 회복되
는 데 거의 한 세대의 기간이 걸렸다. 이는 냉전으로 인한 벽이
공산−비공산 진영 간 무역 장벽으로 작용했고, 신생 독립국들

이 자국 산업을 육성하기 위하여 관세를 통해 수입을 제한했기 때문이다. 이미 1970년대 중반경 세계경제는 그 어느 때보다 통합되어 있었고, 무역 확장을 위한 모멘텀이 빠르게 생성되고 있었다.[11] 중요한 예는 1957년 로마조약(Treaty of Rome)에 따라 발족한 유럽경제공동체(European Economic Community, EEC) 였다. 서유럽은 유럽경제공동체 체제를 바탕으로 발 빠른 경제 통합 행보를 보였고, 그 결과 1990년대에 이르러 유럽 대부분 지역이 하나의 거대한 자유무역 지대 겸 통화 동맹으로 묶이게 되었다. 유럽연합(European Union)을 통한 느슨한 정치적 통합 도 함께 나타났다.

네 번째 요소는 다국적 기업의 증가다. 다국적 기업의 수는 원래 증가세였지만, 이 시기 그 증가가 가속화되었다. 1914년 전 세계에 3,000개가량이었던 다국적 기업의 수는 1970년 6,000개, 1988년 1만 8,500개, 2000년 6만 3,000개로 늘어 났다.[12] 자본주의 진영 내에서, 혹은 공산주의 진영 내에서 구 축된 새로운 국제 금융 및 거래 인프라는 더 안정적이고 예측 가능한 사업 환경을 조성함으로써 변화를 촉진했다. 기술도 중 요한 역할을 했다. 컴퓨터의 개발은 1960년대부터 다국적 기업 의 거대한 조직 내부 여기저기에 흩어져 있던 업무를 효율적으 로 관리할 수 있게 해주었다. 국제 전화망의 확장은 조직 내부 통신은 물론 해외 지점 간 통신을 훨씬 원활하게 해주었다. 또 한 항공 여행에 드는 시간과 비용이 감소하면서 다국적 기업들 은 필요한 인력을 그 어느 때보다도 원활하게 세계 곳곳으로 이

동시킬 수 있었다.

　20세기 초부터 자원 추출 사업에 관여해온 다국적 기업들은 사회주의나 경제적 민족주의를 주창하는 정부들의 잇따른 국유화 선언으로 타격을 입었다. 앞서 언급한 바와 같이 소련은 1917년, 멕시코는 1937년, 이란은 1951년, 브라질은 1964년에 각각 석유산업을 국유화했다. 다국적 기업들이 지니고 있던 광산업과 제조업, 플랜테이션 농장의 국제 지분도 일정 부분 영향을 받았다. 그러나 전반적인 흐름을 보면 다국적 기업의 증가는 계속되었다. 이는 금융, 제조, 서비스 기업의 빠른 확장과도 연관되었다. 1967년 최초의 해외 지점을 개점한 미국의 패스트푸드 체인 맥도날드는 1990년 50개국에 2,500여 개 점포를 보유했다. 독일의 화학 기업 훼히스트(Hoechst)는 1990년대 중반 45개국에 117개 공장을 운영했다.[13] 경영 컨설팅 및 서비스 기업은 1960년대 이후 꾸준히 영향력을 넓혀갔다. 20세기 말경 컨설팅 기업 맥킨지(McKinsey)의 해외 직원 수는 본사가 있는 미국 내 직원 수를 능가했고, 시카고의 대형 로펌 베이커 앤드 맥켄지(Baker and McKenzie)는 35개국에 지사를 거느렸다. 1960년대 미국에는 해외 금융 서비스를 제공하는 은행이 거의 없었다. 그러나 1980년대 중반에 이르러 미국 은행들의 해외 지점은 860개에 달했고, 해외 지점이 전체 자산에서 차지하는 비율은 20퍼센트였다. 영국의 유니레버나 미국의 카길(Cargill) 같은 거대 다국적 소비재 기업이나 원자재 기업은 무역 지배력을 유지하고 확장했다. 1980년 기준 단 세 개의 다국적 기업이 세계 바

나나 무역의 60퍼센트 이상을 독점했던 것만 봐도 다국적 기업들의 지배력을 알 수 있다.[14]

이러한 확장의 결과, 국가 세수를 뛰어넘는 매출을 올리는 다국적 기업들이 등장했다. 1976년에 이르러 세계 10대에 속하는 기업들의 매출액은 전 세계 국가 중 42개국을 제외한 모든 국가의 세수를 능가했다. 엑손과 제너럴모터스가 각각 벌어들인 매출보다 세수가 컸던 국가는 전 세계에서 단 25개국에 불과했다.[15]

이러한 성장은 중요한 문화적 파급 효과를 낳았다. 20세기 말에 이르자 비영어권 국가에 본사를 둔 다국적 기업들이 다국적 경영진의 의사소통 문제를 해결하고자 영어를 기업 내 공식 언어로 사용한 것이다. 여기에는 독일 미디어 기업인 베텔스만(Bertelsmann), 스웨덴 기업과 스위스 기업의 합병으로 탄생한 엔지니어링 기업 아세아 브라운 보베리(Asea Brown Boveri, ABB), 독일의 엔지니어링 기업 지멘스(Siemens)가 포함되었다.[16] 물론 영어의 공용화를 진정한 국제화의 척도로 보기는 어렵다. 이들 '다국적' 기업 이사회의 외국인 이사 비율을 보면 대부분 아직 진정한 국제화에 미치지 못했다는 것을 알 수 있다. 어쨌든 영어의 공용화는 다국적 기업들이 1960년대 이후 전 지구적인 제도, 금융, 정보의 네트워크를 촘촘히 구축함으로써 '거대한 가속'을 이끄는 데 중요한 역할을 했다는 것을 보여준다. 영어는 기업계와 학계에서 공용어로 자리 잡았다. 1995년 기준 미국과 영국, 호주에서 유학 중인 외국인 유학생의 수는 60만 명이었다(당시 프랑스에 체류 중인 유학생은 14만 명, 독일은 11만 6,000명, 러시아는 8만 3,000명이었다). 2000년대 초, 세계의 학계 전문 인력 중 3분의 2가 영어를 구사했다.[17)]

거대 가속을 불러온 또 다른 중요한 요인은 낮은 유가였다. 당시 석유의 주요 생산지는 중동이었다. 중동은 제2차 세계대전 전까지는 세계 석유 생산량 중 상대적으로 낮은 비중을 차지했지만, 1940년 후반 중동 지역 정부와 유럽 및 미국의 석유 회사들이 (주로 기업 측에 유리한 조건으로) 생산 계약을 맺으며 생산량이 빠르게 늘어났다. 러시아도 생산량을 늘렸고, 멕시코와 북해, 아프리카 지역에서 새롭게 발견된 유전도 세계 석유 생산량을 전반적으로 늘렸다. 지진계를 통한 석유 탐사, 최대 시추 깊이 증가, 1970년대부터 시작된 해양 심해 시추 등 기술의 발달도 석유 생산량을 늘렸다. 생산이 늘며 유가가 하락하는 가운데, 일부 국가와 석유 회사는 석유 가격 하락을 막기 위해 노력했다. 미국은 자국 석유 생산자들을 보호하기 위해 1959~1973년에 석유 수입 할당제를 시행했고, 일부 기업은 생산량을 제한했다. 이러한 노력에도 석유 가격은 1940년대 후반부터 1971년까지 20여 년간 계속 하락했다. 산업 국가들에 있어 낮은 유가는 좋은 기회였다. 1949년에 세계 에너지 생산의 3분의 2를 석탄이 담당했다면, 1971년에는 석유와 천연가스가 3분의 2를 담당했다. 변화의 폭이 훨씬 컸던 국가도 있다. 일본의 경우 1950년에는 석유가 에너지 공급의 단 7퍼센트만을 담당했는데, 1970년에는 그 비율이 70퍼센트까지 증가했다. 일본에 석유를 공급하는 주요 생산국은 이제 미국이 아닌 중동이었다. 서유럽도 전체 석유의 3분의 2를 중동에 의존했다.[18]

저렴하고 풍부한 에너지는 1950~1960년대의 폭발적인 산업 성장을 이끈 중요한 요소였다. 석유 생산 증가는 에너지 가격 하락 외에도 더 큰 발전을 가져왔다. 식량, 금속, 섬유 등 전반적인 원자재 가격은 전쟁 종료부터 수십 년간 조금씩 하락했다. 이는 화석연료 생산량의 증가와 관련이 있었다. 화석연료 추출 물질로 만든 비료 덕에 식량 생산이 늘고, 화석연료에서 뽑아낸 플라스틱이 그동안 다양한 용도로 활용된 금속과 경쟁했으며, 역시 화석연료에서 뽑아낸 인공섬유가 면이나 모와 경쟁했다. 이러한 현상은 이 시기 아시아, 아프리카와 선진 산업국의 소득 격차가 더 크게 벌어진 이유를 설명한다. 아프리카와 아시아가 수출하던 주요 원자재들이 석유와 천연가스에서 뽑아낸 인공 물질로 만든 저렴한 상품들과 경쟁해야 했기 때문이다.[19]

산업의 빠른 성장은 세계무역 구성에 큰 변화를 가져왔다. 1914년 이전에는 식량과 원자재가 세계무역의 3분의 2를 차지했다. 그러나 1970년대 초에 이르자 이 구성은 완전히 바뀌었고, 1973년에는 공산품이 세계무역의 3분의 2를 차지했다(표 7.12). 이러한 역전은 산업 국가들이 생산 품목을 특화하고 교역을 늘리면서 벌어졌다. 예를 들어 이탈리아는 유럽 최대의 냉장고 생산국으로 자리 잡으며 미국과 비슷한 양의 냉장고를 생산했다.[20] 독일은 유럽 최대의 자동차 생산국이 되었다. 생산 품목 특화는 효율성과 생산성의 향상으로 이어졌다.

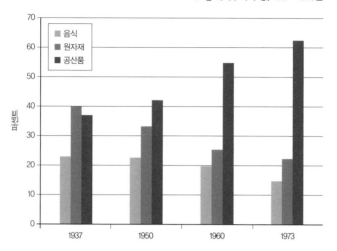

표 7.12_ 세계무역 구성, 1937～1973년

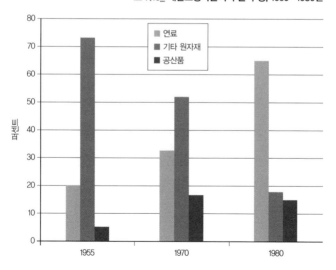

표 7.13_ 개발도상국들의 수출 구성, 1955～1980년

세계 교역 중 (식량이나 원자재 같은) 1차 상품이 차지하는 비율은 점점 낮아졌지만, 석유를 비롯한 연료가 차지하는 비율은 점점 높아졌다. 비산업국에서 산업국으로 향하는 수출 중 연료가 차지하는 비율은 1950년 5분의 1에서 1980년 3분의 2로 증가했다(표 7.13). 이는 원자재의 교역량 자체가 줄어서라기보다는 석유 교역량의 증가가 다른 추출 산업의 성장에 비하여 압도적으로 빨랐기 때문에 나타난 현상이었다.

1950년대 이후 세계경제의 또 다른 특징 중 하나는 농업 생산량의 빠른 증가였다. 19세기 중반부터 1913년까지 서서히 증가하던 농업 생산량은 1950~1960년대에 급격히 증가했다(표 7.14). 이전과 비교했을 때 유럽의 에이커당 농업 생산량은 1950~1975년 사이에 두 배 이상의 속도로 증가했고, 일본에서도 같은 현상이 나타나며 쌀 생산량이 급증했다(표 7.15).

생산성 혁명은 기본적으로 비료와 살충제 사용의 급격한 증가로 나타났다. 실제로 에이커(혹은 헥타르)당 평균 곡물 생산량은 (에이커당 파운드든 헥타르당 킬로그램이든) 평균 비료 사용량과 강한 연관성을 보였다. 미국의 경우 (1909년에 개발되고 1920년대부터 판매에 들어간) 인공 비료 사용에 유럽만큼 적극적이지 않아 에이커당 생산량도 상대적으로 적게 증가했다. 남미의 인공 비료 사용은 그보다 적었고, 생산성 향상 또한 낮았다.[21] 일본의 경우 인공 비료를 과감하게 사용한 결과 생산성이 급격히 증가했고, 아시아의 다른 국가들은 훨씬 적은 양을 사용하여 생산성이 소폭 증가했다(표 7.16). 농업 생산성의 폭발적인 성장을

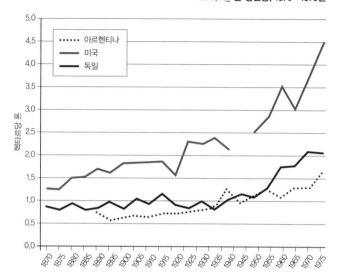

표 7.14_ 밀 생산량, 1870~1975년

- ⋯⋯ 아르헨티나
- ── 미국
- ── 독일

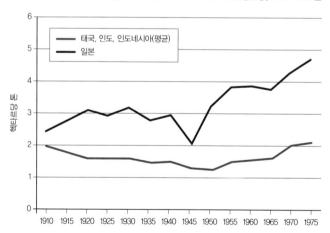

표 7.15_ 일본과 동남아시아 국가들의 쌀 생산량, 1910~1975년

- ── 태국, 인도, 인도네시아(평균)
- ── 일본

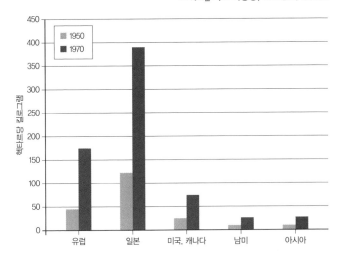

표 7.16_ **비료 사용량, 1950년과 1970년**

불러온 또 다른 요소는 토지 생산성보다는 노동 생산성을 높인 농업의 기계화다. 트랙터의 사용이 급격하게 증가했고, 1930~ 1980년까지 농업에 활용되는 전 세계 트랙터 대수는 거의 열 배 증가했다. 트랙터 활용도가 높았던 미국을 제외하고 나머지 국가만 살펴보면, 그 증가량은 거의 백 배에 가까웠다(표 7.17). (그래프상에 보이는 북미와 중미의 트랙터 대수 감소는 미국에서 나타난 농장 간 합병 때문이다. 합병으로 트랙터 대수 자체는 줄어들었지만 농장 규모가 커지며 더 큰 트랙터를 사용했다.) 관개지 면적이 늘어난 것 또한 농업 생산성 향상에 기여했다(표 1.11 참조). 축산학의 발달은 유제품과 육류 생산의 유례없는 증가로 이어졌다. 1900년 기준 미국 젖소의 연간 평균 우유 생산량은 3,600파운

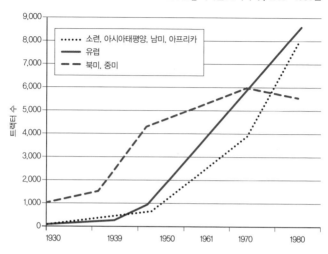

표 7.17_ **지역별 트랙터 수, 1930~1980년**

.... 소련, 아시아태평양, 남미, 아프리카
── 유럽
── ─ 북미, 중미

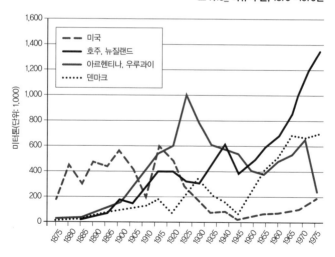

표 7.18_ **육류 수출, 1875~1975년**

── ─ 미국
── 호주, 뉴질랜드
── 아르헨티나, 우루과이
.... 덴마크

드(약 1.6톤)였다. 1950년 5,300파운드(약 2.4톤)로 소폭 증가한 생산량은 그 후 25년간 약 두 배 증가하며 1만 500파운드(약 4.7톤)가 되었고, 19년 후 1994년에는 16,100파운드(약 7.3톤)까지 늘어났다.[22] 전체적으로 무역 자유화가 확대된 시기였지만, 자본 집약적인 농업을 육성하며 적극적인 보호 정책을 시행하는 국가도 많았다. 가장 극단적인 사례는 서유럽으로, 서유럽 정부들은 하한 가격 통제, 수입 할당제, 관세 등을 적극적으로 활용하여 가격 하락을 막았다. 그런 의미에서 농업은 이 시기 나타난 자유무역의 성장에서 예외적인 분야였다. 이는 선진국들이 타 지역에 휘두르는 영향력을 보여주는 현상이다.[23]

변화의 혜택을 가장 많이 누린 것은 농업에 신기술을 적용할 만한 경제적 여유를 가진 일본과 북대서양권 국가들이었다. 이는 세계 농업 무역에 있어 큰 변화를 가져왔다. 1960년대에 이르자 북대서양권 국가 대부분은 식량 자급을 이루고 치즈, 와인, 육류 등의 특수 식품 수출을 점점 늘렸다. 덴마크는 그동안 아르헨티나가 지켜왔던 유럽 내 최대 육류 공급자 자리를 빼앗았고, 1960년대 이후 미국도 육류 수출을 늘렸다(표 7.18). 미국과 캐나다는 1950년 이후 갑자기 세계시장에 밀을 쏟아내기 시작했다. 반면 아르헨티나와 호주, 남아시아와 동남아시아는 1940년대와 비슷한 수준을 유지했다(표 7.19). 그렇다고 이 국가들의 밀 생산량 자체가 감소한 것은 아니었다. 다만 인도와 버마(현재의 미얀마)의 인구가 폭발적으로 증가하며 내부적인 식량 수요가 증가하여 수출이 줄어든 것이었다. 같은 이유로 인도

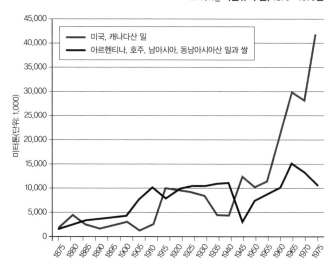

표 7.19_ **곡물류 수출, 1875~1975년**

차이나(베트남)와 태국도 1920년대에 비하여 수출량이 감소했다. 이렇게 농업 부문에서 나타난 다양한 흐름이 합쳐진 결과 세계 곡물 생산은 세계 산업 생산과 유사한 궤적을 그리며 상승했다. 다시 말해, 곡물 생산이 1913년까지 점진적으로 증가하다가 혁명과 전쟁의 시기에 잠시 주춤하고, 1950년 이후에 급격하게 상승하는 모습을 보였다(표 7.20).

거대 가속 시기에 한 가지 특이한 점이 있었다. 인구가 큰 폭으로 증가한 지역과 소득이 큰 폭으로 증가한 지역이 반드시 일치하지는 않았다는 점이다. 1장에서 살펴보았듯이 1950~2000년 사이의 인구 증가는 아시아와 아프리카에서 가장 빠른 속도

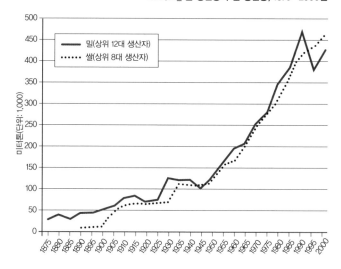

표 7.20_ **밀 생산량과 쌀 생산량, 1875~2000년**

밀(상위 12대 생산자)
쌀(상위 8대 생산자)

미터톤(단위: 1,000)

로 이루어졌다. 남미를 필두로 한 아메리카 대륙이 뒤를 이었고, 유럽의 인구 증가는 1900~1950년에 비하여 둔화되었다.

인구 증가와 소득 증가의 관계는 복잡하다. 우선 인구의 빠른 성장이 부의 성장으로 이어지는 경우가 있다. 이는 노동력의 향상으로 기존에 활용할 수 없었던 자원을 활용하거나 상품과 용역의 수요 증가 혹은 자원의 한계가 혁신을 불러오는 경우다. 기대수명 증가와 건강 상태 개선으로 개인이 평생 동안 사회에 제공할 수 있는 경제적 기여가 증가하고, 인구 증가로 규모의 경제가 실현되는 경우에도 소득 증가가 나타났다. 국가나 산업의 경쟁력이 강한 경우 인구 증가에 따라 생산을 확대하여 부를 증대할 수 있었다.[24) 미국, 아르헨티나, 호주를 비롯한 19세기 정착민 사회가 그 사례다. 그러나 자원, 토지, 혁신에 투자할 수 있는 자본적 여유와 산업 경쟁력이 부족한 경우에는 인구의 빠른 성장이 오히려 소득의 증대를 억눌렀다. 1950년 이후 저개발국에서 태어난 세대가 여기에 속한다. 이 시기에는 세계경제가 전반적으로 성장했지만, 일부 지역에서는 높은 출산율이 경제성장의 성과를 일부, 혹은 전부 상쇄하여 소득 증대는 매우 느리게 일어났다(표 7.21). 한편 이 시기 가장 놀라운 성과를 낸 곳은 남미였다. 남미는 엄청나게 빠른 인구 증가를 경험하면서도 서유럽과 일본에 이어 두 번째로 큰 폭의 소득 증대를 이루었다. 서유럽의 경우를 남미와 비교해보면, 출생률을 낮춰 1인당 소득을 높인 서유럽은 편법을 쓴 것으로 보인다. 그러나 일본의 경우를 보면, 인구 감소가 소득 증가로 이어지는 서유럽식 모델을 성급히 일반화할 수는 없다는 것을 알 수 있다. 일본의 인구는 서유럽보다 두 배 빠르게 증가했지만, 1인당 국민소득 증가는 둔화하기는커녕 서유럽보다 훨씬 빠르게 진행되었다. 또 다른 국가에서는 인구 증가가 경제성장을 방해하는 주요 요소였다. 중국과 인도가 그 극단적인 사례다. 당시 세계 최빈국에 속했던 두 국가의 인구 증가율은 단순히 폭발적인 것을 넘어 핵폭발적이었다(표 7.22).

제2차 세계대전 이후 나타난 세계 인구 변화 패턴은 1800~1950년에 북대서양권에서 주로 나타났던 패턴과 현저히 다른 모습을 보였다. 원인은 몇 가지로 파악할 수 있다. 첫 번째는

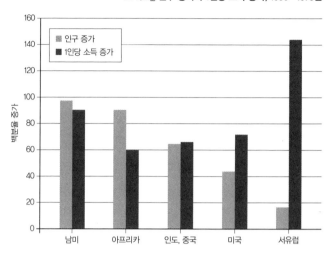

표 7.21_ 인구 증가와 1인당 소득 증가, 1950~1973년

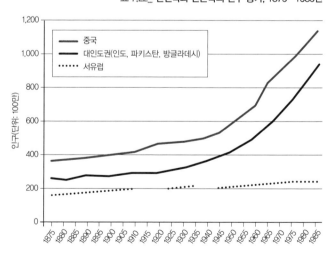

표 7.22_ 선진국과 빈곤국의 인구 증가, 1875~1985년

기술의 발전이었다. 선진국의 출산율은 1950~1960년대 소위 말하는 '베이비붐' 현상으로 잠시 증가했다. 그러나 1960년대 중반부터 출산율이 빠르게 떨어져 유럽에서는 44퍼센트, 일본에서는 그것보다 소폭 감소했다. 한 가지 이유는 기존 피임 기술의 개선과 새로운 피임법의 개발이었다. 1960년대에는 콘돔의 판매량이 급격하게 증가했다. 합성 고무, 살정자제, 윤활제의 품질 개선은 콘돔의 효과를 높였다. 질격막과 자궁 내 장치를 활용한 피임법이 개선되고, 피임 수술 기술도 발전했다. 1960년에 등장한 피임약은 1960년대 말에서 1970년대 초에 서유럽과 일본에서 널리 사용했다. 그러나 피임에 드는 비용은 저렴하지 않았고, 대부분 의사의 진료가 필요했다. 또한 새롭게 등장한 피임법의 정보는 문맹률이 높은 지역에서는 널리 전파되기 어려웠다. 그러다 보니 의료 서비스나 교육 서비스가 빈약한 저개발국가에서는 피임이 선진국만큼 널리 보급될 수 없었다.[25]

탈종교화, 즉 세속화의 정도도 영향을 미쳤다. 서유럽은 1960년대 말~1970년대에 급속한 탈종교화 과정을 거쳤다. 탈종교화는 성 관련 문화의 급속한 자유화를 불러왔고, 그 결과 피임약이나 피임 도구 광고를 금지하던 법이 폐지되었다. 이에 관해서는 프랑스와 아일랜드의 사례를 비교해보면 흥미롭다. 프랑스는 급격한 자유화와 탈종교화를 경험했고, 1980년에 이르러서는 국민의 60퍼센트가 교회에 한 번도 가본 적이 없는 상태가 되었다. 1950~1980년 사이 프랑스의 출산율은 약 3분 1 감소했다. 반면 프랑스와 같은 탈종교화를 경험하지 않은 아일랜드의 경우 1980년의 출산율이 오히려 1950년대보다 조금 높았다. 소득이 높지 않은 국가들은 대부분 프랑스보다 아일랜드와 비슷한 모습을 보였고, 그 결과 이 지역의 출산율은 높은 수준을 유지했다. 물론 이러한 연관 관계를 모든 경우에 적용할 수 있는 것은 아니다. 1980년대 서독의 경우 프랑스인보다 종교적 충성도가 높았지만 출산율은 훨씬 낮았다. 그러나 예외 사례들을 고려하더라도 종교적 충성도와 높은 출산율 사이에는 광범위한 연관 관계가 있는 것으로 보인다.[26]

거대 가속 시기 저개발국의 1인당 소득 증가 저해 원인을 단지 높은 출산율에서만 찾는다면, 이는 지나치게 단순한 분석이다. 물론 이 분석에는 어느 정도 정확한 측면이 있다. 실제로 1인당 국민소득 증가와 출산율 감소가 함께 나타난 지역이 많았고, 같은 지역에서도 출산율이 감소한 시기에 소득이 증가한 경우가 많았다. 그러나 거대 가속 시기 저개발국의 소득 증가를 막았던 요소는 높은 출산율 외에도 다양했다. 우선 아시아와 아프리카 지역 국가들의 경우 직접적인 식민 상태는 벗어났어도 여전히 산업 국가들과 불공정한 경제 관계에 놓여 있었다. 저개발국 자원의 권리는 대부분 외국 기업의 소유였고, 자원 개발에 관한 장기 양허 계약이 체결된 경우도 허다했다. 많은 저개발국이 식민 시대부터 내려온 불공정한 환경에서 경쟁해야 했다. 아프리카의 경우 많은 신생 독립국들이 식민 시대에 도입된 판매 위원회 제도를 세수의 원천으로 유지했다. 이 제도는 낮지만 안정적인 가격으로 수출 작물을 매입하여 농민들의 소득을 일정 수준 보장하기 위해 도입한 것이지만, 재정 부족에 시달리던 많은 국가는 매입 가격을 시장 평균보다 낮게 책정하여 이익을 남겼다.[27)

석유 '파동'으로 알려진 1970~1980년대 유가 급등은 단일 요소로서 제2차 세계대전 이후 '탈식민지화'를 이끈 가장 큰 요인이었다. 이 시기 독립 산유국들은 19세기 말~20세기 초에 형성된 준식민적 경제 관계에서 벗어나고자 정치적·조직적 노력을 기울였다. 1940년대 말~1950년대 사이 신생 독립 산유국들은 세법 개정과 서구 석유 회사들과의 협상을 통하여 석유 판매 수익 배분율을 50대 50으로 조정했다. 이러한 조정이 있기 전까지 현지의 원유 생산 기업이 가져갈 수 있는 이익은 전체의 4분의 1이나 그 이하였다. 심지어 현지 기업이 원유 생산으로 벌어들인 매출이 (예컨대) 미국이 자국의 석유 회사로부터 거둬들이는 세금보다 적을 때도 있었다. 다양한 조정으로 사우디아라비아 정부의 석유 판매 수입은 세 배 증가했고, 베네수엘라의 경우 여섯 배 증가했다. 1970년 초에 접어들며 석유 관련 정세는 새로운 국면을 맞았다. 산유국들이 석유수출국기구 (Organization of Petroleum Exporting Countries, OPEC)라는 경제 협력체를 결성한 것은 1960년이었지만, OPEC은 결성 후 10년 동안 큰 힘을 발휘하지 못했다. 그러나 1970년대 초 석유 소비량이 생산량을 따라잡으면서 OPEC의 단체 행동이 효과를 발휘했다. 미국은 자체적인 석유 자원을 지닌 산유국이었지만,

소비량이 잉여 생산량을 넘어서자 점점 더 많은 석유를 수입했다. 일본은 전체 에너지 소비량 중 5분의 4 이상을 수입산 석유에 의존했다(석유는 당시 일본 총 수입액의 절반을, 석탄과 천연가스는 14퍼센트를 차지했다).[28] 게다가 1970년대 경 OPEC 산유국에는 석유 생산, 정제, 배급에 필요한 지식과 기술을 갖춘 자국의 전문 인력층이 충분히 형성되었다. 산유국들의 석유 국유화가 충분히 실현 가능한 위협이 된 것이다. 1970년대 초 많은 산유국이 그 위협을 지렛대 삼아 석유 회사와 이익 배분을 재협상했다. 실제 국유화를 진행한 국가도 있었다. 알제리는 1971년, 이라크는 1972년, 리비아는 1973년에 국유화를 선언했고, 사우디아라비아는 1974년과 1980년 두 차례에 걸쳐 단계적으로 시행했다. 쿠웨이트와 베네수엘라도 각각 1975년과 1976년 국유화를 진행했다. 산유국들은 석유의 생산과 경우에 따라 판매 권리까지 모두 손에 넣어 유가를 조절할 수 있었다. 1973년만 해도 산유국이 직접 수출하는 석유는 전체의 8퍼센트에 불과했고, 나머지는 다국적 석유 회사를 통하여 수출했다. 직접 수출 비율은 6년 후 42퍼센트까지 증가했다. 1975년 걸프 오일 컴퍼니(Gulf Oil Company) 임원은 이를 두고 "쿠웨이트인들에게 있어서 석유 국유화는 식민지 세력을 타도하는 일이었다"라고 말했다. 1961년 정치적 독립을 이룬 지 14년 만의 일이었다. 그 시점부터 산유국들은 석유를 실질적인 경제, 외교정책의 도구로 활용했다. 그 결과는 세계적인 에너지 가격 폭등과 중동의 1인당 국민소득 증가였다.[29]

산유국 정부가 대형 석유 회사들과 성공적으로 협상할 수 있었던 이유는 다양하다. 우선 당시 석유의 수요와 공급 추세가 생산국에 유리했고, 중동 지역 산유국의 민족주의 세력과 척을 지지 않으려는 미국 정부의 입장이 유리하게 작용했기 때문이다. 산유국 정부의 대표가 대형 석유 회사의 담당자들에 비하여 뛰어난 정보력과 전문성을 가진 것도 중요한 성공 요소로 작용했다. 사우디아라비아에서 1962~1986년에 석유장관을 지낸 아메드 자키 야마니(Ahmed Zaki Yamani)가 그 예다. 야마니의 아버지인 하산(Hassan)은 인도네시아와 말레이시아에서 대 무프티(great mufti, 이슬람 율법 전문가로, 종교법상 가장 높은 직책 중 하나—옮긴이)를 지낸 메카의 이슬람 학자였다. 야마니는 카이로에서 학부를 마치고 뉴욕 대학교와 하버드 대학교에서 법학 학위를 받았다. 야마니는 장관으로서 사우디아라비아의 석유산업을 위하여 상당히 긴 호흡의 정책을 도입했다. 그는 1962년에 추후 사우디 국영 석유 기업이 될 회사의 설립을 지원했다. 1964년에는 그 기업에서 일할 인재를 체계적으로 양성하기 위하여 석유 엔지니어를 위한 대학을 설립했다. 국유화 작업을 완료한 것은 모든 준비가 갖춰진 1980년이었다. 또 다른 예로 OPEC의 지략가 중 한 명이었던 베네수엘라의 후안 파블로 페레스 알폰소(Juan Pablo Perez Alfonzo)를 들 수 있다. 알폰소는 볼티모어의 존스홉킨스 대학교에서 의학을 전공하고, 베네수엘라 중앙대학교에서 법학을 전공했다. 카라카스에서 법학 교수 생활을 하던 그는 베네수엘라 군부 독재 시절 잠시 수감 생활을 한 후 미국과 멕시코로 망명했다. 1958년 다시 고국으로 돌아온 알폰소는 광업 및 탄화수소부 장관으로 재직하며 OPEC 설립에 중요한 역할을 했다. 알폰소는 1960년 카이로에서 열린 중요 회의에 베네수엘라의 석유 관련법과 규정을 아랍어로 번역하여 가져갔다. 석유 회사의 대표들도 전문 교육을 받은 똑똑한 인물들이었으나 알폰소만큼의 경험과 식견을 갖춘 이는 드물었다.[30]

석유 자원의 '탈식민화'는 1970년대에 시작된 국제 경제의 균형 변화를 잘 보여주는 사례다. 1960~1985년까지 진행된 외국 기업 자산의 국유화는 총 575건이었는데, 그중 약 3분의 2가 1970~1976년 사이 6년간 진행되었다. 국유화 대상은 석유, 광산 회사, 은행, 플랜테이션 부지 등 다양했다. 국유화를 통한 자산의 이전은 (미국, 유럽, 일본 등) 기존의 산업·상업 중심지와 '제3세계' 사이의 경제 관계를 재편하려는 노력의 일환이었다. 다자간 무역협정이나 양자 개발 원조 협력을 도모하는 등의 노력도 여기에 포함된다. 결과는 다양하게 나타났고, 국유화가 모든 국가에서 성공적인 경제개발을 가져오지 못했다. 전체 국유화 사례의 43퍼센트를 차지했던 아프리카의 경우 여전히 세계에서 가장 빈곤한 대륙으로 남았지만, 10퍼센트만을 차지했던 아시아에서는 일부 국가가 1960~1970년대에 주목할 만한 성장을 했다(이에 관해서는 다음 장에서 살펴볼 예정이다).[31] 선진국과 개도국의 경제 관계 균형을 찾으려는 노력은 다자적인 차원에서 진행되었다. 큰 효과를 거두지는 못했지만 국제연합은 신국제경제질서(New International Economic Order, 개발도상국의 이익을 중시한 새로운 경제 질서—옮긴이)의 도입을 시도했고, 1975년에는 유럽경제공동체와 아프리카, 카리브, 태평양 지역 46개국이 개도국을 위한 개발 원조, 무역 특혜, 가격 안정 조치가 포함된 로메협약(Lomé Convention)을 체결했다.[32] 아시아 국가에서는 1960~1970년대에 시행한 교육과 전문 지식의 투자가 드디어 효과를 내면서 1970~1980년대에는 혁신의 중심이 기존의 선진국에서 아시아 본토로 옮겨가기 시작했다. 이에 대해서는 8장에서 다시 살펴볼 예정이다.

거대 가속 시기의 저개발국가를 살펴볼 때 내릴 수 있는 결론은 두 가지다. 첫째는 급속한 인구 증가가 저개발국가의 1인당 국민소득 증가 지체를 부분적으로 설명할 수 있지만, 그것을 유일한 이유로 볼 수는 없다는 점이다. 이 국가들에 남은 제국주의의 정치적·조직적 잔재와 20세기 초 세계경제의 치우친 권력 관계가 성장 지체를 불러온 중요한 원인이었다. 둘째는 이러한 잔재가 사라지며 저개발국에도 빠른 경제성장의 가능성이 열렸다는 점이다. 소위 말하는 석유 파동은 그 가능성을 명확히 보여주었다.

높은 출산율을 소득 증가 억제의 주요 원인으로 본다면 문제 해결이 쉬워진다. 단순하게 생각해볼 때, 경제가 빠르게 성장 중인 국가에서 출산율을 낮추면 선진국 수준의 1인당 국민소득 달성이 가능하다는 말이기 때문이다. 예를 들어 1950~1980년 남미의 인구는 두 배 증가했지만 서유럽의 인구는 20퍼센트 증가에 그쳤다. 이는 만약 30년 동안 남미의 인구 증가율이 서유럽과 유사했다면, 남미 국가들은 1인당 국민소득에서도 유럽을 상당 부분 따라잡았을 것이라는 의미다.

그런데 남미의 인구가 서서히 증가했다면 같은 수준의 GDP 성장을 이룰 수 있었을까? 인구와 성장의 관계는 매우 가변적이지만, 1950~1960년대 멕시코의 사례를 살펴보면 아마도 불가능했을 것이라는 결론을 내릴 수밖에 없다. 우선 전체 인구에서 아동의 비율이 낮다는 것은 인구 중 노동을 제공할 수 있는 성인의 비율이 높다는 것을 의미하며, 그러므로 인구 1인당 생산율이 높다는 것을 의미한다(여기에는 육아의 부담에서 벗어난 여성 노동력도 포함된다). 1970년대 초 유럽의 경우 전체 인구에서 성인 노동인구가 차지하는 비율이 43.3퍼센트였다. 그러나 멕시코에서 이 비율은 26.3퍼센트에 불과했다(브라질은 32.2퍼센트, 아르헨티나는 37.3퍼센트였다). 멕시코는 급증하는 인구를 고용하는 데 어려움을 겪고 있었다. 1976년 기준, 멕시코 성인 인구 중 40퍼센트가 실업 혹은 불완전 고용 상태였다.[33] 1950~1973년에는 많은 남미 국가가 노동자 생산성에 있어 견고한 연간 성장을 보였다. 만약 이 시기에 인구 증가를 억제할 수 있었다면 유럽, 미국, 일본과의 1인당 국민소득 격차를 줄일 수 있었을지도 모른다.

이유는 8장에 소개하겠지만, 1973~1998년 사이 유럽의 생산성 향상은 둔화되었다. 그러나 라틴아메리카의 경우 둔화가 아니라 아예 멈추었다. 이 시기 멕시코의 생산성 향상은 0.5퍼센트, 아르헨티나와 브라질의 경우 1퍼센트였다. 양 지역의 1인당 국민소득은 한 세대가 지난 후에 서로 근접할 수 있었다.[34] 그러나 앞서 소개한 산유국들의 변화와 개발도상국의 높은 출산율은 세계가 또다시 거대한 경제 혁명의 직전에 놓여 있다는 것을 알리고 있었다. 1980년의 세계는 1950~1975년에 거대 가속기보다 훨씬 큰 변화를 앞두고 있었다. 북대서양권 국가들과 일본은 성장의 선두주자로서 1850~1975년까지 오랫동안 발전을 이루었다. 1980년에 이르러 세계 대부분의 지역이, 선두주자들이 100여 년에 걸쳐 이룬 성장을 한 세대 안에 실현시킬 가능성을 갖게 되었다. 1950~1960년대의 경제 정책 설계자와 입안자들은 전 지구적인 거대한 경제성장의 시기가 다가오고 있음을 확실히 느꼈고, 그 가능성을 실현시키기 위하여 발빠르게 움직였다. 1950년대 중반 이후 각국은 일종의 전 지구적인 사회 개조 사업에 나섰다. 선진국들은 국가 차원에서 자본과 제도, 전문 지식을 동원하여 국민의 부와 건강, 복지를 최대화하기 위하여 나섰고, 다른 국가들도 그 뒤를 따랐다.

'고도 근대화' 사업이라고도 부를 수 있을 이 움직임은 19세기 중반 이후 개발되어 온 선진국의 발자취를 바탕으로 사회의 부, 건강, 창의성, 안정성, 즉 '근대성'을 달성하는 방법을 도출할 수 있다는 믿음을 바탕으로 진행되었다. 각국은 고도 근대화 사업을 통하여 사회를 개조하고 전 세계를 '근대화'하기 위한 행보에 나섰다.

국가가 인간의 존엄성을 고민하다: 복지국가, 1950~1975년

우리는 노동의 대가가 시장의 법칙이나 힘 있는 자들의 일방적인 결정에 전적으로 맡겨지지 않도록 감시하는 것을 의무로 여긴다. 노동의 대가는 정의와 형평성을 고려하여 결정해야 하고, 노동자는 인간적인 생활을 영유하고 가족 부양의 책임을 수행할 수 있는 수준의 임금을 받아야 한다. … 모든 계급의 국민이 생산성 증대에 참여할 수 있도록 경제적 성장에는 사회적 진보가 수반되어야 한다. 사회적 불평등을 최소화하기 위해서는 모두의 각성과 노력이 필요하다.[35)]

_교황 요한 23세, 1961년

1950~1960년대에는 고도 근대화 사업의 일환으로 교육과 혁신의 집중적인 투자가 전 세계적으로 나타났다. 국민의 교육과 발전을 위한 투자는 북대서양권 국가, 일본, 호주, 뉴질랜드 등 부유한 선진국이 복지국가를 구축하는 과정에서 핵심적인

요소였다. 복지국가의 구축이 모든 국가에서 단일한 방식으로 이루어진 것은 아니다. 입법자나 개혁론자들이 복지국가 건설을 통하여 달성하고자 하는 목표에는 분명 공통점이 존재했지만, 각국이 선택한 정책은 제각각이었다. 어떤 국가는 정책 기획에 집중했지만 어떤 국가는 인프라의 국영화에 집중했다. 대상자의 필요성 심사를 중시한 국가가 있는가 하면, 보편적 급여 제공을 택한 나라도 있었다. 시장 규제에 집중한 나라가 있는가 하면, 시장 경제의 수요와 한계에서 시민들을 '해방시킨' 나라도 있었다. 기업들이 노동자를 위한 복지를 제공하도록 유도한 국가가 있는가 하면, 국가의 직접 개입을 선호한 나라도 있었다. 자유민주주의 성향의 복지국가는 개인이 책임감과 기업가 정신을 발휘할 수 있는 사회적 공간을 키우는 데 초점을 맞췄다. 반면 사회민주주의 성향의 복지국가는 구성원 간의 연대에 기반을 둔 사회를 건설하고자 했다. 대부분의 서유럽 국가에서 복지국가 구축을 주도한 것은 기독교 민주주의자들이었다. 이들은 개인의 책임과 시장의 힘을 믿었지만, 인간의 이기심과 지나친 물질주의가 경제적·사회적 효율을 저해하지 않도록 사회가 보장해야 한다고 주장했다. 기독교 민주주의는 기독교가 추구하는 인간의 근본적인 존엄이 사회생활에서도 폭넓게 실현될 수 있도록 보장하는 것 또한 사회의 의무라고 생각했다.[36] 각국이 추구하는 복지국가의 형태는 다양했지만, 모두 네 가지의 공통적이고 근본적인 목표를 지니고 있었다.

첫 번째 목표는 사회의 안정이었다. 복지국가는 통합과 포용을 촉진하고 사회적 불만을 최소화하여 사회 소요의 가능성을 최대한 제거함으로써 (극좌든 극우든) 기존 체제의 급진적인 대안이 부상하지 못하도록 하는 것을 목표로 했다. 1930~1940년대에 파시즘과 공산주의의 부상으로 인한 참사를 경험한 국가는 이 목표에 집중했다. 두 번째 목표는 자유 시장의 예측 불가능성이 가져오는 사회적·경제적 비효율을 최소화하는 것이었다. 이는 일차적으로는 빈곤으로 인한 사회적·경제적 비용(건강 악화, 무지, 생산성 저하, 비효율적 노동 배분 등)의 감소를 의미했지만, 궁극적으로는 성장과 미래에 생산적 투자를 장려하는 안정적인 경제 환경의 제공을 의미했다. 세 번째 목표는 창의성의 극대화였다. 복지국가는 기술, 사업, 문화, 예술, 사회 조직 등 모든 분야에서 혁신을 장려했다. 혁신을 장려한다는 것은 실패의 위험을 감수하고 새로운 것에 도전할 만한 경제적 보장, 혹은 단순한 보장을 넘어 경제적 풍요를 제공한다는 의미였다. 이는 사회 구성원이 마음 놓고 창의력을 개발할 수 있도록 교육을 통한 지식과 기술을 제공하고, 공공 의료 프로그램을 보장하며, 아동의 건강한 발달에 필요한 영양을 공급하고, 더 나은 주거 환경을 제공하는 것을 의미했다. 복지국가의 네 번째 목표는 모든 인간의 기본적인 존엄성이 그저 원칙으로서가 아니라 인간의 사회적 생활을 이루는 국가, 법원, 지방정부, 공교육, 기업, 가정 등 모든 제도와 절차에 실질적으로 뿌리내리게 하는 것이었다. 미국의 해리 트루먼(Harry Truman) 대통령이 1948년 선거에 사용했던 포스터는 네 번째 목표를 간결하게 보

여준다. 사회보험 확대, 교육 투자 확대, 최저임금 인상, 공공
주택 건설, 국가 의료보험, 소수집단을 위한 민권 입법 등을 공
약으로 내세운 트루먼의 포스터에는 '트루먼과 함께 미국을 인
간답게'라는 슬로건이 쓰여 있었다.[37]

　세 가지 목표의 전제조건이 되는 네 번째 목표는 특히 중요
했다. 많은 이들이 제2차 세계대전 이후 복지국가 건설에 나선
것은 전체주의라는 부정적인 경험 때문이었다. 파시즘과 공산
주의는 인간을 국가에 종속된 도구 혹은 자원으로 보았고, 그
결과 두 사상 모두 대량학살, 기근, 전쟁이라는 재앙을 낳았다.
전체주의 국가들은 혁신 역량도 부족했다. 원자폭탄을 개발한
쪽이 전체주의 국가가 아닌 미국과 영국이었다는 점만 보아도
이를 알 수 있다. 제2차 세계대전 당시 일본과 독일은 그러한
무기를 발명하기 위한 연구체계를 갖추지 못했고, 소련은 미국
과 영국이 실제로 폭탄을 사용한 후에야 그러한 무기 개발이 가
능하다는 것을 깨달았다.

　복지국가를 건설한 이들은 근대 국가가 성공하기 위해서는
인간의 존엄성 존중이라는 원칙 위에 세워져야 한다고 믿었다.
기술적·경제적 혁명과 근대의 사회적 변화가 지닌 잠재력을
모두 실현하기 위해서도, 전체주의가 보여주었던 처참한 실패
를 예방하기 위해서도 인간의 존엄성 존중은 근대 국가의 핵심
기반이어야 했다. 이들은 인간의 존엄성을 사회적으로 존중해
야 국민의 잠재력을 실현하고, 혁신과 안정, 평화와 번영을 이
룰 수 있다고 믿었다. 복지국가 건설자들은 국가의 근본적이고

궁극적인 목표는 모든 인간의 존엄 존중, 인간의 영적·창의적 역량의 집단적 표출로서의 문화와 문명의 고양이라고 생각했다. 미국의 린든 B. 존슨(Lyndon B. Johnson) 대통령은 1964년 5월 22일 '위대한 사회' 연설에서 서유럽에서는 이미 정착되어 가던 일종의 복지국가 정책을 미국에서도 추구하겠다는 의지를 밝혔다. 존슨의 연설은 복지국가의 원칙을 그대로 담고 있다. 존슨은 연설에서 국가 정책은 단순히 부와 권력만이 아닌 '질'과 '문명'에 집중해야 한다며, '양'이나 '상품', '영혼 없는 부', '단순한 신체적 필요나 상업적 수요'가 아닌 '아름다움의 욕구와 공동체의 갈망'이 중심이 되어야 한다고 재차 강조했다. 존슨은 "인생의 의미가 노동의 놀라운 결과와 일치하는 사회"를 만들겠다고 강조했다.[38]

인간의 존엄성이라는 개념의 중심에는 자유의 존중이 있었다. 복지국가 구축자들은 존엄이 인간의 자주성에서 나온다고 생각했다. 그러므로 존엄의 핵심은 인간을 누군가가 조종할 수 있는 대상이 아닌 스스로 판단하고 생각하는, 도덕적 책임감을 지닌 한 개인으로 보는 것이다. 복지국가는 인간은 모두 스스로의 주권을 갖고, 이를 인정하고 존중하는 사회만이 번성할 수 있다는 믿음이 있었다. 그러므로 복지국가의 핵심적인 목표는 법적 권리로서 명시된 추상적인 자유뿐 아니라 실제 생활에서 느끼는 실질적인 자유를 보장하는 것이었다. 존슨 대통령은 이에 관하여 "기회의 문을 여는 것만으로는 부족하다. 모든 국민이 그 문을 통하여 걸어갈 수 있도록 역량을 갖추게 해야 한다"라고 말했다.[39)] 복지국가 구축자들은 실질적인 자유만이 잠재력의 온전한 실현을 불러오고, 잠재력의 실현은 개인뿐 아니라 사회 전체에 이익을 가져온다고 믿었다.

실질적 자유 보장에는 배울 의지를 가진 모든 국민이 교육의 기회를 누릴 수 있도록 모든 단계에서 양질의 공교육을 제공하는 것이 포함되었다. 실질적 자유는 모든 이가 자신의 잠재력을 최대한 펼칠 수 있도록 국민에게 충분한 영양과 보건 서비스를 제공하고, 국민을 산업재해와 환경적 위협에서 보호하는 것을 의미했다. 사회 구성원이 질병과 부상, 혹은 실업으로 인해 사회에 기여할 기회를 잃지 않도록 사회보험을 확대하는 것은 실질적인 자유 보장의 연장이었고, 특정한 집단이 빈곤의 늪에 빠지지 않게 하는 것도 이에 해당했다. 인종적 차별이 심각했던 미국은 인종 간 평등을 달성하는 것이 실질적 자유 보장에 속했다.

1957년 미국 정부는 백인 학교였던 아칸소의 리틀록 고등학교에 최초로 등교하는 흑인 학생들을 보호하기 위하여 연방군 1,000명을 투입했다. 5년 후에는 미시시피 대학교에 최초 등교하는 흑인 학생을 보호하기 위하여 총 1만 6,000명의 병력이 투입되었다. 존슨 대통령은 '위대한 사회' 정책을 추진하며 인종 문제 해결에 나섰다. 1964년에는 민권법, 1965년에는 선거권법, 1968년에는 공정주택거래법이 각각 통과했고, 1965년에는 교육과 고용에서 차별 철폐 조치를 시행했다.

이러한 조치들은 당시 광범위하게 이루어지던 역사적 불평등 해소의 일부였다. 복지국가들은 국민의 사회적 참여를 막아온 각종 차별과 특권을 철폐하기 위하여 다양한 조처를 했다. 유럽의 복지국가들은 인종이나 민족 문제보다는 이탈리아 남부 혹은 잉글랜드 북부같이 낙후된 지역 문제에 더 중점을 두었다. 존슨 대통령은 복지국가 정책에 있어 차별적인 법과 편견의 관습을 타파하는 자유주의적 접근법을 택했다. 이는 미국이 다른 분야의 공공 정책에서도 흔히 택하는 접근법이었다. 미국과는 달리 기획, 지역 투자 장려, 고속도로, 철도, 수력발전소 등 인프라 건설 사업 등을 택한 나라도 있었다. 유럽은 '혼합' 경제, 혹은 일종의 지도된 시장 경제를 만드는 것을 복지국가의 목표로 했다(일본, 캐나다, 미국에도 이러한 정책은 있었지만 유럽만큼 강하지는 않았다). 유럽은 혼합경제 건설을 통하여 기업이 이윤을 추구하면서도 동시에 더 큰 사회적 목적을 함께 추구하게 할 유인을 제공하고자 했다. 미국 또한 이러한 목표를 공유했으나 그 방법은 사적인 소송을 활용할 수 있게 하는 입법, 즉 모든 국민에게 동등한 기회를 추구할 수 있는 법적 도구를 주는 것이었다. 방법은 달랐으나 두 복지국가의 목표는 같았다.[40]

복지국가 설계자들은 실질적 자유 보장이 사회적 안정에 달려 있다는 점을 강조했다. 20세기 전반부 대폭발 시기의 경험은 사회적 불안정, 격변, 혁명, 전쟁, 경제 불황이 사회의 혁신과 번영을 가로막는다는 점을 너무나 분명히 보여주었다. 복지국가는 그러한 혼란을 예방하고자 했다. 많은 국가가 임금 인상이나 작업 환경 개선을 위한 파업, 직장 폐쇄 등 산업 분쟁을 줄이기 위해 노사관계 법률을 개선했다. 노동자와 기업의 갈등은 경제의 전반적인 효율을 떨어뜨린다는 점에서도 문제였지만, 자본과 노동 간의 적대적인 관계로 이어져 노동자 혁명이나 그러한 혁명을 막기 위한 독재의 등장 등 파멸적인 결과를 초래할 수 있다는 점에서 사회적 안정에 유해했다.

복지국가의 또 다른 기본 목표는 사회적 안정과 개인, 특히 아동 발달의 근간이 되는 가정의 안정화였다. 존슨 대통령은 민권을 주제로 한 연설 〈소수자의 권리 실현을 위하여〉에서 이 사안을 직접적으로 언급하고 '사회의 근간이 되는' 가정을 지원하기 위한 공공 정책의 중요성을 강조했다. 서유럽 복지국가에서는 가정의 중요성을 더욱 강조했다. 서유럽 복지국가 건설을 주도한 기독교 민주주의는 가정이 자유 사회의 초석이자 중심이라는 믿음과 국가는 가정을 해치려는 부정적인 영향에서 가정의 사회적·영적 기능을 보호할 의무가 있다는 가톨릭의 가르침에 기반을 둔 사상이었다. 이 원칙은 교황청이 차례로 발표한 회칙 '새로운 사태'(Rerum Novarum, 1891년), '40주년'(Quadragesimo Anno, 1931년), '어머니요 스승'(Mater et Magistra, 1961년)에도 잘 드러나 있다.

회칙의 발표 시기에서 드러나듯, 1945년 이후 본격적으로 등장한 복지국가 개념의 뿌리는 먼 과거로 거슬러 올라간다. 특히 영국과 스칸디나비아를 비롯한 일부 지역에서는 사회민주당이 19세기 후반 이념적 전통에 기반을 둔 복지국가 건설에 큰 역할을 했다. GDP 대비 정부 지출의 확대는 1945년보다 훨씬 앞서 시작된 장기적인 움직임이었다. 서유럽 전반에서는 제1차 세계대전 이전 통상 5~10퍼센트였던 GDP 중 세금 비율이 제1차 세계대전과 제2차 세계대전 사이에 20~25퍼센트로 껑충 뛰었고, 1950~1960년대에 다시 30~40퍼센트로 뛰었다.[41]

그런 면에서 복지국가 개념의 역사적 뿌리 자체는 깊지만, 1945년 이후 반공산권 국가의 다양한 정치 세력 사이에서 복지 국가 건설의 근본적인 목표와 제도에 대한 합의가 형성되었다는 점이 달랐다. 스탈린 공산주의가 사회주의를 변질시키는 모습을 목격한 서유럽 사회민주주의자들은 국유화라는 구상을 버리고 복지국가의 '인도된' 자본주의를 받아들였다. 영국의 사회주의 이론가 C. A. R. 크로슬랜드(C. A. R. Crosland)는 1956년에 "수정 자본주의와 복지국가 구축으로 풍요롭고 관용적인 사회"를 충분히 건설할 수 있다며 "보상, 지위, 특권을 공평하게 분배하여 사회적 불만을 최소화하고, 개인 간 정의를 보장하며, 기회를 동등하게 제공"하려는 사회주의의 목표를 상당 부분 충족하고 있으므로 사회주의자들이 우려하지 않아도 된다고 주장했다.[42] 보수 성향 토리당의 한 국가 그룹(One Nation Group)은 "사회 보장이 사회적 활력을 불러오고 가족에 대한 전념을 가능케 하는 도약대"라는 점과 "사회적 서비스가 개인의 자유 범위를 확대"한다는 점에 동의했다.[43] 양측은 복지 제공 대상을 가리기 위한 자산 조사 필요 여부나 급여 차등화 여부에 대해서는 여전히 의견 차이를 보였고, 복지 예산에 일반 세금을 투입할지 목적 기여금을 투입할지를 두고서 서로 다른 의견을 보였다. 이는 비교적 사소한 기술적 차이였을 뿐, 복지국가 건설이라는 큰 목표에 대해서는 충분한 합의가 있었다.

이 합의가 유지될 수 있었던 것은 복지국가의 의제와 냉전 체제에서의 필요가 맞아떨어졌기 때문이다. 복지국가 개념의 핵심을 이루는 자유라는 이상은 공산주의의 특징인 전체주의와 극명히 대비되었다. 복지국가 지지자들은 크로슬랜드가 말했던 것들, 즉 복지국가 건설로 사회주의의 목표를 이룰 수 있고, 노동자들이 공산 독재에 기댈 필요가 없다는 점을 국민에게 보여 주고자 했다. 각국 정부가 복지국가를 구축하며 추구했던 전략은 냉전 체제에서 서방 진영이 국제적으로 추구했던 경제 전략과 본질적으로 동일했다. 복지국가와 서방 진영의 궁극적인 목표는 개인 혹은 개별 국가에 사회적 안정을 보장하여 자원과 재능의 계발을 장려하고, 그 혜택이 본인뿐 아니라 사회 전체에 돌아가게 하는 것이었다. 그 점에서 서유럽 복지국가의 핵심 설계자가 서유럽 경제통합의 핵심 설계자와 일치했다는 점은 그리 놀라운 일이 아니다. 유럽 통합을 불러온 1957년 로마조약은 서유럽의 경제적 '기적'을 이루는 데 중요한 역할을 했다.

보편적 번영을 꿈꾸다:
퍼져나가는 개발, 1950~1980년

세계 모든 대륙의 수많은 나라에서 수백만의 노동자들이 너무나 낮은 노동의 대가로 인하여 가족과 함께 인간 이하의 생활환경으로 내몰리는 모습을 보며 우리는 통탄을 금할 수 없다. 이는 필시 이러한 국가가 산업화의 초기에 머물러 있거나 아직 산업이 발전되지 못하여 일어나는 일일 것이다. … 일부 국가는 풍부한 자연 자원을 지녔음에도 농법이 낙후해 국민을 충분히 먹일 식량을 생산하지 못하고 있다. 반면 다른 국가에서는 현대적 농법을 활용하며 잉여 농산물을 생산하고 있다. … 인류의 연대 의식과 그리스도교적 형제애는 이러한 불균형이 가능한 한 근절되기를 분명히 요구하고 있다.[44]

_교황 요한 23세, 1961년

1960년대에 이르자 북대서양권 정책 입안자들은 복지국가를 건설하며 국내에서 활용했던 전략을 국제적으로 적용하고자 했다. 고도 근대의 특징이라고도 볼 수 있는 이러한 움직임은 이념에 상관없이 정치 세력 전반에서 공통적으로 나타났다. 교황 요한 23세는 1961년 발표한 가톨릭 회칙 '어머니요 스승'에서 이러한 접근을 강조했다. 영국의 사회주의 이론가 크로슬랜드도 1956년 서유럽은 (인간의 실질적인 필요와 가능성을 억압하는) '일차적 빈곤' 퇴치를 목전에 두고 있다며 "사회주의적 이상을 충족하기 위한 가장 확실한 방법은 영국의 사회구조를 바꾸는 것이 아닌 선진국과 후진국 사이에 존재하는 부와 특권의 균형을 맞추는 것"이라고 주장했다.[45] 서유럽 국가들은 국내에서 고립된 농촌 지역이나 황폐해진 도심 지역 등에 여전히 존재하는 빈곤을 퇴치하려고 노력했다. 1950년대 말~1960년대 초에 복지국가 지지론자들은 정부가 국내에서 이룩한 성취를 세계적으로 전파하기 위하여 힘써야 한다고 주장했다. 선진국 정부가 **인류 전체**의 안전, 실질적 자유, 창의성, 부를 극대화하기 위하여 앞장서야 한다는 주장이었다. 이러한 움직임 속에 '개발'이라는 방안이 부상했다. 전 세계의 국가들을 북대서양권 국가나 일본 같이 개발하자는 것이었다. 선진국들은 저개발국을 자신들과 같은 '인도된' 자유 시장을 갖춘 부유한 산업 자본주의 복지국가로 진화시키는 것을 목표로, 국제 협약과 국제기구를 통한 다양한 '개발 원조' 방안을 내놓았다.

이 개발 원조의 움직임은 냉전과 관계가 있었다. 서방 진영 국가들이 제공하는 개발 원조에는 저개발국가들이 공산주의 진영에 지원을 요청하거나 빈곤을 벗어나기 위한 절박한 수단으로 공산주의 혁명을 택하는 것을 막으려는 의도가 다분히 숨어 있었기 때문이다. 1940년대 말~1950년대 초에 미국이 제공한 개발 원조 프로그램은 마셜플랜이다. 미국은 마셜플랜으로 막대한 무상 원조와 저리의 차관을 제공함으로써 서유럽 국가들의 전후 재건을 도왔다. 이는 공산주의의 확산을 막고 자본주의 진영의 통합을 강화하기 위한 것이었다. 마셜플랜은 경제적으로도 정치적으로도 큰 성공을 거두었다.

그러나 냉전으로 인한 공포와 증오만이 개발 원조의 유일한 동력이었던 것은 아니다. 당시 서방 진영은 개발 원조 등의 노력으로 세계가 곧 보편적 번영을 달성하리라는 희망에 도취해 있었는데, 빈곤국의 공산화를 막고 이들 국가에 자본주의의 영향을 높이는 것 외에도 일부 국가만 잘 사는 세상이 아닌 모든 국가가 정의롭고 풍족한 생활을 영위하는 세상을 만들 기회가 눈앞에 있다고 생각했다.

이러한 기회를 향한 기대는 1950년대 내내 일본과 북대서양권 국가들, 소비에트 진영의 경제가 호황을 누리며 더 커졌다. 1950년대 초부터 다양한 기관들이 개발 프로그램을 운영했으나, 1950년대 말에 들어 더 많은 기관이 설립되고 개발 원조를 위한 기금이 본격적으로 증가했다. 단기적으로 가장 중요한 기관은 국제협력개발기구(Organization for Economic Cooperation and Development, OECD)였다. OECD는 민주주의와 시장 경제를 도모하기 위한 조직으로서 1961년 설립되었다. 회원국 34개국에는 서유럽 대부분 국가와 미국, 일본, 호주, 캐나다가 있었다. OECD는 선진국 간 경제 협력 증진 프로그램 외에도 개발원조위원회(Development Assistance Committee, DAC)를 통한 선진국과 '개발도상'국 간 협력 프로그램을 진행했다.[46] 그 외 당시 설립된 주요 기구로는 세계은행(World Bank)의 국제개발협회(International Development Association, 1960년), 유럽경제공동체의 해외개발원조기구(1957년), 미주개발은행(Inter-American Development Bank, 1959년), 프랑스개발청(French Development Agency, 1961년), 미국국제개발처(United States Agency for International Development, USAID, 1961년), 아시아개발은행(Asian Development Bank, 1965년), 캐나다국제개발단(Canadian International Development Agency, 1968년) 등이 있다. 소련은 1955년부터 이집트의 아스완댐 같은 대형 수력발전소 건설 사업을 지원하는 등 국제 개발 원조에 나섰다. 소련은 개발 원조를 통하여 사회주의 경제의 우월성을 알리고, 자본주의 진영과 경쟁하기 위한 국제적 사회주의 경제를 강화하고자 했다.[47] 다양한 개발 원조 기관을 통하여 점점 더 많은 자금이 저개발국 투자에 투입되었다. 개발 원조 총액은 1970년대 초 1차 석유 파동으로 급감했지만, 1970년대 말 다시 유례없는 속도로 증가했다(표 7.23).

초기의 개발 원조 협력은 도로, 철도, 공장, 광산, 댐, 발전소 등 주요 기반 시설을 건설하는 인프라 건설 사업에 초점을 맞췄다. 원조국들은 현지 생산자의 시장 접근성을 높이고 저렴한 전력과 연료, 더 나은 인프라를 제공함으로써 과거 유럽과 북미

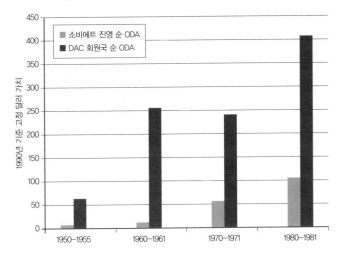

표 7.23_ **소비에트 진영과 OECD DAC의 공적 개발 원조 비교, 1950~1981년**

국가들의 성장을 도왔던 산업 경제 건설의 기반을 마련하고자 했다. 자본주의 진영과 소비에트 진영은 각각 세계를 북대서양권 자본주의 사회 혹은 동유럽권의 공산주의 사회로 재편하려는 계획을 세웠다. 그들은 저개발국들을 '근대화'된 사회, 다시 말해 산업화와 (양 측이 각자 주장하는) 민주화를 달성한 사회, 안정과 교육, 풍요를 누리는 사회로 만들고자 했다.

1950년대 중반부터 1970년대에 이르는 약 20년 동안 이러한 기대는 부분적으로만 실현되었다. 우선 지적 재산권과 사회적 평등, 정부의 투명성, 사회 자본과 경제적 인프라(노동조합, 상공회의소, 금융기관, 고등교육기관 등)가 어느 정도 갖춰진 국가는 이 방식으로 빠른 경제성장을 이루었다. 또한 냉전 체제에서 전

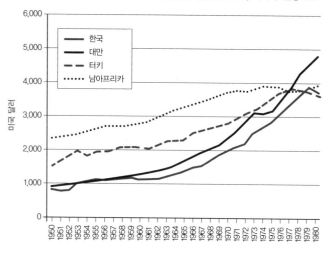

표 7.24_ 네 건의 개발 성공 사례, 1950~1980년:
대만, 한국, 남아프리카, 터키의 1인당 GDP

략적 가치가 높았던 국가들은 개발 원조나 무역 특혜 등의 지원을 더 많이 받았기 때문에 성장에 더 많이 투자할 수 있었다. 초기에는 한국, 터키, 남아프리카 등이 여기에 해당했으며, 후에는 일본도 포함되었다(표 7.24). 소비에트 진영의 국제적인 존재감은 상대적으로 약했으나 동유럽의 소비에트 측 국가들 또한 1950~1960년대 사이 급속한 성장을 경험했다.

그러나 성장을 이루지 못한 국가도 있었다. 위에서 언급한 사례를 제외한 많은 빈곤국이 심각한 사회 계층화, 특혜를 사수하려는 소수 엘리트 계층의 방해, 가격 변동이 심한 상품에 집중된 수출, 지나친 수출 의존으로 인한 효율적인 재정 계획 불가, 정부를 감시할 수 있는 시민사회의 부재, 그로 인한 부패의 만연, 냉전 중인 초강대국의 각종 책략 등에 시달렸다. 이들 국가는 대부분 개발 원조를 활용한 경제발전과 번영에 실패했다. 이들 국가에 제공된 개발 원조는 식민지 시대와 마찬가지로 주로 외국 대기업의 자원 추출 사업을 발전시키는 역할만 했다. 대형 인프라 건설 사업의 경우 외국 기업의 투자를 유치했지만 대부분의 기업은 현지에서 인력을 찾기보다는 자사의 숙련된 기술자와 관리자를 데리고 들어왔다. 그들이 현지에서 고용하는 사람은 저임금의 단순 노동자뿐이었다. 저개발국에서 추출한 저렴한 원자재는 다른 산업국가에 공급되었고, 결국 이 사업으로 인한 수익은 대개 외국 기업으로 돌아갔다. 개발 원조로 지원된 금액의 상당량이 독재자나 측근의 주머니에 들어가는 경우도 많았다. 외국 기업들은 자신들에게 유리한 조건의 양허와 계약을 따려고 막대한 양의 뇌물을 여기저기 뿌렸다.[48]

이 시기 원조의 또 다른 문제는 대부분이 '구속성' 원조였다는 것이다. 원조를 제공하는 공여국들은 대외 원조 대상국에 자국의 제품이나 용역을 구매해야 한다는 조건을 붙였다. 1981년에도 전체 원조의 44퍼센트만이 비구속성 원조였다.[49] 구속성 원조는 공여국들이 자국 내에서 대외 원조를 정당화하는 방법이었지만, 원조를 받는 국가들은 조건의 구속 때문에 자유 시장에 있는 가장 합리적인 상품이 아닌 공여국의 상품을 선택해야 했다.

앞서 언급한 여러 이유가 겹쳐 개발 원조가 성공을 거두지 못한 경우도 있었다. 나이지리아는 1959년에서 1980년대 말 사

표 7.25_ 나이지리아의 개발 실패, 1950~1980년

이에 세계 9위의 석유 생산국으로 올라섰음에도 1959~1980년까지 1인당 국민소득은 34퍼센트 증가하는 데 그쳤다. 그 후 1973~1982년 사이 최고가를 기록했던 유가가 하락하자 나이지리아 국민소득은 1965년의 소득을 조금 웃도는 선에서 정체했다(표 7.25). 50년이 안 되는 기간에 세 배 증가한 나이지리아의 인구 또한 1인당 인구 소득 증가의 발목을 잡았다. 나이지리아 투자의 절반 이상이 해외 민간 자본이었고, 그중 대부분이 석유산업에 투자했다는 점도 소득 증가가 크지 않았던 이유다. 막대한 양의 석유 수익은 부패와 인플레이션을 낳았다. 세수의 5분의 4를 석유산업에서 거둬들이고, 20만 명 규모의 거대한 상비군을 유지하느라 막대한 재정을 지출한 군부 정권으로서는

상황을 바로잡을 여력이 없었다. 설상가상으로 농업이 쇠퇴하며 나이지리아의 식량 수입은 점점 증가했다. 결론적으로 단순히 자원 추출 인프라를 건설하고 이를 세계시장에 연결하는 것은 장기적인 생활 수준 향상을 불러오지 못했다. 그나마 1960년대 초부터 1980년대 초까지는 1인당 GDP가 석유 생산과 비례하여 증가하거나 감소했지만, 이후 석유와 GDP의 관계가 느슨해지면서 석유 생산량이 늘어도 1인당 GDP는 그만큼 증가하지 않았다.[50]

1950년대 후반부터 개발 원조 비판세력은 이러한 '실패'는 실제 실패라기보다 의도된 결과라고 주장했다. 애초에 개발 원조의 궁극적인 목적이 저개발국가의 실질적인 개발이 아니라 구제국주의 세력에게 값싼 노동력과 원자재를 제공하는 것이었다는 주장이다. 비판론자들은 개발 원조가 '신제국주의', '저개발의 개발', '의존성 개발'이라고 비난하며, 이것이 부유한 선진 산업국이 빈곤한 비산업국가들의 자원과 이윤을 효과적으로 수탈하기 위하여 개발한 새로운 장치라고 주장했다.[51] 이것이 바로 1957년 사회주의 국가들이 개발 개념의 대안을 논의하기 위하여 설립한 아시아·아프리카·남미 민중 연대기구(Organization for Solidarity with the Peoples of Asia, Africa, and Latin America), 줄여서 삼대륙회의(Tri-Continental)가 내놓은 해석이었다. 삼대륙회의는 빈곤국에 필요한 것은 개발이 아닌 혁명이라며, 개발을 통하여 자본주의 진영으로의 편입되려 할 것이 아니라 그로부터 탈출하여 사회주의 세계경제로 편입되어야 한다고 주장했다. 삼대륙회의는 자본주의가 만들어놓은 착취적인 경제 관계를 타파해야만 비로소 진정한 개발을 시작할 수 있다고 보았다. 자본주의의 영향력은 전 지구적으로 뻗쳐 있으므로 자본주의를 파괴하려는 운동 또한 국제적으로 진행해야 했다.

실제로 1960년대 후반에 이르러 삼대륙회의가 제기한 개발 비판 외에도 기술혁신, 물질적 풍요, 전문 지식, 조직 역량의 확장과 가속화, 나아가 보편화할 수 있다고 믿는 고도 근대화 전반에 다양한 비판이 제기되었다. 1960년대가 끝나갈 무렵, 많은 이들은 1960년대 초에 도입한 개발 전략이 실패(혹은 착취와 억압에만 성공)했을 뿐 아니라 개발 성공이라는 것이 반드시 긍정적이지 않다는 결론에 봉착했다. 이는 '고도 근대화'라는 문화의 종언을 의미했다. 이제 고도 근대화라는 문화에 대항하는 '저항문화'를 찾을 시간이 온 것이다.

8장에서는 그 저항문화에 대하여 살펴보려 한다.

정말 모든 게 나아지고 있을까? : 저항과 거부

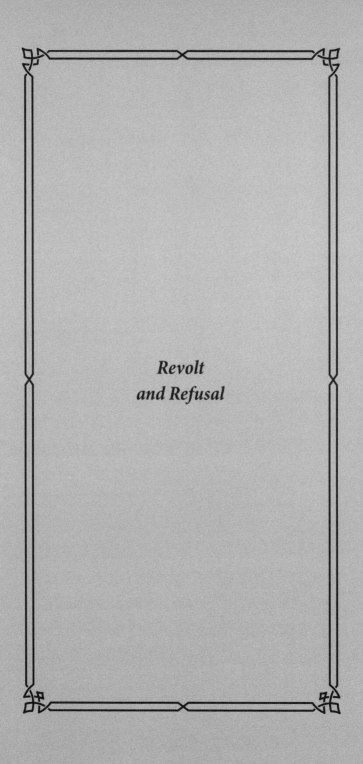

*Revolt
and Refusal*

개발 원조를 했는데 체 게바라가 떴다:
역세계화, 1960~1980년

우리의 적은 서구의 백인 제국주의 사회입니다. … 우리의 운명은 서로 얽혀 있습니다. … 우리는 아프리카계 미국인 공동체의 권력을 찾기 위하여 투쟁하고, 여러분은 제국주의 외세의 손에서 남미 대륙을 되찾기 위하여 투쟁하고 있습니다. … 우리는 베트남에서 일어나고 있는 일들이 우리에게 영향을 준다는 것과 우리가 하는 일들이 베트남에 영향을 준다는 것을 잘 알고 있습니다. … 아프리카계 미국인 공동체는 미국 내의 식민지고, 여러분의 공동체는 미국 밖의 식민지입니다.[1]

_스토클리 카마이클(Stokely Carmichael), 1967년

개발 비판론자들은 국제 개발 원조를 제공하는 국가들이 말하는 원조의 목적이 거짓이라며 그 증거로 한 가지 사실을 지적했다. 공여국 상당수가 한때 제국주의 국가였다는 사실이었다. 개발 원조에 적극적인 국가 중에는 세계 자본주의 경제의 지배

적인 조직 세력인 미국과 한때 가장 거대한 제국주의 국가에 속했던 영국과 프랑스가 있었다. 1950년대 기준, 이들 세 국가의 원조를 합한 금액은 소련을 제외한 개발 원조 총액 중 90퍼센트를 차지했고, 1970년대 초에도 그 비율은 62퍼센트에 달했다. 1970년대 들어서는 제2차 세계대전을 전후로 제국주의 국가를 건설했던 일본도 개발 원조에서 중요한 역할을 했다. 1970년대 초, 네 국가의 개발 원조 총액은 자본주의 진영 원조 금액 중 4분의 3을 차지했다.[2] 또 다른 주요 원조국은 러시아 제국의 전통과 야망을 일정 부분 상속했다고도 볼 수 있는 소련 이었다. 비판론자들은 개발 원조가 기존의 제국주의 열강이 활용하는 새로운 형태의 제국주의적 착취 도구일 뿐이라고 주장했다.

개발 비판론자들은 이러한 열강들이 냉전의 장막 뒤에서 세계 곳곳의 독재자들을 지원하고 있다는 점도 지적했다. 과거 식민 제도하에서는 제국주의 열강들이 빈곤국의 주요 자원을 추출하기 위하여 현지의 독재 세력과 결탁했다. 이들의 결탁은 빈곤국이 빈곤을 벗어날 수 없게 하는 원인이었다. 개발 비판론자들은 열강들이 신식민주의 제도하에서 뇌물, 용병, 첩보 활동, 군의 비호, '안보' 기관, 경제적 협박 등의 수단을 동원하여 독재자를 권좌에 앉히고 과거와 똑같이 자원을 수탈한다고 주장했다. 특정한 자원을 추출하기 위하여 상대적으로 민주적인 정권을 전복시키고 독재 정권을 지지한 직접적인 정황을 포착한 사례도 여럿 있었다. 1953년 이란과 1965년 인도네시아에서 그 특정 자원은 석유였고, 1960년 자이르(현재의 콩고)와 1973년 칠레에서는 구리를 비롯한 광물자원이었다.

이 주장에는 타당한 부분이 있다. 미국 국무부는 실제로 1959년 작성한 한 보고서에서 '후진국'에서 안정, 서구와의 정치적 협력, 경제성장을 위한 질서정연한 환경을 조성하고 이들을 개발로 이끌기 위해서는 "권위주의 정권이 필요하다"라고 말했다. 국무부가 말하는 경제성장을 위한 환경에는 물론 서구에서 투입한 자본의 보호가 포함되어 있었다. 개발 이론학자나 지지론자들은 근본적으로 엘리트주의를 지향하는 전문가들이었다. 이들은 포퓰리즘, 즉 '대중주의'가 교육 수준이 높고 부유한 국가에서 나타나더라도 부정적인 반응을 보였다.[3] 개발의 비판이 실제로 타당했는지 일단 논외로 하더라도, 개발을 비판하는 목소리는 1960년대 말로 접어들며 많은 이들에게 설득력을 발휘했다.

1970년대 후반에 드러난 개발 원조의 또 다른 사실은 비판론자들의 주장에 다시 한번 힘을 실었다. 그 사실은 냉전 동안 이루어진 개발 프로그램의 결과로 수혜국들의 부채가 눈덩이처럼 불어났다는 것이다. 1960년대 개발 원조 중 무상 원조의 형태로 제공된 것은 60퍼센트 미만이었고, 40퍼센트 이상은 차관 형태였다.[4] 더불어 많은 저개발국가가 개발 원조 외에 북미나 서유럽의 정부 혹은 민간 은행에서 대규모의 대출을 받았다. 독재 정권들은 이렇게 마련한 돈을 정치적 탄압과 경제적 족벌주의에 불만을 가진 국민을 진정시키기 위한 서비스 제공에 사용했다. 일례로 부족한 정당성을 메우기 위하여 국민의 환심을 '사고자' 했던 아르헨티나 정부의 부채는 1978~1983년 사이 세 배 증가했다. 폴란드는 아르헨티나와 같은 이유로 많은 부채를 사용했다.[5] 그러나 남미 국가 중에는 실제 경제발전 전략의 일부로 채무를 끌어온 국가도 있었다. 채권국이나 은행들도 거액의 대출금을 흔쾌히 빌려주었다. 1970년대 중반경에는 석유 생산으로 쌓아둔 '오일 달러'가 흘러넘쳤고, 보수적인 위험 평가에 매달리기보다는 미래를 위해 시장 지분을 확보하는 것이 중요하다고 생각했다. 한 역사학자의 말처럼 당시 대출을 해주는 국가들은 상대국의 '신용도와는 상관없이' 일단 미래 지분 확보에만 집중했다.[6] 그 결과 1970~1983년 사이 남미, 아프리카, 동유럽 국가들의 부채는 무려 열두 배가량 증가했다.[7]

채무국들은 어째서 그렇게 많은 돈을 빌렸을까? 이론적으로는 끌어온 돈으로 경제성장을 이룬 후 그 돈으로 부채를 갚겠다는 계산이었다. 그러나 1970년대 후반 점점 더 많은 빈곤국이 경제성장의 징후 없이 부채만 늘어나는 상황에 직면했다. 게다가 세계 개발은 개도국들의 주요 수출 품목인 원자재의 가격을 떨어뜨리고 있었다. 너무 많은 생산자가 시장에 진입했기 때문이다. 공급의 증가로 가격 하락은 이어졌지만, 일부 개도국 정부는 (보조금이나 세금 정책 등을 통하여) 수출을 계속 확대했다. 이들이 형편없는 가격에도 수출을 계속할 수밖에 없었던 것은 대출 상환을 위한 경화(硬貨, 달러 등 가치가 안정적이고 국제적으로 통용되는 통화─옮긴이)를 벌어야 했기 때문이다. 이 상황에서 개발은 생산의 확대를 불러올 수 있지만 소득 증대를 가져오지 않았다. 한편 1970년대 미국과 서유럽은 (에너지 가격 상승 등으로 인한) 인플레이션을 잡기 위하여 금리를 인상했다. 1980년대 초까지 이루어진 개도국 대상 대출 중 약 3분의 2는 변동 금리를 적용하는 대출이었고, 미국과 서유럽의 금리 인상은 개도국들에 갑작스러운 이자 부담의 증가를 의미했다. 남미가 외채 이자로 지급한 비용은 1979~1982년까지 단 몇 년 사이에 2.5배 증가했다. 멕시코의 경우 세 배였다.[8] 설상가상으로 선진국의 금리가 올라가면서 (채권 등) 선진국 투자가 개도국 투자의 매력적인 대안으로 떠올랐고, 그 결과 개도국에서는 대대적인 자본 이탈 현상이 나타났다. 1979~1983년까지 세계 최대 부채 국가 15개국이 대출받은 금액은 총 1,150억 달러였다. 같은 기간, 투자자들은 선진국의 자본 시장에 937억 달러를 투자했다.[9] 선진국에서 나타난 몇 가지 변화는 상황을 더 악화시켰다. 우선 석유 파동이 경기 침체를 불러오며 수요가 감소했다. 그동안 개도국에서 수입하던 원자재가 플라스틱 등 합성 물질로 대체되었고, 농업 생산성이 급격히 상승하면서 식량 수입이 감소했다.[10]

1970년부터 새로운 형태의 원조가 등장했다. 그동안 진행된 원조의 이자 상환을 돕기 위한 원조, 즉 대출 이자 상환을 돕는 또 다른 대출이었다. 1973년에는 전체 개발 원조의 4퍼센트를 차지했던 대출은 2005년에 25퍼센트로 늘어났다.[11] 추가적인 대출을 받았음에도 1980년대 초 많은 채무국이 금융 위기와 경제 위기로 휘청거렸다. 폴란드는 1981년 이자 상환을 유예했고, 멕시코와 아르헨티나도 1982년 유예를 신청했다. 결국 긴급 구제에 나선 미국 정부와 IMF, 세계은행 등의 국제기구는 주요 채무국들을 도와 금융 붕괴를 막는 대가로 '구조 조정' 프로그램과 긴축 정책을 도입했다. 아프리카 국가들의 상황은 특히 심각했다. 나이지리아는 1986년 IMF의 구조 조정을 받아들였지만, 그 후 8년 동안 대외 채무가 두 배 이상 증가했다. 해외 채권국에서 빌린 아프리카 채무국의 채무 총액은 1984년 817억 달러에서 1989년 2,569억 달러로 치솟았다. 당시 아프리카 대륙 전체의 GDP 총액과 거의 맞먹는 금액이었다.[12]

산더미 같은 채무 부담은 투자 자본의 씨를 말렸고, 빈곤국들의 생산성은 최소 10년이 넘게 정체되었다. 1950~1973년까지는 연간 평균 3.3퍼센트의 성장을 보였던 남미의 시간당 생산성은 1973~1992년에는 0.3퍼센트씩 성장하는 데 그쳤다. 국가 채무액이 가장 큰 15개국의 1인당 GDP는 1982~1993년 사이 단 4년만 성장을 보이고 나머지 8년은 감소했다. GDP의 누적 손실이 너무 막대하여 남미를 비롯한 많은 저개발 지역의 국가들은 1990년대 말에 다시 1980년대 초 수준의 1인당 GDP를 회복할 수 있었다(표 8.1). 한 역사학자의 말과 같이 "국제 금융 시스템을 지탱하는 비용은 막대했고, 그 부담은 채무국의 몫이었다".[13]

개발 비판론자의 눈에 이 모든 동향은 수상하기 그지없었다. 저개발국을 위한다는 개발 사업이 결국은 빈곤 국가를 부유한 산업국가 은행들의 채무 노동자로 만들어버린 것으로 보였기

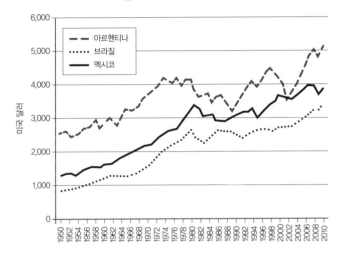

표 8.1_ 채무 위기: 남미 3개국의 1인당 GDP, 1950~2010년

때문이다. 비판론자들이 생각하기에 이는 북미와 서유럽의 금융업자들에게 너무나 유리한 결과였다.

개발 원조가 불러온 결과에 비판이 일자, 1980년대에는 개발 원조 시스템의 근본적인 개편이 이루어졌다. 우선 대형 인프라 건설에 집중된 원조가 교육, 보건, 출산율 조절 등 인적 개발 프로그램으로 방향을 틀었고, 투자의 대상은 대기업 위주에서 벗어나 소규모 생산자를 포함했다. 목표는 수혜국 현지의 주민이 시장과 인프라에 접근하는 혜택을 누리게 하는 것이었다. 1970년대에는 원조의 3분의 1이 경제 인프라와 산업 프로젝트에, 4분의 1이 사회 서비스 확충에 투자되었지만, 2000년대에 이르러 이 비율은 역전되었다. 또한 대출이 아닌 무상 원조 형태의 개발 원조가 증가하여 1996년에는 80퍼센트 이상을 차지했다. 1981년까지도 원조의 56퍼센트가 (공여국의 상품과 용역을 구매하는 데 사용해야 한다는 조건이 붙은) '구속성' 원조였으나 1997년에는 그 비율이 12.4퍼센트로 떨어졌다. 구제국주의 세력이 아닌 국가들이 개발 원조에 참여하기 시작했고, 1980년대에 이르러서는 이들 국가가 차지하는 비율이 거의 절반으로 증가했다.[14] 놀라운 것은 바로 그 시점부터 개발 원조가 더욱 효과적으로 작동하기 시작한 것으로 보인다는 점이다. 이 내용은 9장에서 살펴볼 예정이다.

요지는 1970년대 말~1980년대 초 즈음 많은 이들이 개발 사업을 신뢰하지 않았다는 점이다. 이러한 경향은 많은 원조를 받은 국가에서 더 두드러지게 나타났다. 개발 원조의 신뢰 저하는 중요한 파장을 낳았다.

그 파장 중 하나는 저개발국가에서 나타난 소련의 역할과 영향력 확대였다. 1970년대 초 서방 진영의 개발 원조는 소폭 감소했지만 소련의 개발 원조는 증가했다(표 7.23 참조). 여기에는 여러 원인이 있었지만 주요 석유 수출국이었던 소련이 1973년 이후 유가 급등으로 큰 이익을 거뒀던 것도 한몫했다. 대규모 산업과 인프라 프로젝트에 집중했다는 점에서는 소련의 개발 원조도 서방의 원조와 유사했지만, 현물 상환을 허용했다는 점에서 그 상환 조건은 서방과 달랐다. 개발 원조를 받은 국가들은 소련이 필요로 하는 물건을 공급하거나 산업 프로젝트로 생산한 제품을 원래보다 저렴한 가격으로 제공하는 방식으로 차관을 상환했다. 경우에 따라서는 노동 용역으로 저렴한 노동력을 제공하기도 했다. 이러한 상환 방식의 장점은 직접적인 채무가 쌓이는 것을 막아준다는 것이었다.[15]

소련은 부분적으로는 1970년대의 이 '원조 공세' 덕에 미국과의 은밀한, 혹은 간접적인 대결에서 일정 부분 승리를 거둘 수 있었다. 1975년, 소련의 종속국이었던 북베트남은 남베트남과의 경쟁에서 승리하여 통일에 성공했다. 통일에 성공한 베트남 정권은 캄보디아를 점령하고 북부에서 침략해오던 중국을 격파했다. 아프리카 남부에서는 소비에트의 지원을 받는 마르크스주의 정권이 1975년 앙골라와 모잠비크에 들어섰다. 이 정권은 서방의 지원을 받는 저항세력과 무려 27년 동안 내전을 치러야 했다. 1980년 로디지아에서 열린 첫 민주 선거에서는 마르크스주의 정권이 승리를 거두었다. 소련의 영향력은 아프리카 북동부에서도 확대되었다. 1969~1977년 소말리아의 마르크스주의 정권은 소련과 긴밀한 협력 관계를 유지했고, 에티오피아에서도 1974년 군사 쿠데타로 마르크스주의 세력이 정권을 잡았다.[16] 소련은 홍해 건너 남예멘과도 동맹 관계를 구축했다. 동맹 성공의 결과로 소련은 처음으로 전략적 군사 거점을 전 지구적으로 확장할 수 있었다. 사실 소련의 군사적 존재감은 동유럽과 중앙아시아에서는 강력했지만, 이전까지는 미국만큼 전 세계적인 네트워크를 구축하지 못했다. 그러나 1970년대 후반 무렵 예멘과 앙골라, 모잠비크, 베트남에 해군 기지와 공군 기지를 소유하면서 거점을 확장할 수 있었다. 소련은 1976년 중요한 동맹인 이집트를 잃었지만, 지중해 해군 작전의 중심을 시리아로 옮기고 함대를 구축하여 자신의 세력을 지중해뿐 아니라 태평양과 인도양까지 확장하는 한편, 유럽 내 재래식 군사력도 확대했다. 1979년에는 소련의 아프가니스탄 침공이 발생했다. 이는 통탄할만한 전략적 실수로 판명되었으나 당시에는 소비에트 세력의 확장이자 연장으로 보였다.

두 번째 중요한 파장은 전 지구적인 개발 사업을 비판하는 사상, 인물, 조직이 결합하여 형성된 반세계화 운동의 등장이었다. 반세계화 운동은 개발의 대안으로 자본주의에 맞서는 국제적인 혁명을 제안했다. 이 운동의 상징적인 인물로는 에르네스토 체 게바라(Ernesto "Che" Guevara)를 꼽을 수 있다. 체 게바라는 쿠바 혁명과 삼대륙회의 형성에 있어 핵심적인 역할을 했다. 그는 '제3세계' 저항군들이 승리하기 위해서는 자본주의의 심장인 북대서양권에서 혁명을 일으킬 것이 아니라 자본주의의 가장자리에서 싸워 들어가야 한다고 주장했다. 체 게바라는 세계 곳곳에서 끊임없는 저항을 일으켜 자본주의 세력을 갈등으로 밀어 넣는 동시에 값싼 시장과 전략적 자원의 접근을 차단해야 한다고 말했다.[17] 이 전략은 제3세계의 전 지구적 혁명 전략이라고 회자되었다. 전략의 지지자들은 자본주의가 개발 사업을 통하여 전 세계로 지배력 확장하고 있다며, 그에 대항할 전 지구적인 혁명의 필요성을 역설했다. 이 '제3세계주의적' 전략은 호찌민의 사상과 행동에서 영감을 얻은 것이었다. 프랑스 군과의 전쟁에서, 그 후 이어진 미군과의 전쟁에서 북베트남을 이끈 호찌민은 1920년대 중반 "오늘날 자본주의라는 뱀의 독과 생명력은 본국이 아닌 식민지에 집중되어 있다"라며 "세계 프롤레타리아의 운명, 특히 침공으로 식민지를 건설한 공격적인 국가에 거주하는 프롤레타리아 계급의 운명은 식민지의 억압받는 민중의 운명과 긴밀히 연결되어 있다"라고 주장한 바 있다.[18]

가장자리로부터의 혁명이라는 개념은 선진국의 소위 '신좌파'들에게 큰 영향력을 발휘했다. 신좌파는 복지국가도 전 지구적인 관점에서 보면 사실 빈곤국의 자원과 값싼 노동력 위에 세워진 것이라고 주장했다. 이들은 자국 내에서의 혁명을 일으키기보다는 제3세계의 혁명을 지원하여 자본주의를 전복하려 했다. 자본주의가 거둔 막대한 경제적·사회적 성공을 생각할 때, 그 중심지에서의 혁명은 불가능했기 때문이다. 1960년대 말에는 미국 사회의 구조적 불평등에 저항하는 시위가 연이어 일어났다('위대한 사회' 정책이 불평등을 어느 정도 완화했지만 완전히 불식시키지 못했다). 로스앤젤레스, 디트로이트, 워싱턴, 신시내티를 비롯한 주요 도시에서 인종 폭동이 발생했고, 시위 참가자들은 이를 인종차별과 계급 차별에 저항하는 전 지구적 투쟁의 일부로 인식했다. 1960~1970년대에는 이러한 인식을 공유하는 사람들이 점차 국제적 네트워크를 형성하며 의견을 교환하고 정신적·경제적 지원을 제공하며 개인 혹은 조직 차원의 관계를 쌓아나갔다.

체 게바라는 그중에서도 흥미로운 사례였다.[19] 아르헨티나의 부유한 가정에서 태어난 체 게바라는 학창 시절의 경험과 남미

그림 8.1_ 미 국방성
앞에서 벌어진 반전 시위,
1967년

방랑 여행 경험을 계기로 급진화되었다. 그는 1953년 좌파 정
권이 급진적 토지개혁을 추진 중이던 과테말라로 이주했다. 그
러나 과테말라의 좌파 정권은 CIA의 지원을 받은 쿠데타 세력
에 의하여 전복되었고, 체 게바라는 다시 멕시코로 이주했다.
과테말라 시절 피델 카스트로를 만난 체 게바라는 1956년 카스
트로를 도와 당시 미국의 지원을 받고 있던 쿠바 정부를 대상으
로 게릴라전을 전개했다. 그는 혁명 과정에서 카스트로가 지휘
하는 반군의 이인자가 되었으나, 1965년 비밀리에 자이르(현재

의 콩고)로 건너가 1960년 파트리스 루뭄바를 끌어내리고 탄생한 정권을 대상으로 다시 게릴라전을 벌였다. 자이르에서의 혁명이 실패로 돌아가고, 체 게바라는 볼리비아로 건너가 쿠바에서 전개한 것과 유사한 혁명을 시도했으나 볼리비아 정부군에 잡혀 처형당했다. 체 게바라는 전 세계 신좌파들의 마음속에 영원한 순교자로 자리 잡았다.

체 게바라는 혁명가로서 자신의 무대를 세계로 보았다. 자본주의의 결속이 세계적으로 뻗어 있는 만큼 투쟁의 무대가 어디인지는 크게 상관없었다. 1965년 체 게바라가 쿠바를 떠난 이유 중 하나는 카스트로가 소련과 군사적·경제적 동맹을 맺었기 때문으로 보인다. 체 게바라의 눈에는 소련도 너무나 관료주의적이었고, 자본주의와 기꺼이 공존하려는 모습이었기 때문이다. 그는 전 지구적인 혁명 운동은 어떤 대가를 치르더라도 자본주의와 끊임없이 대치해야 한다고 생각했다. 그런 의미에서 소련의 조심스러운 전략은 체 게바라에게는 타협으로 보였다.

신좌파에 매료된 많은 이들은 소련에 회의를 품었다. 또 다른 대표적인 인물은 동독을 떠나 서독에서 급진 학생 운동 지도자가 된 루디 두치케(Rudi Dutschke)였다. 두치케는 자신들의 저항과 '제3세계'의 혁명을 동일 선상에 놓았던 미국의 블랙파워(Black Power)나 치카노(Chicano) 운동과 여러 면에서 유사했다. 활동가들의 눈에는 소련도 서방 세력도 어차피 부유한 백인이 빈곤한 비백인을 착취하는 구조라는 점에서 크게 다를 바 없는 존재였다. 그럼 이제 세 가지 사례를 통하여 1960년대에 전개된 반세계화 운동의 국제적이고 세계주의적인 특성을 살펴보자.

첫 번째 사례는 스토클리 카마이클의 사례다.[20] 카마이클은 1941년 카리브해 트리니다드 토바고에서 태어나 1952년 부모님과 함께 뉴욕으로 이주했다. 학창시절에는 말썽을 꽤 피웠으나 명석했던 그는 1960년 하워드 대학교에 입학했다. 대학 시절에는 학생 비폭력 조정위원회(Student Nonviolent Coordinating Committee, SNCC)와 인종평등회의(Congress of Racial Equality, CORE) 활동에 참여했다. 미국 남부의 차별적인 흑백 분리정책인 '짐 크로우'(Jim Crow) 제도 철폐를 이끈 자유승차 운동(Freedom Ride)에도 참여하고 몇 차례 구속된 카마이클은 1966년 학생 비폭력 조정위원회의 의장으로 선출되었다. 이 시기 카마이클과 동료들은 간디식 비폭력 저항 행동에서 점점 멀어지며 프란츠 파농(Frantz Fanon)의 저서에 감화되고 있었다. 카마이클과 마찬가지로 카리브해 지역 출신인 파농은 제2차 세계대전 당시 자유프랑스(제2차 세계대전 당시 프랑스 본국에 나치 독일의 괴뢰 정권이 들어서며 샤를 드골 등이 런던으로 망명하여 세운 정권—옮긴이)군 편에 서서 싸웠고, 1953년에는 알제리로 이주하여 프랑스 식민 정부에 대항하는 민족주의 세력의 혁명을 지원했다. 파농은 1961년 발표한 저서《대지의 저주받은 사람들(The Wretched of the Earth)》에서 식민주의의 내재적 폭력성을 고려할 때 폭력은 식민주의에 대항하는 가장 적절한 수단이라 주장했다. 1967년 학생 비폭력 조정위원회 의장직을 내려놓은 카마이클은 베트남, 쿠바, 중국, (사회주의 정부가 정권을 잡고 있던) 서아프리카 기니를 두루 여행하고 돌아와 《블랙파워(Black Power)》를 출간했다. 그 후 카마이클은 아프리카계 미국인 공동체를 미국 사회 내의 '내부적 식민지'로 규정하고 민권운동 측의 비폭력적이고 동화주의적인 접근법보다는 분리주의적 접근법을 선호하는 흑표당(Black Panther Party)에 합류했다. 카마이클은 체 게바라의 죽음에 대하여 이렇게 말했다. "체 게바라의 죽음은 세계의 모든 혁명가에게 제국주의 타도를 위해 싸우겠다는 마음을 다시 한번 심어놓았다. … 그러므로 체 게바라는 죽은 것이 아니다. 그의 사상은 우리와 함께 있다."[21] 여러 활동을 전개하는 가운데 카마이클은 남아프리카 출신의 가수 미리암 마케바(Miriam Makeba)를 만나 결혼했다. 카마이클은 1967년경 미국을 떠났다. 점점 FBI의 감시가 심해졌고, 그가 몸 담고 있던 흑표당이 백인 활동가들과 협력을 꾀하면서 불화가 생겼기 때문이다. 쿠바, 중국, 북베트남, 알제리, 이집트 등 유럽, 아프리카, 아시아의 여러 나라를 떠돌던 카마이클은 최종적으로 기니에 정착하여 30여 년을 살았다.

두 번째 사례는 미리암 마케바다.[22] 1932년 요하네스버그에서 태어난 마케바는 1950년대 중반 남아프리카에서 재즈 가수로서 큰 성공을 거뒀다. 1959년에는 마케바가 출연한 미국의 아파르트헤이트 반대 영화가 베니스 영화제에서 상을 받으며 마케바는 세계적인 명성을 얻었다. 명성을 얻은 마케바는 베네치아에서 상을 받고, 〈스티브 앨런 쇼(Steve Allen Show)〉에 출연하는가 하면, 미국의 가수이자 정치 활동가인 해리 벨라폰테 (Harry Belafonte)를 만나고, 비자를 발급받아 미국에서 공연을 했다. 남아프리카 정부는 1960년 귀국하려는 마케바의 입국을 거부했다. 마케바는 미국에 정착했고, 1963년에는 국제연합에 출석하여 아파르트헤이트에 반대하는 증언을 했다. 반대 증언 의 보복으로 남아프리카 정부는 마케바의 시민권을 박탈했다.

마케바는 남아프리카의 줄루족과 호사족의 전통을 살린 음 악으로 세계적인 대성공을 거뒀다. 1968년에 스토클리 카마이 클과 결혼했는데, 카마이클을 위험한 급진주의자로 보았던 미 국 정부의 개입으로 마케바의 미국 내 음반 계약과 투어가 모두 취소되었다. 당시 미국 첩보 기관은 아프리카민족회의(일종의 시민조직으로 설립된 남아프리카의 단체로, 아파르트헤이트 시절 가 장 큰 흑인 저항세력이었으며 현재는 남아프리카공화국의 집권당—옮 긴이) 내에서 공산주의자들이 핵심적인 역할을 하고 있다는 판 단하에 남아프리카공화국의 집권 세력을 지지하고 있었다. 한 편 미국의 조치는 국제적인 유명 인사였던 마케바에게 큰 영향 을 끼치지 못했다. 마케바는 국제연합의 기니 대사로 임명되었 고, 1974년 자이르에서 열린 조지 포먼(George Foreman)과 무하 마드 알리(Muhammad Ali)의 유명한 권투 시합('정글의 결투')에서 공연했다. 1986년에는 미국의 가수 폴 사이먼(Paul Simon)과 세 계적으로 공전의 히트를 기록한 앨범 〈그레이스랜드(Graceland)〉 를 녹음했다. 마케바는 넬슨 만델라(Nelson Mandela) 석방 운동 에도 앞장섰다. 만델라는 1961년 아프리카민족회의의 산하에 군사 조직을 만들고 1962년 반란 선동 혐의로 구속되어 27년 동안 옥살이를 했다. 마케바는 고국을 떠난 지 30년 만인 1990년 프랑스 여권을 들고 남아프리카로 귀국할 수 있었다. 곧 대통령이 될 만델라의 초청으로 성사된 귀국이었다.

앞의 두 사례와는 조금 다른 세 번째 사례는 또 다른 아프리카 출신 뮤지션인 펠라 랜섬 쿠티(Fela Ransome Kuti, 추후 펠라 아니쿨라포Anikulapo 쿠티로 개명)였다.[23] 쿠티의 어머니는 나이지리아의 유명한 민족주의자이자 사회주의자, 페미니즘 지도자였고, 아버지는 나이지리아 최초 교사 노동조합의 위원장이었다. 펠라는 1958년 음악 공부를 위하여 런던으로 이주했고, 1961년에는 다시 나이지리아로 돌아와 당시 유행하던 하이라이프 스타일의 음악으로 소소한 성공을 거뒀다. 1960년대 후반, 펠라는 가나에서 '소울의 대부' 제임스 브라운(James Brown)의 음악을 접한 후 미국 소울에 감화되었다. 1969년에 미국으로 건너간 펠라는 흑표당의 당원과 사랑에 빠졌고, 블랙파워 운동의 영향을 받아 '아프리카화'되었다. 로스앤젤레스 거주 시절에는 아프리카의 전통적인 타악기 음악을 기반에 두고 소울과 펑크의 영향을 강하게 받은 새로운 스타일을 창조했다. 그는 나이지리아로 돌아간 후, 라고스에 칼라쿠타 공화국(Kalakuta Republic)이라는 이름의 공동체를 세우고 27명의 여성과 합동결혼식을 올리는가 하면 엄청난 양의 대마초를 피우기도 했다. 음악가로서 엄청난 성공을 거둔 펠라는 나이지리아의 여러 문제에 정치적 발언도 게을리하지 않았다. 그는 주로 나이지리아의 신식민지 경제와 정부의 부패 문제를 지적했고, 1975년 이후 30여 년간 나이지리아를 지배한 군부 비판도 서슴지 않았다.

1970년 나이지리아를 방문한 제임스 브라운과 밴드 멤버들은 펠라가 운영하는 클럽에 가서 그의 공연을 보았다. 제임스 브라운 밴드의 베이시스트 부치 콜린스(Bootsy Collins)는 당시를 이렇게 회상했다. "제임스 브라운 밴드에 합류하기 전부터 저는 우리 밴드가 최고라고 생각했습니다. 클럽에서 펠라의 공연을 본 순간 갑자기 그 신념을 재고하게 되더군요. … 연주를 듣는데, 마치 새로운 차원의 음악 같았어요. 느낌이 훨씬 더 깊었죠. 그 순간 '바로 이거야! 우리도 이렇게 해야 해!'라는 생각이 들었어요."[24] 펠라의 음악은 영국의 폴 매카트니(Paul McCartney)와 브라질의 질베르토 질(Gilberto Gil), 미국의 브라이언 이노(Brian Eno)에게 영향을 주었다. 한편 1975년에 군대가 쿠데타를 일으켜 나이지리아의 정권을 잡았다. 펠라는 1976년 〈좀비(Zombie)〉라는 노래를 발표하며 군인들을 풍자했고, 군부는 이에 대한 보복으로 펠라의 공동체를 불태우고 펠라를 구타한 후 구속했으며, 그의 어머니를 창밖으로 내던졌다. 심한 부상을 입은 펠라의 어머니는 결국 숨을 거두었다. 감옥에서 풀려난 펠라는 나이지리아인들에게 군대가 얼마나 끔찍한 곳인지를 표현한 곡 〈소로우 티어스 앤드 블러드(Sorrow Tears and Blood)〉를 발표했다.[25] 그 후 19년간 펠라는 정부, 특히 군부와의 갈등에 휘말려가며 음악가로서 세계적인 명성을 쌓아나갔다. 1997년 펠라의 장례식에는 100만 명의 사람들이 운집했다.

카마이클, 마케바, 펠라가 보여주는 문화적 세계화는 결코 새로운 현상이 아니었다. 그러나 1960년대 말과 1970년대의 문화적 세계화에는 중요한 특성이 있다. 서구 자본주의의 힘을 거부하는 저항적인 '반세계화'였다는 점이다. 반세계화 세력은 미국과 소련이라는 두 초강대국에 저항했다. 이들은 개발의 도구인 대기업들이 세계를 자유롭게 하기는커녕 오히려 억압을 심화한다고, 이러한 억압에서 벗어나야 한다고 주장했다. 국제적 네트워크로 연결된 반세계화 운동은 점차 (음악 업계 등의) 다국적 상업 미디어를 활용하여 저항의 메시지를 전파하는 데 성공했다.

펠라 쿠티와 미리암 마케바는 당시 저항문화의 세계화를 보여주는 대표적인 인물들이다. 한편 1970년대에는 개별 인물의 저항 외에 국제적인 개발과 개발 세력에 반대하는 제도적 저항이 활발했다. 비동맹 운동이 그중 하나였고, 자본주의 선진국과 세력의 균형을 도모하고자 하는 신생 독립국들이 모인 느슨한 협력체인 77그룹(Group of 77)도 있었다(2009년 기준 191개 회원국 보유).[26] 두 집단 모두 사상적으로 좌파적 색채를 가졌고, 소비에트 진영과 협력하여 행동했다. 식민지 지배를 받았던 국가들이 속속 독립하면서 국제연합 내부 분위기는 점점 미국에 불리하게 변했다. 많은 이들이 미국을 거대한 제국주의 세력으로 인식했다. 미국이 막대한 경제력과 전략적 동맹을 자랑했을 뿐 아니라 세계 곳곳에 군사 기지를 보유하고 있었고, 다양한 전쟁과 혁명, 쿠데타에 관여하고 있었기 때문이다. 게다가 미국은 인종주의에 반대하는 다수에게서 점점 따돌림을 당하던 남아프리카와 이스라엘의 정권을 여전히 지지하고 있었다. 1960년 국제연합 총회에서 다수표와 미국의 표가 어긋났던 사례는 두 건뿐이었지만, 1970년에는 열일곱 건으로 늘었고, 1980년에는 마흔다섯 건으로 늘었다.[27]

장기적으로 볼 때 1970년대에 국제적으로 일어난 인권 운동 또한 중요하다. 물론 20세기 중반 당시의 인권 운동은 긴 역사를 가지고 있었다. 18세기 후반과 19세기 초반에 일어난 노예제 반대 운동, 19세기 후반 오스만 제국에서 (기독교를 비롯한) 종교적 소수를 보호하려던 움직임, 20세기 초 콩고 자유국의 가혹 행위를 제지하는 운동은 모두 인권 운동에 속했다. 그러나 인권 운동이 진정 본격적으로 전개된 것은 20세기 중반이었다. 국제연합은 전체주의 국가들이 자행한 가혹 행위에 반대하는 입장을 담아 1948년 세계인권선언(Universal Declaration of Human Rights)을 채택했다.[28] 1940~1950년대에 탈식민지화로 가는 흐름 속에서 반식민 독립운동 세력은 식민 정부가 자행한 만행을 맹렬하게 비판했다. 냉전에 속해 있던 양 진영은 보편적 인권 개념을 인용하며 각자 상대 진영의 자본주의 제국, 혹은 공산주의 독재 국가가 저지른 만행을 비난했다.

그러나 1960년대 초에 이르자 국제연합도 냉전 초강대국들도 인권의 진정한 수호자가 되기에는 부족하다는 것이 명확해졌다. (국제연합에 대표를 파견하는) 대부분의 정부는 자국 헌법을 통하여 개인의 민권, 정치적 권리, 법적 권리를 보장하는 것을 목표로 했다. 개념이 비교적 명확한 민권에 비하여 보편적 인권의 법적 기반은 명확하지 않았다. 집행 문제도 까다로웠다. 각국의 정부가 외부의 개입 없이 정책을 결정하고 실행할 자율적 역량을 갖는다는 주권의 원칙과 상치되기 때문이었다. 많은 국가가 인권이라는 것이 강대국이 약소국의 내정에 간섭하기 위한 도구일지도 모른다는 의심의 눈길을 보냈다. 게다가 인권 관련 문제에서 초강대국들의 신뢰는 바닥을 치고 있었다. 초강대국이 지지하는 세계 곳곳의 독재 정권이 자국민의 인권을 심각하게 유린하고 있었기 때문이다. 국제연합은 1966년 채택된 시민적·정치적 권리에 관한 국제규약(International Covenant on Civil and Political Rights)을 비롯한 몇몇 협약을 채택했다. 이는 각자 주권을 지닌 국가들이 자국민의 권리를 대상으로 맺은 협약이기 때문에 강제력이 거의 없었고, 실제로 여러 차례 위반되었다.

1970~1980년대로 넘어온 인권 논의는 정부가 아닌 비정부 기구 차원에서 주로 이루어졌다. 여기에는 1961년 설립되어 1980년대까지 150개국 70만 명의 회원을 모은 국제앰네스티(Amnesty International)와 1976년 집권을 시작한 아르헨티나 군부 독재 정권에서 자행된 좌파 활동가들의 '실종' 사건을 항의하며 1977년 결성된 5월 광장의 어머니회(Mothers of the Plaza de Mayo)가 있었다. 아르헨티나 군부 독재 당시 실종된 희생자는 2만~3만 명에 달했다. 1975년 냉전 경쟁 세력들이 제2차 세계대전 이후 확정된 동유럽의 국경선을 존중하고 국민의 인권을

보장한다는 내용을 담은 헬싱키 협정(Helsinki Accords)에 서명한 이후 그 준수 여부를 감시하기 위한 '감시'(Watch) 단체가 등장했다. 이 단체 중에는 헬싱키워치(Helsinki Watch, 1978년), 아메리카워치(Americas Watch, 1981년), 아시아워치(Asia Watch, 1985년), 아프리카워치(Africa Watch, 1988년), 미들이스트워치(Middle East Watch, 1989년)를 비롯하여 이들 단체의 상위 단체 격인 휴먼라이츠워치(Human Rights Watch, 1988년)가 있다. 점점 많은 지역 인권단체들이 국제법에 기대기보다는 언론과 방송, 그 방송으로 형성되는 국제 여론을 활용했다. 이 단체들의 주요 전략은 인권 유린을 저지른 자들을 '폭로하고 비난'하며 집회 조직을 만드는 것이었다. 인권단체들은 대중과 주주의 압력을 활용하여 인권 유린 정권과 협력하는 기업에 대항해 불매운동을 벌이고 '주식 매각(혹은 투자 회수)' 운동을 전개했다.[29]

투자 회수 운동은 남아프리카 정권을 무너뜨리는 데 중요한 역할을 했지만, 이는 매우 드문 사례였다. 1990년대 무렵에는 국제적인 인권 운동이 활발하게 전개되었지만, 언론 보도에 비하여 실제 성취는 그리 많지 않았다. 그러나 인권 운동은 당시 세계적인 정치적·문화적 생활의 중요한 일부로 자리 잡았다. 인권 단체들은 대개 정부를 지지하기보다는 비판적인 입장을 견지했고, 때로는 헌법을 통하여 개인의 권리를 정식으로 보장하는 정부의 인권 침해 사례를 비판했다. 결론적으로 인권 운동은 1970년대 광범위하게 나타난 반세계화 움직임의 중요한 요소였다.

국제 인권 운동의 초국가적 특성은 이 시기 다른 분야에서도 유사하게 나타났다. 잠시 후 살펴볼 환경 운동이 그 예다. 평화 운동과 반핵 운동은 1970년대에 활발하게 전개되었으나 그 뿌리는 1957년 영국에서 설립된 핵군축캠페인(Campaign for Nuclear Disarmament)과 1969년 설립된 지구의 벗(Friends of the Earth)으로 거슬러 올라간다. 이 운동은 1963년 부분적 핵실험 금지조약(Partial Test Ban Treaty)과 1972년과 1979년의 전략 무기 제한협상(Strategic Arms Limitation Talks)을 위한 여론적 기초를 형성했고, 수많은 비영리단체를 탄생시켰다. 이 단체는 1980년대 말까지 미국과 서독의 원자력발전 산업 확장을 실질적으로 중단시켰다. 평화, 인권, 환경, 반핵 운동은 단기적인 차원에서 정책 변화에 큰 압력을 행사하지 못했지만, 1980년대 말 동유럽 공산주의의 붕괴를 가져온 시민운동을 위한 에너지가 되었다. 사실 소비에트의 붕괴에 이르는 과정에서 비극적인 사고가 중요한 역할을 했다. 바로 1986년 우크라이나 체르노빌에서 발생한 원전 폭발 사고였다. 이 사고로 수천 명이 목숨을 잃고 30만 명이 삶의 터전을 잃었다.[30] 서구에서는 반핵을 비롯한 각종 시민운동의 감시가 삼엄하지 않았다. 게다가 활동가들은 정치인을 공개적으로 비판했기 때문에 공공 정책에 영향력을 어느 정도 발휘할 수 있었다.

1970년대 중반에 이르자 냉전의 양측, 즉 공산주의가 지배하는 소비에트 진영과 자본주의와 민주주의가 지배하는 서방 진영은 빠르게 확장되는 비정부기구들의 다양한 도덕적 요구와 대중 미디어의 폭발적 증가에 직면했다. 그러나 양 진영의 진짜 걱정거리는 따로 있었다. 1970년대 말, 자본주의 체제도 공산주의 체제도 애초에 약속했던 번영을 가져오기 힘든 상황이 되었다. 이 사태를 불러온 핵심 요인은 석유를 둘러싼 국제적인 정치경제학의 갑작스러운 변화였다.

고속열차에 제동이 걸리다:
석유 파동과 거대 감속, 1975~1990년

1940~1950년대에는 중동과 아프리카에서 유전이 대거 발견되었다. 새롭게 발견된 석유는 일본과 북대서양권의 산업국에 값싼 석유를 공급하며 거대 가속을 지속할 수 있도록 뒷받침했다(표 8.2). 그 결과 세계 유가는 1920년대 초~1970년대 초에 점진적으로 상당 수준 하락했다(표 8.3). 그러나 산업국들의 높은 석유 수요는 석유를 수출하는 신규 산유국들에게 막대한 돈을 벌어들일 기회였다. 7장에서 다룬 바와 같이 산유국들은 이 기회를 십분 활용했다. 그동안 석유 관련 공학 기술에 상당한 투자를 한 산유국들은 이미 자체적인 생산과 수출 역량을 가지고 있었다. 이스라엘과 주변 아랍 국가 간의 갈등 고조는 산유국들이 실력행사에 나서게 된 또 다른 중요한 계기였다. 1967년과 1973년 벌어진 두 차례의 중동 전쟁에서 서방 진영은 이스라엘의 편에 섰다. 1973년에 석유를 생산하는 아랍 국가들은 이스라엘을 지원한 미국에 보복하기 위해 석유를 금수했다.

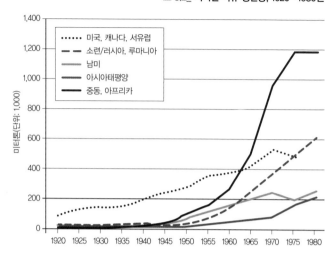

표 8.2_ 지역별 석유 생산량, 1920~1980년

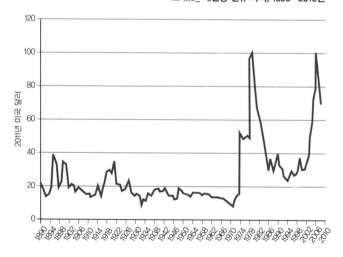

표 8.3_ 배럴당 원유 가격, 1890~2010년

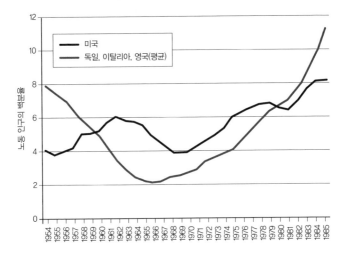

표 8.4_ **북대서양권 국가 실업률(5년 이동 평균), 1954~1985년**

1979년에는 이란 혁명의 여파로 석유 생산이 급감했고, 미국이 취한 이란산 석유 수입 금지 조치는 세계 석유 시장을 더 큰 혼란으로 밀어 넣었다. 결과는 유가의 갑작스러운 급등이었다.

유가 급등은 북대서양권 국가들과 일본의 경제성장을 급격히 감소시켰다. 1973~1996년 미국의 경제성장은 1950~1973년 대비 3분의 2에 그쳤으며, 유럽의 경우 3분 1에서 4분의 1, 일본의 경우 8분의 1에서 10분의 1 성장에 그쳤다(표 7.4 참조). 물가상승이 심해져 1960년대 3퍼센트대였던 서유럽의 물가상승률은 1970년대 말 12퍼센트까지 치솟았다. 실업률 또한 급등했다(표 8.4).

실업률이 상승하자 실업 수당 지급액이 급등하며 심각한 재정 문제를 초래했다. 1977~1978년에 이르자 이탈리아, 영국, 스페인은 석유 파동과 인플레이션으로 인한 단기 재정 위기에 빠졌고, 채무 변제를 위하여 IMF의 차관을 받아야 했다.[31] 7장에서 살펴본 바와 같이 다른 시기와 비교했을 때 미국, 일본, 서유럽 산업국들의 1인당 GNP 성장은 1970년대에도 비교적 안정적인 편이었다. 그러나 1950~1960년대의 경제 '기적'은 끝난 것이 확실했다.

동유럽의 상황은 훨씬 심각했다. 1960년대 후반에 이르자 동유럽 계획경제의 문제점은 소비에트 진영 경제학자들의 눈에도 확실해졌다. 정부가 산업과 농업 대부분을 지휘하는 계획경제로는 서구의 기술 발전과 상품 발전을 따라갈 만한 유연성과 혁신을 기를 수 없었다. 실제로도 공산주의권의 성장은 점차 둔화했고(표 8.5), 1970년대 중반에 이르러서는 동유럽의 생활 수준이 서유럽보다 눈에 띄게 뒤떨어졌다(표 8.6).[32] 1973~1988년 서유럽의 1인당 GDP는 동유럽보다 두 배 빠르게 성장했다. 이 시기에는 유가 상승으로 소비에트 진영이 경제적으로 유리한 상황에 있었는데도 두 진영의 경제성장은 큰 차이를 보였다.

다시 말해, 자본주의 혹은 공산주의가 과연 진정한 전 지구적 '개발'을 이뤄낼 수 있을지에 대하여 의문을 품는 이들이 점점 늘어나는 가운데, 양 진영의 경제는 내부적으로도 주춤했다. 다만 '주춤'거렸을 뿐 성장이 후퇴한 것은 아니었다. 특히 자본주의 진영 산업국들의 경제 규모는 후퇴하지 않았다. 역사적으로 보았을 때 거대 가속기를 지나 다시 평균적인 수준으로

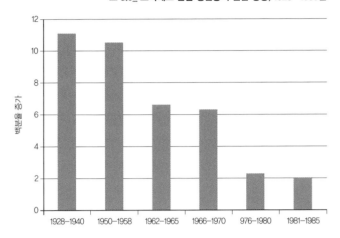

표 8.5_ 소비에트 산업 생산량의 연간 성장, 1928~1985년

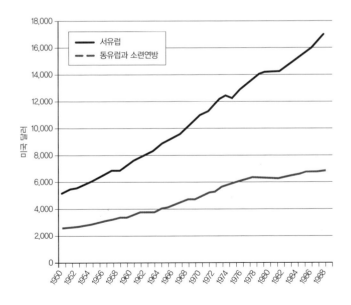

표 8.6_ 동유럽과 서유럽의 1인당 수입, 1950~1988년

'감속'했을 뿐이다. 1970년대 공산 진영은 심각한 근본적인 문제에 직면했으나, 아직 분열이 나타나지는 않았다. 19세기 말 30~40년 동안의 빠른 기술 발달과 경제성장의 속도에 익숙해진 이들에게 이 감속은 실패로 느껴졌다. 물론 1905~1945년까지 전쟁과 혁명 등의 '대폭발'로 중간에 단절이 있었지만, 많은 이들은 1873~1973년 한 세기 동안 나타난 빠른 성장이 근대 경제와 근대 사회의 평균이라고 생각했다. 그런데 1973년 이후 전쟁이나 혁명 등 예외적 상황이라는 '핑계'도 없이 갑자기 세계 경제가 그 평균에서 벗어난 것이다. 정신없이 달리던 고도 근대화라는 열차의 바퀴가 고장난 것 같았다.

지구는 하나밖에 없었다:
생태학적 순간, 1960~1990년

(1) 지구상에 존재하는 인간과 비인간 생명은 모두 그 자체로 고유한 가치를 지닌다. 비인간 생명의 가치는 인간의 한정된 목적에 관한 유용성과는 무관하다. (2) 생명 형태의 풍부함과 다양성은 그 자체로 가치 있으며, 지구에 존재하는 인간 생명과 비인간 생명의 번영에 기여한다. (3) 인간은 생명의 필요를 충족하기 위한 경우를 제외하고는 이러한 풍부함과 다양성을 훼손할 권리를 갖지 않는다. (4) 현재 비인간계에 대한 인간의 개입은 과도하며, 상황은 빠르게 악화하고 있다. (5) 인간 생명과 문화의 번영은 인구가 상당히 감소해도 지속될 수 있다. 비인간 생명의 번영은 그러한 감소가 필요하다.[33]

_아르네 네스(Arne Naess), 조지 세션스(George Sessions), 1984년

세계경제 성장이 주춤하던 바로 그 시기, 세계 곳곳에서 점차 많은 사람이 (자본주의를 통한 것이든 공산주의를 통한 것이든)

성장 제일주의에 의문을 품기 시작했다는 사실은 다소 역설적이다. 이 시기에 많은 이들이 1873년부터 한 세기 동안 인류의 삶을 혁명적으로 변화시켜 온 기술과 산업의 발전이 과연 좋기만 한 것인지 의문을 품었다. 그들 중 일부는 성장 제일주의가 이론적으로도 기이할뿐더러 실제 불러온 결과도 처참하다고 주장했다. 유한한 자원과 공간을 가진 지구라는 행성에서 무한한 성장은 애초에 불가능하다. 1960년대 말~1970년대 초에는 인류의 확장을 위한 공간과 자원이 가까운 미래에 모두 소진될지도 모른다는 주장이 나왔다. 이렇게 인류와 지구의 관계를 바라보는 새로운 관점이 주목받으며 환경에 관한 다양한 이론과 행동이 집중적으로 대두된 '생태 환경의 각성기'가 찾아왔다.

2장에서도 이미 살펴보았듯, 자연 자원의 과도한 개발이 야기할 심각한 문제를 경고해온 것은 세계 개발 사업 그 자체만큼이나 오래전부터다. 그 경고는 무분별한 자원 개발로 아메리카들소가 멸종 위기에 처했을 때도 나왔다. 그러나 20세기 중반 이후 개발로 인한 자연계 훼손의 사례는 계속 늘어났다. 1900년경 시작되어 1930년대에 절정을 맞았던 캘리포니아의 정어리 어업은 1940년대에 거의 붕괴했다. 이러한 사례는 전 세계 어업계에서 끊임없이 반복되었다. 인류가 열대지방으로 진출하면서는 정글에 살던 수많은 동물이 대량학살에 내몰렸다. 호랑이, 코뿔소, 오랑우탄, 침팬지, 고릴라, 대왕판다 등 수많은 포유류 동물이 희생되었고, 서식지를 파괴당했다. 20세기 후반 거의 멸종 수준의 개체 수 감소를 겪은 동물의 가장 대표적인 단일 사례로 고래가 있다. 19세기 초부터 기술의 발달이 이루어질 때마다 고래는 몇 번이고 대량 포획에 내몰렸다. 1980년대에 이르렀을 때 (무해하고, 똑똑하며, 무엇보다 멋진) 고래라는 동물은 동물계에서 자행되는 광범위한 학살을 상징하는 일종의 정치적인 생명이었다. 그 시기에 이미 전 세계 흰긴수염고래 개체 수는 95퍼센트, 혹등고래 개체 수는 97퍼센트, 그 외 다른 고래도 90퍼센트 이상 감소해 있었다.[34]

1960~1970년대 제기된 환경 파괴 우려는 이전과는 달랐다. 우선 덫이나 독 등을 이용한 동물 사냥도 환경에 나쁜 영향을 주었지만, 장기적으로는 농업과 벌목이 더 치명적인 영향을 준다는 사실이 드러났다. 1970년대에는 특정 동식물의 대량 살상보다 숲 등 한 지역 생태계 전체의 파괴가 더 중요한 이슈로 주목받았다. 브라질 대서양 열대우림의 파괴가 대표적인 사례였다. 캘리포니아 붉은 삼나무 숲 파괴와 동남아시아 삼림지대 파괴도 깜짝 놀랄 만큼 빠른 속도로 진행되었다. 1700~1850년까지 150년 동안 지구 표면의 숲 면적은 약 4퍼센트 감소했다. 이후 나무가 잘려나가는 속도는 점점 빨라졌고, 1950~1980년 사이 단 30년 동안 숲 면적의 6.2퍼센트가 감소했다. 한 역사 관련 문헌은 1945~1995년에 이르는 반세기를 세계의 숲을 겨냥한 '맹공'의 시기라고 표현했다.[35] 정착과 경작을 위하여 늪이 간척되면서 습지와 습지 생물은 더 치명적인 피해를 입었다. 일례로 소비에트 중앙아시아의 아랄해 인근 습지를 경작지로 개발하는 과정에서 아랄해의 수량은 80퍼센트 감소했고, 주변에

서식하던 포유류 170종 중 132종이 사라졌다.[36] 플로리다 에버글레이드 습지의 경우 주택 건설과 사탕수수 플랜테이션 건설을 위한 간척 과정에서 섭금류의 90퍼센트가 사라졌다. 개발로 인한 피해는 생태학을 과학의 한 종류로 발전시키는 역할을 했다. 그 결과 1970년 미국에서는 생태과학자가 1945년보다 여섯 배 증가했다.[37]

환경 파괴 우려가 커진 두 번째 이유는 1965년경 독성 화학물질로 인한 오염이 인류를 직접적으로 위협하는 수준이었기 때문이다. 초기 산업 발달과 도시 발달은 그야말로 '지저분한' 과정이었다. 석탄 매연과 독성 화학물질은 공기 중으로 무분별하게 배출됐고, 오물이 거리로 흘러들며 끔찍한 오수를 만들었다. 그 과정에서 치명적인 보건 재난 사태가 발생했다. 1909년에는 안개와 스모그가 결합한 대기오염으로 스코틀랜드 글래스고 거주민 1,063명이 사망했다. 1952년 12월 런던에서도 지독한 스모그가 이어지며 3개월 동안 무려 4,000~1만 2,000명이 목숨을 잃었다. 이 대규모 '사태'는 예외적인 경우였지만, 수십 년 동안 대기오염과 수질오염은 1960년대에 이르기까지 산업 대도시의 주요 사망 원인 중 하나였다. 예를 들어 대기오염으로 인한 각종 폐 질환, 폐결핵, 폐렴은 오랫동안 초기 산업화 도시의 주요 사망 원인이었다. 20세기 후반 들어 일부 도시는 석탄과 매연 문제를 해결하기 위해 노력했지만, 전반적인 대기오염 문제는 심각해졌다. 세계 이산화황 배출량은 1850~2000년 사이 75배 증가했고, 이산화질소 배출량은 1900~2000년 사이 27배 증가했다. 동유럽과 캐나다 남부를 비롯한 세계 곳곳에서 산성비가 내리며 숲과 호수, 강 등을 오염시켰다. 오염이 인류와 환경에 초래한 누적 비용은 20세기 말까지 서서히 증가하며 가장 치명적이었던 단일 사건의 규모를 넘어섰다. 1984년 인도 보팔에서 발생한 화학물질 누출 사고로 2만 명이 목숨을 잃고 12만 명이 치명적인 부상을 당했다. 상당수의 부상자가 시력을 잃었다.[38]

　대기오염만이 문제가 아니었다. 1948년경 독일 라인강의 미생물 등 조류 증식 문제는 선박 운항에 지장을 줄 정도로 악화했다. 강 주변 경작지에서 흘러든 비료에서 질소가 녹아들며 발생한 문제였다. 네덜란드에서는 산업 오염물질로 인하여 강물의 염분 함량이 1880년 수준의 여섯 배까지 증가하며 하류에서의 꽃 재배가 불가능해졌다. 살충제로 인하여 곤충이 몰살되고 그 곤충을 먹이로 하는 물고기가 굶어 죽으면서 강의 하구에 도착한 강물은 죽은 물이나 다름없는 상태였다. 1980년대 라인강에서 잡은 어류의 독성 화학물질 함량은 식용 가능 수준의 400배에 달했다. 이대로라면 강물뿐 아니라 바다마저도 오염으로 죽어버릴 가능성도 있었다. 1973년 기준, 미국은 매해 600만 톤(120억 파운드)에 달하는 산업 폐기물을 바다에 버렸다. 미국은 1970년 한 해 동안 900만 톤의 유해 폐기물을 생산했는데, 2000년에는 그 양이 4억 톤으로 증가했다.[39] 1960년대 말에서 1970년대 초에는 석유 업계의 대형 유출 사고의 가능성도 환경의 위협으로 등장했다. 1967년에는 영국에서 유조선 토리 캐니

언(Torrey Canyon)호가 좌초되며 엄청난 양의 기름을 유출시켰고, 1969년에는 캘리포니아 샌타바버라 해역에서 시추 중 일어난 사고로 대형 유출이 발생했다. 일본에서는 미나마타와 니가타 인근 해역에 무단 투기된 중금속으로 인한 사건이 있었다. 중금속에 오염된 생선을 먹은 주민들은 병에 걸리거나 사망했고, 이후 태어난 아이들은 치명적인 선천적 기형을 얻었다.[40]

산업 초기에는 이러한 환경오염 문제가 북대서양권과 일본의 산업도시에서 집중적으로 발생했지만, 1960년대에 이르자 세계 곳곳의 '거대도시'에서 심각한 오염 문제가 발생했다. 멕시코시티의 인구는 1900년 35만에서 1940년 180만, 1980년에는 1,400만으로 급속히 증가했다. 1950년 멕시코시티의 차량 수는 10만 대였으나 1980년에는 200만 대까지 증가했다. 1988년에는 세계보건기구가 정한 대기오염 안전 기준을 초과하는 날이 일 년 중 312일이었다.[41] 콜카타의 인구는 1900년 100만 명에서 1980년 1,000만 명으로 증가했고, 로스앤젤레스의 경우 1930년 140만 명에서 1980년 750만 명으로 증가했다.[42] 1950년에는 인구 1,000만 이상의 도시가 뉴욕과 도쿄, 단 두 곳뿐이었다. 그러다 1975년에는 멕시코시티, 상파울루, 상하이가 합류했고, 2000년이 되자 인구 1,000만 이상의 도시가 스무 개로 늘었다.[43] 거대도시들은 엄청난 오염 물질을 만들었다. 산업으로 인한 오염은 별개로 자동차와 하수로 인한 오염만 해도 어마어마했다.

레이철 카슨(Rachel Carson)이 《침묵의 봄(Silent Spring)》에서

그림 8.2_ **아연 공장, 펜실베이니아 도노라, 1920년경**

그림 8.3_ **런던의 스모그, 1950년대**

지적하듯, 땅에 고의로 살포되는 독성 화학물질, 즉 살충제는 곤충과 그 곤충을 먹이로 삼는 조류를 포함한 먹이사슬 전체를 타고 올라오며 치명적인 영향을 준다. 곤충들은 어차피 7~10년 이내에 살충제 내성을 키우기 때문에, 화학물질을 사용하여 벌레를 죽이는 행위는 장기적으로 볼 때 무의미한 일이었다. 살충제의 생물학적 영향은 조류의 개체 수에 더 치명적인 타격을 입혔다(애꿎게도 살충제로 타격을 입은 조류 중 일부는 오히려 해충을 줄이는 데 일조하는 조류였다). 카슨의 책 제목《침묵의 봄》은 새들이 사라져 새소리가 들리지 않는 봄을 뜻했다. 캘리포니아의 갈색펠리컨이 대표적인 예다. 디디티(DDT)에 노출된 갈색펠리컨의 알껍데기는 점점 얇아졌고, 둥지의 알이 부화하지 못하고 자꾸 깨지면서 결국 갈색펠리컨은 멸종 직전까지 몰렸다.[44]

이러한 상황에 직면하자 인류의 '진보'에 내재한 폭력성을 비판하던 초기 급진주의자들의 의견이 점차 설득력을 가졌다. 20세기 중반쯤 생태계 간의 연결과 상호의존, (인간과 환경의 상호작용을 비롯한) 다양한 종 사이의 상호작용에 관한 생태학적 연구가 이루어지며 자연 보호의 필요성이 더욱 정제되고 과학적인 언어로 정리되었다. 생태학은 인류의 안녕이 복잡다단한 생태계의 건강에 달려 있다는 주장을 명확히 했다. 생태학적 관계의 복합성 의식이 높아지며 자연계의 이해를 높여 의식의 전환을 이뤄야 한다는 주장이 제기되었다. 1949년, 미국의 과학자이자 자연주의자인 알도 레오폴드(Aldo Leopold)는 인류가 생존하기 위해서는 인류 자신이 일부로 속해 있는 자연계 전체, 즉 '대지 공동체' 혹은 '생물학적 집단'에 윤리적 책임감을 느껴야 한다고 주장했다. 레오폴드는 생태학적 윤리를 개발하기 위한 간단한 방법을 제시했다. "토지의 용도를 고민할 때 경제성만 생각하지 말라"는 지침이었다. 레오폴드는 인류와 자연의 관계에 관한 결정이 "경제적으로 합당한 것이 무엇인가?"라는 질문 외에 "윤리적·미학적으로 옳은 것이 무엇인가?"라는 질문도 고려하여 이루어져야 한다고 주장했다. 그는 "생물 군집의 온전함과 안정성, 아름다움을 지키는 결정은 옳지만, 그와 반대되는 결정은 옳지 않다"라고 말했다. 레오폴드는 인간을 포함한 모든 형태의 생명을 향한 자연의 '수용 능력'(수용 가능한 최대 개체 수)은 토지, 식물, 동물 등이 이루는 복잡한 관계망을 바탕으로 결정된다고 주장했다. 만약 인간이 그 복잡한 관계망을 어지럽힌다면, 자연의 수용 능력은 줄어들 수밖에 없다. 자연에 행사하는 인류의 폭력이 궁극적으로 인류의 생존을 위협할 수 있다는 얘기였다. 레오폴드가 '대지 윤리'라 명명한 이 윤리를 담은 생태학 에세이 《모래 군의 열두 달(A Sand County Almanac)》은 1948년 발표 당시에는 큰 주목을 끌지 못했으나 1960년대 말에 이르러 희대의 베스트셀러가 되었다.[45)]

레오폴드 주장의 핵심에는 인구과잉의 두려움이 있었다. 인구와 관련된 두려움은 오래전부터 존재해왔다. 일부 북대서양권 학자들은 일찍이 1900년대에 자국의 출산율 저하와 타 지역의 지속적인 출산율 상승에 우려를 표했다. 1900년경 유럽과 북미의 일부 학자들은 이미 4억에 도달한 중국의 인구가 더욱 빠르게 증가하고 있다는 사실에 공포를 느꼈다. 그들은 이 '황색 공포'가 세계시장을 지배하거나 일본의 점령하에 거대한 제국으로 탄생하여 북대서양권 제국들과 세계 패권을 놓고 다투는 경쟁자가 될지 모른다는 인종주의적인 주장을 폈다. 미국 대통령 시어도어 루스벨트(Theodore Roosevelt)는 1905년 워싱턴 디시에서 열린 전국어머니회의(National Conference of Mothers)에서 '열등한' 인종들의 출산율은 높은데 앵글로색슨인들이 산아제한을 통하여 '인종적 자살'을 하고 있다며 우려했다. 미국의 인종 이론가 로스롭 스토다드(Lothrop Stoddard)는 1920년 발표한 저서 《백인의 세계 지배를 가로막는 유색 인종의 물결(The Rising Tide of Color Against White World Supremacy)》에서 유사한 주장을 펼쳤다. 한편 비유럽인들은 유럽 출신 이주민이 세계 곳곳을 채워 나가는 모습을 보며 정반대의 두려움을 피력했다. 쑨원은 1924년 자신의 동포들에게 지난 200년간의 인구 동향이 한 세기 동안 더 지속된다면 미국의 인구가 중국 인구의 2.5배가 될 것이라고 경고했다. 1925년 개최된 피임 및 가족계획 관련 국제회의에서는 한 인도 참가자가 '백색 공포'가 세상을 위협하고 있다고 말했다.[46] 1914~1945년 대폭발 시대에 벌어졌던 제국 열강들의 대결을 기억하는 많은 이들은 어느 한 국가의 인구가 급속하게 증가하면 결국 이웃 국가의 영토와 자원을 탐낸다는 것을 알고 있었다. 대폭발 시대의 경험은 인구 팽창이 전쟁으로 이어질 수도 있다는 두려움을 심어주었다.

제2차 세계대전 종전 후에는 인구 우려에 개발 사업이라는 변수가 추가되었다. 많은 전문가는 인구 증가가 생산성 향상을 가로막고 자원을 고갈시키며 경제발전을 방해할 것이라 우려했다. 이들은 식량 생산이 인구 증가를 따라가지 못하면 최악의 경우 대규모 기근이 발생할 수 있다고 주장했다. 유네스코의 초대 사무총장이었던 줄리언 헉슬리(Julian Huxley)는 1947년 "인간의 맹목적인 번식 욕구가 물질적·영적 향상의 이상과 계획을 좌초시키는 것을 막기 위해서는" 급속한 인구 증가를 저지해야 한다고 말했다.[47) 1948년 국제연합 식량농업기구의 국장은 "(급속한 인구 증가) 문제를 금세기에 해결하지 못한다면 우리는 역사상 가장 큰 재앙을 맞이할 수밖에 없을 것"이라고 경고했다.[48) 1940년대 말에서 1950년대 초까지 《우리의 약탈당한 행성(Our Plundered Planet)》, 《생존으로 가는 길(The Road to Survival)》, 《지구의 한계(The Limites of Earth)》 등 인구 폭발이 결코 먼 미래의 일이 아니라는 내용의 책이 쏟아졌다. 1950년대에 인구가 다시 한번 성장하면서 우려는 깊어졌다. 1948년에는 인구 및 자원에 관한 국제회의(International Conference on Population and Resources)가 개최되었고, 1954년과 1965년, 1974년에는 국제연합의 인구회의(Conference of Population)가 개최되었다. 1950년대 초부터는 피임 지식을 전파하려는 민간의 노력이 빠르게 확대되었다.[49) 1960년대 후반에 이르러 피임('가족계획') 지원이 개발 원조의 중요한 부분이 되었다. 1965~1969년 사이 가족계획 사업에 대한 미국의 개발 원조는 210만 달러에

서 1억 3,170만 달러로 대폭 증가했다. [50]

사회주의자들은 기술이 자원 문제를 해결해줄 것이라 믿었기 때문에 인구 증가의 우려가 전반적으로 덜했다. 그러나 1960년대로 접어들며 공산주의 국가인 중국마저도 엄청난 속도로 증가하는 인구에 점점 두려움을 느꼈고, 1979년에는 도시 가정들을 대상으로 엄격한 한 자녀 정책을 도입했다. 1970년대 중반 인도의 일부 주에서도 강제적인 출산 통제 정책을 시행했다. 정부는 불임 수술 장려금을 지급하고, 빈민 가정이 자녀를 셋 이상 낳으면 식량 배급을 중단했다. 정부는 불임 수술을 거부한 교사들의 임금을 삭감했고, 수술을 받은 이들에게는 채용 우선권을 주었다. [51]

더 늦기 전에 개발을 이룰 수 있을지가 관건이었다. 저개발 국가의 생활 수준이 향상되면 출산율이 떨어질 것이라는 기대가 있었기 때문이다. 적어도 유럽의 역사적 패턴을 보면 그러한 예측이 가능했다. 하지만 개발이 그만큼 빨리 진행되어 출산율이 제때 감소하고 재앙을 막을 수 있을지가 문제였다. 개발이 쉽지는 않을 것이라는 사실이 분명해지자 인류가 굶주리게 될 것이라는 두려움이 더 커졌다. 더욱이 냉전이 심화되면서 서방 진영은 빠른 인구 증가와 빈곤의 악화가 공산주의의 매력을 높일지도 모른다는 두려움을 가졌다. 1960년 한 가족계획 단체는 "많은 나라에서 인구의 기하급수적 증가가 자원을 집어삼키고 국민을 빈곤과 도탄에 빠뜨리고 있다"라며 "공산 진영이 이 기회를 적극적으로 활용하는 가운데, 서방 진영은 생활 수준 유지

와 국가 방위에 필수적인 자원을 잃을 위기에 몰리고 있다"라고 우려했다.[52]

인구 문제는 냉전을 초월한 문제였고, 개발도상국의 정부들도 사태의 심각성을 절감했다. 1963년 인도에서 열린 아시아 인구 증가에 관한 회의에서 아시아 각국 정부는 피임으로 인구를 조절하기 위하여 서구에 지원을 요청해야 한다는 결론을 내렸다. 1968년 국제연합은 피임과 가족계획이 '보건'과 인권의 필수 불가결한 요소라고 선언했다. 같은 해 스탠퍼드 대학교의 폴 에얼릭(Paul Ehrlich) 교수는 인구 증가가 핵전쟁에 버금가는 재앙이 될 수도 있다는 주장을 담은 《인구 폭발(Population Bomb)》을 발표했다. 10년 안에 수억 명이 배고픔에 시달리게 될 수도 있다고 경고한 이 책은 1974년까지 200만 부 이상 팔려나가며 큰 성공을 거뒀다.[53]

빠르게 증가하는 저개발국 인구가 지구를 온통 채우게 되리라는 우려는 당시 떠오르고 있던 다양한 생태학적 우려의 일부분이었다. 부유한 국가들은 자국의 인구 증가를 걱정했다. 예를 들어 미국에서는 1960년대 후반 국내 가족계획에 대한 연방 정부의 지원이 크게 증가했다. 1965년에 860만 달러였던 가족계획 관련 지원은 1969년에 5,630만 달러로 늘어났다. 에얼릭은 부유한 국가의 부유한 국민이 빈곤 국가의 가난한 국민에 비하여 더 많은 에너지와 자원을 소비하고, 더 많은 오염을 배출하며, 세계 환경에 더 무거운 부담을 지운다는 것을 지적했다. 에얼릭은 1969년 "미국인은 탁월한 소비자이자 오염자로, 미국인 아기 한 명이 지구의 생명 지원 시스템에 주는 부담은 인도나 남미 아이 열두 명 분량에 해당한다"라고 말했다.[54] 이렇듯 문제는 단순한 인구 증가가 아니었다. 진짜 문제는 인구가 늘어나며 더 많은 자원을 소비한다는 사실이었다.

1900년을 전후한 시대에는 (H. G. 웰스나 에드워드 번을 포함한) 많은 이들이 인류의 기술적·경제적 진보가 마치 신과 같이 모든 것을 해결할 수 있을 거라고 믿었다. 그로부터 70년 후, 학자들 사이에서는 무한한 성장이란 불가능하며, 무분별한 성장은 결국 파멸로 이어질 뿐이라는 주장이 나왔다. 비판론자들은 끝 모를 인구 증가와 경제성장을 암에 비유했다. 이 비유는 인간의 통제를 벗어나 모든 것을 죽음으로 몰아넣을 수 있는 위험한 존재라는 의미였다. 국제연합 사무총장 우 탄트(U Thant)는 1969년 지구 환경의 위험에 관한 다소 충격적인 선언을 내놓았다. 그는 오염, 인구, 개발, 평화 문제를 해결하기 위하여 인류에게 주어진 시간은 약 10년뿐이라며, 주어진 시간을 놓치면 "문제가 너무 심각해져 인류가 해결할 수 있는 범위를 벗어나게 될 것"이라고 말했다.[55]

하나의 사진이 등장하며 수많은 사람이 그 우려를 현실로 받아들였다. 미국이 우주선에서 찍은 지구의 사진이었다. 이 사진은 지구가 얼마나 아름다운지, 또 얼마나 작은지를 보여주었다. 유인 우주선을 달에 보내는 아폴로 프로그램에 들어간 비용과 그 과정에서의 우여곡절은 인류가 거주 가능한 새로운 행성을 찾는 것은 고사하고 지구를 떠나는 것조차도 매우 어려운 일이라는 것을 깨닫게 해주었다. 한 학자는 1974년 "인류가 우주에서 찾은 것은 단 한 가지다. 우리가 아름답고 풍요롭지만 쉽게 벗어날 수 없는 이 지구라는 행성에 모든 것을 의존하고 있다는 사실이다"라고 말했다. 1972년 스웨덴에서 개최된 국제연합의 인간환경회의(Conference on the Human Environment)는 환경 보전을 위한 실천이 필요하다는 합의가 도출되고 있었다는 것을 보여준다. 1970년대 초에는 인류의 오만을 고발하고, 지구 곳곳에서 나타나고 있는 탐욕과 부주의로 인한 자멸의 조짐을 경고하는 책들이 쏟아져나왔다.[56]

그중 주목할 만한 책으로는 《성장의 한계(The Limits to Growth)》가 있다. 이 책은 실업가와 지식인들이 모인 로마 클럽(Club of Rome)이라는 단체가 유럽과 미국의 과학자들에게 의뢰하여 만든 보고서다. 과학자들은 당시 제기되고 있던 성장, 자원, 환경의 우려를 단순명료하게 보여줄 수 있는 컴퓨터 모델링 프로그램을 개발했다. 1972년까지 진행한 연구에서 총 1,000여 개의 변수가 활용되었고, 그 시뮬레이션의 결과가 책으로 탄생했다. 과학자들의 목적은 특정한 양이나 규모, 날짜를 예측하는 것이 아니었다. 이들은 인류와 환경 사이의 관계가 변하는 모습, 즉 둘 사이의 역학관계를 파악하고자 했다. 과학자들은 인구 증가율과 자원 소비 속도에 관한 몇 가지 가정을 기반에 두고 세 개의 시나리오를 내놓았다(표 8.7). 좋은 소식은 세 시나리오 중 하나가 긍정적이라는 사실이었다. 이 시나리오는 인류가 인구 증가와 자원 소비의 제한을 이른 시일 내에 시작한다

표 8.7_ 《성장의 한계》에 등장하는 인구 모델.
'현상 유지'는 기존의 성장 위주 정책에 변화를 주지 않는 경우,
'종합적인 기술 적용'은 산아제한이나 재활용 등 기술을 활용한 대책을
적용함으로써 지속가능성을 추구하는 경우, '안정화 대책 적용'은
인구 제어, 소비 제한, 성장 위주에서 보호 위주로
투자 전환 등 기술적 대책과 정책적 대책을 함께 활용하는 경우.

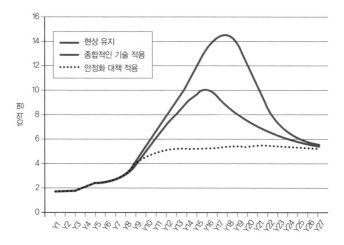

면 환경과 안정적인 관계를 형성할 수 있다고 전했다. 그러나 나쁜 소식도 있었다. 나머지 두 시나리오는 인구 증가와 자원 소비가 곧 지구의 수용 능력을 초과하여 한 세기 내에 인류가 자멸의 길을 걷게 되리라는 분석을 내놓았다. 이 책의 메시지는 엄청난 관심을 끌었고 《성장의 한계》는 서른일곱 개 언어로 번역되어 1,200만 권이 팔렸다.[57]

1년 후인 1973년, 영국의 경제학자 에른스트 프리드리히 슈마허(Ernst Friedrich Schumacher)가 인류가 처한 위협에 합리적으로 대응하기 위한 이론적 근거를 담은 수필집 《작은 것이 아름

답다(Small is Beautiful)》를 내놓았다. 독일에서 태어난 슈마허는 제2차 세계대전 이전 영국으로 이주하여 영국의 국영 석탄위원회에서 20년간 경제 고문으로 일했다. 슈마허는 경제 고문의 경험과 자신이 심취해 있던 불교 윤리를 바탕으로 무한성장이라는 개념(혹은 이상)이 비합리적이고, 본질적으로 폭력적이며, 지속 불가능하다고 주장했다. 슈마허는 (화석연료로 대표되는) 재생 불가능한 자연은 일종의 자본인데, 인류가 이를 자본이 아닌 소득으로 취급하고 있다는 점을 문제로 들었다. 자본을 계속 소비하면 언젠가는 고갈될 수밖에 없기 때문이다. 자본주의적 복지국가를 통해서든 소비에트의 사회주의 모델을 통해서든, 고도 근대화의 목적은 생산과 소비의 극대화를 통하여 인류의 복지를 계속 확대하는 것이었다. 어차피 양쪽 모두 지속이 불가능하므로 자본주의든 사회주의든 '어느 쪽을 택할지는 무의미'했다. 슈마허는 "최소한의 소비로 최대한의 복지를 확보하는 것을 목표로 삼아야 한다"라고 주장했다.[58]

1973년에는 노르웨이 철학자 아르네 네스(Arne Nesse)가 이 모든 개념을 종합하여 '심층 생태학'이라는 개념과 용어를 개발했다. 네스는 간디의 비폭력 철학을 바탕으로 (인간과 비인간을 포함한) 모든 생명체는 그 자체로서 내재적인 가치를 지니며, 인간의 목적에 부합하느냐와 별개로 모두 번성할 권리가 있다고 주장했다(네스는 간디에 관한 책을 쓰기도 했다). 인구 증가는 다른 생명체들에게서 번성의 권리를 계속 빼앗고 있었다. 윤리적인 관점에서 이러한 침해를 중단해야 했다. 네스는 자원의 보존과 관리에만 집중하고 소수의 야생동물에게 필요한 지역의 보호를 등한시하는 '표층 생태학'을 심층 생태학으로 대체해야 한다고 주장했다. 심층 생태학은 인간을 다른 생명체보다 특별히 중요한 존재가 아닌 지구에 존재하는 전체 생태계의 일부로 보았다. 네스는 인간과 지구의 공존을 위한 최적의 인구로 1억 명을 제안했다.[59]

당시 등장한 생태학 관련 서적에 담긴 환경 철학과 윤리는 적어도 루드비히 클라게스와 알도 레오폴드까지 거슬러 올라가는 긴 역사가 있다. 그러나 일부 주장은 새로운 환경 의식과 새롭게 등장한 신좌파의 연결을 보여주었다. 단순한 경제적 가치가 아닌 인간적 가치를 추구하는 정치적 좌파 세력은 자본주의 진영과 소비에트 진영의 거대주의를 거부했다. 이들은 자신들이 지닌 반자본적·반기업적·반관료적 가치와 일맥상통하는 '녹색' 가치 혹은 환경적 가치에 매력을 느꼈다. 한 좌파 활동가는 "자연환경의 악화는 인간의 생산과 소비가 낳은 결과다. … 생산과 소비는 미국이든 소련이든 상관없이 모든 기술 사회를 지배한다"라고 말했다.[60] 생태학과 평화운동은 서로 연결되어 있으며, 평화주의자들은 인간이 국가 간의 평화뿐 아니라 지구와의 평화를 달성해야 한다고 주장했다.

이러한 연결을 가장 잘 보여준 사례는 국제적인 환경 활동 단체인 그린피스(Greenpeace)의 탄생이다. 그린피스는 미국의 알래스카 연안 핵실험을 저지하기 위하여 1969년 캐나다에서 결성되었다. 곧 국제단체로 발전한 그린피스는 간디식의 비폭력 행동에 바탕을 둔 시위와 기민한 국제 언론 활용을 바탕으로 전쟁 무기 실험이나 환경 파괴적 행동을 세상에 알리고 적극적으로 저지하는 활동에 집중했다. 그린피스가 진행했던 초기 활동으로는 1971~1974년 베링해와 남태평양에서 예정되어 있던 핵실험을 저지하는 시위가 있었다. 1975년부터는 고래 보호 활동을 시작했고, 그 외 북극 하프 바다표범 새끼 사냥, 무차별적 벌목, 원자력 사용, 해양 석유 시추, 독성 폐기물 유기 등 환경에 유해한 행위를 막기 위한 다양한 활동으로 범위를 넓혀갔다. 20세기 말에 이르자 그린피스는 30개국에 사무소를 보유한 전체 회원 600만 규모의 단체로 성장했다.[61] 한편 1970~1980년대에는 그린피스 외에도 수많은 환경 단체가 설립되었고, 이 단체들의 회원 수는 빠르게 증가했다.[62] 예를 들어 미국 3대 환경 단체의 회원 수는 1970년 28만 7,000명에서 1980년 61만 5,000명으로, 1991년에는 160만 명으로 증가했다.

환경 피해를 비교적 쉽게 특정할 수 있는 일부 분야에서는 환경보호주의가 괄목할만한 성공을 거두었다. 일례로 많은 국가와 지자체들이 대기오염 관련 규제를 도입하며 대기 질을 빠르게 개선했다. 런던의 경우 1920~2005년까지 대기 중 매연을 98퍼센트 줄였다. DDT를 비롯한 살충제의 국제적 사용 규제로 여러 조류의 개체 수가 회복되었다. 전 세계적인 포경 금지는 멸종 위기에 처해 있던 몇몇 고래 종을 소생시켰다.[63] 그러나 이러한 사안별 진전이 이루어진 것 외에 환경 철학은 국제적인 관심을 끌지 못했다. 특히 심층 생태학 등 급진적인 환경 철학은 비주류로 남았고, 체계적인 접근을 시도한 온건하고 실용적인 철학조차 무관심과 회의론에 맞닥뜨렸다.

로마 클럽이 내놓은《성장의 한계》에 비판을 제기한 1973년 영국 서식스 대학교의 연구와 1976년 미국 자원 공급 및 고갈 연구위원회(National Commission on Supplies and Shortages)의 연구는《성장의 한계》의 저자들이 한 가지 실수를 저질렀다고 지적했다. 바로 인구, 소비, 공해의 증가에는 가속도를 적용한 방면, 문제 해결을 위한 대응 기술의 발달에는 가속도를 적용하지 않았다는 사실이었다. 비판 연구를 내놓은 측은 공정 효율 개선, 오염 저감, 청정 기술, 재활용, (금속 대신 플라스틱을 사용하는 등) 대체물질 사용 등 인류의 기술적 대응이 인구와 소비의 증가 속에서도 인간의 환경적 영향을 감소시킬 수 있다고 주장했다.[64] 각국 정부는 이러한 입장을 바탕으로 1950년대 후반부터 하수 처리, 대기오염 저감, 폐기물 처리 등 중요한 분야에 다양한 신규 법안을 도입하여 성과를 냈다. 슈마허의 주장을 비판하는 이들은 그의 이론이 효율성 개선을 통한 생산 증가를 간과한 점을 지적하며, 효율성을 개선하면 자원을 적게 사용하면서도 생산을 늘릴 수 있다고 주장했다. 종합해보면 비판 진영의 주장은 간단했다. 바로 인류가 고도 근대화의 문제를 혁신과 성장을 통하여 해결할 수 있다는 얘기였다.

1960년대 말부터 1970년대까지는 실제로 다양한 주요 사안에서 혁신과 성장을 통한 문제 해결이 시도되었다. 9장에서는 그 시도에 대하여 살펴보자.

9장

먹고사는 문제 그다음에 :
전환적 현대

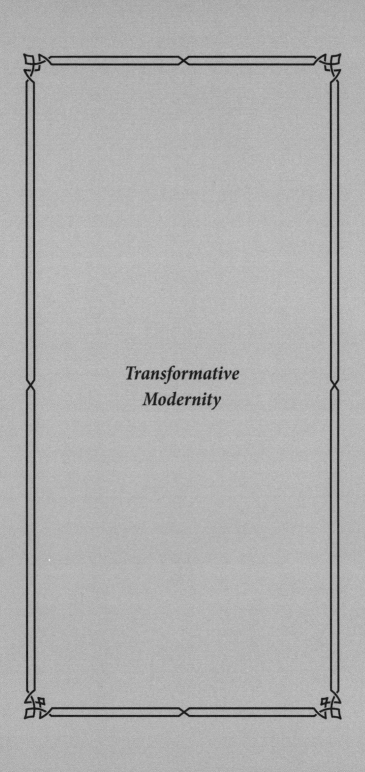

Transformative
Modernity

녹색 혁명, 한국에서 그 이상을 이루다, 1975~2000년

20세기로 접어드는 길목에서 우리는 엄청난 자본을 축적한 소수의 극히 부유한 국가들이 독점적 위치에 있는 상황을 본다. 선진국에서는 막대한 '과잉 자본'이 발생했다. 만약 자본주의가 현재 산업에 심각하게 뒤처져 있는 농업을 개발했다면, 놀라운 기술의 발전에도 불구하고 여전히 절반은 굶주리며 가난에 시달리는 대중의 생활 수준을 개선하려 했다면, 자본의 과잉은 애초에 발생하지 않았을 것이다.[1]

_레닌, 1917년

1950~1960년대의 거대 가속기는 분명 인류의 발전에 대한 큰 기대를 심어주었다. 그러나 1970년대 초에 접어들며 여전히 일부 지역에만 부가 집중되고 있다는 비판이 제기되었다. 더 개탄스러운 점은 이 국가들이 다른 지역을 착취하고 심한 경우 독재와 전쟁을 조장함으로써 부를 축적하고 있다는 사실이었고,

최악의 사실은 부유한 국가들에서조차 지속적인 성장과 번영의 모델이 흔들리고 있었다는 점이다. 무한성장을 가정한 발전 모델이 예전만큼의 경제적 성과를 내지 못하고 있는 가운데, 무한성장 모델은 환경적으로 지속 불가능하다는 비판이 제기되었다. 1970년대 이후 이러한 비판이 인기를 얻어가던 시점, 뜻밖의 일이 발생했다. 복지국가 구축과 개발을 추구하는 이들에게 다시금 기대와 희망을 심어준 새로운 개발 전략이 부상한 것이다. 이 전략은 상당 부분 '녹색 혁명'(Green Revolution)에 기반을 두고 진행되었다.

녹색 혁명은 1960년대 말~1970년대 초 사이 주로 아시아 지역 저개발국가의 농업 분야에 현대적이고 집약적인 농업 기술이 도입되며 나타난 혁명적 변화를 뜻한다. 이때 도입된 기술은 대부분 1950~1960년대 북대서양권과 일본에 도입되며 에이커당 식량 생산량을 비약적으로 증가시켰다. 녹색 혁명에는 비료와 살충제의 사용 확대, 기계화, 관개 정비, 새로운 농법에 적합한 종자 도입 등의 기술이 동원되었다. 이 '혁명'은 처음에는 주로 미국의 포드재단이나 록펠러재단 같은 북대서양권 자선단체의 지원을 받는 연구의 일환으로 시작되었는데, 나중에는 몇몇 정부도 지원에 나섰다. 국제 구호단체나 선진국 정부는 개도국 정부나 농부들에게 지원금이나 차관을 제공하여 비료와 농기계 구매를 돕고, 가격 지지를 통해 농부의 생산성 향상을 장려했다. 그런 의미에서 녹색 혁명은 전 지구적인 성격을 띠는 국제적인 사업이었다.

초기 사업은 록펠러재단의 후원으로 1943년 멕시코시티에 국제 옥수수 밀 연구소(International Wheat and Maize Improvement Center)를 개설하며 시작되었다. 1950년대에 이르러 이 연구소는 (1930년대 중반 홋카이도에서 육종되어 미국의 일본 점령 시기 미국으로 건너간 앉은뱅이 밀 등을 연구하여) 밀과 옥수수의 품종을 개량하고, 북대서양권 농업 생산성을 끌어올리는 데 큰 역할을 한 건조 평원과 초원 농업 기술을 개선했다. 이러한 연구 성과 덕에 1960년대 미국과 캐나다는 밀과 소고기의 거대 수출국이 될 수 있었고, 멕시코의 농업 생산량은 1940~1965년 사이 약 네 배 증가하여 식량 순수입국에서 순수출국이 될 수 있었다. 1985년 멕시코의 옥수수와 밀 생산량은 1940년과 비교하여 거의 열 배에 달했고, 농업용 트랙터 대수는 여섯 배, 비료 사용량은 350배에 달했다.[2]

1960년대 초에는 이 모델이 아시아로 확대되었다. 당시 인도는 폭발적으로 늘어나는 인구와 지지부진한 농업 생산성 개선으로 대규모 기근의 위협에 직면해 있었다. 자선 재단과 국제연합 기구, 각국 정부들은 아시아의 밀과 쌀 생산량을 끌어올리기 위해 농법 연구를 지원했다. 가장 중요한 사례는 포드재단과 록펠러재단의 후원으로 마닐라에 설립된 국제쌀연구소(International Rice Research Institute)였다.[3] 1960년대 말, 이 연구소는 생산성의 현격한 증대를 가능하게 할 쌀 품종 몇 가지를 개발했다.

녹색 혁명이 보여준 가능성은 1960~1970년대 아시아의 핵심 개발 전략이 되었다. 농업 생산성을 증진하면 대규모 기근의 위험을 예방할 수 있을 뿐 아니라 농업에 묶여 있던 인력을 산업에 투입하고 산업 개발을 위한 자본을 마련하여 자급적인 경제성장을 이룰 수 있다는 생각이 그 기저에 깔려 있었다. 대형 산업 시설이나 인프라 건설 사업 외에 농업 개발 사업에도 개발 원조를 투입하기 시작했다. 최근의 한 보고서가 말했듯 국제쌀 연구소는 '식량 분야의 맨해튼 프로젝트'였다. 1961년 한 개발 전문가는 이를 농업 개발을 통하여 "땅에 묶여 있던 농업 종사 인구를 공장으로 보내는 농업판 산업혁명"이라고 표현했다.[4] 아시아 국가들은 대형 산업 프로젝트보다는 농업 흑자를 창출하여 경제를 견인하려고 했다.

아마도 꽤 익숙한 접근법일 것이다. 사실상 아시아가 계획하던 농업 혁명은 다른 지역의 국가들이 1920~1930년대에 겪었던 것과 유사한 '농민 문제'의 새로운 해법이었다. 실제로 한 역사학자는 녹색 혁명을 두고 20세기 중반 개발론자들이 주도한 '농민 전쟁'의 일부라고 주장했다.[5] 경제적·정치적으로 고립되어 생활하는 자급자족형 빈농을 소규모 자영농, 자본주의 농부로 변신시켜 이들이 생산한 작물을 (산업 경제에 속해 있는 자국 내 도시나 다른 국가의 산업 중심지로) 수출하고, 농민들을 국가 정치 체계 안으로 편입시키는 것이 이 계획의 핵심이었다. 이는 농업으로 돈을 벌어 산업 역량과 정치적 통합을 구축하려는 전략이었다. 자본주의 정권이나 전문가들이 주로 추구한 전략이지만, 기본적으로 이와 유사한 전략을 선택한 사회주의 국가도 있었다. 탄자니아 독립 후 들어선 줄리어스 니에레레(Julius

Nyerere)의 '아프리카 사회주의' 정권은 500만 명에 이르는 농부들을 이주시키며 우대책과 강제력을 동시에 활용했다. 탄자니아는 생산적인 농업경제를 개발하겠다는 목표로 외딴 마을에 거주하는 농부들을 끌어모아 정부가 지원하는 대형 정착지로 이주시켰다.[6]

이 기술적 전략에서도 석유와 천연가스가 중요한 역할을 했다. 질소 비료의 원료가 되는 천연가스는 녹색 혁명의 가장 중요한 자원이었고, 석유에서 추출한 연료는 농업 기계화의 필수 요소인 필수적인 트랙터를 움직이는 데 꼭 필요했다. 석유를 연료로 하는 각종 교통수단은 식량을 생산 중심지에서 소비 중심지로 옮기는 세계 식량 시장의 발달에 핵심적인 요소였다. 정리하자면, 녹색 혁명의 중심에도 농민과 석유가 있었다. 다만 녹색 혁명은 1930년대 많은 국가가 추진했던 극단적인 정책에 비하여 좀 더 평화적인 대안을 택했다.

녹색 혁명은 냉전과도 밀접하게 연관되어 있었다. 배고픈 민중은 성난 민중이 되고, 성난 민중은 공산주의에 빠져들 가능성이 있었다. 서방 진영의 입장에서 녹색 혁명은 자본주의 경제 체제의 우월함을 널리 알리고 아시아 민중의 마음을 살 좋은 기회였다. 녹색 혁명이 성공한다면 제2차 세계대전을 불러온 경제 문제를 해결함과 동시에 냉전을 불러온 이념적 갈등도 종식할 수 있었다.

그러나 녹색 혁명은 시작부터 심각한 비판에 부딪혔다. 우선 녹색 혁명이 주로 활용하는 농법은 값비싼 비료와 살충제, 펌프와 트랙터 등을 필요로 하는 자본 집약적인 농법이었고, 작은 농장보다는 큰 농장에 유리할 수밖에 없었다. 수많은 소농과 빈농들이 경쟁에서 밀려날 것이라는 얘기였다. 궁극적으로는 그것이 목적이었지만, 경쟁에서 밀려나 농촌을 떠난 농부들에게 줄 수 있는 충분한 일자리가 없다는 것이 문제였다. 실제로 경쟁에서 밀려난 농부들은 도시로 몰려들었고, 이는 20세기 후반에 나타난 제3세계 거대도시 현상의 원인이 되었다. 도시의 사업가들은 이렇게 도시로 몰려든 빈농들을 값싼 불완전 고용 인력으로 활용했다. 녹색 혁명을 지지했던 이들도 이 과정에서 열린 판도라의 상자에 충격을 받았다. 개도국에서는 잘사는 이웃이나 도시의 투자자들에게 농장을 빼앗긴 가난한 농부들의 봉기가 잇따랐고, 멕시코, 사이공, 테헤란, 뭄바이 등의 도시에 형성된 거대한 빈민가에서는 빈곤과 폭력, 급진화가 나타났다. 속속 등장하는 거대도시의 공해 문제도 심각했다. 또한 녹색 혁명은 외부적 요인에 대한 농업 의존도를 높였다. (당연한 일이지만) 점점 더 많은 이들이 북대서양권 대기업이 판매하는 화학비료와 살충제 등에 의존했고, 이전에는 크게 상관없었던 석유와 천연가스의 가격에도 영향을 받았다. 1970년대 초에 발생한 1차 석유 파동에서 유가는 하늘 높은 줄 모르고 치솟았다. 다양한 상황이 겹치며 민주 정부의 실패를 불러오기도 했다. 1969년 파키스탄과 1971년 필리핀이 그 사례다.

비판론자들은 녹색 혁명의 농법이 지나치게 자본 집약적이고 근본적으로 지속가능성이 떨어진다는 점을 지적했다. 이들은 '고수확' 품종 생산에 추가로 투입되는 비료, 물, 농약, 살충제, 연료 등을 모두 고려하면, 새로운 품종이 기존 품종보다 생산성이 월등히 높은 것이 아니라고 주장했다. 고수확 품종에서는 천연 비료로 활용할 수 있는 짚과 껍질이 덜 생산되기 때문에, 장기적으로 보았을 때는 토양의 필수 영양소가 고갈될 위험도 있었다. 녹색 혁명 작물은 관개에 지나치게 의존했기 때문에 지하 대수층의 고갈 위험도 증가시켰다. 또한 기존 방식대로 다양한 품종을 경작하기보다 '개선된' 품종을 단일 경작하는 방식은 병충해나 질병에 더 취약했고, 이는 새로운 농약의 개발과 보급 의존도를 높일 수밖에 없었다. 한 비판론자는 녹색 혁명이 농부들을 단기적인 이익을 위하여 토양과 지하수를 약탈하는 "사실상의 도적"으로 바꿔놓았다고 지적했다. 몇몇 암울한 사례들은 이러한 두려움에 근거가 있다는 것을 말해준다. 1970년대 말 멕시코는 인구의 급속한 증가, 삼림 파괴와 토양 침식, 식량용 작물에서 수출용 작물로의 전환 등으로 다시 식량 수입국으로 전락했다. 이란에서는 건조한 기후와 얕은 토양에 적용한 농업 기술이 큰 결과들을 내지 못했고, 이에 실망한 농민들이 테헤란으로 몰려들며 추후 1979년 이란 혁명 발발의 핵심적인 요인이 되었다.[7]

그러나 단기적으로는 이러한 형식의 개발이 몇 가지 측면에서 성공을 거뒀다. 새로운 품종과 농법은 빠르게 전파되었고, 농업 생산성을 획기적으로 높이며 기아 문제를 해결했다. 1970년에는 아시아의 경작지 중 관개시설이 설치된 농지 비율이 4

분의 1이었다. 이 비율은 1995년 3분의 1로 높아졌다. 1970년 기준, 아시아 농부의 평균적인 비료 사용량은 헥타르당 50파운드(약 23킬로그램)였는데, 1995년에는 그 사용량이 400파운드(약 181킬로그램)로 증가했다.[8]

그 결과, 헥타르당 톤으로 따진 세계 주요 곡물 생산량은 30여 년 동안 계속해서 큰 폭으로 증가했다(표 9.1). 단 40년 만에 태국, 인도, 인도네시아, 브라질, 멕시코, 아르헨티나, 방글라데시, 버마(현재의 미얀마), 독일, 프랑스, 미국의 에이커(혹은 헥타르)당 주요 곡물 생산량은 두 배 증가했다. 중국의 쌀 수확량은 세 배 증가했고, 이집트의 옥수수 수확량은 세 배 이상 증가했다.

식량 생산량의 급속한 증가는 남아시아와 동아시아를 '인구폭탄'으로 인한 기근의 공포에서 벗어나게 했다. 뿐만 아니라 현지의 국민이 매일 평균적으로 섭취하는 열량을 높였다. 평균 열량 섭취량은 인도에서는 15퍼센트, 중국과 동남아시아에서는 33.5퍼센트 증가했다.[9] 1970년 말, 인도는 다시 쌀 수출국의 반열에 올라설 수 있었다. 1940년대 초 이후 처음이었다. 1980년대 말 태국의 쌀 수출량은 1960년대 중반의 네 배가 되었다. 물론 이들 국가가 미국이나 캐나다, 호주처럼 곡물 주요 수출국이 된 것은 아니지만, 불과 얼마 전까지 기근을 걱정했던 상황을 생각하면 놀라운 변화였다. 폴 에얼릭은 1968년 "전 인류를 먹여 살리려는 투쟁은 이제 때를 놓쳤다. 지금 어떤 집중 정책을 도입한다 해도 1970년대에는 수억에 이르는 사람들이 굶주림으로 죽어갈 것이다. 이미 늦어버린 지금, 앞으로 닥쳐

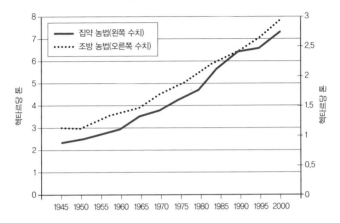

표 9.1_ 주요 곡물의 평균 수확량, 1945~2000년.
집약 농법과 비교하여 조방 농법은 비료, 노동력, 자본의 투입이
상대적으로 적고, 더 넓은 토지와 기계화를 활용한다.

올 세계 사망률의 급격한 증가를 막을 수 있는 것은 아무것도 없다"라고 경고했다.[10] 에얼릭의 예측은 몇 년 만에 틀린 것으로 판명 난 셈이다.

1971년 즈음, 녹색 혁명 전략은 공식적인 정책으로 활용할 수 있을 만한 충분한 모멘텀을 모았다. 정부와 비정부기구, 국제연합이 협력단을 구성하고, OECD와 세계은행이 세계 곳곳의 연구 기관의 지휘를 맡았다.[11] 이러한 전환은 개발 정책 전반의 방향을 바꿔놓았다. 이제 세계 개발 정책은 저개발국 국민을 위한 영리 추구 기회를 제공하고, 이들이 기업가 정신을 발휘할 수 있도록 '인적 자본'을 개발하는 데에 집중했다. 그 결과, 1970년대 말로 접어들며 많은 '저개발' 국가들이 농업 생산량뿐

아니라 산업과 상업 분야에서도 빠른 성장을 보이기 시작했다.

이러한 성장이 모든 지역에서 나타나지는 않았다. 1982년 경제 위기를 겪은 남미 국가들은 대부분 2000년까지 그 여파에서 완전히 벗어나지 못했다. 미국의 1인당 GDP 대비 브라질의 1인당 GDP 비율은 1980년 31퍼센트를 살짝 밑도는 수준으로 고점을 찍은 후, 2000년 22퍼센트까지 서서히 하락했다. 이는 1957년 수준이었다. 서아프리카의 나이지리아와 세네갈은 1950년 10퍼센트에서 시작해 2000년 4.5퍼센트까지 지속적으로 하락했다. 동유럽은 2000년대 초반에 이르러 공산주의 붕괴가 불러온 경제적 타격을 회복했다.

아시아 국가 중에는 다른 양상을 보인 곳이 많았다. 특히 대만과 한국의 사례는 놀라웠다. 두 국가는 주요 산업국으로 성장했고, 2000년에 이르러 일본, 서유럽, 미국의 1인당 GDP를 상당 부분 따라잡았다(표 9.2). 이 정도의 성장을 거둔 나라는 그리 많지 않았고, 아시아의 다른 국가들은 오늘날에도 국민소득이 그 절반 수준에 머물러 있다. 그러나 성장률을 보면 태국, 인도, 인도네시아, 중국의 1인당 소득의 증가율은 1970년대 이후 꾸준히 북대서양권을 앞서왔다. 터키와 이집트도 마찬가지였다. 1990년에 이르자 필리핀, 나이지리아, (남미 전체가 아니라) 브라질과 칠레, 동유럽 대부분 국가의 1인당 소득은 미국, 서유럽, 일본보다 빠르게 증가했다. 당시 선진국의 성장 둔화가 일어난 것도 사실이지만, 어쨌든 역사적으로 부진하던 저개발국가들이 연간 2퍼센트 이상의 건강한 1인당 소득 증가를 이

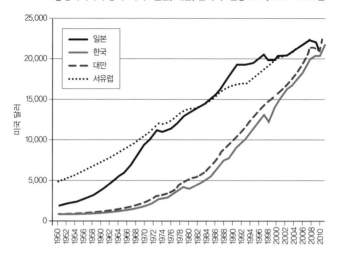

표 9.2_ 동아시아의 경제 '기적': 일본, 대만, 한국의 1인당 GDP, 1950~2010년

뤄내고 있다는 점은 주목할 만했다.

대만이나 한국의 사례보다 더 놀라운 것은 거대하고 빈곤했던 세 국가, 인도, 인도네시아, 중국의 성장이었다(표 9.3). 1950년대에서 1970년대 말까지 이들 세 국가의 1인당 소득은 서유럽과 비교할 수 없는 수준이었다(석유 호황으로 평균 소득이 증가한 인도네시아는 예외였지만, 이는 빈곤 완화에 큰 도움을 주지 않았다). 그러나 1980년대에 각국의 성장은 속도를 내기 시작했다. 인도와 중국은 1990년대 말 찾아온 아시아 금융 위기의 영향을 아주 크게 받지 않았지만, 타격을 받은 인도네시아의 경우 2005년에 위기를 극복할 수 있었다. 이 국가들은 2010년에 이르러서도 여전히 서유럽 평균 소득의 6분의 1~ 3분의 1 수준

표 9.3_ 진정한 개발: 서유럽 1인당 소득 대비 세 아시아 국가의 1인당 소득 비율,
1950~2010년

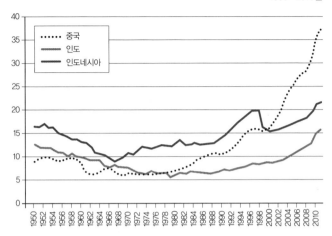

으로 빈곤했다. 그러나 이들의 경제성장 속도는 놀라웠다.
2000~2010년까지 인도네시아의 1인당 소득은 연평균 4퍼센트
에 조금 못 미치는 정도로 성장을 지속했고, 인도의 경우 6퍼센
트씩, 중국의 경우 무려 9퍼센트씩 증가했다. 이는 1950~1960
년대 서유럽이 보였던 '경제 기적'과 견줄만한 성장률이었다.
중국이 1990~2010년까지 보여준 성장은 일본이 1950~1970
년까지 보여주었던 놀라운 성장과 거의 일치했다.

전반적인 성장의 기세는 놀라웠다. 1990년경 많은 국가가
'경제 기적' 혹은 '거대 가속기'에 선진국들이 몇십 년 동안 이루
어 놓은 1인당 GDP를 따라잡고 있었다. 이러한 성장은 주로
동아시아를 중심으로 나타났지만, 1960~1970년대에는 터키,

태국, 이집트가 서유럽의 1인당 소득을 추격했다.

　일부 국가의 성장이 난관에 부딪히기도 했다. 가장 안타까운 사례는 이란과 이라크였다. 두 국가는 1960~1970년대 빠른 1인당 소득 증가를 경험했으나 양국 모두 무기 구매에 막대한 돈을 지출했다. 양국의 무기 수입 증가는 미국, 소련, 프랑스 등의 무기 수출 호황을 불러왔다.[12] 이란과 이라크는 1980년을 시작으로 무려 8년 동안이나 인해전술과 도심 미사일 폭격 등을 동원한 격렬한 전쟁을 벌였다. 전쟁이 끝난 1988년, 양국의 소득 수준은 1977년의 절반 수준으로 떨어졌다. 이라크의 경우 1990년 쿠웨이트 침공으로 미국과 다시 걸프 전쟁이 일어나면서 그나마 남아 있던 국민소득마저 거의 증발했다. 1995년 이라크의 국민소득은 평균적으로 1980년의 7분의 1 수준으로 떨어졌다. 1980년대 말부터 끔찍한 내전에 휘말린 알제리는 국민소득에 있어 큰 타격을 받았다. 1995년의 조사에 따르면, 알제리의 국민소득은 20년 전 수준으로 돌아가 있었다. 1990년대 르완다와 콩고에서도 전쟁과 학살이 벌어지며 그동안의 경제성장은 모두 물거품으로 돌아갔고, 수백만 명의 국민이 목숨을 잃거나 빈곤의 나락으로 떨어졌다.

　전쟁 외에도 성장의 걸림돌은 있었다. 앞서 언급한 바와 같이 남미 주요 국가들은 1980년대 초 경제 위기로 큰 타격을 받았고, 국민소득은 그 후 약 20년 동안 제자리에 멈춰 섰다. 동유럽 구공산권 국가들의 회복에도 비슷한 시간이 소요되었다(표 9.4).[13] 당시 다른 지역의 경제는 대부분 성장 중이었기 때문

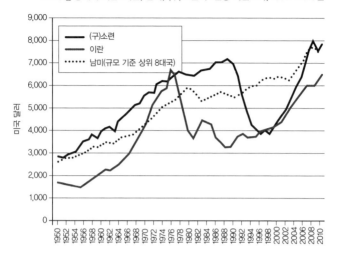

표 9.4_ **경제적 재난: 이란, 남미, (구)소련의 1인당 국민소득, 1950~2010년**

에 남미나 동유럽의 상황은 상대적으로 더 심각하게 느껴졌다.
2010년 동유럽 전체와 구소련의 소득 수준은 1950년대 서유럽
보다 낮은 수준이었다. 1980년 남미에서 가장 큰 8개국의 소득
수준은 서유럽의 42퍼센트였는데, 경제 위기 발생 20년 후인
2003년에는 최저점인 30퍼센트까지 떨어졌다. 이란의 경우
1976년 기준 서유럽의 53퍼센트였는데, 1989년 최저점인 20퍼
센트를 찍고 다시 상승했다.

2000년대에 접어들자, 이 국가들 대부분은 회복세를 보이며
유럽의 생활 수준을 따라가기 시작했다. 여러 이유가 있었지만
그중 하나는 냉전의 종료다. 냉전이 종료되며 중동을 제외한 제
3세계 국가의 무기 수입은 상당 부분 감소했다. 2001년 기준

제3세계의 무기류 총 수입액은 물가상승률을 감안해 비교했을 때 약 25년 전보다 낮았다. 일부 아시아 국가와 이란, 이라크 및 주변국이 거액을 들여 최신 무기를 수입하면서 총 수입액이 다시 상승했지만, 냉전의 종식은 대부분의 제3세계 국가에 다른 생산적인 일에 투자할 수 있는 상당한 액수의 '평화 배당금'을 안겨주었다.[14]

국제 무기류 거래의 감소는 1990~2000년대에 전 세계적으로 나타난 광범위한 군축 현상의 일부였다. 사하라 이남 아프리카에서는 GDP 대비 군사 지출이 1989~2012년 사이 3분의 2 감소했다. 이 정도까지는 아니지만 다른 국가들도 군사 지출을 축소했다. 남미 국가들의 경우 GDP 대비 군사 지출을 3분의 1가량 축소했고, 동유럽의 경우 4분의 1(폴란드)에서 4분의 3(루마니아)까지 감축했다. 서유럽은 40퍼센트, 미국은 3분의 1 줄어들었고, 러시아의 경우 훨씬 더 큰 폭으로 감소했다. 2010년대 러시아 연방의 GDP 대비 군사 지출은 소련이 냉전 막바지에 지출하던 규모의 6분의 1 수준이었다. 1990년대 세계 GDP 대비 군사 지출은 40퍼센트 감소했다가 2000년대에 다시 소폭 상승했다. 2013년 기준 세계 GDP 대비 군사 지출은 냉전 마지막 해였던 1988년의 3분의 1 수준이었다.[15]

정리하자면, 세계 대부분의 지역에서 소득이 증가하고 높아진 소득에서 군사비용으로 지출되는 비중은 감소하고 있었다. 군비로 지출되던 돈을 이제 생활 수준 개선을 위한 각종 소비 내구재에 투자할 수 있었다.

그 대표적인 상품은 바로 자동차일 것이다. 자동차 보유 비율은 물론 북대서양권과 일본이 다른 지역을 훌쩍 앞섰지만, 1990~2000년대에는 개발도상국에서도 자동차가 날개 돋친 듯 팔려나갔다. 2000년 기준 브라질, 터키, 태국의 경우 국민 9명 중 1명이, 멕시코의 경우 6명 중 1명이 자동차를 소유했다. 최빈국의 경우 차량 소유는 여전히 예외적이어서, 인도의 차량 소유자 비율은 1.4퍼센트, 중국은 1.2퍼센트였다. 그러나 1980년과 비교해보면 2000년 이들 국가의 차량 보유 대수는 거의 아홉 배 증가한 수치였다. 제2차 세계대전 이후 이 정도로 빠르게 증가한 지역은 1960~1980년 사이 일본이 유일했다. 일부 개도국은 자동차의 주요 생산국으로 발돋움했다. 일례로 2009년에 이르자 중국의 자동차 생산 대수는 미국을 능가했다. 전화 보유율 또한 비슷한 패턴을 보였다. 유럽, 미국, 일본의 보유율이 월등히 높은 가운데 개발도상국들이 빠르게 따라오는 패턴이었다. 1980년에는 브라질 국민 16명 중 1명이 전화를 보유한 반면, 2000년에는 5명 중 1명이 전화를 보유했다. 중국의 경우 1980년 500명 중 1명이었던 비율이 2000년에는 9명 중 1명이었다. 터키의 경우 25명 중 1명에서 4명 중 1명으로, 이집트의 경우 80명 중 1명에서 9명 중 1명으로 전화 보급이 늘어났다. 라디오, 냉장고, 세탁기 등 다른 소비 내구재들도 유사한 패턴을 보이며 빠르게 보급되었다.[16]

이러한 내구재 보유율은 서유럽이나 일본이 월등히 높았고, 이 지역의 자동차나 전화 보유율은 대개 50퍼센트를 넘었다.

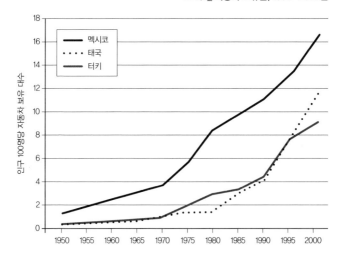

표 9.5_ **자동차 보유율, 1950~2000년**

그러나 브라질이나 이집트의 평균 가족 구성원 수는 서유럽의 평균 1.5배였다. 이 점을 고려하면 가정 내에서 소비 내구재를 사용할 수 있는 사람의 수는 훨씬 많았을 것이고, 보유 비율의 실제 차이도 생각보다 적었을 가능성이 크다.

소비재를 수입하던 국가 중 상당수가 직접 생산에 나서기 시작했다. 1980~1990년대에는 '저개발' 국가의 산업화가 빠르게 진행되었다. 이러한 경향을 잘 보여주는 지표는 바로 철강 생산량의 변화다(표 9.6). 1950년대에는 서유럽과 미국이 세계 철강의 4분의 3을 생산했다. 그러나 1990년대에는 그 비율이 3분의 1로 줄어들었다. 소련의 생산량은 한때 서유럽과 미국에 근접했으나 1989년 이후 급격히 감소했다. 2000년에 들어서는 중

표 9.6_ 세계 철 및 강철 생산, 1950~2000년

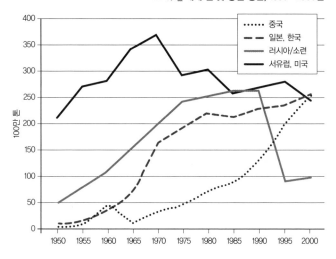

국, 한국·일본, 미국·서유럽이라는 3대 지역이 거의 동일한 양의 철강을 생산하며 세계 철강 생산 중심지로 자리 잡았다. 그러나 1980년대를 시작으로 세계 철강 시장의 주요 생산자가 아닌 국가들도 자국 내 사용을 위하여 생산량을 늘렸다. 2000년 기준 터키의 철강 생산량은 중국의 7퍼센트에 불과했지만, 1980~2000년 사이 생산 증가율 자체는 중국보다 높았다. 2000년경에는 인도와 브라질은 주요 철강 생산국으로 자리 잡았다. 특히 브라질의 경우 미국 생산량의 3분의 1 정도를 생산하여 유럽의 어느 단일국보다 더 많은 철강을 생산했다.

이 모든 변화는 개발도상국의 주요 수출품 구성을 원료 및 자원 위주에서 공산품 위주로 크게 변화시켰다. 1990년대에 들

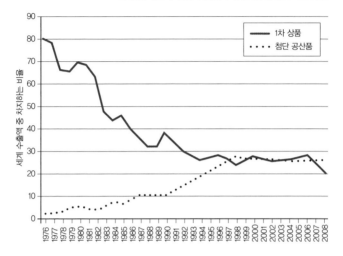

표 9.7_ 개도국 진영 수출품의 구성 변화, 1976~2008년

어 컴퓨터나 정밀 기기를 비롯한 첨단 제품을 수출하는 개도국
도 등장했다(표 9.7). 세계무역에서 공산품이 차지하는 비중은
1937년 3분의 1에서 1950년 5분의 2, 1973년 5분의 3, 2000년
에는 4분의 3으로 증가했다.[17]

　1980년 이후 개도국들이 다른 개도국들과 교역망을 구축하
기 시작하면서 세계무역 분포를 크게 바꿔었다. 1980년에는 이
러한 '남남' 거래가 세계무역의 8퍼센트를 차지하는 데 그쳤으
나, 2011년에 26퍼센트로 증가했다. 개도국들은 1980년에 세
계경제 생산의 33퍼센트, 세계무역의 25퍼센트를 차지했으나
2010년에는 경제 생산의 45퍼센트, 무역의 47퍼센트를 차지
했다. 2013년 유엔개발계획(United Nations Development Program,

UNDP) 보고서의 표현대로, 1980년 이후 약 30년 동안 세계의 경제 권력은 "급격한 균형 조정"을 거쳤다.[18]

1970년대 후반 이후 세계경제의 중요한 특징은 연결의 강화였다. 이러한 경제적 연결은 무역뿐 아니라 산업 생산의 '다국적화'를 통해서도 이루어졌다. 상품 생산의 다양한 공정이 필요한 조건에 따라 각각 다른 나라에서 진행되는 경우가 빈번했다. 연구, 디자인, 상품 관리 등은 고학력 인력이 많은 선진국에서, 기본적인 부품의 생산은 원자재가 풍부하고 인건비가 싼 국가에서, 최종적인 조립은 기계화가 잘 진행되고 숙련 노동자와 부유한 소비자층이 존재하는 국가에서 이루어지는 식이었다. 가전제품 산업은 이러한 생산의 다국적화를 보여준다. 개인용 컴퓨터는 1980년대 초 캘리포니아에서 탄생했다. 1990년에 이르자 컴퓨터 산업은 태평양을 사이에 둔 캘리포니아, 일본, 대만, 한국, 필리핀, 중국(추후 합류) 등 다양한 국가가 연구, 디자인, 관리, 생산, 조립, 마케팅 등을 각각 담당하는 다국적 산업이 되었다.[19] 더 단적인 사례는 자동차 산업이다. 1990년대에 생산되던 포드자동차 주력 모델의 부품 제조와 조립은 모두 3개 대륙 15개 국가에서 나누어 이루어졌고, 2000년대 독일 폭스바겐 자동차의 부품 생산과 조립이 십여 개 국가에서 나누어 이루어졌다. 관세와 운송비의 하락, 세계 곳곳에서 이루어진 각종 인프라의 건설 확대, 산업 공정의 자동화(로 인한 기술적 필요 감소), 통신망의 효율화 등이 1970년대 중반부터 이러한 생산 분업을 확대할 수 있게 했다.[20]

이 모든 것은 제2차 세계대전 이후 약 25년간 이루어진 세계 에너지 산업의 변화 덕에 가능했다. 제2차 세계대전 이전에는 선진 산업국의 대기업들이 세계의 전력 생산을 지배했다. 멕시코의 전력 발전은 캐나다, 영국, 미국의 기업이, 러시아의 전력 발전은 프랑스, 벨기에, 독일, 스위스 기업이, 칠레와 아르헨티나의 전력 발전은 영국과 독일 기업이 지배하는 식이었다. 이익 창출을 최우선으로 하는 전력 기업들은 주로 거대기업들이 운영하는 산업 시설이나 원자재가 수출되는 항구 도시를 위주로 전력을 공급했다. 최근 한 연구에서는 이러한 현상을 "선별지역 전력공급"이라고 지적했다. 그러다 1940년대 말부터 1960년대까지 여러 국가에서 국유화가 이루어지며 전력의 생산과 배급의 결정권이 다국적 기업에서 정부로 넘어왔다. 국유화는 남아프리카(1948년), 중국(1949년), 스페인(1949년), 아르헨티나(1958년), 쿠바(1960년), 이집트(1961년), 멕시코(1962년), 칠레(1965년)에서 진행되었다.[21] 공공의 영역으로 넘어온 전기 발전과 배급은 비용과 효율보다는 소비자의 필요와 내부적인 개발 우선순위에 중점을 두고 이루어졌다. 경제발전과 국민의 생활 수준 개선을 위하여 전력을 공급하는 것은 신생국들의 주요 임무가 되었다. 한 역사학자의 표현을 빌자면, 그렇게 "거대 댐의 시대"가 시작되었다. 대표적인 예는 이집트 개발 계획의 중심에 있었던 아스완댐이다. 1970년 완공된 아스완댐은 1974년에 이르러 이집트 전체 전력의 53퍼센트를 공급하는 역할을 했다. 20세기 말까지 전 세계에는 총 4만여 개의 대형 콘크리트 댐이 건설되었다. 1960년대와 1970년대에 건설된 거대 수력발전소들은 저개발국가 에너지 인프라의 핵심이었다. 1985년을 기준으로 수력발전은 미국, 일본, 소련, 북서유럽 전체 전력 생산의 10~13퍼센트만을 차지했지만, 중국과 멕시코에서는 수력발전이 차지하는 비율이 약 4분의 1이었다. 인도의 경우 그 비율이 더 높아 3분의 1을 차지했고, 남아프리카는 4분의 3, 자이르(현재의 콩고)는 거의 100퍼센트였다.[22]

원자력발전은 주로 유럽과 미국에 집중해 있었기 때문에 당시 세계경제 패턴을 바꾸는 데 그리 큰 역할을 하지 못했다. 그러나 20세기 말까지 30개 국가가 450개의 원자로를 건설했고, 아시아(일본, 중국, 한국, 인도에 집중)는 북미보다 더 많은 수의 원자로를 소유했다.[23]

1975년 이후 그 성장세는 조금 둔화했으나 전력 생산은 계속 확대되었다. 인도의 전력 생산량은 1955~1975년 사이에 여덟 배, 1975~11995년 사이에 다섯 배 증가했다. 브라질의 경우 1950년~11975년 사이에 열 배, 1975~12000년 사이에 다섯 배 증가했고, 중국의 경우 1945~1965년 사이에 열네 배, 그 후 1995년까지 다시 열네 배 증가했다. 1975년 유럽과 북미의 전력 생산량은 아시아태평양 지역의 약 2.5배로 비슷했다. 그러나 2000년에 이르러 (일본, 한국, 대만, 호주를 제외하고) 역사적으로 빈곤한 쪽에 속했던 아시아태평양 지역의 대형 국가가 생산하는 전력량은 서유럽의 85퍼센트에 달했다.

이러한 경제적 변화의 큰 패턴을 가장 잘 보여주는 사례는 사하라 이남 아프리카 지역이다. 이 지역은 지구상에서 가장 빈곤한 지역이었고, 1945년부터 1990년대 중반까지 경제성장이 거의 정체했다. 그러나 2010년대 초반에 이르자 아프리카는 한 보고서가 표현했듯 "전진하는 대륙"이 되었다. 무역 거래량 증가, 2000년 이후 외국인 직접투자 네 배 증가, 군비지출 대폭 감소, 중국과의 무역 및 투자 관계 강화를 통한 '행복한 시너지'로 아프리카는 놀라운 경제적 성과를 달성했다. 30년 가까이 제자리걸음 혹은 감소를 거듭하던 1인당 국민소득은 2000~2010년 사이 매년 약 6.5퍼센트씩 성장했다. 한 가지 결정적인 요인은 중국, 인도, 브라질 등 신흥 산업국의 수요가 늘며 아프리카가 수출하는 석유, 우라늄, 금속류, 목재 등 원자재 가격이 상승한 것이었다. 2012년에는 아프리카 대륙에 거주하며 광산업, 건설업, 농업, 은행업 등 다양한 산업에 종사하는 중국인의 숫자가 무려 100만 명에 달했다. 중국과 아프리카의 관계는 '남남' 경제 협력 확대의 전형적인 사례라고 볼 수 있다.[24]

UNDP가 2013년 보고서에서 "남반구의 대변화"라고 표현한 경제적 변화는 이미 1990년부터 시작되었지만, 빠르고 갑작스러운 변화의 규모를 세계가 파악하기까지 꽤 오랜 시간이 걸렸다. UNDP의 1999년 보고서와 2013년 보고서를 비교해보면 인식의 지체를 한눈에 알 수 있다. 1999년 보고서의 내용은 시종일관 어둡다. 보고서는 (상위 20퍼센트가 세계 GDP의 86퍼센트를 가져가는) 국가 간 소득 격차의 심화, 다국적 거대기업의 부상과 세력 강화, 혁신의 불균형, 국제 금융의 불안정성, 복지국가의 위기, 기업 구조조정과 인수합병으로 인한 경제적 불안, (죽음의 위기에 처한 감염자 3,300만 명 중 대부분이 최빈개도국에 몰려 있고, 매년 600만 명이 새롭게 감염되고 있는 '가난한 자의 병') HIV·에이즈의 확산, 미디어와 엔터테인먼트 사업의 글로벌화에 따른 '문화적 위협'('외국 문화의 대습격'), 조직범죄의 국제적 확산('국제화를 적극 활용하는 범죄자들'과 세계무역의 8퍼센트를 차지하는 불법 약물 거래), 환경 훼손, 경쟁의 심화로 인한 공공 및 민간 부문에서의 배려 약화, 경쟁의 압력으로 인한 국가의 감세와 여성 인력의 유급 노동 편입 등을 문제로 지적했다. UNDP는 많은 빈곤국에서 기대수명이 상당 부분 높아진 점, 깨끗한 물에 접근할 수 있는 인구가 두 배 증가한 점, 1인당 세계 식량 생산량이 25퍼센트 증가한 점은 1990년대에 나타난 발전적 변화로 꼽았으나 보고서 대부분은 실패와 불평등, 예외에 관한 내용이었다.[25]

반면 2013년 보고서는 낙관으로 가득했다. 세계 소득 분배는 여전히 불평등했으나 선진 산업국보다 개도국의 1인당 국민소득이 더 큰 성장세를 보이며 조금씩 해소되었다. 2000~2012년까지 사하라 이남 아프리카의 1인당 국민소득은 약 3분의 1 증가했다. 많은 국가에서 소득 불평등 자체는 심화했으나 경제가 전반적으로 성장하면서 평균적인 보건과 교육의 수준이 상승했다. (경제력뿐 아니라 보건, 교육을 모두 고려하여 도출하는) 인간개발지수(Human Development Index)로 측정한 불평등 정도는 소폭 감소했다. 인구 중 극빈곤층의 비율은 1990년 43.1퍼센트에서 2008년 22.4퍼센트로 감소했다. 세계의 교육 이수율은 초등교육, 중등교육, 고등교육, 대학 등 모든 수준에서 더 평등해졌다. 인터넷에 접근할 수 있는 인구 비율의 국가적 차이가 감소했고, 저개발국에서도 점점 더 많은 기술혁신이 등장했다. 이 모든 변화는 전 세계적인 차원에서 '결핍의 유례없는 감소와 인간 역량의 확대'를 불러왔다.[26]

물이 반쯤 담긴 잔을 보고 각자가 다르게 판단하듯, 같은 상황을 두고 혹자는 1999년에는 절반이 비었다고, 또 혹자는 2013년에는 절반이 차 있다고 본 것일 수도 있다. 현재 상황을 보자면, 국가 간 불평등은 완화하고 있지만 국가 내의 불평등은 심화하고 있다. 특정 자원의 수요가 늘며 일부 저개발국이 침체의 늪에서 빠져나오고 있지만, 중국의 경기가 둔화하면 자원 수출에 의존하는 국가의 경제와 사회가 지닌 구조적 취약성이 다시 드러날 수도 있다. 세계 GDP 대비 군비 지출은 감소 중이지만, 여전히 그 규모는 어마어마하다. 그러나 낙관적인 측면을 보자면 또 다르다. 1980년대 초 부채 위기 이후 약 30년간 많은 저개발국가가 회복했고, 1990년대 후반부터는 가속화된 경제 성장을 경험했다. 2000~2010년 사이 저개발국의 채무 이자는 절반가량 줄어들었다. 남아시아의 이자 비용은 2분의 1, 남미의 이자 비용은 3분의 2 감소했으며, 2000년에는 GDP의 4.1퍼센트를 채무 이자로 지출하던 사하라 이남 아프리카 지역도 2009년에는 1.2퍼센트만을 이자로 지출했다.[27]

1970년대 중반 이후 진행된 '진정한 개발'이 상대적으로 성공을 거둘 수 있었던 것은 당시 더 큰 차원에서 나타나고 있던 두 가지 흐름 덕분이었다. 우선 1975년 무렵부터 세계경제의 상업적 혁신의 중심은 서서히 아시아로 옮겨오고 있었다(표 9.8). 2010년이 되자 중국, 한국, 일본에서 출원된 특허 건수의 합이 미국과 서유럽의 두 배를 넘어섰다. 이러한 성장을 불러온 가장 큰 요인은 엄청난 고등교육 투자에서 찾을 수 있다(표 9.9). 일부 아시아 국가들은 제2차 세계대전 이전부터 고등교육에 많은 투자를 했고, 제2차 세계대전 종전 후에는 (이러한 문제에서 언제나 예외적인 위치를 차지하는 미국을 제외한) 세계 거의 모든 국가의 고등교육 이수 비율을 빠르게 추월했다. 2000년에 이르러 태국과 터키의 인구 대비 학생 수는 서유럽 수준과 유사해졌다. 멕시코와 브라질은 서유럽 수준에 빠르게 근접하고 있었고, 한국, 일본, 대만은 두 배 수준이었다. 중국의 경우 인구 대비 학생 수는 서유럽의 5분의 1 수준이었지만, 인구가 워낙 많았기 때문에 대학생 수 자체가 영국, 프랑스, 이탈리아, 독일을 합한 것보다도 많았다. 고등교육 이수자가 증가하며 전문적인 교육을 받은 기술 인력이 빠르게 증가했다. 이집트의 경우 1952년에는 현직 연구 인력이 1,392명이었는데, 1973년에는 1만 655명으로 증가했다.[28] 대학교육의 급격한 증가는 많은 국가에서 이루어진 초중등교육의 대대적인 확대와 연관되어 있었다. 한국의 경우 1960년에는 청년 중 29퍼센트만이 '고등학교'라고 불리는 중등교육기관에 진학했지만, 1980년대에 이르러서는 고등학교 진학률이 90퍼센트를 상회했다.[29]

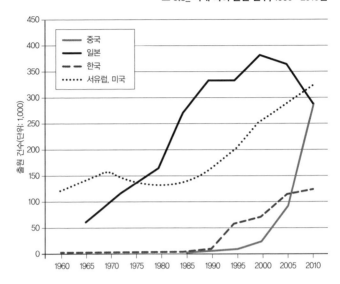

표 9.8_ **국내 특허 출원 건수, 1960~2010년**

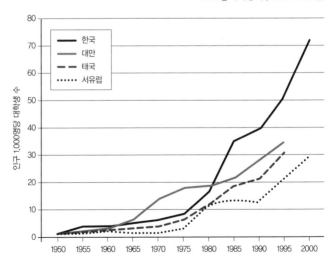

표 9.9_ **대학생 수, 1960~2012년**

'진정한 개발'을 가능하게 한 두 번째 요인은 1970년대를 시작으로 저개발국가에서 나타난 출산율 저하와 기대수명 증가다 (표 9.10, 표 1.7 참조). 2010년에 이르러 사하라 이남 아프리카를 제외한 세계 대부분 지역의 인구 증가율이 0에 수렴하는 가운데 기대수명은 거의 70세에 근접하게 증가했다. 1965~1970년에 최고점을 찍은 세계 인구 증가율은 그 후 절반 수준으로 줄어들었다.[30] 처음 몇십 년간은 빠른 인구 증가와 높은 사망률이 1인당 국민소득의 증대를 가로막았다. 최근 30여 년 동안 일어난 출산율 저하와 건강상태 개선은 생산성 향상이 생활 수준 향상으로 이어질 수 있게 했다. 한국이 좋은 사례다. 1950~1967년까지 한국의 1인당 소득은 서유럽의 17퍼센트 수준에서 정체되어 있었다. 이후 한국의 소득은 빠르게 증가했고, 2010년에 이르러서는 서유럽에 근접했다. 이러한 변화를 가능하게 한 것은 노동이 가능한 성인 인구 비율의 증가였다. 1973년에 32.7퍼센트였던 한국 성인 인구의 비율은 1998년에 43퍼센트로 증가했고, 서유럽의 경우 같은 기간 비슷한 수준을 유지했다.[31] 아시아의 많은 국가와 마찬가지로, 한국의 출산율 저하 또한 부분적으로는 정부 정책의 결과였다. 한국 정부는 1966년을 '가족계획의 해'로 선포했고, 1968년에는 가족계획어머니회를 통해 피임약을 보급하기도 했다.[32]

두 요인은 개도국, 그중에서도 특히 아시아 국가들이 북대서양권 국가들과의 격차를 좁히게 해주었다. 2010년에 이르러 아시아 국가들은 북대서양권 국가들이 19세기 중반에서 20세기

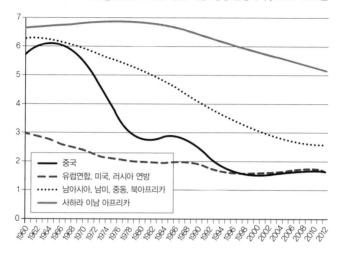

표 9.10_ 출산율의 수렴: 성인 여성 1명당 출생아 수, 1960~2012년

중반까지 선발주자로서 지녔던 이점을 거의 따라잡는 변화의 과정을 시작했다. 시간이 흘러 2040년경이 되면, 1960년대까지 계속 커지기만 했던 선발주자들의 이점이 이후 세 세대 동안 점점 상쇄되어 무의미해졌다는 평가가 나올지도 모르겠다. 2015년을 기준으로 볼 때, 변화의 과정은 약 절반 정도까지 온 것으로 보인다.

불편하고 불안했던 사람들의 세력: 신우파, 1968~2000년

이슬람 공화국과 입헌군주국 또는 일반 공화국의 근본적인 차이는 뚜렷하다. 입헌군주국이나 일반 공화국에서는 군주 혹은 국민의 대표가 입법을 주관한다. 그러나 이슬람 공화국에서 법을 제정할 입법적 권한과 능력은 오직 전능한 알라에게 있다.[33]

_아야톨라 루홀라 호메이니(Ayatollah Ruhollah Khomeini), 1970년

자유는 하나님의 축복을 간절히 구하고 겸허히 받아들이는 곳에서만 번성할 수 있다. 미국이 행한 민주주의라는 실험은 바로 이 통찰을 바탕으로 한다. 민주주의의 발견은 '하나님의 통치를 받지 않는다면 폭군의 통치를 받게 될 것'이라는 윌리엄 펜(William Penn)의 말을 따른 건국 아버지들의 위대한 승리였다.

_로널드 레이건(Ronald Reagan), 1983년

개발을 마친 선진국과 '개발도상'에 있는 국가들은 1970~ 1980년대에 진행된 '진정한 개발'이 세계 곳곳에 가져온 정치적·경제적·문화적 변화가 불편하고 불안했다. 여기에는 이 변화가 자국의 경제적·정치적 지배력을 떨어뜨릴지도 모른다는 불안이 섞여 있었다. 이들은 반세계화, 신좌파, 생태 운동 등에도 적지 않은 불편을 느꼈다. 1970년대 중반에 이르자 선진국과 개도국에서는 이러한 우려가 모여 강력하고 새로운 정치적 세력이 등장했다. 바로 신우파였다.

국제적으로 정치적 신우파는 신좌파와 '제3세계주의', 반세계주의 운동의 반응으로 1960~1970년대에 처음 등장했다. 신우파 운동은 서로 모순되면서도 보완적인 여러 요소가 얽힌 복잡한 움직임이었다. 신우파를 이루는 요소는 다양했지만, 지역이 추구하는 가치에 따라 어떤 요소는 더 강조되거나 덜 강조되기도 했다. 이는 로널드 레이건과 마거릿 대처(Margaret Thatcher)를 비교해보면 알 수 있다. 레이건이 미국에서 추구한 신우파주의에서는 근본주의적 종교 부흥이 핵심적인 역할을 했다. 그러나 영국에서 신우파를 이끈 상징적인 인물인 대처의 경우 종교를 거의 언급하지 않았고, 종교 부흥이 신우파 운동에서 큰 역할을 하지도 않았다.

이렇게 복잡한 특징을 가진 신우파 운동을 국제적 관점에서 살펴보면 네 가지 공통적인 요소를 찾을 수 있다. 첫째는 반공산주의 추구와 민주주의, 인권, 자유 수호의 강조다. 둘째는 신자유주의, 즉 자유 시장 경제의 열렬한 추종이다. 신우파는 자유 시장 경제가 민주주의와 불가분의 관계에 있다고 보았고, 정치에서 참정권과 민권이 중요하듯 경제에서는 자유 시장이 중요하다고 여겼다. 그런 의미에서 신우파는 복지국가 구축의 배경이 된 사상에 반대했다. 복지국가 지지자들은 생산성과 부의 증대로 창출되는 이익을 사회 구성원 모두가 향유하기 위해서 때에 따라 국가의 개입이 필요하며, 국가의 개입 속에서도 자유를 지킬 수 있다고 믿었다. 반면 신우파는 자유를 지키기 위해서는 국가를 국민의 경제적·사회적 생활에서 최대한 배제해야 한다고 믿었다. 세 번째 요소는 보수적인 문화의 부활이었다. 이러한 요소는 지역에 따라 국가의 결속과 일치를 강조하는 '통합적' 민족주의의 형태와 보수적인 종교 부흥의 형태로 나타났는데, 두 가지가 결합하여 나타나는 경우가 대부분이었다. 종교와도 밀접하게 연관된 신우파 운동의 네 번째 요소는 가정을 사회 질서의 기초로 보고 성별에 따른 전통적인 역할 수행을 가정의 기초로 보는 성적 보수주의였다.

　신우파의 공격적인 반공 정책은 1970년대 소련의 전략적 공세의 반응이자 공산주의 경제의 저조한 성과 등을 향한 공격이었다. 신우파는 공산주의의 약점 노출을 좋은 기회로 보았다. 로널드 레이건은 1983년 3월 미국 복음주의 협회(National Association of Evangelicals)의 중요한 강령적 연설에서 공산주의 공격의 기회가 왔음을 강조하며 "인간 역사의 비극적이면서도 기이한 한 장인 공산주의의 마지막 페이지가 쓰이고 있다"라고 말했다.[34] 1980년대 레이건은 군비 확장에 힘썼다. 자국 내 통합적 민족주의자들의 환심을 사고, 소련이 군비에 더 많은 자원을 투자하게 하여 궁극적으로 공산주의 경제를 완전히 무너뜨리기 위해서였다. 당시 미국의 아시아 동맹국들이 보여준 비약적인 성장은 소비에트식 경제와 강렬한 대비를 보이며 공산주의 성전을 부추겼다.[35] 일본, 대만, 한국, 터키, 태국은 모두 자본주의의 성공을 보여주는 좋은 사례였다.

복지국가와 개발 정책에 반대하는 신우파의 주장은 상당 부분 석유 파동이 불러온 실업률 증가, 부채 증가, 인플레이션 심화 등 경제적 어려움에서 비롯되었다. 1970년대 초중반 일부 정치 평론가들은 '통치 불가능성(ungovernability)'의 발생을 우려했다. 통치 불가능성은 정부가 한 가지 문제를 해결하려 내놓은 조치가 나머지 문제들을 악화시킬 수 있는 딜레마 상태다.

예를 들어 경기를 부양하기 위한 적자 지출은 부채와 인플레이션 문제를 악화시킨다. 그렇다고 인플레이션과 부채 문제를 해결하기 위하여 재정 규율을 강화하면 이번에는 실업 문제가 악화될 것이다. 신우파는 모든 문제를 국가의 통치로 해결하려는 태도를 버려야 한다고 주장했다. 자유 시장이 문제를 자연스럽게 해결하도록 내버려 두어야 한다는 것이다. 이들은 경제적 불안정에 대한 국가 재정의 노출을 최소화하기 위하여 국영 산업이나 기업을 모두 민영화해야 한다고 주장했다. 신우파는 노동 시장과 금융 시장의 규제를 완화하여 노동과 투자의 유연성이 늘어나면 실업과 인플레이션의 해법이 자연스럽게 도출되리라고 보았다. 이들은 무역의 자유화를 더 적극적으로 확대하면 더욱 효율적인 노동의 국제 분업화가 이루어지며 경제 문제가 해결될 것이라 믿었다.

신우파주의자들은 이것이 경제적 이득뿐 아니라 자유의 확대를 가져올 수 있다고 주장했다. 마거릿 대처는 총리가 되기 훨씬 전인 1968년부터 복지국가가 전문가와 관료들이 모든 것을 좌지우지하는 '권위주의'를 탄생시켰다고 비판하며, 이들이 민주적 절차를 거치지 않고 소위 자신들의 전문 지식만을 바탕으로 점점 더 많은 이의 결정을 대신 내려주고 있다고 지적했다. 대처는 "참여의 확대란 전문가나 관료 등이 더 많은 정부 결정에 관여하는 것이 아니라 정부가 관장하는 분야를 축소하여 일반 시민이 자기 결정을 스스로 내리는 방식으로 '참여'하게 하는 것"이라고 말했다.[36] 대처는 1979년 총리로 취임한 후 과감한 규제 완화와 민영화 정책을 폈다. 그로부터 1년 후 대통령에 당선된 레이건은 미국에서 유사한 기조의 정책을 펴나갔다. '대처주의'와 '레이건주의'는 1980~1990년대 다양한 국가의 모델이 되었다.

1970~1980년대 세계경제를 재편하고 있던 몇몇 동향은 복지국가를 반대하던 신우파의 주장에 상당한 힘을 실어주었다. 주요 동향을 몇 가지만 꼽자면 세계무역의 급속한 성장, 개도국의 교통·통신·재정·전기 인프라 성숙, 한국, 대만, 브라질, 필리핀의 제조업 부상, 북대서양권과 일본에서의 노동조합 세력 약화 등을 들 수 있다.

강한 세력을 자랑하던 노동조합은 재분배를 통한 불평등 완화와 기회의 평등을 강조한 복지국가 정책을 오랫동안 지지했다. 그러나 경제 환경이 변화하며 노조는 타격을 받았다. 기술과 통신의 발달로 상품의 질이나 출고 기간의 희생 없이 해외에서 생산을 진행할 수 있겠다는 판단을 내린 기업들이 점차 생산기지를 저임금 국가로 옮긴 것이다. 협상의 지렛대를 잃은 노동조합의 세력은 약화했고, 노조원은 감소했다.

영국은 국가가 운영하던 탄광을 민영화했다. 마거릿 대처는 1984~1985년에 벌어진 탄광노조의 대대적인 파업을 진압하고 민영화를 강행했으며, 약 10년에 걸쳐 탄광 대부분을 폐쇄했다. 레이건 또한 정부 소속이었던 항공 교통 관제사 노조가 벌인 파업에서 대처 못지않은 강경한 행보를 보였다. 두 사례에서 경제적·기술적 변화는 중요한 역할을 했다. 영국에서는 석유가 석탄을 밀어내고 주요 연료 자리를 차지했으며, 미국에서는 항공관제에 컴퓨터를 활용하며 예전보다 훨씬 적은 수의 관제사로 같은 양의 업무를 처리할 수 있었다.[37]

신우파가 보인 문화적 보수성은 1970년대에 전개된 다른 성격의 두 가지 변화를 반영했다. 첫째는 인구 통계적 변화였다. 1970년대 초부터 부유한 선진국 대부분의 출산율은 성인 여성 1인당 2명에 못 미쳐 인구대체율 이하로 떨어졌다. 그 외 지역에서는 1980~1990년대까지 높은 출산율이 유지되는 가운데 사망률은 급격히 떨어졌다. 그 결과 약 20~30년 동안 북아프리카, 중동, 남미, 아시아 대부분 국가의 인구는 폭발적으로 증가했다.

반면 대부분의 선진국은 노동력 부족을 경험하기 시작했다. 19세기 말에서 20세기 초까지는 유럽 출신 이주민들이 서반구와 호주, 그 외 지역으로 이동했다. 그러나 1960년대로 접어들며 이 지역에서 다시 유럽으로 향하는 이주민과 남미에서 북미로 향하는 이주가 점점 증가했다. 단기적으로는 우선 식민지에 거주하던 수백만에 달하는 유럽인들이 다시 유럽의 본국으로 '돌아갔다.' 1960년대 초에는 알제리와 인도네시아에서 프랑스로 돌아간 사람 중에 프랑스인 혹은 프랑스 혼혈인이 180만 명으로 가장 많았고, 1970년대에는 아프리카 식민지에 거주하던 포르투갈인과 포르투갈 혼혈인 80만 명이 다시 포르투갈로 돌아갔다.[38]

이주 방향의 역전은 본국으로의 귀환이 거의 마무리된 후에도 이어졌다. 미국에서는 1950~1970년 사이 남미인과 아시아인이 유럽인과 캐나다인을 밀어내고 최대 이민자 집단으로 자리 잡았다(표 9.11). 1950년에는 미국으로 입국하는 이민자 중 67퍼센트가 유럽 출신이었는데, 1990년에는 아시아, 남미, 일부 아프리카 출신 이민자가 거의 90퍼센트를 차지했다. 이러한 변화가 나타난 중요한 부수적 원인은 1965년에 이루어진 국적별 할당제 폐지였다.[39]

1920년대부터 시행된 국적별 할당제는 19세기 말 기준 국적별 인구 비율에 맞춰 이민자의 수를 제한하는 조치였다. 미국에 이어 호주(1976년)와 캐나다(1973년)도 아시아 출신 이민자의 이주 제한을 폐지했다. 미국에서는 1950~1960년대 민권운동이

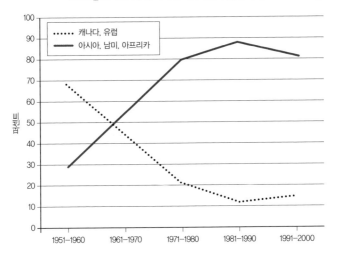

표 9.11_ 신 이민 시대: 미국행 이민자들의 출신 지역, 1950~2000년

진행되며 인종차별적 법 구조가 점진적으로 철폐되었다. 이는 당시 전 세계적으로 진행 중이던 인종차별적 정책 폐지, 식민 제국주의의 붕괴라는 더 큰 조류와도 맞닿아 있었다. 기존 질서를 파괴하는 이러한 움직임은 신우파의 등장과 세력 확장을 불러왔다. 1940~1950년대에는 남부에 거주하던 많은 아프리카계 미국인이 북부와 서부로 이주했는데, 이에 대한 반응으로 신우파의 기반이 남부 외 지역으로 확장했다.

한편 유럽에서는 한때 유럽 국가들의 식민지였던 북아프리카, 중동, 카리브해 지역에서 노동자로 유입되는 이민자가 증가했다. 1950~1980년까지 아프리카에서 150만 명, 터키에서 200만 명, 인도와 파키스탄에서 60만 명, 카리브해 지역에서

65만 명이 유럽으로 이주했다. 1950년에는 서유럽 거주자 100명 중의 1명이었던 이민자 비율이 2000년에는 20명 중의 1명으로 늘어났다. 이 시기에는 세계의 다른 경제 중심지로도 많은 이민자가 몰려들었다. 동남 아프리카에서 남아프리카공화국으로 향한 이주민이 150만 명이었고, 서아프리카를 떠나 석유 호황을 누리고 있던 나이지리아로 향한 이주민도 200만 명에 달했다. 그 외 약 150만 명 이상의 이주민이 필리핀, 파키스탄, 인도네시아, 중동을 떠나 걸프 지역의 석유 부호국으로 향했다. 1990년대 일본의 경우 일본계 브라질인과 일본계 페루인 35만 명을 모집하여 일본으로 이주시킨 후에 산업계 일자리를 제공했다.[40]

일부에서는 이러한 이민의 역전 현상을 위협으로 받아들였다. 미국의 문화적 보수층은 라틴계 이주자들을 '백인'이 아닌 다른 인종으로 생각했다. 개신교 신자들은 수백만에 이르는 가톨릭계 이주자들이 미국 시민으로 유입되는 것을 원하지 않았고, 미국을 기독교 국가로 인식하고 있던 이들은 아시아 출신 이민자들이 들여올 종교적 관습을 달가워하지 않았다. 같은 시기 제3세계주의까지 대두하자 남미나 아시아에서 온 반자본주의적이고 반서구적인 이민자들이 내부의 적으로 돌변할지 모른다는 두려움이 커졌다.

두려움을 가진 이들에게 1968년 샌프란시스코 주립대학교와 1969년 캘리포니아 대학교 버클리 캠퍼스에서 벌어진 소위 '제3세계 시위'는 우려했던 일이 현실로 드러난 순간이었다. 두 시위는 미국 역사상 가장 긴 학생 시위로 기록되어 있다. 각 두 시위에서 아프리카계 미국인, 아시아계 미국인, 라틴계 미국인, 원주민 학생 단체는 '제3세계 해방 전선'을 구축하고 학교 측에 소수 민족 연구학과 설치를 요구했다. 문화적 보수층은 이 시위를 급진주의자들에 의한 고등교육의 정치화로 보았다.[41] 소수 민족 연구자들은 미국이 역사적으로 자행해온 인종차별에 비판적인 입장을 취하는 경우가 많았다. 통합적 민족주의자들은 그러한 소수 민족 연구학과 설치 요구를 국가의 권위와 정당성의 도전으로 보았다. 당시 캘리포니아 주지사였던 로널드 레이건은 시위자들의 요구를 단호히 거절하며 전국적인 유명 인사로 떠올랐다.

석유 파동의 여파로 실업률이 상승하자 유럽에서도 반이민 정서가 높아졌다. 초기에는 주로 이민자 폭력 사건으로 표출되던 이러한 정서는 추후 반이민 정당의 출현으로 이어졌다. 유럽의 문화적 보수층은 터키와 북아프리카 출신의 이슬람계 이민자들을 이질적 문화를 지닌 이방인으로 보았다. 이들 이민자가 민주적 전통이 미약한 나라 출신의 비기독교인인 데다, 새롭게 정착한 국가에 적응하려 하지 않는다는 판단에서였다. 한편 이 시기에 추후 유럽연합으로 완성될 정치적·경제적 통합이 활발히 진행되고 있었다. 각국의 통합적 민족주의자들은 자국 내에서 진행되는 친이민 정책과 유럽 차원에서 진행되는 유럽연합의 권한 확장에 이중으로 위협을 느꼈다.

미국과 서유럽에서 종교적 편견은 분명 새로운 이민자 집단의 불만과 불신을 불러왔다. 그러나 고도로 정치화된 보수적 종교 부흥 운동은 이민 이슈와는 별개로 신우파 운동에서 중요한 역할을 했다. 미국의 오랜 정교분리 원칙을 생각하면 당시 미국 복음주의 개신교의 적극적인 정치 참여는 상당히 이례적인 일이었다. 이러한 움직임은 1942년 미국 복음주의 협회의 설립과 함께 조직화되었다. 복음주의 교단의 빌 그레이엄(Bill Graham) 목사는 1950년대 사회 보수주의와 반공주의의 대표적인 인물로 활약했다. 복음주의 교단의 정치 참여는 1977년에 가정 사역 단체인 가족중심회(Focus on the Family)와 1979년에 도덕적 다수회(Moral Majority)가 조직되면서 더욱 본격화되었다.

북대서양권 외의 지역에서도 중요한 정치적인 움직임이 전개되었다. 이러한 움직임은 선진국의 신우파 운동과는 결을 달리했으나, 몇몇 중요한 공통점을 보였다. 가장 큰 공통점은 대부분 종교가 중심적인 역할을 했다는 점이다. 1960~1970년대 이슬람권에서는 강력한 보수주의 이슬람교 부흥 운동이 일어났다. 1979년에 발발한 이란 혁명으로 최고지도자 자리에 앉게 된 아야톨라 루홀라 호메이니가 이러한 움직임의 가장 대표적인 인물이다. 최근의 예로는 (서구 세력과의 대결을 통해) 이슬람 세계의 정치적 질서를 재편하여 세속적 국가를 무너뜨리고 종교가 지배하는 신정국가를 세우겠다는 이슬람 근본주의 테러 단체를 들 수 있다. 인도에서는 자본주의와 공산주의가 추구하는 세속적인 물질주의를 비판하며 힌두교 근본주의를 추구한 인도인민당(Bharatiya Janata)이 1980년 설립되었다(설립연도는

1980년이었으나 인도인민당의 뿌리는 1920년대 민족주의 운동과 제2차 세계대전 이후 파키스탄과의 분리를 놓고 벌어진 갈등으로 거슬러 올라간다). 이란 혁명 정권과 인도인민당은 일종의 통합적 민족주의를 신봉했다. 이들은 종교가 정치의 근본이며, 종교가 국가를 위대하고 자유롭게 만든다고 주장했다. 인도인민당은 힌두 근본주의에 신자유주의를 적절히 결합하여 민영화, 규제 완화, 자유 시장, 재정 보수주의, 기업가 정신 강조 등의 경제 기조를 펼쳤다.[42]

이러한 정치의 종교 세력화가 나타난 원인은 복합적이다. 한 가지 원인을 찾자면 1960~1970년대까지 세계 곳곳에서 진행된 세속화 혹은 종교 탈피 현상을 들 수 있다. 여기서 말하는 세속화는 종교적 믿음을 버리는 행위보다는(물론 이러한 비율도 높아지기는 했지만), 의례를 갖춘 종교 활동에 참여하는 비율이 감소하는 것에 가깝다. 특히 선진국에서는 예배에 참여하는 이들의 수가 급격히 줄었다. 기독교 국가에서는 세례식과 교회 결혼식을 하는 이들의 비율이 감소했다.

1981년 실시한 한 조사에서는 프랑스인의 59퍼센트, 영국인의 48퍼센트가 교회에 한 번도 가본 적이 없다고 답했다. 사회학자들의 설명에 따르면, 사회가 풍요롭고 복잡해지면 기능의 분화가 나타난다. 특정한 사회적 역할이나 문화적 역할이 그것을 담당하는 특정 기관이나 직업군의 소관이 되는 것이다. 교육은 학교와 대학의 소관이 되고, 특정한 직업적 문제는 해당 직능 단체의 소관이 되는 식이다. 정신건강은 심리학자가, 사회적 지원은 사회복지사가, 경제생활은 회계사와 은행, 노동조합 담당자 등이 각각 책임진다. 이러한 기능의 분화는 역사적으로 인간 생활의 거의 모든 부분에 관여해왔던 종교의 권위를 떨어뜨렸다. 오랫동안 종교는 자선활동을 통하여 물질적 필요를 채워주는 역할을 해왔다. 상담을 통하여 교인들의 정신적 건강을 책임졌고, 종교 학교에서 교육을 제공했으며, (청년, 여성, 각종 직업군 등) 동료 집단과 연결하고 묶어주는 역할을 했다. 그런데 이러한 역할들이 모두 다른 단체로 넘어간 것이다. 근대화가 진행되고 과학이 발달하며 세상의 원리를 설명하는 일마저 과학자에게 넘어갔다. 독실한 종교인들에게 이러한 변화는 위협으로 느껴졌고, 위협을 느낀 이들은 행동에 나섰다. 이들은 집단적인 예배보다 개인의 영적 생활과 경험에 초점을 맞추는 종교의 개인화 혹은 '민영화'를 종교 자체의 위협으로 인식했다.[43]

첫 번째 원인과도 연관된 두 번째 원인은 국가와의 경쟁이었다. 근대 국가에서 종교의 역할은 점점 축소됐지만 정부는 거의 모든 분야에 개입할 권한을 가지고 있었다. 교육을 예로 들자면, 종교의 영향은 점점 미미해졌지만 국가는 공립학교를 활용하여 국가성, 시민의식, 국가 표준어 등을 교육할 수 있었다. 20세기 초반 반세기 동안 종교 자선 단체는 복지국가 정책과도 경쟁해야 했다. 탈식민화가 진행되고 새롭게 독립한 국가에도 효율적인 관료 정부가 자리를 잡으면서 종교와 국가의 경쟁은 세계 곳곳에서 나타났다.

1950~1960년대 이슬람권에서는 여러 정부가 정책적으로

세속화를 추진했다. 세속화 추진 과정에서 이란과 터키에서는 보수 종교 세력과 민족주의 엘리트 집단 간의 갈등이 일며 곳곳에서 전투가 벌어졌다. 민족주의 세력은 이슬람교 성직자들을 국가생성 이전 정치 질서와 후진적 농촌 사회를 대표하는 세력으로 보고, 그들의 사회적·정치적 영향력을 축소하고자 했다. 중동의 다른 정권들도 비슷한 접근법을 택했다. 특히 소비에트 사회주의의 영향을 강하게 받은 시리아와 이라크의 바트당은 적극적인 세속주의를 추구했다. 소비에트 사회주의는 마르크스주의 전통에 따라 모든 종교를 반동 세력으로 보았다. 소련은 1917년부터 소비에트 중앙아시아의 전통적 사회 질서에 반대하며 이슬람교의 공적 기능을 금지했다. 사회주의적 세속주의의 영향을 받은 이집트의 가말 나세르 역시 이슬람 교단과 국가를, 권력을 두고 다투는 경쟁 관계로 보았다. 반소비에트 기조로 서방 세력과 손을 잡았던 이란의 샤조차 선대 왕의 세속화 정책을 물려받아 적극적으로 추진했으며, 기혼 여성의 권리를 확대하고 1963년에는 여성의 참정권을 인정했다.[44]

그러나 종교적 신우파의 등장을 단순한 방어적 반작용으로 해석하는 것은 곤란하다. 제1차 세계대전 이전부터 그러했듯, 기술적·경제적·사회적 변화는 기독교에 있어 늘 새로운 기회였다. 라디오부터 시작해서 텔레비전, 인쇄 매체, 카세트테이프, 시디, 인터넷은 모두 신앙인들의 일상 속에 종교가 들어갈 수 있게 하여 교인과 교회의 관계를 강화했다. 기술의 발달은 종교의 국제적 확장을 돕기도 했다. 전후 시대에는 19세기보다도 더 다양한 종교가 전 세계적으로 나타났고 근본주의, 뉴에이지, 자유주의 신학, 전통적 보수주의 등 거의 모든 종류의 종교 운동이 일정 수준의 국제적 진출을 이루었다.

일부 종교는 지난 반세기 동안 엄청난 국제적 확장에 성공했다. 대표적인 예는 모르몬교다. 1950년 110만이었던 모르몬교도의 수는 1970년에 300만으로, 2000년에는 1,100만으로 늘어났다. 21세기 초 기준으로, 전체 모르몬교도 중 미국에 거주하는 이의 비율은 절반에 불과하며, 450만은 라틴아메리카와 카리브해 지역에, 200만은 유럽과 아프리카, 태평양 지역에 거주한다.[45] 은사주의·오순절주의 교회도 빠르게 세계로 확장되고, 특히 남미와 아프리카에서 많은 교인을 모았다. 21세기 초, 전 세계 오순절주의 기독교인은 약 2.5억 명에 달했다. 앞선 사례만큼 대중적인 종교가 되지 못했지만 인도 아대륙에 뿌리를 둔 다양한 종교들도 세계 곳곳의 인도인 공동체를 벗어나 상당한 추종자를 거느렸다. 그 사례로 '하레 크리슈나'(Hare Krishna) 교단으로도 알려진 크리슈나 의식 국제협회(International Society for Krishna Consciousness, 1965년 설립)를 들 수 있다. (소승불교, 선불교, 티베트불교 등) 미국에 진출한 다양한 불교 종파는 2005년까지 약 80만 명의 신도를 모았고, 1920년 미국에 도착한 파라마한사 요가난다(Paramahansa Yogananda)의 요가 수련회를 시작으로 많은 수련 모임이 생겼다. 마하시리 마헤시 요기(Maharishi Mahesh Yogi)의 초월명상도 상당한 수련자를 끌어모았다.[46]

국제화는 종교의 세계 확장을 돕고 교인과 종교의 관계를 강화했다. 그러나 새로운 종교의 확장은 기존 종교 공동체의 응집성에 큰 위협을 주었다. 20세기 초에 진행된 종교의 세계화에는 두 가지 얼굴이 있었다. 어느 학자의 표현에 빌자면, 종교 세계화는 어떤 종교에는 "여러 종교를 둘러보고 자신과 맞는 구원의 길을 찾고자 하는 종교 소비자로 가득한 세계라는 넓은 시장"을 열어주었다.[47] 이러한 현상은 일부 종교인들 사이에서 '근본주의'적인 반응을 불러일으켜 교리의 '순수성'과 엄격함에 집착하게 했다. 이러한 근본주의적 움직임은 신우파의 통합적 민족주의 의제와 상당 부분 부합했다.[48]

종교적 보수층은 다양한 타 종교의 위협뿐 아니라 점점 조직화되는 무신론 혹은 불가지론적 세속 인본주의와 싸워야 했다. 대부분의 인본주의자는 초자연적 존재나 영적 존재를 부인했다. 그들은 인간을 진화의 산물이자 자연의 일부로 보았고, 진실에 관한 탐구는 종교적 영역이 아닌 비판적 사고와 과학의 영역에서 다뤄져야 한다고 주장했다. 인본주의자들은 인류의 가장 큰 목표는 현생의 개선과 자아실현이지, 사후의 구원이 아니라고 말했다. 이 주장은 제1차 세계대전 이전 종교적 혁신 시기에 설립된 윤리문화협회 등의 조직에서 직접적으로 유래되었다. 인본주의자들은 1952년 네덜란드에서 이루어진 국제 인본주의 윤리연합(International Humanist and Ethical Union) 설립과 함께 더욱 조직화되었고, 1933년과 1973년에 각각 발표된 1, 2차 인본주의자 선언문(Humanist Manifesto)과 1980년 발표된 세속 인본주의자 선언(Secular Humanist Declaration)은 인본주의자들의 주장을 더욱 명확히 드러냈다. [49]

이러한 사상을 국제적으로 전파하고 지지한 인물 중에는 저명인사가 많았다. 가장 대표적 인물로는 영국의 영향력 있는 진화생물학자이자 국제 인본주의 윤리연합의 초대 회장이었던 줄리언 헉슬리가 있다. 헉슬리는 1929년 H. G. 웰스, 그의 아들과 함께 세 권으로 구성된 《생명의 과학(The Science of Life)》이라는 대중 과학서를 펴냈다. 헉슬리는 이 책을 통하여 '생태학'이라는 단어를 대중화시켰다. 1931년에는 추후 영국의 복지국가 건설에서 큰 역할을 한 두뇌집단 정치경제계획원(Political and Economic Planning)을 공동 설립했다. 1946년에는 인간 개발과 과학의 국제적 협업을 지원하고, 인권과 연구의 자유를 보호하며, 인종차별과 종교적 불관용을 철폐하고자 설립된 유네스코의 초대 사무총장으로 취임했다. 헉슬리는 유네스코 사무총장으로 '인구 폭탄'의 폭발을 막기 위하여 저개발국가의 피임을 적극적으로 권장했다. 1961년에는 추후 세계 환경 운동에서 중요한 역할을 한 세계 야생동물 재단(World Wildlife Federation)의 설립을 도왔다. [50] 문화적 보수층에게 헉슬리는 한 마디로 악몽 같은 존재였다. 헉슬리는 종교적 회의론자이자 다윈의 진화생물학을 설파하는 생물학자였고, 국제연합 활동, 국제 개발 사업, 복지국가 구축, 환경 운동에 모두 크게 기여했다. 헉슬리는 모든 반종교적 사상과 단체를 한몸에 집약한 집합체 같았다.

한편 종교적 보수주의자와 근본주의자들은 1970년대 중반에 접어들며 큰 걱정에 빠졌다. 전통적인 종교 문화와 사회구조를 무너뜨릴 수 있을 만큼 거대한 규모의 추종자 집단이 상대편에 가세할지도 모른다는 두려움이었다. 이들이 두려워하는 그 집단은 바로 '여성'이었다.

내 몸, 내 먹을거리:
페미니즘 혁명, 1950~2000년

미스아메리카는 사회가 여성에게 요구하는 모습이 무엇인지 보여준다. 무해하고, 특징 없으며, 정치에 관심 없는 여성의 모습이다. 남성이 규정한 것보다 키가 크거나 작으면, 체중이 더 나가거나 덜 나가면 절대 미스아메리카가 될 수 없다. 성격, 자기 표현력, 지성, 책임감 따위는 필요 없다. 왕관을 손에 넣는, 나아가 사회에서 성공할 수 있는 유일한 열쇠는 순응이다. 소위 민주 사회라는 이 나라에서 남자아이들이 대통령을 꿈꾸는 동안 여자아이들은 미스아메리카를 꿈꿔야 한다.[51)]

_뉴욕 급진 여성모임(New York Radical Women)

가족, 성 역할, 성문화는 종교적 보수층이 신우파와 연대를 이룬 지역에서는 중요한 이슈였지만, 문화적 보수주의가 거의 나타나지 않은 곳도 있었다. 예를 들어 영국, 뉴질랜드, 호주,

남미 국가 대부분에서 나타난 신우파 운동은 복지국가보다 자유 시장이 경제적으로 우월하다는 주장을 펴는 순수한 신자유주의 운동에 가까웠다. 그러나 신자유주의와 근본주의적 종교가 다양한 비율로 동맹을 맺은 지역에서는 성이 매우 중요한, 심지어 지배적인 이슈였다.

1960~1980년대의 가톨릭교회가 대표적인 사례다. 가톨릭의 사회적 가르침은 1950~1960년대 유럽 복지국가와 국제 개발 사업의 지적 기반이었다. 1958~1963년까지 교황으로 재위한 요한 23세는 복지국가 구축과 국제 개발 사업에 핵심적인 영향을 주었다. 요한 23세가 발표한 회칙 '어머니요 스승'(1961년)은 복지국가와 개발 사업의 핵심 사상을 담고 있었고, 평화와 인권 존중을 강조한 '지상의 평화'(Pacem in Terris, 1963년)는 빈곤과 독재, 부당함을 해결하기 위한 국제적 협력을 촉구했다.[52] 요한 23세는 1962~1965년까지 진행된 제2차 바티칸 공의회를 소집하여 가톨릭교회 내부의 역사적인 개혁에 나섰다. 공의회는 가톨릭 내부의 지배 구조를 현대화 및 간소화했고, 신학적 내용 관련 공개 토론 규칙을 완화했다. 또한 기독교의 다른 교파나 유대교, 이슬람교와의 대화를 시작하고, 종교 행사 시 라틴어가 아닌 지역 언어로 미사를 진행했다. 공의회의 목적에 대하여 요한 23세는 "현재를 들여다보며 현대 사회에 등장한 새로운 환경과 삶에 대하여 생각"해보고, 가톨릭 관습을 "갱신"하는 동시에 "복음의 생생하고 영속적인 힘"을 현대 사회에 가져다주며, 근대가 온통 재앙이라 주장하던 "어둠의 예언자들"

의 오류를 증명하는 것이라고 말했다.[53] 요한 23세는 유대인의 회심을 청원하는 전통적인 성 금요일 기도문을 "신앙을 저버린 유대인을 위하여 기도합시다"에서 "우리 주님께서 처음으로 말씀 내리신 유대인을 위하여 기도합시다"로 수정하며 유대교와의 화해를 도모했다. 교황은 제국주의를 비난했고, 여성의 정치적 역할 확대를 환영했다.[54]

후임인 바오로 6세는 취임 초기 요한 23세의 뒤를 이어 가톨릭 쇄신 조치를 지속했다. 바오로 6세는 추기경과 주교의 정년 퇴임 나이를 각각 75세와 80세로 정했다. 바오로 6세는 교황청에 종교 간 대화 평의회(Pontifical Council for Interreligious Dialogue)를 설치하여 타 종교와의 대화를 추진하고, 지구상의 여섯 개 대륙을 모두 방문했다. 그는 스페인 가톨릭교회에 프란시스코 프랑코 독재 정권과의 결별을 종용했는데, 가톨릭의 지지 철회는 1975년 프랑코 정권의 몰락에 결정적인 역할을 했다. 1967년에는 '어머니요 스승'의 내용을 재차 강조하는 회칙을 발표하여 부유한 국가들에 빈곤국의 경제발전과 개발을 돕도록 종용했고, 1968년 남미 주교 회의에서는 가톨릭교회에 가난한 자와 사회적 정의의 편에 설 것을 촉구했다. 1960년대 말로 들어서며 바오로 6세는 보수적인 성향을 보였고, 특히 성 문제에서는 강경한 태도를 보였다. 1968년 반포한 회칙 '인간 생명'(Humanae Vitae)에서 바오로 6세는 가톨릭교회의 피임에 반대하는 입장을 분명히 밝혔다. 진보적 가톨릭교인들 사이에서는 불만이 일었다. 그러나 당시 교회와 사회에 일고 있던 (자

유, 혹은 진보라기보다는) 혁명적인 변화에 보수적 교인들의 저항이 점점 강해지고 있었다.[55)]

1978년 바오로 6세의 선종 후 추기경단은 요한 바오로 2세를 교황으로 선출했고, 새로운 교황은 세계 신우파의 중추적 인물이 되었다. 공산주의 치하의 폴란드에서 자란 요한 바오로 2세는 공산주의에 철저히 반대했다. 교황이 된 그는 1980년대 들어 휘청거리던 공산주의를 향한 국제적 공세에 힘을 더했다. 요한 바오로 2세는 폴란드의 독자적 비공산주의 노동조합인 자유노조에 지지의 메시지를 보냈고, 자유노조는 폴란드 공산정권을 무너뜨리는 데 큰 역할을 했다. 요한 바오로 2세는 공산주의에 반대했지만, 공산주의에서 말하는 '반동 세력'과는 거리가 멀었다. 요한 바오로 2세는 남아프리카공화국의 아파르트헤이트와 제3세계 빈곤국을 대상으로 한 경제적 수탈을 비판했다. 그는 선진국에 만연한 소비지상주의와 물질주의를 경고했고, 1987년 미국 방문에서는 미국 사회의 제도화된 인종차별을 지적하며 피난처 운동(Sanctuary Movement)을 공개적으로 지지했다. 피난처 운동은 미국 정부의 암묵적 지지 하에 억압적이고 잔인한 독재 정권을 유지하고 있는 중미 지역에서 미국으로 도피하는 이민자들을 안전하게 보호하는 운동이었다. 일본 방문에서는 "히로시마도 아우슈비츠도 절대 다시 나타나면 안 된다"라고 호소하며 두 사건이 도덕적으로 대등한 중요성을 지닌 사건임을 암시했다. 요한 바오로 2세는 우파와 좌파를 가리지 않고 모든 독재에 반대했고, 자유 시장 자본주의가 변질되면

공산주의 못지않게 제국주의적인 사상이 될 수 있다고 경고했다. 그는 비유럽국가 13개국을 포함한 24개국에 서른 명의 새로운 추기경을 임명하며 가톨릭교회의 국제화를 돕기도 했다. 교황은 1982년 외채 위기로 고통받는 국가의 채무를 면제해주는 채무 변제를 공개적으로 지지했다.[56]

요한 바오로 2세의 가장 중요한 메시지로 대개 1984년 발간된 《몸의 신학(The Theology of the Body)》과 1995년 반포한 회칙 '생명의 복음'(Gospel of Life)이 꼽힌다. 요한 바오로 2세는 이 두 문헌에서 임신 중절, 혼인 외 관계, 피임, 동성애과 안락사, 사형, 전쟁을 모두 비판했다. 교황은 "'남성 우월'의 표본을 모방하려는 유혹에 빠지지 않고 사회생활의 모든 측면에서 여성이 지닌 진정한 재능을 인정하고 긍정하여 모든 차별과 폭력, 착취를 극복하는 '새로운 페미니즘'"의 중요성을 강조했다. 요한 바오로 2세는 "여성들은 진정한 사랑의 의미를 실천하도록 부름을 받은 존재이자 자기 증여와 타인 수용의 참된 의미를 실천하도록 부름을 받은 존재"로 이러한 실천이 혼인관계와 모든 인간관계의 중심에 있어야만 한다고 강조했다. 교황은 모성애가 "생명의 신비와 특별한 친교를 형성"하게 해준다며, 이러한 친교가 여성의 인격에 남기는 "지대한 영향"을 사회 참여의 기반으로 삼아야 한다고 말했다. 1981년 반포된 노동 관련 회칙을 비롯한 다른 문헌에서는 가족 임금, 즉 가장인 남성 노동자에게 가족을 부양할만한 충분한 보수를 지급하여 여성이 가정에서 아이들을 돌볼 수 있게 하는 형태의 임금을 지지했다. 요한 바오로 2세가 가진 가족, 성 역할, 성의 관점은 보수적이었다. 성적 자유주의자들의 관점에서 보기에 피임, 임신 중절, 전쟁, 사형 제도를 모두 같은 선상에서 비판하며 현대 사회의 '죽음의 문화'로 묶는 요한 바오로 2세의 주장은 지나치게 편협했다.[57]

요한 바오로 2세의 주장은 가톨릭뿐 아니라 종교적 보수층 전반에 널리 퍼져 있는 주장이었다. 이러한 주장을 펼친 또 다른 대표적인 인물로는 미국의 복음주의 개신교 여성운동을 이끌었던 필리스 슐래플리(Phyllis Schlafly)를 들 수 있다. 슐래플리는 한 보수 기독교 잡지와의 인터뷰에서 헌법에 성 평등 의무를 명시하기 위한 평등권 수정조항(Equal Rights Amendment) 입법에 반대하며 다음과 같이 주장했다. 슐래플리는 평등권 수정조항이 입법되면 "주부들이 집 밖으로 내몰리고 … 성 구분이 없는 유니섹스 사회가 도래할 것"이라며 남편이 아내를 부양할 의무가 사라지고, 여성이 군대에 징집되는 사태가 발생하여 여성들이 모두 거칠고 신랄한 "반가족적" 존재가 될 것이라고 경고했다. 슐래플리는 여성 해방 운동과 그 운동이 추구하는 이상은 "이혼의 주된 사유"라며 여성주의가 "여성에게 마치 질병과 같은 영향을 끼치고 있다"라고 주장했다. 슐래플리는 여성운동이 기본적으로 "삶에 부정적으로 접근"하고 있다며 페미니스트들이 멋대로 "법을 만들고 교육 제도와 언론을 지배하여 남자들의 일자리를 모두 빼앗을 것"이라고 개탄했다. 슐래플리는 페미니스트들이 "포르노 업자들과 한통속"이라는 주장과 함께 이들이 "동성애 반대 입법을 방해하여 동성애자들이 결혼한 부부와 똑같은 권리와 존중을 누리게 될 것"이라고 말했다. 슐래플리는 "전미 여성기구(National Organization for Women, NOW)는 언제나 레즈비언들의 편에 섰다"라고 비난했다.[58]

사실 신우파 활동가 중에도 슐래플리처럼 여성운동이 모든 것의 폐해라는 망상에 가까운 시각을 가진 이는 그리 많지 않았다. 안타깝게도 이러한 시각이 정책 결정에 영향을 준 국가도 있었다. 일례로 1980년대 초 이란의 혁명 정권은 1960년대와 1970년대에 샤가 도입한 중요한 여권 신장 정책들, 특히 가족법 관련 정책들을 무효화했다.[59]

종교적 신우파들이 성 역할과 성적 취향의 문제에 이토록 집착한 이유는 무엇일까? 한 가지 중요한 원인으로는 1970년대 초 선진국을 중심으로 등장한 소위 2세대 페미니즘의 위협을 꼽을 수 있을 것이다. 2세대 페미니즘은 민주주의, 복지국가, 자유세계라는 이상이 실현되기 위해서는 우선 여성에게 자기계발과 자아실현의 동등한 기회를 보장해야 한다고 주장한 강력한 여성운동이다. 이들은 교육과 직업의 동등한 접근, 동일노동에 상응하는 동일임금 지급, 차별과 폭력으로부터의 보호, 결혼 생활 내에서 남녀의 동등한 권리와 권위 보장을 주장했다. 이 운동은 모든 시민의 존엄을 존중하고 잠재력 실현을 돕고자 한 복지국가 모델에서 직접적으로 파생되어 나왔다. 2세대 페미니즘은 여성을 여전히 기본적인 인권 신장이 필요한 가장 거대한 집단으로 본 1960년대 신좌파 운동과도 밀접하게 연결되어 있었다. 페미니즘 운동은 서유럽과 북미에서 특히 적극적으

로 전개되어 1970년대에는 가족법, 교육 기회, 근로법, 차별금
지법, 성폭력과 가정폭력의 처벌 등 다양한 분야에서 의미 있는
진전을 이끌었다. 세계적으로 여성의 정계 진출도 확대되어
1960~1990년에는 총 16개국에서 여성 총리와 대통령이 선출
되었다.[60)]

　세계 곳곳에서 전개된 여성운동은 당시의 정책 개발에도 영
향을 끼쳤다. 1970년대에 개발 정책의 방향이 대규모 산업 관
련 사업 혹은 인프라 건설 사업에서 인간 개발 사업으로 전환된
사실을 기억할 것이다. 개발 전문가들은 그와 동시에 출산율 조
절에 초점을 맞췄다. 이 두 가지 방향이 만나 개발 정책의 두 가
지 중요한 의제가 탄생했다. 바로 여성 건강 및 복지 관련 의제
와 출산에 대한 여성의 결정권 강화라는 의제였다. 1972년 국
제연합은 (1946년 설립된 여성 지위 위원회의 요청으로) 1975년을
국제 여성의 해(International Women's Year)로 지정하고 1976
~1985년을 국제연합 여성을 위한 10년(United Nations Decade
of the Woman)으로 선포했다. 1975년 멕시코시티에서 개최된
제1차 세계여성회의(World Conference on Women)에서 133개국
대표가 모여 여성 권리를 논하고 국제연합 여성개발기금(UN
Development Fund for Women)을 설치했다. 1980년 코펜하겐에
서 개최된 2차 회의에서는 총 60개국이 모든 형태의 여성차별
철폐에 관한 협약(Convention on the Elimination of All Forms of
Discrimination Against Women)에 서명했다. 1985년 나이로비에
서 열린 3차 회의는 2000년까지 모든 법적 차별을 철폐하기 위

한 이행 시간표를 제안했다.[61] 활동가들은 이 모든 노력을 전개하면서 인권 존중이라는 원칙을 이정표로 삼았다. 1970년 말에서 1980년대까지 인권 담론에서 나타난 중요한 진전은 기본적 인권의 범위를 '사회적' 권리, 즉 민권까지 포함하는 개념으로 확대한 것이었다. 여기에는 정치적·사회적 참여에 있어 여성의 동등한 권리, 아동의 권리, 기본적 필요를 충족할 빈곤층의 권리, 원주민의 권리가 포함되었다.

앞서 언급한 모든 회의와 1994년 카이로에서 개최된 국제 인구 개발회의(International Conference on Population and Development)에서는 많은 여성이 가족계획의 중요성을 적극적으로 강조했다. 1995년 베이징에서 열린 4차 세계여성회의는 사항에 대하여 "여성의 인권에는 성적 건강과 생식 건강을 포함한 자신의 성에 관련된 모든 사안에 그 어떤 강요, 차별, 폭력이 없는 상태에서 자유롭고 책임감 있게 스스로 선택하고 통제할 권리가 포함된다"라고 명시했다. 베이징 회의에서는 임신 중단의 합법화 제안도 있었으나 정식으로 채택되지는 않았다. 사실 1975년 개최된 1차 회의에서 세계여성회의 주장은 강경하고 진보적이었다. 멕시코 회의의 선언문에는 다음과 같은 내용이 담겼다. "전 세계의 여성은 서로가 지닌 차이와 상관없이 모두가 불평등한 처우라는 고통스러운 경험을 공유한다. … 이 현상의 자각이 커질수록 여성들은 식민주의, 신식민주의, 시온주의, 인종차별, 아파르트헤이트 등 모든 형태의 억압을 향한 저항의 지당한 동지로 함께 맞서며 오늘날 세상의 경제적·사회적 변화를 가져올 거대한 혁명적 잠재력이 될 것이다."[62] 이 모든 흐름은 신우파 세력에게 국제연합이 급진적인 제3세계주의 혁명 세력, 세속적 인본주의 세력, 자유방임적인 성 관련 의제를 노골적으로 지지하고 있다는 확신을 심어주었다.

당시 나타난 두 가지 구조적 변화가 여성들에 의한, 여성들을 위한 정치적 움직임을 만들어내고 동시에 이끌었다. 이러한 변화는 문화적 보수층을 궁지로 몰아넣었다. 우선 첫 번째 구조적 변화는 세계적인 출산율 감소였다. 출산율의 감소를 불러온 주요인은 경제발전과 경제적 기회 확대, 피임법의 확산이었다. 원하는 제품을 언제든 살 수 있는 풍요로운 소비자 사회의 도래로 다양한 피임 도구의 사용은 빠르게 증가했다. 피임이 수월해지면서 세계 많은 지역의 성적 관행과 성적 가치에 큰 변화가 나타났다. 자유로운 성관계가 가져올 수 있는 가장 골치 아픈 결과, 즉 원치 않는 임신의 두려움을 피임이 상당 부분 해소해주었기 때문이다. 항생제가 세계 곳곳으로 보급되며 자유로운 성생활의 또 다른 부정적인 결과인 성병의 두려움도 거의 없애주었다(물론 1980년대에 등장한 HIV · 에이즈는 공포의 대상이었다). 1970년대에 이르러 세계 곳곳의 문화적 보수층은 '성적 문란함'이라는 거대한 파도가 마치 혁명처럼 온 세계를 휩쓸고 있다는 공포에 빠졌다.

첫 번째 변화와도 연관된 두 번째 변화는 1970~1990년대까지 진행된 세계 노동자 구성의 엄청난 변화였다. 30년 동안 세계 거의 모든 지역에서 수억에 달하는 여성들이 유급 노동 시장으로 쏟아져 나왔다(표 9.12). 물론 지역에 따라 시차와 예외가 있었다. 전통적으로 여성 노동자를 다수 고용한 산업이 쇠퇴한 경우나 새로운 산업의 형성으로 탄생한 남성의 일자리에 맞춰 가족 이주가 나타난 지역에서는 여성의 노동 참여가 크게 늘지 못했다. 이러한 예외를 고려하더라도 1990년대 말에 이르러 세계 대부분 지역에서 여성 노동자의 비율이 40~45퍼센트에 근접했다.

적어도 자료가 존재하는 OECD 국가의 데이터상으로는 1980년대부터 남녀의 평균 임금 격차가 감소했다(표 9.13). 임금 격차의 감소는 여성운동으로 인하여 일부 지역에서 도입한 차별금지법을 따른 것으로 볼 수 있다. 여성의 교육 기회가 확대하고 점차 관리직과 전문직에 필요한 능력을 갖춘 여성 비율이 높아진 것도 한몫했다. 여성들은 과거 남성들의 전유물이었던 고임금 일자리에 도전했다. 1960년대 말 미국 법학 전공생 중 여성의 비율은 20명 중 1명에 불과했으나 2000년대 초 남학생과 여학생의 비율이 동일했다. 의과대학이나 경영대학에서도 같은 변화가 나타났다.[63] 페미니스트가 남성의 일자리를 빼앗을 것이라는 주장을 폈던 필리스 슐래플리 등 여성운동 반대 세력은 우려했던 현상이 나타나고 있다며 이러한 변화를 근거로 들었다. (남성 한 명이 가장으로서 가족을 이끄는) '전통적인' 가족 모델을 중요시하는 신우파들에게 세계적으로 나타나고 있는 여성의 노동 시장 진출은 전통에 대항하는 강력한 도전으로 보였다.

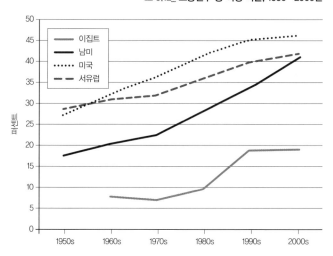

표 9.12_ 노동인구 중 여성 비율, 1950~2009년

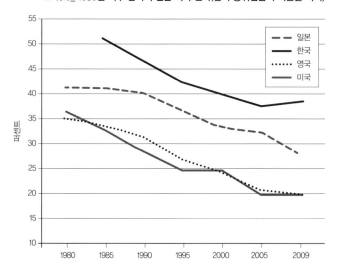

표 9.13_ 1980년 이후 남녀의 임금 격차 변화(남녀 중위임금의 백분율 차이)

여성들이 세계 노동 시장에서 상대적으로 성공을 거둘 수 있었던 것은 이들이 주로 농업이나 산업이 아닌 교통, 통신, 금융 등 서비스 분야의 일자리에 집중한 데 있었다. 이 시기 나타난 산업의 구조적 변화와 서비스 산업의 부상은 이러한 성공에 일조했다. 1980년대에 서비스 산업은 세계경제에서 가장 역동적이고 빠르게 성장하는 부문으로 자리 잡았다(표 9.14). 2000년 기준 서유럽과 남미에서는 노동 참여 여성의 4분의 3이 서비스 산업 종사자였던 반면, 남성 노동자 중 서비스 산업 종사자는 2분의 1에 그쳤다. 미국의 경우 남성의 67퍼센트, 여성의 89퍼센트가 서비스 산업에 종사했다. 개발도상국의 경우 남녀의 서비스 산업 종사 비율 차이가 그리 크지 않았으며, 인도네시아의 경우 각각 37퍼센트와 41퍼센트였다. 여러 이유가 있겠지만, 개도국에서 산업 부문 일자리가 서비스 부문의 일자리보다 더 빠르게 증가했던 것도 일정 요인으로 볼 수 있다. 결론적으로 전 세계 대부분 지역에서 여성들이 더 빠르게 유급 노동에 진출했다. 이는 부분적으로 여성들이 서비스 산업이 창출하는 취업 기회를 잘 활용한 덕분이었다.

세계 곳곳에서 여성들이 노동인구에 대거 합류했다. 여성들은 취업에 필요한 교육을 받기 위하여 스스로 출산을 제한했다. 세계 페미니스트들의 지지를 받는 국제연합의 세속 인본주의자들은 출산을 제한할 여성의 권리를 옹호했다. 가족 임금, 전업주부, 안정적인 가족이 문명사회의 기반이라는 기존의 관념은 빠르게 약화했다. 사람들은 더 큰 물질적 안정과 풍요를 누리기

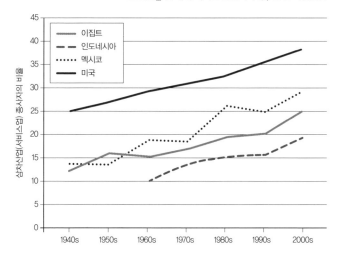

표 9.14_ 전 세계 서비스 산업의 부상, 1940~2009년

위하여 가족의 소득을 극대화하고자 했고, 더 많은 여성이 사회에 진출했다. 요한 바오로 2세는 1995년 교칙 '생명의 복음'에서 이러한 현상을 "경제 지상주의"라고 부르며, 사람보다는 물질을 중시하는 세태를 안타까워했다. 사람들이 점점 가치보다는 물질을 중시한다는 비판은 세계 곳곳의 신우파들이 공통적으로 제기하는 비판이기도 했다.

여성의 유급 노동 진출 확대는 신우파 내부에 존재하는 갈등을 겉으로 드러낸 계기가 되었다. 신우파 내부에는 크게 두 부류의 세력이 있었다. 민주주의와 불가분의 관계에 있는 자유 시장이 무엇보다 중요하다 믿는 신자유주의자 우파와 시장 원리에 반하더라도 특정한 가치는 반드시 지켜내야만 한다고 믿는 종교적인 우파였다. 1970~1980년대 세계적으로 나타난 여성 고용 확대는 신우파 내에서 '전통적인' 1인 소득 가정을 사회생활의 핵심으로 보는 문화적 보수층을 누르고 자유 시장을 추종하는 신자유주의 세력이 힘을 얻고 있다는 증거였다. 혹자는 양립할 수 없는 신념을 지닌 문화적 보수층과 신자유주의 우파가 분열되리라 생각했지만, 그러한 분열은 일어나지 않았다.

한편 여성주의와 대립관계에 있던 신우파주의에서 핵심적인 역할을 한 여성들을 설명할 때는 '정신분열'(schizophrenia)이라는 표현을 종종 사용했다. 가장 상징적인 예는 영국의 마거릿 대처다. 엄격한 감리교 집안에서 자란 대처는 대학에서 화학을 전공하고 20대 중반이던 1950년 초 정계에 입문했다. 1959년에는 하원의원에 당선되었고, 1970년에는 내각 장관이 되었으며, 1979~1990년에 총리로 재직했다. 대처는 20세기 영국에서 가장 오랜 기간 집권한 총리이자 전 세계를 통틀어 가장 전형적인 신자유주의 신우파 지도자였다.[64] 또 다른 예는 니카라과의 비올레타 차모로(Violeta Chamorro) 대통령이다. 차모로는 미국의 지원을 받던 소모사(Somoza) 독재 정권과 맞선 투쟁, 그리고 소모사를 무너뜨리고 들어선 마르크스 혁명주의 산디니스타(Sandinista) 세력과의 투쟁 끝에 1990년 대통령에 당선되었다. 차모로는 소모사 정권과의 대립 과정에서 정부에 비판적인 언론인이었던 남편의 투옥과 암살을 겪었다. 대통령에 당선된 차모로는 미국의 지원으로 신속하게 신자유주의 경제 정책을 펴나갔다.[65] 세 번째 사례로는 미국으로 이주한 러시아 출신 이민자 아인 랜드(Ayn Rand)를 꼽을 수 있다. 랜드는 사회주의와 복지국가 정책을 거세게 비판하며 세계 신우파 세력의 영향력 있는 이념적 지도자가 되었다.

세 여성의 사례는 신우파 세력이 끝까지 갈라서지 못했던 이유를 보여준다. 신자유주의 세력과 종교적 보수층을 한데 뭉치게 한 것은 공산주의를 향한 강한 반감, 가족과 교회의 가치를 침식하는 복지국가에 대한 두려움이었다. 신우파는 이러한 움직임이 무신론적 공산주의로 이어질 수도 있다는 공포를 느끼고 있었다. 다수의 신자유주의자와 종교적 보수주의자에게 공산주의는 상상할 수 있는 가장 나쁜 것이었고, 복지국가는 거의 공산주의나 다름없는 것이었다. 아인 랜드는 (정부 비용으로 노인들에게 제공하는 의료 보험 프로그램인) 메디케어(Medicare)를 가리켜 "무제한에 가까운 많은 사람에게 정치적인 수단을 통하여 강제로 시행할 '인도주의적' 사업을 소수의 사람이 제안, 논의, 승인하는 끔찍한 무책임함"의 전형적인 사례라고 비판했다. 랜드는 메디케어가 은행 강도와 다를 바 없는 "범죄자"적 사고방식의 전형이며, "영혼의 집산화를 야기하는 야만적이고, 맹목적이며, 끔찍하고, 처참한 비현실"로 대변되는 공산주의적 사고방식을 동시에 보여준다고 비난했다.[66]

1980년대 말~1990년대 초에 냉전이 갑자기 종식했다. 일당 공산주의 체제 국가는 (몇몇 중요한 예외를 제외하고) 대부분 1980년대 말 해체되었다. 공산주의의 해체는 아마도 장기 20세기에 일어난 가장 중요한 정치적 격변일 것이다. 신우파들에게 공산주의의 붕괴는 자신들의 정당성을 입증하는 결정적 승리였다. 한편 1985~2000년까지는 공산, 비공산을 떠나 모든 형태의 독재 체제가 대부분 붕괴했다. 이 연속적인 붕괴는 결코 우연이 아니었다. 좌파와 우파를 떠나 권위주의 정권을 무력화하고 종국에는 무너뜨린 것은 민주주의 혁명의 거대한 물결이었다.

10장에서는 그 변화의 물결을 따라가보자.

10장

민주주의와
자본주의의 '승리'

Democracy
and Capitalism
Triumphant?

1980년 이후 민주주의의
국제적 승리와 중국의 역설

권력은 타인의 삶을 무력화시키는 과정에서 스스로를 무력화하고, 종국에 가서는 타인의 삶을 무력화시킨 대가로 자신의 능력을 상실한다. … 수년간 멀쩡하게, 흠잡을 데 없이, 거침없이 돌아가던 기계도 하룻밤 사이에 멈춰버릴 수 있다. 만장일치의 투표와 선거 속에서 언제까지고 지배를 계속할 거라 모두가 믿었던 체제도, 끝나지 않을 것 같던 세상도, 아무런 경고 없이 한순간 산산이 조각날 수 있다.[1]

_바츨라프 하벨(Vaclav Havel), 1975년

9장에서는 사회 집단의 기능 분화와 세속화, 국가의 권력 강화, 성 혁명, 여성의 노동 참여 증가 등 세계를 휩쓴 복잡다단한 경제적·사회적 변화와 그에 반응하며 등장한 신우파에 대해 살펴보았다. 이 시기에 나타난 지각변동은 이미 너무나 거대하여 정부의 정책으로도 속도를 늦추거나 아주 작은 부분을 조정하는 것이 고작이었다. 그런 의미에서 신우파 세력 중 종교적 보수층을 내세운 쪽은 변화가 가져오는 거대한 도전에 직면할 수밖에 없었다. 지역에 따른 출산율과 인구 차이는 수백만에 이르는 사람들의 국제적인 이동을 의미했다. 인구는 많은데 기회가 적은 지역의 사람들이 인구가 적고 기회가 많은 지역으로 몰려드는 것은 경제적 필요에 의한 지당한 흐름이었다. 그렇게 보면 신우파는 처음 탄생할 때부터 실패할 운명이었는지 모른다.

한 가지 측면에서 신우파는 큰 승리를 거뒀다. 바로 공산주의의 붕괴였다. 1989~1990년에 소련을 포함한 동유럽의 모든 공산주의 정권은 갑자기 해체되었다. 공산정권이 무너진 자리에는 정치적으로는 일정 부분 민주주의에 가깝고 경제적으로는 일정 부분 자유 시장 체제에 가까운 정권들이 들어섰다. 로널드 레이건이 말한 대로 인간 역사의 비극적이면서도 기이한 한 장인 공산주의의 마지막 페이지는 1980년부터 쓰이고 있었고, 적어도 이 점에서는 신우파의 예언이 맞아떨어진 셈이다. 전체적으로 조망하면 동유럽의 공산주의 붕괴는 당시 세계를 휩쓸고 있던 민주주의와 자유 시장 경제의 대대적인 승리의 일부였다. 그러한 승리의 물결은 1970년대 중반부터 시작되고 있었다.[2]

민주화의 물결은 놀랍도록 광범위하게 일었다. 1970년 중반까지만 해도 절반을 훌쩍 넘는 국가가 다양한 독재 정권의 지배를 받고 있었다. 한 통계에 따르면, 1975년을 기준으로 보았을 때 세계에는 자유민주주의 국가 35개국, 권위주의 독재 국가 101개국, 그 중간 어디쯤 속한 국가가 11개국 존재했다. 그로부터 20년 후에는 자유민주주의 국가가 78개국, 권위주의 독재 국가가 43개국, 중간에 속한 국가가 43개국이었다.[3] 1970년대 중반에 접어들며 발생한 혁명의 물결은 포르투갈과 스페인의 파시스트 정권(1974년, 1975년), 그리스의 군부 독재 정권(1974년), 이란의 샤 정권(1979년)을 차례로 휩쓸었다. 1980년대 초중반에는 외채 위기와 '긴축 조치'로 국민의 지지를 잃고 타격을 받은 남미의 독재 정권들이 흔들리기 시작했다. 1982년 (말비나스(Malvinas), 혹은 포클랜드(Falkland) 제도를 두고 벌어진 영국과의 짧은 전쟁에서 패배한 아르헨티나의 군부 독재 정권은 1983년 해체되었다. 1990년을 기준으로 남미 20개국 중 17개국이 민주주의 국가였는데, 1980년과는 정반대의 통계였다.[4] 이러한 추세는 1986년 필리핀을 필두로 1980년대 후반 아시아로 전파되었다. 1980년대 말에는 동유럽의 공산주의 정권이, 1990년대에는 아프리카의 독재 정권이 무너졌다.

필리핀에서 '피플파워'(People Power, 민중의 힘) 혁명이 벌어진 후 세계 곳곳에서 유사한 형태의 혁명이 연이어 발생했다. 군부 독재와 국민투표식 민주주의가 결합한 페르디난드 마르코스의 소수 엘리트 독재 정권은 1986년 마닐라의 거리로 쏟아져나온 200만 필리핀 국민의 비폭력 시위로 무너졌다. 마르코스는 1986년까지 무려 21년 동안 필리핀을 지배하며 부정선거를 일삼고 계엄령을 남발했다. 미국은 마르코스가 마르크주의적 농민 반란과 싸우고 있다는 이유로 그의 정권을 지원했다. 1983년에 야당의 유력 지도자였던 베니그노 아키노(Benigno Aquino)

는 망명 생활을 마치고 귀국하는 길에 마닐라 공항에서 암살당했다. 아키노의 암살에 분노한 시민들 사이에서 저항운동이 확대되는 가운데 마르코스가 온갖 부정을 저지르며 1986년 대통령 선거에 다시 당선되자 필리핀 전역에서 거대한 시위의 물결이 일었다. 군부 세력은 갈라졌고, 필리핀 가톨릭교회는 공식적으로 마르코스 정권에 등을 돌렸다. 미국의 로널드 레이건 대통령조차 지지 철회를 선언하자 마르코스는 필리핀을 떠나 하와이로 망명을 갔다. 그 후 대통령 선거에 야당 후보로 출마한 코라손 아키노(Corazon Aquino, 사망한 베니그노 아키노의 아내)가 대통령이 되었다.[5]

그 후 수십 년 동안 피플파워 혁명과 유사한 시나리오가 조금씩 변형되며 세계 곳곳에서 반복적으로 나타났다. 물론 모두가 성공을 거두지 못했고, 개중에는 큰 실패를 경험한 국가도 있었다. 1980년 백인의 지배를 벗어난 짐바브웨에는 마르크스주의 일당 독재 정권이 나타났는데, 이 정권은 경제를 파탄냈음에도 권력을 계속 유지했다. 자이르(현재의 콩고)에서는 1990년대 초 르완다 내전과 집단 학살로 인한 복합적인 내전과 지역 전쟁이 벌어졌다. 이 전쟁으로 2004년까지 380만 명이 목숨을 잃었다(르완다에서 학살로 사망한 최대 100만 명의 희생자는 넣지 않은 통계다).[6] 구유고슬라비아는 붕괴 후 여섯 개의 주권국으로 분리되었고, 주권국 간에 벌어진 갈등으로 약 20만 명이 목숨을 잃었다. 중국에서도 1989년 공산당이 독점하는 폐쇄적 정치체제를 개방하려는 시도가 산발적으로 나타났지만 곧 군대에 진압당했다. 평화롭고 민주적인 혁명 뒤에 부패가 만연하는 준족벌적 독재 정권이나 취약한 정부가 들어선 나라도 있었다. 2011년에는 중동과 북아프리카 곳곳에서 '아랍의 봄'이라 불린 국민들의 저항이 일어났지만 안타깝게도 안정적인 민주정부가 들어선 곳은 거의 없었고, 2010년대 중반경에 많은 국가에 다시 군부 독재나 신정정치가 돌아왔다. 그러나 지금까지 살펴본 일련의 정권 교체는 역사상 최대 규모였고, 20세기 초반 '전 지구적 혁명의 순간'에 이루어졌던 시도보다 훨씬 큰 성공을 거두었다. 대부분의 정권 교체는 큰 유혈사태 없이 이루어졌다. 콩고와 보스니아, 최근의 시리아에 닥친 결과는 참혹했지만 20세기 초 멕시코, 러시아, 터키, 중국의 혁명이 남겼던 처참한 결과에 비하면 그나마 나은 편이었다.

민주화의 물결은 다양한 종류의 전제 정권을 무너뜨렸다. 1989~1990년 동유럽에서는 관료적인 공산주의 정권이 무너졌다. 멕시코에서는 명목상 사회주의 정당이었던 제도사회당의 70여 년에 걸친 일당 통치가 1988년 이후 십여 년간 선거를 거치며 서서히 약화했고, 2000년에는 드디어 새로운 정당이 최초로 정권을 잡았다. 동아프리카에서도 소위 아프리카 사회주의 일당 독재 정권들이 1990년대에 줄줄이 무너졌다. 1960년대 초독립한 탄자니아는 1995년에 처음으로 자유선거를 치렀고, 잠비아에서는 1991년, 케냐에서는 1992년에 각각 선거가 치러졌다. 1999년에 세네갈을 필두로 서아프리카 국가의 독재 정권들도 해체되었다. 남아프리카공화국에서는 민주화의 물결이 아파르트헤이트 정권을 무너뜨렸다. 아파르트헤이트 정권은 백인만을 위한 민주주의를 추구하며 자본주의 경제 강국을 꿈꿨다. 1990년에는 아프리카 민족회의의 지도자인 넬슨 만델라가 20여 년의 수감생활을 마치고 출소했다. 1994년 최초로 진행된 민주적 선거에서 만델라는 대통령으로 당선되었다. 나이지리아에서는 1966~1999년까지 다섯 번의 성공적인 쿠데타와 두 번의 실패한 쿠데타가 벌어졌고, 33년의 기간 중 29년 동안 군부 독재 정권이 통치했다. 그러나 1999년 5월에 치러진 첫 선거에서는 드디어 정권을 유지할 역량을 지닌 민주 정부가 권력을 잡았다.[7]

대개의 사람이 '1989년'을 공산주의가 붕괴한 혁명적인 해로 기억하지만, 1980년대 말부터 1990년대까지 세계 곳곳에서 수많은 반공주의 군부 정권의 붕괴도 함께 진행되었다. 인도네시아 국민은 1998년 대규모 비폭력 시위를 통하여 1965년부터 권력을 잡고 있던 군부 독재 정권을 몰아냈다. 그 후 3년간 복잡한 과도기가 이어졌고, 2002년 치러진 선거에서는 인도네시아 공화국 초대 대통령이었던 수카르노의 딸 메가와티 수카르노푸트리(Megawati Sukarnoputri)가 총리로 당선되었다.[8] 대만은 1949~1987년까지 계엄 체제에서 생활했다. 그러나 1992년에 완전 개방 선거가 처음으로 시행되었고, 2000년에는 최초의 비국민당 계열 정부가 들어섰다. 한국에서는 1987년 6월 100만에 이르는 국민이 서울의 거리로 쏟아져나왔고, 그로부터 5년후에 열린 선거에서 30년 만에 첫 민간인 대통령이 탄생했다.

남미에서는 대공황 이후 전형적인 정부 형태로 자리 잡았던 과두 군부 독재 체제가 1980년대에 들어서며 차례로 붕괴하기 시작했다. 아르헨티나는 수많은 우여곡절을 겪은 국가였다. 아르헨티나에서는 1930년, 1943년, 1955년, 1966년, 1976년에 쿠데타가 발생했고, 신좌파 급진주의 세력을 두려워하던 군부 정권은 1970년대 말부터 1980년대 초까지 3만 명에 이르는 사람들을 '실종'시켰다. 1983년 이후 민주주의가 서서히 자리 잡았고, 2003년에는 독재 시절의 실종과 살해에 책임이 있는 군인사들의 사면법을 취소하기도 했다. 브라질은 21년에 걸친 군부 독재 끝에 1985년 민주화를 맞이했고, 1989년에는 자유선거를 실시했다.

자유선거 제도가 버젓이 존재했음에도 수십 년간 동일한 정당이 장기 집권했던 나라에서 마침내 정권 교체가 나타난 시점이 1990년대 초인 것은 결코 우연이 아니다. 약 50년 동안 이탈리아에서 유럽 최대 공산당의 집권을 막는 역할을 했던 기독교민주당과 사회당의 연정 세력은 광범위한 부정부패 혐의로 각종 재판에 휘말리며 대부분의 주요 정당들과 함께 1994년 자멸했다. 단독 정권을 유지해오던 일본의 자유민주당 역시 일련의 부패 스캔들로 분열되며 타격을 입었고, 1993년에는 제2차 세계대전 이후 처음으로 비자민당 세력이 정권을 잡았다.

권위주의 (혹은 과두제) 정권이 붕괴한 직접적인 계기는 사례에 따라 달랐다. 남미의 경우 외채 위기의 영향이 핵심적이었고, 군사적 패배도 무시할 수 없었다(1982년 아르헨티나의 포클랜드 전쟁 패배, 1987년 소련의 아프가니스탄 철수, 1988년 남아프리카 공화국의 앙골라 철수 등이 그 사례다). 한국, 대만, 태국, 남아프리카의 경우 냉전의 최전선에 있는 이들 국가를 지원하던 미국이 공산주의의 붕괴로 지원의 동기를 상실한 것이 큰 이유이기도 했다. 그러나 기저에는 하나의 근본적인 원인이 있었다. 바로 독재 정권으로는 점점 가속화되는 세계경제 혁명을 도저히 따라갈 수가 없다는 단순한 사실이었다.

동유럽의 공산주의 독재 정권은 이를 가장 명확하게 보여준다. 동유럽에서는 1960년대 후반부터 계획경제의 한계가 드러났다. 중앙에서 모든 것을 통제하는 계획경제는 경제성장 초기에 중공업을 육성하거나 기본적인 인프라(철도, 제철소, 발전소, 탄광, 유전)를 집중적으로 개발하는 단계까지는 어느 정도 유용하지만, 그 후 지속적인 경제성장을 이끌어내는 데 효과가 없는 방식이었다. 동유럽의 경제성장은 1960년대 중반 이후로 서서히 둔화했고, 결국 서유럽보다 한참을 뒤처지고 말았다(표 8.6 참조). 실제 소련의 저명한 과학자 세 명은 1970년 소련 지도부에 보내는 공개서한에서 소련이 가진 문제점을 지적했다. 당시 이들이 지적한 문제점은 추후 소련의 붕괴를 낳은 문제점들과 정확하게 일치했다. 이들 학자는 소비에트 체제가 기술혁신을 지원하지 않는다며, 소련은 "생산 잠재력을 높일 새로운 수단 발견에 실패하거나 발견한 경우에도 제대로 활용하지 못하여 기술의 발전이 갑자기 멈춰버렸다"라고 지적했다. 이들은 서방 세계보다 심각하게 뒤처진 산업과 화학, 컴퓨터 등의 분야에 대해서도 우려했다. 이들은 "모든 형태의 교육에 할당한 소련의 예산 총액은 미국의 3분의 1 수준이며, 예산의 증액 속도 또한 느리다"라는 지적과 함께 범죄, 부패, 관료주의, 소극적 태도의 확산을 우려했다. 과학자들은 심화하는 결핍의 원인으로 자유로운 연구와 토론의 부재를 들었다. 혁신과 과학의 발전은 자유로운 연구와 토론을 통하여 이루어지는데, 소비에트 체제에서는 "아이디어와 정보의 자유로운 교류로 가는 길에 넘을 수 없는 장애물이 놓여 있다"라는 것이었다. 공개서한은 소련에 "창의적 사고를 지닌 비판적이고 역동적인 인재가 부족"하다고 지적하고 "직업적 능력이 뛰어나거나 강한 원칙과 소신이 있는 이들을 제치고 당 헌신을 입으로만 떠드는 이들이 성공의 사다리를 오르는 현실"을 개탄했다. "과학적 접근에는 신뢰할 수 있는 정보와 공정한 사고, 창의적 자유"가 필요한데, 당에서는 그보다 정치적 행동이나 아첨을 높이 산다는 것이었다. 서한을 쓴 과학자들은 "소련의 관료주의적이고 관례적이며 독단적이고 위선적인 이류 통치 방식이 역동성과 창의성을 말살하고 있다"라고 주장했다.[9]

약 20년 후, 공개서한에서 지적한 바로 그 문제들이 소련을 무너뜨렸다. 그나마 1970~1989년까지 소비에트 정권이 살아남을 수 있었던 것은 높은 석유 가격 때문이었다. 소련은 시베리아에서 생산된 석유와 천연가스를 서유럽으로 수출했다. 경제의 다른 부분은 이미 흔들리고 있었으나, 소련은 석유와 가스 수출로 벌어들인 경화로 정권을 지탱했다. 그러나 1980년대 중반 유가가 폭락하자 정권은 주저앉았다. 유가 폭락이 아니더라도 그즈음 동유럽 공산정권은 경제적, 사회적, 환경적으로 서방의 민주자본주의 진영에 완전히 뒤처진 상태였고, 이 정권을 구하려는 노력은 부질없어진 지 오래였다. 공산주의 진영의 일부 국가에서는 30~40년 전 정권을 수립한 구세대 공산주의자들이 사망하기 시작했고, 새로운 공산주의 지도자들은 거리로 쏟아져 나온 수만, 수십만 국민의 요구에 맞춰 기존 체제를 완전히 개혁했다.

소련이 붕괴하자 서방 진영으로서는 제3세계의 군부 독재 정권을 지원할 이유가 사라졌다. 공산주의식 체제 전복을 막는 방벽이라는 그들의 역할이 필요를 다했기 때문이다. 공산주의의 자멸은 애꿎게도 우파 독재 정권에 큰 타격을 주었다. 남아프리카의 아파르트헤이트 정권은 1990년에 마침내 민주화되었다. 남아프리카 정부는 내부 분쟁의 심화라는 내부 요인, 보이콧과 제재라는 외부 요인, 1988년 앙골라에서의 패배라는 군사적 요인으로 이미 약해진 상태였지만 민주화 과정을 앞당긴 것은 소련의 붕괴였다. 아프리카민족회의의 무장투쟁 조직 대표가 남아프리카 공산당의 의장을 겸하고 있었다는 점에서 서방 진영은 아파르트헤이트 정권이 무너지면 남아공에 소비에트 주도의 공산주의 정권이 들어설 것을 우려했다. 소련이 붕괴하니 그 우려가 자연스럽게 사라졌고, 서방의 지지를 잃은 남아공의 아파르트헤이트 정권은 무너졌다. 중미에서도 유사한 일이 벌어졌다. 냉전 시기, 미국은 니카라과에서 마르크스주의를 표방하는 산디니스타 정권과 격렬한 대리전을 벌이는 한편, 마르크스주의 혁명 세력과 내전 중인 엘살바도르 정부를 지원했다. 냉전이 끝난 1990년대 초, 니카라과와 엘살바도르는 비교적 평화롭게 민주화되었다. 미국과 소련의 냉전적 지원 없이 내전을 지속할 자금이 없었던 정부 세력과 혁명 세력은 합의를 통하여 전쟁을 끝냈다.

　동유럽의 공산주의 독재 정권이 세계의 경제 발전에 뒤처져 붕괴했다면, 저개발국의 독재 정권들은 오히려 경제적 성공과 그로 인한 국민의 의식 변화로 인하여 붕괴했다. 한국과 대만의 소수 엘리트주의 군부 정권은 1940년대 말부터 1980년대 초까지 일종의 국가 지도 자본주의 혹은 계획 자유경제를 통하여 주도면밀한 계획에 따라 산업 발전을 도모했다. 두 국가 모두 경제발전을 위하여 관세를 통한 기간산업 보호, 가격·임금·이윤·이자·환율에 대한 정부의 적극적인 개입, 외국인의 소유권 제한과 해외투자자 이익 반출 제한, 보조금·저리 융자·세제 혜택, 기간산업과 핵심 인프라의 국영화, 정부 주도의 종합 대기업 형성, 장기적인 경제 계획 수립 등 다양한 정책을 활용했다. 이 정책들은 과두제에 가까웠지만 민주 정부를 구성하고 있던 일본이 앞서 활용한 정책을 참고하여 만든 것이었다. 정책의 실행은 대개 미국의 막대한 군사적·경제적 지원으로 이루어졌다. 1953~1961년까지 한국에 투자된 자본의 80퍼센트는 미국에서 온 것이었다. 이에 불만을 품은 미국의 일부 사업가와 의원들은 "미국 정부의 지원 프로그램이 실질적으로 국가사회주의에 가까운 정책을 보조하는 데 쓰이고 있다"라며 비판했다. 그러나 한국, 대만, 일본이 공산주의 확산 방지에 핵심적인 역할을 한다고 판단한 미국은 이러한 정책들을 용인하고 장려했다. 싱가포르와 말레이시아, 태국, 인도네시아, 브라질을 비롯한 일부 남미 국가들도 정도는 덜했지만 유사한 경제 정책을 활용했다.[10] 교육 투자도 대폭 늘렸다. 적극적인 교육 투자로 브라질의 문맹률은 1950년 50.6퍼센트에서 1980년 25.5퍼센트로 감소했으며, 멕시코의 경우 같은 기간 43.2퍼센트에서 16퍼센트로 3분의 2가량 감소했다.[11]

저개발국의 독재 정권들은 통치에 가혹한 수단을 동원했다. 그러나 적어도 단기적으로는 경제적 성공이 이들 정권에 상대적인 정치적 정당성을 부여하기도 했다. 한국은 1945년부터 1987년까지 대부분의 기간 동안 군경이 중심 세력이 된 권위주의적 정권이 통치했다(그리고 그 군경 인사 중 많은 이는 일본 식민지배 시절 부역자 출신이었다). 박정희와 전두환은 각각 1961년과 1979년 쿠데타를 통해 정권을 잡았다. 두 정권 모두 비판자, 반체제 인사, 정치적 경쟁자, 시위 참가자를 가혹하게 탄압했으며 그 과정에서 인명이 희생되기도 했다. 일례로 전두환이 1980년 광주민주화운동을 진압하는 과정에서 수많은 사망자가 발생했으며 일각에서는 그 수가 최대 2,000명에 이른다고 주장했다. 전두환은 또한 1980년 집권을 강화하는 과정에서 6만 1,000명에 달하는 시민을 검거하여 4만 명을 삼청교육대라는 일명 '정화교육' 수용소에 보냈는데, 그중 수백 명이 사망했다.

그런 가운데도 이들 정권은 적어도 외관상으로는 선거 민주주의를 주장하며 권력을 유지할 수 있었다. 이는 상당 부분 집권기간 중 지속된 엄청난 경제성장 덕분이었다. 박정희가 집권한 1962년에서 1979년까지 한국의 연평균 경제성장률은 8.9퍼센트였고, 한국은 한 세대 만에 빈곤한 농업 국가에서 부유하고 교육 수준이 높은, 중산층 도시 국가로 재탄생했다.[12]

교육과 경제적 여유는 세상에 대한 비판적인 시각을 키우기 마련이다. 교육받은 국민은 스스로 생각하고 정보를 찾으며 문제를 분석하고 해결책을 제안한다. 이들은 신문과 책을 읽고, 라디오를 듣거나 텔레비전을 시청하며, 중요한 사안에 있어 자신의 의견을 형성한다. 정당한 정치 참여 기회를 거부당한 시민들은 비정부기구에 들어가 시민사회를 형성하고, 다른 시민들과 함께 생각을 나누거나 문제를 분석하여 정책을 제안한다. 1970~1980년대에는 국민소득이 증가하며 심리적·문화적으로 중요한 변화가 나타났다. 사실 1980년대에 들어서며 대부분의 국가에서 단순히 먹고사는 생존의 문제는 해결되었다. 부모 세대보다 교육적·경제적 혜택을 많이 받은 젊은 세대는 그저 체제에 순응하며 먹고사는 문제에만 집중하기보다는 적극적인 시민으로서 활동하고자 하는 욕구가 더 컸다. 사회심리학자와 정치학자들은 이것을 '생존 가치' 추구에서 '자기표현 가치' 추구로의 전환이라고 부른다.[13] 이러한 행동방식과 사고방식의 전환은 그동안 권위주의 정권이 지배할 수 있게 했던 국민의 순응과 충성을 약화시켰다. 1970년대 남아프리카의 한 학자는 이 현상을 설명하며 "문해율이 높아지고 도시화가 진행되면서 형성된 더 넓은 공공 영역에서는 시민들의 이념과 동지의식이 싹트며 권위적인 지도자에 대한 복종과 충성을 대체했다"라고 표현했다. 그렇게 탄생한 새로운 시민들은 인종차별적인 아파르트헤이트 정권을 무너뜨렸다.[14)

가치관과 행동의 변화 외에 '진정한 개발'로 인한 도시화는 시민의 집결과 정치적 의사 표명을 더 쉽게 해주었다. 1989년 라이프치히에서, 1986년 마닐라에서, 1988년 산티아고에서, 1998년 자카르타에서, 그리고 1987년 서울에서는 수많은 시민이 거리로 뛰쳐나와 정권 변화를 요구했고, 이러한 시위는 민주화 이행에 핵심적인 역할을 했다. 이러한 결집을 가능하게 한 것은 도시화였다. 20세기 초 농촌에서는 정치적 목적의 결집이 거의 불가능했다. 문맹률이 높고 통신 수단이 없었다는 점도 문제지만, 우선 주민들이 정부 조직에서 멀리 떨어진 곳에 여기저기 흩어져 있었기 때문이다. 1970~1980년대에는 세계 곳곳의 국가들이 도시화의 임계 문턱을 넘었다. 많은 국가에서 도시 거주민의 비율이 20퍼센트, 30퍼센트, 35퍼센트까지 확대했고, 남미의 경우 50~60퍼센트에 달했다. 지리적으로만 보아도 도시화된 인구의 정치적 결집이 훨씬 쉬웠음은 물론이다.

새로운 통신 기술의 전파는 도시에 거주하는 시민들의 결집을 도왔다. 중요한 역할을 한 것 중 하나가 휴대용 트랜지스터 라디오였다. 1986년 마닐라에서는 가톨릭교회가 운영하는 라디오 방송국 라디오 베리타스(Radio Veritas)가 시민들에게 정보

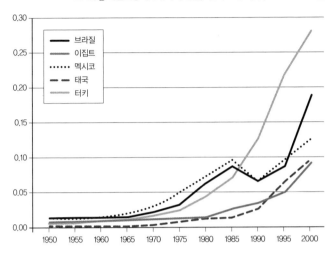

표 10.1_ 개발도상국 5개국의 1인당 전화 보유 대수, 1950~2000년

를 전달했다. 라디오 베리타스의 메시지는 높은 휴대용 라디오 보급률 덕에 널리 퍼질 수 있었다. 1980년대 말 당시 필리핀에서는 10명 중 1명이 휴대용 라디오를 보유했고, 인도네시아의 경우 7명 중 1명, 한국의 경우 전 국민이 하나씩 가지고 있다 해도 과언이 아닐 정도로 보급률이 높았다. 세계 곳곳의 전화기 보급률 또한 1980~1990년대에 급격히 높아졌다(표 10.1).[15] 1980년대의 시민 단체들은 회원 각자의 전화 연락 순서가 정해져 있는 '비상 연락망'을 갖추고 필요한 정보를 신속하게 전달했다. 휴대용 라디오와 전화는 강력한 정치적 도구였다. 두 도구의 보급률은 점차 높아져 1980년대 후반에는 다양한 형태의 독재 정권 치하에 사는 많은 시민이 라디오와 전화를 소유했다.

경제적 실패가 독재 정권을 무너뜨린 동유럽과는 달리 오히려 경제적 성공이 독재의 붕괴를 불러온 국가도 있었다. 그런 측면에서 자본주의와 민주주의가 늘 함께 움직이며, 민주주의의 열망이 자본주의로 이어진다는 신우파의 주장은 옳은 것 같았다. 적어도 2000년경까지는 말이다.

세계를 한바탕 휩쓴 민주화 혁명이 거의 마무리되고 새 천년이 다가오면서 신우파의 믿음이 반드시 옳지만은 않다는 것을 보여주는 사례들이 나타났다. 구체적으로 세 가지 사례를 살펴보자. 첫 번째는 뉴질랜드다. 백인 정착민의 마오리족 원주민 토지 몰수와 수탈이라는 역사에서 벗어날 수 없지만, 뉴질랜드는 여러 측면에서 세계에서 가장 민주적인 국가 중 하나다. 대표적인 예로 뉴질랜드는 1893년 여성의 참정권을 최초로 인정했다. 1970년대의 뉴질랜드는 세계에서 가장 부유한 국가 중 하나였고 의료보험, 재해 보상, 노동법, 주택 공급 등의 여러 측면에서 모범적인 사회민주주의 정책을 운용했다. 이 시기 뉴질랜드는 백인 정착 과정에서 자행한 부당한 행위의 배상으로 과거 토지를 몰수당한 원주민의 후손에게 토지와 배상금을 지급하는 제도적 절차에 돌입했다. 그러나 1980년대에 부채 증가와 세계무역의 구조적 변화로 경제적 압박이 증가하며 뉴질랜드는 기존의 복지 정책을 유지할 수 없었다. 결국 뉴질랜드의 복지 정책은 1990년대 신자유주의 정부 개혁으로 부분적으로 축소되었다. 뉴질랜드의 사례는 건강한 민주주의가 존재하는 곳에서도 자본주의의 지배가 나타난다는 것을 보여준다.

인도의 사례도 유사하다. 인도는 1984년과 1991년 두 총리의 암살을 비롯한 일련의 사건으로 1970~1980년대에 짧은 혼란기를 겪었지만, 20세기 중반부터 2000년까지 반세기 동안 꽤 성공적이고 안정적인 민주주의를 이끌어왔다. 인도는 경제적인 정책에서는 사회주의적 경향을 보였다. 인도는 5개년 개발 계획, 고정 환율, 산업 및 금융 기업의 공영화, 강한 경제 규제, '수입 대체' 전략을 위한 보호 관세 등 국가 주도적인 경제 정책을 폈고, 소련과도 우호적인 경제 관계 유지했다. 인도가 펼친 경제 정책의 결과는 전반적으로 나쁘지 않았으나 괄목할만한 성장을 불러오지 못했다. 독립 이후 1980년대까지 인도의 1인당 소득 증가는 연평균 2퍼센트보다 조금 낮은 수준이었다. 그러다 1991년 외환위기로 타격을 입은 인도는 광범위한 경제 자유화 조치를 도입했다. 인도는 해외투자와 무역에 경제를 개방했다(경제 개방이 이루어진 1991년 이후 1998까지 인도를 대상으로 한 해외투자는 무려 스무 배가량 증가했다). 많은 기업과 산업이 민영화와 규제 완화의 대상이 되었고, 79퍼센트에 달했던 평균 관세율은 2004년 20퍼센트까지 낮아졌다. 최고 소득세율과 법인세율은 약 40퍼센트 감소했고, 1인당 실질 소득의 연평균 증가율이 가속화되어 1990년대의 4퍼센트에서 2000년대 6퍼센트로 증가했다.[16]

중국은 뉴질랜드나 인도와 반대되는 사례를 보여준다. 즉, 자본주의가 민주주의의 부재 속에서도 승리한다는 사실이다. 농업의 집산화와 산업 생산 탈중앙화 등 1950년대 말 소위 '대

약진 운동'하에 실행된 정책들이 실패하며 중국 경제는 피폐해졌고 엄청난 수의 국민이 기근으로 목숨을 잃었다. 마오쩌둥이 중국 사회 곳곳에 스며든 관료주의와 부패, '부르주아'적 의식을 뿌리 뽑겠다며 1966~1968년 전개한 일종의 정치 혁명인 문화 대혁명은 또 다른 분열과 혼란을 낳았다. 마오쩌둥이 현실을 비판하며 이상적인 공산국가를 건설하겠다고 동원한 청년 위주의 세력(중국 문화혁명의 추진력이었던 학생 조직 '홍위병'을 포함한다─옮긴이)은 큰 혼란을 초래했고, 또다시 수백만 명이 목숨을 잃었다. 이 세력을 제압하기 위하여 중앙정부는 군대를 투입했다. 중화인민공화국이 탄생한 1949~1980년까지 중국의 1인당 소득 증가율은 연평균 3퍼센트를 조금 밑도는 수준에 머물렀다. 안정적인 성장률이었지만, 자본주의 체제를 따르는 일본이나 대만((1949년 이후 국민당 정권의 중화민국)에 비하면 절반도 안 되는 성장률이었다.

1970년대 초에 들어서며 중국은 세계와의 관계를 급격히 재설정했다. 1960년대에 소련과 결별한 중국은 1971년과 1972년에 각각 미국, 일본과 사실상의 동맹관계를 맺으며 외교관계를 정상화했고, 이를 바탕으로 그때까지 중화민국이 차지하고 있던 유엔 안전보장이사회 상임이사국 자리를 손에 넣었다. 그 후 5년간은 덩샤오핑의 개혁파가 공산당 일당 정권을 이끌었다. 1976년 마오쩌둥 사망 이후 중국은 대대적인 경제 개혁에 들어갔다. 1970년대 중국은 비료 사용량을 세 배 이상, 트랙터 활용을 네 배 이상 늘리며 엄청난 농업 발전을 이루었고, 1983년에는 집단농장제를 사실상 폐지했다. 1986년에 이르자 트랙터와 비료의 사용량은 다시 두 배 증가했고, 1970년과 비교하여 농촌의 전기 사용량은 여섯 배 증가했다. 1980년대 초에는 산업 임금과 상여금에 성과급 제도를 도입하고, 관리 목표를 생산 기반에서 이윤 기반으로 조정했다. 은행을 분권화하고 관세를 포함한 무역 장벽을 낮췄으며, 외국인 직접투자의 규제를 축소하고 정부의 가격 통제를 완화했다. 또한 해외투자 유치를 위한 '경제특구'를 설치했다. 중국은 처음에는 홍콩, 대만, 싱가포르 등에 거주하는 화교의 투자를 유치하는 데 집중했으나 시간이 흐르며 한국, 일본, 미국, 유럽의 투자자 유치에 힘썼다.[17] 중국은 세제 혜택, 보조금 지원, 저리 융자, 가격 조정, 국영 대기업 설립 및 기타 산업 대기업 장려 등 일본, 대만, 한국이 성공적으로 활용했던 산업화 정책을 다수 도입했다. 1999년 개정된 헌법에서 중국은 자국의 체제를 '사회주의 시장 경제'라고 선언했다. 임금이 낮고 노동 규율이 엄격한 중국이 개방 정책을 펴자 외국 자본이 물밀 듯 몰려왔다. 중국 중앙정부는 산업의 상당 부분을 민영화하여 공공부문 인력을 절반으로 줄였다. 또한 인구 증가가 생산성 향상을 가로막는 것을 방지하기 위하여 1979년부터 매우 엄격한 한자녀 정책을 대대적으로 실시했고, 이를 지키지 않는 가정에는 가혹한 경제적 불이익을 주었다. 이는 앞서 일본이 시행한 자발적인 가족계획 운동인 '신생활운동'의 내용을 참고하여 한층 엄격하게 만든 정책이었다.[18]

중국의 개혁 개방은 눈부신 성과를 낳았다. 중국의 연평균 1

인당 소득 증가율은 1980~2000년에는 거의 6퍼센트였고, 2000~2010년에는 9퍼센트 이상을 기록했다. 2000년경 중국의 민간 부문 경제 규모는 공공 부문 규모를 능가했다.[19] 21세기 초에 중국은 세계 최대의 수출국으로 자리 잡았다. 1980년 세계 수출의 1퍼센트 미만만을 차지하던 중국 제품이 2010년에는 10퍼센트를 차지했다. 중국은 수출에 있어 유럽을 제외한 모든 세계 주요 경제권을 앞섰다.[20] 이러한 경제성장은 중국 사회에 엄청난 보상을 안겨주었다. 중국의 1인당 소득은 1975~1987년 사이에 두 배, 1987~2000년 사이에 다시 두 배, 2000~2008년 사이에 또다시 두 배 증가했다.[21] 물론 이는 추정치로 신뢰가 떨어지는 측면도 있다. 중국의 1인당 소득은 실질 구매력 평가에 따라 크게 달라지는데, 이 구매력의 추정치가 적게는 미국 평균의 11분의 1에서 많게는 4분의 1까지 큰 차이를 보이기 때문이다. 중국의 경제적 변화는 큰 성장을 불러왔지만, 이를 이루는 과정에서 과도한 사회적 압박과 고통이 발생하기도 했다. 특히 중국 내 이주 노동자인 농민공들은 채무 노동에 가까운 노동 환경에서 일했다. 그러나 변화의 방향 자체는 아시아의 다른 국가들과 크게 다르지 않았고, 중국은 빠른 성장을 보이며 선진국들과의 차이를 서서히 좁혀나갔다.[22]

2010년경의 인도와 중국이 보여주는 대비는 역설적이다. 인도의 사례는 민주주의야말로 자본주의가 꽃필 수 있는 좋은 환경임을 보여준다. 중국의 사례를 보면 (정치적) 공산주의하에서 자본주의가 더 성공적인 결과를 낳았음을 알 수 있다. 두 국가에서 모두 불평등과 부패의 증가로 반발이 나타났지만, 이 책을 쓰고 있는 시점에 판단하기로는 어떤 거대한 경제적 재난이 터지지 않는 한 중국과 인도에서 자본주의의 승리가 뒤집힐 일은 없을 것으로 보인다. 현시점에서 이 역설이 품고 있는 함의를 파악하기는 쉽지 않다. 신우파 진영에서는 앞으로 중국의 경제 발전이 진행되면서 결국 민주주의가 도입되리라 예측할 수도 있다. 정보통신 기술의 발달로 외부 세계의 지식이 점점 더 사회 깊숙이 침투하고, 사업가나 전문가 등 중산층이 성장하면서 자연스럽게 민주화가 진행되리라는 견해다. 일부 비관론자들은 양국에서 나타나고 있는 불평등의 심화를 보며 억만장자들이 선거를 통하여 국가 통치에 참여하는 국민투표형 과두제야말로 금세기에 성공 가능성이 가장 큰 정치 형태라는 씁쓸한 전망을 한다. 이러한 형태의 통치에서는 미디어 지배가 가장 중요하다.

억만장자 사업가들이 선거 운동에 점점 더 많은 정치 자금을 기부하는 가운데, 유럽과 북미 선거의 최근 전개 상황을 보면 비관론자들이 내놓은 후자의 예측이 맞을지도 모르겠다는 생각이 든다. 특히 걱정스러운 사례는 이탈리아의 언론 재벌이자 정치인인 실비오 베를루스코니(Silvio Berlusconi)다. 베를루스코니 정권은 이탈리아에 산재한 문제를 해결하기보다 오히려 더 많은 문제를 끊임없이 일으켰지만, 그는 20년 가까운 세월 동안 이탈리아 정계의 거물로 남았다. 미국에서도 점점 더 많은 '별난' 억만장자들이 선거에 관여하고 있다. 재계와 정계가 일부

연결된 부분적인 과두제 정치 구조는 러시아나 인도네시아 같은 대형 개도국에서 흔히 나타나고 있다.[23]

결과는 상황에 따라 달랐다. 이탈리아의 경우 다른 유럽 국가들보다 1인당 소득이 감소하는 등 성과가 좋지 않았지만, 중국의 경우 엄청난 경제적 성공을 맛보았다. 중국 공산당 정부는 경제성장의 과실을 잘 활용하여 교육 기회를 평등화하고, 직업 안정성과 작업 환경을 개선하며, 기술혁신을 가속했다.[24] 학자들은 경제적 성과를 제외한 다른 측면에서 이러한 결과가 정치와 정책의 미래에 시사하는 바가 무엇인지 활발히 토론하고 있다. 1999년 미국의 정치학자 프랜시스 후쿠야마(Francis Fukuyama)는 19세기의 자유주의적 신념에 식지 않는 열정을 담아 "자유민주주의와 시장 경제는 현대 사회의 일부분이 되고자 하는 국가가 택할 수 있는 유일한 선택지"라고 주장했다.[25] 그러나 회의적인 학자라면 억만장자들의 과두제적 통치와 중앙적인 경제적 통솔이 현대 사회의 중심에 있다고 결론을 내릴지도 모르겠다.

흐르는 돈의 축복 그리고 저주:
전 세계의 금융화

거래소에 처음 들어선 순간, 돈이 보이고 돈 냄새가 났다. 실제로 눈에 보이는 것은 아니었지만, 발굴을 기다리는 보물처럼 팽팽한 긴장감을 풍기며 공기 중에 돈이 떠다니고 있는 것 같았다. … 신호만 제대로 날리면 마치 구리 전자석이 금속을 끌어당기듯 돈이 내게 달려들었다.[26]

_닉 리슨(Nick Leeson, 영국 베어링스 은행을 파산시킨 트레이더
—옮긴이), 1996년

1980~1990년대 세계 곳곳의 민주화를 불러온 또 다른 핵심적인 요인은 외환위기였다. 독재정부 중에는 효과적인 경제 발전을 달성한 곳이 많았다. 그러나 어느 정도 성장을 이룬 후 재정 건전성을 유지하는 데 서투른 경우가 태반이었고, 이는 채무의 증가로 이어졌다. 채무 증가의 가장 큰 원인 중 하나는 만연한 부패였다. 또 다른 원인은 정권의 정당성 결여에서 오는 정

치적 취약성, 그로 인한 세금 징수나 인상의 어려움이었고, 세 번째 이유는 군대 의존에서 오는 지나친 군비지출이었다. 군에 의존하여 통치하는 많은 독재 정권은 군을 만족시키기 위하여 값비싼 현대식 무기를 구매하고 더 많은 군인을 고용해야 했다. 1980~1990년대가 되며 독재 정권이 지닌 이러한 약점들은 중요한 결과를 낳았고, 남미에서는 1982년 외환위기가 아르헨티나, 브라질, 칠레의 권위주의 정부를 무너뜨리는 역할을 했다. 1990년대 말에 찾아온 또 다른 외환위기는 멕시코와 인도네시아의 권위주의 정부를 무너뜨렸다. 20세기 말 20여 년간 국제 금융 시장의 변동성이 점점 높아지는 가운데, 외환위기를 맞은 독재 정권들은 이러한 불안정성을 관리하는 능력에 있어서 한계를 드러냈다.

1980~2000년 사이 등장한 새로운 민주정권은 대부분 경제 성장을 위하여 '워싱턴 컨센서스'(Washington Consensus)로 대변되는 신자유주의적 경제 정책을 따랐다. 워싱턴 컨센서스는 국영 기업과 국가 소유 자원의 민영화, 금융을 비롯한 각종 산업의 규제 완화(은행 관여 가능 사업의 규제 완화, 대출 자본금 보유 기준 완화 등), 해외직접투자의 규제 완화, 무역 장벽 완화, 세율 인하, 국제 자유무역 지역 및 자유기업 지역 등 외국인 투자자 세금 감면 등의 정책을 골자로 했다.[27] 새로운 민주정권만이 이러한 정책을 도입한 것은 아니다. 인도('기존' 민주국가)와 중국(민주국가가 아닌 공산국가)도 유사한 정책을 활용했다.[28] 세계 곳곳의 국가가 유사한 정책을 도입하면서 1980년대 말부터는 세

계 평균 관세율이 점점 낮아졌다(표 7.11). 1980년대 초 34.4퍼센트였던 개도국의 평균 관세율은 2000년 12.6퍼센트까지 내려갔고, 수입 할당제 등의 비관세 장벽 또한 대부분의 개도국에서 완화되었다.[29] 1990년대에는 다양한 자유무역협정이 체결되며 세계 곳곳에 거대한 자유무역지대가 형성되었다. 1991년에는 아르헨티나, 브라질, 파라과이, 우루과이를 관세동맹으로 연결하는 메르코수르(Mercosur)가 창설되었다. 메르코수르에는 추후 볼리비아와 베네수엘라도 합류했다. 1992년에는 유럽연합이 단일 화폐를 도입했고, 1995년에는 미국, 캐나다, 멕시코가 북미자유무역협정(North American Free Trade Agreement, NAFTA)을 체결했다. 자유무역지대는 많은 경제적 성과를 냈고, 메르코수르의 교역액은 협약 체결 5년 만에 네 배 증가했다.[30] 1990년대에는 이러한 다자간 협약 외에도 해외직접투자의 규제 완화나 이중과세를 방지하기 위한 양자 투자 협약이 줄줄이 체결되며 국가 간 자본의 이동을 촉진했다(표 10.2). 녹색 혁명은 밀과 쌀의 수출량을 획기적으로 늘리며 세계 교역량 증가에 한몫했다(표 10.3). 개도국의 공산품 수출 증가를 비롯한 세계 산업 수출 비율 변화는 교역량 증가의 또 다른 요인이 되었다(표 9.7). 이 모든 변화의 결과로 세계 GDP 대비 교역 비중은 1973년 10.5퍼센트에서 1998년 17.2퍼센트로 증가했다. 1950년보다 세 배 이상, 1913년보다 두 배 이상 증가한 비중이었다.[31]

신생 민주국가들의 경제 발전과 개방적인 무역 환경 조성은

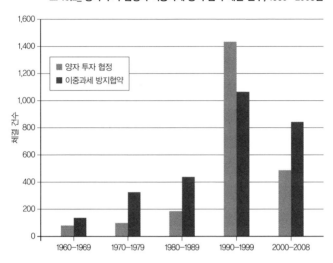

표 10.2_ 양자 투자 협정과 이중과세 방지 협약 체결 건수, 1960~2008년

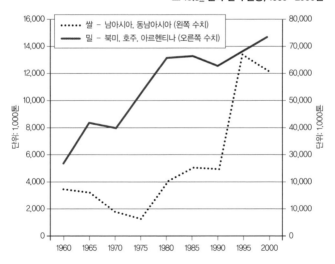

표 10.3_ 밀과 쌀 수출량, 1960~2000년

투자 기회의 엄청난 확대를 의미했다. 특히 개도국을 대상으로 해외직접투자가 기하급수적으로 늘어 1970~2010년까지 세계 GDP 대비 두 배 빠르게 증가했다. 1980년대와 비교했을 때 2000년대에 인도, 인도네시아, 중국, 태국으로 유입된 외국인 투자 규모는 (물가인상률을 반영한 수치로) 서른 배에 달했다. 나이지리아와 세네갈의 경우 1970~2000년대까지 여덟 배 증가했고, 멕시코와 칠레, 아르헨티나의 경우 1980~2000년대까지 역시 여덟 배 증가했다. 미국은 '겨우' 세 배 증가하며 다른 지역에 비하여 상대적으로 뒤처지는 모습을 보였고, 유럽의 경우 일곱 배 증가했다.[32] 물가인상률 반영 수치로 2010년 세계 GDP는 1970년의 네 배였고, 세계 수출 규모는 8.5배, 국외 투자 규모는 거의 18.5배였다.[33]

해외에서 송금되는 금액은 개발도상국으로 유입되는 자본 중 점점 중요한 요소로 자리 잡았다. 아프리카나 중동에서 유럽으로, 남아시아나 동남아시아에서 페르시아 걸프 지역으로, 혹은 남미에서 미국으로 건너간 수백만 명의 이주 노동자들은 벌어들인 돈의 일부를 '고국'으로 송금하여 부동산을 사거나 가족을 부양하고 사업을 시작했다. 외부에서 유입되는 자본금 중 공적 개발 원조가 차지하는 비율은 직접투자나 송금처럼 극적으로 증가하지 않지만, 여전히 무시할 수 없는 비중을 차지했다. 21세기 초에는 다양한 경로를 통하여 개도국으로 돈이 밀려들어 왔다(표 10.4).

유럽의 경제통합 강화로 대부분의 해외직접투자는 여전히

선진국으로 향했지만, 선진국과 개도국의 차이는 점차 좁아졌다. 1970~1980년대에는 전 세계 직접투자의 75퍼센트가 서유럽, 미국, 일본, 캐나다, 호주, 뉴질랜드로 향했지만 2000년대에 들어서며 그 비율은 55퍼센트에 조금 못 미치는 규모로 감소했고, 2010년대 초 개발도상국으로 향하는 해외직접투자의 규모가 더 커졌다. 남아프리카공화국, 한국, 대만, 싱가포르, 홍콩까지 '개발도상'국에 포함하여 계산하면, 그 비율은 61.5퍼센트였다(표 10.5). 2000년경 이르러 선진국에서는 외국인 직접투자의 거의 90퍼센트가 인수합병의 형태로 이루어졌다. 즉, 투자액 대부분이 실제 경제활동의 확대가 아닌 소유권의 변경에 들어간 돈이라는 의미다. 반면 선진국으로 향하는 외국인 직접투자 중 인수합병형 투자는 3분의 1에 그쳤다.[34]

이 시기 해외직접투자의 또 다른 특징은 미국이나 서유럽 등 기존 경제 강국이 아닌 신흥국에 의한 투자가 더 활발하게 이루어졌다는 점이다. 1980~2000년대까지 미국 투자자들의 해외직접투자액은 (물가상승률 반영 수치로) 여섯 배 조금 넘게 증가했고, 서유럽의 경우 여섯 배에 조금 못 미쳤다. 같은 기간 대만, 한국, 싱가포르, 홍콩, 중동, 북아프리카 투자자들의 투자액은 열다섯 배 증가했고, 중국, 태국, 남미의 경우 무려 서른 배의 증가세를 보였다(표 10.6). 1970년에는 해외직접투자의 대부분을 선진국이 차지했지만, 2010년 들어서는 그 비율이 60.8퍼센트로 줄어들었다. 남아프리카공화국, 대만, 한국, 싱가포르, 홍콩을 여전히 '개발도상'국에 넣어 계산하면, 2010년 해외

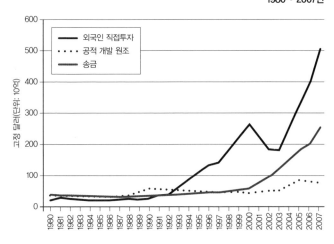

표 10.4_ 개발도상국 유입 자본: 해외직접투자, 공적 개발 원조, 송금,
1980~ 2007년

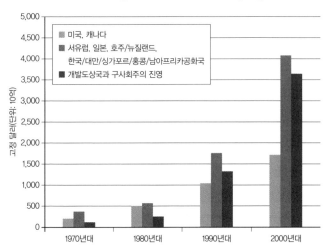

표 10.5_ 10년 단위로 본 해외직접투자(유입), 1970~2009년

표 10.6_ 10년 단위로 본 해외직접투자(유출), 1970~2009만

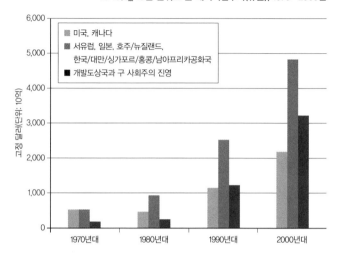

직접투자액은 개도국이 더 많았다.[35]

투자 확대를 이끈 또 다른 요소로는 1970년대 이후 급격하게 낮아진 통신 비용과 금융거래 비용을 들 수 있다. 1970년대 초부터 통신 기술의 발달이 가속화되며 이전과는 질적으로 다른 새로운 차원의 통신망이 구축되었다. 1980년대 초까지 다국적 기업 및 초국적 기업들의 관리와 금융거래는 주로 큰 데이터를 전송할 수 없는 전보와 전화를 통하여 이루어졌다. 대서양을 가로지르는 첫 전화선은 1956년 개설되었는데, 이 전화선으로 동시에 통화가 가능한 회선 수는 36개에 불과했다. 1965년 발사된 통신 위성 인텔샛(Intelsat) 1호는 240회선, 1971년의 인텔샛 4호는 2,000회선, 그로부터 10년 후 발사된 인텔샛 6호는 3만

3,000회선을 동시에 중계할 수 있었다. 당시 지구 궤도를 도는 스무 개의 통신 위성 중 열아홉 개는 서방 진영과 일본의 합작으로 운영되었고, 나머지 한 개는 소련의 소유였다. 1980년대 초 설치되기 시작한 광섬유 케이블은 통신 용량을 더 확장했다. 1988년 처음 설치된 대서양횡단 광섬유 케이블은 동시에 4만 통화를 전송할 수 있는 용량을 가지고 있었다. 2000년까지 대서양과 태평양을 횡단하는 케이블이 다수 설치되면서 동시 통화 가능 건수는 200만 건으로 늘어났다.[36] 통신 비용이 크게 절감된 것은 당연한 결과였다. 1970년에는 뉴욕과 런던 사이의 3분 통화 비용이 20달러였는데, 2007년에는 같은 길이의 통화 비용이 3센트(물가상승률 반영 금액)까지 낮아졌다.[37]

통신 기술이 누적되어 1983년에는 인터넷이, 1989년에는 월드와이드웹(World Wide Web)이 탄생했다. 이는 직접적으로는 미군과 미국의 대학교들이 1960년대 말 ~1980년대 중반에 진행한 전자 공학 연구의 산물이었다. 1992년 들어서는 인터넷에 접속 가능한 컴퓨터의 수가 세계적으로 100만 대에 달했고, 6년 후에는 1억 3,000만 대로 대폭 증가했다. 1998년에는 인터넷에 접속된 컴퓨터 중 절반이 미국에 있었고, 전체의 10분의 9가량이 기존의 선진국에 있었지만, 인터넷은 개발도상국으로 빠르게 확대되었다. 2000년 기준으로 인터넷 사용자는 브라질의 경우 전체 인구의 3퍼센트, 멕시코는 5퍼센트, 아르헨티나는 7퍼센트였다. 그러나 12년 후 브라질과 아르헨티나 인구의 절반이, 멕시코인의 40퍼센트가 인터넷을 사용했다. 중국인과 이집트인의 40퍼센트 이상이 인터넷에 접근할 수 있었고, 태국과 이란의 경우 전체 인구의 4분의 1 이상, 인도, 인도네시아, 알제리의 경우 7~8명 중 1명이 인터넷을 사용할 수 있었다. 2010년경이 되어서는 전 세계에서 약 10억 대의 컴퓨터가 인터넷에 연결되었다.[38)]

통신 기술의 혁명적인 발전은 정보와 의견, 대중 엔터테인먼트를 공유할 수 있는 세계적인 장을 마련했다는 점에서 문화적 중요성을 갖는다. 특이하게도 1990년대에 그러한 문화적 장을 타고 퍼져나간 것은 텔레비전의 '리얼리티' 쇼였다. 영국의 퀴즈쇼 〈누가 백만장자가 되고 싶은가?(Who Wants to be a Millionaire?)〉와 스웨덴의 〈서바이버(Survivor)〉, 네덜란드의 〈빅브라더(Big Bother)〉는 전 세계적으로 선풍적인 인기를 끌었다. 일부 텔레비전 드라마 또한 인기를 끌며 많은 나라에서 방영되었다. 영국의 〈모스 경감(Inspector Morse)〉 시리즈는 200여 개 국가에서 방영되었고 일부 멕시코 드라마와 브라질 드라마도 중국과 러시아, 폴란드, 미국, 이탈리아에서 방영되었다. 한국의 드라마와 가요는 1990년대 말부터 중국과 동남아시아에서 큰 인기를 끌었다.[39)]

대중 관광의 빠른 확산은 문화의 글로벌화에 일조했다. 1950년에는 도착 기준 세계 관광객 수가 2,500만 명에 불과했다. 그러나 이 숫자는 1975년에는 2억 2,200만, 2000년에는 6억 8,700만으로 빠르게 증가했다. 초기에는 서유럽이나 미국의 관광객이 대부분을 차지했으나 21세기 초에 들어서는 아시아 관

광 산업이 빠르게 발달했고, 곧 베이징 공항과 도쿄 공항이 이용객 수 기준 2위와 3위를 차지했다.[40]

문화적 세계주의의 확산은 부분적으로는 문화 산업계의 광범위한 인수합병에 기인한 것이었다. 2000년대 초 기준 호주의 다국적 미디어 그룹인 뉴스 코퍼레이션(News Corporation)은 (뉴욕, 런던, 시드니에) 텔레비전 네트워크 열네 개, 방송국 서른세 개, 제작사 다섯 개와 영화사 일곱 개, 일간 신문 일곱 개를 보유하고 있었다. 프랑스의 비방디 유니버설(Vivendi Universal)의 경우 총 15개국에서 서른네 개의 텔레비전 채널을 운영했고, 총 11개국의 음악 레이블 열 개와 영화사 여섯 개 외에도 다수의 케이블 텔레비전 운영권을 보유하고 있었다.[41] 이렇게 여러 국가에서 다양한 미디어를 운영하는 기업 구조는 문화 상품의 해외 배급 장벽을 크게 낮췄다.

통신 혁명의 경제적 효과는 엄청났다. 광섬유 케이블과 인터넷은 기업이나 단체 간의 통신 비용을 낮추고 전송 가능한 데이터의 양을 기하급수적으로 늘리며 관리 구조를 바꿔놓았다. 통신 혁명은 소매업계에 큰 변화를 가져왔지만, 초기에 가장 큰 영향을 받은 것은 아마도 금융거래일 것이다. 인터넷 도입은 금융거래 비용의 급격한 하락을 가져왔는데, 2000년대 초 거래 비용은 1950년대의 50분의 1, 1960년대의 10분의 1 수준이었다 (표 10.7).

이 모든 변화는 놀라운 결과를 가져왔고, 세계 곳곳의 소득 수준을 대폭 올렸다. 그러나 예측하지 못했던 부정적인 파급효

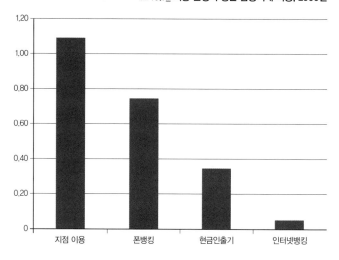

표 10.7_ **시중 은행의 평균 금융거래 비용, 2000년**

과도 있었다. 앞서 언급한 바와 같이, 대부분 국가에서 불평등이 심화된 것이다. (평균적인 가족 구성원 수, 조세와 재정지출 제도, 비공식 경제의 규모, 소득의 다양한 범주 등) 소득 불평등 추산 시 사용하는 변수가 너무나도 다양하고 다르므로 국가 간 소득 불평등 정도를 정확히 비교하는 것은 매우 어렵다. 다양한 기관이 조사한 장기적인 통계치를 살펴보면 전 세계적으로 나타나는 일정한 패턴을 읽어볼 수 있다. 세계 여러 국가의 소득 불평등은 1970년대 혹은 1980년대의 어느 시점부터 나타나기 시작했고, 그 후 점차 심화되고 있다(표 10.8). 물론 중요한 예외 사례도 있지만, 대부분의 국가에서는 소득 불평등이 점점 심해지고 있다.[42]

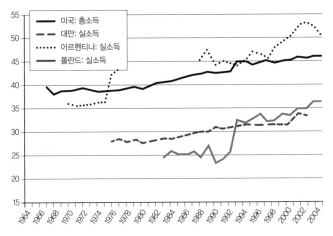

표 10.8_ 소득 불평등 지니 계수, 1964~2004년.
(총소득은 세금과 경비를 제하지 않은 소득을 의미)

미국: 총소득
대만: 실소득
아르헨티나: 실소득
폴란드: 실소득

소득 불평등을 심화시킨 요인은 대략 세 가지로 요약할 수 있다. 첫째는 교육이 주는 경제적 혜택의 상승이다. 교육을 더 받은 이들은 그렇지 못한 이들에 비하여 적은 투자로 많은 것을 얻었고, 이는 장기적으로 소득의 불평등으로 이어졌다. 둘째는 산업 노동자의 임금 하락이다. 특별한 기술이 필요치 않은 단순한 산업 노동은 인건비가 높은 선진국에서 개도국으로 점점 옮겨갔고, 그 과정에서 선진국 산업 노동자의 임금도 압박을 받았다. 셋째로는 세계경제에서 투자가 차지하는 비중이 생산이나 무역보다 더 빠르게 증가한 점을 들 수 있다. 그렇게 되자 자연히 투자로 인한 소득(투자할 만한 여력이 있는 이들의 소득)이 한 사회의 전체 소득에서 높은 비중을 차지했다. 앞서 말한 세 가지 요인 외에 추가적인 요인이 소득 불평등에 영향을 주었는데, 바로 신자유주의의 도입이었다. 신자유주의 도입은 많은 국가에서 (사회복지 프로그램, 교육 지원금, 주택에 대한 공공 투자 등) 조세와 재정지출을 통한 소득재분배 기능을 감소시켰고, 시장이 만들어낸 불평등을 조정하던 정부의 역할을 축소했다. 9장에서 살펴보았듯 정부의 역할 축소를 불러온 중요한 요인은 신우파 세력의 강화였다. 개도국의 제조업 발달은 신우파에게 노동조합의 세력을 약화할 기회를 주었고, 소득 불평등을 줄이거나 조정하는 역할을 하던 복지국가 정책도 축소될 수밖에 없었다.[43] 극단적인 사례로는 공산주의의 붕괴와 함께 불평등이 급격히 악화한 동유럽 국가들을 들 수 있다.

관련 데이터가 존재하는 국가 대부분에서 전체 소득 중 상위 1퍼센트의 소득이 차지하는 비율은 역사적으로 거의 비슷한 변화 추이를 보였다. 상위 1퍼센트의 소득은 20세기 초반에는 높은 비중을 차지했지만, 전쟁 자금 마련을 위하여 고소득자들에게 높은 세금을 부과했던 제2차 세계대전 시기에 한 번 크게 감소했다. 고소득자 소득 비중은 조세와 재정지출을 통하여 소득을 적극적으로 재분배했던 1970~1980년대 복지국가 시기에 꾸준히 감소했지만, 다시 서서히 높아지며 소득 불평등을 심화시켰다(표 10.9). 미국은 대표적인 소득 불평등 국가로, 2008년에 소득 불평등 관련 자료를 제출한 OECD 23개국 중 소득 불평등 지니 계수가 미국보다 높은 나라는 이스라엘, 멕시코, 터키 세 곳뿐이었다.

표 10.9_ 전체 소득 중 상위 1퍼센트 소득자의 소득 비중, 1910~2012년

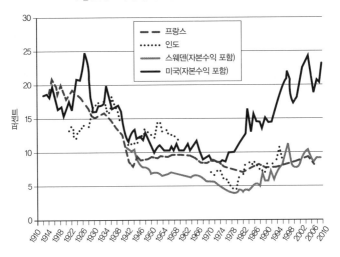

1980년대 후반에 들어서자 선진국의 소득 불평등 심화는 심각한 경제적 부작용을 불러오기 시작했다. 소비경제에서 소득의 불평등 증가는 부채의 증가를 의미한다. 실소득이 넉넉한 고소득 소비자들은 자신이 원하는 상품을 얻기 위하여 비싼 값을 치를 수 있으므로 시장 가격을 전반적으로 끌어올리는 경향이 있다. 이러한 가격 상승 메커니즘은 특히 주택, 자동차, 대학교육 등 고가 상품에서 강하게 나타난다. 상품의 시장 가격이 높아지면 일반 소비자들은 그 상품을 구매하기 위하여 대출을 받는다. 실제 1980~2007년 사이 미국 GDP 대비 가계 부채 비율은 약 두 배 증가했다. 그런데 부채를 무한정 늘릴 수는 없다. 가계 부채의 이자가 실소득을 줄여 더 이상의 대출이 불가능하

기 때문이다. 물론 소득 자체가 늘어나면 다시 대출을 늘릴 수 있다. 여성들이 유급 노동 시장에 뛰어든 것도 대부분 소득을 늘리기 위해서였다. 그러나 성인 자녀를 포함한 모든 성인이 노동 시장에 뛰어든 후에는 이 방식으로 소득을 늘리는 것이 불가능하다. 결국 소득 하위에 속하는 사람들은 생활 수준을 낮출 수밖에 없다. 선진국에서 특별한 기술 없이 일하는 단순 노동자들의 임금은 저보수·저비용 국가에서 유사한 일을 하는 노동자들의 임금 수준으로 떨어져 소득 자체도 줄어들었다. 소득 불평등 심화는 저소득층의 생활 수준 하락을 가져왔다.

소득 불평등의 심화가 불러온 두 번째 부작용은 어찌 보면 더욱 심각했다. 1990년대 초 무역과 금융부문 확대로 막대한 돈을 벌어들인 기관 투자자와 개인 투자자들은 수익성 높은 투자처를 찾아다녔다. 컴퓨터와 인터넷을 통한 세계 금융 시장의 연결은 원하는 어느 나라로든 저렴하고 빠르게 자금을 보낼 수 있게 해주었다. 그 결과 점점 더 많은 돈이 수익성 높은 투자처를 찾아 세계 곳곳으로 빠르게 움직였다. 해외직접투자의 증가 또한 부분적으로 여기에 기인했다고 볼 수 있다. 이러한 움직임은 생산 투자가 아닌 금융 자산과 금융 상품에 대한 투기 유혹을 높였다. 점점 더 많은 투자자가 이 유혹에 굴복하면서 세계 GDP 대비 실제 생산적 투자가 차지하는 비중은 장기적으로 줄어들었다. 반면 금융 상품 투기를 위주로 한 세계 금융 활동의 속도와 규모는 대폭 늘어났고, 이 현상은 특히 1990년대에 집중적으로 나타났다(표 10.10).

표 10.10_ 세계 GDP 대비 고정투자와 금융거래의 비중, 1970~2008년(고정투자는 설비, 건물, 인프라 등 자산의 생산적 투자로, 주식 등의 금융 상품 구매와 대비)

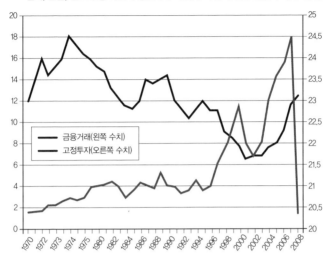

통신 기술의 발달은 금융 산업에서 이상한 투자 행태를 낳기도 했다. 예를 들어 1990년대에는 대형 금융기관이 한 거래소에서 (주식, 채권, 선물, 상품 등) 금융 자산을 구매한 후 미세한 가격 변동을 노려 차익을 남기고 다른 거래소에 파는 일이 가능해졌다. 복잡한 프로그램을 돌려야 했지만, 거래 규모를 충분히 확보할 수 있다면 그 이익으로 비용을 충당하고 이윤도 남길 수 있었다. 1970년대 17.5조 달러 규모였던 외국 통화 거래 시장은 1995년 300조 달러 규모로 성장했다.[44] 이렇게 연결된 시스템에서는 통화 시장의 갑작스러운 변동이 국가나 지역 경제에 치명타로 작용했다. 그렇게 발생한 일이 1998년 아시아를

초토화하고 남미에도 일부 타격을 주었던 아시아 금융 위기다. 금융거래의 속도와 복잡성이 커지고 관리의 상당 부분이 사람이 아닌 컴퓨터 소프트웨어를 통하여 이루어지면서 금융사기의 위험성도 높아졌다. 1990년대 초 영국 베어링스 은행에서 금융 상품 거래를 담당하던 트레이더 닉 리슨(Nick Leeson)이 일으킨 사건이 대표적이다. 리슨은 싱가포르 거래소에서 일하며 투자 실패로 엄청나게 큰 손실을 냈지만, 회사 컴퓨터의 복잡한 기록 시스템을 활용하여 손실을 비밀 계좌에 숨겼다. 베어링스 은행 런던 본사의 전산화된 감시 시스템은 이를 잡아내지 못했고, 1995년 리슨의 행각이 밝혀졌을 때는 이미 손실이 14억 달러 규모로 늘어나 있었다. 결국 은행은 파산했다. 유사한 사례는 그 후 끊이지 않았다. 2010년 미국에서는 골드만삭스(Goldman Sachs)의 한 트레이더가 투자자들에게 10억 달러의 손실을 입혀 기업 측이 5억 5,000만 달러의 벌금을 냈고, 2012년에는 미국의 거대 은행인 J. P. 모건(J. P. Morgan) 런던 지점에서 한 트레이더가 58억 달러에 달하는 투자 손실을 낸 사건도 있었다.[45]

더 심각한 것은 우후죽순으로 늘어나는 각종 자산 투기가 세계 금융 시장에 다양한 위기를 몰고 왔다는 사실이다. 특정 자산 가격의 급격한 상승으로 거품이 형성되었다가 한순간에 거품이 꺼지며 가격이 폭락하는 현상이 반복되었고, 돈이 남아도는 투자자들은 부동산, 기술주, 외환 등 다양한 자산의 가격을 차례로 끌어올렸다. 가장 최근에 문제가 된 사례로는 주택담보대출 상품의 채권을 묶어 새로운 형태의 '자산'으로 개발한 금융 상품을 들 수 있다. 시장이 특정 자산의 과대평가 사실을 눈치 채는 순간 가격은 폭락한다. 폭락으로 촉발된 심각한 위기가 1981년, 1987년, 1989년, 1998년, 2001년, 2007년에 발생했다. 과정 대부분은 세계 최대의 금융 시장인 미국에서 발생했지만, 가장 거대한 자산 거품은 1970~1980년대 일본에서 발생하여 1989년 붕괴했다. 한편 1998년 외환위기는 동아시아와 동남아 시아에 큰 타격을 주었다. 1930년대 세계적인 경기 침체 이후 가장 심각한 위기였던 2007년 금융 위기는 북미를 중심으로 전 개되었으나 그 영향은 결코 미국에 국한되지 않았다. 결론적으 로 '금융화'는 세계경제의 변동과 불안정성을 심화했다고 볼 수 있다.

이쯤에서 잠시 세계경제가 2010년까지 얼마나 역동적인 변 화를 겪어왔는지 떠올려보자. 100년이 넘는 기간 돈이 세계경 제의 성장을 주도해왔다. 투자자들은 돈을 투자함으로써 자원 의 접근을 확대하고 인력을 고용하고 혁신을 창출했다. 그러한 방법으로 점점 더 넓은 지역을 세계경제의 범주 안으로 끌어들 였다. 2010년에 이르러 자본주의 경제가 승리를 굳히려는 찰나 바로 그 성공이 자본주의의 발목을 잡았다. 불행하게도 발목이 잡힌 것은 금융 경제뿐이 아니었다. 자본주의의 성공은 금융 경 제뿐 아니라 생산 경제, 그리고 지구에 거주하는 인류라는 종의 발목까지 붙잡고 말았다.

이 세상은
정말로 끝나버릴까

이제 우리는 한순간의 지체 없이 지구 온난화라는 시한폭탄 해체에 나서야 한다. 내년 중 차기 대통령과 국회는 앞으로의 계획을 명확히 해야 한다. … 그렇지 않으면 기후체계의 임계점 도달 방지를 위한 이산화탄소 농도 제한은 무의미해지고, 인류의 통제를 벗어난 재앙 수준의 기후변화가 나타날 것이다.[46)]

_제임스 한센(James Hansen), 2008년

기후변화 경고론자들의 주장과는 달리 지금까지 지구 온도 상승이 재앙으로 이어질 수 있다는 공식적인 과학적 증거를 제시한 사람은 아무도 없었다. 경고론자들의 주장과는 반대로 기온 상승은 오히려 우리의 삶에 긍정적인 영향을 줄 수도 있다. … 경고론자들은 자유, 번영, 환경의 진전이라는 미국의 가치에 반하는 에너지 억제책을 시행하여 탄소세와 각종 규제로 미

국 경제의 발목을 잡으려 하고 있다.[47]

_제임스 N. 인호프(James N. Inhofe) 상원의원, 2003년

이 책의 서문에도 언급했듯, 역사적으로 지난 200년이라는 기간과 다른 시대를 근본적으로 가르는 것은 바로 인구수의 차이다. 지구상에서 생활하는 인간의 숫자가 이렇게 폭발적으로 증가한 때는 단 한 번도 없었다. 2010년 세계 인구는 1800년의 6.5배였다. 또 하나의 차이점은 60억이 넘는 세계 인구의 1인당 소득이 그 어느 때보다 높았다는 점이다. 2010년 기준 세계 1인당 소득은 1820년과 비교하여 8.5배였다. 인구와 부의 증가는 필연적으로 에너지 소비 증가를 수반한다(표 10.11). 추상적으로 설명하자면, 생명은 엔트로피에 저항하기 위하여 에너지를 사용하기 때문이다. 2010년경 지구상에는 엄청나게 많은 인류라는 생명이 존재했다. 에너지는 인류에게 다양한 혜택을 안겨주었다. 1820년과 비교했을 때 2010년 인도인의 평균 수명은 세 배 증가했고, 멕시코와 브라질은 2.5배, 일본, 북미, 아프리카, 서유럽의 경우 두 배 증가했다. 과거와 비교했을 때 2010년은 인간이 살기에 참 좋은 시기였다.

그러나 문제가 있었다. 2010년 인류가 소비하는 그 에너지의 대부분이 화석연료였다는 점이다. 화석연료는 연소하며 대기 중으로 이산화탄소를 방출했고, 그 결과 대기 중 이산화탄소 농도는 서서히 증가했다. 1900년대에 280피피엠(ppm)이었던 이산화탄소 농도는 2010년 360피피엠까지 증가했다.[48] 이산화탄

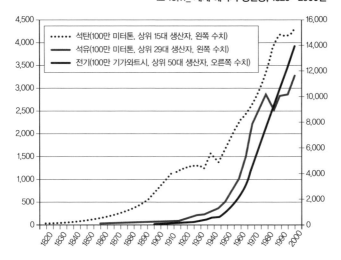

표 10.11_ **세계 에너지 생산량, 1820~2000년**

소에는 (현대 농업 및 산업 활동으로 생성되는 메탄과 이산화황류의 기체와 마찬가지로) 특이한 속성이 있다. 이산화탄소 등의 기체는 태양이 지구로 보내는 빛 에너지는 거의 흡수하지 않고 통과시키지만 지구가 태양의 빛을 받아 열의 형태로 발산하는 짧은 파장의 에너지는 흡수한다. 열에너지를 흡수한 기체의 온도는 올라가고, 이것이 대기권을 따뜻하게 만든다. 이러한 기체를 '온실가스'라고 부르고, 그로 인하여 기온이 올라가는 현상을 '온실효과'라고 한다.

온실효과로 지구의 기온이 조금씩 상승할 것이라는 사실을 처음으로 지적한 것은 1938년 영국의 산업 연구원에서 일하던 과학자 G. S. 캘런더(G. S. Callendar)였다. 사실 캘런더는 이것이 긍정적인 일이라고 생각했다. 기후가 따뜻해지면 농업한계 선이 북상하여 식량 생산이 증가하고, 식물 생장에 필요한 이산 화탄소 농도가 높아지면 식물도 더 잘 자라지 않겠느냐는 생각 이었다. 장기적으로 온실효과가 수백만 년 동안 지구상의 생명 체를 괴롭혀온 빙하기의 재도래를 막아주리라 기대했다. 지구 가 가장 최근에 겪은 빙하기는 불과 1만 전이었다. 캘런더는 온 실효과로 인하여 "죽음의 빙하 귀환은 무기한 미뤄질 것"이라 고 말했다.[49] 1957년에는 캘리포니아의 라호야에 있는 스크립 스 해양연구소(Scripps Oceanographic Institute)의 두 과학자가 온 난화 현상이 가속화되고 있다는 사실을 처음으로 지적했다. 지 구 기온 상승이 어떤 현상을 가져올지 곧 알 수 있으리라는 생 각에 과학자들은 흥미를 느끼고 지켜보았다.[50]

그러나 몇 년 지나지 않아 경고음이 울렸다. 1970년 국제연 합 사무총장 우 탄트는 "치명적인 온난화의 영향, 극지 빙하 해 빙, 해양 환경 변화, 전 지구적인 홍수"의 가능성을 경고했다.[51] 1980년대에는 과학의 발달로 먼 옛날 지구 대기권의 온도 변화 를 재구성할 수 있었다. 과학자들은 과거 지구 대기권의 이산화 탄소의 농도가 180~300피피엠 사이를 주기적으로 오갔고, 온 도의 변화가 이산화탄소 농도 변화와 같은 추이를 보인다는 사 실을 밝혀냈다. 그런데 현대의 이산화탄소 농도는 이미 그 범위 를 벗어나 350피피엠에 달했다.[52] 이는 인류가 수백만 년 동안 한 번도 경험하지 못한 지구 평균 기온이 나타날 수도 있다는 의미였다.

그 정도의 온난화가 구체적으로 어떤 변화를 가져올지는 알 수 없었지만, 다양한 우려가 제기되었다. 온난화는 지난 두 세기 동안 인구의 폭발적인 증가를 가능하게 한 식량 생산 지역에 직접적인 영향을 줄 수도 있었다. 예를 들어 많은 식량이 생산되는 미국 중서부나 인도 북부의 초원지대가 온난화로 사막화된다면 세계 밀 생산량은 타격을 받을 수밖에 없었다. 해수면 상승으로 삼각주 유역의 대규모 쌀 생산지가 침수되면 쌀 생산량에도 문제가 생길 수 있었다.

국제연합은 1988년 기후변화에 관한 정부 간 협의체(Inter-governmental Panel on Climate Change)를 설치하고, 1992년에는 기후변화 문제 해결을 위한 공동의 전략 개발을 목표로 하는 회의를 개최했다. 리우데자네이루에서 열린 이 회의에서는 기후변화에 관한 국제연합 기본 협약(UN Framework Convention on Climate Change, UNFCC)을 채택했고, 당사국들은 온실가스 배출량의 단계별 감축을 위한 정기적 협상에 동의했다.

이 협약은 1985년 채택되어 큰 성공을 거두었던 오존층 보호를 위한 빈 협약(Vienna Convention for the Protection of the Ozone Layer)을 모델로 탄생했다. 1970년대 후반, 과학자들은 대기 중 오존 농도가 감소하고 있다는 사실을 발견했다. 이는 성층권에서 자외선을 흡수하는 오존층에 문제가 생겼다는 신호였다. 오존층 파괴는 인류를 위협할 수 있는 심각한 문제였다. 자외선은 상대적으로 낮은 강도에서도 피부암을 유발하거나 강도가 강한 경우 식물의 생장을 방해할 수 있었다. 연구를 통하여 당시 냉장 장비 제조에 사용되던 화학물질 중 오존층을 파괴하는 물질이 있다는 사실이 밝혀졌고, 세계는 빈 협약을 통하여 이러한 물질을 부작용 없는 다른 물질로 단계적으로 대체하기로 협의했다. 1987년에는 오존층 파괴 물질을 생산하는 주요 국가들이 몬트리올에 모여 빈 협약 실행을 가속하기 위한 '몬트리올 의정서'(Montreal Protocol)를 채택했다. 1996년이 되자 오존층을 파괴하는 화학물질을 그 어디에서도 대량 생산하지 않았고, 2005년에 성층권의 오존층은 다시 안정화된 모습을 보였다. 문제를 인식한 세계의 지도자들이 함께 해결책을 만들고 그 해결책을 성공적으로 실천에 옮긴 이 사례는 온난화 문제도 해결할 수 있다는 희망을 주었다.[53]

현대 경제에서 화석연료는 너무나 중요했다. 화석연료는 있어도 그만 없어도 그만인 경제의 일부가 아닌, 경제를 떠받치는 근간에 가까웠다. 그 근간을 다른 무언가로 쉽게 대체할 방법은 없었다. 세계는 온실효과 해결책을 찾으려 애썼지만, 오존층 문제를 해결할 때 보였던 협동적인 모습을 찾아보기는 힘들었다. 리우 협약 실천을 위한 '교토 의정서'(Kyoto Protocol)는 협약 체결 5년 뒤인 1997년에 채택되었다. 의정서는 선진국에 점진적인 감축 목표치를 제시했지만, 삶의 질 개선을 위하여 개발과 에너지 소비를 줄일 수 없다고 주장하는 개발도상국에는 목표치를 제시하지 않았다. 최대 배출국인 미국은 의정서에는 서명했으나 의회 비준에 실패했다. 이는 미국이 감축 의무를 회피함으로써 감축을 약속한 다른 국가들에 비하여 경제적으로 유리한 지점에 서게 된다는 것을 의미했다. 혼재된 결과 속에 별다른 성과를 내지 못하고 약 10년이 흘렀다. 유럽을 중심으로 한 일부 국가에서는 배출량 증가 속도를 늦추는 등 진전을 보이기도 했으나 개발도상국의 이산화탄소 배출량이 더욱 증가하여 전체적인 배출량은 결국 증가했다. 2010년 멕시코 칸쿤에서 개최된 회의에서 당사국들은 (온실가스 배출과 기온 상승을 막는) '완화'보다는 (기후변화와 함께 살아갈 방법을 찾는) '적응'에 더 집중했다. 당사국들은 적응책으로 수해 피해자 구제 방법을 논의하는가 하면, 해수면 상승이 식량 생산에 미치는 영향을 최소화하고자 염분에 강한 쌀 품종 개발을 논의했다.

논의를 진행하는 중에도 이산화탄소 배출량과 지구의 평균 기온은 계속 상승했다. 2009년에 과학자들은 즉시 효과적인 행동을 취하지 않으면 2100년까지 평균 기온이 섭씨 4~6도 상승할 것이라는 결론을 내렸다. 온도의 상승이 실제 무엇을 의미하는지 아는 이는 아무도 없었다. 이러한 상황에 과학계의 두려움과 절망은 점점 커졌다. 2012년에는 급진적 환경 단체와는 거리가 먼 세계은행에서 관련 보고서를 발표했다. 세계은행은 보고서를 통해 세계가 교토 의정서 목표치를 달성하더라도 지구 온도는 2100년까지 섭씨 4도 상승할 것이며, 목표치 달성에 실패할 경우 그 시점이 2060년까지 앞당겨질 것이라고 경고했다. 세계은행은 그 결과 "전례 없는 혹서, 극심한 가뭄, 여러 지역에서의 심한 홍수, 인간계와 생태계에 심각한 영향"을 줄 것이라 말했다.[54]

세계은행은 예측이 전혀 불가능한 '비선형 반응'(non-linear responses)에 대해서도 경고했다. 대기 중 이산화탄소 농도가 높아져 바다가 산성화되고 열대 산호가 녹으면 해양 식량 생산이 어떤 영향을 받을지 알 수 없었다. 일부 연구는 지구 평균 기온 4도 상승 시 농작물의 수확량이 63~82퍼센트 감소할 것이라고 했지만, 다양한 작물이 지구의 평균 온도 상승에 실제로 어떻게 반응할지 역시 알 수 없었다.[55] 극지의 빙하가 상당량 녹으면 해수면이 위험 수준으로 상승하리라는 것은 분명했지만, 빙하가 얼마나 빠른 속도로 녹을지 알 수 없었다. 북극과 남극의 영구 동토층과 영구 얼음층이 녹으면서 대기 중으로 배출될 탄소와 메탄의 양이 얼마일지, 그 배출 속도가 어느 정도일지, 이기체가 온난화를 얼마나 가속할지 몰랐다. 이렇게 갑작스러운 기온 상승에 과연 생태계가 적응할 수 있을지 알 수 없었고, 곤충, 나무, 조류, 양서류, 파충류, 소형 포유류의 개체 수가 어느 시점에서 타격을 받을지 정확히 알 수 없었다. 기후 과학자들은 이러한 시나리오를 '임계점' 시나리오라고 불렀다. 어느 한계 지점을 지나면 자연계가 예측 불가능한 연속적 효과로 급격히 변화한다는 시나리오였다. 그러나 임계점이라는 것이 실제 존재하는지, 존재한다면 어디가 임계점인지, 혹은 임계점 통과가 어떠한 누적 효과를 불러올지 아무도 몰랐다.

기후변화의 장기적 동향과 예측 불가능한 단기적 변동에 대한 우려는 포괄적인 합의로 이어졌다. 2015년 파리에서 열린 기후변화 회의에서 당사국들은 지구의 평균 대기 온도 상승 폭을 섭씨 2도 아래로 묶어두자는 데에 동의했다. 195개국이 서명한 파리 협약을 환영하는 목소리도 나왔다. 세계 대부분의 국가가 배출 감소에 동의했다는 면에서 성공적이라고 여겼기 때문이다. 그러나 일부에서는 협약의 효력이 발생하기까지 최소 5년은 걸릴 것이라는 점과 파리 협약이 제시한 감축 목표치로는 기온 상승을 억제하기 어렵다는 점, 협약에 강제력이 없다는 점을 들어 회의적인 입장을 보였다. 몇몇 기후 과학자와 환경활동가들은 파리 협약이 "순진"하고 "공허"하다고 비난하며, "치명적인 결점"을 지닌 "희망 사항과 맹목적 낙관"에 불과하다고 선언했다. 비판론자들은 파리 협약이 실제로 문제 해결을 위해 노력하지 않으면서도 전 세계에 열심히 노력하고 있다는 거짓된 확신을 준다는 점에서 잘못되었다고 공격했다. 일찍부터 기후변화에 대하여 경고해온 저명한 활동가 제임스 한센은 이 협약이 "협잡"이고 "사기"이며, "행동은 쏙 빠진 공허한 약속"이라고 비난했다.[56] 어느 쪽의 의견이 맞는지는 시간이 지나야 알수 있겠지만, 2020년까지 당사국들이 이행해야 하는 특별한 의무가 없다는 점은 사실이다.

기후 대재앙의 두려움은 일단 차치하더라도 기후변화 논의에는 미심쩍은 부분이 두 가지 있다. 첫째는 1940년대와 1970년대 사이, 그리고 2000년 이후에 지구 온난화 진행에 '일시적 정지' 혹은 둔화가 잠시 나타났다는 점이다. 둔화가 나타난 이유는 현재 설명이 불가능하다. 그러나 그보다 미심쩍은 것은 인류가 이미 2010년경부터 기후변화의 해결책을 명확히 알면서도 실행에 옮기지 않았다는 점이다. 화석연료를 대체할 원자력, 태양광, 태양열, 풍력, 수력, 조력 등 대체 에너지원은 당시에도 분명히 존재했다. 대기 중 이산화탄소를 포집, 농축, 저장하여 활용하는 기술도 개발 중이었다. 유전자를 변형한 미생물이나 조류(藻類)를 활용하여 이산화탄소를 탄화수소 화합물로 전환하고 이를 연료로 사용하면, 이산화탄소 순배출량이 전혀 없는 탄화수소 에너지원이 될 수 있다. 이렇게 현존하는 기술과 개발 중인 기술을 활용하고 적극적인 에너지 효율화 노력과 절약 노력을 기울이면 분명 지구 온난화 해결책을 도출할 수 있다. 물론 이 해결책을 실행에 옮기는 데에는 제2차 세계대전에 맞먹는 수준의 경제적·사회적 노력이 필요하지만, 제2차 세계대전 때와는 달리 그 노력이 살상에 사용되지 않을 것이라는 점에서 훨씬 해볼 만한 일이다.[57]

해결책이 있어도 실행에 옮기지 않는 이유는 무엇일까? 우선은 지구 온난화의 진행 속도와 그로 인한 결과가 아직 불투명하다는 데에서 그 이유를 찾을 수 있다. 진행 속도와 결과가 불투명한 상황에서 앞서 언급한 것과 같은 '전쟁' 수준의 결단을 내리기는 쉽지 않다. 현재로서는 불확실한 기후변화 대비보다는 다른 데 투자하고자 하는 이들이 많기 때문이다. 두 번째는 외환위기를 겪은 정부들이 지지를 잃을까 걱정하며 해결책 시행에 필요한 재정적 희생을 국민에게 요구하기 꺼린다는 사실이다. 좌파 진영에 속하는 두 학자는 2010년 발표한 한 보고서에서 자본주의를 유지하고자 하는 이들로서는 "축적의 러닝머

신을 계속 돌리기 위해서 세계가 환경적 아마겟돈을 감수하게 할 수밖에 없다"라고 말했다.[58] 이듬해 발표된 복합적 사회체계 이론에 관한 한 책에 따르면 "사회에 긍정적으로 작용하던 현상이 부정적인 결과를 내기 시작할 때 이를 멈출 수 있는 자체적인 제동장치가 있는지, 혹은 제동장치의 부재로 문제가 심각한 수준에 이르러서야 강제적으로 멈춰지는지가 관건"이라고 한다.[59] 이 이론을 현재의 정치와 경제, 기후변화 문제에 대입해보면 적어도 현재로서는 우리에게 제동장치가 있다고 말하기 어렵다는 것을 알 수 있다.

세 번째 이유는 가장 효과적인 해결책을 두고 견해 차이가 있다는 사실이다. 기후변화 해결책 중에는 제2차 세계대전 수준의 노력을 기울이는 모델 외에도 대안이 있다. 대안은 뼈를 깎는 감축 노력보다 훨씬 더 매력적이다. 지지자들은 이 대안이 무조건적인 감축에 비하여 더 효과적이라고 주장한다. 감축론의 반대편에 있는 대안은 2010년 영국의 한 우파 학자가 발표한 다음의 내용으로 요약할 수 있다. "미래 세대의 기후변화 문제 해결을 돕는 가장 좋은 방법은 경제성장이다. 경제성장은 기후변화를 비롯하여 미래 세대가 맞닥뜨릴 다양한 문제 해결에 필요한 재력과 우월한 기술력을 제공할 것이다."[60] 다시 말해, 성장의 부작용을 다스리는 가장 좋은 방법은 더 큰 성장이라는 말이다. 이는 1972년 출간된《성장의 한계》, 1973년 출간된《작은 것이 아름답다》와 대척점에 있는 주장이었다.

지구상의 개체가 일정한 수용 한도를 넘어서는 존재할 수 없다고 주장한 로마 클럽과 환경 운동 진영의 이론은 일반적으로 '초과'(overshoot) 이론이라고 부른다. 초과 이론은 개체의 수가 한도를 초과할 경우 주어진 자원의 잔고를 초과 소비하게 되고, 이것이 서식지 환경의 악화를 불러와 결국 기존의 수용 한도를 감소시킨다는 주장이다(표 10.12). 환경 운동 진영은 수용 한도가 감소하면 개체 수는 원래의 수용 한도보다 더 낮은 수준으로 내려간다고 보았다. 그러나 기후변화의 완화가 아닌 기후 적응을 택한 이들은 인류가 기술을 활용하여 자원 부족을 해결하고 환경의 수용 한도를 증가시킴으로써 개체 수 붕괴를 피할 수 있다고 주장했다.

성장의 부작용을 성장으로 해결한 역사적 사례는 많다. 우선 녹색 혁명이다. 녹색 혁명은 농업 기술 발달이 저개발국가의 생활 수준을 끌어올리면 출산율이 감소하고, 결과적으로 지구의 인구 폭증 문제를 해결할 수 있다는 이론을 바탕으로 실행되었다. 최근 나타나고 있는 인구 증가율의 급격한 감소세는 인구가 곧 감소할지 모른다는 가능성을 보여준다. 실제로 현재 선진국의 출산율이 인구대체율에 미치지 못하고 있는 점을 고려하면, 수십 년 안에 지구 전체의 인구가 줄어들 수도 있다.

두 번째 사례는 석유다. 1956년경 일부 석유 지질학자들은 석유 매장량에는 한계가 있으므로 결국에는 생산량이 감소할 수밖에 없다고 주장했다. 실제로 접근이 쉬운 '재래' 석유의 세계 생산량은 2006년에 최대치를 찍고 감소 중이다. 그러나 21세기 초 석유산업은 수압파쇄법을 활용하여 지하 깊이 매장된

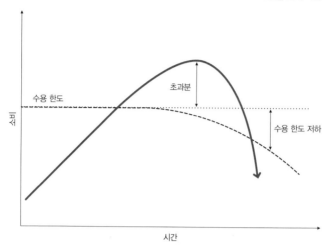

표 10.12_ **초과 이론**

세일층의 석유를 추출하며 문제를 해결했다. 미국의 경우 1960년대에 석유 생산량 최고치를 기록하고 그 후로 감소했으나 2013년부터는 다시 증가하는 추세. 세일에 함유된 석유는 막대하여 앞으로 수 세기 동안 사용할 수 있을 만한 양이다.

물론 기후변화를 우려하는 이들의 관점에서 세일에 함유된 석유를 발굴한 사례가 그다지 긍정적이지 않을 것이다. 그러나 연료 효율 개선은 문제 해결에 도움을 줄 수 있다. 1990~2010년 사이 단 20년 동안에 세계 에너지 집약도(GDP 1달러를 생산하는 데 투입되는 에너지의 양)는 적게는 6퍼센트(일본)에서 많게는 60퍼센트(중국)까지 감소했다. 전반적인 추이를 보면, 세계 각국의 에너지 집약도는 산업 성장 초기보다 훨씬 뛰어난 평균

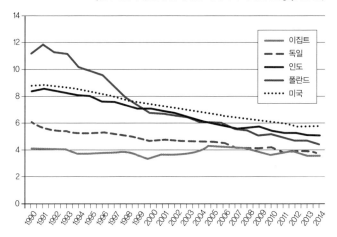

표 10.13_ 에너지 집약도
(GDP 1달러 생산에 들어가는 에너지의 메가줄 megajoule 값)

효율 수준에서 수렴되고 있다(표 10.13). 일부 역사적 사례는 기술적 해법의 전략적 투자가 기후변화 해결을 위한 최선의 접근법일지도 모른다는 점을 보여준다.

지구를 구하는 것은
누구인가

넓은 의미에서 인간의 최종적인 목표는 생물계 전체의 근본적인 재배치라고 볼 수 있다. … 자연의 살아 있는 모든 것은 오직 인간의 의지와 계획에 따라 살고, 번성하고, 죽을 것이다.[61]

_니콜라이 카슈첸코(Nikolai Kashchenko), 1929년

약 두 세기에 걸친 전례 없는 경제성장과 인구 증가 끝에, 앞으로 인류와 지구 환경의 관계가 어떻게 전개될지 불투명하다. 인류는 현재 지구의 수용 능력 한계에 점점 가까워지고 있는 것으로 보이지만, 지금까지의 경험은 이 위기를 또 다른 기술혁명이 해결해줄지 모른다고 말한다.

두 가지 관점 모두 한 가지 사실을 명확히 보여준다. 바로 인류가 에너지 집약성이 높은 거대 문명을 이루면서 그 자체로 하나의 지구물리학적 힘을 소유했다는 사실이다. 이를 대표적으

로 보여준 최근 사례는 오존과 이산화탄소지만, 그 외의 사례도 있다. 바로 지하수다. 근현대 들어 산업과 농업의 물 수요가 높아지면서 건조 지역 대수층에서는 수위 저하 현상이 나타났다. 또한 농업에 투입되는 다량의 비료는 환경 중 질소 농도를 일정하게 유지하는 자연 체계에 치명적인 영향을 주었다. 이는 다시 질소와 인 등 영양성분이 물에 과도하게 녹아들어 식물 플랑크톤이 급속하게 번식하며 다른 생명체의 생장을 막는 부영양화를 불러왔다. 쉽게 채굴할 수 있는 석유의 매장량이 유한하듯 인산염 비료의 주원료인 인광석의 공급도 유한하다.[62] 일부 학자들은 우리가 사는 현세를 인류세(Anthropocene)라는 새로운 지질시대로 분류했다. 지구상에 존재하는 생명체의 생활환경이 점점 더 인간 활동으로 결정되는 시기라는 의미에서였다. 200년밖에 되지 않은 시기를 수백만 년씩 지속된 지질학적 시대와 동일하게 하나의 시대로 분류하는 것이 다소 무리지만, 이는 인간이 지구에 미친 영향이 거대하다는 것을 의미한다. 일례로 2010년을 기준으로 보면, 산업으로 인한 대기 중 질소 고정이 자연적 절차에 의한 질소 고정을 모두 합한 것보다 더 컸다.[63]

지난 한 세기 이상의 시간 동안 인류는 매우 강력한 과학적·생산적·사회적 장치, 혹은 시스템을 구축했다. 이 시스템은 200년 전의 선조들은 꿈꾸지 못한 부와 건강, 행복, 지식을 누릴 수 있게 해주었다. 그런데 인류가 구축한 이 시스템은 지구상의 모든 생명체가 처한 근본적인 환경에 막대한 영향을 줄 정도의 강력한 힘을 가진 체제로 성장했고, 지금도 모든 측면에서 빠르게 성장하고 있다. 이 시스템이 앞으로도 현재와 같은 성장을 계속한다면 (언제가 될지 모르지만) 지구의 평균 온도는 4도, 6도, 8도까지 상승하고, 이론적으로 어느 시점에 결국 지구 생태계를 파괴할 것이다. 당장의 지구 온난화 문제는 해결할 수 있을지 모른다. 그러나 에너지 소비가 계속 증가하는 한 이 시스템은 지구 온난화, 오존층 파괴와 유사한 또 다른 문제를 만들어낼 것이 틀림없다. 문제는 앞으로 끊임없이 발생할 것이다.

우리는 번성을 계속하기 위해서 지구 환경 전반에 미치는 영향을 효과적으로 관리할 수 있는 체계를 마련해야 한다. 현재 인류가 지구에 미치는 영향의 규모를 생각하면, 지구의 자연적인 체계와 주기에 의존해서는 해결할 수 없는 부분이 많다. 이는 지구의 자연 체계를 관리하고, 나아가 전 지구적인 차원에서 인위적인 체계와 주기를 직접 구축해야 할 필요성이 대두되고 있는 이유다. 지구의 시스템이 얼마나 광대하고 복잡한지 숙고해보면, 이는 분명 두려운 과제다. 루드비히 클라게스는 1913년에 "자연을 '교정'하려는 인간의 시도는 그 어떤 경우에도 성공할 수 없다"라고 말했다. 인간은 신이 아니므로 신의 역할을 수행하려는 시도는 실패할 가능성이 크다고 본 것이다. 반면 20세기 초 H. G. 웰스가 주장한 바와 같이 인류는 자연계와 인류 스스로의 운명을 지휘하는 신과 유사한 존재로 진화할 가능성도 있다. 조금은 역설적이지만 진화가 일어나기 위해서는 지구에 대한 애정, 존중, 책임감을 핵심에 두어야 한다. 아마도 인류에게 필요한 것은 인류 자신을 신과 동급으로 생각하는 태도가 아니라 1948년에 알도 레오폴드가 말한 것처럼 스스로 "대지 공동체 정복자라는 생각에서 벗어나 공동체의 평범한 일원이자 시민으로 돌아가려는" 자세일지 모른다.[64]

각국 정부가 지구 온난화에 대처하는 모습은 국가라는 조직이 지구라는 행성을 관리하는 데 있어 가진 한계를 보여준다. 선진국의 자선 단체나 연구소들도 마찬가지였다. 19세기 자원 개발로 엄청난 부를 축적한 (북미에 설립된) 이 단체들은 녹색 혁명 등에 있어 일정한 역할을 했지만, 온난화를 비롯한 더 넓은 지구 차원의 문제에서는 큰 능력을 발휘하지 못했다. 이는 문제 해결을 위한 다른 주체가 필요하다는 의미다. 과연 그 주체는 누가 되어야 할까?

잠재적인 후보로는 우선 대학을 꼽을 수 있다. 현대의 대학들은 유전학, 공학, 금융학, 재료과학, 조직심리학, 컴퓨터공학, 경제학 등 여러 학문 분야를 아우르는 과학적·기술적 연구 역량을 가지고 있다. 이 역량은 다양한 지구적 문제를 해결하는 데 종합적으로 기여할 수 있다. 게다가 대학 대부분은 공익 추구라는 사명을 갖는다. 지구를 구하는 것 이상의 공익이 어디 있겠는가?

지구적 문제 해결에 관심을 가질만한 또 다른 후보는 거대 다국적 기업이다. 1970년경 기업들이 교통·통신의 확대와 무역 세계화를 적극적으로 활용하기 위하여 본격적인 합병에 나서면서 세계적으로 기업 통합의 움직임이 가속화되었다. 1995~2005년 사이 세계 인수합병 건수와 시장규모는 네 배 가

까이 증가했고, 그 결과 현재의 초거대 기업들이 탄생했다.[65)]
2011년 다국적 기업 4만 3,060개를 대상으로 진행한 한 연구에
따르면, (상호 순환출자로 소유권의 75퍼센트 이상이 집단 자체에 집
중된) 밀접 결합집단에 속하는 300개 이하 다국적 기업의 영업
수익이 세계 기업 영업 수익 전체의 약 20퍼센트를 차지했다.
밀접 결합집단은 다시 세계 기업 영업 수익의 60퍼센트를 차지
하는 더 넓은 범위의 기업 소유권을 통하여 강한 영향력을 행사
했다.[66)] 거대기업, 그리고 거대기업이 구축하고 있는 네트워크
는 막강한 경제적 권력과 함께 최고 수준의 과학적·기술적·조
직적·재정적 자원을 동원할 수 있는 역량을 가지고 있다. 아마
이들이 가진 역량이면 인류세가 직면하고 있는 문제를 해결할
수 있을지 모른다.

물론 전 세계 기업계가 일관된 움직임을 보이기 힘들겠지만,
집단화된 기업은 지구적 문제의 해결책을 제시할 수 있을 만큼
강력한 종합적 역량을 발휘할 수 있다. 2011년 진행된 한 연구
에 따르면, 세계 상위 50대 기업(자산 기준) 중 마흔여덟 개가 금
융 기업이었다. 이들 금융 기업, 즉 은행과 보험 회사에는 환경
문제 해결에 나설만한 충분한 유인이 있다(일례로 화재나 홍수와
같은 고비용 자연재해를 막는 것은 이들 기업에도 분명 도움을
준다).[67)] 화석연료에서 배출되는 이산화탄소 문제를 해결하는
것은 석유 회사들의 장기적 이익에도 부합한다. 2012년 세계
상위 10대 기업(매출 기준) 중 일곱 개가 석유 회사였다. 상위 열
세 개 기업의 매출을 모두 합한 금액보다 높은 GDP를 가진 국

가는 전 세계에 단 네 곳밖에 없었다. 이들의 매출 총액은 미국을 제외한 모든 국가의 세금 수입을 뛰어넘는 규모였다. 전 세계 국가 중 상위 100개 기업의 수익 총액보다 세금 수입이 더 많은 국가는 역시 단 한 곳, 미국뿐이었다.[68] 기업의 수익은 의무적인 지출처가 정해져 있는 세수와는 달리 사실상 실소득에 해당하므로 더 자유롭게 활용할 수 있다.

그런 의미에서 다국적 기업들이 지구적 문제의 논의를 점차 늘리고 있다는 것은 바람직하다. 북미, 유럽, 일본, 아시아태평양 지역 금융계와 산업계 인사들이 현시대의 문제들을 논의하려고 1973년 뉴욕에 삼국위원회(Trilateral Commission)를 설립했다. 이와 유사한 예로 1971년 스위스에서 탄생한 세계경제포럼(World Economic Forum)이 있다. 매년 스위스 다보스에서 개최되는 세계경제포럼에는 각국의 기업, 정부, 언론, 대학에서 2,000여 명의 대표가 참여한다. 국가를 기준으로 보면 전체 참가자의 4분의 3가량이 선진국 출신이고, 부문을 기준으로 4분의 3가량이 기업계 참가자다. 세계경제포럼은 최근 국제보건계획(Global Health Initiative, 2002년), 국제교육계획(Global Education Initiative, 2003년), 반부패연대계획(Partnering Against Corruption Initiative, 2004년), 환경계획(Environmental Initiative, 2005년, 2008년에 지구 온난화 보고서 발간) 등 다양한 보고서와 행동 계획을 제시했다.[69]

지구적 문제를 해결할 수 있을지도 모르는 마지막 후보는 경제 세계화의 혜택으로 엄청난 부를 축적한 초고액 자산가들이다. 현재 세계 50대 부호의 자산 총액은 전 세계에서 열두 개를 제외한 모든 국가의 GDP보다 높다. 이들의 순 자산 가치는 미국 혹은 유럽연합 GDP의 11분의 1에 해당하며, 아랍 세계 GDP 총액의 절반, 사하라 이남 국가 전체의 GDP 총액에 맞먹는다. 세계 5대 부호(그러니까 다섯 명의 개인)의 자산을 더한 총액보다 연간 세수가 높은 국가는 열 곳밖에 없고, 50대 부호 자산 총액보다 연간 세수가 높은 국가는 단 두 곳뿐이다.[70] 이러한 부의 집중을 불편한 시선으로 보는 이들도 있지만, 이 자산가들은 마음만 먹으면 한 대륙의 GDP에 맞먹을 만큼의 자금을 지구적 문제 해결에 투자할 수 있다. 부자들이 그 일을 하지 말라는 법은 없다. 그들도 이 지구에 살고 있으니 말이다.

앞서 언급한 세 후보, 혹은 이들 간의 결합은 생각해보면 그렇게 매력적인 선택지가 아니다. 소유권이 얽힌 초거대 기업의 초고액 자산가들이 세계 곳곳의 대학에 속한 전문가들을 고용하여 지구의 환경을 쥐락펴락하는 미래를 상상해보면, 그 모습은 유토피아보다는 디스토피아에 가깝다. 지난 두 세기간 인류가 겪어온 사회적·경제적·기술적 변화를 생각해보면, 그것이 인류의 미래가 될 가능성이 있는 것도 사실이다. 그렇다고 해도 그게 꼭 최악의 결과는 아닐 것이다.

우려보다는
괜찮은 곳

보편적 법칙이 지배하는 방대하고 거시적인 시스템과 기본적인 자연법칙이 지배하는 단순한 시스템 사이에는 기본적인 분석을 적용하기에 너무 복잡하고 보편적 법칙이 되기에는 너무 단순한 수많은 중간 시스템이 존재한다.[71]

_테렌스 타오(Terence Tao), 2012년

2010년에 이르자 지구의 미래에 대해서 유토피아적이면서 디스토피아적이기도 한 중간 입장을 취할 이유가 더 커졌다. 1980년대까지 과학 분야에서 속속 나타난 근본적인 발전은 21세기가 19세기 후반에 버금가는 기술의 '빅뱅' 시대가 되리라는 기대를 심어주었다. 많은 이들이 21세기의 근본적이고 혁신적인 기술이 완전히 새로운 경제적·사회적·문화적 세계를 탄생시키리라 기대하고 있다. 20세기 말에 나타난 과학기술 혁신은 1900~1930년으로 거슬러 올라가는 개념적 뿌리를 가지고 있다. 그러나 새로운 기술은 어느 경제학자가 말한 바 있는 새로운 '기술 경제적 패러다임', 즉 새로운 에너지 체제, 새로운 혁신의 전파, 새로운 기술의 복합체를 탄생시킬만한 잠재력을 가진 것으로 보인다.[72]

실제로 2000년을 전후로 하여 다양한 과학 분야에서는 공통적인 변화가 나타났다. 이전의 과학기술 발전은 인간이 존재의 숨겨진 구조, 즉 눈에 보이지 않던 부분을 볼 수 있게 해주었다. 그러나 21세기에 접어들며 나타난 발전은 그 숨겨진 구조를 만드는 설계도, 혹은 존재의 원리를 꿰뚫는 데 주력했다.

이러한 기술의 상당수는 제2차 세계대전 시기 이루어진 연구에서 그 기원을 찾을 수 있다. 제2차 세계대전 당시에는 많은 국가가 적을 굴복시킬 신무기를 개발하기 위하여 다양한 과학기술 프로젝트에 엄청난 자금과 인력을 투입했다. 아원자 물리학(원자보다 작은 물질의 기본 구성 성분을 연구하는 물리학—옮긴이)은 주기율표의 규칙성과 양성자, 전자, 중성자의 물리학을 뛰어넘어 20여 가지의 근본 입자를 발견했다. 2012년에 과학자들은 여러 정부의 합작으로 막대한 에너지와 컴퓨팅 자원, 지원금이 투입된 초거대 실험 장치를 활용하여 입자물리학의 '표준모형'이 제시한 마지막 입자인 힉스입자의 존재를 감지했다. 이는 장기 20세기 과학혁명의 기초가 되는 전기와 자기, 열역학 등 근본적 발견에 버금가는 위대한 발견이다. 유전학에서도 1865년에 그레고어 멘델(Gregor Mendel)이 발표한 기본 유전법칙과 1890년대에 이루어진 멘델의 재발견을 활용하여 단순한 유전자 코드와 분자 구조 발견을 넘어서는 더 큰 진전을 이루었다. 1970년대 이후에는 선택적 교배가 아닌 분자 수준의 개입을 통한 개별 유전자 조작 기술이 개발되었다.[73] 2013년의 유전학은 대기 중 이산화탄소를 소화해 탄화수소 화합물을 생성하도록 유전자를 변형한 미세 조류의 활용 가능성을 논의하는 수준까지 발전했다. 이 기술은 지구 온난화의 걱정 없이 에너지를 마음껏 사용하게 해줄 수 있다. 기근, 병충해, 토양 염류화의 저항성을 높인 유전자 변형 작물도 등장했다. 줄기세포를 활용한 치료법은 암, 뇌 손상이나 신경 손상, 유전 질환 등의 문제를 불식시킬 가능성을 가지고 있다. 50년 후 노화로 인한 죽음은 사라질지 모르며, 부유한 이들은 더 이른 시일에 이런 혜택을 누릴 수 있을지 모른다.

이러한 혁신이 과연 긍정적이기만 한 것인가? 혁신에는 논란의 여지가 있다. 인구의 과잉과 에너지 소비의 과잉으로 문제가 생긴 마당에 더 많은 사람에게 더 많은 식량과 에너지를 공급하고, 노화로 인한 죽음을 막는 기술을 개발하는 것은 어찌 보면 최악의 선택일 수도 있다. 더 근본적인 해결책은 인구 감소와 에너지 사용량 감축일 것이다. 2007년에 한 기술 역사학자는 "혁신은 근본적인 변화를 피해가고 싶을 때 찾는 흔한 방법"이라고 말했다.[74] 긍정적인 측면을 보자면, 심각한 환경 비용 발생 없이 에너지를 더 많이 쓸 수 있게 된 것은 분명 바람직하다. 유전자 변형 작물은 출산율 저하를 맞은 인류의 인구가 감소를 시작할 때까지 시간을 벌어줄지 모른다. 노화로 인한 죽음이 사라진다는 것은 노년의 은퇴자에 비하여 노동 가능한 젊은이들이 부족한 문제를 해결할 수 있을지 모른다.

우리는 생태학의 발전을 통해 초과 이론의 기초인 단순한 개체군 동태학 모델을 뛰어넘어 놀랍도록 복잡한 생물 군집을 이해할 수 있다. 1970년대 이후 과학자들은 실질적인 생태계 원칙을 꾸준히 연구하고 정리했다. 생태계 원칙 중 하나는 포식종이 단순히 제거되어야 할 유해 종이 아니라는 점이다. 포식 종은 더 넓은 차원의 생물 망에서 유용한 역할을 하는 중요한 존재다. 예를 들어 농장 주인은 방울뱀을 유해하게 생각하여 보이는 대로 잡아 죽이지만, 방울뱀은 농장 가축의 먹이를 빼앗아 먹는 야생 설치류를 먹어 치운다. 이 개념을 좀 더 확장하면 생물계의 다양성이 풍부할수록 적응력이 강하고 (새로운 병충해의 등장이나 기후변화 같은) 환경적 변화나 생물학적 변화에도 더 잘 저항한다는 것이다. 식량 작물을 재배하는 경우에도 다양한 작물을 복합적으로 재배하는 편이 (비료 등) 외부 투입에 의존하여 한 가지 작물이나 제한된 몇 가지 작물만 재배하는 단일 재배보다 훨씬 안정적이다.[75] 일찍이 1974년 제임스 러브록(James Lovelock)과 린 마굴리스(Lynn Margulis)는 가이아 가설(Gaia Hypothesis)을 주창했다. 가이아 가설은 무생물인 지구가 지구상의 생명체와 대기화학을 통해 복잡한 피드백을 주고받으며 자체적인 조절을 통하여 생명 유지를 위한 최적의 상태를 만든다는 이론이다.[76] 인간이 조절하는 새로운 지구 환경을 만들려는 우리의 시도는 어떤 의미에서 의식을 가진 새로운 가이아가 되려는 시도다.

　지금까지 언급한 모든 과학 기술적 혁신은 수많은 실험과 관찰, 방대한 데이터 처리를 토대로 쌓아올린 것이다. 이는 인류 역사상 가장 놀라운 공학적 성취라고 부를만한 한 가지 발명품으로 인하여 가능했다. 바로 소형 전자 컴퓨터다.[77] 전자 컴퓨터는 1930년대 후반 최초로 개발된 이후 1940~1950년대 제2차 세계대전과 냉전에 대응하고자 했던 각국 정부의 막대한 투자로 고도화되었다. 1970~1980년대 소형 컴퓨터가 개발되고, 1990년대부터 네트워크 컴퓨팅과 인터넷이 발달하면서 전 세계적인 정보 처리와 조직화, 정보의 접근은 질적으로 혁명에 가까운 변화를 겪고 있다.[78]

　낙관주의자들은 이러한 변화를 긍정적으로 받아들일 것이다. 그들은 획기적인 변화가 지구 환경의 이해와 관리 능력을 높여주고, 더 참여적이고 민주적인 사회적·정치적 조직 구축을 위한 도구로 사용될 것이라 기대할 것이다. 비관주의자라면 (이메일이나 사회관계망 서비스 등) 정부의 인터넷 통신 감시 행위가 더 은밀한 형태의 새로운 전체주의를 위한 도구가 될지도 모른다고 걱정할 것이다.

　새로운 기술이 정의할 21세기는 기적과 악몽, 둘 중 어느 쪽에 가까운 모습일까? 현대 과학이 밝히는 세상의 모습은 믿기 힘들 정도로 복잡하다. '표준모형'의 수많은 입자와 그 입자들의 작용력도, 유전자 발현에 영향을 주는 믿기 어려울 만큼 복잡한 요소들도, 생태계의 놀랍도록 섬세한 역학관계도, 무엇

하나 단순하지 않다. 이 복합성은 현재 우리가 살아가는 세계에도 고스란히 반영되어 있다. 서로 대비되는 갖가지 사회적·문화적·경제적·정치적 체계가 모인 세계라는 복합체는 역동적인 상호작용을 주고받는 하나의 '전체'로 존재한다. 인간계도 자연계가 지닌 다양한 복원력과 잠재력을 일부 가지고 있을지 모른다. 만약 그렇다면 인간 역사의 다음 단계에 관한 지나치게 낙관적인 전망도 지나치게 비관적인 전망도 완전히 정확하지 않을 수 있다. 21세기는 우리의 기대에는 못 미치지만 우리의 우려보다는 괜찮은 곳일지도 모른다.

주석

머리말

1. 기술결정론에 대해 더 알아보려면 아래 책을 참고하라. Merritt Roe Smith and Leo Marx, eds., Does Technology Drive History? (Cambridge, MA: MIT Pres, 1994).

2. Vaclav Smil, Creating the Twentieth Century (Oxford: Oxford University Press, 2005), 8, 9, 13.

3. 아래 저서들에서 예시를 찾아볼 수 있다. Charles H. Parker, Global Interactions in the Early Modern Age, 1400 – 1800 (Cambridge: Cambridge University Press, 2010); Kenneth Pomeranz, The Great Divergence: China, Europe, and the Making of the Modern World Economy (Princeton: Princeton University Press, 2000); Immanuel Wallerstein, The Modern World System, vols. 1 – 3 (New York: Academic Press; Berkeley: University of California Press, 1974, 1989, 2011); Kenneth Pomeranz and J. R. McNeill, "Production, Destruction, and Connection, 1750 – Present: Introduction," in The Cambridge World History, Vol. 7: Production, Destruction, and Connection, 1750 – Present, Part I: Structures, Spaces, and Boundary-Making, eds. Pomeranz and McNeill (Cambridge: Cambridge University Press, 2015), 1 – 47 (esp. 8, 13).

4. International Historical Statistics, ed. Palgrave Macmillan Ltd., http://www.palgraveconnect.com/pc/doifinder/10.1057/9781137305688.0737; Database, Maddison Project, http://www.ggdc.net/maddison/maddison-project/data.htm.

1장. 세계의 체질이 변하다: 근대의 생물학적 변혁

1. Massimo Livi-Bacci, A Concise History of World Population, 3d ed. (Malden, MA: Blackwell, 2001), 27.

2. Thomas Whitmore et al., "Long-Term Population Change," B. L. Turner et al., eds., The Earth as Transformed by Human Action (New York: Cambridge University Press, 1990), 31.

3. 위의 책, 33.

4. Paul Bairoch, "Agriculture and the Industrial Revolution, 1700 – 1914," in The Fontana Economic History of Europe: The Industrial Revolution, ed. Carlo M. Cipolla (New York: Collins/Fontana, 1973), 453, 460; Dwight H. Perkins, Agricultural Development in China, 1368 – 1968 (Chicago: Aldine, 1969); Sam White, "From Globalized Pig Breeds to Capitalist Pigs," Environmental History 16 (2011): 94 – 120; Francesca Bray, Science and Civilization in China, Vol. 6: Biology and Biological Technology, Part II: Agriculture, ed. Joseph Needham (Cambridge: Cambridge University Press, 1984), 582.

5. 이 사항에 대해서는 아래 책을 참고하라. Roy Porter, The Greatest Benefit to Mankind: A Medical History of Humanity from Antiquity to the Present(New York: HarperCollins, 1997), 370 – 73.

6. J. R. McNeill, Something New Under the Sun: An Environmental History of the Twentieth-Century World (New York: W. W. Norton, 2000), 127 – 28.

7. Richard A. Easterlin, Growth Triumphant: The Twenty-First Century in Historical Perspective (Ann Arbor: University of Michigan Press, 1996), 161; Porter, Greatest Benefit to Mankind,

467 – 75; J. R. McNeill, Mosquito Empires: Ecology and Wars in the Greater Caribbean, 1620 – 1914 (Cambridge: Cambridge University Press, 2010), esp. 309 – 10.

8. Porter, Greatest Benefit to Mankind, 453 – 61; Roy Porter, ed., The Cambridge Illustrated History of Medicine (Cambridge: Cambridge University Press, 1996), 231, 269 – 72; Daniel Headrick, "Botany, Chemistry, and Tropical Development," Journal of World History 7 (1996): 4 – 5; Bouda Etamad, Possessing the World (New York: Berghahn, 2000), 26 – 34; McNeill, Something New Under the Sun, 199; Miguel A. Centeno and Joseph N. Cohen, Global Capitalism: A Sociological Perspective (New York: Polity, 2010), 101.

9. Oded Galor, "The Demographic Transition and the Emergence of Sustained Economic Growth," Journal of the European Economic Association 3 (2005): 494 – 504.

10. Jean–Claude Chesnais, The Demographic Transition, trans. Elizabeth and Philip Kreager (Oxford: Clarendon, 1992), 441 (quotation), 433, 489.

11. John C. Caldwell and Pat Caldwell, "What Do We Now Know about Fertility Transition?" The Continuing Demographic Transition, ed. G. W. Jones, R. M. Douglas, J. C. Caldwell, and R. M. D'Souza (Oxford: Clarendon, 1997), 21.

12. Chesnais, Demographic Transition, 4 에 서 인용.

13. " 'I Was Born a Lakota': Red Cloud's Abdication Speech, July 4, 1903," James R. Walker, Lakota Belief and Ritual, ed. Raymond J. DeMallie and Elaine A. Jahner (Lincoln: University of Nebraska Press, 1980), 137 – 39.

14. Roy Hora, The Landowners of the Argentine Pampas (Oxford: Oxford University Press, 2001); Willard Sunderland, Taming the Wild Field: Colonization and Empire on the Russian Steppe (Ithaca, NY: Cornell University Press, 2004).

15. Jeremy Adelman, Frontier Development: Land, Labour, and Capital on the Wheatlands of Argentina and Canada, 1890 – 1914 (Oxford: Oxford University Press, 1994), 23.

16. Alexis Dudden, "Japanese Colonial Control in International Terms," Japanese Studies 25 (2005): 1 – 20; Dirk Hoerder, Cultures in Contact (Durham, NC: Duke University Press, 2002), 375.

17. McNeill, Something New Under the Sun, 161.

18. A. G. Kenwood and A. L. Lougheed, The Growth of the International Economy (New York: Routledge, 1999), 51 – 53; Ulbe Bosma, "European Colonial Soldiers in the Nineteenth Century," Journal of Global History 4 (2009): 328; Jeffrey Lesser, Immigration, Ethnicity, and National Identity in Brazil, 1808 to the Present (Cambridge: Cambridge University Press, 2013), 72.

19. Basil Davidson, Africa in History (New York: Macmillan, 1991), 268.

20. Jeffrey Ostler, The Plains Sioux and U.S. Colonialism from Lewis and Clark to Wounded Knee (Cambridge: Cambridge University Press, 2004); Benjamin Madley, "Patterns of Frontier Genocide, 1803 – 1910: The Aboriginal Tasmanians, the Yuki of California, and the Herero of Namibia," Journal of Genocide Research 6 (2004): 167 – 92; Madley, "Tactics of Nineteenth– Century Colonial Massacre," Theaters of Violence, ed. Philip G. Dwyer and Lyndall Ryan (New York: Berghahn, 2012), 110 – 25; Mohamed Adhikari,

ed., Genocide on Settler Frontiers (New York: Berghahn, 2015); Spencer C. Tucker, ed., Encyclopedia of North American Indian Wars (Santa Barbara, CA: ABC–CLIO, 2011); Bill Yenne, Indian Wars: The Campaign for the American West (Yardley, PA: Westholme, 2006); Hora, Landowners of the Argentine Pampas, 41 – 42; David Moon, "Peasant Migration and the Settlement of Russia's Frontiers, 1550 – 1897," Historical Journal 40 (1997): 884 – 85; Katsuya Hirano, "Thanatopolitics in the Making of Japan's Hokkaido," Critical Historical Studies 2 (2015): 204.

21. Madley, "Patterns of Frontier Genocide," 169 (인용), 177 – 78, 181; Madley, "Reexamining the American Genocide Debate: Meaning, Historiography, and New Methods," American Historical Review 120 (2015): 98 – 139.

22. Brett L. Walker, "Meiji Modernization, Scientific Agriculture, and the Extermination of Japan's Hokkaido Wolf," Environmental History 9 (2004): 248 – 74; Lance van Sittert, "'Keeping the Enemy at Bay': The Extermination of Wild Carnivora in Cape Colony, 1889 – 1910," Environmental History 3 (1998): 343.

23. Donald Worster, Nature's Economy: A History of Ecological Ideas (Cambridge: Cambridge University Press, 1994), 262 – 77.

24. Andrew C. Isenberg, The Destruction of the Bison: An Environmental History, 1750 – 1920 (Cambridge: Cambridge University Press, 2000), 137, 140, 162 (인용).

25. Stephen Mosley, The Environment in World History (New York: Routledge, 2010), 17, 21, 25, 27; Clive Ponting, A New Green History of the World (London: Penguin, 2007), 145, 152 – 53;

Gregory T. Cushman, Guano and the Opening of the Pacific World (New York: Cambridge University Press, 2013), 302; Arthur F. McEvoy, "Toward an Interactive Theory of Nature and Culture," The Ends of the Earth: Perspectives on Modern Environmental History, ed. Donald Worster (New York: Cambridge University Press, 1988), 220 – 23.

26. 다음 문헌을 참고하라. Andrew C. Isenberg, "Seas of Grass: Grasslands in World Environmental History," The Oxford Handbook of Environmental History, ed. Isenberg (Oxford: Oxford University Press, 2014), 144 – 45; David Arnold, The Problem of Nature: Environment, Culture, and European Expansion (Oxford: Blackwell, 1996), esp. 123.

27. Michael Brander, The Perfect Victorian Hero: Samuel White Baker (Edinburgh: Mainstream, 1982), 173.

28. Ludwig Klages, "Man and Earth (1913)," The Biocentric Worldview: Selected Essays and Poems of Ludwig Klages, trans Joseph D. Pryce (London: Arktos, 2013), 26, 27, 31, 34, 42.

29. Peter J. Bowler, The Earth Encompassed A History of the Environmental Sciences (New York: W. W. Norton, 2000), 321, 322.

30. McEvoy, "Toward an Interactive Theory," 217; Clayton R. Koppes, "Efficiency, Equity, Esthetics: Shifting Themes in American Conservation," in Worster, The Ends of the Earth, 230 – 51. 공원에 대해 더 자세히 알고 싶으면 먼저 이 책을 보라. Civilizing Nature: National Parks in Global Historical Perspective, ed. Bernhard Gissibl, Sabine Hohler, and Patrick Kupper (New York: Berghahn, 2012). 이 분야의 고전 은 다음 책이다. Samuel P. Hays,

Conservation and the Gospel of Efficiency (Cambridge, MA: Harvard University Press, 1959).

31. Patrick Brantlinger, Dark Vanishings: Discourse on the Extinction of Primitive Races, 1800 – 1930 (Ithaca, NY: Cornell University Press, 2003).

32. 수치는 연구에 따라 큰 차이를 보인다. 전혀 다른 연구를 보고 싶으면 다음 문헌을 보라. McNeill, Something New Under the Sun, 213.

33. Calculated from figures from the Center for Sustainability and the Global Environment, Nelson Institute for Environmental Studies, University of Wisconsin – Madison, www.sage.wisc.edu.

34. McNeill, Something New Under the Sun, 151 – 54.

35. 위의 책, 217.

36. Hora, Landowners of the Argentine Pampas, 47.

37. Max E. Fletcher, "The Suez Canal and World Shipping, 1869 – 1914," Journal of Economic History 18 (1958): 557, 559; Alexander Nutzenadel, "A Green International," Food and Globalization, ed. Nutzenadel and Frank Trentmann (New York: Berg, 2008), 157, 153; I. L. Buxton, "The Development of the Merchant Ship, 1880 – 1990," Mariner's Mirror 79 (1993): 71 – 82.

38. David Edgerton, The Shock of the Old: Technology and Global History since 1900 (New York: Oxford University Press, 2007), 172.

39. Paul H. Kratoska, "Commercial Rice Cultivation and the Regional Economy of Southeast Asia, 1850 – 1950," in Nutzenadel and Trentmann, Food and Globalization, 75 – 90; Michael Adas, "Continuity and Transformation: Colonial Rice Frontiers and Their Environmental Impact on the Great River Deltas of Mainland Southeast Asia," in The Environment and World History, ed. Edmund Burke III and Kenneth Pomeranz (Berkeley: University of California Press, 2009), 191 – 207; Walter Nugent, Into the West: The Story of Its People (New York: Knopf, 1999), 111.

40. Etamad, Possessing the World, 28 – 30.

41. McNeill, Something New Under the Sun, 307; Paul S. Sutter, "The Tropics: A Brief History of an Environmental Imaginary," in Isenberg, Oxford Handbook of Environmental History, 178 – 204.

42. Sergei Mikhailovich Solov'ev, Istoriia Rossii가 원 출처이나 다음 문헌에서 인용되었다. Mark Bassin, "Turner, Solov'ev, and the 'Frontier Hypothesis': The National Significance of Open Spaces," Journal of Modern History 65 (1993): 498. 솔로비요프의 연구는 1851~1876년 사이 29권에 걸쳐 출판되었으며 이 인용구는 그중 2권에서 가져온 것이다.

43. Adam McKeown, "Global Migration, 1846 – 1940," Journal of World History 15 (2004): 156; Jochen Oltmer, "Migration im Kontext von Globalisierung, Kolonialismus und Weltkriegen," WBG Welt–Geschichte, Band VI: Globalisierung 1880 bisheute, ed. Hans–Ulrich Thamer (Darmstadt, Germany: Wissenschaftliche Buchgesellschaft, 2010), 193; Jose C. Moya and Adam McKeown, World Migration in the Twentieth Century (Washington, DC: American Historical Association, 2011), 8 – 9; P. C. Emmer and M. Morner, introduction to European Expansion and Migration, ed. Emmer and Morner (New York:Berg, 1992), 3; Timothy J. Hatton and Jeffrey G. Williamson, Global Migration and the World Economy (New York: Oxford University Press, 1988), 8.

44. McKeown, "Global Migration," 167.

45. Timothy J. Hatton and Jeffrey G. Williamson, The Age of Mass Migration: Causes and Economic Impact (New York: Oxford University Press, 1998), 101.

46. Hoerder, Cultures in Contact, 319; Emmer and Morner, introduction to European Expansion and Migration, 3.

47. McKeown, "Global Migration," 157–58; Hoerder, Cultures in Contact, 387; Jose C. Moya and Adam McKeown, "World Migration in the Long Twentieth Century," Essays on Twentieth–Century History, ed. Michael C. Adas (Philadelphia: Temple University Press, 2010), 16–17.

48. Kenwood and Lougheed, Growth of the International Economy, 59.

49. Hatton and Williamson, Age of Mass Migration, 9; Walter Nugent, Crossings: The Great Transatlantic Migrations, 1870–1914 (Bloomington: Indiana University Press, 1992), 35; McKeown, "Chinese Emigration," 108; Hoerder, Cultures in Contact, 366; Giovanni Gozzini, "The Global System of International Migration, 1900 and 2000," Journal of Global History 1 (2006): 323.

50. Hoerder, Cultures in Contact, 377, 379; McKeown, "Chinese Emigration," 112, 113, 117.

51. Oltmer, "Migration im Kontext," 187, 189; Hoerder, Cultures in Contact, 387.

52. Philip A. Kuhn, Chinese among Others: Emigration in Modern Times (Lanham, MD: Rowman and Littlefield, 2008), 205–36; Freda Hawkins, Critical Years in Immigration: Canada and Australia Compared (Montreal: McGill–Queen's University Press, 1991), 8–19.

53. McKeown, "Chinese Emigration," 111.

54. James Belich, Replenishing the Earth: The Settler Revolution and the Rise of the Anglo World, 1783–1939 (New York: Oxford University Press, 2009).

55. Hoerder, Cultures in Contact, 312.

56. David Moon, "In the Russians' Steppes," Journal of Global History 3 (2008): 222.

57. Timothy J. Kloberdanz, "Plainsmen of Three Continents," in Ethnicity on the Great Plains, ed. Frederick Luebcke (Lincoln: University of Nebraska Press, 1980), 67.

58. Vitorino Magalhaes Godinho, "Portuguese Emigration," in Emmer and Morner, European Expansion and Migration, 28.

59. Kuhn, Chinese among Others, 217, 229.

60. Lesser, Immigration, Ethnicity, and National Identity in Brazil, 164; Stefan Berger, Andy Croll, and Norman Laporte, eds., Towards a Comparative History of Coalfield Societies (Aldershot, UK: Ashgate, 2005).

2장. 지금까지 본 적 없는 부의 토대: 현대 세계경제의 기반

1. Hora, Landowners of the Argentine Pampas, 8, 9, 11, 46, 49.

2. Moon, "In the Russians' Steppes," 204, 208.

3. Dudden, "Japanese Colonial Control," 8–10; Emily S. Rosenberg, "Transnational Currents in a Shrinking World," A World Connecting, 1870–1945, ed. Rosenberg (Cambridge, MA: Harvard University Press, 2012), 920; Hirano, "Thanatopolitics in the Making of Japan's Hokkaido."

4. Nutzenadel, "A Green International?" 161, 164.

5. 표 4.1~4.3의 데이터는 다음 문헌에 등장한다. David Held, Anthony McGrew, David Goldblatt, and

Jonathan Perraton, Global
Transformations (Stanford: Stanford
University Press, 1999), 193, 194; Mira
Wilkins, The History of Foreign
Investment in the United States to 1914
(Cambridge, MA: Harvard University Press,
1989), 454.

6. Held et al., Global Transformations, 32.

7. Kenwood and Lougheed, The Growth
of the International Economy, 30, 32;
Held et al., Global Transformations,
194, 275.

8. Wilkins, History of Foreign Investment,
145, 159, 164 – 65; James Kirby Martin
et al., A Concise History of America
and Its People, Vol. 2: Since 1865 (New
York: HarperCollins, 1995), 429.

9. Daniel Headrick, The Invisible Weapon:
Telecommunications and International
Politics, 1851 – 1945 (New York: Oxford
University Press, 1991), 199.

10. Held et al., Global Transformations,
193.

11. George H. Nash, The Life of Herbert
Hoover, Vol. 1: The Engineer (New
York: W. W. Norton, 1983), 227, 51,
61, 181, 63, 72 – 73, 82 – 83, 424; 다
음 문헌에서 인용했다. William E.
Leuchtenburg, Herbert Hoover (New
York: Times Books, Henry Holt, 2009),
11, 13, 21, 8.

12. William D. Haywood, Bill Haywood's
Book (New York: International Publishers,
1929), 48 – 49, 62, 81, 26 – 29; Ronald
L. Lewis, Welsh Americans: A History
of Assimilation in the Coalfields (Chapel
Hill: University of North Carolina Press,
2008), 212 – 20, 228 – 38; Thomas G.
Andrews, Killing for Coal: America's
Deadliest Labor War (Cambridge, MA:
Harvard University Press, 2008), 14.

13. 제반 상황에 대해 더 알고 싶다면 다
음 문헌을 참고하라. Warren Lerner, A
History of Socialism in Modern Times:
Theorists, Activists, and Humanists

(Englewood Cliff s, NJ: Prentice-Hall,
1982).

14. Martin et al., A Concise History of
America and Its People, 2:461, 462,
464, 446; Porter, Greatest Benefi t to
Mankind, 468; McNeill, Mosquito
Empires, 309.

15. Edward W. Byrn, "The Progress of
Invention during the Past Fifty Years,"
Scientific American 75 (July 25, 1896):
82.

16. 이 부분은 주로 다음 문헌 두 곳에서
출발한 내용이다. Smil, Creating the
Twentieth Century, 그리고 Christopher
Freeman, "Technology and Innovation,"
The Columbia History of the Twentieth
Century, ed. Richard W. Bulliet (New
York: Columbia University Press, 1998),
314 – 44.

17. 다음 책에서 인용. Smil, Creating the
Twentieth Century, 13.

18. Easterlin, Growth Triumphant, 25.

19. Freeman, "Technology and Innovation,"
315 – 16; W. Bernard Carlson,
"Innovation and the Modern
Corporation: From Heroic Invention to
Industrial Science," in Companion to
Science in the Twentieth Century, ed.
John Krige and Dominique Pestre (New
York: Routledge, 2003), 203 – 12, 217,
219.

20. Leuchtenburg, Herbert Hoover, 19.

21. Smil, Creating the Twentieth Century,
22, 24, 39, 46, 56, 91, 93 – 95, 181,
207, 217, 222, 226, 273, 276, 277,
308.

22. Freeman, "Technology and Innovation,"
324 – 25.

23. Smil, Creating the Twentieth Century,
204 – 7.

24. 위의 책, 158, 162.

25. 위의 책, 90 – 91. 기술적 시스템과
혁신에 대한 의미 있는 고찰을 읽고
싶다면 다음 문헌을 참고하라.
Thomas P. Hughes, "The Evolution of

Large Technological Systems," in The Science Studies Reader, ed. Mario Biagioli (New York: Routledge, 1999), 202 – 23.

26. Paul Josephson, "The History of World Technology, 1750 – Present," in The Cambridge World History, Vol. 7: Production, Destruction, and Connection, 1750 – Present, Part 1: Structures, Spaces and Boundary-Making, ed. J. R. McNeill and Kenneth Pomeranz (Cambridge: Cambridge University Press, 2015), 142.

27. 다음 책의 자료를 바탕으로 계산했다. B. R. Mitchell, ed., International Historical Statistics, 1750 – 2005 (Basingstoke, UK: Palgrave MacMillan, 2007); Kenneth Pomeranz and J. R. McNeill, "Production, Destruction, and Connection, 1750 – Present: Introduction," Pomeranz and McNeill, The Cambridge World History, vol. 7, part 1, p. 10.

28. Smil, Creating the Twentieth Century, 63 – 65.

29. 위의 책 301.

30. Mira Wilkins, "Multinational Enterprise to 1930," Leviathans: Multinational Corporations and the New Global History, ed. Alfred D. Chandler and Bruce Mazlish (Cambridge: Cambridge University Press, 2005), 58, 59, 61 – 62, 66, 70, 75, 77. 한편 다음 책은 영국 은행들이 1910년에 이르러서는 해외에 5,000여 개의 지점을 보유했다고 추정한다. Michel Beaud, A History of Capitalism, 1500 – 2000 (New York: Monthly Review, 2001), 159.

31. Daniel Yergin, The Prize: The Epic Quest for Oil, Money, and Power (New York: Simon and Schuster, 1991), 40, 58 – 61, 64 – 66, 73, 82, 93 – 94.

32. H. G. Wells, The Discovery of the Future (New York: B. W. Huebsch, 1913), 57, 59, 60 – 61.

33. Smil, Creating the Twentieth Century, 94, 141, 294.

34. Byrn, "The Progress of Invention during the Past 50 Years," 82 – 83.

35. Joel A. Tarr, "The Metabolism of the Industrial City: The Case of Pittsburgh," Journal of Urban History 28 (2002): 518.

36. Smil, Creating the Twentieth Century, 141, 293, 158, 162, 172, 294.

37. 위의 책, 93, 278 – 79.

38. 위의 책, 132; Beaud, History of Capitalism, 181, 182, 183.

3장. 판이 커지자 모든 것이 달라졌다: 세계경제의 개편

1. V. I. Lenin, Imperialism, the Highest Stage of Capitalism, in V. I. Lenin: Selected Works in Three Volumes, vol. 1 (New York: International, 1939), 741.

2. Hora, Landowners of the Argentine Pampas, 64; Mirta Zaida Lobato and Juan Suriano, Atlas Historico de la Argentina (Buenos Aires: Editorial Sudamericana, 1998), 300, 302.

3. Alexander Nutzenadel, "A Green International?" Nutzenadel and Trentmann, Food and Globalization, 155.

4. Oltmer, "Migration im Kontext," 185.

5. Kratoska, "Commercial Rice Cultivation," 78.

6. Wolfram Fischer, Expansion—Integration—Globalisierung: Studien zur Geschichte der Weltwirtschaft (Gottingen, Germany: Vandenhoeck and Ruprecht, 1998), 129.

7. Miriam Silverberg, "Constructing a New Cultural History of Prewar Japan," Japan in the World, ed. Masao Miyoshi and H. D. Harootunian (Durham, NC: Duke University Press, 1993), 123;

Stephen Kotkin, "Modern Times: The Soviet Union and the Interwar Conjuncture," in The Cultural Gradient: The Transmission of Ideas in Europe, 1789–1991, ed. Catherine Evtuhov and Stephen Kotkin (New York: Rowman and Littlefield, 2003), 191.

8. Fischer, Expansion—Integration—Globalisierung, 134.

9. Thomas E. Skidmore and Peter H. Smith, Modern Latin America (New York: Oxford University Press, 1989), 149, 152; Bill Albert, South America and the World Economy from Independence to 1930 (Hong Kong: Macmillan Press, 1983), 45.

10. John R. Hanson II, "Diversification and Concentration of LDC Exports: Victorian Trends," Explorations in Economic History 14(1977): 65; Oltmer, "Migration im Kontext," 186 (81% of Manchurian soy products in 1889, 60% in 1929); Ines Prodohl, "Versatile and Cheap: A Global History of Soy in the First Half of the Twentieth Century," Journal of Global History 8 (2013): 461–82; Kenwood and Lougheed, Growth of the International Economy, 136; Albert, South America and the World Economy, 32.

11. Ulrich Pfister, "Globalisierung und Weltwirtschaft," in Thamer, WBG Weltgeschichte, VI:295.

12. Victor Bulmer-Thomas, "The Latin American Economies, 1929–1939," Latin American Economy and Society since 1930, ed. Leslie Bethell (Cambridge: Cambridge University Press, 1998), 75.

13. Kenwood and Lougheed, The Growth of the International Economy, 138–39.

14. Nutzenadel, "A Green International?" 153.

15. Ronald Findlay and Kevin H. O'Rourke, "Commodity Market Integration, 1500–2000," in Globalization in Historical Perspective, ed. Michael D. Bordo, Alan M. Taylor, and Jeffrey G. Williamson (Chicago: University of Chicago Press, 2003), 65; Christopher Chase-Dunn, Yukio Kawano, and Benjamin D. Brewer, "Trade Globalization since 1795: Waves of Integration in the World-System," American Sociological Review 65 (2000): 77–95.

16. Kenwood and Lougheed, Growth of the International Economy, 78.

17. 위의 책, 83.

18. Wilkins, "Multinational Enterprise to 1930," 66; Toyin Falola and Matthew M. Heaton, A History of Nigeria (New York: Cambridge University Press, 2008), 121.

19. Han Young Woo, A Review of Korean History vol. 3, Modern and Contemporary Era (Seoul: Kyongsaewon, 2010), pp. 118, 120, 134–135

20. Skidmore and Smith, Modern Latin America, 112, 205, 252.

21. 위의 책, 82; Geoffrey Jones, "Multinationals from the 1930s to the 1980s," Chandler and Mazlish, Leviathans, 82.

22. Fletcher, "The Suez Canal and World Shipping," 572.

23. Skidmore and Smith, Modern Latin America, 88, 131.

24. 위의 책, 44, 73, 223.

25. Peter Hugill, Global Communications since 1844 (Baltimore: Johns Hopkins University Press, 1999), 30, 33, 69–70.

26. "Instructions of the Charge d'Affaires of Great Britain to Chile, September 23, 1853," quoted in Andre Gunder Frank, Capitalism and Underdevelopment in Latin America (New York: Monthly Review Press, 1967), 67.

27. El Mercurio, May 4, 1868, quoted in 위의 책, 68–69.

28. J. R. McNeill and William H. McNeill, The Human Web: A Bird's Eye View of World History (New York: W. W. Norton, 2003), 252–58.

29. Timothy R. Furnish, Holiest Wars: Islamic Mahdis, Their Jihads, and Osama bin Laden (Westport, CT: Praeger, 2005), 46.

30. Alessandro Stanziani, "Abolitions," The Cambridge World History, Vol. 7: Production, Destruction, and Connection, 1750–Present, Part 2: Shared Transformations? ed. J. R. McNeill and Kenneth Pomeranz (Cambridge: Cambridge University Press, 2015), 112; Rebecca J. Scott, "Gradual Abolition and the Dynamics of Slave Emancipation in Cuba, 1868–1886," Hispanic American Historical Journal 63:3 (1983): 449–77; Peter Kolchin, Unfree Labor: American Slavery and Russian Serfdom (Cambridge: Cambridge University Press, 1987), 356, 363.

31. Steeve Coupeau, The History of Haiti (Westport, CT: Greenwood Press, 2008), 21–34; Robin Blackburn, "The Role of Slave Resistance in Slave Emancipation," in Who Abolished Slavery? Slave Revolts and Abolitionism, ed. Seymour Drescher and Pieter C. Emmer (New York: Berghahn, 2010), 169–78; Celia Maria Marinho de Azevedo, Onda Negra, Medo Branco: O negro no imaginario das elites— Seculo XIX (Rio de Janeiro: Paze Terra, 1987), 40, 70.

32. Kolchin, Unfree Labor, 364.

33. Colin M. McLachlan, A History of Modern Brazil (Wilmington, DE: Scholarly Resources, 2003), 39–40, 42.

34. Stanziani, "Abolitions," 115; Kolchin, Unfree Labor, 366; Burke and Pomeranz, The Environment in World History, 281; J. N. Westwood, Endurance and Endeavour: Russian

History, 1812–2001 (Oxford: Oxford University Press, 2002), 69–73.

35. 이 주장을 둘러싼 토론의 개요를 알고 싶다면 다음 문헌을 참고하라. John C. Clegg, "Capitalism and Slavery," Critical Historical Studies 2 (2015): 281–304, esp. 289–93.

36. Brian Holden Reid, The Origins of the American Civil War (New York: Longman, 1996); Paul Bairoch, Economics andWorld History: Myths and Paradoxes (Chicago: University of Chicago Press, 1993), 33–36.

37. Hora, Landowners of the Argentine Pampas, 10–11 and passim.

38. Philip D. Curtin, The Rise and Fall of the Plantation Complex (Cambridge: Cambridge University Press, 1990), 191–94.

39. Oltmer, "Migration im Kontext," 179.

40. Eric Foner, Free Soil, Free Labor, Free Men (New York: Oxford University Press, 1970).

41. 다음 문헌에서 사례를 볼 수 있다. Thomas E. Skidmore, Black into White: Race and Nationality in Brazilian Thought (Durham, NC: Duke University Press, 1993), 18–19, 22–26.

42. 다음 문헌을 참고하라. Stanziani, "Abolitions," 127–28; Sven Beckert, "Emancipation and Empire: Reconstructing the Worldwide Web of Cotton Production in the Age of the American Civil War," American Historical Review 109 (2004): 1405–38; Norbert Finzsch, "The End of Slavery, the Role of the Freedmen's Bureau, and the Introduction of Peonage," The End of Slavery in Africa and the Americas, ed. Ulrike Schmieder, Katja Fullberg–Stolberg, and Michael Zeuske (Berlin: Lit, 2011), 141–64 (quotation, 146).

43. Kuhn, Chinese among Others, 112 (quotation), 114–34, 140–49; C.

Vann Woodward, "Emancipations and Reconstructions: A Comparative Study," in Woodward, The Future of the Past (New York: Oxford University Press, 1989), 155 – 61.

44. Gungwu Wang, "Migration History: Some Patterns Revisited," in Global History of Migrations, ed. Gungwu (Boulder, CO: Westview Press, 1997), 10; Kuhn, Chinese among Others, 182; McKeown, "Global Migration," 157.

45. Basil Davidson, Africa in History (New York: Macmillan, 1991), 302 – 3.

46. Stefan–Ludwig Hoffmann, "Genealogies of Human Rights," Human Rights in the Twentieth Century, ed. Hoffmann (Cambridge: Cambridge University Press, 2011), 8; Alice Conklin, "Colonialism and Human Rights: A Contradiction in Terms?" American Historical Review 103 (1998): 419 – 22; Daniel Laqua, "The Tensions of Internationalism: Trans–national Antislavery in the 1880s and 1890s," International History Review 33 (2011): 705 – 26; Pomeranz and McNeill, "Production, Destruction, and Connection," 27.

47. 33 Cong. Rec. 704 – 12 (56th Cong., 1st sess.).

48. Wilfred Scawen Blunt, "Britain's Imperial Destiny," Internet Modern History Sourcebook, www.fordham.edu/Halsall/mod/1899blunt.asp.

49. George A. Codding Jr., The Universal Postal Union (New York: New York University Press, 1964), 26, 35, 37, 48; Francis Lyall, International Communications: The International Telecommunications Union and the Universal Postal Union (London: Ashgate, 2011).

50. Pfister, "Globalisierung und Weltwirtschaft," 285.

51. Peter N. Stearns, The Industrial Revolution in World History (Boulder,

CO: Westview Press, 1998), 82 – 83; Kenwood and Lougheed, Growth of the International Economy, 62 – 77; Bairoch, Economics and World History, 22 – 42; Michael A. Clemens and Jeffrey G. Williamson, "Why Did the Tariff – Growth Correlation Reverse after 1950?" National Bureau of Economic Research, NBER Working Paper No. 9181, doi:10.3386/w9181, figure 1; Ronald Findlay and Kevin H. O'Rourke, Power and Plenty: Trade, War, and the World Economy in the Second Millennium (Princeton: Princeton University Press, 2007), 402.

52. Pfister, "Globalisierung und Weltwirtschaft," 286.

53. Bairoch, Economics and World History, 41 – 42.

54. Jeff Sahadeo, "Progress or Peril: Migrants and Locals in Russian Tashkent, 1906 – 14," in Peopling the Russian Periphery, ed. Nicholas Breyfogle, Abby Schrader, and Willard Sunderland(New York: Routledge, 2007), 157; Philip D. Curtin, "Africa and Global Patterns of Migration," in Gungwu, Global History of Migrations, 83; Hoerder, Cultures in Contact, 390; Kratoska, "Commercial Rice Cultivation," 78; Kuhn, Chinese among Others, 183; Claude Markovits, The Global World of Indian Merchants, 1750 – 1947 (Cambridge: Cambridge University Press, 2000).

55. Bairoch, Economics and World History, 41, 90 – 91.

56. Findlay and O'Rourke, Power and Plenty, 406, 410; Sugata Bose and Ayesha Jalal, Modern South Asia (New York: Routledge, 2004), 80 – 82.

57. Christopher Clark, The Sleepwalkers: How Europe Went to War in 1914 (New York: HarperCollins, 2013), 342; Albert Hourani, A History of the Arab Peoples (Cambridge, MA: Harvard University Press,

1991), 282; Bairoch, Economics and World History, 32; David B. Abernethy, The Dynamics of Global Dominance (New Haven: Yale University Press, 2000), 111; William L. Cleveland, A History of the Modern Middle East (Boulder, CO: Westview Press, 2004), 86.

58. Findlay and O'Rourke, Power and Plenty, 401.

59. Albert, South America and the World Economy, 43.

60. Pfister, "Globalisierung und Weltwirtschaft," 295.

61. Jack Beeching, The Chinese Opium Wars (New York: Harcourt Brace Jovanovich, 1975).

62. Bairoch, Economics and World History, 42; Abernethy, Dynamics of Global Dominance, 111.

63. Adrian Buzo, The Making of Modern Korea (New York: Routledge, 2017), pp. 23, 30–31

64. Mike Davis, Late Victorian Holocausts (London: Verso, 2001), 295.

65. P. J. Vatikiotis, The History of Modern Egypt (Baltimore: Johns Hopkins University Press, 1991), 154–70; Cleveland, History of the Modern Middle East, 94–95, 99.

66. Ronald Robinson, "The Excentric Idea of Imperialism, with or without Empire," in Imperialism and After, ed. Wolfgang J. Mommsen and Jurgen Osterhammel (London: Allen and Unwin, 1986), 277.

67. Martin et al., A Concise History of America and Its People, 2:570–71.

68. Davidson, Africa in History, 304–5.

69. See G. N. Sanderson, "The European Partition of Africa: Origins and Dynamics," in The Cambridge History of Africa, Vol. 6: From 1870 to 1905, ed. Roland Oliver and G. N. Sanderson (New York: Cambridge University Press, 1985), esp. 100–117.

70. K. W. Taylor, A History of the Vietnamese (Cambridge: Cambridge University Press, 2013), 447.

71. See Sanderson, "European Partition of Africa," 100–105.

72. Cushman, Guano and the Opening of the Pacific World; Bairoch, Economics and World History, 65, 67, 72–73.

73. Etamad, Possessing the World, 77–78, 70; Adrian Vickers, A History of Modern Indonesia (New York: Cambridge University Press, 2005), 10–13; Daniel R. Headrick, The Tools of Empire (New York: Oxford University Press, 1981), 121–22, 117, 118, 120.

74. Quoted in C. M. Andrew and A. S. Kanya—Forstner, "Centre and Periphery in the Making of the Second French Colonial Empire, 1815–1920," Journal of Imperial and Commonwealth History 16 (1988): 20.

75. Beaud, History of Capitalism, 160.

76. Etamad, Possessing the World, 39, 47, 52.

77. Bose and Jalal, Modern South Asia, 79; H. L. Wesseling, European Colonial Empires, 1815–1919 (Harlow, UK: Pearson—Longman, 2004), 235.

78. Vickers, History of Modern Indonesia, 15, 20; John W. Cell, "Colonial Rule," in The Oxford History of the British Empire, Vol. 4: The Twentieth Century, ed. Judith M. Brown and William Roger Louis (Oxford: Oxford University Press, 1999), 232, 235.

79. Michael J. Seth, A History of Korea: From Antiquity to the Present (New York: Rowman and Littlefield, 2011), pp. 266, 284, 301; Jinwung Kim, A History of Korea: From "Land of the Morning Calm" to States in Conflict (Bloomngton, IN: Indiana University Press, 2012), p. 321.

80. Kevin Shillington, History of Africa (New York: Palgrave Macmillan, 2005), 355–58,

332 – 36; quotation in Davidson, Africa in History, 292.

81. Shillington, History of Africa, 377, 421; Davidson, Africa in History, 292 – 93, 319, 339.

82. Michael J. Seth, A History of Korea: From Antiquity to the Present (New York: Rowman and Littlefield, 2011), p. 284. Donald N. Clark, Korea in World History (Ann Arbor, AMI: Association for Asian Studies, 2012), p. 36 gives the figure one in five in primary school.

83. Tucker, Encyclopedia of North American Indian Wars; Yenne, Indian Wars; William B. Kessel and Robert Wooster, eds., Encyclopedia of Native American Wars and Warfare (New York: Facts On File, 2005).

84. Davis, Late Victorian Holocausts; Mark B. Tauger, Agriculture in World History (London: Routledge, 2010), 83, 94, 98.

4장. '우리'와 '그들'의 시작: 지역화와 글로벌화

1. Cecil Rhodes, "Confession of Faith (1877)," Sources of World History, Mark A. Kishlansky (New York: HarperCollins, 1995), 225, 226.

2. Pankaj Mishra, From the Ruins of Empire (London: Allen Lane, Penguin, 2012), 240에서 인용.

3. 다음의 문헌에서 관련 논의의 더 많은 정보를 접할 수 있다. Chris Lorenz, "Representations of Identity: Ethnicity, Race, Class, Gender, and Religion," The Contested Nation: Ethnicity, Class, Religion, and Gender in National Histories, ed. Chris Lorenz and Stefan Berger (New York: Palgrave Macmillan, 2008), esp. 24 – 31.

4. Pomeranz and McNeill, "Production, Destruction, and Connection," 31.

5. Friedrich Neumann, "Grimm, Wilhelm Carl," in Neue Deutsche Biographie 7 (Berlin: Duncker and Humblot, 1966), 77 – 79.

6. Ranbir Vohra, The Making of India (London: M. E. Sharpe, 1997), 76 – 81.

7. W. G. Beasley, The Rise of Modern Japan (London: Weidenfeld and Nicolson, 2000), 54 – 70, 102 – 8; R. Bin Wong, "Self-Strengthening and Other Political Responses to the Expansion of European Economic and Political Power," in Pomeranz and McNeill, The Cambridge World History, Vol. 7, Part 1, pp. 366 – 94; Carter Vaughn Findley, "The Tanzimat," in The Cambridge History of Turkey, Vol. 4: Turkey in the Modern World, ed. Resat Kasaba (Cambridge: Cambridge University Press, 2008), 11 – 37.

8. Findley, "The Tanzimat."

9. Afaf Lutfi al-Sayyid Marsot, A History of Egypt (Cambridge: Cambridge University Press, 2007), 64 – 77.

10. Skidmore and Smith, Modern Latin America, 63; Kevin Passmore, "Politics," in Europe, 1900 – 1945, ed. Julian Jackson (Oxford: Oxford University Press, 2002), 79, 83.

11. George Mosse, Toward the Final Solution (New York: Fertig, 1978); Ivan Hannaford, Race: The History of an Idea in the West (Baltimore: Johns Hopkins University Press, 1996); George M. Frederickson, Racism: A Short History (Princeton, NJ: Princeton University Press, 2003).

12. Marinho de Azevedo, Onda Negra, Medo Branco, esp. 64 – 69, 97; Skidmore, Black into White, 23 – 27, 136 – 39.

13. 다음 문헌에서 관련 내용을 찾을 수 있다. Michael Dummett, "The Nature of Racism," Racism in Mind, ed. Michael P. Levine and Tamas Pataki

(Ithaca, NY: Cornell University Press, 2004), 27 – 34; Manfred Berg and Simon Wendt, eds., Racism in the Modern World (New York: Berghahn, 2011).

14. Sidney H. Chang and Leonard H. D. Gordon, All Under: Sun Yat Sen and His Revolutionary Thought (Stanford: Hoover Institution Press, 1991), 6 – 26; Lee Khoon Choy, Pioneers of Modern China (Singapore: World Scientific, 2005), 26 – 33.

15. Jesus Chavarria, Jose Carlos Mariategui and the Rise of Modern Peru, 1890 – 1930 (Albuquerque: University of New Mexico Press, 1979), 66.

16. John Charles Chasteen, Born in Blood and Fire: A Concise History of Latin America (New York: W. W. Norton, 2006), 207.

17. Matthew Arnold, quoted in Norman Davies, God's Playground: A History of Poland, Vol. 2: 1795 to the Present (London: Oxford University Press, 2005), 96.

18. Louis L. Snyder, Macro—nationalisms: A History of the Panmovements (Westport, CT: Greenwood Press, 1989).

19. Andre Schmid, Korea Between Empires, 1895—1919 (New York: Columbia University Press, 2002), pp. 87—91

20. Ahron Bregman, A History of Israel (New York: Palgrave Macmillan, 2003).

21. Matthew Frye Jacobson, Whiteness of a Different Color (Cambridge, MA: Harvard University Press, 1998).

22. Martin et al., A Concise History of America and Its People, 2:457.

23. Luis A. Marentes, Jose Vasconcelos and the Writing of the Mexican Revolution (New York: Twayne, 2000), 15 – 17, 20, 30.

24. Chavarria, Jose Carlos Mariategui, 91.

25. Frank Dikotter, "The Racialization of the Globe," in Berg and Wendt, Racism

in the Modern World, esp. 30 – 32; Urs Matthias Zimmermann, "Race without Supremacy," 위의 책, esp. 264 – 72; John H. Miller, Modern East Asia (Armonk, NY: M. E. Sharpe, 2008), 116, 118.

26. Cleveland, A History of the Modern Middle East, 129.

27. Quoted in Louis Hymans, Leopold Sedar Senghor: An Intellectual Biography (Edinburgh: University of Edinburgh Press, 1971), 99, 103 – 4. See Colin Grant, Negro with a Hat: The Rise and Fall of Marcus Garvey (Oxford: Oxford University Press, 2008).

28. Luther Standing Bear, Land of the Spotted Eagle (1933; reprint, Lincoln: University of Nebraska Press, 1960), ix, 248 – 50, 255.

29. Tracie Matysik, "Internationalist Activism and Global Civil Society at the High Point of Nationalism: The Challenge of the Universal Races Congress, 1911," in Global History: Interactions between the Universal and the Local, ed. A. G. Hopkins (Houndsmills, Basingstoke, UK: Palgrave Macmillan, 2006), esp. 145.

30. First Humanist Manifesto, American Humanist Association, https://americanhumanist.org/what—is—humanism/manifesto1/.

31. Moon, "Peasant Migration and the Settlement of Russia's Frontiers," 884 – 85.

32. Richard L. Rubenstein, "Jihad and Genocide: The Case of the Armenians," in Confronting Genocide: Judaism, Christianity, and Islam, ed. Steven Leonard Jacobs and Marc I. Sherman (New York: Lexington Books, 2009), 133 – 35.

33. J. A. G. Roberts, A History of China (New York: Palgrave Macmillan, 2006), 156.

34. Hermann Roeren, Zur Polenfrage

(Hamm, Germany: Brer and Thiemann, 1902), 2.

35. Julius Versen, "Negerseele und Kolonialmoral," Allgemeine Rundschau 4 (1907): 198 – 99.

36. Roberts, A History of China, 172 – 78; Amy H. Sturgis, Tecumseh: A Biography (Westport, CT: Greenwood Press, 2008); Michael Clodfelter, Warfare and Armed Conflicts: A Statistical Reference to Casualty and Other Figures, 1618 – 1991, Vol. 1 (London: McFarland, 1991), 392; Nelson A. Reed, The Caste War of Yucatan (Stanford: Stanford University Press, 2001); James O. Gump, "A Spirit of Resistance: Sioux, Xhosa, and Maori Responses to Western Dominance, 1840 – 1920," Pacific Historical Review 66 (1997): 21 – 52.

37. Michael J. Seth, A History of Korea: From Antiquity to the Present (New York: Rowman and Littlefield, 2011), pp. 243–245

38. Chris Bayly, The Birth of the Modern World (Oxford: Blackwell, 2004), 354 – 55; Daniel Brower, "Russian Roads to Mecca," Slavic Review 55 (1996): 579.

39. Patrick Marnham, Lourdes: A Modern Pilgrimage (New York: Coward McCann and Geoghegan, 1980), 183.

40. "Dr. James Emmanuel Kwegyir Aggrey," in African Saints, ed. Frederick Quinn (New York: Crossroads, 2002), 18 – 20.

41. 'Abdi Sheik-'Abdi, Divine Madness: Mohammed 'Abdulle Hassan (1856 – 1920) (London: Zed, 1992).

42. Bayly, Birth of the Modern World, 333.

43. 위의 책, 357.

44. 인용 출처. David McMahan, The Making of Buddhist Modernism (Oxford: Oxford University Press, 2008), 96; Peter van der Veer, "Religion after 1750," Pomeranz and McNeill, The Cambridge World History, Vol. 7, Part 2, pp. 172 – 75.

45. Michael Axworthy, A History of Iran (New York: Basic Books, 2008), 197 – 99; Mark Sedgwick, Muhammad Abduh (Oxford: Oneworld, 2010); Furnish, Holiest Wars, 45 – 58; Cleveland, History of the Modern Middle East, 124.

46. Narasingha P. Sil, Swami Vivekananda: A Reassessment (Selinsgrove, PA: Susquehanna University Press, 1997), 166 – 67; Amiya P. Sen, Swami Vivekananda (Oxford: Oxford University Press, 2000).

47. Bayly, Birth of the Modern World, 338.

48. Shamita Basu, Religious Revivalism as Nationalist Discourse: Swami Vivekananda and New Hinduism in Nineteenth—Century Bengal (Oxford: Oxford University Press, 2002), 12 – 17, 134 – 38; V. C. Joshi, ed., Rammohun Roy and the Process of Modernization in India (Delhi: Vikas, 1975).

49. Ferenc M. Szasz and Margaret Connell Szasz, "Religion and Spirituality," in The Oxford History of the American West, ed. Clyde A. Milner, II, Carol A. O'Connor, and Martha A. Sandweiss (New York: Oxford University Press, 1994), 381, 384.

50. Tomoko Masuzawa, The Invention of World Religions (Chicago: University of Chicago Press, 2005).

51. Leonard J. Arrington and Davis Bitton, The Mormon Experience (Urbana: University of Illinois Press, 1992).

52. Vivian Green, A New History of Christianity (New York: Continuum, 1996), 317 – 19; Kevin Ward, "Africa," in A World History of Christianity, ed. Adrian Hastings (Grand Rapids, MI: William B. Eerdmans, 1999), esp. 221 – 23.

53. Howard D. Gregg, History of the African Methodist Episcopal Church

(Nashville, TN: AMEC Sunday School Union, 1980); Hilary L. Rubinstein et al., The Jews in the Modern World: A History since 1750 (London: Arnold, 2002), 46 – 55.

54. 인용 출처. J. Stillson Judah, The History and Philosophy of the Metaphysical Movements in America (Philadelphia: Westminster, 1967), 173; Catherine L Albanese, A Republic of Mind and Spirit (New Haven, CT: Yale University Press, 2007), 359.

55. Howard Radest, Toward Common Ground: The Story of the Ethical Societies in the United States (New York: Ungar, 1969), 17, 28 (인용구들), 87 – 89.

56. Inayat Khan, Biography of Pir—o—Murshid Inayat Khan (London: East—West, 1979).

57. 인용 출처. Judah, History and Philosophy, 93.

58. Sylvia Cranston, HPB (New York: Putnam, 1993); Mary Lutyens, The Life and Death of Krishnamurti (London: John Murray, 1990).

59. J. W. Hanson, ed., The World's Congress of Religions (Chicago:W. B. Conkey, 1894).

60. Mohandas Gandhi, "Economic vs. Moral Progress," Mahatma Gandhi: His Life, Writings, and Speeches, ed. Sarojini Naidu (Madras, India: Ganesh, 1921), 183, 187, 188, 190.

61. James D. Hunt, Gandhi in London (New Delhi: Promilla, 1978), 20 – 37. 간디의 생애 정보는 주로 다음 문헌 두 가지에서 끌어 왔다. Martin Green, Gandhi: Voice of a New Age Revolution (New York: Continuum, 1993); Ramachandra Guha, Gandhi before India (New York: Knopf, 2014).

62. Thomas Adam, Intercultural Transfers and the Making of the Modern World (Houndsmills, Basingstoke, UK: Palgrave Macmillan, 2012), 125 – 29. 더 폭넓은 역사적 맥락을 알고 싶다면 다음 문헌을 참고하라. Nico Slate, Colored Cosmopolitanism: The Shared Struggle for Freedom in the United States and India (Cambridge, MA: Harvard University Press, 2012), esp. 21 – 25, 95, 114 – 16, 207 – 11, 221.

63. Tom Lodge, "Resistance and Reform," in The Cambridge History of South Africa, ed. Robert Ross, Anne Kelk Mager, and Bill Nasson (Cambridge: Cambridge University Press, 2011), 434; Nigel Worden, The Making of Modern South Africa (Chichester, UK: Wiley—Blackwell, 2012), 116 – 17; Jan Vladislav, ed., Vaclav Havel or Living in Truth (London: Faber and Faber, 1986); Adam, Intercultural Transfers, 130 – 34.

64. Kerry Segrave, American Films Abroad (Jefferson, NC: McFarland, 1997), 3, 4, 13; quotation in Ian Tyrell, Reforming the World: The Creation of America's Moral Empire (Princeton, NJ: Princeton University Press, 2010), 224.

65. David Goldblatt, The Ball Is Round: A Global History of Soccer (New York: Riverhead, 2008), 233 – 34, 237 – 39; Antonio Missiroli, "European Football Cultures and Their Integration," in Culture, Sport, Society 5 (2002): 1 – 20.

66. Ann Daly, Done into Dance: Isadora Duncan in America (Bloomington: Indiana University Press, 1995).

67. Suzanne Shelton, Ruth St. Denis: A Biography of the Divine Dancer (Austin: University of Texas Press, 1981).

68. Uttara Asha Coorlawala, "Ruth St. Denis and India's Dance Renaissance," Dance Chronicle 15 (1992): 142.

69. 위의 책, 123 – 52.

70. Larraine Nicholas, Dancing in Utopia: Dartington Hall and its Dancers (Alton, Hampshire, UK: Dance Books, 2007), 123 – 124.

71. Midori Takeishi, Japanese Elements in Michio Ito's Early Period (1915 – 1924), ed. David Pacun (Los Angeles: California Instituteof the Arts, 2006), 20 – 36.

72. Lily Litvak, "Latinos y Anglosajones: Una Polemica de la Espana fin de Siglo," in Litvak, Espana 1900: Modernismo, anarquismo y fi n de siglo (Madrid: Anthropos, 1990).

73. Maria Pilar Queralt, Tortola Valencia (Barcelona: Lumen, 2005).

74. Madeleine Herren, Internationale Organisationen seit 1865 (Darmstadt, Germany: Wissenschaftliche Buchgesellschaft, 2010), 33.

75. 위의 책, 24 – 25; Cornelia Knab, "Infectious Rats and Dangerous Cows: Transnational Perspectives on Animal Diseases in the First Half of the Twentieth Century," Contemporary European History 20 (2011): 289.

76. Herren, Internationale Organisationen, 38.

77. 위의 책, 31 – 32, 35.

78. 위의 책, 28.

79. Evan Schofer, "Science Associations in the International Sphere, 1875 – 1990," in Constructing World Culture: International Nongovernmental Organizations since 1875, ed. John Boli and George M. Thomas (Stanford: Stanford University Press, 1999), 251.

80. Thomas A. Loya and John Boli, "Standardization in the World Polity," in Boli and Thomas, Constructing World Culture, 169, 172.

81. Glenda Sluga, Internationalism in the Age of Nationalism (Philadelphia: University of Pennsylvania Press, 2013), 13, 16, 121; Frank J. Lechner, Globalization: The Making of World Society (Malden, MA: Wiley–Blackwell, 2009), 42; Nitza Berkovitch, "The Emergence and Transformation of the International Women's Movement," in Boli and Thomas, Constructing World Culture, 103 – 5.

82. Herren, Internationale Organisationen, 38; John Boli and George M. Thomas, "INGOs and the Organization of World Culture," in Boli and Thomas, Constructing World Culture, 13, 21.

5장. 뿌리까지 흔들린 세계: 대폭발

1. Emiliano Zapata, "The Plan de Ayala, 1911," in Alexander Dawson, Latin America since Independence: A History with Primary Sources (New York: Routledge, 2011), 127.

2. Eric Wolf, Peasant Wars of the Twentieth Century (1969; reprint, Norman: University of Oklahoma Press, 1999), ix.

3. Sheila Fitzpatrick, The Russian Revolution (Oxford: Oxford University Press, 2008); Moshe Lewin, The Soviet Century (London: Verso, 2005).

4. Feroz Ahmad, The Making of Modern Turkey (London: Routledge, 1993), 34 – 39, 48 – 49; M. Şükrü Hanioğlu, "The Second Constitutional Period, 1908 – 1918," in Kasaba, ed., Cambridge History of Turkey, 4:62 – 111; Andrew Mango, "Ataturk," 위의 책, 147 – 74; Cleveland, History of the Modern Middle East, 180 – 83; Ben Kiernan, Blood and Soil: A World History of Genocide and Extermination from Sparta to Darfur (New Haven: Yale University Press, 2007), 400 – 410.

5. Ali M. Ansari, Modern Iran since 1921 (Edinburgh: Pearson, 2003), 24 – 39, 67 – 71; Axworthy, History of Iran, 200 – 219; Michael Zirinsky, "Riza Shah's Abrogation of Capitulations, 1927 – 1928," in The Making of

Modern Iran, ed. Stephanie Cronin (New York: Routledge, 2003), 86; Shireen Mahdavi, "Reza Shah Pahlavi and Women: A Re—Evaluation," 위의 책, 185 – 86; Cleveland, History of the Modern Middle East, 187 – 89.

6. Pablo Escalante Gonzalbo et al., Nueva Historia Minima de Mexico (Mexico: Colegio de Mexico, 2004), 210; Alicia Hernandez Chavez, Mexico: A Brief History (Berkeley: University of California Press, 2006), 182; Colegio de Mexico, Historia General de Mexico, Version 2000 (Mexico, 2000), 664, 679; Michael C. Meyer, William L. Sherman, and Susan M. Deeds, The Course of Mexican History (New York: Oxford University Press, 1979), 425, 431; Wolf, Peasant Wars, 41.

7. Robert Ryal Miller, Mexico: A History (Norman: University of Oklahoma Press, 1985), 272, 266; Chavez, Mexico, 181; Colegio de Mexico, Historia General, 663; Chasteen, Born in Blood and Fire, 184, 196.

8. 멕시코 혁명의 복잡한 기원에 대한 분석은 다음 문헌에서 찾을 수 있다. John Tutino, From Insurrection to Revolution in Mexico (Princeton, NJ: Princeton University Press, 1986).

9. Skidmore and Thomas, Modern Latin America, 224; Enrique Krauze, Mexico: Biography of Power (New York: HarperCollins, 1997), 246, 250 – 51.

10. Rudolph J. Rummel, Statistics of Democide: Genocide and Mass Murder since 1900 (Munster, Germany: Lit, 1998), 189.

11. Skidmore and Thomas, Modern Latin America, 228, 231, 232 – 33, 236; Adrian Hastings, "Latin America," in Hastings, World History of Christianity, esp. 357.

12. Roberts, History of China, 204 – 11; Marie—Claire Bergere, "The Chinese Bourgeoisie, 1911 – 1937," in The Cambridge History of China, Vol. 12: Republican China, 1912 – 1949, Part 1, ed. John K. Fairbank (Cambridge: Cambridge University Press, 1983), 722 – 825; Ernest P. Young, "Politics in the Aftermath of Revolution: The Era of Yuan Shih—k'ai, 1912 – 1916," 위의 책, 209 – 58; James E. Sheridan, "The Warlord Era: Politics and Militarism under the Peking Government, 1916 – 1928," 위의 책, 284 – 321; Lloyd E. Eastman, "Nationalist China during the Nanking Decade, 1927 – 1937," in The Cambridge History of China, Vol. 13: Republican China, 1912 – 1949, Part 2, ed. John K. Fairbank and Albert Feuerwerker (Cambridge: Cambridge University Press, 1986), 116 – 67.

13. Wolf, Peasant Wars, 276.

14. Karl Marx and Friedrich Engels, The Communist Manifesto, ed. John E. Toews (Boston: Bedford/St. Martin's, 1999), 67.

15. 다음 해설은 이 책에 기반을 둔 것이다. William J. Duiker, Ho Chi Minh (New York: Hyperion, 2000).

16. Rifleman Amar Singh Rawat (Garhwal Rifles) to a friend (India), March 26, 1915, in David Omissi, ed., Indian Voices of the Great War (New York: St. Martin's, 1999), 45 – 46.

17. Oltmer, "Migration im Kontext," 201.

18. Robin Prior and Trevor Wilson, The Somme (New Haven: Yale University Press, 2006), 301.

19. Clodfelter, Warfare and Armed Conflicts, 2:781 – 82. 연구자에 따라 수치는 많이 달라진다. 다음 문헌에 따르면 전쟁 사망자는 945만 명에 달한다. William Kelleher Storey, The First World War: A Concise Global History (Lanham, MD: Rowman and Littlefield, 2009), 153.

20. Andrew T. Price—Smith, Contagion and Chaos: Disease, Ecology, and National Security in the Age of Globalization (Cambridge, MA: MIT Press, 2009), 59 – 60; John H. Morrow Jr., "The Impact of the Two World Wars in a Century of Violence," in Essays on Twentieth—Century History, ed. Michael C. Adas (Philadelphia: Temple University Press, 2010), 184; Mark Harrison, "Disease and World History from 1750," in McNeill and Pomeranz, The Cambridge World History, Vol. 7, Part 1, p. 246.

21. Henry L. Stimson, "The Decision to Use the Atomic Bomb," Harper's Magazine (February 1947), in Sources of Global History since 1900, ed. James H. Overfield (Boston: Wadsworth Cengage Learning, 2013), 242.

22. Quoted in David Fromkin, A Peace to End All Peace: Creating the Modern Middle East, 1914 – 1922 (New York: Henry Holt, 1989), 27.

23. Sean McMeekin, The Russian Origins of the First World War (Cambridge, MA: Harvard University Press, 2011), 6; Westwood, Endurance and Endeavour, 305.

24. Beasley, The Rise of Modern Japan, 102 – 20, 140 – 58; Peter Duus, "Economic Dimensions of Meiji Imperialism: The Case of Korea, 1895 – 1910," in The Japanese Colonial Empire, 1895 – 1945, ed. Ramon H. Myers and Mark R. Peattie (Princeton, NJ: Princeton University Press, 1984), 128 – 71; Robert Tierney, Tropics of Savagery: The Culture of Japanese Empire in Comparative Frame (Berkeley: University of California Press, 2010); Jun Uchida, Brokers of Empire: Japanese Settler Colonialism in Korea, 1876 – 1945 (Cambridge, MA: Harvard University Press, 2011); Lewis H. Gann,

"Western and Japanese Colonialism: Some Preliminary Comparisons," in Myers and Peattie, The Japanese Colonial Empire, 497 – 525.

25. A. S. Kanya—Forstner, "The War, Imperialism, and Decolonization," in The Great War and the Twentieth Century, ed. Jay Winter, Geoffrey Parker, and Mary R. Habeck (New Haven: Yale University Press, 2000), 231; Alfred E. Eckes Jr., The United States and the Global Struggle for Minerals (Austin: University of Texas Press, 1979), 12.

26. 인용 출처 Dirk Boenker, Militarism in a Global Age (Ithaca, NY: Cornell University Press, 2011), 34.

27. 위의 책, 29.

28. 위의 책에서 인용 41, 43, 45, 48 – 57; Paul Johnson, Modern Times (New York: Harper and Row, 1983), 215.

29. 더 알아보려면 다음 문헌을 참고하라. Robert Gerwarth and Erez Manela, eds., Empires at War, 1911 – 1923 (New York: Oxford University Press, 2014), 2 – 3.

30. 아래 책에 의하면 수치는 37퍼센트와 75~80퍼센트였다고 한다. McMeekin, Russian Origins, 6 – 40. Clark, Sleepwalkers, 340.

31. McMeekin, Russian Origins, 30, 36 – 37; Clark, Sleepwalkers, 338 – 39.

32. Rudi Volti, Technology and Commercial Air Travel (Washington, DC: American Historical Association, 2015), 16.

33. F. William Engdahl, "Oil and the Origins of the Great War," History Compass 5:6 (2007): 2042, 2050.

34. 위의 책, 2047, 2054 – 55; Yergin, The Prize, 161, 187 – 88.

35. Mao Tse Tung, "Report on an Investigation of the Peasant Movement in Hunan, March 1927," Selected Writings of Mao Tse Tung (New York: Pergamon Press, 1965), 25, 29.

36. Warren S. Thompson, Population

Problems (New York: McGraw-Hill, 1930), 371.

37. Donald J. Raleigh, "The Russian Civil War, 1917-1922," in The Cambridge History of Russia, Vol. 3: The Twentieth Century, ed. Ronald Grigor Suny (Cambridge: Cambridge University Press, 2006), 140-67 (figures on 166); Johnson, Modern Times, 73.

38. Mark Mazower, Dark Continent (New York: Vintage, 1998), 42.

39. Panikos Panayi, "Imperial Collapse and the Creation of Refugees in Twentieth-Century Europe," in Refugees and the End of Empire, ed. Panikos Panayi and Pippa Virdee (New York: Palgrave Macmillan, 2011), 3; Dawn Chatty, "Integration without Assimilation in an Impermanent Landscape," 위의 책, 138; Rummel, Statistics of Democide, 83-84; Uğur Umit Ungor, The Making of Modern Turkey (Oxford: Oxford University Press, 2011), 55-106; Gerard J. Libaridian, "The Ultimate Repression: The Genocide of the Armenians, 1915-1917," in Genocide in the Modern Age, ed. Isidor Walliman and Michael N. Dobkowski (New York: Greenwood Press, 1987), 203-7; Storey, The First World War, 138; Donald Bloxham, "Internal Colonization, Inter-imperial Conflict and the Armenian Genocide," in Empire, Colony, Genocide, ed. A. Dirk Moses (New York: Berghahn, 2008), 325-42; Kiernan, Blood and Soil, 392-415; Bregman, A History of Israel, 13-18.

40. 사상과 지정학의 관계를 더 알고 싶다면 다음 문헌을 참고하라. Mark Mazower, Hitler's Empire: How the Nazis Ruled Europe (New York: Penguin, 2008), 3-10.

41. Kevin Shillington, History of Africa (New York: Palgrave Macmillan, 2005), 336-37.

42. James C. Scott, Seeing like a State: How Certain Schemes to Improve the Human Condition Have Failed (New Haven: Yale University Press, 1998), esp. 183-91, 262-306.

43. Carlo Levi, Christ Stopped at Eboli (New York: Farrar, Strauss, 1947), 4, 250.

44. Sun Yat Sen, Principles of National Reconstruction (n.p.: China Cultural Service, 1925), 84, 98, 99.

45. McNeill, Something New under the Sun, 217; Mitchell, International Historical Statistics; Giovanni Federico, Feeding the World: An Economic History of Agriculture (Princeton, NJ: Princeton University Press, 2005), 48.

46. Wolf, Peasant Wars, 90-91; Joseph Stalin, "The Tasks of Business Executives," February 4, 1931, Marxists Internet Archive, www.marxists.org/reference/archive/stalin/works/1931/02/04.htm.

47. Gotz Aly and Susanne Heim, Architects of Annihilation (Princeton, NJ: Princeton University Press, 2002), 66.

48. Peter Kenez, A History of the Soviet Union from the Beginning to the End (Cambridge: Cambridge University Press, 2006), 85, 87; Mazower, Dark Continent, 119; David R. Shearer, "Stalinism, 1928-1940," in Grigor, Cambridge History of Russia, 3:195-97; Johnson, Modern Times 268-72; Clodfelter, Warfare and Armed Conflicts, 2:841; Lynne A. Viola, V. P. Danilov, N. A. Ivnitskii, and Denis Koslov, eds., The War against the Peasantry, 1927-1930 (New Haven: Yale University Press, 2005); Scott, Seeing like a State, 202.

49. 사망률 수치는 연구마다 큰 차이를 보인다. Shearer, "Stalinism," 194; Vladislav M. Zubok, "Soviet Foreign Policy from Detente to Gorbachev, 1975-1985," in The Cambridge History of the Cold War, vol. 3, ed.

Melvyn P. Leffler and Odd Arne Westad (Cambridge: Cambridge University Press, 2010), 95; Robert Service, A History of Twentieth-Century Russia (Cambridge, MA: Harvard University Press, 1998), 181-84, 190-91.

50. Robert Service, A History of Twentieth-Century Russia (Cambridge, MA: Harvard University Press, 1998), 181, 182, 184; Kenez, History of the Soviet Union, 93; John Gooding, Rulers and Subjects: Government and People in Russia, 1801-1991 (London: Arnold, 1996), 209.

51. Mazower, Dark Continent, 144, 162; Johnson, Modern Times, 414, 416; Aly and Heim, Architects of Annihilation, 255; Alex J. Kay, Exploitation, Resettlement, Mass Murder: Political and Economic Planning for German Occupation Policy in the Soviet Union, 1940-1941 (New York: Berghahn, 2006). 나치들의 계산이 완전히 허황된 것은 아니었다. 다음 문헌을 참고하라. Sunil Amrith and Patricia Clavin, "Feeding the World: Connecting Europe and Asia, 1930-1945," Past and Present 218: supplement 8 (2013): esp. 37, 42.

52. Stearns, Industrial Revolution in World History, 153-54.

53. Gi-Wook Shin and Do-Hyun Han, "Colonial Corporatism: The Rural Revitalization Campaign, 1932-1940," in Colonial Modernity in Korea, eds. Gi-Wook Shin and Michael Robertson (Cambridge, MA: Harvard University Press, 1999), pp. 85, 89; Jinwung Kim, A History of Korea: From "Land of the Morning Calm" to States in Conflict (Bloomngton, IN: Indiana University Press, 2012), pp. 325-326, 337; Michael J. Seth, A History of Korea: From Antiquity to the Present (New York: Rowman and Littlefield, 2011), pp.

289-291.

54. Richard Maxwell Brown, "Violence," in Milner, O'Connor, and Sandweiss, The Oxford History of the American West, 393-421; Martin et al., Concise History of America and Its People, 2:439.

55. Federico, Feeding the World, 154.

56. 위의 책

6장. "획일성의 사막": 뒷걸음치는 세계화

1. Kita Ikki, "Plan for the Reorganization of Japan," in Sources of Japanese Tradition, ed. Ryusaku Tsunoda, William Theodore de Bary, and Donald Keene (New York: Columbia University Press, 1958), 269.

2. Richard Overy, "Economic Origins of the Second World War," in The Origins of the Second World War, ed. Frank McDonough (New York: Continuum, 2011), 486-87; Stearns, The Industrial Revolution in World History, 155.

3. Haruo Iguchi, "Japanese Foreign Policy and the Outbreak of the Asia-Pacific War," in McDonough, Origins of the Second World War, 467; Louise Young, "Japan at War: History-Writing on the Crisis of the 1930s," in The Origins of the Second World War Reconsidered, ed. Gordon Martel (New York: Routledge, 1999), 168; P. M. H. Bell, Twelve Turning Points of the Second World War (New Haven: Yale University Press, 2011), 132; Overy, "Economic Origins," 491-92; Dietrich Eichholtz, War for Oil: The Nazi Quest for an Oil Empire (Washington, DC: Potomac, 2012), 1.

4. Yergin, The Prize, 208, 265.

5. 위의 책, 204.

6. 위의 책, 183; Brian C. Black, Crude

Reality: Petroleum in World History
(Lanham, MD: Rowman and Littlefield,
2012), 131.

7. 이후 일어난 사태를 다룬 문헌 중에서
는 다음 책이 가장 중요하다. For what
follows, see, above all, Robert Goralski
and Russell W. Freeburg, Oil and War:
How the Deadly Struggle for Fuel in
WWII Meant Victory or Defeat (New
York: William Morrow, 1987).

8. Yergin, The Prize, 320.

9. Young, "Japan at War," 168; Overy,
"Economic Origins," 487.

10. Mark R. Peattie, Ishiwara Kanji and
Japan's Confrontation with the West
(Princeton, NJ: Princeton University Press,
1975), 55, 62, 57.

11. Bell, Twelve Turning Points, 135 – 36;
Yergin, The Prize, 357.

12. Brian R. Sullivan, "More Than Meets
the Eye: The Ethiopian War and the
Origins of the Second World War," in
Martel, Origins, 189, 198; Overy,
"Economic Origins," 488, 490.

13. Overy, "Economic Origins," 502;
Eichholtz, War for Oil, 53; Goralski
and Freeburg, Oil and War, 124 – 130.

14. Goralski and Freeburg, War and Oil,
55, 63, 81, 110, 115, 181 – 84,
247 – 49, 279.

15. Bell, Twelve Turning Points, 144 – 46;
Mark Harrison, "The USSR and Total
War: Why Didn't the Soviet Economy
Collapse in 1942?" A World at Total
War, ed. Roger Chickering, Stig
Foerster, and Bernd Greiner (Cambridge:
Cambridge University Press, 2005),
140 – 41.

16. 다음 문헌에서 이 논의를 전반적으로
요약하고 있다. Richard Overy, Why
the Allies Won (London: Jonathan Cape,
1995), esp. 18 – 25, 314 – 25.

17. Quoted in Adam Tooze, The Deluge:
The Great War, America, and the
Remaking of the Global Order,

1916 – 1931 (New York: Viking, 2014), 4.

18. Findlay and O'Rourke, Power and
Plenty, 446.

19. 위의 책, 449 – 51.

20. Beaud, A History of Capitalism,
191 – 92; Findlay and O'Rourke, Power
and Plenty, 451 – 52.

21. Francois Bourguignon et al., "Making
Sense of Globalization: A Guide to the
Economic Issues," Center for Economic
Policy Research, Policy Paper No. 8,
http://cepr.org/sites/default/files/
geneva_reports/GenevaPP8.pdf, 22;
Findlay and O'Rourke, "Commodity
Market Integration," 41; Overy,
"Economic Origins," 494, 500.

22. Adolph Hitler, Mein Kampf (1925),
http://www.hitler.org/writings/
Mein_Kampf.

23. Jawaharlal Nehru, Glimpses of World
History (1934; reprinted, Bombay: Asia
Publishing House, 1962), 852 – 53.

24. Young, "Japan at War," 161 – 65;
Stephen S. Large, "Oligarchy,
Democracy, and Fascism," in A
Companion to Japanese History, ed.
William M. Tsutsui (Oxford: Blackwell,
2007), 156 – 71; Miller, Modern East
Asia, 113 – 19; Kiernan, Blood and
Soil, 519 – 29.

25. Eric Hobsbawm, The Age of Extremes
(New York: Vintage, 1994), 93.

26. Benito Mussolini, Fascism: Doctrine and
Institutions (Rome: Ardita, 1932), 10.

27. E. M. Forster, "What I Believe" (1939),
in Two Cheers for Democracy (London:
Edward Arnold, 1951), 73.

28. George Kennan, "The Long Telegram"
(February 22, 1946), National Security
Archive, George Washington University,
http://nsarchive.gwu.edu/coldwar/
documents/episode-1/kennan.htm.

29. "Telegram from Nikolai Novikov, Soviet
Ambassador to the US, to the Soviet
Leadership" (September 27, 1946), Digital

Archive, Cold War International History Project, Wilson Center, http://digitalarchive.wilsoncenter.org/document/110808.

30. Mark Mazower, No Enchanted Place: The End of Empire and the Ideological Origins of the United Nations (Princeton, NJ: Princeton University Press, 2008); Sluga, Internationalism in the Age of Nationalism, 122 (membership figures); Sunil Amrith and Glenda Sluga, "New Histories of the United Nations," Journal of World History 19 (2008): 251-74.

31. Herren, Internationale Organisationen, 93; Sluga, Internationalism in the Age of Nationalism, 121.

32. Boli and Thomas, "INGOs and the Organization of World Culture," 14, 42.

33. "List of Nongovernmental Organizations in Consultative Status with the Economic and Social Council as of 1 September 2013," United Nations, Economic and Social Council (October 4, 2013), esango.un.org/civilsociety/documents/E_2013_INF_6.pdf.

34. Gordon Adams and Steven M. Kosiak, "The United States: Trends in Defence Procurement and Research and Development Programmes," in Arms Industry Limited, ed. Herbert Wulf (Oxford: Stockholm International Peace Research Institute, Oxford University Press, 1993), 30.

35. Prasenjit Duara, "The Cold War as a Historical Period: An Interpretive Essay," Journal of Global History 6 (2011): 457-80; Eckes, The United States and the Global Struggle for Minerals, esp. 150-52, 243.

36. Robert E. Harkavy, Great Power Competition for Overseas Bases (New York: Pergamon, 1982); idem, Bases Abroad (New York: Oxford University Press, 1989); James R. Blaker, United States Overseas Basing: An Anatomy of the Dilemma (New York: Praeger, 1990).

37. Raymond F. Betts, Uncertain Dimensions: Western Overseas Empires in the Twentieth Century (Minneapolis: University of Minnesota Press, 1985), 147-210.

38. Wilfried Loth, "States and the Changing Equations of Power," in Global Interdependence: The World after 1945, ed. Akira Iriye (Cambridge, MA: Harvard University Press, 2014), 48, 58 (250,000 to 1 million casualties); Akira Iriye, "The Making of a Transnational World," 위의 책, 702 (3.4 million); Barbara D. Metcalf and Thomas R. Metcalf, A Concise History of India (Cambridge: Cambridge University Press, 2002), 218-19 (up to 1 million dead, 12.5 million refugees); Oltmer, "Migration im Kontext," 199; Ian Talbot, "The End of the European Colonial Empires and Forced Migration," in Panayi and Virdee, Refugees and the End of Empire, 38; Hobsbawm, Age of Extremes, 51; Shillington, History of Africa, 425-26, 394-98, 411-13, 455-57.

39. 다음 문헌에서 사례를 찾을 수 있다. Abernethy, Dynamics of Global Dominance, 145.

40. United Nations, "Statement on Race, Paris, July 1950," in United Nations Educational, Scientific, and Cultural Organization, Four Statements on the Race Question (Paris: UNESCO, 1969), 32.

41. Abernethy, Dynamics of Global Dominance, 125.

42. Falola and Heaton, History of Nigeria, 119-20, 127, 138.

43. Abernethy, Dynamics of Global Dominance, 334, 338.

44. Richard Reid, A History of Modern

Africa, 1800 to the Present (London: Wiley–Blackwell, 2009), 205 – 6; Abernethy, Dynamics of Global Dominance, 109, 112, 127 – 28, 146.

45. Vickers, History of Modern Indonesia, 73 – 83; Johnson, Modern Times, 149.

46. Djun Kil Kim, The History of Korea (Westport, CT: Greenwood Press, 2005), p. 124; Michael J. Seth, A History of Korea: From Antiquity to the Present (New York: Rowman and Littlefield, 2011), pp. 255–256, 268–269, 277–278; Han Young Woo, A Review of Korean History vol. 3, Modern and Contemporary Era (Seoul: Kyongsaewon, 2010), p. 96; Jinwung Kim, A History of Korea: From "Land of the Morning Calm" to States in Conflict (Bloomngton, IN: Indiana University Press, 2012), pp. 333, 342, 356.

47. Metcalf and Metcalf, Concise History of India, 191.

48. 인용 출처 Mishra, From the Ruins of Empire, 251.

49. Bose and Jalal, Modern South Asia, 130.

50. Falola and Heaton, History of Nigeria, 142 – 43.

51. Shillington, History of Africa, 383, 385, 422, 378 – 80; Abernethy, Dynamics of Global Dominance. 157.

52. Reid, History of Modern Africa, 279.

53. Vatikiotis, History of Modern Egypt, 391 – 93.

54. Shillington, History of Africa, 382 – 83; Abernethy, Dynamics of Global Dominance, 151.

55. David Ryan and Victor Pungong, eds., The United States and Decolonization (New York: St. Martin's, 2000).

56. J. A. S. Grenville and Bernard Wasserstein, eds., The Major International Treaties of the Twentieth Century, Vol. 1 (London: Routledge, 2001), 333, 357, 365, 379.

57. Black, Crude Reality, 145.

58. Eckes, The United States and the Global Struggle for Minerals, 152.

59. Ansari, Modern Iran since 1921, 111 – 24; Rashid Khalidi, Sowing Crisis: The Cold War and American Dominance in the Middle East (Boston: Beacon Press, 2009), 49 – 52; Axworthy, History of Iran, 239; Cleveland, History of the Modern Middle East, 190, 293.

60. Odd Arne Westad, The Global Cold War (Cambridge: Cambridge University Press, 2005), 141; Thomas Borstelmann, Apartheid's Reluctant Uncle: The United States and Southern Africa in the Early Cold War (Oxford: Oxford University Press, 1993), 43 – 45, 50, 92, 198; Lise Namikas, Battleground Africa: Cold War in the Congo, 1960 – 1965 (Stanford: Stanford University Press, 2013); Georges Nzongola–Ntalja, The Congo from Leopold to Kabila: A People's History (London: Zed Books, 2002), 96 – 11.

61. Vickers, History of Modern Indonesia, 144 – 59; Elaine Briere, "Shadow Play: Political Mass Murder and the 1965 Indonesian Coup," in Hushed Voices, ed. Heribert Adam (Highclere, Berkshire, UK: Berkshire Academic Press, 2011), 163 – 75.

62. Nicholas R. Lardy, "The Chinese Economy under Stress, 1958 – 1965," in The Cambridge History of China, Vol. 14: The People's Republic of China, Part 1, ed. Roderick MacFarquhar and John K. Fairbank (Cambridge: Cambridge University Press, 1987), 370; Yang Jisheng, Tombstone: The Great Chinese Famine, 1958 – 1962 (New York: Farrar, Strauss and Giroux, 2013), 409 – 30; Kiernan, Blood and Soil, 529 – 33.

63. Jean van Lierde, Lumumba Speaks (Boston: Little, Brown, 1963), 323 – 25.

64. Zubok, "Soviet Foreign Policy from Detente to Gorbachev," 99.

65. Eckes, The United States and the Global Struggle for Minerals, 248.

66. Jeremi Suri, "The Cold War, Decolonization, and Global Social Awakenings," Cold War History 6 (2006): 357 – 58; Westad, Global Cold War, esp. 396 – 99; Khalidi, Sowing Crisis, 18.

67. 인용·출처 David F. Schmitz, The United States and Right–Wing Dictatorships, 1965 – 1989 (New York: Cambridge University Press, 2006), 16; Michael E. Latham, The Right Kind of Revolution: Modernization, Development, and U.S. Foreign Policy from the Cold War to the Present (Ithaca, NY: Cornell University Press, 2011), 80.

68. Mark Atwood Lawrence, "The Rise and Fall of Nonalignment," in The Cold War in the Third World, ed. Robert J. McMahon (Oxford: Oxford University Press, 2013), 145; Nehru, Glimpses of World History, 589.

69. A. W. Singham and Shirley Hune, Non–alignment in an Age of Alignments (London: Zed Books, 1986); Vatikiotis, History of Modern Egypt, 395 – 97, 421; Latham, The Right Kind of Revolution, 79 – 80.

70. Skidmore and Smith, Modern Latin America, 209 – 14; Taylor, History of the Vietnamese; Shillington, History of Africa.

71. Skidmore and Smith, Modern Latin America, 92 – 105, 166 – 77, 130 – 39.

72. Stockholm International Peace Research Institute, Arms Transfers Database, https://www.sipri.org/databases/armstransfers; Duara, "The Cold War as a Historical Period," 470.

73. Adrian Buzo, The Making of Modern Korea (New York: Routledge, 2017), p. 132, 161–163.

74. Mark Levine, "Genocide," in Pomeranz and McNeill, The Cambridge World History, Vol. 7, Part I, pp. 434 – 35; Helen Fein, ed., Genocide Watch (New Haven: Yale University Press, 1992), 33 – 36; Kiernan, Blood and Soil, 546 – 53.

7장. 오늘의 모습이 된 1세계: 고도 근대

1. Vance Packard, The Waste Makers (New York: Penguin, 1960), 18, 19, 21.

2. Clodfelter, Warfare and Armed Conflicts, 2:781 – 82, 841, 955 – 56, 1150.

3. Panayi, "Imperial Collapse," 5; Oltmer, "Migration im Kontext," 200 – 203, 209; Hobsbawm, Age of Extremes, 51 – 52.

4. Database, Maddison Project, www.ggdc.net/maddison/maddison–project/data.htm; Branko Milanovic, "Global Income Inequality by the Numbers," World Bank Development Research Group, Policy Research Working Paper No. 6259 (November 2012), esp. 5.

5. 다른 학자들도 이 시기를 말하기 위해 같은 개념을 다양한 맥락에서 썼다. 다음 문헌들에서 그 사례를 찾을 수 있다. Others have used this term for the same period, in various contexts. See, for example, Will Steffen, Paul J. Crutzen, and John R. McNeill, "The Anthropocene: Are Humans Now Overwhelming the Great Forces of Nature?" Ambio 36:8 (2007): 617.

6. Clark R. Mollenhof, George Romney: Mormon in Politics (New York: Meredith, 1968), 160 – 62, 117, 97, 88.

7. Black, Crude Reality, 169.

8. Thomas W. Zeiler, "Opening Doors in the World Economy," in Iriye, Global

Interdependence, 235.

9. Edgerton, The Shock of the Old, 103 – 13. 10. Findlay and O'Rourke, Power and Plenty, 501 – 5; Marc Levinson, The Box: How the Shipping Container Made the World Smaller and the World Economy Bigger (Princeton, NJ: Princeton University Press, 2006).

11. Findlay and O'Rourke, Power and Plenty, 476 – 89, 497.

12. Peter N. Stearns, Globalization in World History (New York: Routledge, 2010), 143.

13. Hobsbawm, Age of Extremes, 279.

14. Mark Casson, "Introduction and Summary," in Multinationals and World Trade, ed. Mark Casson (London: Allen and Unwin, 1986), 51; Bruce Mazlish and Elliott R. Morss, "A Global Elite?" in Chandler and Mazlish, Leviathans, 174; Jones, "Multinationals from the 1930s to the 1980s," 94, 89.

15. Holly Sklar, ed., Trilateralism (Boston: South End Press, 1980), 10 – 12.

16. Mazlish and Morss, "A Global Elite?" 170 – 71.

17. Rudolf Stichweh, Die Weltgesellschaft (Frankfurt: Suhrkamp, 2000), 153; Stearns, Globalization in World History, 135.

18. Yergin, The Prize, 500, 546, 540, 480.

19. Bradley R. Simpson, "Southeast Asia in the Cold War," in McMahon, The Cold War in the Third World, 56.

20. Tony Judt, Postwar: A History of Europe since 1945 (New York: Penguin, 2005), 339.

21. Giovanni Federico, "The Economic History of Agriculture since 1800," in McNeill and Pomeranz, The Cambridge World History, Vol. 7, Part 1, p. 91.

22. B. F. Stanton, "Agriculture: Crops, Livestock, and Farmers," The Columbia History of the Twentieth Century, ed. Richard W. Bulliet (New York: Columbia University, 1998), 363.

23. 다음 문헌을 참고하라. Johan F. M. Swinnen, "The Growth of Agricultural Protection in Europe in the 19th and 20th Centuries," World Economy 32 (2009): 1499 – 1537.

24. See, for example, Chesnais, The Demographic Transition, 433, 442 – 43.

25. Lara V. Marks, Sexual Chemistry: A History of the Contraceptive Pill (New Haven: Yale University Pres, 2001); Edgerton, The Shock of the Old, 22 – 25.

26. Grace Davie, "Europe: The Exception?" The Desecularization of the World: Resurgent Religion and Politics, ed. Peter L. Berger (Washington, DC: Ethics and Policy, 1999), 69.

27. Shillington, History of Africa, 421, 423.

28. Yutaka Kosai, "The Postwar Japanese Economy, 1945 – 1973," in The Cambridge History of Japan, Vol. 6: The Twentieth Century, ed. Peter Duus (Cambridge: Cambridge University Press, 1989), 526.

29. Jones, "Multinationals from the 1930s to the 1980s," 89; Giuliano Garavani, "Completing Decolonization: The 1973 'Oil Shock' and the Struggle for Economic Rights," International History Review 33 (2011): 473 – 87; Yergin, The Prize, 446, 436, 567, 584 – 85, 628, 647 – 48, 651 – 52.

30. Jeffrey Robinson, Yamani: The Inside Story (New York: Simon and Schuster, 1988), 39 – 56; Eduardo Mayobre, Juan Pablo Perez Alfonzo, 1903 – 1979 (Caracas: Banco del Caribe, 2005).

31. Michael S. Minor, "The Demise of Expropriations as an Instrument of LDC Policy, 1980 – 1992," Journal of International Business History 25 (1994): 177 – 88.

32. Zeiler, "Opening Doors in the World

Economy," 299.

33. Yergin, The Prize, 666. See also Ricardo Ffrench—Davis, Oscar Munoz, and Jose Gabriel Palma, "The Latin American Economies, 1950 – 1990," in Latin American Economy and Society since 1930, ed. Leslie Bethell (Cambridge: Cambridge University Press, 1998), 178.

34. Angus Maddison, Monitoring the World Economy, 1820 – 1992 (New York: Development Center of the OECD, 1995), 352, 355 – 56.

35. "Mater et Magistra: Encyclical of Pope John XXIII on Christianity and Social Progress" (1961), Holy See, at www.vatican.va/holy_father/john_xxiii/encyclicals/documents/hf_j—xxiii_enc_15051961_mater_en.html.

36. Gosta Esping—Andersen, The Three Worlds of Welfare Capitalism (Princeton, NJ: Princeton University Press, 1990).

37. Martin et al., A Concise History of America and Its People, 2:709. On the development and aims of the welfare states, see Esping—Anderson, Three Worlds of Welfare Capitalism; Robert E. Goodin, Bruce Headey, Ruud Muffels, and Henk—Jan Dirven, The Real Worlds of Welfare Capitalism (Cambridge: Cambridge University Press, 1999); Kees van Kersbergen and Barbara Vis, Comparative Welfare State Politics (Cambridge: Cambridge University Press, 2014); Irwin Garfinkel, Lee Rainwater, and Timothy Smeeding, Wealth and Welfare States (Oxford: Oxford University Press, 2010); and Christopher Pierson and Francis G. Castles, eds., The Welfare State: A Reader (Cambridge: Polity, 2000).

38. Lyndon B. Johnson, "Remarks at the University of Michigan, May 22, 1964," American Presidency Project, www.presidency.ucsb.edu/ws/index.php?pid=26262.

39. Lyndon B. Johnson, "To Fulfill These Rights, June 4, 1965," American Presidency Project, www.presidency.ucsb.edu/ws/index.php?pid=27021.

40. Martin et al., A Concise History of America and Its People, 2:734, 777, 786 – 787.

41. Peter Flora et al., State, Economy, and Society in Western Europe, 1815 – 1975 (London: Macmillan, 1983).

42. C. A. R. Crosland, "The Future of Socialism" (1956), excerpt in Socialist Thought: A Documentary History, ed. Albert Fried and Ronald Sanders (New York: Doubleday), 540, 541, 538.

43. One Nation Group, The Responsible Society (London: Conservative Political Centre, 1959), 32.

44. "Mater et Magistra."

45. Crosland, "Future of Socialism," 539, 536.

46. Organization for Economic Cooperation and Development, The OECD: History, Aims, Structure (New York: OECD, n.d.).

47. Mark Frey and Sonke Kunkel, "Writing the History of Development: A Review of the Recent Literature," Contemporary European History 20 (2011): 215 – 32.

48. See Latham, Right Kind of Revolution, 51 – 52, 167 – 68.

49. International Development Association, Aid Architecture: An Overview of the Main Trends in Official Development Assistance Flows (n.p.: World Bank, February 2007), 34.

50. Falola and Heaton, History of Nigeria, 164, 183.

51. Summary: Nick Cullather, "Research Note: Development? It's History," Diplomatic History 24 (2000): 641 – 53; classic examples: Frank, Capitalism and Underdevelopment in Latin America; Walter Rodney, How Europe Underdeveloped Africa (1972; reprinted,

Washington, DC: Howard University Press, 1982); and Samir Amin, Unequal Development (New York: Monthly Review Press, 1976).

8장. 정말 모든 게 나아지고 있을까?: 저항과 거부

1. Stokely Carmichael, "Solidarity with Latin America," in Stokely Speaks: Black Power to Pan—Africanism (New York: Vintage, 1971), 101, 102, 104, 105.
2. Helmut Fuhrer, The Story of Official Development Assistance (New York: Organization for Economic Cooperation and Development, 1996), 42.
3. 인용 출처 Schmitz, The United States and Right—Wing Dictatorships, 15. 이 문헌도 참고하라. Latham, The Right Kind of Revolution, 60.
4. International Development Association, Aid Architecture, 3.
5. Lobato and Suriano, Atlas Historico de la Argentina, 522, 555; Mazower, Dark Continent, 367; Zubok, "Soviet Foreign Policy from Detente to Gorbachev," 98; Stephen Kotkin, "The Kiss of Debt," in The Shock of the Global: The 1970s in Perspective, ed. Niall Ferguson, Charles S. Maier, Erez Manela, and Daniel J. Sargent (Cambridge, MA: Harvard University Press, 2010), 85, 89; Ffrench—Davis, Munoz, and Palma, "The Latin American Economies, 1950-1990," 224-34.
6. John Loxley, "International Capital Markets, the Debt Crisis, and Development," in Global Development Fifty Years after Bretton Woods, ed. Roy Culpeper, Albert Berry, and Frances Stewart (New York: St. Martin's, 1997), 138.
7. Robert K. Schaeffer, Understanding Globalization (Lanham, MD: Rowman and Littlefield, 2009), 79; Zeiler, "Opening Doors in the World Economy," 303.
8. Eckes, The United States and the Global Struggle for Minerals, 247; Schaeffer, Understanding Globalization, 83, 86.
9. Loxley, "International Capital Markets," 142.
10. Bairoch, Economics and World History, 116-17.
11. Peter Hjertholm and Howard White, Survey of Foreign Aid: History, Trends, and Allocations, Discussion Papers, No. 00-04 (University of Copenhagen, Department of Economics), http://www.econ.ku.dk; International Development Association, Aid Architecture, 2; United Nations Department of Economics and Social Affairs, World Economic and Social Survey 2010 (New York: United Nations, 2010), 49.
12. Davidson, Africa in History, 369; Ffrench—Davis, Munoz, and Palma, "The Latin American Economies," 228; Zeiler, "Opening Doors in the World Economy," 304; Adebayo Oyebade, "Reluctant Democracy: The State, the Opposition, and the Crisis of Political Transition, 1985-1993," in The Transformation of Nigeria, ed. Oyebade (Trenton, NJ: Africa World Press, 2002), 144.
13. Maddison, Monitoring the World Economy, 80; Loxley, "International Capital Markets," 146, 149, 152.
14. United Nations Department of Economic and Social Affairs, World Economic and Social Survey 2010, 49; International Development Association, Aid Architecture, 34; Hjertholm and White, "Survey of Foreign Aid," 34.
15. Martin Rudner, "East European Aid to Asian Developing Countries," Modern Asian Studies 30 (1996): 1-28;

Quentin V. S. Bach, Soviet Economic Aid to the Less Developed Countries (New York: Oxford University Press, 1987); Zeiler, "Opening Doors in the World Economy," 247.

16. Westad, The Global Cold War, 207 – 87; R. Craig Nation and Mark V. Kauppi, eds., The Soviet Impact in Africa (Lexington, MA: D. C. Heath, 1984).

17. Ernesto "Che" Guevara, "Message to the Tricontinental," Che: Selected Works of Ernesto Guevara, ed. Rolando E. Bonachea and Nelson P. Valdes (Cambridge, MA: MIT Press, 1982), 170 – 82.

18. Duiker, Ho Chi Minh, 99, 100.

19. 뒤 이은 내용은 다음 문헌에 기반을 둔 것이다. Nick Caistor, Che Guevara: A Life (Northampton, MA: Interlink, 2010).

20. 뒤 이은 내용은 다음 문헌에 기반을 둔 것이다. Peniel E. Joseph, Stokely: A Life (New York: Basic Books, 2014).

21. 인용 출처 Andrew Sinclair, Viva Che! (Stroud, UK: Sutton, 2006), 67.

22. Miriam Makeba and James Hall, Makeba: My Story (New York: New American Library, 1988).

23. Carlos Moore, Fela: This Bitch of a Life (Chicago: Lawrence Hill Books, 2009); Michael Veal, "Fela and the Funk," in Black President: The Art and Legacy of Fela Anikulapo Kuti, ed. Trevor Schoonmaker (New York: New Museum of Contemporary Art, 2003), 35 – 40.

24. Jay Babcock, "Bootsy Collins on Fela Kuti (1999)," Arthur (blog), arthurmag. com/2009/22/bootsy–collins/.

25. Falola and Heaton, History of Nigeria, 197.

26. Zeiler, "Opening Doors in the World Economy," 261.

27. Jane S. Jaquete, "Losing the Battle/ Winning the War: International Politics, Women's Issues, and the 1980 Mid–decade Conference," in Women, Politics, and the United Nations, ed. Anne Winslow (Westport, CT: Greenwood Press, 1995), 47.

28. "Universal Declaration of Human Rights," United Nations, www.un.org/en/documents/udhr.

29. Tom Buchanan, " 'The Truth Will Set You Free': The Making of Amnesty International," Journal of Contemporary History 37 (2002): 575 – 97; Stearns, Globalization in World History, 144; Kenneth Cmiel, "The Recent History of Human Rights," American Historical Review 109 (2004): 129 – 30; Sarah B. Snyder, Human Rights Activism and the End of the Cold War (Cambridge: Cambridge University Press, 2011).

30. Chernobyl Forum: 2003 – 2005, Chernobyl's Legacy: Health, Environmental, and Socio–economic Impacts, 2nd rev. version, International Atomic Energy Agency, https://www.iaea.org/sites/default/files/chernobyl.pdf, 16, 10 – 11, 33, 42.

31. Kathleen Bauk and Alec Cairncross, "Goodbye, Great Britain": The 1976 IMF Crisis (New Haven: Yale University Press, 1992); Stanley Fischer, "Applied Economics in Action: IMF Programs," American Economic Review 87 (1997): 23.

32. Paul R. Gregory, The Political Economy of Stalinism (Cambridge: Cambridge University Press, 2004), 250.

33. Arne Naess and George Sessions, "A Platform of the Deep Ecology Movement," in Arne Naess, Ecology, Community, and Lifestyle: Outline of an Ecosophy, trans. and ed. David Rothenberg (Cambridge: Cambridge University Press, 1989), 29.

34. Mosley, Environment in World History, 17, 21, 25, 27; Ponting, New Green

History of the World, 145, 152‑53; Cushman, Guano and the Opening of the Pacific World, 302; McEvoy, "Toward an Interactive Theory of Nature and Culture," 220‑23.

35. Turner et al., Earth as Transformed by Human Action, 164; Michael Williams, Deforesting the Earth: From Prehistory to Global Crisis (Chicago: University of Chicago Press, 2006), 420.

36. Douglas R. Weiner, "The Predatory Tribute‑Taking State: A Framework for Understanding Russian Environmental History," in Burke and Pomeranz, The Environment and World History, 295; Ponting, A New Green History of the World, 249.

37. Bowler, The Earth Encompassed, 519.

38. Ponting, New Green History of the World, 360‑70.

39. J. R. McNeill and Peter Engelke, "Into the Anthropocene: People and Their Planet," in Iriye, Global Interdependence, 385; McNeill, Something New under the Sun, 132‑33, 146; Ponting, New Green History of the World, 371.

40. Jonathan Neaman Lipman, Barbara Molony, and Michael Robinson, Modern East Asia (Boston: Pearson, 2012), 377.

41. Joachim Radkau, Nature and Power: A Global History of the Environment (Washington, DC: German Historical Institute; Cambridge: Cambridge University Press, 2008), 255.

42. McNeill, Something New under the Sun, 66‑67, 70‑71, 73, 77, 79.

43. Lynn Hollen Lees, "World Urbanization, 1750 to the Present," in McNeill and Pomeranz, The Cambridge World History, Vol. 7, Part 2, p. 55.

44. Rachel Carson, Silent Spring (Boston: Houghton Mifflin, 1962).

45. Aldo Leopold, A Sand County Almanac (New York: Oxford University Press, 1966), 220, 225, 235, 240; Cushman, Guano and the Opening of the Pacific World, 261. On the history of ecology, see Bowler, The Earth Encompassed, esp. 364‑78, 518‑53.

46. Teddy Roosevelt, "On American Motherhood," National Center for Public Policy Research, www.nationalcenter.org/TRooseveltMotherhood.html; Lothrop Stoddard, The Rising Tide of Color against White World Supremacy (New York: Charles Scribner's Sons, 1920); Sun Yat‑Sen, San Min Chu I: The Three Principles of the People, trans. Frank W. Price, ed. L. T. Chen (Shanghai: Commercial Press, 1928), 23; Indian speaker quoted in Matthew Connelly, "To Inherit the Earth: Imagining World Population, from the Yellow Peril to the Population Bomb," Journal of Global History 1 (2006): 306.

47. 다음 문헌에 인용된 헉슬리의 발언을 재인용했다. Alison Bashford, "Population, Geopolitics, and International Organizations in the Mid‑twentieth Century," Journal of World History 19:3 (2008): 341.

48. 위의 책, 346.

49. Marks, Sexual Chemistry, 27‑28.

50. Thomas Robertson, The Malthusian Moment: Global Population Growth and the Birth of American Environmentalism (New Brunswick, NJ: Rutgers University Press, 2012), 101. Michael E. Latham, in The Right Kind of Revolution, 104‑5, reports quite different figures, but still a tripling of funding.

51. Latham, The Right Kind of Revolution, 108‑9.

52. 위의 책, 24‑25.

53. Connelly, "To Inherit the Earth," 315; Bashford, "Population, Geopolitics, and

International Organizations," 333 – 34.

54. 인용 출처 Robertson, Malthusian
    Moment, 173.

55. 인용 출처 Wade Rowland, The Plot to
    Save the Planet (Toronto: Clarke, Irwin,
    1974), 15.

56. David Kuchenbuch, " 'Eine Welt':
    Globales Interdependenzbewusstsein und
    die Moralisierung des Alltags in den
    1970er und 1980er Jahren," Geschichte
    und Gesellschaft 38 (2012): 158 – 84
    (quotation on 176).

57. Radkau, Nature and Power, 251;
    Fernando Elichirigoity, Planet
    Management (Evanston, IL: Northwestern
    University Press, 1999), 103, 107.

58. E. F. Schumacher, Small Is Beautiful:
    Economics As If People Mattered (New
    York: HarperCollins, 1973), 13, 54,
    228 – 30; Barbara Wood, E. F.
    Schumacher: His Life and Thought (New
    York: Harper and Row, 1984).

59. Naess, Ecology, Community, and
    Lifestyle, 29, 141; Arne Naess, "The
    Shallow and the Deep, Long–Range
    Ecology Movements: A Summary,"
    Inquiry 16 (1973): 95 – 100; Naess,
    Gandhi and Group Conflict (Oslo:
    Universitetsforlaget, 1974).

60. 인용 출처 Mark Hamilton Lytle, The
    Gentle Subversive: Rachel Carson,
    Silent Spring, and the Rise of the
    Environmental Movement (New York:
    Oxford University Press, 2007), 210.

61. Frank Zelko, Make It a Green Peace!
    The Rise of Countercultural
    Environmentalism (Oxford: Oxford
    University Press, 2013); Stearns,
    Globalization in World History, 144.

62. Ramachandra Guha, Environmental–
    ism: A Global History (New York:
    Longman, 2000), 81.

63. McNeill and Engelke, "Into the
    Anthropocene," 388; Jens Ivo Engels,
    "Modern Environmentalism," in The

Turning Points of Environmental
History, ed. Frank Uekotter (Pittsburgh:
University of Pittsburgh Press, 2010),
119 – 32; Frank Uekotter, "The
Knowledge Society," 위의 책, 133 – 45.

64. H. S. D. Cole, Christopher Freeman,
    Marie Jahoda, and K. L. R. Pavitt,
    eds., Models of Doom: A Critique of
    The Limits to Growth (New York:
    Universe, 1973); Eckes, The United
    States and the Global Struggle for
    Minerals, 245.

9장. 먹고사는 문제 그다음에: 전환적 현대

1. Lenin, Imperialism, the Highest Stage of
   Capitalism, 723 – 24.

2. Nick Cullather, The Hungry World:
   America's Cold War Battle against
   Poverty in Asia (Cambridge, MA: Harvard
   University Press, 2010); David A.
   Sonnenfeld, "Mexico's 'Green
   Revolution,' 1940 – 1980: Towards an
   Environmental History," Environmental
   History Review 16 (1992): 28, 33;
   McNeill, Something New under the
   Sun, 220.

3. Robert S. Anderson, "The Origins of
   the International Rice Research
   Institute," Minerva 29 (1991): 61 – 89;
   Latham, The Right Kind of Revolution,
   112 – 15.

4. Nick Cullather, "Miracles of
   Modern–ization: The Green Revolution
   and the Apotheosis of Technology,"
   Diplomatic History 28:2 (2004): 233,
   244, 240.

5. Nick Cullather, "The War on the
   Peasant: The United States and the
   Third World," in McMahon, The Cold
   War in the Third World, 192 – 207.

6. Shillington, History of Africa, 428 – 29;

Scott, Seeing like a State, 223–61.

7. Vandana Shiva, The Violence of the Green Revolution: Third World Agriculture, Ecology, and Politics (London: Zed Books, 1991), 111; Sandra Postel, Pillar of Sand: Can the Irrigation Miracle Last? (New York: W. W. Norton, 1999), 93; Sonnenfeld, "Mexico's 'Green Revolution,' " 28, 35–42; Nikki R. Keddie, Roots of Revolution: An Interpretive History of Modern Iran (New Haven: Yale University Press, 1981), 163–69, 181.

8. Peter B. R. Hazell, The Asian Green Revolution (Washington, DC: International Food Policy Research Institute, 2009), 3, 4.

9. 위의 책, 22.

10. Paul Ehrlich, The Population Bomb (1968; reprint, Cutchogue, NY: Buccaneer, 1971), xi.

11. Stanton, "Agriculture," 367.

12. Johnson, Modern Times, 685.

13. Database, Maddison Project, www.ggdc.net/maddison/maddisonproject/data.htm; Andrei Shleifer, A Normal Country: Russia after Communism (Cambridge, MA: Harvard University Press, 2005), esp. 118–20; Thomas Remington, The Politics of Inequality in Russia (Cambridge: Cambridge University Press, 2011).

14. Schaeffer, Understanding Globaliza-tion, 171; Stockholm International Peace Research Institute, online database at www.sipri.org/databases/armstransfers/; Database, Maddison Project, www.ggdc.net/maddison/maddison−project/data.htm.

15. United Nations Statistical Department, data.un.org (see "Military Expenditure [% of GDP]"). Figures vary wildly; see David Childs, Britain since 1945: A Political History (London: Routledge, 2012), 460.

16. Josephson, "History of World Technology, 149; all figures calculated from Mitchell, International Historical Statistics: Africa, Asia, and Oceania, 501–4, 786–805, 843–52; Mitchell, International Historical Statistics: Europe, 597–600, 816–24, 849–60; Mitchell, International Historical Statistics: The Americas, 412–14, 611–22, 646–52.

17. Patrick Karl O'Brien, "Intercontinental Trade and the Development of the Third World since the Industrial Revolution," Journal of World History 8 (1997): 129–30.

18. United Nations Development Program, Human Development Report 2013: The Rise of the South (New York: UNDP, 2013), 2, 13 (http://hdr.undp.org).

19. David Reynolds, One World Divisible: A Global History since 1945 (New York: W. W. Norton, 2000), 513; John Peter Collett, "The History of Electronics," Companion to Science in the Twentieth Century, ed. John Krige and Dominique Pestre (New York: Routledge, 2003), 253–74.

20. Gary Gereffi, Miguel Korzeniewicz, and Roberto P. Korzeniewicz, "Introduction: Global Commodity Chains," in Commodity Chains and Global Capitalism, ed. Gary Gereffi and Miguel Korzeniewicz (Westport, CT: Greenwood Press, 1994), 1; Manfred B. Steger, Globalization: A Very Short Introduction (Oxford: Oxford University Press, 2003), 50; Arif Dirlik, The Postcolonial Aura: Third World Criticism in the Age of Global Capitalism (Boulder, CO: Westview Press, 1997), 195.

21. William J. Hausman, Peter Hertner, and Mira Wilkins, Global Electrification (Cambridge: Cambridge University Press, 2008), 89, 244, 253–56.

22. Bouda Etemad and Jean Luciani, World

Energy Production, 1800 – 1985 (Geneva: Librairei Droz, 1991).

23. Radkau, Nature and Power, 217; Gilbert F. White, "The Environmental Effects of the High Dam at Aswan," Environment 30 (1988): 11; Mosley, The Environment in World History, 69; Nuclear Energy Institute, "World Statistics: Nuclear Energy around the World," https://www.nei.org/Knowledge—Center/Nuclear—Statistics/World—Statistics; International Atomic Energy Agency, "Nuclear Power Reactors in the World" (2017), at http://www—pub.iaea.org/books/IAEABooks/12237/Nuclear—Power—Reactors—in—the—World—2017—Edition; World Nuclear Association, "World Nuclear Power Reactors and Uranium Requirements," www.world—nuclear.org/informationlibrary/facts—and—figures/world—nuclear—power—reactors—anduranium—requireme.aspx.

24. Punam Chuhan—Pole and Manka Angwafo, eds., Yes Africa Can (Washington, DC: World Bank, 2011), 2, 4, 5; Robert I. Rotberg, Africa Emerges (Cambridge: Polity Press, 2013), ix, 151 (quotations), 153.

25. United Nations Development Program, Human Development Report 1999 (New York: UNDP, 1999), 3 – 7, 22 (http://hdr.undp.org).

26. United Nations Development Program, Human Development Report 2013, 26, 14, 12, 13.

27. 위의 책, 165; Falola and Heaton, History of Nigeria, 236.

28. Felipe Fernandez—Armesto, The World: A History, Vol. 2 (London: Prentice Hall, 2010), 923.

29. Michael J. Seth, A History of Korea: From Antiquity to the Present (New York: Rowman and Littlefield, 2011), p.

30. McNeill and Engelke, "Into the Anthropocene," 403.

31. Angus Maddison, The World Economy: A Millennial Perspective (New York: OECD, 2006), 355 – 56.

32. Michael J. Seth, A History of Korea: From Antiquity to the Present (New York: Rowman and Littlefield, 2011), p. 393.

33. Hamid Algar, ed., Islam and Revolution: Writings and Declarations of Imam Khomeini (Berkeley, CA: Mizan Press, 1981), 55.

34. Ronald Reagan, "Remarks at the Annual Convention of the National Association of Evangelicals in Orlando, Florida, March 8, 1983," Public Papers of the Presidents of the United States, 364 (University of Michigan Digital Library), http://quod.lib.umich.edu/p/ppotpus/.

35. Loth, "States and the Changing Equations of Power," 151.

36. Margaret Thatcher, "What's Wrong with Politics?" lecture at the Conservative Political Center, October 11, 1968, Margaret Thatcher Foundation, http://www.margaretthatcher.org/Speeches/displaydocument.asp?docid=101632&doctype=1.

37. Joseph A. McCartin, Collision Course: Ronald Reagan, the Air Traffic Controllers, and the Strike That Changed America (New York: Oxford University Press, 2011); Andrew John Richards, Miners on Strike: Class Solidarity and Division in Britain (New York: Berg, 1996).

38. Talbot, "End of the European Colonial Empires," 35; Oltmer, "Migration im Kontext," 197.

39. Howard Adelman, Allan Borowski, Meyer Burstein, and Lois Foster, eds., Immigration and Refugee Policy:

Australia and Canada Compared, vol. 1 (Toronto: University of Toronto Press, 1994), 10 – 11; Kuhn, Chinese among Others, 323 – 26, 354 – 57.

40. Pamela Kyle Crossley, Lynn Hollen Lees, and John W. Servos, Global Society: The World since 1900 (Boston: Wadsworth, CENGAGE Learning, 2013), 331; Lipman, Molony, and Robinson, Modern East Asia, 425.

41. 맥락을 알고 싶다면 다음 문헌을 보라. Maurice Isserman and Michael Kazin, America Divided: The Civil War of the 1960s (New York: Oxford University Press, 2008), 294 – 89; Cynthia A. Young, Soul Power: Culture, Radicalism, and the Making of a U.S. Third World Left (Durham, NC: Duke University Press, 2006); Ramon A. Gutierrez, "Internal Colonialism: An American Theory of Race," DuBois Review 1 (2004): 281 – 95.

42. Jonah Blank, "Democratization and Development," in South Asia in World Politics, ed. Devin T. Hagerty (New York: Rowman and Littlefield, 2005), 219 – 21, 236 – 38.

43. Nancy Christie and Michael Gauvreau, eds., The Sixties and Beyond: Dechristianization in North America and Western Europe, 1945 – 2000 (Toronto: University of Toronto Press, 2013); Jose Casanova, "Rethinking Secularization: A Global Comparative Perspective," in Religion, Globalization, and Culture, ed. Peter Beyer and Lori Beaman (Leiden, The Netherlands: Brill, 2007), 101 – 20; Olivier Tschannen, "La revaloracion de la teoria de la secularization mediante la perspectiva comparada Europa Latina–America Latina," in La Modernidad Religiosa: Europea Latina y America Latina en perspectiva comparada, ed. Jean–Pierre Bastian (Mexico: Fondo de Cultura Economica, 2004), esp. 355 – 56.

44. Cleveland, History of the Modern Middle East, 297; Keddie, Roots of Revolution, 180.

45. Rodney Stark, The Rise of Mormonism, ed. Reid L. Neilson (New York: Columbia University Press, 2005), 141.

46. Mark Juergensmeyer, "Introduction: Religious Ambivalence to Civil Society," in Religion in Global Civil Society, ed. Juergensmeyer (New York: Oxford University Press, 2005), 17, 15; Shandip Saha, "Hinduism, Gurus, and Globalization," in Beyer and Beaman, Religion, Globalization, and Culture, 294, 296, 298; George van Pelt Campbell, "Religion and the Phases of Globalization," 위의 책, 489, 490, 493;

47. Saha, "Hinduism, Gurus, and Globalization," 498.

48. See Gabriel A. Almond, R. Scott Appleby, and Emmanuel Sivan, Strong Religion: The Rise of Fundamentalisms around the World (Chicago: University of Chicago Press, 2003).

49. Humanist Manifesto I, II, and III, American Humanist Association, https://americanhumanist.org/what–is–humanism/manifesto3/.

50. Glenda Sluga, "UNESCO and the (One) World of Julian Huxley," Journal of World History 21 (2010): 393 – 418; Kenneth Waters and Albert van Helden, eds., Julian Huxley: Biologist and Statesman of Science (College Station: Texas A&M University Press, 2010).

51. New York Radical Women, "No More Miss America!," August 22, 1968, Redstockings, http://www.redstockings.org/index.php?option=com_content&view=article&id=65&Itemid=61.

52. Pope John XXIII, "Pacem in Terris," April 11, 1963, Papal Encyclicals

Online, www.papalencyclicals.net/
John23/j23pacem.htm; "Mater et
Magistra."

53. Jean Maalouf, ed., Pope John XXIII:
Essential Writings (Maryknoll, NY: Orbis,
2008), 111, 115.

54. Thomas Cahill, Pope John XXIII (New
York: Lipper, Viking, 2002), 175, 209.

55. Peter Hebblethaite, Paul VI: The First
Modern Pope (New York: Paulist Press,
1993).

56. Edward Stourton, John Paul II: Man of
History (London: Hodder and Staughton,
2006), 246; Garry O'Connor, Universal
Father: A Life of Pope John Paul II (New
York: Bloomsbury, 2005), 240.

57. John Paul II, "Evangelium Vitae" (1995),
Holy See, www.vatican.va/holy_father/
john_paul_ii/encyclicals/documents/
hf_jp-ii_enc_25031995_evangelium-
vitae_en.html; John Paul II, "Laborem
Exercens" (1981), 위의 책, www.
vatican.va/holy_father/john_paul_ii/
encyclicals/documents/hf_jp-ii_
enc_14091981_laborem-exercens_
en.html.

58. "Interview with Phylis Schlafl y on the
Equal Rights Amendment, November
1978," in Matthew Avery Sutton, Jerry
Falwell and the Rise of the Religious
Right (New York: Bedford/St. Martins,
2013), 115-18.

59. Cleveland, History of the Modern
Middle East, 437.

60. Eric Hobsbawm, The Age of Extremes
(New York: Vintage, 1994), 314.

61. Virginia R. Allen, Margaret E. Galey,
and Mildred E. Persinger, "World
Conference of International Women's
Year," in Winslow, Women, Politics,
and the United Nations; Jaquete,
"Losing the Battle/Winning the War";
Arvonne S. Fraser, "Becoming Human:
The Origins and Development of
Women's Human Rights," Human
Rights Quarterly 21 (1999): 853-906.

62. 회의록은 다음 문헌에서 더 찾아볼 수
있다. United Nations, Report of the
World Conference of the International
Women's Year (New York, 1976), 9,
http://www.un.org/womenwatch/daw/
beijing/otherconferences/Mexico/
Mexico%20conference%20report%20
optimized.pdf, and "The United
Nations Fourth World Conference on
Women: Platform for Action," UN
Women (September 1995), item 96,
http://www.un.org/womenwatch/daw/
beijing/platform/health.htm.

63. Claudia Goldin, "The Quiet
Revolu-tion That Transformed
Women's Employment, Education, and
Family," American Economic Review 96
(2006): 10-11.

64. Eric Evans, Thatcher and Thatcherism
(New York: Routledge, 2004).

65. Violeta Barrios de Chamorro, Dreams of
the Heart (New York: Simon and Schuster,
1996).

66. Ayn Rand, "Collectivized Ethics," in
Rand, The Virtue of Selfi shness (New
York: New American Library, 1964), 105,
107, 108.

10장. 민주주의와 자본주의의 '승리'

1. Vaclav Havel, "Letter to Dr. Gustav
Husak, General Secretary of the
Czechoslovak Communist Party," in
Vaclav Havel, or Living in Truth, ed.
Jan Vladislav (London: Faber and Faber,
1986), 27, 30.

2. 이 복잡한 상황에 대해 더 자세히 알
아보려면 다음 문헌을 참고하라.
Council on Foreign Relations, The New
Arab Revolt (New York: Council on
Foreign Relations, 2011).

3. D. Potter, M. Kiloh, and P. Lewis,

eds., Democratization (Cambridge: Polity Press, 1997), 9.

4. Schaeffer, Understanding Globalization, 153.

5. Amado Mendoza Jr., "'People Power' in the Philippines, 1983 – 1986," in Civil Resistance and Power Politics, ed. Adam Roberts and Timothy Garton Ash (Oxford: Oxford University Press, 2009), 179 – 97.

6. Thomas Turner, The Congo Wars: Conflict, Myth, and Reality (London: Zed, 2007), 3; Thomas Turner, Congo (Cambridge: Polity Press, 2013), 15 – 31.

7. Oyebade, "Reluctant Democracy," 137.

8. Vickers, History of Modern Indonesia, 199 – 213.

9. Andrei Sakharov, Roy Medvedev, and Valentin Turchin, "A Reformist Program for Democratization," in An End to Silence, ed. Stephen F. Cohen (New York: W. W. Norton), 318 – 19, 321, 323.

10. Nick Cullather, "Fuel for the Good Dragon: The United States and Industrial Policy in Taiwan, 1950 – 1965," Diplomatic History 20 (1996): 2, 21, 16 (quotation); Alice H. Amsden, The Rise of "the Rest": Challenges to the West from Late−Industrializing Economies (London: Oxford University Press, 2001); Lipman, Molony, and Robinson, Modern East Asia, 383.

11. Orlinda de Oliviera and Bryan Roberts, "Urban Social Structures in Latin America, 1930 – 1990," in Latin American Economy and Society since 1930, ed. Leslie Bethell (Cambridge: Cambridge University Press, 1998), 289; Miller, Modern East Asia, 182.

12. Jinwung Kim, A History of Korea: From "Land of the Morning Calm" to States in Conflict (Bloomngton, IN: Indiana University Press, 2012), pp. 476−478; Man−gil Kang, A History of Contemporary Korea (Folkstone, Kent, UK: Global Oriental, 2005), p. 287.

13. Ronald Inglehart and Christian Welzel, "How Development Leads to Democracy," Foreign Affairs 88 (2007): 40.

14. Tom Lodge, "Resistance and Reform," in The Cambridge History of South Africa, ed. Robert Ross, Anne Kelk Mager, and Bill Nasson (Cambridge: Cambridge University Press, 2011), 417.

15. Zeiler, "Opening Doors in the World Economy," 279.

16. Database, Maddison Project, www.ggdc.net/maddison/maddison−project/data.htm; Blank, "Democratization and Development," 237; Christophe Jaffrelot, "India," in Pathways to Power: The Domestic Politics of South Asia, ed. Arjun Guneratne and Anita M. Weiss (New York: Rowman and Littlefield, 2014), 137.

17. Park Bun Soon, "Riding the Wave: Korea's Economic Growth and Asia in the Modern Development Era," in Asia Inside Out: Connected Places, ed. Eric Tagliacozzo, Helen F. Siu, and Peter C. Perdue (Cambridge, MA: Harvard University Press, 2015), 369.

18. Lipman, Molony, and Robinson, Modern East Asia, 373 – 75.

19. Miller, Modern East Asia, 170 – 76; Dwight H. Perkins, "China's Economic Policy and Performance," in The Cambridge History of China, Vol. 15, The People's Republic, Part 2: Revolutions within the Chinese Revolution, 1966 – 1982, ed. Roderick Mac−Farquhar and John K. Fairbank (Cambridge: Cambridge University Press, 1991), 525, 518, 510 – 11; Richard Madsen, "The Countryside under Communism," 위의 책, 646; Archie Brown, The Rise and Fall of Communism (New York: CCCO, Harper−Collins, 2009), 442 – 43; Yingyi

Qian, "The Process of China's Market Transition, 1978 – 1998," China's Deep Reform, ed. Lowell Dittmer and Guoli Liu (New York: Rowman and Littlefield, 2006), esp. 240, 242; Database, Maddison Project, www.ggdc.net/maddison/maddison–project/data.htm; Zeiler, "Opening Doors in the World Economy," 321.

20. World Trade Organization, stat.wto.org; Miller, Modern East Asia, 197.

21. Database, Maddison Project, www.ggdc.net/maddison/maddison–project/data.htm. 신뢰할 수있는 실제 수입 관련 데이터를 만들기 어려운 이유는 다음 문헌에서 잘 설명한다. Robert C. Feenstra, Hong Ma, J. Peter Neary, and D. S. Prasada Rao, "Who Shrunk China? Puzzles in the Measurement of Real GDP," Economic Journal 123 (2013): 1100 – 1129; and Robert Feenstra, Hong Ma, and D. S. Prasada Rao, "Consistent Comparisons of Real Incomes across Time and Space," Macroeconomic Dynamics 13, Supplement 2 (2009): 169 – 93.

22. 여기서 사용한 데이터는 매디슨 프로젝트, 펜 월드 테이블스 프로젝트, 그리고 미국 농무부에서 가져왔다. Maddison Project: www.ggdc.net/maddison/maddison–project/data.htm; the Penn World Tables project: http://www.rug.nl/ggdc/productivity/pwt/; International Macroeconomic Data Set, USDA Economic Research Service, http://www.ers.usda.gov/data–products/international–macroeconomic–data–set.aspx#26190. 국내 이동에 대해 더 알아보려면 다음 문헌을 보자. Kuhn, Chinese among Others, 332 – 34.

23. Paul Ginsborg, Silvio Berlusconi (London: Verso, 2004); Geoffandrews, Not a Normal Country: Italy after Berlusconi (London: Pluto Press, 2005); Donald

Sassoon, Contemporary Italy: Economy, Society and Politics since 1945 (New York: Longman, 1997), 80 – 85; Shleifer, A Normal Country, 166 – 79.

24. Barry Naughton, "Economic Growth: From High–Speed to High–Quality," in China Today, China Tomorrow: Domestic Politics, Economy, and Society, ed. Joseph Fewsmith (New York: Rowman and Littlefield, 2010), 83 – 84; Sebastian Heilmann, "Economic Governance: Authoritarian Upgrading and Innovative Potential," 위의 책, 115.

25. Quoted in Beaud, A History of Capitalism, 284.

26. Nick Leeson, Rogue Trader: How I Brought Down Barings Bank and Shook the Financial World (Boston: Little, Brown, 1996), 33.

27. John Williamson, "What Should the World Bank Think about the Washington Consensus?" World Bank Research Observer 15 (2000): 251 – 64; Dani Rodrik, "Goodbye Washington Consensus, Hello Washington Confusion?" Journal of Economic Literature 44 (2006): 973 – 87.

28. United Nations Development Program, Human Development Report 1999, 29.

29. Findlay and O'Rourke, Power and Plenty, 499.

30. Lobato and Suriano, Atlas Historico de la Argentina, 559.

31. Bourguignon et al., "Making Sense of Globalization," 22.

32. World Bank Open Data, data.worldbank.org.

33. World Bank Open Data, data.worldbank.org; WTO Statistics Database, World Trade Organization, http://stat.wto.org/Home/WSDBHome.aspx?Language=; United Nations, UN data, data.un.org.

34. Giorgio Barba Navaretti and Anthony J.

Venables, Multinational Firms in the World Economy (Princeton, NJ: Princeton University Press, 2004), 9 – 10.

35. 유엔 무역 개발 회의의 데이터를 사용했다. UN Conference on Trade and Development, UNCTADstat, unctadstat.unctad.org.

36. Baldwin and Martin, "Two Waves of Globalization," 12; Hugill, Global Communications since 1844, 233, 237.

37. Daniel R. Headrick, Technology: A World History (New York: Oxford University Press, 2009), 140.

38. 위의 책, 142 – 43; data from World Bank Open Data, data.worldbank.org; Josephson, "History of World Technology," 155.

39. Lechner, Globalization, 56 – 71; Soon, "Riding the Wave," 365 – 68.

40. "International Tourism Arrivals," Osservatorio Nazionale del Turismo, http://www.ontit.it/opencms/export/sites/default/ont/it/documenti/archivio/files/ONT_2006-01-01_01014.pdf; "World Top 30 Airports," World Airport Codes, https://www.world-airport-codes.com/world-top-30-airports.html.

41. Steger, Globalization, 79 – 81.

42. Organization for Economic Cooperation and Development (OECD), Divided We Stand: Why Inequality Keeps Rising (New York: OECD, 2011), 25; G. A. Cornia, "Inequality, Growth, and Poverty," in Inequality, Growth, and Poverty in an Era of Liberalization and Globalization, ed. Giovani Andrea Cornia (New York: Oxford University Press, 2010), esp. 6 – 23; Bob Sutcliffe, "World Inequality and Globalization," Oxford Review of Economic Policy 20 (2004): 15 – 37.

43. OECD, Divided We Stand, 34 – 38; Xavier Sala-i-Martin, "The Disturbing 'Rise' of Global Income Inequality,"

National Bureau of Economic Research, Working Paper No. 8904 (April 2002), doi:10.3386/w8904; and Sutcliffe, "World Inequality and Globalization," offer highly skeptical assessments.

44. Held et al., Global Transformations, 209.

45. Leeson, Rogue Trader; John Gapper and Nicholas Denton, All That Glitters: The Fall of Barings (London: Hamish Hamilton, 1996); Stephen Fay, The Collapse of Barings (London: Richard Cohen, 1996).

46. James Hansen, "Global Warming Twenty Years Later: Tipping Points Near," in The Global Warming Reader, ed. Bill McKibben (London: Penguin, 2012), 275 – 76.

47. James N. Inhofe, "The Science of Climate Change: Senate Floor Statement," in McKibben, Global Warming Reader, 169, 185, 191.

48. Schaeffer, Understanding Globalization, 281.

49. G. S. Callendar, "The Artificial Production of Carbon Dioxide and Its Influence on Temperature" (1938), in McKibben, Global Warming Reader, 37.

50. 위의 책, 41 – 42.

51. 인용 출처 Rowland, The Plot to Save the Planet, 29.

52. John L. Brooke, Climate Change and the Course of Global History (New York: Cambridge University Press, 2014), 551.

53. Reiner Grundmann, Transnational Environmental Policy: Reconstructing Ozone (New York: Routledge, 2001); Black, Crude Reality, 219 – 21.

54. World Bank, $4°$: Turn Down the Heat (World Bank, Potsdam Institute for Climate Impact Research and Climate Analytics, November 2012), xiv.

55. 위의 책, 61.

56. See Tom Bawden, "COP21: Paris Deal Far Too Weak to Prevent Devastating Climate Change, Academics Warn," Independent, January 8, 2016, http://www.independent.co.uk; Oliver Milman, "James Hansen, Father of Climate Change Awareness, Calls Paris Talks 'a Fraud,'" The Guardian, December 12, 2015, http://http://www.theguardian.com.

57. 1978년에 제시된 이와 같은 전략의 초기 예시는 다음 문헌에서 볼 수 있다. Jerome Martin Weingart, "Going Solar," in Visions of Technology: A Century of Vital Debate about Machines, Systems, and the Human World, ed. Richard Rhodes (New York: Simon and Schuster, 1999), 323–28.

58. John Bellamy Foster, Brett Clark, and Richard York, The Ecological Rift: Capitalism's War on the Earth (New York: Monthly Review, 2010), 156.

59. Niklas Luhmann, Introduction to Systems Theory, ed. Dirk Baecker, trans. Peter Gilgen (New York: Polity Press, 2011), 36.

60. Ronald Bailey, "Stern Measures," Reason Magazine, November 3, 2006, http://reason.com/archives/2006/11/03/sternmeasures/print 환경과 기술이 맺은 관계의 미래에 대한 다양하고 설득력 있는 논의를 다음 문헌에서 볼 수 있다. Fredrik Albritton Jonsson, "The Origins of Cornucopianism: A Preliminary Genealogy," Critical Historical Studies 1 (2014): 151–68.

61. Quoted in Weiner, "The Predatory Tribute-Taking State," 290.

62. Cushman, Guano and the Opening of the Pacific World, 344–46; Postel, Pillar of Sand.

63. Steffen, Crutzen, and McNeill, "The Anthropocene" 617; McNeill and Engelke, "Into the Anthropocene.".

64. Klages, "Man and Earth (1913)," 33;

Wells, The Discovery of the Future; Leopold, A Sand County Almanac, 218, 220.

65. Sebastian Royo, Varieties of Capitalism in Spain (Houndsmills, Basingstoke, UK: Palgrave Macmillan, 2008), 13.

66. Stefania Vitali, James B. Glattfelder, and Stefano Battiston, "The Network of Global Corporate Control," PloS ONE 6:10 (2011): 3, 5, 6.

67. 위의 책, 33, 7.

68. GDP는 data.un.org에서; 세수는 stats.oecd.org에서; 매출과 이윤은 www.forbes.com/global2000/list/에서 인용했다.

69. Bruce Mazlish and Elliott R. Morse, "A Global Elite?" in Chandler and Mazlish, Leviathans, 167–84; Geoffrey Allen Pigman, The World Economic Forum: A Multi-stakeholder Approach to Global Governance (New York: Routledge, 2007); Sklar, Trilateralism; Diane Stone, "Knowledge Networks and Policy Expertise in the Global Polity," in Towards a Global Polity, ed. Morten Ougaard and Richard Higgott (London: Routledge, 2002), 136–38.

70. "The World's Biggest Companies" (2017 ranking), Forbes Magazine, https://www.forbes.com/global2000/list/; Chase Peterson-Withorn, "Forbes Billionaires: Full List of the Richest People in the World 2015" (March 2, 2015), Forbes Magazine, https://www.forbes.com/sites/chasewithorn/2015/03/02/forbes-billionaires-full-list-of-the-500-richest-people-in-theworld-2015/#629fcdcd45b9.

71. Terence Tao, "E pluribus unum: From Complexity, Universality," Daedalus 141 (2012): 34.

72. Carlota Perez, quoted in Freeman, "Technology and Invention," 327.

73. Reynolds, One World Divisible,

519 – 27; Daniel J. Kevles, "From
Eugenics to Genetic Manipulation," in
Krige and Pestre, Companion to Science
in the Twentieth Century, 301 – 17.

74. Edgerton, Shock of the Old, 210. See
also John M. Staudenmaier,
Technology's Storytellers: Reweaving the
Human Fabric (Cambridge, MA: MIT
Press, 1985), 151.

75. Sharon E. Kingsland, The Evolution of
American Ecology, 1890 – 2000
(Baltimore: Johns Hopkins University Press,
2005); Worster, Nature's Economy.
Influential analyses include Scott, Seeing
like a State, esp. 309 – 57; and Shiva,
Violence of the Green Revolution.

76. James E. Lovelock and Lynn Margulis,
"Atmospheric Homeostasis by and for
the Biosphere: The Gaia Hypothesis,"
Tellus 26 (1974), 2 – 10. On the
development of ecology in the late
twentieth century, see Bowler,
Earthencompassed, 519 – 53.

77. 특히 다음 문헌에 주목하라. Emerson
W. Pugh, Building IBM: Shaping an
Industry and Its Technology (Cambridge,
MA: MIT Press, 1995).

78. Collett, "History of Electronics,"
253 – 74.

참고문헌

온라인 통계 자료

Center for Sustainability and Global
Environment. Nelson Institute for
Environmental Studies, University of
Wisconsin. www.sage.wisc.edu.

EH.net Encyclopedia. Edited by Robert
Whaples. Economic History
Associ—ation. eh.net.encyclopedia/
article/khan.patents.

International Historical Statistics. Edited by
Palgrave Macmillan Ltd. http://www.
palgraveconnect.com/pc/doifind
er/10.1057/9781137305688.0737.

Maddison Project. Database. www.ggdc.
net/maddison/maddisonproject/data.
htm.

Natural Resources Defense Council. http://
www.nrdc.org/nuclear/nudb/datab19.
asp.

Organization for Economic Cooperation and
Development. https://www.oecd.org.

Paris School of Economics. World Wealth
and Income Database. http://www.
parisschoolofeconomics.eu/en/research /
data—production—and—diffusion/
the—world—wealth—incomedatabase/.

Stockholm International Peace Research
Institute. Online database. http://www.
sipri.org/databases .

United Nations Conference on Trade and
Development. UNCTADstat,
unctadstat.unctad.org.

United Nations Department of Economic
and Social Affairs. World Economic and
Social Surveys. New York: United
Nations. https://www.un.org/
development/desa/dpad/document_
gem/wess—report/.

United Nations Development Program.
Human Development Report (various
years). http://hdr.undp.org/.

United Nations Statistics Division, unstats.
un.org/unsd/mdg/.

World Bank, data.worldbank.org.

World Trade Organization. stat.wto.org

책과 논문

Abernethy, David B. The Dynamics of
Global Dominance. New Haven: Yale
University Press, 2000.

Adam, Heribert, ed. Hushed Voices:
Unacknowledged Atrocities in the
Twentieth Century. Highclere,
Berkshire, UK: Berkshire Academic
Press, 2011.

Adam, Thomas. Intercultural Transfers and
the Making of the Modern World.
Houndsmills, Basingstoke, UK: Palgrave
Macmillan, 2012.

Adelman, Howard, Allan Borowski, Meyer
Burstein, and Lois Foster, eds.
Immigration and Refugee Policy:
Australia and Canada Compared.
Volume 1. Toronto: University of
Toronto Press, 1994.

Adelman, Jeremy. Frontier Development:
Land, Labour, and Capital on the
Wheatlands of Argentina and Canada,
1890 – 1914. Oxford: Oxford University
Press, 1994.

Adhikari, Mohamed, ed. Genocide on
Settler Frontiers. New York: Berghahn,
2015.

Aghion, Philip, and Jeffrey Williamson.
Growth, Inequality and Globalization.
Cambridge: Cambridge University
Press, 1998.

Ahmad, Feroz. The Making of Modern
Turkey. London: Routledge, 1993.

Albanese, Catherine L. A Republic of Mind
and Spirit. New Haven: Yale University
Press, 2007.

Albert, Bill. South America and the World

Economy from Independence to 1930. Hong Kong: Macmillan Press, 1983.

Algar, Hamid ed. Islam and Revolution: Writings and Declarations of Imam Khomeini. Berkeley, CA: Mizan Press, 1981.

Almond, Gabriel A., R. Scott Appleby, and Emmanuel Sivan. Strong Religion: The Rise of Fundamentalisms around the World. Chicago: University of Chicago Press, 2003.

Aly, Gotz, and Susanne Heim. Architects of Annihilation. Princeton, NJ: Princeton University Press, 2002.

Amin, Samir. Unequal Development. New York: Monthly Review Press, 1976.

Amrith, Sunil, and Glenda Sluga. "New Histories of the United Nations." Journal of World History 19 (2008): 251–74.

Amrith, Sunil, and Patricia Clavin. "Feeding the World: Connecting Europe and Asia, 1930–1945." Past and Present 218: Supplement 8 (2013).

Amsden, Alice H. The Rise of "the Rest": Challenges to the West from Late-Industrializing Economies. Oxford: Oxford University Press, 2001.

Anderson, Robert S. "The Origins of the International Rice Research Institute." Minerva 29 (1991): 61–89.

Andrew, C. M., and A. S. Kanya-Forstner. "Centre and Periphery in the Making of the Second French Colonial Empire, 1815–1920." Journal of Imperial and Commonwealth History 16 (1988): 9–34.

Andrews, Geoff. Not a Normal Country: Italy after Berlusconi. London: Pluto Press, 2005.

Andrews, Thomas G. Killing for Coal: America's Deadliest Labor War. Cambridge, MA: Harvard University Press, 2008.

Ansari, Ali M. Modern Iran since 1921. Edinburgh: Pearson, 2003.

Ansperger, Franz. The Dissolution of Colonial Empires. London: Routledge, 1989.

Arnold, David. The Problem of Nature: Environment, Culture, and European Expansion. Oxford: Blackwell, 1996.

Arrington, Leonard J., and Davis Bitton. The Mormon Experience. Urbana: University of Illinois Press, 1992.

Aulakh, Preet S., and Michael G. Shechter, eds. Rethinking Globalization(s): From Corporate Transnationalism to Local Interventions. New York: St. Martin's, 2000.

Axworthy, Michael. A History of Iran. New York: Basic Books, 2008.

Babcock, Jay. "Fela: King of the Invisible Art." arthurmag.com/2009/22/bootsy-collins/.

Bach, Quintin V. S. Soviet Economic Assistance to the Less Developed Countries. Oxford: Clarendon Press, 1987.

Bairoch, Paul. "Agriculture and the Industrial Revolution, 1700–1914." In The Fontana Economic History of Europe: The Industrial Revolution. Edited. by Carlo M. Cipolla. New York: Collins/Fontana, 1973.

Bairoch, Paul. Economics and World History: Myths and Paradoxes. Chicago: University of Chicago Press, 1993.

Bairoch, Paul. "Les Trois Revolutions agricoles du monde developpe." Annales Economies, Societes, Cultures 44 (1989): 317–53.

Baldwin, Richard E., and Philippe Martin. "Two Waves of Globalization: Superficial Similarities, Fundamental Differences." National Bureau of Economic Research. Working Paper No. 6904. 1999.

doi:10.3386/w6904.

Barbier, Edward B. Scarcity and Frontiers:
How Economies Have Developed
through Natural Resource Exploitation.
Cambridge: Cambridge University
Press, 2011.

Barnett, Michael, and Liv Coleman.
"Designing Police: Interpol and the
Study of Change in International
Organizations." International Studies
Quarterly 49 (2005): 593 – 619.

Bashford, Alison. "Population, Geopolitics,
and International Organizations in the
Mid–Twentieth Century." Journal of
World History 19:3 (2008): 327 – 47.

Bassin, Mark. "Turner, Solov'ev, and the
'Frontier Hypothesis': The National
Significance of Open Spaces." Journal of
Modern History 65 (1993): 473 – 511.

Bastian, Jean–Pierre, ed. La Modernidad
Religiosa: Europea Latina y America
Latina en perspectiva comparada..
Mexico: Fondo de Cultura Economica,
2004.

Basu, Shamita. Religious Revivalism as
Nationalist Discourse: Swami
Vivekananda and New Hinduism in
Nineteenth–Century Bengal. Oxford:
Oxford University Press, 2002.

Bateman, Fiona, and Lionel Pilkington.
Studies in Settler Colonialism: Politics,
Identity, and Culture. New York:
Palgrave Macmillan, 2011.

Bauk, Kathleen, and Alec Cairncross.
"Goodbye, Great Britain": The 1976
IMF Crisis. New Haven: Yale University
Press, 1992.

Bayly, Chris. The Birth of the Modern
World. Oxford: Blackwell, 2004.

Beasley, W. G. The Rise of Modern Japan.
London: Weidenfeld and Nicolson,
2000.

Beaud, Michel. A History of Capitalism,
1500 – 2000. New York: Monthly
Review, 2001.

Beckerlegge, Gwylim. Colonialism,
Modernity, and Religious Identities:
Religious Reform Movements in South
Asia. Oxford: Oxford University Press,
2008.

Beckert, Sven. "Emancipation and Empire:
Reconstructing the Worldwide Web of
Cotton Production in the Age of the
American Civil War." American
Historical Review 109 (2004):
1405 – 38.

Beeching, Jack. The Chinese Opium Wars.
New York: Harcourt Brace Jovanovich,
1975.

Belich, James. Replenishing the Earth: The
Settler Revolution and the Rise of the
Anglo World, 1783 – 1939. New York:
Oxford University Press, 2009.

Bell, P. M. H. Twelve Turning Points of
the Second World War. New Haven:
Yale University Press, 2011.

Bender, Thomas. A Nation among Nations:
America's Place in World History. New
York: Hill and Wang, 2006.

Bender, Thomas, ed. Rethinking American
History in a Global Age. Berkeley:
University of California Press, 2002.

Berg, Manfred, and Simon Wendt, eds.
Racism in the Modern World. New
York: Berghahn, 2011.

Berger, Peter L., ed. The Desecularization
of the World: Resurgent Religion and
Politics. Washington, DC: Ethics and
Policy, 1999.

Betts, Raymond F. Uncertain Dimensions:
Western Overseas Empires in the
Twentieth Century. Minneapolis:
University of Minnesota Press, 1985.

Black, Brian C. Crude Reality: Petroleum in
World History. Lanham, MD: Rowman
and Littlefield, 2012.

Blackburn, Robin. "The Role of Slave
Resistance in Slave Emancipation." In

682

Who Abolished Slavery? Slave Revolts and Abolitionism. Edited by Seymour Drescher and Pieter C. Emmer. New York: Berghahn, 2010.

Blaker, James R. United States Overseas Basing: An Anatomy of the Dilemma. New York: Praeger, 1990.

Blank, Jonah. "Democratization and Development." In South Asia in World Politics. Edited by Devin T. Hagerty. Lanham, MD: Rowman and Littlefield, 2005.

Bloxham, Donald. Genocide, the World Wars, and the Unweaving of Europe. London: Vallentine Mitchell, 2008.

Bloxham, Donald. "Modernity and Genocide." European History Quarterly 38 (2008): 294 – 311. Reprinted in Eric D. Weitz. A Century of Genocide: Utopias of Race and Nation. Princeton, NJ: Princeton University Press, 2003.

Boenker, Dirk. Militarism in a Global Age. Ithaca, NY: Cornell University Press, 2011.

Boli, John, and George M. Thomas, eds. Constructing World Culture: International Nongovernmental Organizations since 1875. Stanford: Stanford University Press, 1999.

Bourguignon, Francois, et al. "Making Sense of Globalization: A Guide to the Economic Issues." Center for Economic Policy Research, Policy Paper no. 8 (2002), http://cepr.org/sites/default/files/geneva_reports/GenevaPP8.pdf.

Boyer, Paul S. The Oxford Companion to United States History. Oxford: Oxford University Press, 2001.

Breyfogle, Nicholas, Abby Schrader, and Willard Sunderland, eds. Peopling the Russian Periphery. London: Routledge, 2008.

Bentley, Jerry H. The Oxford Handbook of World History. Oxford: Oxford

University Press, 2011.

Berend, Ivan T. History Derailed: Central and Eastern Europe in the Long Nineteenth Century. Berkeley: University of California Press, 2003.

Berend, Ivan T. An Economic History of Twentieth-Century Europe Cambridge: Cambridge University Press, 2006.

Berg, Maxine, ed. Writing the History of the Global: Challenges for the 21st Century. Oxford: British Academy, Oxford University Press, 2013.

Berger, Stefan, Andy Croll, and Norman LaPorte, eds. Towards a Comparative History of Coalfield Societies. Aldershot, UK: Ashgate, 2005.

Berghahn, Volker R. Modern Germany: Society, Economics, and Politics in the Twentieth Century. Cambridge: Cambridge University Press, 1987.

Bethell, Leslie, ed. Latin American Economy and Society since 1930. Cambridge: Cambridge University Press, 1998.

Beyer, Peter, and Lori Beaman, eds. Religion, Globalization, and Culture. Leiden, The Netherlands: Brill, 2007.

Bordo, Michael D., Alan M. Taylor, and Jeffrey G. Williamson. Globalization in Historical Perspective. Chicago: University of Chicago Press, 2003.

Borstelmann, Thomas. Apartheid's Reluctant Uncle: The United States and Southern Africa in the Early Cold War. Oxford: Oxford University Press, 1993.

Bose, Sugata, and Ayesha Jalal. Modern South Asia. New York: Routledge, 2004.

Bosma, Ulbe. "European Colonial Soldiers in the Nineteenth Century." Journal of Global History 4 (2009): 317 – 36.

Bosworth, R. J. B. Mussolini. New York: Oxford University Press, 2002.

Bowler, Peter J. The Earthencompassed: A History of the Environmental Sciences.

New York: W. W. Norton, 2000.

Brantlinger, Patrick. Dark Vanishings: Discourse on the Extinction of Primitive Races, 1800–1930. Ithaca, NY: Cornell University Press, 2003.

Bray, Francesca. Science and Civilization in China, Vol. 6: Biology and Biological Technology, Part II: Agriculture. Edited by Joseph Needham. Cambridge: Cambridge University Press, 1984.

Bregman, Ahron. A History of Israel. New York: Palgrave Macmillan, 2003.

Briere, Elaine. "Shadow Play: Political Mass Murder and the 1965 Indonesian Coup." In Hushed Voices. Edited by Heribert Adam. Highclere, Berkshire, UK: Berkshire Academic Press, 2011.

British Petroleum. BP Statistical Review of World Energy. June 2012.

Brooke, John L. Climate Change and the Course of Global History. New York: Cambridge University Press, 2014.

Brooker, Paul. Twentieth–Century Dictatorships: The Ideological Origins of One–Party States. New York: New York University Press, 1995.

Brookings Institution. Cascade of Arms: Managing Conventional Weapons Proliferation. Washington, DC: Brookings Institution, 1997.

Brown, Archie. The Rise and Fall of Communism. New York: CCCO, HarperCollins, 2009.

Brown, Richard Maxwell. "Violence." In The Oxford History of the American West. Edited by Clyde A. Milner II, Carol A. O'Connor, and Martha A. Sandweiss. New York: Oxford University Press, 1994.

Brown, Judith M., and William Roger Louis, eds. The Oxford History of the British Empire, Volume 4: The Twentieth Century. Oxford: Oxford University Press, 1999.

Buchanan, Tom. " 'The Truth Will Set You Free': The Making of Amnesty International." Journal of Contemporary History 37 (2002): 575–97.

Bulliet, Richard W., ed. The Columbia History of the Twentieth Century. New York: Columbia University Press, 1998.

Bulmer–Thomas, Victor. "The Latin American Economies, 1929–1939." In Latin American Economy and Society since 1930. Edited by Leslie Bethell. Cambridge: Cambridge University Press, 1998.

Burke, Edmund, III, and Kenneth Pomeranz, eds. The Environment and World History. Berkeley: University of California Press, 2009.

Busse, Matthias. "Tariffs, Transport Costs and the WTO Doha Round: The Case of Developing Countries." Estey Center Journal of International Law and Trade Policy 4 (2003): 15–31.

Butrica, Andrew J., ed. Beyond the Ionosphere: Fifty Years of Satellite Communication. Washington, DC: NASA, 1997.

Buxton, I. L. "The Development of the Merchant Ship, 1880–1990." The Mariner's Mirror 79 (1993): 71–82.

Byrn, Edward W. "The Progress of Invention during the Past 50 Years." Scientific American 75 (July 25, 1896): 82–83.

Cahill, Thomas. Pope John XXIII. New York: Lipper, Viking, 2002.

Caistor, Nick. Che Guevara: A Life. Northampton, MA: Interlink, 2010.

Caldwell, John C., and Pat Caldwell. "What Do We Now Know about Fertility Transition." In The Continuing Demographic Transition. Edited by G. W. Jones, R. M. Douglas, J. C. Caldwell, and R. M. D'Souza. Oxford: Clarendon, 1997.

Campbell, George van Pelt. "Religion and the Phases of Globalization." In Religion, Globalization and Culture. Edited by Peter Beyer and Lori Beaman. Leiden, The Netherlands: Brill, 2007.

Carlson, W. Bernard. "Innovation and the Modern Corporation: From Heroic Invention to Industrial Science." In Companion to Science in the Twentieth Century. Edited by John Krige and Dominique Pestre New York: Routledge, 2003.

Carnevali, Francesca, and Julie—Marie Strange. Twentieth Century Britain: Economic, Cultural, and Social Change. Harlow, UK: Pearson—Longman, 2007.

Carson, Rachel. Silent Spring. Boston: Houghton Mifflin, 1962.

Carter, Nick. Modern Italy in Historical Perspective. London: Bloomsbury Academic, 2010.

Casanova, Jose. "Rethinking Secularization: A Global Comparative Perspective." In Religion, Globalization and Culture. Edited by Peter Beyer and Lori Beaman. Leiden, The Netherlands: Brill, 2007.

Casson, Mark, ed. Multinationals and World Trade. London: Allen and Unwin, 1986.

Centeno, Miguel A., and Joseph N. Cohen. Global Capitalism: A Sociological Perspective. New York: Polity, 2010.

Chamorro, Violeta Barrios de. Dreams of the Heart. New York: Simon and Schuster, 1996.

Chandler, Alfred D., and Bruce Mazlish, eds., Leviathans: Multinational Corporations and the New Global History. Cambridge: Cambridge University Press, 2005.

Chang, Sidney H., and Leonard H. D. Gordon. All Under Heaven . . . : Sun Yat Sen and His Revolutionary Thought. Stanford: Hoover Institution Press, 1991.

Chase—Dunn, Christopher, Yukio Kawano, and Benjamin D. Brewer. "Trade Globalization since 1795: Waves of Integration in the World—System." American Sociological Review 65 (2000): 77 - 95.

Chasteen, John Charles. Born in Blood and Fire: A Concise History of Latin America. New York: W. W. Norton, 2006.

Chavarria, Jesus. Jose Carlos Mariategui and the Rise of Modern Peru, 1890 - 1930. Albuquerque: University of New Mexico Press, 1979.

Chavez, Alicia Hernandez. Mexico: A Brief History. Berkeley: University of California Press, 2006.

Chernobyl Forum: 2003 - 2005. Chernobyl's Legacy: Health, Environmental and Socio—Economic Impacts. 2nd revised version. https://www.iaea.org/sites/default/files/chernobyl.pdf.

Chesnais, Jean—Claude. The Demographic Transition. Translated by Elizabeth and Philip Kreager. Oxford: Clarendon, 1992.

Chickering, Roger, Stig Foerster, and Bernd Greiner, eds. A World at Total War. Cambridge: Cambridge University Press, 2005.

Childs, David. Britain since 1945: A Political History. New York: Routledge, 2012.

Choy, Lee Khoon. Pioneers of Modern China. Singapore: World Scientific, 2005.

Christie, Nancy, and Michael Gauvreau, eds. The Sixties and Beyond: Dechristianization in North America and Western Europe, 1945 - 2000. Toronto: University of Toronto Press, 2013.

Christopher, Emma, Cassandra Pybus, and Marcus Rediker, eds. Many Middle Passages: Forced Migration and the Making of the Modern World. Berkeley: University of California Press, 2007.

Chubarian, A. O., Warren F. Kimball, and David Reynolds, eds. Allies at War: The Soviet, American, and British Experience, 1939 – 1945. New York: St. Martin's, 1994.

Chuhan–Pole, Punam, and Manka Angwafo, eds. Yes Africa Can. Washington, DC: World Bank, 2011.

Clark, Christopher. The Sleepwalkers: How Europe Went to War in 1914. New York: HarperCollins, 2013.

Clarke, Peter. Hope and Glory: Britain, 1900 – 1990. London: Allen Lane, Penguin, 1996.

Clegg, John C. "Capitalism and Slavery." Critical Historical Studies 2 (2015): 281 – 304.

Clemens, Michael A., and Jeffrey G. Williamson. "Why Did the Tariff –Growth Correlation Reverse after 1950?" National Bureau of Economic Research. NBER Working Paper No. 9181, September 2002. doi:10.3386/w9181.

Cleveland, William L. A History of the Modern Middle East. Boulder, CO: Westview Press, 2004.

Cline, William R. Trade Policy and Global Poverty. Washington, DC: Institute for International Economics, 2004.

Clodfelter, Michael. Warfare and Armed Conflicts: A Statistical Reference to Casualty and Other Figures, 1618–1991, Volume 2. Jefferson, NC: McFarland, 1991.

Cmiel, Kenneth. "The Recent History of Human Rights." American Historical Review 109 (2004): 117 – 35.

Codding, George A., Jr. The Universal Postal Union. New York: New York University Press, 1964.

Cole, H. S. D., Christopher Freeman, Marie Jahoda, and K. L. R. Pavitt, eds. Models of Doom: A Critique of The Limits to Growth. New York: Universe, 1973.

Colegio de Mexico. Historia General de Mexico, Version 2000. Mexico: Colegio de Mexico, 2000.

Collett, John Peter. "The History of Electronics." In Companion to Science in the Twentieth Century. Edited by John Krige and Dominique Pestre. New York: Routledge, 2003.

Conklin, Alice. "Colonialism and Human Rights: A Contradiction in Terms?" American Historical Review 103 (1998): 419 – 42.

Connelly, Matthew. "To Inherit the Earth: Imagining World Population, from the Yellow Peril to the Population Bomb." Journal of Global History 1 (2006).

Coorlawala, Uttara Asha. "Ruth St. Denis and India's Dance Renaissance." Dance Chronicle 15 (1992): 123 – 52.

Coppa, Frank J. The Modern Papacy since 1789. New York: Longman, 1998.

Cornia, Giovanni Andrea, ed.. Inequality, Growth, and Poverty in an Era of Liberalization and Globalization. Oxford: Oxford University Press, 2010.

Council on Foreign Relations. The New Arab Revolt. New York: Council on Foreign Relations, 2011.

Coupeau, Steeve. The History of Haiti. Westport, CT: Greenwood Press, 2008.

Cranston, Sylvia. HPB: The Extraordinary Life and Influence of Helena Blavatsky. New York: Putnam, 1993.

Cronin, Stephanie, ed. The Making of Modern Iran. New York: Routledge, 2003.

Crossley, Pamela Kyle, Lynn Hollen Lees,

and John W. Servos. Global Society:
The World since 1900. Boston:
Wadsworth, CENGAGE Learning,
2013.

Cullather, Nick. "Fuel for the Good
Dragon: The United States and
Industrial Policy in Taiwan, 1950 –
1965." Diplomatic History 20 (1996):
1 – 25.

Cullather, Nick. The Hungry World:
America's Cold War Battle against
Poverty in Asia. Cambridge, MA:
Harvard University Press, 2010.

Cullather, Nick. "Miracles of Modernization:
The Green Revolution and the
Apotheosis of Technology." Diplomatic
History 28:2 (2004): 227 – 54.

Cullather, Nick. "Research Note:
Development? It's History." Diplomatic
History 24 (2000): 641 – 53.

Cullather, Nick. "The War on the Peasant:
The United States and the Third
World." In The Cold War in the Third
World. Edited by Robert J. McMahon.
Oxford: Oxford University Press, 2013.

Culpeper, Roy, Albert Berry, and Frances
Stewart, eds. Global Development Fifty
Years after Bretton Woods. New York:
St. Martin's, 1997.

Curtin, Philip D. "Africa and Global
Patterns of Migration." In Global
History and Migrations. Edited by
Gungwu Wang. Boulder, CO:
Westview Press, 1997.

Curtin, Philip D. The Rise and Fall of the
Plantation Complex. 1st ed. Cambridge:
Cambridge University Press, 1990.

Cushman, Gregory T. Guano and the
Opening of the Pacific World. New
York: Cambridge University Press,
2013.

Daly, Ann. Done into Dance: Isadora
Duncan in America. Bloomington:
Indiana University Press, 1995.

Davidson, Basil. Africa in History. New
York: Macmillan, 1991.

Davie, Grace. "Europe: The Exception?" In
The Desecularization of the World:
Resurgent Religion and Politics. Edited
by Peter L. Berger. Washington, DC:
Ethics and Policy, 1999.

Davies, Norman. God's Playground: A
History of Poland. Volume 2: 1795 to
the Present. Oxford: Oxford University
Press, 2005.

Davies, Thomas. NGOs: A New History of
Transnational Civil Society. New York:
Oxford University Press, 2014.

Davis, John. A History of Britain,
1885 – 1939. New York: St. Martin's,
1999.

Davis, Mike. Late Victorian Holocausts.
London: Verso, 2001.

Dawson, Alexander. Latin America since
Independence: A History with Primary
Sources. New York: Routledge, 2011.

Dikotter, Frank. "The Racialization of the
Globe." In Racism in the Modern
World. Edited by Manfred Berg and
Simon Wendt. New York: Berghahn,
2011.

Dirlik, Arif. The Postcolonial Aura: Third
World Criticism in the Age of Global
Capitalism. Boulder, CO: Westview
Press, 1997.

Di Scala, Spencer M. Europe's Long
Century: Society, Politics, and Culture,
1900 – Present. Oxford: Oxford
University Press, 2013.

Dittmer, Lowell, and Guoli Liu, eds.
China's Deep Reform. New York:
Rowman and Littlefield, 2006.

Drescher, Seymour, and Pieter C. Emmer,
eds. Who Abolished Slavery? Slave
Revolts and Abolitionism. New York:
Berghahn, 2010.

Duara, Prasenjit. "The Cold War as
Historical Period: An Interpretive

Essay." Journal of Global History 6 (2011): 457 – 80.

Dudden, Alexis. "Japanese Colonial Control in International Terms." Japanese Studies 25 (2005): 1 – 20.

Duiker, William J. Ho Chi Minh. New York: Hyperion, 2000.

Dummett, Michael. "The Nature of Racism." In Racism in Mind. Edited by Michael P. Levine and Tamas Pataki. Ithaca, NY: Cornell University Press, 2004.

Duus, Peter. "Economic Dimensions of Meiji Imperialism: The Case of Korea, 1895 – 1910." In The Japanese Colonial Empire, 1895 – 1945, 128 – 71. Edited by Ramon H. Myers and Mark R. Peattie Princeton, NJ: Princeton University Press, 1984.

Dwyer, Philip G., and Lyndall Ryan, eds. Theatres of Violence: Massacre, Mass Killing, and Atrocity throughout History. New York: Berghahn, 2012.

Easterlin, Richard A. Growth Triumphant: The Twenty–First Century in Historical Perspective. Ann Arbor: University of Michigan Press, 1996.

Eckes, Alfred E., Jr. The United States and the Global Struggle for Minerals. Austin: University of Texas Press, 1979.

Edgerton, David. The Shock of the Old: Technology and Global History since 1900. New York: Oxford University Press, 2007.

Eichholtz, Dietrich. War for Oil: The Nazi Quest for an Oil Empire. Washington, DC: Potomac, 2012.

Elichirigoity, Fernando. Planet Management. Evanston, IL: Northwestern University Press, 1999.

Emmer, P. C., and M. Morner, eds. European Expansion and Migration. New York: Berg, 1992.

Engdahl, F. William. "Oil and the Origins

of the Great War." History Compass 5:6 (2007): 2041 – 2060.

Ehrlich, Paul. The Population Bomb. 1968. Reprint, Cutchogue, NY: Buccaneer, 1971.

Esping–Anderson, Gosta. Three Worlds of Welfare Capitalism. Princeton, NJ: Princeton University Press, 1998.

Estevadeordal, Antoni, Brian Frantz, and Alan M. Taylor. "The Rise and Fall of World Trade, 1870 – 1939." National Bureau of Economic Research, Working Paper No. 9318 (2002). http://www. nber.org/papers/w9318.pdf.

Etamad, Bouda. Possessing the World. New York: Berghahn, 2000.

Etemad, Bouda, and Jean Luciani. World Energy Production, 1800 – 1985. Geneva: Librairei Droz, 1991.

Evans, Eric. Thatcher and Thatcherism. New York: Routledge, 2004.

Fairbank, John K. ed. The Cambridge History of China. Volume 12: Republican China, 1912 – 1949, Part 1. Cambridge: Cambridge University Press, 1983.

Fairbank, John K., and Albert Feuerwerker, eds. The Cambridge History of China. Volume 13: Republican China, 1912 – 1949, Part 2. Cambridge: Cambridge University Press, 1986.

Falola, Toyin, and Matthew M. Heaton. A History of Nigeria. New York: Cambridge University Press, 2008.

Fay, Stephen. The Collapse of Barings. London: Richard Cohen, 1996.

Federico, Giovanni. "The Economic History of Agriculture since 1800." In The Cambridge World History. Volume 7: Production, Destruction, and Connection, 1750 – Present, Part 1: Structures, Spaces and Boundary– Making. Edited by J. R. McNeill and Kenneth Pomeranz. Cambridge:

Cambridge University Press, 2015.

Federico, Giovanni. Feeding the World: An Economic History of Agriculture. Princeton, NJ: Princeton University Press, 2005.

Feenstra, Robert C., Hong Ma, and D. S. Prasada Rao. "Consistent Comparisons of Real Incomes across Time and Space." Macroeconomic Dynamics 13, Supplement 2 (2009): 169-93.

Feenstra, Robert C., Hong Ma, J. Peter Neary, and D. S. Prasada Rao. "Who Shrunk China? Puzzles in the Measurement of Real GDP." Economic Journal 123 (2013): 1100-1129.

Fein, Helen, ed. Genocide Watch. New Haven: Yale University Press, 1992.

Ferguson, Niall, Charles S. Maier, Erez Manuela, and Daniel J. Sargent, eds. The Shock of the Global: The 1970s in Perspective. Cambridge, MA: Harvard University Press, 2010.

Fernandez-Armesto, Felipe. The World: A History, Volume 2. London: Prentice Hall, 2010.

Fewsmith, Joseph, ed. China Today, China Tomorrow: Domestic Politics, Economy, and Society. New York: Rowman and Littlefield, 2010.

Ffrench-Davis, Ricardo, Oscar Munoz, and Jose Gabriel Palma. "The Latin American Economies, 1950-1990." In Latin American Economy and Society since 1930. Edited by Leslie Bethell. Cambridge: Cambridge University Press, 1998.

Findlay, Ronald, and Kevin H. O'Rourke. "Commodity Market Integration, 1500-2000." In Globalization in Historical Perspective. Edited by Michael D. Bordo, Alan M. Taylor, and Jeffrey G. Williamson. Chicago: University of Chicago Press, 2003.

Findlay, Ronald, and Kevin H. O'Rourke. Power and Plenty: Trade, War, and the World Economy in the Second Millennium. Princeton, NJ: Princeton University Press, 2007.

Finzsch, Norbert. "The End of Slavery, the Role of the Freedmen's Bureau, and the Introduction of Peonage." In The End of Slavery in Africa and the Americas. Edited by Ulrike Schmieder, Katja Fullberg-Stolberg, and Michael Zeuske. Berlin: Lit, 2011.

Fischer, Conan. Europe between Democracy and Dictatorship, 1900-1945. Chichester, UK: Wiley-Blackwell, 2011.

Fischer, Stanley. "Applied Economics in Action: IMF Programs." American Economic Review 87 (1997): 23-27.

Fischer, Wolfram. Expansion—Integration—Globalisierung: Studien zur Geschichte der Weltwirtschaft. Gottingen, Germany: Vandenhoeck and Ruprecht, 1998.

Fitzpatrick, Sheila. The Russian Revolution. Oxford: Oxford University Press, 2008.

Flandreau, Marc, and Frederic Zumer. The Making of Global Finance. New York: Organization for Economic Cooperation and Development, 2004.

Fletcher, Max E. "The Suez Canal and World Shipping, 1869-1914." Journal of Economic History 18 (1958).

Flora, Peter, et al. State, Economy, and Society in Western Europe, 1815-1975. London: Macmillan, 1983.

Foner, Eric. Free Soil, Free Labor, Free Men. New York: Oxford University Press, 1970.

Foster, John Bellamy, Brett Clark, and Richard York. The Ecological Rift: Capitalism's War on the Earth. New York: Monthly Review, 2010.

Frank, Andre Gunder. Capitalism and Underdevelopment in Latin America.

New York: Monthly Review Press, 1967.

Fraser, Arvonne S. "Becoming Human: The Origins and Development of Women's Human Rights." Human Rights Quarterly 21 (1999): 853 – 906.

Frederickson, George M. Racism: A Short History. Princeton, NJ: Princeton University Press, 2003.

Freeman, Christopher. "Technology and Innovation." In The Columbia History of the Twentieth Century, Edited by Richard W. Bulliet. New York: Columbia University Press, 1998.

Frey, Mark, and Sonke Kunkel. "Writing the History of Development: A Review of the Recent Literature." Contemporary European History 20 (2011): 215 – 32.

Fromkin, David. A Peace to End All Peace: Creating the Modern Middle East, 1914 – 1922. New York: Henry Holt, 1989.

Fuhrer, Helmut. The Story of Official Development Assistance. New York: Organization for Economic Cooperation and Development, 1996.

Fulbrook, Mary. A Concise History of Germany. Cambridge: Cambridge University Press, 1990.

Fulbrook, Mary, ed. Europe since 1945. Oxford: Oxford University Press, 2001.

Furnish, Timothy R. Holiest Wars: Islamic Mahdis, Their Jihads, and Osama bin Laden. Westport, CT: Praeger, 2005.

Galor, Oded. "The Demographic Transition and the Emergence of Sustained Economic Growth." Journal of the European Economic Association 3 (2005): 494 – 504.

Gandhi, Mohandas Karamchand. "Economic vs. Moral Progress." In Mahatma Gandhi: His Life, Writings & Speeches. Edited by Sarojini Naidu. Madras, India: Ganesh, 1921.

Gann, Lewis H. "Western and Japanese Colonialism: Some Preliminary Comparisons." In The Japanese Colonial Empire, 1895 – 1945, 497 – 525. Edited by Ramon H. Myers and Mark R. Peattie. Princeton, NJ: Princeton University Press, 1984.

Gapper, John, and Nicholas Denton. All That Glitters: The Fall of Barings. London: Hamish Hamilton, 1996.

Garavini, Giuliano. "Completing Decolonization: The 1973 'Oil Shock' and the Struggle for Economic Rights." International History Review 33 (2011): 473 – 87.

Garfinkel, Irwin, Lee Rainwater, and Timothy Smeeding. Wealth and Welfare States: Is America a Laggard or a Leader? Oxford: Oxford University Press, 2010.

Gereffi, Gary, and Miguel Korzeniewicz, eds. Commodity Chains and Global Capitalism. Westport, CT: Greenwood Press, 1994.

Gerwarth, Robert, and Erez Manela, eds. Empires at War, 1911 – 1923. New York: Oxford University Press, 2014.

Geyer, Michael, and Charles Bright. "World History in a Global Age." American Historical Review 100 (1995): 1034 – 60.

Geyer, Michael, and Sheila Fitzpatrick, eds. Beyond Totalitarianism. New York: Cambridge University Press, 2009.

Ginsborg, Paul. Silvio Berlusconi. London: Verso, 2004.

Gissibl, Bernhard, Sabine Hohler, and Patrick Kupper, eds. Civilizing Nature: National Parks in Global Historical Perspective. New York: Berghahn, 2012.

Goldblatt, David. The Ball Is Round: A Global History of Soccer. New York: Riverhead, 2008.

Goldin, Claudia. "The Quiet Revolution That Transformed Women's Employment, Education, and Family." American Economic Review 96 (2006): 1 – 21.

Gonzalbo, Pablo Escalante et al. Nueva Historia Minima de Mexico. Mexico: Colegio de Mexico, 2004.

Goodin, Robert E., Bruce Headey, Ruud Muffels, and Henk–Jan Dirven. The Real Worlds of Welfare Capitalism. Cambridge: Cambridge University Press, 1999.

Gooding, John. Rulers and Subjects: Government and People in Russia, 1801 – 1991. London: Arnold, 1996.

Goralski, Robert, and Russell W. Freeburg. Oil and War: How the Deadly Struggle for Fuel in WWII Meant Victory or Defeat. New York: William Morrow, 1987.

Goryushkin, Leonid M. "Migration, Settlement, and the Rural Economy of Siberia, 1861 – 1914." In The History of Siberia. Edited by Alan Wood. London: Routledge, 1991.

Gozzini, Giovanni. "The Global System of International Migration, 1900 and 2000." Journal of Global History 1 (2006): 321 – 41.

Grant, Colin. Negro with a Hat: The Rise and Fall of Marcus Garvey. Oxford: Oxford University Press, 2008.

Green, Martin. Gandhi: Voice of a New Age Revolution. New York: Continuum, 1993.

Green, Vivian. A New History of Christianity. New York: Continuum, 1996.

Gregory, Paul R. The Political Economy of Stalinism. Cambridge: Cambridge University Press, 2004.

Grenville, J. A. S., and Bernard Wasserstein, eds. The Major International Treaties of the Twentieth Century, Volume 1. London: Routledge, 2001.

Greve, Bent. The Routledge Handbook of the Welfare State. New York: Routledge, 2013.

Griffi ths, Tom, and Libby Robin, eds. Ecology and Empire: Environmental History of Settler Societies. Seattle: University of Washington Press, 1997.

Grundmann, Reiner. Transnational Environmental Policy: Reconstructing Ozone. New York: Routledge, 2001.

Guha, Ramachandra. Environmentalism: A Global History. New York: Longman, 2000.

Guha, Ramachandra. Gandhi before India. New York: Knopf, 2014.

Gump, James O. "A Spirit of Resistance: Sioux, Xhosa, and Maori Responses to Western Dominance, 1840 – 1920." Pacific Historical Review 66 (1997): 21 – 52.

Guneratne, Arjun, and Anita M. Weiss, eds. Pathways to Power: The Domestic Politics of South Asia. New York: Rowman and Littlefield, 2014.

Gungwu Wang, ed. Global History and Migrations. Boulder, CO: Westview Press, 1997.

Gutierrez, Ramon A. "Internal Colonialism: An American Theory of Race." DuBois Review 1 (2004): 281 – 95.

Gwynne, Robert N., and Cristobal Kay, eds. Latin America Transformed: Globalization and Modernity. London: Arnold, 1999.

Hagen, William. Germany in Modern Times. New York: Cambridge University Press, 2012.

Hagerty, Devin T., ed. South Asia in World Politics. New York: Rowman and Littlefield, 2005.

Hannaford, Ivan. Race: The History of an Idea in the West. Baltimore: Johns

Hopkins University Press, 1996.

Hanson, John R., II. "Diversification and Concentration of LDC Exports: Victorian Trends." Explorations in Economic History 14 (1977): 44–68.

Harkavy, Robert E. Bases Abroad. New York: Oxford University Press, 1989.

Harkavy, Robert E. Great Power Competition for Overseas Bases. New York: Pergamon, 1982.

Harley, C. Knick. The Integration of the World Economy, 1850–1914. 2 Vols. Cheltenham, UK: Edward Elgar, 1996.

Harrison, Mark. "Disease and World History from 1750." In The Cambridge World History. Volume 7: Production, Destruction, and Connection, 1750–Present, Part 1: Structures, Spaces and Boundary–Making. Edited by J. R. McNeill and Kenneth Pomeranz. Cambridge: Cambridge University Press, 2015.

Harrison, Mark. "The USSR and Total War: Why Didn't the Soviet Economy Collapse in 1942?" In A World at Total War. Edited by Roger Chickering, Stig Foerster, and Bernd Greiner. Cambridge: Cambridge University Press, 2005.

Hastings, Adrian, ed. A World History of Christianity. Grand Rapids, MI: William B. Eerdmans, 1999.

Hatton, Timothy J., and Jeffrey G. Williamson. The Age of Mass Migration: Causes and Economic Impact. New York: Oxford University Press, 1998.

Hatton, Timothy J., and Jeffrey G. Williamson. Global Migration and the World Economy. New York: Oxford University Press, 1988.

Hausman, William J., Peter Hertner, and Mira Wilkins. Global Electrification. Cambridge: Cambridge University Press, 2008.

Hawkins, Freda. Critical Years in Immigration: Canada and Australia Compared. Montreal: McGill–Queen's University Press, 1991.

Hays, Samuel P. Conservation and the Gospel of Efficiency. Cambridge, MA: Harvard University Press, 1959.

Haywood, William D. Bill Haywood's Book. New York: International Publishers, 1929.

Hazell, Peter B. R. The Asian Green Revolution. Washington, DC: International Food Policy Research Institute, 2009.

Headrick, Daniel. "Botany, Chemistry, and Tropical Development." Journal of World History 7 (1996): 1–20.

Headrick, Daniel. The Invisible Weapon: Telecommunications and International Politics, 1851–1945. New York: Oxford University Press, 1991.

Headrick, Daniel. Technology: A World History. New York: Oxford University Press, 2009.

Headrick, Daniel. The Tools of Empire. New York: Oxford University Press, 1981.

Hebblethwaite, Peter. Paul VI: The First Modern Pope. New York: Paulist Press, 1993.

Held, David, Anthony McGrew, David Goldblatt, and Jonathan Perraton. Global Transformations. Stanford: Stanford University Press, 1999.

Herren, Madeleine. Internationale Organisationen seit 1865. Darmstadt, Germany: Wissenschaftliche Buchgesellschaft, 2010.

Hewa, Soma, and Darwin H. Stapleton. Globalization, Philanthropy, and Civil Society: Toward a New Political Culture in the Twenty–First Century. New York: Springer, 2005.

Hirano, Katsuya. "Thanatopolitics in the Making of Japan's Hokkaido." Critical Historical Studies 2 (2015): 191–218.

Hjertholm, Peter, and Howard White. Survey of Foreign Aid: History, Trends, and Allocations. Discussion Papers, No. 00–04. University of Copenhagen, Department of Economics. http:// www.econ.ku.dk. Hobsbawm, Eric. The Age of Extremes. New York: Vintage, 1994.

Hoerder, Dirk. Cultures in Contact. Durham, NC: Duke University Press, 2002.

Hoffmann, Stefan-Ludwig, ed. Human Rights in the Twentieth Century. Cambridge: Cambridge University Press, 2011.

Hopkins, A. G., ed. Global History: Interactions between the Universal and the Local. Houndsmills, Basingstoke, UK: Palgrave Macmillan, 2006.

Hora, Roy. The Landowners of the Argentine Pampas. Oxford: Oxford University Press, 2001.

Hourani, Albert. A History of the Arab Peoples. Cambridge, MA: Harvard University Press, 1991.

Howard, Michael, and William Roger Lewis, eds. The Oxford History of the Twentieth Century. New York: Oxford University Press, 1998.

Hughes, J. Donald. "The Greening of World History." In Palgrave Advances in World History. Edited by Marnie Hughes-Warrington. Houndsmills, Basingstoke, UK: Palgrave Macmillan, 2005.

Hughes, Thomas P. "The Evolution of Large Technological Systems." In The Science Studies Reader, 202–23. Edited by Mario Biagioli. New York: Routledge, 1999.

Hugill, Peter. Global Communications since 1844. Baltimore: Johns Hopkins University Press, 1999.

Hunt, James D. Gandhi in London. New Delhi: Promilla, 1978.

Hymans, Louis. Leopold Sedar Senghor: An Intellectual Biography. Edinburgh: University of Edinburgh Press, 1971.

Iguchi, Haruo. "Japanese Foreign Policy and the Outbreak of the Asia-Pacific War." In The Origins of the Second World War. Edited by Frank McDonough. New York: Continuum, 2011.

Inglehart, Ronald, and Christian Welzel. "How Development Leads to Democracy." Foreign Affairs 88 (2007): 33–48.

Ingulstad, Mats. "The Interdependent Hegemon: The United States and the Quest for Strategic Raw Materials during the Early Cold War." International History Review 37 (2015): 59–79.

Iriye, Akira. "The Making of a Transnational World." In Global Interdependence: The World after 1945. Edited by Akira Iriye. Cambridge, MA: Harvard University Press, 2014.

Iriye, Akira, ed. Global Interdependence: The World after 1945. Cambridge, MA: Harvard University Press, 2014.

Isenberg, Andrew C. The Destruction of the Bison: An Environmental History, 1750–1920. Cambridge: Cambridge University Press, 2000.

Isenberg, Andrew C. "Seas of Grass: Grasslands in World Environmental History." In The Oxford Handbook of Environmental History. Edited by Andrew C. Isenberg. Oxford: Oxford University Press, 2014.

Isserman, Maurice, and Michael Kazin. America Divided: The Civil War of the 1960s. New York: Oxford University Press, 2008.

Jackson, Julian, ed. Europe, 1900–1945.

Oxford: Oxford University Press, 2002.

Jacobs, Steven Leonard, and Marc I.
Sherman, eds. Confronting Genocide.
New York: Lexington Books, 2009.

Jacobson, Matthew Frye. Whiteness of a
Different Color. Cambridge, MA:
Harvard University Press, 1998.

James, Harold. Europe Reborn, 1914–
2000. Harlow, UK: Pearson, 2003.

Jansen, Marius B. The Cambridge History
of Japan. Volume 5: The Nineteenth
Century. New York: Cambridge
University Press, 1988.

Jaquete, Jane S. "Losing the Battle/Winning
the War: International Politics, Women's
Issues, and the 1980 Mid–Decade
Conference." In Women, Politics, and
the United Nations. Edited by Anne
Winslow. Westport, CT: Greenwood
Press, 1995.

Jerven, Morten. Poor Numbers: How We
Are Misled by African Development
Statistics and What to Do about It.
Ithaca, NY: Cornell University Press,
2013.

Johnson, Paul. Modern Times. New York:
Harper and Row, 1983.

Jones, Adam, ed. New Directions in
Genocide Research. New York:
Routledge, 2012.

Jones, G. W., R. M. Douglas, J. C.
Caldwell, and R. M. D'Souza, eds. The
Continuing Demographic Transition.
Oxford: Clarendon Press, 1997.

Jones, Geoffrey. "Multinationals from the
1930s to the 1980s." In Leviathans.
Edited by Alfred Chandler and Bruce
Mazlish. Cambridge: Cambridge
University Press, 2005.

Jonsson, Fredrik Albritton. "The Origins of
Cornucopianism: A Preliminary
Genealogy." Critical Historical Studies 1
(2014).

Joseph, Peniel E. Stokely: A Life. New
York: Basic Books, 2014.

Josephson, Paul. "The History of World
Technology, 1750 – Present." In The
Cambridge World History, Vol. 7:
Production, Destruction, and
Connection, 1750 – Present, Part 1:
Structures, Spaces, and Boundary–
Making? Edited by J. R. McNeill and
Kenneth Pomeranz. Cambridge:
Cambridge university Press, 2015.

Joshi, V. C., ed. Rammohun Roy and the
Process of Modernization in India.
Delhi: Vikas, 1975.

Judah, J. Stillson. The History and
Philosophy of the Metaphysical
Movements in America. Philadelphia:
Westminster, 1967.

Judt, Tony. Postwar: A History of Europe
since 1945. New York: Penguin, 2005.

Juergensmeyer, Mark, ed. Religion in Global
Civil Society. New York: Oxford
University Press, 2005.

Kanya–Forstner, A. S. "The War,
Imperialism, and Decolonization." In
The Great War and the Twentieth
Century. Edited by Jay Winter,
Geoffrey Parker, and Mary R. Habeck.
New Haven: Yale University Press,
2000.

Khan, B. Zorina. "An Economic History of
Patent Institutions." EH.net
Encyclopedia. Edited by Robert
Whaples. Economic History
Association, 2008. http://eh.net/
encyclopedia/an–economic–history–
of–patent–institutions/.

Kalu, Ogbu U., and Alaine M. Low, eds.
Interpreting Contemporary Christianity:
Global Processes and Local Identities.
Grand Rapids, MI: Eerdmans, 2008.

Kanet, Roger E. "The Superpower Quest for
Empire: The Cold War and Soviet
Support for 'Wars of Liberation.' " Cold
War History 6 (2006): 331 – 52.

Kasaba, Resat, ed. The Cambridge History of Turkey, Volume 4: Turkey in the Modern World. Cambridge: Cambridge University Press, 2008.

Kay, Alex J. Exploitation, Resettlement, Mass Murder: Political and Economic Planning for German Occupation Policy in the Soviet Union, 1940–1941. New York: Berghahn, 2006.

Keddie, Nikki R. Modern Iran. New Haven: Yale University Press, 2006.

Keddie, Nikki R. Roots of Revolution: An Interpretive history of Modern Iran. New Haven: Yale University Press, 1981.

Keevak, Michael. Becoming Yellow: A Short History of Racial Thinking. Princeton, NJ: Princeton University Press, 2011.

Kenez, Peter. A History of the Soviet Union from the Beginning to the End. Cambridge: Cambridge University Press, 2006.

Kent, Susan Kingsley. The Influenza Pandemic of 1918–1919: A Brief History with Documents. Boston: Bedford/St. Martin's, 2013.

Kenwood, A. G., and A. L. Lougheed. The Growth of the International Economy. New York: Routledge, 1999.

Kersbergen, Kees van, and Barbara Vis. Comparative Welfare State Politics. Cambridge: Cambridge University Press, 2014.

Kessel, William B., and Robert Wooster, eds. Encyclopedia of Native American Wars and Warfare. New York: Facts On File, 2005.

Kevles, Daniel J. "From Eugenics to Genetic Manipulation." In Companion to Science in the Twentieth Century. Edited by John Krige and Dominique Pestre. New York: Routledge, 2003.

Khalidi, Rashid. Sowing Crisis: The Cold War and American Dominance in the Middle East. Boston: Beacon Press, 2009.

Khan, Inayat. Biography of Pir–o–Murshid Inayat Khan. London: East–West, 1979.

Kiernan, Ben. Blood and Soil: A World History of Genocide and Extermination from Sparta to Darfur. New Haven: Yale University Press, 2007.

Kindleberger, Charles P. The World in Depression. Berkeley: University of California Press, 1986.

Kingsland, Sharon E. The Evolution of American Ecology, 1890–2000. Baltimore: Johns Hopkins University Press, 2005.

Kishlansky, Mark A., ed. Sources of World History. New York: HarperCollins, 1995.

Kitchen, Martin. A History of Modern Germany, 1800–2000. Malden, MA: Blackwell, 2006.

Klages, Ludwig. "Man and Earth (1913)." In The Biocentric Worldview: Selected Essays and Poems of Ludwig Klages. Translated by Joseph D. Pryce. London: Arktos, 2013.

Kloberdanz, Timothy J. "Plainsmen of Three Continents." In Ethnicity on the Great Plains. Edited by Frederick Luebcke. Lincoln: University of Nebraska Press, 1980.

Knab, Cornelia. "Infectious Rats and Dangerous Cows: Transnational Perspectives on Animal Diseases in the First Half of the Twentieth Century." Contemporary European History 20 (2011): 281–306.

Kolchin, Peter. Unfree Labor: American Slavery and Russian Serfdom. Cambridge: Cambridge University Press, 1987.

Kosai, Yutaka. "The Postwar Japanese Economy, 1945–1973." In The

Cambridge History of Japan, Volume 6: The Twentieth Century. Edited by Peter Duus. Cambridge: Cambridge University Press, 1989.

Kotkin, Stephen. "Modern Times: The Soviet Union and the Interwar Conjuncture." In The Cultural Gradient: The Transmission of Ideas in Europe, 1789 – 1991. Edited by Catherin Evtuhov and Stephen Kotkin. New York: Rowman and Littlefield, 2003.

Kotkin, Stephen. "The Kiss of Debt." In The Shock of the Global: The 1970s in Perspective. Edited by Niall Ferguson, Charles S. Maier, Erez Manela, and Daniel J. Sargent. Cambridge, MA: Harvard University Press, 2010.

Kramer, Paul A. "Power and Connection: Imperial Histories of the United States in the World." American Historical Review 115 (2011): 1348 – 91.

Kratoska, Paul H. "Commercial Rice Cultivation and the Regional Economy of Southeastern Asia, 1850 – 1950." in Food and Globalization, 75 – 90. Edited by Alexander Nutzenadel and Frank Trentmann. New York: Berg, 2008.

Kuchenbuch, David. " 'Eine Welt': Globales Interdependenzbewusstsein und die Moralisierung des Alltags in den 1970er und 1980er Jahren." Geschichte und Gesellschaft 38 (2012): 158 – 84.

Kuhn, Philip A. Chinese among Others: Emigration in Modern Times. Lanham, MD: Rowman and Littlefield, 2008.

Lal, Vinay. Empire of Knowledge: Culture and Plurality in the Global Economy. London: Pluto Press, 2002.

Lal, Vinay. "Much Ado about Something: The New Malaise in World History." Radical History Review 91 (2005): 124 – 30.

Laqua, Daniel, ed. Internationalism Reconfigured: Transnational Ideas and Movements between the World Wars. London: Tauris, 2011.

Large, Stephen S. "Oligarchy, Democracy, and Fascism." In A Companion to Japanese History. Edited by William M. Tsutsui. Oxford: Blackwell, 2007.

Latham, Michael E. The Right Kind of Revolution: Modernization, Development, and U.S. Foreign Policy from the Cold War to the Present. Ithaca, NY: Cornell University Press, 2011.

Lawrence, Mark Atwood. "The Rise and Fall of Nonalignment." In The Cold War in the Third World. Edited by Robert J. McMahon. Oxford: Oxford University Press, 2013.

Lechner, Frank J. Globalization: The Making of World Society. Malden, MA: Wiley–Blackwell, 2009.

Lees, Lynn Hollen. "World Urbanization, 1750 to the Present." In The Cambridge World History, Volume 7: Production, Destruction, and Connection, 1750 – Present, Part 2: Shared Transformations? Edited by J. R. McNeill and Kenneth Pomeranz. Cambridge: Cambridge University Press, 2015.

Leffler, Melvyn P., and Odd Arne Westad, eds. The Cambridge History of the Cold War. 3 Volumes Cambridge: Cambridge University Press, 2010.

Leftwich, Adrian. States of Development: On the Primacy of Politics in Development. Cambridge: Polity, 2000.

Lenin, Vladimir Ilyich. Imperialism, the Highest Stage of Capitalism. In V. I. Lenin: Selected Works in Three Volumes. Volume 1. New York: International Publishers, 1939.

Leopold, Aldo. A Sand County Almanac.

New York: Oxford University Press, 1966.

Lerner, Warren. A History of Socialism in Modern Times: Theorists, Activists, and Humanists. Englewood Cliff s, NJ: Prentice-Hall, 1982.

Lesser, Jeffrey. Immigration, Ethnicity, and National Identity in Brazil, 1808 to the Present. Cambridge: Cambridge University Press, 2013.

Leuchtenberg, William E. Herbert Hoover. New York: TimesBooks, Henry Holt, 2009.

Levene, Mark. Genocide in the Age of the Nation-State. London: Tauris, 2008.

Levine, Michael P. and Tamas Pataki, eds. Racism in Mind. Ithaca, NY: Cornell University Press, 2004.

Levinson, Marc. The Box: How the Shipping Container Made the World Smaller and the World Economy Bigger. Princeton, NJ: Princeton University Press, 2006.

Levy-Livermore, Amnon. Handbook on the Globalization of the World Economy. Cheltenham, UK: Edward Elgar, 1998.

Lewin, Moshe. The Soviet Century. London: Verso, 2005.

Lewis, Ronald. Welsh Americans: A History of Assimilation in the Coalfields. Chapel Hill: University of North Carolina Press, 2008.

Lieven, Dominic. "The Russian Empire and the Soviet Union as Imperial Polities." Journal of Contemporary History 30 (1995): 607-36.

. Globalisierung Imperial und Sozialistisch: Russland und die Sowjetunion in der Globalgeschichte 1851-1991. Edited by Martin Aust. Frankfurt: Campus, 2013.

Lipman, Jonathan Neaman, Barbara Molony, and Michael Edson Robinson.

Modern East Asia. Boston: Pearson, 2012.

Litvak, Lily. "Latinos y Anglosajones: Una Polemica de la Espana fin de Siglo." In Lily Litvak, Espana 1900: Modernismo, anarquismo y fi n de siglo. Madrid: Anthropos, 1990.

Livi-Bacci, Massimo. A Concise History of World Population, 3rd ed. Malden, MA: Blackwell, 2001.

Lobato, Mirta Zaida, and Juan Suriano. Atlas Historico de la Argentina. Buenos Aires: Editorial Sudamericana, 1998.

Lodge, Tom. "Resistance and Reform." In The Cambridge History of South Africa, 409-91. Edited by Robert Ross, Anne Kelk Mager, and Bill Nasson. Cambridge: Cambridge University Press, 2011.

Lorenz, Chris. "Representations of Identity: Ethnicity, Race, Class, Gender and Religion." In The Contested Nation: Ethnicity, Class, Religion and Gender in National Histories. Edited by Chris Lorenz and Stefan Berger. New York: Palgrave Macmillan, 2008.

Loth, Wilfried. "States and the Changing Equations of Power." In Global Interdependence: The World after 1945. Edited by Akira Iriye. Cambridge, MA: Harvard University Press, 2014.

Loxley, John. "International Capital Markets, the Debt Crisis and Development." In Global Development Fifty Years after Bretton Woods. Edited by Roy Culpeper, Albert Berry, and Frances Stewart. New York: St. Martin's, 1997.

Lundestad, Geir. " 'Empire by Invitation' in the American Century." Diplomatic History 23 (1999): 189-217.

Lyall, Francis. International Communications: The International Telecommunications Union and the Universal Postal Union. London:

Ashgate, 2011.

Lytle, Mark Hamilton. The Gentle Subversive: Rachel Carson, Silent Spring, and the Rise of the Environmental Movement. New York: Oxford University Press, 2007.

Maalouf, Jean, ed. Pope John XXIII: Essential Writings. Maryknoll, NY: Orbis, 2008.

MacFarquhar, Roderick, and John K. Fairbank, eds. The Cambridge History of China. Vol. 14: The People's Republic of China, Part 1. Cambridge: Cambridge University Press, 1987.

——, eds. The Cambridge History of China. Volume 15: The People's Republic, Part 2: Revolutions within the Chinese Revolution, 1966–1982. Cambridge: Cambridge University Press, 1991.

Maddison, Angus. Monitoring the World Economy, 1820–1992. New York: Development Center of the OECD, 1995.

——. The World Economy: A Millennial Perspective. Volume 2. New York: Organization for Economic Cooperation and Development, 2006 (data updated at The Maddison Project, www.ggdc.net/maddison/maddison-project/data.htm).

Madley, Benjamin. "Patterns of Frontier Genocide, 1803–1910: The Aboriginal Tasmanians, the Yuki of California, and the Herero of Namibia." Journal of Genocide Research 6 (2004): 167–92.

——. "Reexamining the American Genocide Debate: Meaning, Historiography, and New Methods." American Historical Review 120 (2015): 98–139.

Maier, Charles S. "Consigning the Twentieth Century to History: Alternative Narratives for the Modern Era." American Historical Review 105 (2000): 807–31.

Makeba, Miriam, and James Hall. Makeba: My Story. New York: New American Library, 1988.

Manning, Patrick. Navigating World History: Historians Create a Global Past. New York: Palgrave Macmillan, 2003.

Manning, Patrick, ed. Global Practice in World History: Advances Worldwide. Princeton, NJ: Markus Wiener, 2008.

Marentes, Luis A. Jose Vasconcelos and the Writing of the Mexican Revolution. New York: Twayne, 2000.

Marinho de Azevedo, Celia Maria. Onda Negra, Medo Branco: O negro no imaginario das elites—Seculo XIX. Rio de Janeiro: Paz e Terra, 1987.

Markovits, Claude. The Global World of Indian Merchants, 1750–1947. Cambridge: Cambridge University Press, 2000.

Marks, Lara V. Sexual Chemistry: A History of the Contraceptive Pill. New Haven: Yale University Press, 2001.

Marnham, Patrick. Lourdes: A Modern Pilgrimage. New York: Coward McCann and Geoghegan, 1980.

Marr, Andrew. A History of Modern Britain. New York: Macmillan, 2007.

Marsot, Afaf Lutfi al–Sayyid. A History of Egypt. Cambridge: Cambridge University Press, 2007.

Martel, Gordon, ed. The Origins of the Second World War Reconsidered. New York: Routledge, 1999.

Martin, Bernd. Japan and Germany in the Modern World. Providence, RI: Berghahn, 1995.

Martin, James Kirby, Randy Roberts, Steven Mintz, Linda O. McMurry, James H. Jones, and Sam W. Haynes. A Concise History of America and Its People. 2 Vols. New York: HarperCollins, 1995.

Marx, Karl, and Friedrich Engels. The

Communist Manifesto. Edited by John E. Toews. Boston: Bedford/St. Martin's, 1999.

Masuzawa, Tomoko. The Invention of World Religions. Chicago: University of Chicago Press, 2005.

Matysik, Tracie. "Internationalist Activism and Global Civil Society at the High Point of Nationalism: The Challenge of the Universal Races Congress, 1911." In Global History: Interactions Between the Universal and the Local. Edited by A. G. Hopkins. Houndsmills, Basingstoke, UK: Palgrave Macmillan, 2006.

Mayobre, Eduardo. Juan Pablo Perez Alfonzo. Caracas: Banco del Caribe, 2005.

Mazlish, Bruce. "Comparing Global History to World History." Journal of Interdisciplinary History 28 (1998): 385–95.

Mazower, Mark. Dark Continent. New York: Vintage, 1998.

——. Hitler's Empire: How the Nazis Ruled Europe. New York: Penguin, 2008.

——. No Enchanted Place: The End of Empire and the Ideological Origins of the United Nations. Princeton, NJ: Princeton University Press, 2008.

McCartin, Joseph A. Collision Course: Ronald Reagan, the Air Traffic Controllers, and the Strike That Changed America. New York: Oxford University Press, 2011.

McCauley, Martin. Stalin and Stalinism. New York: Longman, 1996.

McDonough, Frank, ed. The Origins of the Second World War. New York: Continuum, 2011.

McEvedy, Colin, and Richard Jones. Atlas of World Population History. Harmondsworth, UK: Penguin; London: Allen Lane, 1978.

McEvoy, Arthur F. "Toward an Interactive Theory of Nature and Culture." In The Ends of the Earth: Perspectives on Modern Environmental History. Edited by Donald Worster. New York: Cambridge University Press, 1988.

McKeown, Adam. "Chinese Emigration in Global Context, 1850–1940." Journal of Global History 5 (2010): 95–124.

——. "Global Migration, 1846–1940." Journal of World History 15 (2004): 155–89.

McKibbin, Bill, ed. The Global Warming Reader. London: Penguin, 2012.

McLachlan, Colin M. A History of Modern Brazil. Wilmington, DE: Scholarly Resources, 2003.

McMahan, David L. The Making of Buddhist Modernism. Oxford: Oxford University Press, 2008.

McMahon, Robert J., ed. The Cold War in the Third World. Oxford: Oxford University Press, 2013.

McManners, John. The Oxford History of Christianity. Oxford: Oxford University Press, 1993.

McMeekin, Sean. The Russian Origins of the First World War. Cambridge, MA: Harvard University Press, 2011.

McMillan, James, and William Doyle. Modern France, 1880–2002. Oxford: Oxford University Press, 2003.

McNeill, J. R. Mosquito Empires: Ecology and Wars in the Greater Caribbean, 1620–1914. Cambridge: Cambridge University Press, 2010.

McNeill, J. R. Something New Under the Sun: And Environmental History of the Twentieth–Century World. New York: W. W. Norton, 2000.

McNeil, J. R., and Kenneth Pomeranz, eds. The Cambridge World History, Volume 7: Production, Destruction, and Connection, 1750–Present, Part 1:

Structures, Spaces and Boundary—
Making and Part 2: Shared
Transformations? Cambridge:
Cambridge University Press, 2015.

McNeill, J. R., and Peter Engelke. "Into the
Anthropocene: People and Their
Planet." In Global Interdependence:
The World after 1945. Edited by Akira
Iriye. Cambridge, MA: Harvard
University Press, 2014.

McNeill, J. R., and William H. McNeill.
The Human Web: A Bird's Eye View of
World History. New York: W. W.
Norton, 2003.

McNeill, William H. "World History and
the Rise and Fall of the West." Journal
of World History 9 (1998): 215–36.

Mendoza, Amado, Jr. " 'People Power' in
the Philippines, 1983–1986." In Civil
Resistance and Power Politics. Edited by
Adam Roberts and Timothy Garton
Ash. Oxford: Oxford University Press,
2009.

Metcalf, Barbara D., and Thomas R.
Metcalf. A Concise History of India.
Cambridge: Cambridge University
Press, 2002.

Meyer, Michael C., William L. Sherman,
and Susan M. Deeds. The Course of
Mexican History. New York: Oxford
University Press, 1979.

Meyer, Michael. Response to Modernity: A
History of the Reform Movement in
Judaism. Oxford: Oxford University
Press, 1988.

Michie, Jonathan, ed. The Handbook of
Globalization. Cheltenham, UK:
Edward Elgar, 2003.

Milanovic, Branko. "Global Income
Inequality by the Numbers." World
Bank Development Research Group,
Policy Research Working Paper No.
6259. November 2012. http://
documents.worldbank.org/curated/
en/959251468176687085/pdf/
wps6259.pdf.

Miller, John H. Modern East Asia.
Armonk, NJ: M. E. Sharpe, 2008.

Miller, Robert Ryal. Mexico: A History.
Norman: University of Oklahoma Press,
1985.

Minor, Michael S. "The Demise of
Expropriations as an Instrument of LDC
Policy, 1980–1992." Journal of
International Business History 25 (1994):
177–88.

Mishra, Pankaj. From the Ruins of Empire:
The Revolt against the West and the
Remaking of Asia. London: Allen Lane,
Penguin, 2012.

Missiroli, Antonio. "European Football
Cultures and Their Integration." In
Culture, Sport, Society 5 (2002): 1–20.

Mitchell, B. R., ed. International Historical
Statistics, 1750–2005. 3 Vols.
Basingstoke, UK: Palgrave Macmillan,
2007.

Miyoshi, Masao, and Harry D.
Harootunian. Japan in the World.
Durham, NC: Duke University Press,
1993.

Mollenhof, Clark R. George Romney:
Mormon in Politics. New York:
Meredith, 1968.

Mommsen, Wolfgang J., and Jurgen
Osterhammel, eds. Imperialism and
After. London: Allen and Unwin,
1986.

Moon, David. "In the Russians' Steppes:
The Introduction of Russian Wheat on
the Great Plains of the United States of
America." Journal of Global History 3
(2008): 203–25.

——. "Peasant Migration and the Settlement
of Russia's Frontiers, 1550–1897."
Historical Journal 40 (1997)

Moore, Carlos. Fela: This Bitch of a Life.
Chicago: Lawrence Hill Books, 2009.

More, Charles. Britain in the Twentieth Century. Harlow, UK: Pearson—Longman, 2007.

Morgan, Kenneth O. The Oxford History of Britain. Oxford: Oxford University Press, 1999.

Morrow, John H., Jr. "The Impact of the Two World Wars in a Century of Violence." In Essays on Twentieth—Century History. Edited by Michael C. Adas. Philadelphia: Temple University Press, 2010.

Mosley, Stephen. The Environment in World History. New York: Routledge, 2010.

Moses, A. Dirk, ed. Empire, Colony, Genocide. New York: Berghahn, 2008.

Moss, Walter G. An Age of Progress? Clashing Twentieth—Century Global Forces. London: Anthem, 2008.

Mosse, George. Toward the Final Solution. New York: Fertig, 1978.

Moya, Jose C., and Adam McKeown. "World Migration in the Long Twentieth Century." In Essays on Twentieth—Century History. Edited by Michael Adas. Philadelphia: Temple University Press, 2010.

____. World Migration in the Twentieth Century. Washington, D.C.: American Historical Association, 2011.

Moyn, Samuel. The Last Utopia: Human Rights in History. Cambridge, MA: Harvard University Press, 2010.

Moyn, Samuel, and Andrew Sartori, eds. Global Intellectual History. New York: Columbia University Press, 2013.

Myers, Ramon H., and Mark R. Peattie, eds. The Japanese Colonial Empire, 1895 – 1945. Princeton, NJ: Princeton University Press, 1984.

Naess, Arne. Ecology, Community and Lifestyle. Translated and edited by David Rothenberg. Cambridge: Cambridge University Press, 1989.

____. "The Shallow and the Deep, Long—Range Ecology Movements: A Summary." Inquiry 16 (1973): 95 – 100.

Namikas, Lise. Battleground Africa: Cold War in the Congo, 1960 – 1965. Stanford: Stanford University Press, 2013.

Nash, George H. The Life of Herbert Hoover. Vol. 1: The Engineer. New York: W. W. Norton, 1983. Nation, R. Craig, and Mark V. Kauppi, eds. The Soviet Impact in Africa. Lexington, MA: D. C. Heath, 1984.

Navaretti, Giorgio Barba, and Anthony J. Venables. Multinational Firms in the World Economy. Princeton, NJ: Princeton University Press, 2004.

Nehru, Jawaharlal. Glimpses of World History. 1934. Reprinted, Bombay: Asia Publishing House, 1962.

Neiberg, Michael. Fighting the Great War: A Global History. Cambridge, MA: Harvard University Press, 2005.

Nicholas, Larraine. Dancing in Utopia: Dartington Hall and its Dancers. Alton, Hampshire, UK: Dance Books, 2007.

Njolstad, Olav, ed. The Last Decade of the Cold War. London: Frank Cass, 2002.

Northrop, Douglas, ed. A Companion to World History. Malden, MA: Blackwell, 2012.

Nugent, Walter. Crossings: The Great Transatlantic Migrations, 1870 – 1914. Bloomington, IN: Indiana University Press, 1992.

____. Into the West: The Story of Its People. New York: Knopf, 1999.

Nutzenadel, Alexander, and Frank Trentmann, eds. Food and Globalization. New York: Berg, 2008.

Nzongola—Ntalja, George. The Congo from Leopold to Kabila: A People's History. London: Zed Books, 2002.

O'Brien, Patrick Karl. "Colonies in a Globalizing Economy, 1815 – 1948." In Globalization and Global History. Edited by Barry K. Gills and William R. Thompson. London: Routledge, 2006.

———. "Intercontinental Trade and the Development of the Third World since the Industrial Revolution." Journal of World History 8 (1997): 75 – 133.

———. "Metanarratives in Global Histories of Material Progress," International History Review 23 (2001): 345 – 367

O'Connor, Garry. Universal Father: A Life of Pope John Paul II. New York: Bloomsbury, 2005.

Oliver, Roland, and G. N. Sanderson. The Cambridge History of Africa, Volume 6: From 1870 to 1905. New York: Cambridge University Press, 1985.

Oliviera, Orlinda de, and Bryan Roberts. "Urban Social Structures in Latin America, 1930 – 1990." In Latin American Economy and Society since 1930. Edited by Leslie Bethell. Cambridge: Cambridge University Press, 1998.

Olstein, Diego. Thinking History Globally. New York: Palgrave Macmillan, 2015.

Oltmer, Jochen. "Migration im Kontext von Globalisierung, Kolonialismus und Weltkriegen." In WBG Welt– Geschichte, Band VI: Globalisierung 1880 bis heute. Edited by Hans– Ulrich Thamer. Darmstadt, Germany: Wissenschaftliche Buchgesellschaft, 2010.

Organization for Economic Cooperation and Development. Divided We Stand: Why Inequality Keeps Rising. New York: OECD, 2011.

Ostler, Jeffrey. The Plains Sioux and U.S. Colonialism from Lewis and Clark to Wounded Knee. Cambridge: Cambridge University Press, 2004.

Overfield, James H., ed. Sources of Global History since 1900. Boston: Wadsworth Cengage Learning, 2013.

Overy, Richard. "Economic Origins of the Second World War." In The Origins of the Second World War. Edited by Frank McDonough. New York: Continuum, 2011.

———. Why the Allies Won. London: Jonathan Cape, 1995.

Oyebade, Adebayo, ed. The Transformation of Nigeria. Trenton, NJ: Africa World Press, 2002.

Panayi, Panikos, and Pippa Virdee, eds. Refugees and the End of Empire. New York: Palgrave Macmillan, 2011.

Parker, Charles H. Global Interactions in the Early Modern Age, 1400 – 1800. New York: Cambridge University Press, 2010.

Paxton, Robert O. The Anatomy of Fascism. New York: Knopf, 2004.

Payne, Stanley G. A History of Fascism. Madison: University of Wisconsin Press, 1995.

Peattie, Mark R. Ishiwara Kanji and Japan's Confrontation with the West. Princeton, NJ: Princeton University Press, 1975.

Pelling, Mark, David Manuel–Navarette, and Michael Redclift. Climate Change and the Crisis of Capitalism. New York: Routledge, 2012.

Perkins, Dwight H. Agricultural Development in China, 1368 – 1968. Chicago: Aldine, 1969.

Pfister, Ulrich. "Globalisierung und Weltwirtschaft." WBG Welt– Geschichte, Band VI: Globalisierung 1880 bis heute. Edited by in Hans–Ulrich Thamer. Darmstadt, Germany: Wissenschaftliche Buchgesellschaft, 2010.

Pierson, Christopher, and Francis G.

Castles, eds. The Welfare State: A Reader. Cambridge: Polity, 2000.

Pigman, Geoffrey Allen. The World Economic Forum: A Multistakeholder Approach to Global Governance. New York: Routledge, 2007.

Pomeranz, Kenneth. The Great Divergence: China, Europe, and the Making of the Modern World Economy. Princeton, NJ: Princeton University Press, 2000.

Ponting, Clive. A New Green History of the World. London: Penguin, 2007.

Porter, Roy. The Greatest Benefi t to Mankind: A Medical History of Humanity from Antiquity to the Present. New York: HarperCollins, 1997.

Porter, Roy, ed. The Cambridge Illustrated History of Medicine. Cambridge: Cambridge University Press, 1996.

Postel, Sandra. Pillar of Sand: Can the Irrigation Miracle Last? New York: W. W. Norton, 1999.

Potter, D., M. Kiloh, and P. Lewis, eds. Democratization. Cambridge: Polity Press, 1997.

Price-Smith, Andrew T. Contagion and Chaos: Disease, Ecology, and National Security in the Age of Globalization. Cambridge, MA: MIT Press, 2009.

Prior, Robin, and Trevor Wilson. The Somme. New Haven: Yale University Press, 2006.

Prodohl, Ines. "Versatile and Cheap: A Global History of Soy in the First Half of the Twentieth Century." Journal of Global History 8 (2013): 461 – 82.

Pugh, Emerson W. Building IBM: Shaping an Industry and Its Technology. Cambridge, MA: MIT Press, 1995.

Queralt, Maria Pilar. Tortola Valencia. Barcelona: Lumen, 2005.

Quinn, Frederick, ed. African Saints. New York: Crossroads, 2002.

Radest, Howard. Toward Common Ground: The Story of the Ethical Societies in the United States. New York: Ungar, 1969.

Radkau, Joachim. Nature and Power. Washington, DC: German Historical Institute; Cambridge: Cambridge University Press, 2008.

Raleigh, Donald J. "The Russian Civil War, 1917 – 1922." In The Cambridge History of Russia. Volume 3, The Twentieth Century, 140 – 67. Edited by Ronald Grigor Suny. Cambridge: Cambridge University Press, 2006)

Read, Christopher. The Making and Breaking of the Soviet System. Basingstoke, UK: Palgrave, 2001.

Red Cloud. " 'I Was Born a Lakota': Red Cloud's Abdication Speech, July 4, 1903." In James R. Walker, Lakota Belief and Ritual, 137 – 39. Edited by Raymond J. DeMallie and Elaine A. Jahner. Lincoln: University of Nebraska Press, 1980.

Reed, Nelson A. The Caste War of Yucatan. Stanford: Stanford University Press, 2001.

Reid, Brian Holden. The Origins of the American Civil War. New York: Longman, 1996.

Reid, Richard. A History of Modern Africa, 1800 to the Present. London: Wiley–Blackwell, 2009.

Remington, Thomas. The Politics of Inequality in Russia. Cambridge: Cambridge University Press, 2011.

Reynolds, David. One World Divisible: A Global History since 1945. New York: W. W. Norton, 2000.

Rhodes, Richard, ed. Visions of Technology: A Century of Vital Debate about Machines, Systems, and the Human World. New York: Simon and Schuster, 1999.

Richards, Andrew John. Miners on Strike:

Class Solidarity and Division in Britain. New York: Berg, 1996.

Riley, James C. Rising Life Expectancy: A Global History. Cambridge: Cambridge University Press, 2001.

Robbins, Keith. The British Isles, 1901 – 1951. New York: Oxford University Press, 2002.

Robert, Karen. "Teaching the Global Twentieth Century through the History of the Automobile." World History Connected 12:2 (2016).

Roberts, Adam, and Timothy Garton Ash, eds. Civil Resistance and Power Politics. Oxford: Oxford University Press, 2009.

Roberts, J. A. G. A History of China. New York: Palgrave Macmillan, 2006.

Robertson, Thomas. The Malthusian Moment: Global Population Growth and the Birth of American Environmentalism. New Brunswick, NJ: Rutgers University Press, 2012.

Robinson, Jeffrey. Yamani: The Inside Story. New York: Simon and Schuster, 1988.

Robinson, Ronald. "The Excentric Idea of Imperialism, with or without Empire." In Imperialism and After, 267 – 89. Edited by Wolfgang J. Mommsen and Jurgen Osterhammel London: Allen and Unwin, 1986).

Rodney, Walter. How Europe Underdeveloped Africa. 1972. Reprinted, Washington, DC: Howard University Press, 1982.

Rodrik, Dani. "Goodbye Washington Consensus, Hello Washington Confusion?" Journal of Economic Literature 44 (2006): 973 – 87.

Ropp, Paul S. China in World History. Oxford: Oxford University Press, 2010.

Rosen, Andrew. The Transformation of British Life, 1950 – 2000: A Social History. Manchester: Manchester

University Press, 2003.

Rosenberg, Emily S. "Transnational Currents in a Shrinking World." A World Connecting, 1870 – 1945. Edited by Emily S. Rosenberg Cambridge, MA: Harvard University Press, 2012.

Ross, Robert, Anne Kelk Mager, and Bill Nasson, eds. The Cambridge History of South Africa. Cambridge: Cambridge University Press, 2011.

Rotberg, Robert I. Africa Emerges. Cambridge: Polity Press, 2013.

Rowland, Wade. The Plot to Save the Planet. Toronto: Clarke, Irwin, 1974.

Rubenstein, Richard L. "Jihad and Genocide: The Case of the Armenians." In Confronting Genocide: Judaism, Christianity, and Islam. Edited by Steven Leonard Jacobs and Marc I. Sherman. New York: Lexington Books, 2009.

Rubinstein, Hilary L., et al. The Jews in the Modern World: A History since 1750. London: Arnold, 2002.

Rudner, Martin. "East European Aid to Asian Developing Countries." Modern Asian Studies 1 (1996): 1 – 28.

Rummel, Rudolph J. Statistics of Democide: Genocide and Mass Murder since 1900. Munster, Germany: Lit, 1998.

Ryan, David, and Victor Pungong, eds. The United States and Decolonization. New York: St. Martin's, 2000.

Sagall, Sabby. Capitalism, Human Nature, and Genocide. London: Pluto Press, 2013.

Saha, Shandip. "Hinduism, Gurus, and Globalization." In Religion, Globalization and Culture. Edited by Peter Beyer and Lori Beaman. Leiden, The Netherlands: Brill, 2007.

Sahadeo, Jeff . "Progress or Peril: Migrants and Locals in Russian Tashkent, 1906 – 14." In Peopling the Russian

Periphery. Edited by Nicholas Breyfogle, Abby Schrader, and Willard Sunderland. New York: Routledge, 2007.

Sala-i-Martin, Xavier. "The Disturbing 'Rise' of Global Income Inequality." National Bureau of Economic Research. Working Paper No. 8904 (April 2002). doi:10.3386/w8904.

Sanderson, G. N. "The European Partition of Africa: Origins and Dynamics." In The Cambridge History of Africa, Volume 6: From 1870 to 1905. Edited by Roland Oliver and G. N. Sanderson. New York: Cambridge University Press, 1985.

Sassoon, Donald. Contemporary Italy: Economy, Society and Politics since 1945. London: Longman, 1997.

Schaeffer, Robert K. Understanding Globalization. Lanham, MD: Rowman and Littlefield, 2009.

Schmitz, David F. The United States and Right-Wing Dictatorships, 1965–1989. New York: Cambridge University Press, 2006.

Schofer, Evan. "Science Associations in the International Sphere, 1875–1990." In Constructing World Culture: International Nongovernmental Organizations since 1875. Edited by John Boli and George M. Thomas. Stanford: Stanford University Press, 1999.

Schumacher, E. F. Small Is Beautiful: Economics As If People Mattered. New York: HarperCollins, 1973.

Scott, James C. Seeing like a State: How Certain Schemes to Improve the Human Condition Have Failed. New Haven: Yale University Press, 1998.

Scott, Rebecca J. "Gradual Abolition and the Dynamics of Slave Emancipation in Cuba, 1868–1886." Hispanic American Historical Journal 63:3 (1983): 449–77.

Sedgwick, Mark. Muhammad Abduh. Oxford: Oneworld, 2010.

Segrave, Kerry. American Films Abroad: Hollywood's Domination of the World's Movie Screens from the 1890s to the Present. Jefferson, NC: McFarland, 1997.

Sen, Amiya P. Swami Vivekananda. Oxford: Oxford University Press, 2000.

Service, Robert. A History of Twentieth-Century Russia. Cambridge, MA: Harvard University Press, 1998.

Shapin, Steven, and Simon Schaffer. Leviathan and the Air-Pump: Hobbes, Hoyle, and the Experimental Life. Princeton, NJ: Princeton University Press, 1985.

Sheik-'Abdi, 'Abdi. Divine Madness: Mohammed 'Abdulle Hassan (1856–1920). London: Zed, 1992.

Shelton, Suzanne. Ruth St. Denis: A Biography of the Divine Dancer. Austin: University of Texas Press, 1981.

Shepard, Todd. "Algeria, France, Mexico, UNESCO: A Transnational History of Anti-racism and Decolonization, 1932–1962." Journal of Global History 6 (2011): 273–97.

Shillington, Kevin. History of Africa. New York: Palgrave Macmillan, 2005.

Shiva, Vandana. The Violence of the Green Revolution: Third World Agriculture, Ecology, and Politics. London: Zed Books, 1991.

Shleifer, Andrei. A Normal Country: Russia after Communism. Cambridge, MA: Harvard University Press, 2005.

Silverberg, Miriam. "Constructing a New Cultural History of Prewar Japan." In Japan in the World. Edited by Masao Miyoshi and H. D. Harootunian. Durham, NC: Duke University Press, 1993.

Sil, Narasingha P. Swami Vivekananda: A Reassessment. Selinsgrove, PA: Susquehanna University Press, 1997.

Simpson, Bradley R. "Southeast Asia in the Cold War." In The Cold War in the Third World. Edited by Robert J. McMahon. Oxford: Oxford University Press, 2013.

Sinclair, Andrew. Viva Che! Stroud, UK: Sutton, 2006.

Singham, A. W., and Shirley Hune. Non-alignment in an Age of Alignments. London: Zed Books, 1986.

Sittert, Lance van. " 'Keeping the Enemy at Bay': The Extermination of Wild Carnivora in Cape Colony, 1889 – 1910." Environmental History 3 (1998): 333 – 56.

Skidmore, Thomas E. Black into White: Race and Nationality in Brazilian Thought. Durham, NC: Duke University Press, 1993.

Skidmore, Thomas E., and Peter H. Smith. Modern Latin America. New York: Oxford University Press, 2005.

Sklar, Holly, ed. Trilateralism. Boston: South End Press, 1980.

Sklair, Leslie. "Discourses of Globalization: A Transnational Capitalist Class Analysis." In The Postcolonial and the Global. Edited by Revathi Krishnaswamy and John C. Hawley. Minneapolis: University of Minnesota Press, 2008.

Slate, Nico. Colored Cosmopolitanism: The Shared Struggle for Freedom in the United States and India. Cambridge, MA: Harvard University Press, 2012.

Sloterdijk, Peter. Was Geschah im 20. Jahrhundert? Frankfurt: Suhrkamp, 2016.

Sluga, Glenda. Internationalism in the Age of Nationalism. Philadelphia: University of Pennsylvania Press, 2013.

——. "UNESCO and the (One) World of Julian Huxley." Journal of World History 21 (2010): 393 – 418.

Smil, Vaclav. Creating the Twentieth Century. Oxford: Oxford University Press, 2005.

Smith, Bonnie G. Europe in the Contemporary World, 1900 to the Present. Boston: Bedford/St. Martin's, 2007.

Smith, Denis Mack. Modern Italy: A Political History. Ann Arbor: University of Michigan Press, 1997.

Smith, Merritt Roe, and Leo Marx, eds. Does Technology Drive History? Cambridge, MA: MIT Press, 1994.

Snyder, Louis L. Macro-nationalisms: A History of the Panmovements. Westport, CT: Greenwood Press, 1989.

Snyder, Sarah B. Human Rights Activism and the End of the Cold War. Cambridge: Cambridge University Press, 2011.

Sonnenfeld, David A. "Mexico's 'Green Revolution,' 1940 – 1980: Towards an Environmental History." Environmental History Review 16 (1992): 28 – 52.

Soon, Park Bun. "Riding the Wave: Korea's Economic Growth and Asia in the Modern Development Era." In Asia Inside Out: Connected Places. Edited by Eric Tagliacozzo, Helen F. Siu, and Peter C. Perdue. Cambridge, MA: Harvard University Press, 2015.

Standing Bear, Luther. Land of the Spotted Eagle. 1933. Reprint, Lincoln: University of Nebraska Press, 1960.

Stanton, B. F. "Agriculture: Crops, Livestock, and Farmers." In The Columbia History of the Twentieth Century. Edited by Richard W. Bulliet. New York: Columbia University Press, 1998.

Stanziani, Alessandro. "Abolitions." In The

Cambridge World History, Volume 7:
Production, Destruction, and
Connection, 1750 – Present, Part 2:
Shared Transformations? Edited by J. R.
McNeill and Kenneth Pomeranz.
Cambridge: Cambridge University
Press, 2015.

——. "Serfs, Slaves, or Wage Earners? The
Legal Status of Labour in Russia from a
Comparative Perspective, from the
Sixteenth to the Nineteenth Century."
Journal of Global History 3 (2008):
183 – 202.

Staples, Amy L. The Birth of Development.
Kent, OH: Kent State University Press,
2006.

Stark, Rodney. The Rise of Mormonism.
Edited by Reid L. Neilson. New York:
Columbia University Press, 2005.

Staudenmaier, John M. Technology's
Storytellers: Reweaving the Human
Fabric. Cambridge, MA: MIT Press,
1985.

Stearns, Peter N. Globalization in World
History. New York: Routledge, 2010.

——. The Industrial Revolution in World
History. Boulder, CO: Westview Press,
1998.

Steffen, Will, Paul J. Crutzen, and John R.
McNeill. "The Anthropocene: Are
Humans Now Overwhelming the Great
Forces of Nature?" Ambio 36:8 (2007):
614 – 21.

Steger, Manfred B. Globalization and
Culture. Cheltenham: Edward Elgar, 20
12.

——. Globalization: A Very Short
Introduction. Oxford: Oxford
University Press, 2003.

Stichweh, Rudolf. Die Weltgesellschaft:
Soziologische Analysen. Frankfurt:
Suhrkamp, 2000.

Stone, Diane. "Knowledge Networks and
Policy Expertise in the Global Polity."

In Towards a Global Polity. Edited by
Morten Ougaard and Richard Higgott.
London: Routledge, 2002.

Storey, William Kelleher. The First World
War: A Concise Global History.
Lanham, MD: Rowman and Littlefield,
2009.

Stourton, Edward. John Paul II: Man of
History. London: Hodder and
Staughton, 2006.

Stuchtey, Benedikt, and Eckhardt Fuchs,
eds. Writing World History,
1800 – 2000. Oxford: Oxford University
Press, 2003.

Sun Yat-Sen. San Min Chu I: The Three
Principles of the People. Translated by
Frank W. Price. Edited by L. T. Chen.
Shanghai: Commercial Press, 1928.

Sunderland, Willard. Taming the Wild
Field: Colonization and Empire on the
Russian Steppe. Ithaca, NY: Cornell
University Press, 2004.

Suny, Ronald Grigor, ed. The Cambridge
History of Russia. Volume 3: The
Twentieth Century. Cambridge:
Cambridge University Press, 2006.

Suri, Jeremi. "The Cold War,
Decolonization, and Global Social
Awakenings." Cold War History 6
(2006): 353 – 63.

Sutcliffe, Bob. "World Inequality and
Globalization." Oxford Review of
Economic Policy 20 (2004): 15 – 37.

Sutter, Paul S. "The Tropics: A Brief
History of an Environmental
Imaginary." In The Oxford Handbook
of Environmental History. Edited by
Andrew C. Isenberg. Oxford: Oxford
University Press, 2014.

Sutton, Matthew Avery. Jerry Falwell and
the Rise of the Religious Right: A Brief
History with Documents. New York:
Bedford/St. Martins, 2013.

Swinnen, Johan F. M. "The Growth of

Agricultural Protection in Europe in the 19th and 20th Centuries." World Economy 32 (2009): 1499–1537.

Szasz, Ferenc M., and Margaret Connell Szasz, "Religion and Spirituality." In Clyde A. Milner, II, Carol A. O'Connor, and Martha A. Sandweiss, eds., The Oxford History of the American West. New York: Oxford University Press, 1994.

Talbot, Ian. "The End of the European Colonial Empires and Forced Migration." In Refugees and the End of Empire. Edited by Panikos Panayi and Pippa Virdee. New York: Palgrave Macmillan, 2011.

Tao, Terence. "E pluribus unum: From Complexity, Universality." Daedalus 141 (2012).

Tarr, Joel A. "The Metabolism of the Industrial City: The Case of Pittsburg." Journal of Urban History 28 (2002): 511–45.

Tauger, Mark B. Agriculture in World History. London: Routledge, 2010.

Taylor, K. W. A History of the Vietnamese. Cambridge: Cambridge University Press, 2013.

Thamer, Hans–Ulrich, ed. WBG Welt–Geschichte, Band VI: Globalisierung 1880 bis heute. Darmstadt, Germany: Wissenschaftliche Buchgesellschaft, 2010.

Thomas, Martin, and Andres Thompson. "Empire and Globalization: From 'High Imperialism' to Decolonization." International History Review 36:1 (2014): 142–70.

Tierney, Robert. Tropics of Savagery: The Culture of Japanese Empire in Comparative Frame. Berkeley: University of California Press, 2010.

Tooze, Adam. The Deluge: The Great War, America, and the Remaking of the Global Order, 1916–1931. New York: Viking, 2014.

Tschannen, Olivier. "La revaloracion de la teoria de la secularization mediante la perspectiva comparada Europa Latina–America Latina." In La Modernidad Religiosa: Europea Latina y America Latina en perspectiva comparada. Edited by Jean–Pierre Bastian. Mexico: Fondo de Cultura Economica, 2004.

Tsunoda, Ryusaku, William Theodore de Bary, and Donald Keene, eds. Sources of Japanese Tradition. New York: Columbia University Press, 1958.

Tsutsui, William M., ed. A Companion to Japanese History. Oxford: Blackwell, 2007.

Tucker, Robert P., and J. F. Richards, eds. Global Deforestation and the Nineteenth–Century World Economy. Durham, NC: Duke University Press, 1983.

Tucker, Spencer C., ed. Encyclopedia of North American Indian Wars. Santa Barbara, CA: ABC–CLIO, 2011.

Turner, B. L., et. al, eds. The Earth as Transformed by Human Action. New York: Cambridge University Press, 1990.

Turner, Graham. "A Comparison of The Limits to Growth with Thirty Years of Reality." CSIRO Working Papers Series 2008–2009. Canberra, Australia: CSIRO, 2007.

Turner, Thomas. Congo. Cambridge: Polity Press, 2013.

——. The Congo Wars: Conflict, Myth and Reality. London: Zed Books, 2007.

Tutino, John. From Insurrection to Revolution in Mexico. Princeton, NJ: Princeton University Press, 1986.

Tyrell, Ian. Reforming the World: The Creation of America's Moral Empire.

Princeton, NJ: Princeton University Press, 2010.

Uchida, Jun. Brokers of Empire: Japanese Settler Colonialism in Korea, 1876 – 1945. Cambridge, MA: Harvard University Press, 2011.

Uekotter, Frank, ed. The Turning Points of Environmental History. Pittsburgh: University of Pittsburgh Press, 2010.

Ungor, Uğur Umit. The Making of Modern Turkey. Oxford: Oxford University Press, 2011.

Van der Veer, Peter. "Religion after 1750." In The Cambridge World History. Volume 7: Production, Destruction, and Connection, 1750 – Present, Part 2: Shared Transformations? Edited by J. R. McNeill and Kenneth Pomeranz. Cambridge: Cambridge university Press, 2015.

Vatikiotis, P. J. The History of Modern Egypt. Baltimore: Johns Hopkins University Press, 1991.

Veal, Michael. "Fela and the Funk." In Black President: The Art and Legacy of Fela Anikulapo Kuti. Edited by Trevor Schoonmaker. New York: New Museum of Contemporary Art, 2003.

Vickers, Adrian. A History of Modern Indonesia. New York: Cambridge University Press, 2005.

Viola, Lynne, V. P. Danilov, N. A. Ivniitski, and Denis Kozlov, eds. The War against the Peasantry, 1927 – 1930. New Haven: Yale University Press, 2005.

Vitali, Stefania, James B. Glattfelder, and Stefano Battiston. "The Network of Global Corporate Control." PloS ONE 6:10 (2011). http://journals.plos.org/plosone/article?id=10.1371/journal.pone.0025995.

Vohra, Ranbir. The Making of India. London: M. E. Sharpe, 1997.

Volti, Rudi. Technology and Commercial Air Travel. Washington, DC: American Historical Association, 2015.

Walker, Brett L. "Meiji Modernization, Scientific Agriculture, and the Extermination of Japan's Hokkaido Wolf." Environmental History 9 (2004): 248 – 74.

Wallerstein, Immanuel. The Modern World System 3 Vols. New York: Academic Press; Berkeley: University of California Press, 1974, 1989, 2011.

Wallimann, Isidor, and Michael N. Dobkowski, eds. Genocide in the Modern Age. New York: Greenwood Press, 1987.

Ward, Kevin. "Africa." In A World History of Christianity. Edited by Adrian Hastings. Grand Rapids, MI: William B. Eerdmans, 1999.

Waters, Kenneth, and Albert van Helden, eds. Julian Huxley: Biologist and Statesman of Science. College Station: Texas A&M University Press, 2010.

Weiner, Douglas R. "The Predatory Tribute–Taking State: A Framework for Understanding Russian Environmental History." In The Environment and World History. Edited by Edmund Burke III and Kenneth Pomeranz. Berkeley: University of California Press, 2009.

Wells, H. G. The Discovery of the Future. New York: B. W. Huebsch, 1913.

Wesseling, Henk L. The European Colonial Empires, 1815 – 1919. New York: Pearson–Longman, 2004.

―――. Imperialism and Colonialism: Essays on the History of European Expansion. Westport, CT: Greenwood Press, 1997.

Westad, Odd Arne. The Global Cold War. Cambridge: Cambridge University Press, 2005.

Westwood, J. N. Endurance and Endeavor:

Russian History, 1812 – 2001. Oxford: Oxford University Press, 2002.

White, Gilbert F. "The Environmental Effects of the High Dam at Aswan." Environment 30:7 (1988): 4 – 40.

Whitmore, Thomas, et al., "Long–Term Population Change." in The Earth as Transformed by Human Action. Edited by B. L. Turner et al. New York: Cambridge University Press, 1990.

Wilkins, Mira. The History of Foreign Investment in the United States to 1914. Cambridge, MA: Harvard University Press, 1989.

Wilkinson, James, and H. Stuart Hughes. Contemporary Europe: A History. Upper Saddle River, NJ: Pearson, 2004.

Williams, Michael. Deforesting the Earth: From Prehistory to Global Crisis. Chicago: University of Chicago Press, 2003.

Williams, Trevor I. A Short History of Twentieth–Century Technology, c. 1900 – c. 1950. Oxford: Oxford University Press, 1982.

Williamson, John. "What Should the World Bank Think about the Washington Consensus?" World Bank Research Observer 15 (2000): 251 – 64.

Winslow, Anne, ed. Women, Politics, and the United Nations. Westport, CT: Greenwood Press, 1995.

Winter, Jay, Geoffrey Parker, and Mary R. Habeck, eds. The Great War and the Twentieth Century. New Haven: Yale University Press, 2000.

Wood, Barbara. E. F. Schumacher: His Life and Thought. New York: Harper and Row, 1984.

Woodward, C. Vann. "Emancipations and Reconstructions: A Comparative Study." In Woodward, The Future of the Past. New York: Oxford University Press, 1989.

Wolf, Eric. Peasant Wars of the Twentieth Century. 1969. Reprint, Norman: University of Oklahoma Press, 1999.

Wong, R. Bin. "Self–Strengthening and Other Political Responses to the Expansion of European Economic and Political Power." In The Cambridge World History, Volume 7: Production, Destruction, and Connection, 1750 – Present, Part I: Structures, Spaces, and Boundary–Making. Edited by Kenneth Pomeranz and J. R. McNeill. Cambridge: Cambridge University Press, 2015.

Worden, Nigel. The Making of Modern South Africa. Chichester, UK: Wiley–Blackwell, 2012.

World Bank. 4: Turn Down the Heat. World Bank, Potsdam Institute for Climate Impact Research and Climate Analytics, November 2012.

Worster, Donald, ed. The Ends of the Earth: Perspectives on Modern Environmental History. New York: Cambridge University Press, 1988.

——. Nature's Economy: A History of Ecological Ideas. Cambridge: Cambridge University Press, 1994.

Wright, Gordon. France in Modern Times. New York: W. W. Norton, 1995.

Wulf, Herbert, ed.. Arms Industry Limited. Oxford: SIPRI, Oxford University Press, 1993.

Yang Jisheng, Tombstone: The Great Chinese Famine, 1958 – 1962. New York: Farrar, Strauss and Giroux, 2013.

Yenne, Bill. Indian Wars: The Campaign for the American West. Yardley, PA: Westholme, 2006.

Yergin, Daniel. The Prize: The Epic Quest for Oil, Money, and Power. New York: Simon and Schuster, 1991.

Young, Cynthia A. Soul Power: Culture, Radicalism, and the Making of a U.S.

Third World Left. Durham, NC: Duke
University Press, 2006.

Young, Louise. "Japan at War: History—
Writing on the Crisis of the 1930s." In
The Origins of the Second World War
Reconsidered. Edited by Gordon
Martel. New York: Routledge, 1999.

Zeiler, Thomas W. "Opening Doors in the
World Economy." In Global
Interdependence: The World after
1945. Edited by Akira Iriye. Cambridge,
MA: Harvard University Press, 2014.

Zelko, Frank. Make It a Green Peace! The
Rise of Countercultural
Environmentalism. Oxford: Oxford
University Press, 2013.

Zimmermann, Urs Matthias. "Race without
Supremacy." In Racism in the Modern
World. Edited by Manfred Berg and
Simon Wendt. New York: Berghahn,
2011.

Zubok, Vladislav M. "Soviet Foreign Policy
from Detente to Gorbachev,
1975 - 1985." In The Cambridge
History of the Cold War. Edited by
Melvyn P. Leffler and Odd Arne
Westad. Cambridge: Cambridge
University Press, 2010.

시각 자료 출처

Ⅱ

1. 1. Massimo Livi—Bacci, A Concise
History of World Population, 3rd
ed. (Malden, MA: Blackwell, 2001),
27.
1. 2. Livi—Bacci, Concise History of
World Population, 27.
1. 3. Derived from Livi—Bacci, Concise
History of World Population, 27.
1. 4. Livi—Bacci, Concise History of
World Population, 27, 137.
1. 5. B. R. Mitchell, International
Historical Statistics: Africa, Asia,
and Oceania, 1750 – 2005
(Basingstoke, UK: Palgrave Macmillan,
2007), 86 – 89; Mitchell,
International Historical Statistics:
Europe, 1750 – 2005 (Basingstoke,
UK: Palgrave Macmillan, 2007), 122,
124, 126.
1. 6. Mitchell, International Historical
Statistics: Africa, Asia, and Oceania,
74 – 75; Mitchell, International
Historical Statistics: Europe, 99,
106, 113; Mitchell, International
Historical Statistics: The Americas,
1750 – 2005 (Basingstoke, UK:
Palgrave Macmillan, 2007), 72, 77.
1. 7. Angus Maddison, The World
Economy: A Millennial Perspective
(n.p.: Organization for Economic
Cooperation and Development, 2006),
2:32.
1. 8. Mitchell, International Historical
Statistics: Africa, Asia, and Oceania,
74 – 75, 77 – 78, 80; Mitchell,
International Historical Statistics:
Europe, 99, 106, 113; Mitchell,
International Historical Statistics:
The Americas, 72, 77.
1. 9. B. R. Mitchell, International
Historical Statistics: Africa, Asia,

and Oceania, 74 – 75; Mitchell,
International Historical Statistics:
Europe, 97, 103, 110, 117;
Mitchell, International Historical
Statistics: The Americas, 72, 77.
1.10. Center for Sustainability and the
Global Environment (SAGE), Nelson
Institute for Environmental Studies,
University of Wisconsin – Madison,
www.sage.wisc.edu.
1.11. J. R. McNeill, Something New
Under the Sun: An Environmental
History of the Twentieth—Century
World (New York: W. W. Norton,
2000), 180.
1.12. McNeill, Something New Under the
Sun, 217.
1.13. Mitchell, International Historical
Statistics: Africa, Asia, and Oceania,
723, 726, 728; Mitchell,
International Historical Statistics:
Europe, 738 – 46; Mitchell,
International Historical Statistics:
The Americas, 561 – 63, 565 – 68,
570.
1.14. Derived from Colin McEvedy and
Richard Jones, Atlas of World
Population History (Harmondsworth,
UK: Penguin; London: Allen Lane,
1978).
1.15. Timothy J. Hatton and Jeffrey G.
Williamson, The Age of Mass
Migration (New York: Oxford
University Press, 1988), 156.
2. 1. David Held, Anthony McGrew,
David Goldblatt, and Jonathan
Perraton, Global Transformations
(Stanford: Stanford University Press,
1999), 193.
2. 2. Held et al., Global Transformations,
194.
2. 3. Held et al., Global Transformations,
193.
2. 4. Maddison, The World Economy,

2:264.

2. 5. Maddison, The World Economy,
2:241, 264.

2. 6. Mitchell, International Historical
Statistics: Europe, 546 – 550;
Mitchell, International Historical
Statistics: The Americas, 391 – 92.

2. 7. B. Zorina Khan, "An Economic
History of Patent Institutions,"
EH.net Encyclopedia, ed. Robert
Whaples (Economic History
Association, 2008), http://eh.net/
encyclopedia/an—economic—
history—of—patent—institutions/.

2. 8. Derived from Mitchell, International
Historical Statistics: Europe,
81 – 83, 86 – 87, 90, 998, 1000,
1002; Mitchell, International
Historical Statistics: The Americas,
59, 61, 64 – 65, 793, 795 – 96.

2. 9. Mitchell, International Historical
Statistics: Africa, Asia, and Oceania,
373 – 87, 513 – 24; Mitchell,
International Historical Statistics:
Europe, 464 – 76, 611 – 14;
Mitchell, International Historical
Statistics: The Americas, 327 – 36,
423 – 28.

3. 1. Mitchell, International Historical
Statistics: Europe, 226 – 33,
291 – 99; Mitchell, International
Historical Statistics: The Americas,
154 – 59, 165, 181, 185, 189.

3. 2. Mitchell, International Historical
Statistics: Africa, Asia, and Oceania,
354 – 55; B. R. Mitchell,
International Historical Statistics:
Europe, 445 – 48; Mitchell,
International Historical Statistics:
The Americas, 303 – 6.

3. 3. Mitchell, International Historical
Statistics: Africa, Asia, and Oceania,
355 – 56, 359; Mitchell,
International Historical Statistics:

The Americas, 294 – 95.

3. 4. Ken Swindell, "African Food Imports
and Agricultural Development:
Peanut Basins and Rice Bowls in the
Gambia, 1843 – 1933," in
Agricultural Change, Environment
and Economy, ed. Keith Hoggart
(London: Mansell, 1992), 167.

3. 5. Mitchell, International Historical
Statistics: Africa, Asia, and Oceania,
428 – 33; Mitchell, International
Historical Statistics: The Americas,
352 – 59.

3. 6. Mitchell, International Historical
Statistics: Africa, Asia, and Oceania,
228 – 37; Mitchell, International
Historical Statistics: The Americas,
202 – 9.

3. 7. Mitchell, International Historical
Statistics: Africa, Asia, and Oceania,
382 – 87; Mitchell, International
Historical Statistics: The Americas,
333 – 36; Mitchell, International
Historical Statistics: Europe,
475 – 76.

3. 8. Mitchell, International Historical
Statistics: The Americas, 408 – 10;
Mitchell, International Historical
Statistics: Europe, 593 – 95.

3. 9. John R. Hanson II, "Diversification
and Concentration of LDC Exports:
Victorian Trends," Explorations in
Economic History 14 (1977): 65,
reprinted in C. Knick Harley, ed.,
The Integration of the World
Economy, 1850 – 1914, vol. 2
(Cheltenham: Elgar Reference, 1996), p.
569.

3.10. A. G. Kenwood and A. L.
Lougheed, The Growth of the
International Economy (New York:
Routledge, 1999), 80. Illustration
Credits

3.11. Kenwood and Lougheed, Growth of

the International Economy, 84.

3.12. Mitchell, International Historical
Statistics: Europe, 738 – 46;
Mitchell, International Historical
Statistics: Africa, Asia, and Oceania,
723, 726, 728.

3.13. Ulrich Pfister, "Globalisierung und
Weltwirtschaft," in WBG
Weltgeschichte, Band VI:
Globalisierung 1880 bis Heute
(Darmstadt, Germany: Wissenschaftliches
Buchgesellschaft, 2010), 285.

3.14. Mitchell, International Historical
Statistics: Africa, Asia, and Oceania,
723 – 28; Mitchell, International
Historical Statistics: The Americas,
561 – 70; Mitchell, International
Historical Statistics: Europe,
738 – 46.

3.15. Mitchell, International Historical
Statistics: Africa, Asia, and Oceania,
277 – 79; Mitchell, International
Historical Statistics: The Americas,
315, 317.

5. 1. Maddison, The World Economy,
101.

5. 2. Maddison, The World Economy,
101.

5. 3. Mitchell, International Historical
Statistics: Africa, Asia, and Oceania,
382 – 85; Mitchell, International
Historical Statistics: Europe,
475 – 76; Mitchell, International
Historical Statistics: The Americas,
333 – 36.

5. 4. Mitchell, International Historical
Statistics: Europe, 816 – 24,
827 – 31; Mitchell, International
Historical Statistics: The Americas,
610, 614, 618, 624, 628.

5. 5. Mitchell, International Historical
Statistics: Europe, 103 – 4, 154;
Mitchell, International Historical
Statistics: The Americas, 114, 116.

6. 1. Mitchell, International Historical
Statistics: Africa, Asia, and Oceania,
175 – 77, 181, 183 – 84, 210, 212,
217 – 19.

6. 2. Mark Harrison, "The USSR and
Total War: Why Didn't the Soviet
Economy Collapse in 1942?" in A
World at Total War, ed. Roger
Chickering, Stig Forster, and Bernd
Greiner (Cambridge: Cambridge
university Press, 2005), 140 – 42.

6. 3. Harrison, "The USSR and Total
War," 140 – 41.

6. 4. Mitchell, International Historical
Statistics: Africa, Asia, and Oceania,
441 – 42, 446 – 47; Mitchell,
International Historical Statistics:
Europe, 496 – 503; Mitchell,
International Historical Statistics:
The Americas, 375 – 78.

6. 5. Antoni Estevadeordal, Brian Frantz,
and Alan M. Taylor, "The Rise and
Fall of World Trade, 1870 – 1939,"
National Bureau of Economic
Research, Working Paper No. 9318
(November 2002), http://www.nber.
org/papers/w9318.pdf, p. 36.

6. 6. Estevadeordal, Frantz, and Taylor,
"The Rise and Fall of World Trade,
1870 – 1939," 38.

6. 7. Natural Resources Defense Council,
"Global Nuclear Stockpiles,
1945 – 2006," in "Nuclear
Notebook," Bulletin of the Atomic
Scientists 62:4 (2006): 66, archived
at Wm. Robert Johnston, "Nuclear
Stockpiles: World Summary" (2007),
http://www.johnstonsarchive.net/
nuclear/nucstock–0.html.

6. 8. James R. Blaker, United States
Overseas Basing (New York: Praeger,
1990), 33.

6. 9. Stockholm International Peace
Research Institute, SIPRI Arms

Transfers Database, http://www.
sipri.org/databases/armstransfers/.

7.1. Database, Maddison Project, www.
ggdc.net/maddison/maddison—
project/data.htm.

7.2. Database, Maddison Project, www.
ggdc.net/maddison/maddison—
project/data.htm.

7.3. Database, Maddison Project, www.
ggdc.net/maddison/maddison—
project/data.htm.

7.4. Database, Maddison Project, www.
ggdc.net/maddison/maddison—
project/data.htm.

7.5. Mitchell, International Historical
Statistics: Africa, Asia, and Oceania,
373 – 88, 440 – 48; Mitchell,
International Historical Statistics:
Europe, 468 – 76, 496 – 512;
Mitchell, International Historical
Statistics: The Americas, 327 – 36,
375 – 79.

7.6. Mitchell, International Historical
Statistics: Africa, Asia, and Oceania,
786 – 805; Mitchell, International
Historical Statistics: Europe,
816 – 24; Mitchell, International
Historical Statistics: The Americas,
610 – 22.

7.7. World Intellectually Property
Organization, IP Statistics Data
Center, http://www.wipo.int/
ipstats/en/#resources.

7.8. Mitchell, International Historical
Statistics: Africa, Asia, and Oceania,
1053 – 54, 1056 – 57; Mitchell,
International Historical Statistics:
Europe, 998 – 1003; Mitchell,
International Historical Statistics:
The Americas, 793, 795 – 99.

7.9. Mitchell, International Historical
Statistics: Africa, Asia, and Oceania,
1053 – 57; Mitchell, International
Historical Statistics: Europe,

998 – 1003; Mitchell, International
Historical Statistics: The Americas,
193 – 99.

7.10. Matthias Busse, "Tariff s, Transport
Costs and the WTO Doha Round:
The Case of Developing Countries,"
Estey Center Journal of International
Law and Trade Policy 4 (2003): 24.

7.11. Michael A. Clemens and Jeffrey G.
Williamson, "Why Did the Tariff
—Growth Correlation Reverse after
1950?" National Bureau of
Economic Research, Working Paper
No. 9181, September 2002,
doi:10.3386/w9181, figure 1.

7.12. Kenwood and Lougheed, Growth of
the International Economy, 302.

7.13. Richard E. Baldwin and Philippe
Martin, "Two Waves of
Globalization," National Bureau of
Economic Research, Working Paper
No. 6904 (January 1999), 17,
doi:10.3386/w6904.

7.14. Mitchell, International Historical
Statistics: Europe, 230 – 33,
295 – 99; Mitchell, International
Historical Statistics: The Americas,
154, 159, 165 – 67, 172, 181, 185,
189 – 90, 195.

7.15. Mitchell, International Historical
Statistics: Africa, Asia, and Oceania,
175 – 76, 178, 181 – 83, 187,
210 – 13, 217 – 18, 221.

7.16. Giovanni Federico, Feeding the
World: An Economic History of
Agriculture (Princeton, NJ: Princeton
University Press, 2005), 99.

7.17. Federico, Feeding the World, 48.

7.18. Mitchell, International Historical
Statistics: Africa, Asia, and Oceania,
354 – 55; Mitchell, International
Historical Statistics: Europe,
445 – 47; Mitchell, International
Historical Statistics: The Americas,

303 – 6.

7.19. Mitchell, International Historical
Statistics: Africa, Asia, and Oceania,
355 – 56, 359; Mitchell,
International Historical Statistics:
The Americas, 294 – 95.

7.20. Mitchell, International Historical
Statistics: Africa, Asia, and Oceania,
195 – 99, 209 – 17, 221 – 25;
Mitchell, International Historical
Statistics: Europe, 291 – 99,
310 – 12, 322 – 24; Mitchell,
International Historical Statistics:
The Americas, 181 – 82, 185 – 86,
190, 195.

7.21. Maddison, The World Economy,,
183, 185, 193, 195, 213, 215,
222, 224.

7.22. Mitchell, International Historical
Statistics: Africa, Asia, and Oceania,
59, 61 – 62, 65 – 67; Mitchell,
International Historical Statistics:
Europe, 82 – 91.

7.23. Helmut Fuhrer, The Story of Official
Development Assistance (n.p.:
Organization for Economic Cooperation
and Development, 1996), 42; Quintin
V. S. Bach, Soviet Economic
Assistance to the Less Developed
Countries (Oxford: Clarendon Press,
1987), 7.

7.24. Database, Maddison Project, www.
ggdc.net/maddison/maddison–
project/data.htm.

7.25. Database, Maddison Project, www.
ggdc.net/maddison/maddison–
project/data.htm; Mitchell,
International Historical Statistics:
Africa, Asia, and Oceania, 382 – 83.

8. 1. Database, Maddison Project, www.
ggdc.net/maddison/maddison–
project/data.htm.

8. 2. Mitchell, International Historical
Statistics: Africa, Asia, and Oceania,
382 – 85; Mitchell, International
Historical Statistics: Europe,
475 – 76; Mitchell, International
Historical Statistics: The Americas,
333 – 36.

8. 3. BP Statistical Review of World
Energy (British Petroleum Global,
2017), 20, http://www.bp.com/
content/dam/bp/en/corporate/pdf/
energy–economics/statistical–
review–2017/bp–statistical–
review–of–world–energy–2017–
full–report.pdf.

8. 4. Mitchell, International Historical
Statistics: The Americas, 123 – 25;
Mitchell, International Historical
Statistics: Europe, 171 – 77.

8. 5. Paul E. Gregory, The Political
Economy of Stalinism (Cambridge:
Cambridge University Press), 250.

8. 6. Maddison, The World Economy,
614.

8. 7. Graham Turner, "A Comparison of
The Limits to Growth with Thirty
Years of Reality," CSIRO Working
Papers Series 2008 – 9 (Canberra,
Australia: Commonwealth Scientific and
Industrial Research Organisation, 2008),
43.

9. 1. Mitchell, International Historical
Statistics: Europe, 226 – 33,
291 – 99; Mitchell, International
Historical Statistics: Africa, Asia,
and Oceania, 154, 157, 164,
173 – 74, 176, 180, 183, 196, 200,
209, 212, 216, 218; Mitchell,
International Historical Statistics:
The Americas, 154, 159, 165, 167,
172, 181, 185, 189 – 90, 195.

9. 2. Database, Maddison Project, www.
ggdc.net/maddison/maddison–
project/data.htm.

9. 3. Database, Maddison Project, www.
ggdc.net/maddison/maddison–

project/data.htm.

9. 4. Database, Maddison Project, www.
ggdc.net/maddison/maddison—
project/data.htm.

9. 5. Mitchell, International Historical
Statistics: The Americas, 61,
64–65, 647, 649; Mitchell,
Interna—tional Historical Statistics:
Africa, Asia and Oceania, 64, 68,
851.

9. 6. Mitchell, International Historical
Statistics: Europe, 507–12;
Mitchell, International Historical
Statistics: Africa, Asia and Oceania,
446–47; Mitchell, International
Historical Statistics: The Americas,
378.

9. 7. United Nations Department of
Economic and Social Affairs, World
Economic and Social Survey 2010:
Retooling Global Development (New
York: United Nations, 2010), 75.

9. 8. World Intellectual Property
Organization, "IP Statistics Data
Center," http://www.wipo.int/
ipstats/en/#resources.

9. 9. Mitchell, International Historical
Statistics: Europe, 87–91,
1000–1003; Mitchell, International
Historical Statistics: Africa, Asia,
and Oceania, 62–63, 66, 68,
1054, 1056–57.

9.10. World Bank, Data, "Fertility Rate,
Total (births per woman)," http://
data.worldbank.org/indicator/
SP.DYN.TFRT.IN.

9.11. Timothy J. Hatton and Jeffrey G.
Williamson, Global Migration and
the World Economy (New York:
Oxford University Press, 1998), 208.

9.12. Mitchell, International Historical
Statistics: Europe, 147–68;
Mitchell, International Historical
Statistics: The Americas, 114–21;

Mitchell, International Historical
Statistics: Africa, Asia, and Oceania,
97, 105.

9.13. OECD Data, "Gender Wage Gap,"
https://data.oecd.org/earnwage/
gender—wage—gap.htm.

9.14. Mitchell, International Historical
Statistics: The Americas, 114, 116,
118; Mitchell, International
Historical Statistics: Africa, Asia,
and Oceania, 97, 105.

10. 1. Mitchell, International Historical
Statistics: The Americas, 64–65,
68–69, 649, 651–52; Mitchell,
International Historical Statistics:
Africa, Asia, and Oceania, 55, 64,
68, 844, 851.

10. 2. UN Department of Economic and
Social Affairs, World Economic and
Social Survey 2010, 95.

10. 3. Mitchell, International Historical
Statistics: The Americas, 295;
Mitchell, International Historical
Statistics: Africa, Asia, and Oceania,
701, 704–5, 708.

10. 4. UN Department of Economic and
Social Affairs, World Economic and
Social Survey 2010, xiv.

10. 5. United Nations Conference on Trade
and Development, UNCTADstat,
unctadstat.unctad.org.

10. 6. United Nations Conference on Trade
and Development, UNCTADstat,
unctadstat.unctad.org.

10. 7. Michael Mussa, "Factors Driving
Global Economic Integration," in
Global Economic Integration:
Opportunities and Challenges, ed.
Federal Reserve Bank of Kansas City
(New York: Books for Business, 2001),
p. 42, chart 7.

10. 8. United Nations University,
UNU—WIDER, "World Income
Inequality Database—WIID3.4,"

https://www.wider.unu.edu/
database/world—income—
inequality—database—wiid34.

10. 9. World Wealth and Income Database,
http://wid.world/data/

10.10. UN Department of Economic and
Social Affairs, World Economic and
Social Survey 2010, xxi.

10.11. World Energy Production, from
Mitchell, International Historical
Statistics: Europe, 464 - 76,
611 - 14; Mitchell, International
Historical Statistics: The Americas,
327 - 37, 422 - 28; Mitchell,
International Historical Statistics:
Africa, Asia, and Oceania, 373 - 87,
513 - 24.

10.12. Paul Chefurka, "Population: The
Elephant in the Room" (May 2007),
graph under subheading
"Overshoot," http://www.
paulchefurka.ca/Population.html.

10.13. World Bank data portal, http://data.
worldbank.org/indicator/EG.EGY.
PRIM.PP.KD?year_low_
desc=false.

그림

4. 1. Hans F. K. Gunther, The Racial
Elements of European History,
trans. G. C. Wheeler (New York:
Dutton, 1927), 205.

4. 2. Gunther, Racial Elements of
European History, 118.

4. 3. George Grantham Bain Collection,
Library of Congress Prints and
Photographs Division, Washington,
DC (LC-B2- 1160-11).

4. 4. George Grantham Bain Collection,
Library of Congress Prints and
Photographs Division, Washington,

DC (LC-B2- 915-11).

4. 5. George Grantham Bain Collection,
Library of Congress Prints and
Photographs Division, Washington,
DC (LC-B2- 1150-11).

5. 1. George Grantham Bain Collection,
Library of Congress Prints and
Photographs Division, Washington,
DC (LC-B2- 4157-10).

5. 2. George Grantham Bain Collection,
Library of Congress Prints and
Photographs Division, Washington,
DC (LC-B2- 2899-7).

5. 3. George Grantham Bain Collection,
Library of Congress Prints and
Photographs Division, Washington,
DC (LC-B2- 171-8).

5. 4. George Grantham Bain Collection,
Library of Congress Prints and
Photographs Division, Washington,
DC (LC-USZ62-55902).

6. 1. Photograph by Bohmer.
Bundesarchiv, Bild 101I-269-
0240-11A / Bohmer / CC-BY-
SA 3.0. Courtesy Wikimedia
Commons.

6. 2. Photograph by Jerry J. Joswick.
National Museum. Courtesy
Wikimedia Commons.

6. 3. Photograph by 米;軍撮影. Courtesy
of Wikimedia Commons.

8. 1. Wikimedia Commons, https://
upload.wikimedia.org/wikipedia/
commons/3/3e/Vietnam_War_
protestors_at_the_March_on_the_
Pentagon.jpg (supplied by Lyndon B.
Johnson Library).

8. 2. August Siren, courtesy of Donora
Historical Society, Donora, Pa.

8. 3. Lloyd Rich/British Library via Flickr.

지도

2. 1. Redrawn from map in H. Hearder,
Europe in the Nineteenth Century
(New York: Longman, 1966), 76.
Reproduced by permission of Taylor
& Francis Books UK.

3. 1. Redrawn, by permission, from map
in Walter Nugent, Crossings: The
Great Transatlantic Migrations,
1870 – 1914 (Bloomington: Indiana
University Press, 1992), 115.

6. 1. Redrawn, by permission, from map
in Eric Dorn Brose, A History of
Europe in the Twentieth Century
(New York: Oxford University Press,
2005), 228.

6. 2. Based on a map from Fasttrack to
America's Past, Fasttrack Teaching
Materials, Springfield, VA, 2015, by
David Burns, at www.
fasttrackteaching.com.